世界通史

世界传世藏书

【图文珍藏版】

刘宇庚⊙主编

线装书局

俄罗斯中央集权统一国家形成

莫斯科大公伊凡三世时期(1462~1505),继承了其父瓦西里二世的事业,1463年之后,吞并了莫斯科西北的雅罗斯拉夫公国和罗斯托夫公国;1471年7月,在舍朗河战胜了诺夫哥罗德的军队,并迫其臣服;1483~1485年,两次发兵征战,吞并了特维尔,普斯科夫和亚里赞公国也被迫屈服。从此,分裂300余年的俄罗斯实现了统一,为最终摆脱蒙古人的羁绊创造了条件。1480年,伊凡三世以强大的兵力为后盾,与克里米亚汗结盟,致使进兵乌格拉河的蒙军不战而退,罗斯最后摆脱了蒙古人的统治。15世纪后半期,伊凡三世对外又发动了一系列战争,他战胜了东方的喀山汗国、西方的立陶宛人和立沃尼亚骑士团,打通了俄罗斯向东南和西北出海口发展势力的通道。在内政方面,伊凡三世进行

日本幕府将军在山边建造的楼阁

了经济、政治等各方面的改革,为莫斯科大公制演变为等级代表制的君主政体创造了前提条件。他设立了在大公控制下的最高参政机构——领主杜马和教会主教联席会议,创设了主管各部门事务的"政厅"(衙门)。在地方上仍实行"供养"原则,由地方居民"供养"督抚和乡长,他们则是沙皇在地方行政、司法、税收方面从事管理的直接代表。按官职等级排列各贵族姓氏的"官阶制",也是在伊凡三世时期形成的。伊凡三世在领土、内政、外交方面奠定了俄罗斯中央集权制统一国家发展的影响。

纳那克创立锡克教

在德里苏丹国末期,曾经担任地方小官的纳那克(1469~1538)坚信"没有印度教徒也就没有伊斯兰教徒"的观点,亲自担任了宗教导师的角色。他周游印度各地,晚年定居在旁遮普的卡泰普尔,继续巩固他的教派和宣传他的教义。他创立的锡克教(锡克,印地语"弟子"之意),信徒多出身于低级种姓甚至贱民。其教义认为只有一个真神(湿奴),没有印度教和伊斯兰教的区别,信徒不分种姓在神的面前一律平等。在纳那克生前指定的师尊(教派首领)安格德的领导下(1538~1552),该教派发展成为一个特殊的社团,到第四代师尊拉姆·达斯时(1574~1581),奠定了阿姆利则城的基础,从此成为教团的中心。第五代师尊阿占(1581~1606)采用了相当于专员的制度,以便以旁遮普为根据地,向信徒征收捐税,构筑寨堡,形成了独立的类似政府的宗教组织,并在1604年编纂了锡克教的圣书。阿占的活动引起了莫卧儿帝国贾汉吉国王的猜忌,因而这位师尊被残酷地处死,锡克教的和平发展至此结束。从阿占开始,师尊的职务成为世袭。在阿占的儿子和继承人哈哥宾德的领导下(1606~1645),该教派发展成一个武装的组织,广大农民积极参加了锡克教派,多次掀起反对封建主和莫卧儿帝国的武装斗争。

日本进入战国时期

日本室町幕府后期战乱纷起,从1467年起到1573年的百余年间,封建领主互相吞并,纷攘不息,日本历史上称为战国时期。1467年,室町幕府管领细川胜元和所司山名持丰两派为将军继承人问题进行内战,长期争斗不下,致使地方势力增强。新兴大名不断崛起,遍及日本各地,互相间战乱不休。各地大名对领国实行专制统治,制定法律,建筑城堡,排挤乡间武士,直接剥削农民。战乱中皇室贵族、僧侣、艺人逃散四方。佛教旧教团衰退,新教势力扩展。其间农民、市民运动高涨。爆发了信仰佛教一向宗的农民起义和法华暴动。对中国明朝的贸易也成为大名争夺的对象,1523年九州大名与细川发生冲突,至1551年与明朝官方的贸易因大名作乱而终止。经过多次战争和吞并,剩下九条、武田、织田、岛津等大名,后均被织田信长所压服。1573年,织田信长将足利义昭将军驱逐出京都,室町幕府被推翻,从而结束了战国时期。

英国君主专制制度形成

随着英国封建关系的解体和资本主义的发生,始于都铎王朝(1485~1603年)的英国君主专制制度,在等级君主制的基础上逐渐形成。亨利七世(1485~1509在位)时期,依靠新贵族和资产阶级的支持,继续打击和削弱旧贵族势力,解散其家臣,平毁其堡垒,设立"皇室法庭"惩治反叛的贵族。同时从亲信中遴选官员,任命新贵族为中央的高级官吏和地方的治安法官,设立枢密院作为专制统治的机构,有权制订法令,掌握最高司法权。亨利八世(1509~1547在位)时期,进一步加强王权,建立政治和行政案件法庭,进行自上而下的宗教改革。1534年国会通过法案,宣布国王为英国教会的最高首脑,拥有任命教会各级教职和决定教义的权力。都铎王朝君主从有利于封建国家政权出发,在很大程度上也推行了满足新贵族和资产阶级利益的重商主义政策,保护工商业,奖励航海事业。并与英国资产阶级的敌对者进行斗争,颁布迫害乞丐和贫民的血腥法律,残酷镇压国内的人民运动。这一时期国会继续发挥作用,但实际上已成为国王的御用工具(1537年国会通过一条法令,国王的命令和公告可不经国会通过而生效)。16世纪后半期,伊丽莎白统治时(1558~1603)继续进行改革,战胜了以罗马教皇和西班牙国王为首的国内外天主教势力侵略和颠覆的威胁,君主专制制度大大巩固,国王的权力被神圣化。迨至斯图亚特王朝(1603~1714),更是极力鼓吹君权神授、君权无限,把王权凌驾于法律和国会之上。这种专制王权日益反动,成为资本主义进一步发展的障碍,终于在17世纪40年代爆发了资产阶级革命。

法国发动"意大利战争"

意大利经济上的发达和政治上的分裂,激起法国君主的贪欲,并为入侵提供了可乘之机。1491年9月,法王查理八世率军越过阿尔卑斯山,侵入意大利。由北往南横扫意大利全境,次年2月占领那不勒斯王国,1495年5月查理加冕为那不勒斯国王。查理的胜利激起意大利各国的反对,于是阿拉冈国王斐迪南以西西里国王的名义联合教皇亚历山大六世、德国皇帝马克西米连一世以及威尼斯等,结成威尼斯同盟共同反对法国。1496年,那不勒斯在阿拉冈的援助下恢复了国家,法国的侵略果实化为乌有。路易十二继位后,采取外交手段拆散了威尼斯同盟。1499年,路易侵占了米兰。1500年,法国与西班牙共同瓜分了那不勒斯。1504年法国被西班牙赶出那不勒斯,又返回米兰,形成两个入侵国家南北对峙的局面。法兰西斯一世上台后,于1515年马林雅诺战役中打败瑞士,成为米兰公爵,从而切断德国和西班牙的联系。法兰西斯一世和查理五世在意大利进行了四次战争。1525年,双方在巴威亚爆发激战,结果法王被俘,法王以放弃米兰为代价才得以赎身。查理的胜利,使教皇克立门七世加入法国的反皇帝同盟。1527年5月,查理派兵攻入罗马。1529年缔结和约规定,法国放弃对意大利的主权要求。1535年为处理米兰公爵继承权问题,双方又启战端,结果法国失败。法兰西斯一世之子亨利二世即位后,竭力支持德国诸侯反对皇帝,并取得凡尔登、麦茨、士尔三个主教区。1559年意大利战争结束,双方缔结和约。

托尔德西拉斯条约

15 世纪末~16 世纪初,葡萄牙和西班牙最早组织远洋航行。两国对其探险队所到之处均宣布为本国属地,视为王室不可分割的财产,并为争夺市场和属地进行了长期争执。在罗马教皇亚历山大六世的仲裁下,1491 年 6 月 7 日葡西两国在西班牙的托尔德西拉斯城正式缔约,即《托尔德西拉斯条约》。条约规定,在佛得角群岛以西约 2220 公里处(约西经 43°40′),从北极到南极划出一条分界线,是为“教皇子午线”。线以东“发现”的土地属葡萄牙,线以西的属西班牙。1529 年两国又在萨拉哥撒订立新条约,在摩鹿加群岛以东 17°处从北极到南极又划出一条分界线。依据这两个条约,葡萄牙占领了亚洲和非洲,西班牙几乎独占了葡属巴西以外的整个美洲。

圈地运动在英国发展

15 世纪末,由于英国毛织业迅速发展,引起羊毛价格不断上涨,致使养羊业成为十分有利可图的行业。于是贵族侵占大量公有地和农民的耕地,将土地用壕沟和栅栏圈围起来,雇佣少量工人放牧羊群。大批失去土地的农民无以为生,沦为流浪者。16 世纪中叶英国宗教改革过程中,圈地运动又在教产还俗的土地上广泛发展起来。由于圈地的发展,农民破产导致政府税收减少和兵源枯竭,也增加了社会的不安定因素。因此都铎王朝颁布了一系列“血腥立法”,残酷迫害流浪者,最后爆发了罗伯特·凯特起义。17 世纪英国资产阶级革命以后,国会通过一系列法令,使圈地运动合法化。到 18 世纪中叶,由于圈地运动的发展,使农民作为一个阶级在英国已不复存在。19 世纪上半叶,圈地运动已扩展到苏格兰和爱尔兰等地。

马丁·路德宗教改革

路德出身于德国一矿业主家庭,早年就学于马格德堡和埃森那赫大学,1507 年遁入爱尔福特圣奥古斯丁修道院。1512 年获神学博士学位,就任维滕堡大学神学教授。他在神学思想上完全接受正统的经院神学,信守奥古斯丁的原罪说,倾心研究《圣经》,接触过人文主义和德国神秘主义,逐步确立了“因信称义”的宗教学说。14 世纪,日益腐败的教廷,以发售赎罪券来弥补财政,路德讲解教义经常抨击这些弊端。1517 年教皇利奥十世以修建罗马圣彼得大教堂为名,在德国推销一种特别赎罪券。路德对多明我会修士特策尔在推销时耸人听闻的宣讲和各种奢华的仪式极为不满,1517 年 10 月 31 日,按当时神学辩论会的传统他在维滕堡万圣教堂大门上贴了“九十五条论纲”,“论纲”在德国引起强烈的反响,使各阶层长期以来对罗马教廷神权统治的不满情绪更加激化。多明我会修士要求谴责路德,罗马教廷也准备指控其为异端分子,路德为此发表讲道词,表明不接受其决定。1519 年夏,路德与罗马教廷的神学家约翰·艾克和卡尔斯塔德在莱比锡进行辩论,公开否认教皇的神圣权威,提出《圣经》的权威和个人研读圣经的权利。1520 年 6 月 15 日教皇颁布敕令,以破门律警告路德。但他得到德国境内各城市的支持,发表了《致德意志基督教贵族公开书》《教皇的巴比伦之囚》《论基督徒的自由》三大宗教改革论著,主张在教会内进行根本性改革,世俗当权者应该干预教会改革,从理论上阐明因信称义的教义。同年 12 月 10 日在维滕堡当众烧毁教皇的敕令,公开与罗马教廷决裂。1521 年 1 月 3 日教皇公布革除其教籍的破门令,同年 4 月被召出席沃尔姆斯帝国会议,会上通过沃尔姆斯法令,宣布其为不法分子,取缔他的著作。支持他的议员将其隐匿在瓦尔德堡,他在此翻译《圣经》,为德国语言的统一做了巨大贡献。1524 年德国爆发农民战争,路德初持规劝调解、后持敌视态度,先后发表了《对士瓦本地区农民 12 条款的劝告书》和《反对杀人越货的农民暴徒书》。1525 年路德结婚,以实际行动向天主教禁欲主义挑战。此后他致力于组建新教会。1530 年奥格斯堡帝国会议上新教内部因圣餐洗礼问题分裂,路德委托梅兰希顿拟定《奥格斯堡信纲》为路德教辩护。路德发起的宗教改革运动席卷欧洲,对罗马天主教在西欧的封建神权统治给予了毁灭性的打击。

马丁·路德

西班牙武力征服墨西哥

1519~1521 年,西班牙冒险家科泰斯以武力征服了墨西哥。西班牙人进入美洲之前,墨西哥的居民为阿兹特克人,他们已进入阶级社会,但还保存着浓厚的原始公社制残余。1519 年,西班牙贵族科泰斯率领一支由 800 余人组成的队伍,从海地岛的圣多明各出发,进入墨西哥。墨西哥的首领孟提祖马没有组织抵抗,而是盛情款待西班牙侵略者,还送给科泰斯贵重的礼品。但他的款待更激发了侵略者的贪欲,科泰斯见孟提祖马软弱可欺,遂利用孟提祖马同当地一些酋长的矛盾,迫使这些酋长屈服于自己,并对一些拒不臣服的酋长和部落发动袭击,大肆屠杀。经过一番野蛮的洗劫后,西班牙人占领了墨西哥城。当地人民进行坚决反抗,把西班牙人侵者赶出了墨西哥城。1521 年,科泰斯率领西班牙人又卷土重来,使墨西哥沦为西班牙殖民地。

麦哲伦环球航行

麦哲伦(1480~1521),葡萄牙航海家。出身于葡萄牙波尔图的贵族家庭,20岁参军,参加过葡萄牙海军在印度、马六甲海峡、摩洛哥等地的作战。因要求探索新航路的建议遭葡王拒绝,于1517年寄居西班牙。不久,取得了西班牙国王查理一世的支持。1519年9月20日,麦哲伦奉西班牙政府之命,率领265名船员,分乘5艘帆船,从塞维利亚的圣卢卡尔港启航,开始环球航行。船队横渡大西洋,沿巴西海岸南下。次年10月底经南美大陆和火地岛间的海峡(后称"麦哲伦海峡"),进入南海。由于沿途风平浪静,故称太平洋。尔后继续西行,经过三个多月的航行,于1521年3月16日抵达菲律宾群岛。麦哲伦参与当地内争,在4月27日的马克坦岛战斗中为当地居民所杀。余下船员继续西行,到达印尼摩鹿加群岛。12月,唯一幸存的"维多利亚"号满载香料归航。穿过印度洋,绕过好望角北上,1522年9月6日抵达塞维尔港,生还者18人。至此,首次环球航行宣告成功,地圆说得到证实,天主教神学教义受到致命打击,科学大踏步地向前发展。

德国士瓦本农民起义

16世纪初,德国的教俗封建诸侯为保护封建特权,竭力维护已开始瓦解的农奴制。深受封建特权剥削和压迫的农民先后以"鞋会"和"穷康拉德"秘密会社形式活动于德国西南部,多次密谋起义。1517年德国的宗教改革运动,推进了农民反封建斗争的进一步发展。1524年士瓦本南部的农民组成了3000人的武装率先起义。农民军中受闵采尔思想影响的再洗礼派信徒起草了第一个起义纲领"书简"。此后再洗礼派在德国南部和西部地区广泛宣传,在乌尔姆、门明根、开普敦以及巴登湖一带组成了大规模的农民队伍。1525年3月初,士瓦本三支主要队伍在门明根联合组成"基督教"同盟,并得到城市中平民的支持。士瓦本地区的领主集团企图用谈判和口头承诺的方法瓦解起义队伍。义军中倾向于和领主妥协的温和派领导者,开始谈判并缔结停战协议,拟定了"十二条款"纲领。但士瓦本领主集团破坏停战协议,组成同盟军进攻农民义军,更激起农民的愤怒,义军活动扩大至德国中部地区。领主集团同盟军遭到义军激烈抵抗,在巴登湖北部陷入义军的包围。同盟军指挥官特鲁赫泽斯施行的和谈诡计,以恐怖方式四处活动,造成义军队伍间的矛盾,削弱了义军的战斗力。1525年4月,义军主力被击败。士瓦本农民起义是德国农民战争的开端,是全国性起义的三个中心地区之一。

德国法兰克尼亚农民起义

1525 年 3 月,在德国继士瓦本农民起义之后,法兰克尼亚地区也爆发了农民起义。它是德国农民战争的三个中心地区之一,是规模最大、斗争最激烈的农民起义。起义军占领了几百个城堡、寺院。以雅克夫·罗尔巴赫为首的义军领袖施行坚决的革命措施,处死了杀害义军士兵的维滕堡伯爵路德维希·黑尔施太因及其 13 名追随者,使全国为之震动。法兰克尼亚地区只有中、小城市,市内的中下层市民起义高潮时也参加进来,并竭力把起义纳入自己的政治轨道。最后市民阶级的代表文德尔·希普勒取代罗尔巴赫掌握了义军领导权。希普勒主张施行温和政策,着手修改"十二条款",制定了符合市民和骑士利益的"海尔布琅纲领"。1525 年 6 月,特鲁赫泽斯率领的士瓦本领主同盟军,在镇压了士瓦本农民起义后开到法兰克尼亚,对起义军分化瓦解,各个击破。法兰克尼亚城市市民背叛义军,希普勒被迫逃走,罗尔巴赫等义军领袖被俘后英勇就义。法兰克尼亚农民起义被镇压。

德国萨克森—图林根农民起义

1525 年德国农民战争期间,萨克森—图林根地区也掀起了强大的农民运动,是农民起义三个中心地区之一。1525 年 2 月宗教改革运动活动家托马斯·闵采尔来到图林根地区组织领导农民起义,4 月 9 日义军占领了缪尔豪森市。闵采尔号召图林根的城乡人民、矿山居民等一切阶层联合起来,共同参加起义。5 月在缪尔豪森市推翻贵族政权,建立了革命政权"永久会议"。农民运动以此为中心,迅速席卷了萨克森和图林根城乡广大地区,以及毗邻的公爵、伯爵领地。起义军占领城市、修道院和庄园,分配封建领主的财产。闵采尔积极倡导各起义部队联合起来,以反击封建领主的镇压,起义军相继聚集在图林根的弗兰肯豪森。起义队伍的联合引起德国中部以及萨克森公爵和黑森侯爵的极大恐慌。诸侯组织联合军队,在侯爵腓力统率下对弗兰肯豪森发动进攻。5 月 15 日闵采尔在激战中被俘遇害,义军因力量悬殊被诸侯联军击败,5 月 25 日联军进入缪尔豪森,萨克森—图林根起义被镇压。士瓦本、法兰克尼亚以及萨克森—图林根三个地区的农民起义失败后,德国农民战争基本结束。

巴布尔建立印度莫卧儿王朝

16 世纪初,帖木儿的后裔巴布尔(1483 ~ 1530)系费尔干的统治者,因受到乌兹别克人的攻击而率军南下，攻占阿富汗。他以喀布尔为基地，不断进犯次大陆。1526年，在歼灭了罗第王朝的军队并杀死其苏丹后，占领德里，又征服了次大陆北部地区，奠定了莫卧儿帝国（1526～1858）的基础。1530年巴布尔死后，其子胡司雍即位（1530～1556），国内分裂。比哈尔总督阿富汗人舍尔汗起兵作乱，赶走胡司雍，建立新王朝。1555年，胡司雍借助于波斯的帮助，从喀布尔出发，进入旁遮普并占领了德里和亚格拉，恢复了王位。但他不久死去，由其儿子阿克巴完成重建帝国的任务。阿克巴即位后（1556～1605），首先对次大陆北部各地割据势力进行讨伐，击败了各大封建主的反抗。然后他极力扩大帝国的版图，形成南达哥达瓦里河，北抵阿富汗和克什米尔，西起俾路支、信德，东至阿萨姆和孟加拉等广大疆域的大帝国。此时次大陆只剩下南方还保存一些印度教的小国。

法国兵败帕维亚

法国国王法兰西斯一世（1515～1547在位）为了控制北部意大利，截断德国与西班牙的联系，与哈布斯堡皇帝查理五世（1519～1556在位）不断进行战争。1525年，法国围困米兰南30公里的帕维亚城。佩斯卡拉侯爵德阿弗罗丝率领2万多人前去增援，并解除了城围。接着法军仓促组织进攻，遭到西班牙军队反击，打乱了法军及其盟军瑞士的步兵阵势。之后法国的雇佣军相继发动了几次进攻，均以失败告终。西班牙军队在帕维亚守军的支持下转入反攻，几乎全歼法国军队近3万人，法兰西斯一世战败被俘，押送到马德里。次年双方签订和约，根据和约，法国丧失了在意大利占有的全部土地，并以重金赎回国王。此后，法国和西班牙继续发生战争，但西班牙在意大利的霸权地位从此开始确立。

拉伯雷讽刺小说《巨人传》

拉伯雷是文艺复兴时期法国小说家，于1532～1533年创作了他的不朽作品《巨人传》。小说一共有五部，第一部主要写卡冈都亚的故事，第二至第五部主要写庞大固埃的故事。卡冈都亚是巨人国国王高朗古杰的儿子，一出生就非同平常，一下就喝了17000头母牛的奶，他的项链重达5800公斤。后来受经院教育，愈学愈蠢，最后接受人文主义教育才聪明起来。庞大固埃是卡冈都亚的儿子。经过多方求学成为一个才智过人的贤明君主。为了帮助他的朋友巴奴日解决婚姻问题，他们去寻找能回答一切问题的神瓶。神瓶的启示是一个“饮”字。小说在荒唐滑稽的外表下掩盖着极端辛辣的讽刺。作者尖锐讽刺了封建制度和教会的黑暗与腐朽，攻击了封建社会的吃人的法律、无用的教育、虚伪的道德。通过祖孙三代的形象表达了作者的政治理想。小说中热情歌颂人文主义的时代精神。这部政治讽刺小说的出版，几经波折。1532～1533年，第一、第二部先后以化名出版，不久被宣布为禁书。1545年，第三部以真名出版，尽管得到法兰西斯一世的特许发行证，最后经巴黎议会裁决，还是对该书实行查禁，出版商埃季艾姆被处以火刑。1550年第四部出版后，第二年又遭查禁。第五部是在拉伯雷死后9年出版。直到拉伯雷死后11年即1564年，《巨人传》全书才得以问世。

英国宗教改革

15世纪末~16世纪初，英国资本主义开始发展，都铎王朝依靠与新贵族和资产阶级的结盟加强国王的专制统治。这一时期英王亨利八世和罗马教廷之间，因政治特权和经济利益产生了不可调和的矛盾，并由教皇不准亨利八世离婚的请求而激化。1529年亨利八世罢免教廷在英国的代表、约克的大主教兼国王枢密大臣乌尔西之职。1531年又指控英国神职人员接受教皇特使命令是背叛国王，罚款15万英镑，迫使他们承认国王是英国教会的唯一首脑。1532年迫使议会通过决议，规定由国王批准教会立法。1533年任命克雷默为坎特伯雷的大主教，取消教皇法庭的最高司法权。教皇克立门七世针锋相对，革除亨利八世教籍。亨利八世公开与罗马教廷决裂，1534年英国国会通过《至尊法案》，规定国王为英国教会即圣公会的最高首脑，罗马教皇对其无权管辖，保留天主教主教制、重要教义和仪式，反对者以叛国罪处死。1536年亨利八世下令没收修道院的财产，收归国王所有。1539年国会通过法案封闭所有修道院。爱德华六世在位期间进一步加强对教会的控制，1549年国会通过《教会统一法案》，规定国教会同用一本《公祷书》。1553年克雷默主教主持制定《四十二条信纲》，阐明国教会教义和教令与国家的关系。1553年玛丽一世继位，反对宗教改革，恢复天主教。1558年伊丽莎白一世登基，继续进行宗教改革，1559年再次确立英国国教会，重申国王是英国国教会的最高首脑，确立主教制度，修订《公祷书》。1571年制定《三十九条信纲》，规定《圣经》是信仰的唯一准则，否认教皇的最高权威。该信纲正式定为英国国教会的官方教义，一直沿袭至今。

米开朗基罗名作《最后的审判》

文艺复兴盛期的艺术大师米开朗基罗，于1534年受罗马教皇保罗二世之命，为西斯廷教堂绘制祭坛画《最后的审判》（又称《末日的审判》）。艺术家以花甲之年、大无畏的精神和顽强的意志，花了6年心血（1535~1541），创作出这一纪念碑式的巨作。《最后的审判》取材于《圣经》故事，描绘的是世界末日来临之际，耶稣召集万民于自己面前，分出善恶，善灵升入天堂，恶灵则被打入地狱。题材虽是宗教性的，然而在画面上却是200多个巨人，表现了艺术家对人性的讴歌。画面中人物形象都是以现实生活中的人物为模特儿，其中有教皇尼古拉三世、克力门七世、保罗三世及其司礼官赛纳斯，甚至但丁及其青年时期的恋人碧雅特丽丝等人也收入画中。而且把那些维护祖国独立的英雄人物画在天国中，而那些出卖民族利益的叛徒，则一个个被打入地狱。画面中所有人物一律画成裸体，体现了艺术家对人的力量和健美的讴歌，更是对基督教禁欲主义的严重挑战。为此，保罗三世曾请米开朗基罗做些修改，遭到了拒绝。后来只好请画家伏尔泰拉给每个裸体人物添上遮羞布，因此这个画家得到"穿裤子的人"的绰号，以示讥讽。直到米开朗基罗逝世30多年后，教皇克立门八世还要毁掉这幅杰作，由于遭到罗马美术学院师生的强烈反对而未能得逞。

西班牙征服秘鲁

1532年，西班牙贵族、殖民主义冒险家皮萨罗征服了秘鲁。秘鲁的居民本是印加人，库斯科城是印加文化的中心。16世纪早期，印加人内部为了争夺王位而自相残杀。西班牙人利用他们的内部矛盾，收买了印加国王阿塔华尔巴的仇敌，深入秘鲁腹地。这时，深知印加人习俗的皮萨罗，玩耍了狡诈的诡计。他布下伏兵，在国王应邀会见他时，发动突袭活捉了国王。国王的5000多随从中，有2000多人被杀，其余被俘。皮萨罗把国王囚于一间屋子（长近7米，宽5米，高3米），要求印加人用黄金将它填满，作为释放国王的条件。但当黄金到手后，皮萨罗却把国王绞死。然后皮萨罗扶植了一个傀儡国王，建立了对秘鲁的殖民统治。

沙皇专制制度确立

1547年1月，伊凡加冕亲政后正式称为沙皇，并自诩为罗马（拜占庭）帝国的当然继承者。当年夏，他利用莫斯科"大火灾"及人民起义的时机，铲除了专权的大贵族势力，开始大刀阔斧地进行国家机构及地方行政的改革。1549年，他召集了由大贵族、高级教士和莫斯科小贵族代表参加的缙绅会议，提出改革的纲领。当年，政府采取了一系列措施来调整领主和贵族的相互关系，同时开始编纂新法典。第二年该法典由领主杜马通过，1551年由百条宗教会议批准。该法典加强了中央机关和政府的作用，严格限制了督抚的权力和教俗大封建主的课税特权。随后，伊凡在1556年颁布了兵役条例，以奖励军功为

伊凡四世

原则建立了一支以中小贵族为主体的俄罗斯军队。16世纪中叶,最终确立了政厅制度,组成了庞大的政府官僚机构,缙绅会议也正式成为国家高级决策机关。1555~1556年,伊凡四世取消了以往实行的供养制,从地方上富有的工商业者及农民中间选举地方司法税务官,取代了以往的督抚和乡长。地方政治的监督权则集中于具有司法和公安职能的县主及管理各县军事、行政及财政问题的城市督办(城市军事司令官)手中,从而完善了国家机构的改革。在宗教上,1551年召集的百条宗教会议,通过了一系列旨在统一礼拜仪式和各种宗教礼仪的措施,其决议书《百条决议》则成为罗斯教会法的基本原则。1565~1572年,伊凡又以特辖区制的推行,彻底铲除了敌对的封建显贵势力,确定了沙皇和中央政府的无上权力。伊凡四世的统治,开创了沙皇专制制度的新时期。

凯特兄弟领导英国农民起义

1549年6月,英国诺福克郡温德姆镇的农民群众拆毁地主圈地的栅栏,在小贵族罗伯特·凯特兄弟领导下起义,反抗圈地运动和血腥立法。起义迅即席卷邻近各郡,凯特率领起义军直捣诺福克郡首府诺里季。大批失业工人、破产手工业者和丧失土地的流浪者加入起义队伍。至7月初,队伍增至2万多人。起义者拟定了准备上呈国王的29条纲领,要求停止圈地,恢复农民使用公有地的权利,减轻租税,取消什一税,消灭农奴制残余等。7月22日,农民军攻占诺里季城。政府采用欺骗和镇压相结合的政策对付农民军,加上起义军内部发生分裂,与德文郡和康瓦尔郡农民军联合的计划也未能实现。8月,瓦维克伯爵率领1.5万名德、意雇佣军前往镇压,起义失败。战死者3500余人,凯特兄弟被俘牺牲。这次起义,使英国圈地运动受到一定限制,诺福克郡一带较多的保存了自耕农,他们成为17世纪资产阶级革命时期国会军的主力。

瓦萨里著《意大利艺苑名人传》

意大利的画家、艺术史家瓦萨里原是米开朗基罗的一位高徒,曾多次泛游各地,访问艺术大师,并搜集艺术家的生平事迹和名画、雕刻、建筑图样,在此基础上写出《意大利艺苑名人传》,于1550年出版。该书分3卷,从早期意大利画家契马部埃(1240~1302)写起,一直到16世纪威尼斯派著名画家提香(1477~1576)的时代。在绪言中,瓦萨里简要地论述了14世纪以前的艺术发展史。这是意大利和西欧第一部艺术史,对欧洲各国艺术的继承和发展影响甚大。尤其是在这部巨著中第一次提出"文艺复兴"一词,被各国史学家、艺术家所沿用。虽然他把文艺复兴看作是古希腊罗马古典文化的"再现",有一定片面性,但在当时能提出这一名词,对后来是有影响的。瓦萨里被认为是近代艺术史的始祖。

英王玛丽反对宗教改革

1553年玛丽继位为英王，竭力反对宗教改革。她重用失势的旧贵族和高级教士，先后撤销了爱德华六世和亨利八世时期的宗教改革法案。她与坚持天主教和西班牙王太子腓力二世结婚。奉腓力二世共为英国国王，意在借助外国势力扼杀英国的宗教改革成果，重新使英国教会归属罗马教廷。她还恭请罗马教皇遣回旧贵族雷金纳德·波尔为教皇代表，总管英国教会。玛丽对国内靠制造恐怖来维持统治，设立异端裁制法庭，搜捕改革派人士和信仰改革教派的下层民众，在伦敦、牛津等政治、工商业和学术中心公开处以火刑，4年间烧死300余人。对亨利八世时期宗教改革的重要人物克兰麦、拉替麦和里德利等人长期监禁，严刑拷打，最后当众处以火刑。许多改革派教士与学者被迫逃亡国外，避难于日内瓦、苏黎世、斯特拉斯堡等地。他们受到卡尔文教思想的影响，更加坚定了宗教改革的信念。玛丽的反宗教改革活动，给英国带来严重损害。罗马教皇最终将腓力二世和英国教皇代表雷金纳德·波尔开除教籍。随着玛丽1558年的去世，她的倒行逆施与罗马教会势力一同在英国消逝。伊丽莎白女王继位后，又继续推行宗教改革政策。

法国罗浮宫

12世纪，法王腓力二世在巴黎塞纳河畔建筑城堡用作宫邸。16世纪时，法国大建筑师莱斯科运用古典建筑风格，于1546年对宫邸进行重建，使之成为法国建筑与古典建筑特征融为一体的典范。以后屡经改建扩建，至18世纪形成现存规模，占地约18公顷。1793年起辟为博物馆。中世纪、文艺复兴时期和近代艺术馆收藏包括法国历代国王珍藏的珠宝玉器、陶瓷制品和各式家具。希腊罗马古物馆则展开建筑雕刻、镶嵌工艺、青铜制品等。网球陈列室展出历代名画，其中包括文艺复兴时期达·芬奇的肖像画《蒙娜丽莎》。1826年建立埃及古物馆，在那里珍藏着拿破仑在埃及战役中的战利品。1954年又建有基督教古物室，主要展出早期基督教会、拜占庭教会和科普特教会的作品，其中有雕刻、陶瓷制品、玻璃器皿、纺织品、金银器以及希腊与俄罗斯的圣像等。罗浮宫是法国国家博物馆和艺术品陈列馆，成为世界上收藏绘画作品最丰富的博物馆之一，其中法国绘画为世界之冠。

莫卧儿帝国推行内政改革

1556年阿克巴即位后，在治理莫卧儿帝国内政上进行了一系列改革。为加强中央集权，他在中央设置了宰相、财务、宗教事务等大臣。全国分为15个省区，设总督专理军务，另设财务、司法官员、直辖中央。地归顺的印度教王公，采取加强控制的措施。在税收上实行新税制，以确保国家财政收入。以土地作为征收租税的标准，由官员直接征收固定数额的租税。他对土著统治阶级改用怀柔政策，任命印度教徒担任各级官员，实行和亲政策，笼络土著王公和他们的骑兵。对非伊斯兰教徒改用宽容政策，废除了印度教徒的圣迹巡礼税和人头税，并颁布敕令（1593），允许被迫改宗伊斯兰教的印度教徒恢复先前的宗教信仰。他还采取了一些有利发展经济的措施，统一货币，统一度量衡，修建道路，扩大商业交通，本人也投资商业，以支持工商业的经营，并注意发展农业生产和水利灌溉事业。他改革印度教徒的某些传统陈规陋习，禁止寡妇殉夫、杀婴、童婚、神灵裁判等，承认寡妇再嫁的合法地位。阿克巴改革加强了统治基础，缓和矛盾，安定了社会秩序，促进了社会经济的发展，使帝国开始步入“黄金时代”。

沙皇俄国挑起立沃尼亚战争

1558年，沙皇伊凡四世借口立沃尼亚骑士团没有履行伊凡三世时期同俄罗斯缔结的50年和平协定（该协定于1553到期），缴纳尤利耶夫省的贡税。于是决定对立沃尼亚采取军事行动，挑起了立沃尼亚战争。战争分三个阶段，1558～1561年为第一阶段，由于立沃尼亚骑士本身势力削弱及境内频繁的反日耳曼起义，因而迅速败迹。俄罗斯夺得立沃尼亚要港纳尔瓦和尤利耶夫省，打开了通向波罗的海的门户。对伊凡的胜利而忧心忡忡的西方诸国，包括波兰、立陶宛、瑞典、丹麦等，于1561年纷纷起兵向俄罗斯宣战，战争进入第二阶段，即1561～1570年，俄罗斯军队也多次获得优势，于1563年夺取立陶宛的要镇波洛茨克，并进军立陶宛首都维尔诺城。但1564年俄罗斯在军事上失利，双方僵持几年后于1570年议和。1569年后波兰、立陶宛合并，国势强大。东方的土耳其和克里米亚汗国也决定支持波兰。丹麦—瑞典间七年战争结束，瑞典也腾出手来迎击俄罗斯。于是1570～1577年立沃尼亚战争进入第三阶段并演化为国际战争。在北欧诸国的联合打击下，俄罗斯处于劣势，被迫停战。1582年，俄罗斯与波兰—立陶宛王国签订十年休战协定，1583年又同瑞典缔结三年休战协定。俄罗斯不仅未从战争中得到任何好处，而且丧失了不少波罗的海领地。

尼德兰人民开展游击战争

16世纪初西班牙哈布斯堡王朝对尼德兰的无情压榨，激起尼德兰人民的反抗，1566年爆发了尼德兰革命。由于腓力二世对革命的镇压，大批手工业者、农民和一部分资产阶级分子转入弗兰德尔、海诺特等森林里，组成森林游击队，自称“森林乞丐”。还在荷兰、西兰及弗里斯兰附近的海上组成海上游击队，自称“海上乞丐”。两支游击队经常出其不意地袭击敌人或截至运输船。农民积极支援游击队为其做向导，报告敌人行踪，使游击队连连取得胜利。游击队的队伍逐渐扩大，一些资产阶级分子逐渐取得了游击队的领导权。1572 年 4 月 1 日，一支由卢麦领导的海上游击队袭击并占领了莱茵河口西兰岛上的小城市里尔，这一胜利吹响了北方起义的号角，尼德兰革命进入了高潮。

英国清教徒出现

16 世纪英国经过宗教改革，确立圣公会为英国国教会。国教会是封建专制王权的重要工具，它保留了天主教的主教制、重要教义和仪式。16 世纪下半叶，英国资产阶级的力量逐步壮大，开始反抗专制王权。60 年代激进的卡尔文教在英国传播，这一教派更适合资产阶级和新贵族的利益。他们对国教会日益不满，出现了一些反对国教会的信徒，主张清除国教会中天主教的影响，废除主教制和圣像崇拜，减少宗教节日，并反对封建主的奢侈生活，故而被称为清教徒。16 世纪 70~80 年代，清教徒脱离国教会建立独立的宗教组织，由被选举的长老、执事组成教区会议，为最高权力机关。16 世纪末清教徒中分裂为两派，一为由大资产阶级和新贵族控制的长老宗教会，主张君主立宪。二为以小资产阶级、小贵族和农民为主的独立派，主张共和政体。16 世纪 90 年代，卡尔文思想在清教徒中的影响达到顶峰，也更加系统化，它和英格兰神学传统相结合，产生了“圣约神学”。1603 年清教徒向国王提出《千人请愿书》，1604 年国王召开汉普顿宫廷会议，反对长老宗教牧人员干预政务。1604 年，资产阶级在清教徒旗帜下掀起了反对专制制度的革命。17 世纪英国国内局势不稳，1662 年保皇议会通过新的《信奉国教法》，此后清教徒遭受迫害，大批移民荷兰和北美。1689 年，英格兰议会通过《宽容法》，圣公会仍为国教，但其他会派也可有合法教堂。

尼德兰联省共和国成立

1572 年尼德兰北方举行了大规模反西班牙统治的起义，西班牙统治者调重兵前往镇压，被起义者击退。北方的胜利推动了南方的革命，1576 年 9 月 4 日布鲁塞尔爆发起义，起义者占领了议会大厦，逮捕了西班牙政府官员。南方各省纷纷响应，许多城市相继发动起义，夺取政权，革命中心转向南方各省。1576 年 10 月南北方代表在根特召开三级会议，11 月 8 日通过“根特协定”。协定规定废除西班牙统治者阿尔发的一切法令；南北各省联合反对西班牙；重申各城市的原有权利；承认卡尔文教的合法地位。1576 年 9 月，唐·约翰接任暴卒的列克森任尼德兰总督。三级会议里的贵族、大资产阶级、天主教僧侣和富裕市民为寻求同西班牙新政权的妥协，于 1577 年 2 月与西班牙签署了“永久敕令”。

以西班牙承认三级会议的最高权力为条件,承认西班牙总督为尼德兰合法总督。北方诸省和奥兰治·威廉反对新总督及"永久敕令",南方的布鲁塞尔、不拉奔、弗兰德尔等地也爆发新的起义,各地纷纷建立起革命政权。南方贵族不愿同西班牙决裂,于 1579 年 1 月 6 日在阿拉斯召开会议,成立"阿拉斯联盟",拥护西班牙国王、新任总督亚历山大·法内塞。由此西班牙在南方得到立足点。北方七省及南部的安特卫普、布鲁塞尔、根特等地为反对"阿拉斯联盟",于 1579 年 1 月 23 日成立了"乌特勒支同盟",宣布北方各省是永不分离的联盟,同盟各省派代表组成三级会议,为同盟的最高权力机关,并统一货币与度量衡,实行共同的军事、外交政策。1581 年 7 月 26 日,同盟宣布废黜腓力二世,正式成立联省共和国。由于荷兰省在联省中经济和政治的重要地位,因而又称荷兰共和国。1609 年西班牙与荷兰签订《十二年停战协定》,承认荷兰为主权国家,允许荷兰商人与葡萄牙在印度洋地区的殖民地进行贸易。1621 年协定期满,战争再起。1648 年根据《威斯特发里亚和约》,西班牙正式承认荷兰独立。

英国击败海上劲敌西班牙舰队

16 世纪 70~80 年代,英国和西班牙的斗争更加尖锐。英国支持尼德兰反对西班牙的革命,西班牙则帮助爱尔兰的天主教徒反英国的统治,两国的武装战争已不可避免。1588 年,西班牙出动了包括 132 艘战船的"无敌舰队",载运 2.1 万名士兵、300 个教士浩浩荡荡向英国进攻。英国把王家、商人船主和海盗的船只集中起来,组成 160 艘船的大舰队,由德雷克指挥。7 月下旬,双方舰队相遇于英吉利海峡。英国舰队利用船体小、速度快、火力强的优点,攻击无敌舰队的两翼或腹部,实行各个击破。西班牙兵舰体大笨重,运转不灵,始终处于被动挨打的地位。从普利茅斯海域到敦刻尔克,经过两周左右的激战,西班牙舰队损失惨重。残余舰艇又遇风暴,几乎全军覆灭。只有 53 艘败舰绕航苏格兰、爱尔兰,返回西班牙。英国击败海上劲敌,开始树立海上霸权,而西班牙从此走向衰落。

法国的王权争夺战

1574 年 5 月法王查理九世去世,其弟亨利三世继位,并宣布在他死后王位应由他的近亲那瓦尔的亨利继承。介斯党人公开反对瓦洛亚王朝,于 1576 年正式成立天主教联盟,由亨利·介斯领导。他们宣布一切天主教徒必须服从联盟,并且征召军队,聚敛钱财,为推翻国王积聚力量。亨利三世巧妙地利用其内部矛盾,依靠贵族的支持,宣布自己为天主教联盟的首领,并把它改称为"王家联盟"。1585 年,亨利三世之弟安茹公爵死去,那瓦尔的亨利正式成为王位继承人。介斯党人感到争夺王位前途不妙,遂于同年建立"巴黎联盟",积极策划推翻国王。1588 年 12 月 22 日晚,亨利三世决定派人刺杀亨利·介斯,不到两天亨利·介斯及其弟被杀。这件事激怒了巴黎,为介斯送殡的人高呼:"要上帝这样消灭瓦洛亚王朝!"巴黎大学解除一切人对国王效忠的誓言,那瓦尔的亨利也率大军从南方逼近巴黎。1589 年 8 月 1 日,亨利三世被刺死,亨利·波旁成为合法的国王。亨利三世、那瓦尔的亨利·介斯家族的亨利之间争夺王权的斗争,以瓦洛亚王朝灭亡,波旁王朝的建立而告终。

朝鲜壬辰卫国战争

日本丰臣秀吉完成国家统一后,即图谋占领朝鲜,入侵中国。1592(壬辰)年 4 月,派小西行长、加藤清正等统率陆军 15.8 万并海军 3 万以釜山登陆,入侵朝鲜。李朝正值党争激烈,守备松弛,因而初战失利。5 月汉城失守,6 月平壤沦陷,国王及家族仓皇逃到义州,遣使到中国明朝求援。当时,沦陷区人民纷纷组织义军,抗击日军侵略。5~7 月,爱国名将李舜臣龟船(船舱顶盖似龟背)舰队,在南部沿海玉浦、合浦、闲山岛、釜山等接连打败日本海军,挫败日本的水陆并进计划,控制了海上的主动权。12 月,明朝派李如松等统率 4 万大军援助。次年 1 月,朝、明军队收复平壤,进逼汉城。4 月,明朝使臣沈惟敬与日将小西行长开始议和,签订龙山停战协定。日军退至朝鲜南部诸道,盘踞釜山一带,以议和为喘息之机,调兵遣将,伺机再战。1597 年 2 月,丰臣秀吉再度出兵 14 万,分水陆两路侵入朝鲜,从釜山登陆向北进犯。次年 7 月,明朝再派大军援助,连续奏捷。李舜臣在露梁海战中又给敌人以沉重打击。不久,丰臣秀吉忧愤而死,日军被迫从朝鲜全境撤出。1609 年,朝日签订《己酉条约》。这次战争保卫了朝鲜国土,粉碎了日本妄图入侵中国的计划。

丰臣秀吉绣像

黑人战争

在葡萄牙殖民者征服安格拉的战争中,他们组成非洲雇佣军或辅助部队替葡萄牙人打仗,他们用非洲人打非洲人,称为"黑人战争"。到 17 世纪初,这种"黑人战争"已经形成一种制度，由非洲人酋长或副酋长集合部队同欧洲人一起进行战斗。开始时，“黑人战争”还没有正规的军饷，只发放战利品，没有什么组织领导。但不久，“黑人战争”成为一种非洲人的正规部队。他们由非洲人军官领导进行战争。1620~1630 年间，安格拉“黑人战争”的第一任长官是安东尼奥·迪亚士·穆宗戈，他本人是非洲人。

日本东西两军关原激战

1598 年，掌握全国政权的丰臣秀吉死后，统治集团内部分成两派。一派是丰臣氏的文吏派，以石田三成为首，这派联合毛利辉元、宇喜多秀家、岛津义弘等西部大名组成西军，约 8 万人；另一派是以丰臣秀吉的部将，关东有力大名德川家康为首的武将派，这派联合丰臣氏的强权派加藤清正、福岛正则等组成东军。兵力与西军互相匹敌。1600 年 9 月 14 日，东军先发制人，攻取了石田三成的根据地和佐和山，准备进攻大阪，14 日夜，西军从大阪城调集了大批军队，以阻挡东军。9 月 15 日，两军大战于美浓国的关原地区（今岐阜县不破郡），激战持续了 6 个小时，东军获胜，西军全线溃退。石田三成等被处死。德川家康夺取了除大阪以外的主要城市、矿山，拥有占全国贡租总面积 1/6 的直辖领地。由此，德川家康开始了称霸全国的大业。1603 年，德川家康在江户（今东京）建立幕府，开始了德川幕府（又称江户幕府）时期（1603~1867）。

荷属东印度公司组成

1602 年，由六家商会组成荷兰东印度公司。1602 年 3 月 20 日荷兰国会通过公司特许令，规定了公司的章程。公司获得从好望角到麦哲伦海峡整个地区的贸易和航海特权，期限暂定 21 年，即整个太平洋、印度洋和相连海域都属于公司独占的范围。公司资本为 650 万弗罗林，分 2100 股。一半股份属于阿姆斯特丹商人集团，1/16 属于商人罗特丹和吉尔夫。股东大会是最高权力机关，选出 76 人组成的董事会和 7 人组成的理事会负责日常事务。公司享有签订条约，修筑城堡，拥有武装，设立法官的权力。公司在印度拥有军事基地，拥有军队 10000~12000 人，海军舰只 40~60 艘。每年运回欧洲的货物 1000~1200 万弗罗林，红利为 25~30%。公司成立后接管了它的前身在东方的所有商馆。公司同欧洲其他国家殖民者展开争夺印度尼西亚的激烈竞争。1641 年从葡萄牙人手中夺取马六甲。同时限制英国人在这里开办工厂。到 18 世纪末，公司已征服爪哇岛的大部分领土。公司与当地封建主相勾结，剥削印度尼西亚的广大人民群众。公司通过当地封建主来征收农产品。公司强迫当地农民种植咖啡，并且规定应种的株数，如规定某地区农民种咖啡树必须达到 1000 株。公司把这些咖啡运到欧洲市场，从中牟取暴利。西班牙王位继承战争（1701~1713）后，荷兰在海外的殖民势力衰落，英国殖民势力进入印度尼西亚。英国人占领了苏门答腊西海岸,打破了荷兰人的贸易垄断。公司职员被英国人收买,进行偷运。公司收入急遽减少,日薄西山。公司在安邦支出超过收入达10万里克斯塔勒,在班乌为6.5万里克斯塔勒。在苏门答腊公司已无收入。1780年公司负债达2500万里克斯塔勒。在1780~1784年英荷战争中负债达3500万里克斯塔勒。根据1784年巴黎和约,印度东海岸据点包括尼加巴塔姆都落入英国人手里。同时在印尼各岛都爆发了人民起义,到1784年才把起义镇压下去。1800年1月1日起荷兰东印度公司正式取消,它征服的领土归荷兰国家所有。

英国新贵族出现

16世纪以后,随着英国农村资本主义经济的发展,在农村中出现了与封建贵族并存的新贵族,即乡绅阶层。这个阶层包括:从事圈地的中小贵族,变成农业资本家;大贵族家庭中长子继承家业,其余子弟从事工商业活动或对外贸易,成为工商业者,但他们还保留贵族头衔;工商业者,包括大商人、工场主以及富裕的自耕农,发迹后购买贵族头衔,也加入贵族阶层。这些人虽有贵族称号,但他们已不是封建的骑士,而是财富的骑士。他们在经济政治上再不同封建贵族的利益相一致,而同资产阶级相一致。

英国国会制度开始形成

英国的国会是英王亨利三世(1216~1272)统治时期大封建主、骑士和市民同国王斗争的产物。1264年大封建主西门·德孟福尔为首的军队,打败王军,俘虏国王,孟福尔成为实际统治者。1265年他召开国会,参加者除大贵族外,每郡派两名骑士,每座城市派两名市民参加。这是英国国会制的开端。国会讨论国王政府的各项政策,确定不经国会同意,国王不能进行任何改革,不能征收任何捐税。1295年11月,英王爱德华一世为筹措军费召开国会。他给有爵位的大主教、主教、大主持,伯爵、男爵每人发一出席证,也给每郡郡守发一出席证,命其选郡中有武士资格者二人,均到韦斯敏斯特开会。出席这次国会的有大主教2人、主教18人、主持70人、伯爵7人、男爵1人、郡代表70人、村代表200余人。在国会开会期间,由郡和城市选举产生的代表称为平民,同国王指定的代表处于不同地位,分别于两室开会。国会逐渐形成两院:贵族院包括贵族和教士,由贵族大臣担任主席;平民院亦称众议院,包括各郡和各城市选出的代表。众议院选出议长一人,主持会议。1297年国王承认大宪章,规定国王征税必须先同国会磋商。到亨利四世(1399~1411)统治时期,国会已拥有下列四种权利:不经国会同意不得征税;不经国会承认不得立法;国会可弹劾大臣;包括对外宣战和媾和等重大事务,国家大臣可强迫国王接受其忠告。议员享有下列权利:在会议中,出席会议途中和散会归途中,均不得逮捕;议会中的辩论发言，会后不负责任，不受惩罚。1429 年制定选举法，规定只有居住在本郡的自由持有农每年租金价值 40 先令者才有选举权。在 1640 年开始的英国革命中，长期国会成为最高权力机关。1649 年 3 月 17 日废除贵族院，1657 年又加以恢复。英国国会两院制延续至今。

爱尔兰人民反英起义

1169 年英王亨利二世率军入侵爱尔兰，在爱尔兰东部和南部建立了统治。爱尔兰氏族贵族承认英王的宗主权，英王则承认他们为封建地产的所有者，把爱尔兰的氏族土地所有制变为封建的土地所有制。英国人占领爱尔兰后，占有氏族的公共土地，把这些土地变为英王所有的或封建贵族的地产。宣布废除爱尔兰古代氏族制度及其领袖的特权，只有英王赏赐的特权除外。英王亨利八世在英格兰推行宗教改革，他也企图把宗教改革推行到爱尔兰去。这引起爱尔兰人民的反对。同时英国人在爱尔兰大规模没收土地，他们在俄尔斯特、雷因斯特、曼斯特等省把没收的大片土地分配给英国的公司和英国的贵族。大批地主冒险家，城市的和庄园主的次子因不能继承财产而涌进爱尔兰，掠夺爱尔兰土地。有人说，在女王伊丽莎白统治时代，鹰鸟飞往西班牙美洲，而兀鹰则飞往爱尔兰。因此引起爱尔兰人民的不断反抗。1537~1551 年曾爆发爱尔兰人民起义，1593 年再次爆发起义，到 1603 年才被镇压下去。

戈都诺夫家族统治俄国

沙皇费多尔·伊凡诺维奇在 1598 年 1 月 7 日逝世，无嗣。留里克王朝从此完结。于是罗曼诺夫家族和戈都诺夫家族展开争夺王位的斗争。罗曼诺夫家族原为立陶宛的可比拉，与留里克后人结婚而得势。1598 年费·尼·罗曼诺夫正担任莫斯科教区的总管。波里斯·戈都诺夫是蒙古人的后裔，得到伊凡四世的信任。在沙皇费多尔在位时期，波里斯·戈都诺夫的妹妹是皇妃，因而掌握实权。沙皇费多尔死后，在 1598 年 2 月 17 日召开的缙绅会议上，戈都诺夫被选为沙皇。1598 年 9 月 1 日波里斯·戈都诺夫加冕为沙皇。在选举戈都诺夫过程中，费·尼·罗曼诺夫曾持刀向戈都诺夫冲去。波里斯即位后，以谋害沙皇的罪名把罗曼诺夫家族及其亲属流放到北方去。费·尼·罗曼诺夫削发为僧，改称“菲拉列特长老”。当时俄国遭受波兰和瑞典的武装干涉和国内的动乱。1631 年缙绅会议选举米哈伊尔·罗曼诺夫为沙皇。从此罗曼诺夫家族统治俄国，直到 1917 年二月革命被推翻为止，达三百余年。

土耳其农民起义

土耳其苏丹政府为了增加军费，不断增加税收，对现行各种税增加附加费，并且加增非常税。一位历史学家说："非常税使国内各省臣民厌恶这个世界和这个世界上的一切"，广大农民不堪各种捐税的沉重负担，背井离乡，纷纷外逃。1591 年在佳尔别基省首先爆发农民起义。1592 年农民起义又相继在埃尔基伦和巴格达一带发生。1596 年在基尔曼和小亚细亚邻近地区也爆发农民起义。最大规模的农民起义于 1599~1603 年发生在安那托里亚的中东和东部各省。这次农民的领导人是小封建主卡拉·雅兹吉。他组成 2~3 万起义大军，大军包括农民、游牧民和小采邑主。农民起义大军于 1600 年占领开塞利城。卡拉·雅兹吉宣布自己是当地的苏丹，拒绝服从伊斯坦布尔政权。起义军同土耳其苏丹军队战斗达 5 年之久，到 1603 年才最后被镇压下去。

土耳其的禁卫军，他们残酷镇压农民起义。

德川幕府统治日本

1603 年，德川家康任征夷大将军，在江户（今东京）设立幕府，史称"德川幕府"（又称江户幕府）。德川幕府对日本的统治一直延续到 1867 年，历时 264 年。它的统治方式称幕藩体制，幕藩体制是幕府控制大名和统治广大民众的封建统治体制。幕府的直辖领地约占全国土地总面积的 1/4 强，称为天领，所以，将军以雄厚的经济力量压倒其他大名，并且控制全国的军事指挥权。其他大名，按亲疏关系，分为亲藩（直系亲属）、谱代（关原之战前归属）、外样大名（关原之战后归属）三种。大名在自己的藩国里有一定的自主权，但又必须受幕府的控制。大名要为将军履行种种义务，如：服兵役、工役等，还要轮流到江户参谒将军，并把家属作人质，长期留住江户。幕府的组织机构到第三代将军德川家光时才日臻完善。中央机构：德川家世袭的历代将军是日本的最高统治者，在将军之下，设大老、老中和若年寄三个执政要职，此外，还设立了大目付、目付和三奉行等官职。地方机构：设有京都所司代、城代、远国奉行和郡代等官职。幕藩体制有着森严的等级制度和身份制度。把居民划分为"士（武士）、农、工、商"4个等级，士是统治阶级，其余为被统治阶级。农民是幕府的主要剥削对象。农民被束缚在土地上，向领主交纳年贡，并负担各种徭役和杂税。德川幕府初期，日本经济有所发展，工商业繁荣，对外贸易增加。从18世纪初起，幕府财政开始困难，农民不断发动起义，虽进行了享保、宽政、天保3次改革，也未见成效。此外，从1633年起，日本颁布锁国令，控制对外贸易，禁止天主教在日本传播。这种锁国体制共维持了250年之久，1853年，美国舰队来日本，强迫日本放弃了锁国政策。日本政府相继与欧洲列强签订了一系列不平等条约，引起全国各阶层的不满。在资产阶级化的下级武士领导下，全国形成倒幕派，1867年，倒幕派发动政变，宣布"王政复古"，迫使将军德川庆喜把政权交给天皇睦仁。1868年，德川庆喜在戊辰战争中战败，从此，统治日本二百余年的德川幕府彻底被推翻。

英国议院险些被炸

英王詹姆士一世于1603年即位后，英国天主教徒满以为他会放松压制天主教的政策。但是詹姆士一世继续推行英国国教政策，把罗马天主教徒驱逐出国，不实行国教仪式者轻则罚款，重则囚禁。部分天主教徒便在1604年拟就火药计划，想杀掉国王、大臣和全体国会议员，建立天主教政府。他们在国会地下室租一地窖，埋下火药，想趁国会开会时一举全部炸死，然后夺取政权。参与这项阴谋者共13人，其中有负责管理火药的盖·福克斯。国会拟于11月5日开会。数日前，一位天主教徒贵族议员突然接到一封密信，通知他当日勿去赴会。此公把密信送交国王顾问索尔兹伯里伯爵，伯爵又呈送国王。国王研究疑为炸毁国会，派人检查国会地下室，发现火药，遂将盖·福克斯逮捕起来。阴谋计划宣告破产，主谋者均遭逮捕并被处死。此后加紧对天主教徒的迫害，国会通过反天主教徒法案。后来在英国把11月5日定为"盖·福克斯日"，各地悬挂盖·福克斯肖像。

伊丽莎白一世

1558年11月17日，住在哈特菲尔德宫的伊丽莎白，都铎像往日一样，在玛丽女王耳目的监视下小心翼翼地行事。这时一位递送快信的信差急驰而入，禀告伊丽莎白称：她已经是英格兰女王，玛丽女王已于当天拂晓去世。

11 月 19 日，英格兰所有重要的贵族、贵妇以及议会议员前往伦敦以北 36 里的哈特菲尔德宫宣誓效忠。

11 月 20 日，伊丽莎白庄严地发表演说，她高贵的气质让每一个倾听的人都愿意为她誓死效劳。“诸位爵士：玛丽女王的去世让我感到无限悲伤，她不仅是你们的女王，还是我的姐姐。落在我肩上的责任使我感到惶恐，但由于我是上帝所创，注定要服从他的决定，所以我决心承担这个重任。虽然我顺应上帝的旨意成为政治的统治者，但也只是一个普通的人，因而我希望你们诸位，特别是贵族们，应据你们的地位与力量来协助我。朕职司统治，卿戮力为国服务，这样才可在全能的上帝前有良好的表现，并在世上给我们的后代留一些福泽。”

年轻的伊丽莎白

11 月 28 日，伊丽莎白穿着华丽的紫色丝袍，摆开庞大的仪仗队，骑马穿过四年前囚禁待毙的那个伦敦塔。伦敦塔依旧，但多了节日的气氛，这座森严的皇家监狱略微有点惶恐不安。沿途的人群向伊丽莎白喝彩欢呼，齐声歌颂她的光荣，孩子们向她朗诵烂熟于心的致敬词：“礼炮发出的响声前所未有，人民也将迎来前所未有的时代。”

伊丽莎白享受着人们的歌颂，优雅地向欢迎她的群众致意，清秀的脸庞后面已透露出一代帝王的气质。这一刻曾多次在她的梦中出现，但当这一刻来临时又有恍如隔世之感。因为就在玛丽女王去世以前，她仍被软禁着；更早一些时候，她则被囚禁在伦敦塔里；再向前追溯，母亲以不贞的罪名被处死在她尚未懂事的年代里……

1533 年 9 月 7 日，伊丽莎白在格林尼治宫出生，她的母亲是亨利八世的第二位夫人安娜·波琳。亨利八世希望安娜·波琳能给她生个儿子，但遗憾的是伊丽莎白来到了这个世界。安娜·波琳立即失去了亨利八世的宠爱，并且成了他另结新欢的障碍。1536 年，安娜·波琳被亨利八世以不贞罪处死，而此时的伊丽莎白年仅 3 岁。她不仅失去了王位继承权，而且面临着“非法子女”的尴尬。

亨利八世再娶后，第一个儿子爱德华被立为太子。伊丽莎白幼年境遇凄凉，11 岁时，因太子身体虚弱她才恢复公主身份。亨利八世在遗嘱中规定：爱德华如无嗣就由玛丽即位，玛丽若无嗣则由伊丽莎白即位。

1547 年亨利八世去世后太子即位，史称爱德华六世，由其舅舅西摩摄政。西摩的弟弟托马斯为了控制朝政大权，企图娶伊丽莎白以窃取王位，但事败被杀。14 岁的伊丽莎白被卷入宫廷斗争，受到严密审问。1553 年，爱德华六世早亡，伊丽莎白同父异母的姐姐玛丽即位，为玛丽一世。

玛丽是狂热的天主教徒，她大肆迫害新教徒，对信奉新教的伊丽莎白心怀嫉恨。虽然伊丽莎白被迫放弃了自己的信仰，但 1554 年玛丽根据叛乱新教贵族的诬告，仍将她囚禁在了伦敦塔里，不久又软禁在伦敦西部的一座王宫，两年后才解除软禁，被送往伦敦北部的一所庄园里。

1558 年 11 月 17 日玛丽去世，伊丽莎白在经历了生死磨难后，终于登上了英国的王位。在前去加冕经过伦敦城时，她特意停留片刻，对夹道欢迎的人群作了简短的演讲。她激动地说："是时间把我带到这里，并承认我为女王。"

伊丽莎白即位时的英国国内，相互敌视的教派拿起武器作乱，使英国处于分裂的边缘；空虚的国库源于半世纪的伪币盛行，国防方面的吝啬使得许多堡垒没有一兵一卒照看；而英国在欧洲大陆更是软弱无力，夹在西班牙与法国之间被人随意摆布。

这时的英国大权由伊丽莎白接管，她能把握好这个国家的命运吗？

伊丽莎白受过很好的教育，其著名的家庭教师罗杰·阿谢姆称："她说法语及意大利语与英语一样流利，而且随时可以很流利地用拉丁语与我交谈，希腊语也讲得差强人意。"她的优点是不必透过翻译和中间介入，就可以直接用法语、意大利语或拉丁语与各国使节会商，高超的外交技巧使各国使节都拜倒在她优雅的笑容里。西班牙大使说："这个妇人是十万名魔鬼集于一体，但是她假装自己是个活跃于寺院中的修女，每天由早到晚地祈祷。"

为解决国内宗教危机，伊丽莎白即位后就释放了大批被关押的新教徒，并对英国清教徒加以压制，力图避免不同教派的教义争论。1559 年议会通过《至尊法令》，宣布女王为英国所有教会和僧侣团体的最高领导，一切神甫和官吏必须宣誓接受这一领导，不得服从国外的权力。

为了增加英国资本原始积累，伊丽莎白废除禁止圈地的法令，并把海上劫掠作为充实国库、打击西班牙的重要手段。伊丽莎白还鼓励英国商人建立各种类型的贸易垄断公司，其中 1600 年成立的东印度公司为英国向东方的扩张打下了基础。

伊丽莎白以她坚定的意志、丰富的政治经验，把玛丽一世遗留下来的财力匮乏、军事软弱的英国，带进了一个被英国人称之为"光荣的时代"——伊丽莎白时代。

1559 年拒绝西班牙国王腓力二世的求婚，显示出了伊丽莎白把握政治与私人感情的能力，1569 年对英国北部天主教势力的成功镇压，显示出了她一代帝王的霸气；1587 年处死妄图取代自己地位的苏格兰女王玛丽，则显示出了她冷酷的一面；1588 年对西班牙"无敌舰队"的胜利，使"光荣的时代"达到极盛。但统治后十年不断爆发的城乡人民起义，及 1601 年宠臣埃塞克斯伯爵在伦敦鼓动的市民起义，则在她心中留下了痛苦的回忆。

1603 年 3 月，伊丽莎白在英国的冬天下放松过度，以至于发了高烧。病魔折磨了她三个星期，几乎耗尽了她的体力和活下去的勇气。在这些日子里，她仍然那么任性。许多演奏者频繁出入宫中，因为她认为医嘱远远比不上音乐动听。她经常耗在椅子上或躺在软垫上，而不是听医生的躺到床上去。当大主教祈祷她能活得长久一些时，她反而大加斥责。但当大主教跪在床边自认祈祷够了想要起来时，她却令他继续祈祷，直到深夜她沉沉睡去。

第二天，也就是 3 月 24 日，伊丽莎白永远睡在了自己的梦中。约翰 · 麦宁汉在日记中写道："今晨约三点钟，女王陛下去世，软绵绵的像只小绵羊，安详得像树上落下的熟苹果。"许多人意识到伟大的时代已经结束，一只有力的手已经离开了船舵。伊丽莎白虽然继续亨利八世的专制，但是因其个人魅力而减少许多专制色彩。她既无丈夫也无小孩，所以她把所有的母爱施与了英国。

都铎王朝统治时期，历代君主尊崇重商主义政策，大力发展工商业，鼓励出口。因此，英国资本主义的原始资本像雪球一样急剧膨胀，使海外贸易得到迅速发展。

为了让英国商人在与垄断北欧贸易的德国商人竞争中占据有利位置，亨利七世还特地向全国性海外贸易商人团体颁发经营特许状，并通过外交谈判，签订有利于英国海外贸易的商约。更为直接的是，英国还开创了向制造大船或向国外购买大船者提供津贴的先例，以鼓励远航。

在对付当时的海上强国西班牙方面，伊丽莎白表现得最为出色。当西班牙国王腓力二世向她求婚时，她并没有一口拒绝，而是借此契机为英国谋取利益。伊丽莎白始终让腓力二世存有幻想，让他感觉到英国很快就会并入西班牙。为了能得到那个可以赢得英国的婚戒，腓力二世对英国的各种挑衅极力克制，这直接导致了西班牙与其朋友的疏远，而英国则逐渐强大。

自 16 世纪以来，经过国王的特许，英国商人组建了许多享有海外贸易特权的团体——海外贸易公司，其中比较出名的有莫斯科公司、东印度公司等。这些公司垄断着某些地区的贸易，如莫斯科公司专营俄国和中亚一带的贸易，东印度公司则控制好望角以东国家的贸易。英国海外贸易的发展是与海盗、走私、贩奴和殖民扩张等罪恶活动紧密联系在一起的，海外贸易公司只是扩张和掠夺的工具和保护伞。

奴隶贩子霍金斯

在伊丽莎白的默许和鼓励之下，英国的海盗和奴隶贸易飞速发展。约翰 · 霍金斯是其中较为出名的一位，他是英国 16 世纪著名的航海家、海盗和奴隶贩子。他出生在英国西南部的普利茅斯，其家族成员大都从事海外冒险活动。他从小就在家族的船上经受了磨炼。

1562 年 10 月，霍金斯在岳父等人的资助下，率领三艘船组队出海，第一次踏上了罪恶的贸易征程。在非洲的几内亚海岸，他捕获了 300 名黑人，然后将这些"货物"运送到美洲，卖给海地岛上的西班牙殖民者后，换回了大量的"兽皮、生姜、糖和珠宝"。

霍金斯的"罪恶贸易"竟然引起了英国王室浓厚的兴趣。1564 年，霍金斯第二次出航，伊丽莎白将自己一艘 700 吨的海船折合为 4000 镑股份投资他的船队。这次与西班牙人的交易是夹杂着枪杆的威胁进行的。1565 年 9 月，霍金斯再次满载而归，伊丽莎白授予他一枚图饰为一个被捆绑黑人的盾形纹章。

1567 年 10 月 2 日，霍金斯再次出航。这次规模更大，共有 6 艘船只参加，其中包括女王入股的“耶稣”号和“米尼昂”号。这次远行却没有前两次顺利，经过激烈战斗，他们在几内亚捕捉了大约 600 名黑人。霍金斯以每名 160 英镑的价格将其出售给西班牙，获得了价值约 10 万英镑的赃物。但船队在返航途中遭飓风袭击，被迫开往墨西哥湾的西班牙港口，并强占了港口外的抛锚处的一个小岛。这时一支由 13 艘西班牙船只组成的舰队气势汹汹驶来，对霍金斯的船队进行了猛烈攻击。在这次战斗中，霍金斯船队死伤及失踪达 300 人左右，除两条小船外其余全部被击毁。

1569 年，霍金斯历尽千难万险之后回到英国，并于 3 年后进入英国议会，后来成为英国海军中的一名重要将领。

德雷克——从海盗到将领

走上海盗之路

德雷克出生在一个贫困的自耕农家庭。他的父亲是一个新教徒，曾任传道士四处传道，后来在泰晤士河口的一艘废船上安了家。德雷克自小就在海上谋生，13 岁时在一条往来于北海各港口的小船上当学徒，后来老船长去世，他成了船主。德雷克听说表兄霍金斯贩卖黑奴获得暴利后，就变卖掉自己的小船，加入霍金斯的队伍中。

1566 年，在霍金斯的授命下，德雷克率领一支舰队进行了一次贩卖奴隶贸易。1568 年左右，霍金斯的罪恶黑船遭到了西班牙舰队的毁灭性打击。德雷克从那次“劫难”中幸存下来，但除了“勇敢”之名外已经失去了一切，他决心向西班牙舰队复仇。

德雷克在 1570 和 1571 年的西印度航行中，侦察到了西班牙一条财宝运输线：西班牙人将从秘鲁等地掠夺来的黄金、白银运到巴拿马，然后用骡马将财物运到大西洋沿岸的诺夫雷 · 德 · 迪奥斯港装船，再运送回国。

1572 年，在获得了伊丽莎白女王正式许可后，德雷克带领 73 名冒险家，分乘两艘海盗船对大西洋沿岸的诺夫雷 · 德 · 迪奥斯港进行了攻击。在那里，他们发现了堆积如山的黄金、白银，但还没来得及动手就遭到西班牙人的反击。德雷克也在战斗中受伤，海盗船不得不向后撤退。但德雷克并没有死心，他耐心地等待着雨季过去，以寻找机会袭击穿过巴拿马的西班牙骡马运输队。

在等待的过程中，德雷克以达里安湾为基地不断进行海上劫掠活动，他的两个弟弟也因此丧生。1573 年春，德雷克纠集 18 人，在巴拿马伏击了西班牙的运输队，据说他们劫掠了价值十万西班牙币的财富。1573 年 8 月 9 日，德雷克载着大量财富回到普利茅斯。

穿越麦哲伦海峡

德雷克回到英国之后，受到了英雄般的接待，但西班牙却叫嚣着要将他处死。无奈之下，德雷克不得不藏匿起来。

1576年11月4日，尼德兰的经济重镇安特卫普遭到西班牙人的袭击和劫掠，英国和尼德兰的贸易遭到重创。沉寂3年之后的德雷克打算绕过美洲大陆南端的麦哲伦海峡，袭击太平洋沿岸的西班牙殖民地，为英国报仇。于是，德雷克第一次觐见了伊丽莎白女王。女王鼓励他说："德雷克！这样我就可以报西班牙国王多方侮辱之仇了！"

1577年11月，德雷克率领160多人乘3艘武装海盗船和2艘补给船踏上了环球航行的征程。他们沿非洲西岸南行，穿过大西洋，于1578年4月到达巴西海岸。进入麦哲伦海之前，德雷克抛弃了那2艘补给船。行至圣胡利安港时，有些人企图阻止船队继续航行。德雷克为了稳定军心，将这些反对者处决，并将自己所乘的仅100吨的旗舰"塘鹅"号改为"金鹿"号。

1578年8月，德雷克率领船队驶入麦哲伦海峡。经过16天的艰苦奋战之后，船队终于成功地穿越了此海峡，成为麦哲伦之后的第二批穿越者。不幸的是，船队遇到了可怕的飓风，其中一艘沉没，一艘折回英国。"金鹿"号则被吹向东南方，德雷克因此发现了合恩角。风平浪静之后，"金鹿"号沿智利海岸向北航行。这里本来是西班牙殖民者的天下，"金鹿"号的突然出现使西班牙人大为惶恐。

德雷克的第二任妻子

第二次环球航行

德雷克的这次航行是为复仇而来，所以他一路上寻找一切机会向西班牙船只发动袭击，并不断偷袭沿岸的西班牙港口。"金鹿"号装满了抢劫来的西班牙财物后，德雷克命令船队离开南美洲，继续向北航行。野心勃勃的德雷克企图沿北美海岸找到一条连接大西洋和太平洋的北方新航线，但逆风和严寒打乱了他的计划，他不得不掉头向南航行。德雷克的船队在今天的旧金山附近的一个港湾内停留了一个月，在那里整修船只，并以伊丽莎白女王的名义象征性地占领了这块土地。

1579年7月，"金鹿"号横渡太平洋，朝菲律宾群岛方向行驶，于11月抵达摩鹿加群岛。在德那第岛，德雷克利用当地土著人对葡萄牙人的仇恨，与他们的首领做成一笔友好交易，使船队获得了数吨重的香料。船队随后继续航行，并穿越印度洋，绕过好望角。1580年9月26日，历经34个月的艰苦航行之后，"金鹿"号载着仅存的56名幸存者和满船财宝回到普利茅斯港，成功完成了人类历史上第二次环球航行，使整个欧洲感到震惊。

据保守估计，德雷克这次航行所抢劫来的财物，价值 50 万英镑，这相当于英国王室一年的收入。德雷克将 27.5 万英镑财物献给了伊丽莎白女王，英国人则热烈地欢迎这位当时被认为最伟大的海员和海盗。伊丽莎白亲自登上"金鹿"号，与德雷克共同进餐，授予其爵士称号，并下达命令将这艘海盗船作为永久纪念保存起来。

打击西班牙人的干将

借着环球航行的春风，德雷克于 1581 年当上了普利茅斯的市长，后来又成功当选为议会议员。在德雷克成为炙手可热的政治人物时，英国与西班牙之间的矛盾也在不断激化，他自然被推到了风口浪尖上。

1585 年，在朋友及女王的大力支持下，德雷克组建了一支由 30 艘船只组成的舰队，对西班牙发动进攻。这支英国舰队先强行进入西班牙西北部的维哥港，不但大肆抢劫财物，还剥下了圣母像的外衣。舰队随后驶往加那利及绿岛群岛，抢劫了其中最大的岛。并再次横渡大西洋，袭击美洲的西班牙殖民地。德雷克的舰队首先攻陷了西印度的圣多明各，抢走 3 万英镑财物，接着劫掠了佛罗里达的圣·奥古斯都城，并于 1586 年 1 月顺利返回普利茅斯港。德雷克的这次出击重创了西班牙，使这位海上霸主蒙受了巨大的羞辱。

1587 年 4 月，伊丽莎白女王得到情报：西班牙的"无敌舰队"准备进攻英国。女王命令德雷克率领一支由皇家和海盗组成的联合舰队对西班牙海岸进行先发制人的打击。德雷克于是率领舰队突袭加的斯湾内的西班牙船只，并击沉 1 艘西班牙战舰。同时还对西班牙的运输及补给船进行袭击，迫使"无敌舰队"推迟出航的时间。

1588 年 7 月，西班牙"无敌舰队"与英国舰队在英吉利海峡展开了巅峰对决。德雷克被委以重任，担当英国舰队的副统帅，他完成了由海盗向英国海军高级将领的转变。

英荷战争

1652~1678 年英荷战争又叫"荷兰战争"，是英国和荷兰为争夺殖民地和海上霸权而展开的战争，共进行了 3 次：1652~1654 年；1664~1667 年，1672~1678 年。经过这几场战争，最终确立了英国的海上霸权地位。

17 世纪，是西欧各封建国家走向衰落、资产阶级革命正在兴起的历史转折时期。荷兰在 16 世纪后半期至 17 世纪前半期，经过 80 年战争，打败了西班牙，实现了民族独立，完成了资产阶级革命。

荷兰是个小国，面积 2.9 万平方公里，自然资源贫乏。但是荷兰人民富于聪明才智，利用千百部风车排干海水，拦海造坝，使万顷海洋变成沃野，建立了发达的农业和畜牧业。荷兰人还利用面向大西洋的几百公里海岸线和国内纵横交错的水网河道和沿海的良港,大力发展海外殖民和贸易事业。荷兰人自古善于航海,他们建立了世界上首屈一指的商船队,17 世纪上半叶共拥有商船 1.6 万艘,是法国、英国、西班牙和葡萄牙四国商船的总和,占全世界商船总吨位的 3/4。荷兰人垄断了世界的贸易,荷兰商人的足迹遍及五大洲各个角落。荷兰人被人们称为"海上马车夫"。

荷兰人还大力开展海外殖民事业,夺取了广阔的海外殖民地:从葡萄牙人手中夺取了南非的好望角、锡兰(今斯里兰卡)、印度的马拉巴海岸和科罗曼德海岸以及马六甲;还占有印度尼西亚、北美的新尼德兰、南美的圭亚那;还曾于 1622~1662 年侵占了我国的领土台湾。

荷兰的海上霸权严重威胁了英国的利益。17 世纪,英国资本主义正迅速发展、原始积累不断加强,也在对外殖民扩张。但是 17 世纪中期以前,英国资产阶级正忙于进行革命,无暇与荷兰竞争。荷兰乘机在世界各地排挤英国。荷兰的东印度公司 1619 年打败了英国的东印度公司,迫使英国转向印度。6000 艘荷兰船在波罗的海张帆遨游,封闭了英国同北欧各国的贸易,使英国的木材、大麻和油脂等重要物资奇缺。波罗的海的全部贸易以及对印度和美洲的贸易均由荷兰人垄断,甚至在英国西印度群岛的殖民地上,荷兰商人也压倒了英国商人,仅与巴巴多斯做买卖的荷兰商船就是英国的 2 倍。英国捕鱼业也受到荷兰的沉重打击。荷兰人不仅在英国领海上捕鱼,而且还把打的鱼拿到英国市场上销售。到 17 世纪上半叶,荷兰的海外投资已比英国多 15 倍,船只多 10 倍。

1649 年英国处死查理一世后,取得了资产阶级革命的胜利。英国资产阶级迫切要向海外扩张,开辟海外殖民地和市场。这时,荷兰对海上贸易的垄断权是英国海外扩张最大的障碍和直接威胁,英国已无法容忍荷兰的海上霸权了。克伦威尔当政时制定的战略就是控制海洋。英国政治家沃尔特·雷利爵士曾经说过这样一句名言:"谁控制了海洋,即控制了贸易;谁控制了世界贸易,即控制了世界财富。因而控制了世界。"为实现这一战略,从 1649~1651 年英国加紧海军建设。克伦威尔对海军格外关注,他抓了两件事:一是成立了专门的"海军委员会"负责建造专门为海战设计的新型战舰。革除了以往打仗是征召武装商船和海盗的习惯做法,而让武装商船和海盗船作为预备役用。二是加强对海军的训练和管理,一改以往靠商船水手打海战的做法,专门从陆军中选出精壮士兵担任职业海军军人,并由经验丰富的职业军官指挥海军。著名海军将领罗伯特·布莱克担任海军统帅后,加强训练和战备,使英国海军保持良好的战备状态。这期间,英国海军从 1649 年的 39 艘战舰增至 1651 年的 80 艘,增长了 2 倍多,其中大部分是二层甲板、拥有 60 至 80 门炮的巨型战舰,排水量达 1000 吨。最大的是"海上主权"号,排水量 1500 吨,有四层甲板 104 门重炮,水兵 800 人,最大的炮弹重 60 磅,一次齐射的炮弹重一吨。

英国在海军建设告一段落,战争准备完成后,便向荷兰开刀了。1651 年 10 月 9 日,英国议会颁布了著名的《航海条例》,主要内容为:亚洲、非洲或美洲的商品,必须使用英国船只才准许运入英国及其殖民地;欧洲商品输入英国及其殖民地,必须使用英国船只或原商品出产国的船只运送;不准英国商人进口中介商品;保护英国渔业。该条例各条款正是针对专搞"中介贸易"和海运的荷兰商人。

自信的荷兰人

对于《航海条例》,荷兰断然拒绝。英荷双方都意识到战争不可避免了,便剑拔弩张,扩军备战。英国海军在原有基础上,又紧急动员了125艘商船。荷兰海军原仅有60艘战舰,1652年也紧急征用商船后,达到226艘。但是荷兰战舰比英国要小得多,最大的才54门炮,大多数只有20~30门炮,均比英国小1倍。英国海军无论是数量还是质量,均比荷兰占有较大的优势。双方到了1652年,均已做好准备,严阵以待,大战一触即发。

第一次英荷战争

1652年5月29日,布莱克率领英国舰队在多佛尔海峡巡逻,与荷兰舰队相遇。荷兰舰队由海军名将特罗普指挥,有42艘军舰。英国舰队只有20艘军舰。但是布莱克坚持要荷兰人必须下降军旗向英国国旗致敬。荷兰人拒绝了这种无理要求,英舰便开炮轰击,击沉荷舰2艘,于是第1次英荷战争便爆发了。

第1次英荷战争主要集中在多佛尔海峡战区(包括北海)和地中海两大战区,其中又以多佛尔海峡为主。

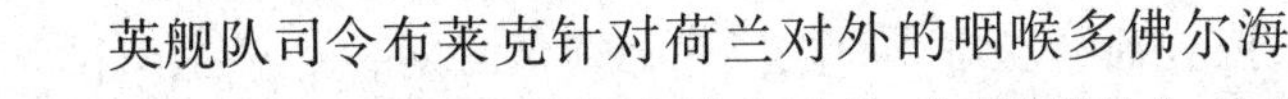

英舰队司令布莱克针对荷兰对外的咽喉多佛尔海峡制定了战略:控制多佛尔海峡和北海,切断荷兰与外界的一切联系,迫荷兰人投降。为此,他采取了集中强大舰队、拦截通过海峡的一切荷兰船只的战术。他还派出舰队到苏格兰北部袭击荷兰东印度公司的运银船,到北海捕获和击沉荷兰的捕鱼船,甚至深入到波罗的海,破坏荷兰与东欧之间的海上贸易。这种战略战术对荷兰经济上是致命的打击。

荷兰由海军上将德·赖特指挥。他在和法国海盗船及西班牙海军的长期战斗中积累了丰富的海战经验。荷兰制定的战略就是以强大的舰队为商船护航,强行通过海峡,确保外界的联系。但是荷兰在军舰的战略部署上不当,把过多的力量投入到次要战区地中海,从而使在海峡争夺中处于数量上的劣势。

战争分两大战区展开。在多佛尔海峡和北海战区,双方共展开9次激烈的海战。参战的各有一二百艘军舰和2、3万士兵在海上厮杀,这一战区的战斗可分两个阶段:

一、相持阶段(1652年5月~1653年2月)

英荷双方互有胜负,主要海战有:

1.普利茅斯海战(1652年8月26日)

赖特指挥荷兰舰队护航商船通过英吉利海峡。中午,阿伊斯秋率领40艘军舰和5艘纵火船的英国舰队进行拦截。在普利茅斯港外赖特投入了30艘军舰和6艘纵火船与英军作战,双方力量相近,赖特奋勇作战,终于将英舰队击败,使荷兰商船队成功地通过了海峡。此仗，双方互有伤亡，但荷兰海军通过海战，感到与英军在航海技术、炮术、海战战术方面与英军不相上下，从而增强了信心。

2.肯梯斯诺克海战（1652 年 10 月 8 日）

英国舰队在布莱在指挥下，在北海给荷兰捕鱼船以沉重打击，使之损失惨重，有 900 多渔民被俘。荷兰舰队司令德·维特从普利茅斯之战中，认为英军战斗力不如荷兰，便没有从地中海战区抽调援兵，不顾兵力和火力都弱于英国的现实，向布莱克发起攻击。10 月 8 日，双方在泰晤士河口外的肯梯斯诺克相遇。双方舰只英 68 艘荷 64 艘。英舰数多，火炮多，占了上风。双方混战了 2 天 2 夜，由于布莱克进攻的勇敢顽强，荷兰舰队招架不住，被击沉 3 艘，还有许多舰只毁坏。英国舰队大获全胜。

3.达格尼斯海战（1652 年 12 月 10 日）

英国在取得了肯梯斯诺克海战的胜利后，开始骄傲轻敌，以为荷兰海军不堪一击，于是把英国舰队分了好几部分，还抽出 20 艘去地中海，这样英国在海峡战区只有 42 艘军舰，从数量上处于劣势。荷兰方面特罗普又重掌帅印，他带领荷兰舰队担任来往于荷兰与外界的商船队的护航任务。12 月 10 日特罗普出动 78 艘战舰为 300 艘庞大的商船队护航。布莱克在英格兰东南的达格斯坦海角终日海战。荷英双方军舰为 70 :42。特罗普和副手赖特作战英勇，指挥果断，数量也占优势。荷兰人击沉了 3 艘英国战舰，俘获 2 艘。英舰队大败，残舰龟缩在英国南方的港口，不敢出战。

4.波特兰海战（又叫“三日海战”，1653 年 2 月 28 日至 3 月 2 日）

失败使英国人脑子清醒了，认识到荷兰人非等闲之辈，必须认真对付。于是英国又把海军力量集中起来，又建造了许多新舰，随时准备报上次惨败的一箭之仇。

1653 年 2 月 28 日，特罗普又率 80 艘战舰护送 180 艘商船返回荷兰，在波特兰以西海面与英国舰队相遇。英军有 70 艘战舰。一场残酷的海战爆发。荷兰舰队投入攻击，以掩护商船队前进。双方在海上激战了整整 3 天，特罗普费了九牛二虎之力才突破英军封锁，大部分商船安全回国。但是荷兰损失巨大：11 艘战舰被击沉或被俘获，30 艘商船也被击毁或缴获，阵亡近 2000 人。英国只损失 1 艘船，伤亡 1000 人，布莱克本人也负了伤，由蒙克继任。

二、第 2 阶段：英国取得战略优势（1653 年 2 月~1654 年 4 月）

三日海战后，英国海军重新获得了对海峡和北海水域的控制。蒙克海军上将很有远见，他坚持集中兵力，以优势舰队封锁海峡，切断荷兰对外联系的战术。为此，克伦威尔动员了全国工业生产力量集中赶制战舰，雄厚的工业实力生产的高水平的战舰一艘接一艘地下水，加入英国舰队。而荷兰由于工业基础薄弱，损失的战舰很难得到补充，逐渐处于劣势。

1653 年 4 月，英国海军还颁布了两个在海军历史上具有历史意义的文件。一个是《航行中舰队良好队形教范》，规定了在航行中保持良好队形、指挥统一、完整的联络方法等重要内容。二是《战斗中舰队良好队形教范》，第一次做出了组成纵队战斗队形的规定。这两个教范有力地保证了英国海军指挥一致，作战中相互协同，大大地提高了战斗力。而荷兰海军仍采用旧的战术，不可避免地走向失败。这阶段双方主要有两次大海战：

1.加巴德沙洲海战（1653 年 6 月 12 日～13 日）

6 月 12 日，特罗普指挥荷兰舰队从本土基地出发，试图打破英国海军的封锁。荷兰舰队有 104 艘军舰，英国舰队由蒙克和迪恩指挥，拥有 115 艘战舰，双方力量相当。开始，双方混战，相持不下。天黑时，布莱克率 18 艘军舰赶来增援，英军在数量上占了优势，荷舰队于 13 日开始撤退到佛兰德浅滩，英国军舰大多吃水深，无法进入浅滩，遂停止了追击。战斗中，荷兰被击沉 9 艘，被俘 11 艘，损失兵员 1400 人。英国虽只损失 1 艘军舰和 400 人，但舰队司令迪恩海军上将阵亡。

2.斯赫维宁根战役（1653 年 8 月 8 日～10 日）

英国舰队夺取了海峡和北海制海权后，对荷兰海岸严密封锁，荷兰经济陷于瘫痪。为了打破英军封锁，特罗普和德维特决定孤注一掷出击，进行“敢死”的冲击。荷英双方舰数之比为 106:100，大体相当。8 月 10 日战斗正式开始，这是一场决战。在激战中，荷兰杰出的统帅特罗普中弹身亡。荷兰舰队失去卓越的指挥官后，斗志剧减，被蒙克打得一败涂地，仓皇撤退。荷军损失了 15 艘战舰，伤亡 4000 人，而英军只沉了 2 艘军舰，伤亡 1000 人。

斯赫维宁根战役后，荷兰舰队元气大伤，再也无力出击了。英国对荷兰实行绞杀式封锁。海峡和北海战区再无大战。

在地中海战区，从战略上对战争结局影响不大，荷兰集中了强大的舰队，保持了对英国的优势。范・盖伦指挥的荷兰舰队有 14 艘战舰组成，每舰有 26～30 门炮，还有增援的 22 艘武装商船。英国舰队有 15 艘舰，每舰 30～54 门炮。但英舰队部署不当，分为两部分驻在地中海东部的里窝那厄尔巴岛。

荷舰队司令范・盖伦巧妙地集中舰队兵力插入英两支分舰队之间，切断了他们的联系，造成局部优势，分而歼之。1652 年 8 月 28 日，厄尔巴岛的英分舰队冲出去和优势的荷舰队交战，被荷兰舰队打得落花流水。荷军继而又封锁里窝那 6 个月。1653 年 3 月 13 日，范・盖伦把英舰队诱出里窝那予以全歼，英舰队除跑了 1 艘外，全被击沉或俘获。荷海军虽然大获全胜，但是其卓越统帅范・盖伦在激战中阵亡。此战后，英残余舰只撤出地中海，荷兰海军控制了地中海。

尽管荷兰海军在地中海控制了制海权，但对于战局无补。英海军的窒息式的绞杀封锁完全切断了荷兰与外界的联系，以海运和海外贸易为主的经济完全瘫痪。工厂关门，商店停业，商船腐烂，有 1500 艘商船为英国俘虏。繁华城市阿姆斯特丹街上杂草丛生，乞丐遍地，有 1500 所房子无人居住。荷兰无力再战，被迫向英国求和。根据 1654 年 4 月两国签订的《威斯敏斯特条约》，荷兰被迫支付了 27 万英镑赔款，同意在英国水域向英船只敬礼，英国可以与远东通商。荷兰还割让了圣赫勒拿岛。

第 1 次英荷战争以英国胜利而告终。英国胜利的原因：一是荷兰战略部署失当，在次要战区集中优势兵力，而在生死攸关的海峡和北海战区兵力处于劣势。二是英国有雄厚的工业实力，能迅速弥补战争的损失。三是英国海军的装备、数量、火力和战术水平优于荷兰。

第二次英荷战争

荷兰战败后，英荷矛盾并没有解决。荷兰对于《航海条例》如芒在背，一直在寻找时机，报仇雪耻，打败英国，废除《航海条例》。赖特海军上将这时担任荷兰海军的头面人物。他励精图治，改组海军，重建海军舰队，招雇和训练水兵。他还认识到：单凭给商船护航是打不败英国的。只有改变这种被动战略，抛开商船，只用战舰作战，以海军主力与英国舰队决战，夺取制海权，才能取得战争的胜利。为实现这一战略，荷兰加紧建造大型战舰，到1664年，已拥有103艘大型战舰，上有大炮共4869门，官兵2.1631万人。

而英国，自取得第1次英荷战争的胜利后，便不把荷兰放在眼里。克伦威尔建立了军事独裁，对内镇压本国劳动人民，对外侵略爱尔兰并与西班牙进行战争，造成200万镑的债务，搞得国内人民怨声载道，危机四伏。1658年克伦威尔死后不久，蒙克便投向保皇党，让查理二世于1660年复辟。查理二世复辟后，为了对外扩张，仍加紧建设海军。但这时英国海军今非昔比，由于政界和军界的腐败，使海军陷于债务，1660年欠债100万镑。而全年海军拨款仅及海军预算的2/3，造成舰只失修破旧，士兵常常领不到薪水，士气低落，战斗力下降。

查理二世画像

荷兰卧薪尝胆、忍辱负重10年，一直在寻机报仇，这时机会终于来了。早在1660年，查理二世十分狂妄，又颁布了新的《航海条例》，而且条件更为苛刻。但当时荷兰还未准备好，未有行动。1663年，英国得寸进尺，开始进攻荷兰在非洲西岸的殖民地并于1664年攻占。同年，英国还攻占了荷兰在北美的属地新阿姆斯特丹，并命名为纽约。荷兰忍无可忍，开始采取了行动。1664年8月，赖特率8艘战舰扬帆驶向西非，很快便收复了西非被英国占领的据点。1665年2月22日，荷兰正式向英国宣战，第2次英荷战争爆发了。

第二次英荷战争主要是以双方海军主力决战的形式来夺取制海权，海战的规模更大了，由于火炮的改进和射程及杀伤力的提高，使海战中的损失大大提高。战场主要在英吉利海峡和北海地区，战争进程可分3个阶段。

一、第1阶段：英国占据优势（1665年6月~年底）

荷英两国宣战后，由于是冬季，气候条件不利于海战，直到春天之后才正式交战。

1665年6月13日，两国舰队在英格兰东海岸外的洛斯托夫特展开海战。英国舰队由国王的兄弟约克公爵任总司令，共有109艘战舰，其中50门至90门炮的战列舰35艘，其他战舰53艘，武装商船21艘，纵火船21艘及小型船只7艘，共有4200门大炮和2.2万人。荷兰舰队因赖特远征非洲未及返回，由沃森纳尔和奥布丹指挥，拥有103艘战舰，1 1艘纵火船和7艘通讯船。共有4900门炮2.1万人，但荷兰人的舰和炮仍比英国的要小。荷兰舰队本处于顺风的有力位置，但奥布丹等未及时主动攻击，不知何故。等风变向后，荷兰舰艇顶风攻击，双方开始还能相互列阵齐射，但不久队形乱了，转入混战。从上午3时一直打到下午3时，有些荷兰舰支持不住转舵逃跑，给英国人留下了缺口。英舰队立即插入。在激战中，荷兰旗舰"伊恩德纳赫特"号被击中弹药库爆炸，两位舰队司令沃森纳尔和奥布丹阵亡，409名人员中仅有5人获救。旗舰沉没后，荷兰又一艘巨舰"奥兰奇"号陷于敌舰重围被俘获，后被焚毁。荷兰舰队乱了阵营，纷纷溃逃。荷兰人在英舰炮击、火攻和登船攻击下，损失惨重，至少损失了17艘战舰、3名海军上将及官兵4000多人。英国仅损失军舰2艘和800名官兵。英国获胜是因为炮的射程远，英海军战术水平高。二是由于荷兰人指挥失误及旗舰过早损失之故。

洛斯托夫特海战后，荷兰舰队一时伤了元气，德维特下令马上重建舰队。这时，英国舰队向北欧进发，企图俘获停在挪威卑尔根港内的70艘荷兰商船，但被荷兰人击退。8月，赖特终于回到国内。他立刻稳住了荷军阵脚，担任荷兰海军统帅。他率荷兰舰队驶往挪威，把在卑尔根的船队安全带回国内，只有10艘因风掉队被英国人俘获。在下半年的大部分时间里，赖特靠出色的指挥艺术，巡逻于英吉利海峡和泰晤士河口以外，有效地保护了荷兰的海上贸易。但是英国的战略优势地位仍然存在，荷兰只是处于保护交通线的被动态势。

二、第2阶段：战争的扩大与相互拉锯阶段（1665年年底~1666年9月）

1665年秋天起，一场大祸降临英国。伦敦及英国各地流行大瘟疫，这是由老鼠引起的鼠疫（又叫"黑死病"）大流行。夏天，鼠疫开始发作，9月后流行，死亡人数剧增。伦敦人口的1/4，约10万人死于鼠疫。这使英国国内一片混乱。1661年1月，荷兰又先后与法国、丹麦结为反英同盟。法丹两国向荷兰提供了各种援助。虽然法国并不想积极参战，但是也迫使英国舰队分出20艘军舰对付法国人，使英国舰队的力量受到削弱。因此，英国的战略优势逐渐丧失。

经过冬季休战后，春夏之交双方又恢复了战斗。在短短的几个月，双方连续展开了五次大小海战，激烈程度以往罕见，双方互有胜负。

1.四日海战（1666年6月11~14日）

6月11日晨，赖特率荷兰舰队出海。这支舰队是冬季花了1100万盾组建的，共有84艘战舰，4600门大炮和2.2万官兵。英舰队在蒙克（现在是阿尔比马尔公爵）和鲁珀特亲王联合指挥下前来迎战。英舰队共78舰4500门炮和2.1万人。战前，英军收到错误情报，说法国舰队来了，便由鲁珀特亲王率20艘舰去截击"法国人"。仅给蒙克留下2/3的力量，作为支援鲁珀特的预备队。但不想蒙克迎头撞上了荷兰主力舰队。双方立刻展开激战。荷舰利用数量优势渐渐包围了蒙克的舰队。荷军抢占了上风，加上多年的训练使炮手射术大长，十分准确，给处于逆风的英舰沉重打击。英“绥夫蒂秀尔”号被俘，舰队司令贝克利阵亡。英舰“亨利”号受了重伤，但仍战斗，荷兰先遣舰队司令埃弗森被炮弹击中身亡。头天战至黄昏，双方各损失几艘舰，平分秋色。第2天，英舰队又发起攻击，荷兰后卫舰队想抢先英方占领上风，引起荷方阵形大乱。但英方因舰只数量上占劣势，无法抓住战机打击荷方。双方又一次平手。6月13日，英方仅有30艘军舰还能战斗，蒙克被迫西撤。英先头舰队旗舰“皇家亲王”号被荷舰包围搁浅，舰队司令阿伊斯秋举白旗投降，该舰被荷兰人焚毁。正当英舰队危急之际，鲁珀特亲王的舰队因未找到法国人又返了回来，与蒙克舰队残部会合。6月14日清晨，双方展开决战。赖特的两员大将奋勇当先，其中一人是特罗普之子小特罗普，英舰队中先头舰队走得太快，与主力舰队间留下空隙，被荷舰切入，英舰队后卫又为小特罗普迂回，赖特率主力猛攻入英舰队中央。英舰队陷于混乱，但为避免灭亡，拼死抵抗。海面上一时硝烟滚滚，弹如雨下，杀声震耳，双方打得天昏地暗。荷兰为全歼英军，先后投入了3万人和6000门炮。这时天降大雾，天也黑了。英军为避免全军覆灭，被迫撤出战斗。而荷兰人也耗尽了弹药，筋疲力尽，只好也返航了。这一仗，是英荷战争中最大的一场海战。英国有17艘战舰（包括3艘旗舰）被击沉，官兵阵亡8000人，被俘3000人，其中有2名将军和12名舰长阵亡。这是英皇家海军历史上少有的几次败仗之一。荷兰海军仅损失6艘战舰，伤亡2500人，其中有3名将军。

2.古德温海战（1666年7月1~4日）

但四日海战并不是决定性的，赖特虽然把泰晤士河口封锁了一段时间，但是英国舰队很快便修复完毕，又出现在海洋上。7月1日，蒙克率60艘军舰与小特罗普等指挥的荷兰舰队（约100艘军舰，其中71艘是战列舰）遭遇，双方激战了两天，3日荷兰援兵赶到，蒙克遂撤出战斗。但4日，鲁珀特亲王又率一支分舰队来援，蒙克又发起攻击，但被击退。此仗是一场中等规模的海战，英军10艘军舰被击沉，其余大部分军舰丧失了战斗力，死伤1700人，被俘2000人。荷兰的损失较轻。

3.圣·詹姆斯日之战（1666年8月4日~5日，北福兰角之战）

赖特准备率荷兰舰队想在光天化日之下溯泰晤士河而上攻打英国首都伦敦。蒙克和鲁珀特奋起卫国，国王严令督军，英舰队出海与荷兰舰队决战。荷兰方面有89艘战舰，英国约有90艘。这次英国较好地发挥了其炮火优势，因为在前几次混战中英准确的射击和射程远的特长难于发挥，而这次是列阵作战，英又占上风，所以战斗与4日之战正好反了个儿。战斗刚开始不久，荷兰先头舰队中的7名将军便死了3名，先头舰队四散溃逃。特罗普这时指挥荷后卫追赶一些逃跑的英国船，赖特的中央舰队面对优势的英军，只好采用机动战术，边打边撤。8月5日清晨，特罗普杳无踪影，赖特只好用8艘军舰掩护沿着荷兰海岸浅滩赶上来的掉队船只。特罗普一直有被切断退路的危险，但他借助浅水海域的掩护，终于安全返回荷兰。这一仗，英军获胜，只损失了1艘战舰和2至3艘火攻船，伤亡不到300人，但有5位舰长阵亡。荷兰人则损失了20艘战舰，伤亡7000人，其中有4位将军阵亡，英海军又一次掌握了制海权。

4.“霍尔姆斯篝火”（1666年8月8日）

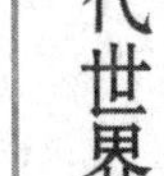

英国霍尔姆斯受命率一支小型分舰队袭击荷兰的弗利兰岛，但意外发现了隐藏的大量荷兰商船。英国舰队经短暂的战斗，烧毁了两艘出来迎战的小型荷兰军舰。然后放火焚烧了挤在一起的150多艘荷兰商船，这就是有名的“霍尔姆斯篝火”。荷兰这一下午受到的损失超过了英国舰队在整个战争期间给荷兰造成损失的总和。英军然后又劫掠了弗利兰岛上的居民，然后离去。

这一阶段战事，双方互有胜负，展开了拉锯战，损失巨大，英国仍占上风。

三、第3阶段：荷兰获胜（1666年9月~1667年7月）

荷兰虽在圣·詹姆斯之战失利，但舰队主力依在，元气未挫。赖特通过这场在英国本土附近作战的实践，总结出了宝贵的经验：必须在夜间进行偷袭。以往两国海战均在白天，夜晚基本不打。于是赖特派出间谍，摸清了泰晤士河的潮汐，水位、航线等情况以及伦敦地区的军事和经济情报，并对水兵进行了夜战训练，准备寻找有利时机闯入英国心脏地区。

1666年9月10日，又一场灾难降临伦敦。一场罕见的大火在伦敦燃起，大火整整烧了4天4夜，伦敦繁华的商业中心、无数楼房、教堂、宫殿、工场等被大火烧成灰烬。伦敦城被毁2/3，损失超过800~1000万镑，超过两次与荷兰战争的费用。火灾给英国经济以沉重打击。英国无力再战，从1667年1月开始，与荷兰就恢复和平举行谈判。

荷兰并不急于和谈，而是想再给英国狠狠一击，以实力迫英国签订城下之盟，并对霍尔姆斯的纵火予以报复。荷兰元首德维特是个足智多谋、精明强干的人物。当荷英两国在布雷达会谈时，他已制定了秘密计划，令赖特率舰队全体出动，在特塞尔岛外紧急集合待命。德维特亲自向赖特面授机宜，并派他的兄弟随舰队行动，监督这一计划不惜任何代价地完成。该计划就是冒险溯泰晤士河而上，再沿梅得威河直驶查塔姆，那儿是英国战舰的船坞，然后将英战舰击沉或焚毁。该计划风险太大，不要说沿途有英国的各种防御设施，而且泰晤士河口和梅德威河多沙洲和浅滩，必须涨潮且顺风才行，稍一疏忽，错过潮位，风向不顺，则军舰就会搁浅。尽管计划冒险，但俗话说“艺高人胆大”，前已说过，赖特早已做过周密的侦察和准备工作，并对士兵进行了夜战训练，早已胸有成竹。于是海战史上的奇迹出现了。

1667年6月19日，赖特率荷兰舰队24艘战列舰、35艘各类舰只，乘黑夜涨潮时冲入泰晤士河，荷兰舰队此举出英国人意料之外，引起极大恐慌。荷兰军舰一路行驶，一面炮击，沿途英国船只不是被击中起火，便是相撞沉没。岸边建筑物也燃起熊熊大火。荷兰舰队横冲直撞，寻找和击毁所发现的英国舰船，一些最好的军舰被俘获准备带回荷兰。荷兰舰队还炮轰伦敦，使伦敦浓烟弥漫，火光冲天。英国人从上到下，惊慌失措，纷纷逃难，无法组织有效的防御。22日，荷兰舰队一直驶入查塔姆船厂，打哑了岸上炮台，登陆部队及纵火船人员拆除或毁掉了河上障碍，船厂中的9艘巨型战舰均被俘获或焚毁。其中蒙克的旗舰“皇家查理”号被荷兰人带回国内。荷兰舰队横行了3天后，全部安全返回。然后，赖特便封锁了泰晤士河口，长达几个月。

赖特直闯英国腹地，是战争史上的奇迹，也是以海军立国的英国的奇耻大辱。英国遭此大败，加上大瘟疫和伦敦大火这两大灾难，已焦头烂额，无力再战。1667年两国签订了《布雷达和约》，英国对《航海条例》作了有利于荷兰的修改，在海上贸易权方面做了让步，把南美的苏里南归还给荷兰，荷兰则放弃了在北美的殖民地。

荷兰在第2次英荷战争中获胜，其原因主要是建造了大批堪与英舰匹敌的巨型战舰，战略战术得当，能集中优势兵力，与英国争夺制海权。还得力于杰出海军统帅赖特的杰出指挥艺术，尤其是奇袭伦敦的壮举。英国国内政局腐败，士兵士气低落，指挥低下，也是其败因之一。

第三次英荷战争

这场战争实际上也是荷法战争的一个组成部分，战争使许多国家卷入其间。战争起因是，法国国王路易十四早就图谋瓜分荷兰领土，把现今比利时的荷兰领土作为法国的“天然边界”，以巩固法国欧洲大陆的霸权地位。而英国不甘心上次战争的失败，想卷土重来。于是英法两国不谋而合地勾结起来。1670年6月路易十四与查理二世经过秘密谈判，达成交易，于1670年6月签订了《多佛密约》。该约规定：查理二世有“义务”在英恢复天主教，并与法国共同对荷作战。法国则有“义务”出兵镇压英国可能发生的“骚乱”。于是1672年法国对荷兰宣战，英国也退出了原与荷兰、瑞典组成的三国同盟，援助法国对荷作战。为此，法王给了英王40万镑奖励。英法和瑞典三国先后向荷兰发起进攻，于是第3次英荷战争爆发了。

第3次英荷战争实际上并不仅仅是英荷两国间的战争，而是一场扩大了的国际战争，参战的还有欧洲一些主要国家，如法国、丹麦、瑞典，西班牙等。战争大体为两个阶段。

一、第1阶段（1672~1674年）以海战为主，陆战为辅

1672年5月，英法两国先后对荷兰宣战。法军从陆地、英军从海上两方面向荷兰发起了进攻。法军在孔代和蒂雷纳指挥下，从陆地向荷兰进攻。荷兰陆军仅仅是象征性的，根本不是久经沙场的、欧洲第一流的法国陆军的对手，接二连三地丢城失地，荷兰的格尔德兰、奥弗赖塞尔和乌得勒支等省相继陷落，连久负众望的威廉将军也抵挡不住路易十四骑兵的凶猛冲击。法军节节进逼，突破了埃塞尔河防线，直逼首都阿姆斯特丹。荷兰到了最后关头，军民百姓全都撤到船上，准备随时撤离。为了阻止法军的进攻，荷军统帅部迫不得已采取了最后一招，下令打开堤坝。汹涌的海水立刻涌入荷兰人开垦的良田沃野，须德海和莱茵河之间立刻成了一片汪洋大海。法军先头部队赶紧后撤，才免受灭顶之灾。荷兰在付出巨大损失后，阻止了法军陆上进攻。

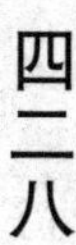

这时，海上战斗又成为战争的主要内容了。赖特已有65岁高龄，这次又担任荷兰舰队总司令。他分析了双方实力对比，认为英国海军是最主要的威胁，法国海军无足轻重，于是他只是分出一支小舰队来牵制法国舰队，集中主力对付英军。他把主力部署在靠近荷兰海岸的浅海中，可以随时利用浅滩掩护。如有时机便向英国舰队发动攻击。这种战术十分奏效。双方在这阶段共展开了5次海战：

1.海峡之战(1672 年 3 月)

在宣战之前,英国舰队进攻一支荷兰护航船队。英方有 12 艘战列舰及 6 艘小型战舰,荷兰只有 5 艘战舰护送 72 艘商船(其中有 24 艘是武装商船)。荷兰舰队司令哈恩依靠出色的指挥与优势同英军周旋,终于击退了英舰队的攻击,使大多数商船安全抵达目的地,只被击沉 1 艘、被俘 3 艘商船。

2.索尔湾(索斯伍德湾)海战(1672 年 6 月 7 日)

英法联合舰队主力泊于英国东南部的索尔湾,共有 150 艘各类舰只,其中有英国 45 艘战舰,法国 26 艘战舰,其余是后勤补给船等,共有 5100 门炮和 3.3 万人。赖特指挥荷兰舰队约 130 艘(其中大型战舰 61 艘)、共 4500 门炮和 2.1 万人,于 6 月 7 日偷袭索尔湾的英法舰队。荷兰舰队先在港外布置了封锁线,乘涨潮放纵火船,造成敌人的混乱。接着赖特挥军逼近港湾,炮击逃窜的英法舰艇。英舰队司令约克公爵是著名的战术家,指挥沉着冷静,很快克服了混乱局面,编成队形出港作战。双方展开近距离炮战,由于法舰队只躲在远处用远射程炮轰击,不想参加近战以蒙受重大损失,所以荷兰舰队集中主力攻打英国舰队。战斗十分激烈,英后卫舰队司令桑德威治和荷兰后卫指挥范根特中将均在战斗一开始就被打死。战斗从中午一直打到天黑才告结束。英国损失了 4 舰 2500 人,荷兰损失了 2 舰 2000 人。此战战果虽然不大,但荷兰人在战略上粉碎了英国计划中的对荷兰的入侵,也挫败了普鲁士从陆地入侵荷兰的企图,拯救荷兰于危亡之中,这次先发制人的进攻具有重大战略意义。

在 1672 年的余下时间里,赖特再次把舰队撤至海岸边的浅水地带,随时从浅滩中出击打击敌人。7 月,英法联合舰队载一支强大的登陆部队到达特塞尔岛外,企图进行登陆,但由于赖特的舰队在侧翼牵制,英法军队未敢实行登陆入侵的计划。8 月,荷兰仍处于敌人的海陆包围之中,威廉三世在危急时刻担任了荷兰国家首脑。荷兰开始展开外交活动,于 1673 年春天,争取到奥地利和西班牙站在荷兰一边,加入了战争。而普鲁士则和法国签订了合约,战争规模开始扩大。

3.第 1 次斯库内维尔海战(1673 年 6 月 7 日)

英法联军集结了强大舰队载陆军,又企图登陆入侵荷兰。赖特率海军出来迎战,双方军力为:荷兰 89 艘军舰,其中战列舰 52 艘;英法联军有 127 艘各类舰只,其中战列舰 81 艘(内法国 27 艘)。英法数量占优。双方激战至天黑,各损失了一些小型舰只。

4.第 2 次斯库内维尔海战(1673 年 6 月 14 日)

过了 1 周之后,风向突变,荷兰占了上风。赖特立刻当机立断,向英法联合舰队主动攻击,迫使英法舰队仓皇撤退,从而使英法的登陆计划再次受挫。

5.特塞尔海战(1673 年 8 月 21 日)

8 月,英法联军又一次企图入侵荷兰。2 万陆军集结在英国,第 1 梯队 1 万人登船,在鲁珀特亲王指挥的联合舰队指挥下,驶向荷兰。鲁珀特计划在荷兰的战略要地特塞尔岛登陆,建立前进基地,然后一举攻克荷兰本土。联合舰队准备充分,兵精弹足,鲁珀特的副手拉帕尔与赖特多次交过手。他仔细研究了赖特的战术,制定了相应对策。

8月21日,英法舰队接近特塞尔岛,赖特又率荷兰舰队出击。英法有90艘战舰,荷方有75艘战舰。尽管英法方兵力占优,但荷兰水兵想到背后就是祖国,已无退路,于是同仇敌忾,奋勇向前,誓死拼杀。双方战斗空前激烈。赖特和英将拉帕尔3次更换旗舰,仍勇敢战斗。荷军首先突破了法国人的防线,法军一片混乱,丢下英军首先逃跑。鲁珀特指挥舰队中坚力量避开赖特的主力,双方后卫舰队展开激战,英后卫舰队司令斯普拉格被击毙。天黑时,英国舰队开始返航,原定的登陆计划也取消了。战斗中双方舰船都没有被击沉的,主要是炮弹是实心的,爆破弹还未问世。但许多舰只受到严重损害。联军损失2000余人,荷兰伤亡1000人。但是荷兰消除了海上威胁,取得了制海权,大批东印度护航船安全返回。

特塞尔海战导致英法的裂痕。英军对法军临阵脱逃不满,加上议会削减军费,英无力再封锁和入侵荷兰了,于是便单独与荷兰媾和。1674年2月,英荷签订了《威斯敏斯特和约》,双方恢复了战前状态,英国退出了战争。

二、第2阶段(1674~1678年)

英国退出战争后,并没有使战争平息,反而扩大了。荷兰通过外交,联合了西班牙、丹麦、勃兰登堡等国在陆上对付法国。而法国仅获得瑞典一个盟国的支持。战争以海战和陆战相结合,海战主要在大西洋的北海、波罗的海及地中海进行。陆战遍及欧洲各地。

在陆战方面:1674年8月,孔代亲王指挥法军于瑟内夫与荷军交战。法军4.5万人,荷方是荷兰与西班牙联军约5万人,由奥兰治的威廉指挥。双方激战17小时,不分胜负。法国名将蒂雷纳在辛茨海姆和蒂尔凯姆两次会战中,打败了日耳曼人及荷兰、西班牙组成的联军。接着,法国陆军又在阿尔萨斯—洛林地区获胜。1675年6月28日,勃兰登堡军队在费尔贝林之战中打败了瑞典军队,这是荷兰方面在陆战中第一次获胜,迫使瑞典退出战争。1676年,法军又在西西里击溃了西班牙军,控制了西西里岛。陆战法国占了上风,攻占了荷兰的大部分领土。

在海上,双方处于僵持状态。在波罗的海和地中海两个战区,荷兰与丹麦控制了波罗的海制海权,地中海是主要战场,大的海战主要有以下几次:

1.阿里卡迪海战(1676年1月8日)

1675年12月,赖特带领15艘战列舰和快速帆船驶入地中海,援助保卫西西里岛的西班牙人。1月8日,荷兰舰队和法国舰队在阿里卡迪交战。荷方舰只19艘(内1艘西班牙舰)1200人,法地中海舰队由杜贵尼海军上将指挥,有战列舰20艘,火炮1500门。荷兰舰队处在下风的不利位置,但赖特成功地保持了密集队形,用猛烈的舷炮挫败了优势法舰的进攻。荷兰击沉了3艘法国纵火船,但自己有1艘战列舰重伤沉没。

2.奥古斯塔海战(1676年4月22日)

荷兰与西班牙联合舰队为保卫西西里,与法国地中海舰队又一次展开决战。荷西舰队由西班牙的切尔达海军上将任司令,拥有17艘战列舰(西班牙占4艘),9艘快速帆船(5艘为西班牙的),共1330门炮。法国舰队仍由杜贵尼斯指挥,拥有战列舰29艘,2200门大炮和10700人。战斗中荷兰舰队为优势法舰包围,经过激战才突出重围。但赖特不幸身负重伤,几天后死去,这对荷兰是个沉重打击。

3.巴勒莫海战(1676 年 6 月 2 日)

法国舰队在维渥尼伯爵指挥下,共约 60 艘军舰向西西里岛首府巴勒莫港内停泊的荷西联合舰队(27 艘军舰)发起攻击。在法国 9 艘战列舰猛烈炮火的掩护下,6 艘法国纵火船冲入联合舰队队列,使之造成巨大损失。经过激战,荷西联合舰队几乎全军覆灭,死伤 2000 人,6 位海军上将阵亡,其中有荷兰司令哈恩和西班牙司令切尔达。法国舰队几乎没有什么损失。法国取得了对地中海的控制权。

巴勒莫海战基本上决定了战争的结局,在欧洲水域几乎没有什么大的海战了,荷兰控制了北海制海权,法国在地中海称雄。仅仅在 1677 年 3 月 3 日,荷法两国海军在西印度群岛的多巴哥岛附近展开了一次海战,荷兰舰队打败了法国舰队,法 10 艘战舰损失了 5 艘,荷兰的 6 艘战舰沉了一半。但法国最后依靠增援部队攻占了多巴哥岛。

海战的胜利加上陆地上的优势,使法国取得了战争的胜利,荷兰已无力再战了。由于国内财政困难以及害怕英国再度参战来瓜分胜利果实,法国便与交战各方谈判,于 1679 年 2 月 5 日签订了《奈梅亨和约》,法国侵占了德国和荷兰的许多领土,包括:阿尔萨斯、洛林、弗莱堡、布莱沙赫、法兰齐、柯门特等地。

两个海军强国的较量

16 世纪时,海上的霸主是西班牙。自哥伦布发现新大陆以后,西班牙的殖民者便涌到那片土地上掠夺黄金、白银、大量的珠宝,这些财富像翻滚的潮水一样流入西班牙,使西班牙迅速发展成为欧洲最富有的海上帝国。仅 1545~1560 年 15 年的时间里,西班牙海军就从海外运回黄金 5500 公斤,白银 24.6 万公斤。16 世纪末,世界贵重金属开采量的 83%为西班牙所占有。为了保障自己的海上交通运输线和海外利益,西班牙组建了一支由 100 多艘战舰、3000 余门大炮、数以万计士兵组成的强大海上舰队。在极盛时期,这支舰队的舰船多达千余艘。它耀武扬威地横行于地中海和大西洋,自称"无敌舰队"。

当时的英国尚处于资本主义萌芽状态,飞速发展的轻工业急于向海外寻找市场,舰船制造和航海技术的革新,使英国夺取海外殖民地的野心急速膨胀,这些都是西班牙所

气势宏大的无敌舰队

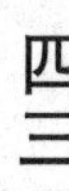

不愿看到的。另外,英国在海上的海盗行径以及对美洲的虎视眈眈直接威胁到了西班牙的利益。西班牙国王腓力二世对此极为不满,但他起初并不想使用武力,妄图勾结英国天主教势力将伊丽莎白女王赶下台,将苏格兰女王玛丽扶上英国王位。但西班牙人的阴谋很快被伊丽莎白识破,她下令处死了苏格兰女王玛丽。腓力二世见阴谋败露,决心用武力征服英国。

当时,英国的海上实力实在难以与强大的西班牙相抗衡,但海盗头子德雷克、霍金斯等人组织的海盗团伙的海上袭击,令"无敌舰队"防不胜防,成为一种有效的进攻方式。

巅峰对决

1588年7月,西班牙的"无敌舰队"在公爵梅迪纳的统率下,自里斯本扬帆出航,直奔大不列颠而去。这支舰队由134艘战舰、8000多名船员和水手、2000多名摇桨奴隶和2.1万名步兵组建而成。梅迪纳打算采用传统打法,利用强大的步兵优势,冲撞敌舰,强行登舰后进行肉搏。

英国方面也做好了充分的准备,组建了一支由197艘战舰、9000名船员和水手组成的新型舰队。霍华德任统帅,海盗头子德雷克任副统帅。英国的战舰由霍金斯做了改进之后,具备了船体小、速度快,灵活性强的特点,而且装备有先进的火炮,既可以躲开西班牙重型炮弹的射击,又可以远距离打击西班牙舰队。

7月22日清晨,战斗打响了,西班牙战舰的甲板太高,他们的炮火高高地掠过英国战舰,英国战舰在炮火下快速行驶,他们的敏捷令西班牙人感到恐慌和无助。英军正好处于上风位置,他们利用重炮猛轰西班牙后卫舰船。"无敌舰队"阵脚大乱,以致节节败退。23日拂晓,风向逆转,"无敌舰队"处于上风位置,重创英国最大的军舰"凯旋"号。

25日,在怀特岛附近,霍华德率领一支舰队冲入"无敌舰队"之中,双方展开对射。英军舰船的灵活及炮火的精准,彻底击垮了西班牙人的士气。双方激战几小时后,弹药基本上都消耗殆尽。为了补给弹药,西班牙舰队向加来前进,英国舰队则转向多维尔。英国舰队可以从附近的港口获取弹药,"无敌舰队"在到达加来之前,一点接济都没有。

26日黄昏,"无敌舰队"到达加来附近海域,在港内停泊,英国舰队尾随追来。因为知道"无敌舰队"还没有补给弹药,英国舰队便放心大胆地在"无敌舰队"的射程内停泊,梅迪纳则无可奈何。

最后决战

西班牙舰队在加来港湾内下锚停泊。1588年8月7日凌晨,霍华德在旗舰上召开紧急会议。会议经过对各方面的条件进行分析,最后决定用火攻。英军在会议结束的当天晚上便开始了"火攻"计划。8艘200吨以下的小船很快被改装成为引火船,船上装满易燃物。当时正值深夜,随着司令官一声令下,这8艘被点燃的小船顺风冲向"无敌舰队"。睡眼朦胧的西班牙人做梦也没想到英国人会来这一招,个个呆若木鸡。8条"火蛇"眨眼间已经窜入"无敌舰队"之中,木制的大帆船遇上"火蛇"立刻燃烧起来。西班牙舰队变成一片火海，士兵被烧得焦头烂额，发出一阵阵惨叫，大小船只一片混乱。梅迪纳急忙命令各舰砍断锚绳，避开大火。但慌乱之中，不少西班牙船只只顾逃命而互相撞在了一起，自相撞沉者不计其数。

火攻过后，梅迪纳命令舰队向加来集中，但大多数船只刚才已经将锚砍掉，已经无法停泊，遂向东北方向漂流而去。霍华德见西班牙舰队杂乱无章地向敦刻尔克方向行驶，便命令英国舰队乘胜追击。因为数次激战过后，英军的弹药也不充足，霍华德命令舰队尽量保证攻击的准确度。此时的“无敌舰队”已无招架之力，只能后退。

英军哪里肯放过他们，在后面穷追不舍。上午 9 时，双方舰队再次交火。英国舰队步步紧逼，已无队形的“无敌舰队”显得更加混乱。西班牙人虽然勇敢作战，但无奈的是战舰在各方面都不占优势。“无敌舰队”三尺厚的木船壳也被英军的炮火所洞穿，4000 多西班牙人被杀，鲜血从甲板上流入大海中，染红了大片海水。

海战一直持续到下午 6 时，鉴于舰队已无法作战，梅迪纳命令撤退。“无敌舰队”已名存实亡。

海上新霸主

“无敌舰队”集中起残余船只，从北面绕过不列颠群岛向西班牙驶去。英国舰队虽胜，碍于一些舰只受创，加之弹药消耗过大，霍华德命令停止追击。剩下的西班牙舰只乘着风势向北逃窜，但在抵达苏格兰西北岸的拉斯角时，遇到猛烈的大西洋风暴。大海咆哮，恶浪滔天，残船怎能经得起这般折腾，一些战舰遂出现了漏水的状况。船员也被饥饿、病魔缠绕，无助地在海上随巨浪漂泊。许多战舰撞上了岩石后进水下沉，消失在浪涛之中。

在崎岖难行的爱尔兰岸边，有 17 艘船触礁沉没，数千人淹死。仅在斯莱格一地，就有 1100 名沉没的西班牙人尸体被海水冲至海滩上。一些船员向当地的爱尔兰人乞讨食物及淡水，但是遭到无情地拒绝。有几百人软弱得不堪一击，竟然被岸边的半野蛮人屠杀。

1588 年 10 月，“无敌舰队”仅剩 43 艘残破船只回到西班牙，近乎全军覆没。腓力二世望着仅存的 43 艘遍体鳞伤的战舰，不禁百感交集。但是，他还是强装出一副无所谓的样子给这些西班牙的残兵败将打气。暗地里，腓力二世将自己囚禁在皇宫密室里，没有人敢与他说话。

整个大海战，英军阵亡海员水手不过 100 人左右，而西班牙有 2 万多官兵葬身鱼腹，近 100 艘战舰遭到灭顶之灾。英军之所以能取得如此巨大的胜利，是因为英军采用了灵活多变的战术，充分利用炮火对敌人进行远程打击。西班牙貌似强大，但保守僵化，仍然以登上敌方舰队进行肉搏战为指导思想，因而失败在所难免。此役过后，西班牙海军一蹶不振，而英国海军则迅速成为新的海上霸主。

伪季米特里一世登上沙皇宝座

1603 年,一位 22 岁的青年自称是沙皇伊凡四世的儿子季米特里出现在布拉根波兰大贵族阿达姆·维什涅维茨基的庄园里。在沙皇俄国早就谣传,说季米特里在乌格利希并没有被害死,而是得救了。这位伪季米特里在波兰一出现,莫斯科就宣布说,伪季米特里正是修道士格里戈里·奥特列比耶夫。此人出身于科斯特罗马的贵族家庭,年轻时四处化缘,到过莫斯科,后来同其他三名修道士逃到波兰去了。1603 年秋,维什涅维茨基把伪季米特里介绍给他的亲戚波兰统领耶日·姆尼什克。伪季米特里同姆尼什克达成一项协议,姆尼什克把女儿嫁给他,登上沙皇宝座后,把诺夫哥罗德和普斯科夫作为新娘领地,并从国库拨出大批金银财宝给他的岳父。1604 年春,波兰国王齐格蒙特在克拉科夫会见伪季米特里,波兰国王答应支持伪季米特里,伪季米特里则表示把斯摩棱斯克和谢维尔斯克—契尔尼哥夫地区割让给波兰。伪季米特里为了取得天主教的支持,1604 年 4 月 17 日秘密皈依天主教。波兰国王决定不由波兰国家公开宣战,而由伪季米特里自己招募一支军队。一切工作都在桑波尔城进行。伪季米特里从侨居国外的敌视戈都诺夫的俄国贵族者中寻找支持者。他以皇子季米特里的名义号召农民和哥萨克,组织起一支 1000 名波兰人 2000 名哥萨克人组成的部队。1604 年 10 月伪季米特里率这支人马渡过第聂伯河,向俄国进军。他沿途经过之地,对沙皇戈都诺夫不满的人、哥萨克、逃亡农民、奴仆、下级职员都纷纷加入他的队伍。1604 年末,沙皇军队同伪季米特里军队在诺夫哥罗德——塞维尔斯克交战。1605 年 1 月 21 日,双方在塞夫斯克附近的多勃雷尼奇村进行决战,伪季米特里 23000 军队惨败,退往普季夫尔。1605 年 4 月 13 日沙皇戈都诺夫突然死去。年仅 16 岁的费多尔继承皇位。5 月 7 日,正在克罗姆的彼·费·巴斯曼诺夫统帅的 8 万俄军拒绝向新沙皇宣誓,站到伪季米特里一边。瓦·伊·叔伊斯基侯爵也说季米特里未死。这时莫斯科城发生起义,沙皇费多尔·波里索维奇和他的母亲被杀。伪季米特里军队迅速进攻到莫斯科城下。6 月 7 日,瓦·伊·叔伊斯基等高级官员则派代表迎接伪季米特里,他在 1605 年 6 月 30 日进入莫斯科城。不久皇后玛尔法也到首都承认伪季米特里是她的儿子。7 月 21 日伪季米特里在乌斯宾大教堂加冕为沙皇,称伪季米特里一世。

伪季米特里一世被起义群众杀死

伪季米特里依靠波兰人的支持登上俄国沙皇宝座。他当政骄横跋扈,大肆赏赐俄国贵族、波兰雇佣兵和哥萨克。为了实现同波兰贵族耶日·姆尼什克签订的协议,1606 年春迎接玛林娜来莫斯科,伪季米特里同她结婚。伪季米特里欢宴数回,把大批金银财宝赏赐给他的岳父。伪季米特里的各项政策引起俄国国内各阶层人民的不满。农民离开他的队伍,大臣贵族打算推翻他。1606 年春,在捷列克河流域出现了"皇太子彼得"运动。一名哥萨克自称是皇太子彼得。他对哥萨克说:"国王想要赏赐我们,但大臣恶棍们不给我们赏赐。"1606 年 4 月,4000 名哥萨克给伪季米特里写信,要求他承认皇太子彼得。他们从伏尔加河向莫斯科进军。伪季米特里想借助这支队伍对付大臣贵族。他写信给这些哥萨克,请他们到莫斯科来。莫斯科的大臣们听到这个消息,加紧准备推翻他。1606 年 5 月 17 日拂晓,莫斯科响起钟声,接着全市钟声大作。人们高喊:"打死立陶宛人,打死立陶宛人!"人民挤满了皇宫前的广场。伪季米特里跳窗逃跑,跌倒被擒,随即被杀死。几天后群众把伪季米特里尸首焚化,把他的骨灰装进一个炮筒,发射向他来的地方。波兰贵族负隅顽抗,把住宅变成小城堡。群众手执石块和刀枪冲进这些人的住宅,2000 名波兰贵族和士兵被杀。其余全部投降。莫斯科大臣贵族在 1606 年 5 月 19 日清晨在莫斯科红场召开临时缙绅会议,选举瓦西里·叔伊斯基为沙皇。

鲍洛特尼科夫领导农民起义

在沙皇叔伊斯基统治时期(1606~1610),俄国各地农民纷纷起义。1606 年 7 月,鲍洛特尼科夫领导一支农民起义队伍从普季夫尔出发,向莫斯科进军。他们在科马里茨基州打败了尤·尼·特鲁别茨基领导的政府军。当年 8 月又在罗梅城取得了对政府军的胜利。南方各地农民纷纷倒向起义队伍。起义军在耶列茨城获得了伪季米特里藏的大批武器。沙皇叔伊斯基命伊·米·沃罗敦斯基率军去夺回耶列茨,结果被起义军打败。沙皇军队陷入一片混乱的局面。图拉和梁赞两地贵族也相继起义,参加鲍洛特尼科夫队伍。1606 年 9 月 23 日,起义军同政府军在离卡卢加 7 公里的乌格拉河和奥卡河汇合处发生激战,起义军打退政府军的进攻。政府军逃回莫斯科。10 月,鲍洛特尼科夫占领阿列克辛,在洛帕斯尼亚战役中又重创政府军。10 月中旬,他同伊·帕什科夫队伍汇合,向莫斯科挺进。10 月 25 日,起义军在离莫斯科 50 公里的特罗伊茨克村击溃政府军,10 月 28 日逼近莫斯科城。首都莫斯科有三道石头护墙,鲍洛特尼科夫强攻不克,遂采取包围战略。鲍洛特尼科夫发表《公告》,号召农民和仆役起来消灭地主,答应把从领主那里夺来的土地分给他们。参加起义队伍的贵族看到起义对他们具有巨大的危险,以格·苏姆布洛夫和普·利亚普诺夫为首的 500 名梁赞贵族在 1606 年 11 月 15 日向政府军投降。沙皇政府在 12 月初集中了大批援军。12 月 2 日,起义军在从莫斯科到科洛明斯克途中被打败,数千名起义战士战死沙场或者被俘,还有一部分人投降。鲍洛特尼科夫逃往卡卢加。沙皇政府为了取得贵族的支持,允许追捕逃亡农奴的时间从 5 年改为 15 年。1607 年 5 月 3 日,普·塔捷夫指挥的政府军在卡卢加同起义军战斗,塔捷夫被击毙。鲍洛特尼科夫最后转守图拉。沙皇政府重组 10 万大军,1607 年 5 月 21 日包围图拉。两万起义军进行英勇自卫。沙皇叔伊斯基采取罪恶手段,在乌帕河截河筑堤,水淹图拉城。起义军弹尽粮绝，仍然坚持战斗达 4 个月之久。10 月 10 日才停止抵抗，与政府军谈判。政府军占领图拉后，挖掉鲍洛特尼科夫的眼睛，把他流放到北方的卡尔哥坡里，淹死在那里。其他领导人都被关进监狱里。鲍洛特尼科夫领导的农民起义最后失败。

土耳其向奥地利发动战争

1592 年，奥斯曼土耳其不顾君士坦丁堡条约和亚得里亚诺堡条约的各项条款，再次对奥地利帝国边境地区发动战争。土耳其占领奥地利帝国的边境地区，迫使这些地区向土耳其奥斯曼帝国称臣并纳贡。奥地利皇帝利用雇佣军和临时召集的军队保卫漫长的边界线。奥地利皇帝点燃烽火，希望各地勤王，但各地领主不愿为皇帝做出牺牲。双方战斗互有胜负。土耳其军一度占领维也纳外城拉布。1598 年奥地利军队又把拉布夺回。神圣罗马帝国举国欢庆这一胜利。双方争夺极为激烈。格兰、维斯普雷姆、施图尔魏森堡都几次易手。不久，在奥斯曼土耳其帝国境内的波斯和小亚细亚爆发起义，迫使土耳其帝国境内的波斯和小亚细亚爆发起义，迫使土耳其政府停火。1606 年 11 月，土耳其和奥地利在席特瓦托罗克签订条约。土耳其承认奥地利和奥地利皇帝享有平等的权利，用一次性赠款来代替土耳其人理解的纳贡，确定双方未来平等的外交关系。双方决定，以双方占领的军事阵地作为边界线的基础，土耳其保留它占领的卡尼沙和埃尔劳，奥地利皇帝保留了魏岑和诺格拉德郡。

英国农民反圈地起义

1607 年 5 月，英国中部各郡，包括诺森普顿、瓦维克、列塞斯特各郡，农民群起推倒栅栏，填平沟洫，打开被圈占的公有土地。起义农民声势浩大，瓦维克郡一个村庄参加起义的农民就达千人，列塞斯特郡一个村庄竟有 5000 农民参加起义队伍。他们自称平等派和掘地派。瓦维克郡掘地派在宣言中宣布，地主暴君剥夺了人民的生活资料，他们把我们的肉体放在石头上细细研磨，为的是他们自己在肥胖的绵羊群中生活，他们把村庄弄得荒无人烟，他们消灭了整个村庄，在它的废墟上设立牧羊场，这对于我们国家是没有丝毫好处的。在诺森普顿郡，除农民参加起义外，还有各类工匠和手工业者参加起义队伍。英王詹姆士一世在 6 月 28 日发布诏书，表示要使用武力镇压起义的农民，同时表示要派法官进行调查，希望农民等待调查的结果。7 月 27 日詹姆士一世又发布诏书，宣布起义农民在 9 月 29 日前向当地政府认罪者将得到赦免。但詹姆士一世根本没有实践他的诺言，不久便用武力把起义镇压下去。

英国在弗吉尼亚建立殖民地

1607 年 4 月一个美丽的早晨，牛波特船长带领载有 120 名殖民者的三艘船在北美的齐沙比克湾登陆。他们发现这里绿草如茵，树木参天，水清可爱。据一位同行船长波士记载，这里有壮丽的森林，遍地花草，有美丽的草莓，野兽成群，火鸡满天飞。他们是英国伦敦公司的殖民队伍。伦敦公司于 1606 年英国成立，获得北美大西洋岸北纬 34°~41°。之间建立移民区的权利。他们从英王詹姆士一世那里取得特许状，享有在殖民地行使分配土地，征收赋税，进行防卫的权力。1603 年 5 月 15 日，他们驶进汉普顿水道，在这里建立詹姆士城，以纪念英王詹姆士一世。新建的詹姆士城有一座炮台、一座礼拜堂、一个仓库和一些茅屋。第二年史密斯船长被选为主席，他成为这个城市的实际统治者。由詹姆士城逐渐扩大成弗吉尼亚殖民地，以纪念英国女王伊丽莎白，女王的绰号弗尔吉·伊丽莎白。弗吉尼亚殖民地逐渐扩大，到 1619 年发展到将近 2000 人。他们开始种植烟草。

英国航海船只模型

1619 年一艘载有 90 名妇女的船只到达，他们成为殖民者的妻子。1619 年 7 月 30 日，在詹姆士城礼拜堂里召开美洲大陆上第一届立法会议，选出总督 1 人，评议员 6 人，市民 2 人，创立殖民地代议制政府。同年 8 月份，荷兰运奴船到达，运来 20 名黑人奴隶。1624 年取消了伦敦公司的特许状，弗吉尼亚殖民地遂成为英王直辖殖民地。

葡、荷殖民者争夺刚果

最早入侵刚果的是葡萄牙殖民者。但从 1578 年葡萄牙并入西班牙后，葡萄牙人对刚果的入侵也缓慢下来。1599 年荷兰人试图在圣多美岛登陆。同时荷兰人经常到刚果河口和刚果河北岸进行活动。1607~1612 年间，荷兰人皮尔·范登布洛克在刚果河以北和以南海岸作三次短暂停留。他留下回忆录《去佛得角和安格拉途中，主要是前往东印度群岛远征中的轶事、日志和史实》。1609 年他沿刚果河旅行。1640 年葡萄牙脱离西班牙获得独立，但它既无海军又无陆军去阻止荷兰人。1641 年荷兰人占领了罗安达和圣多美。同年荷兰人范赫德尔再次沿刚果河旅行，抵达刚果河附近的姆旺代—孔代。荷兰人在这里停留 7 年，1648 年才被葡萄牙收回。1665 年荷兰人和刚果王国对葡萄牙战争失败，刚果王国从此终结。

朝鲜实施大同法

17 世纪以前，朝鲜实行贡物制度。首都各宫房和各司主要依靠征收贡物过活。这种贡物制度弊病很多。1594 年根据柳成龙的建议实行收米法，每结土地征收大米二斗。1608 年在此基础上，韩百谦建议实施新收米法。新收米法首先在京畿道推行，规定以前向宫房和中央各司缴纳的常贡一律改为征收大米，即为大同法，税米也叫大同米。大同法规定每结土地纳大同米 16 斗，其中 10 斗送交宫房和中央各司，6 斗归地方官厅。1623 年吏曹正郎赵冀建议在全国实施大同法。于是相继在江原道、忠清道，全罗道设立大同厅。大同法的实施遭到各级官吏和富豪的反对。但大同法继续实施下去。1656 年忠清道实施大同法，每结地纳米 10 斗。1658 年先在全罗道沿海 27 邑，1660 年又在山区 26 邑实施大同法，规定每结地收大米 13 斗。山区各郡按棉布纳税，按 6 斗 5 升米折合一匹布的“作木”比率，纳 2 匹棉布。1677 年庆尚道实施大同法。1708 年黄海道实施详定法，每结地除征收 12 斗大同米外，还征收 3 斗别收米。后来，全国统一规定大同米为 12 斗。大同米的实施增加了封建政府的财政收入，也促进了商品经济和手工业的发展。

瑞典波兰武装干涉俄国

伪季米特里在图希诺建立政权后，于 1608 年 9 月派萨别和李索夫斯基包围莫斯科北部的谢尔盖耶夫三圣修道院。三圣修道院进行武力抵抗，图希诺军队未能得逞。同时在伏尔加河下游、莫斯科周围以及西北地区掀起反对图希诺政权的起义。1608 年 8 月，沙皇叔伊斯基派皇侄斯科平·叔伊斯基去诺夫哥罗德向瑞典求援。俄瑞两国于1609年2月28日签订维堡条约,瑞典同意出兵援助沙皇,俄国则放弃对立沃尼亚的要求并割让科列拉给瑞典。1609年5月,斯科平·叔伊斯基在1.5万瑞典援军支援下在特维尔城击溃图希诺军,解三圣修道院之围,1610年3月12日进入莫斯科。伪季米特里二世逃往卡卢加。波兰国王齐格蒙特以俄瑞结盟为借口,派斯坦尼斯拉夫·茹凯夫斯基率军队进入俄国,直抵斯摩棱斯克城下。原先投靠伪季米特里二世的俄国大臣们,派代表团前往斯摩棱斯克。1610年2月,这个代表团同波兰国王齐格蒙特达成协议,推举齐格蒙特的儿子瓦迪斯瓦夫为俄国沙皇,同御前会议共同统治俄国。这就使波兰人对俄国的入侵取得合法地位。1610年6月24日,由皇弟季米特里·叔伊斯基统帅的俄瑞联军在克鲁申诺同波兰茹凯夫斯基率领的军队发生激战,俄瑞联军大败,瑞典军队一部分投降,一部分北逃。1610年7月17日,以扎哈里·梁普诺夫为首的贵族发动政变,把瓦西里·叔伊斯基赶下沙皇的宝座,逼他削发为僧。在莫斯科组成七人贵族政权。1610年8月17日,七人贵族政权同波兰统帅茹凯夫斯基达成协议,俄国承认瓦迪斯拉夫为沙皇,瓦迪斯拉夫必须改信天主教,波兰派兵去攻打伪季米特里二世。七人贵族政权召开缙绅会议,确认瓦迪斯拉夫为沙皇。9月20日茹凯夫斯基率军进入莫斯科。同时莫斯科派1200人代表团前往斯摩棱斯克,同波兰国王齐格蒙特进行谈判。波兰国王以王子年轻不能去莫斯科为借口,要求俄国交出斯摩棱斯克。谈判破裂,代表团全被扣押。1611年6月3日,波兰国王齐格蒙特三世攻下斯摩棱斯克城,全城遭到屠杀。同时1611年7月杰拉加尔率领的瑞典军队进抵诺夫哥罗德城,迫使该城选举瑞典王子查理·菲力普为沙皇。1611年7月16日夜,诺夫哥罗德地主奴仆打开城门,引进瑞典人。最后,诺夫哥罗德城大主教伊希多尔和伊凡·奥多耶夫斯基公爵同瑞典签订条约,规定诺夫哥罗德归属瑞典,由诺夫哥罗德选举一名瑞典王子为沙皇。这样在俄国领土上就出现两个外国人沙皇,一个是波兰的瓦迪斯拉夫,一个是瑞典的查理·菲力普。

法王亨利四世被刺身亡

亨利四世是波旁王朝第一代君主,1589~1610年君临法国。他曾是胡格诺教徒的首领。但他向旧教妥协,因而同法国国王亨利三世的女儿订婚。1572年成为纳瓦尔王。他因圣巴索罗缪之惨案而改宗旧教。1576年他又改宗新教。1589年法国国王亨利三世被暗杀,由他继承法国王位,是波旁家族统治法国的开始。由于旧教的反对,他曾一度退出巴黎。1593年他又改宗旧教,同意接受天主教的"教诲"在圣德尼大教堂举行皈依宣誓。1594年回到巴黎。他即位后打败西班牙军队,1598年同西班牙签订凡尔汶条约。从此西班牙失去了在欧洲的霸主地位,法国重新成为欧洲强国。1598年4月13日,亨利四世颁布被称为"永久性的"南特敕令,规定信仰和礼拜自由,肯定公民平等。亨利四世统治时加强王权,停止召开三级会议,任命忠臣阿尔莱为巴黎高等法院院长。他加强中央集权，压制各地贵族的反叛。他任命苏利为财政大臣，扩大税收，国家财政状况大为好转。他推行恢复国家经济，首先是恢复农业的政策。但他广置妻妾，废除原配，1600年再娶玛丽为后，同时又爱上了年轻的夏尔洛特·德·蒙莫朗耶。同时奥地利哈布斯堡王朝支持法国国内新教徒，在法国国内爆发内部冲突的危险。在这种形势下，1610年5月14日法国国王亨利四世被一名叫拉伐利克的旧教徒刺杀在马车里。

瑞典实行改革

17世纪初，在瑞典国王古斯塔夫·阿道尔法斯统治时期(1611~1632)，瑞典进行了一系列改革，建立了中央集权的国家制度。在国内建立了贵族官僚政治，代替“大臣统治”，各地贵族变成王国的文武官员。贵族再不能靠骑士的功劳保持自己的地位，而要靠出身和国王的赏赐。他们的任务是替国王效力。中央政府的官员主要由贵族担任。参政会是国家的最高权力机关，改革以后成为严密的国家政治中心。在中央建立了完整的行政机关，主要有：大法官厅、高等法院、陆军部、海军部、财政部、教育和社会福利部、矿产部等。乌普萨拉大学成为培养公务人员的中心，从王室领到笔专款。教会成为专制政府进行统治的工具。到17世纪20年代，瑞典也对军队进行改革。瑞典虽然还保留雇佣兵制，但已实行征兵制。征兵法规定，15~40岁的男子都必须应征入伍为国家服役。军队按省进行编制，第一部队都加上地方的番号。瑞典已建立一支强大的常备军。

罗曼诺夫即俄国沙皇位

1612年第二民军解放莫斯科后，沙皇俄国面临的迫切问题是建立全国政权。第二民军曾在雅罗斯拉夫尔建立全国委员会，准备选举新的沙皇。1612年初，民军领导人邀请大臣、京官和服役贵族开会，研究选举沙皇事宜，决定进行缙绅会议的选举工作。缙绅会议于1613年1月在莫斯科克里姆林宫乌斯宾大教堂开幕，各等级代表700人，包括大臣、僧侣、莫斯科贵族和外省贵族、小土地所有者、市民和国家农民代表。会议讨论的中心问题是谁应该成为沙皇候选人？会上提出的沙皇候选人有：波兰国王瓦迪斯拉夫，瑞典国王查理·菲力普。这两个人都被否决了。多数代表都反对外国武装干涉者成为沙皇候选人。谢里美切夫权势集团提议米哈伊尔·费多洛维奇·罗曼诺夫为沙皇候选人。罗曼诺夫家族是沙皇伊凡四世和沙皇费多尔两届沙皇的亲属，是伊凡四世原配阿纳斯塔娅的妻侄孙。米哈伊尔的父亲费多尔·尼基季奇遭到波里斯·戈都诺夫的迫害。1605年伪季米特里一世把他召回莫斯科。1608年伪季米特里二世又任命他为总主教。1610年派他去波兰进行谈判，到1613年还被扣押在波兰。因此波雅尔、哥萨克、服役贵族都同情他的遭遇。同时他本人尚在波兰，米哈伊尔还年轻，容易控制。因此1613年2月7日，

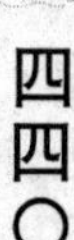

缙绅会议选举米哈伊尔·罗曼诺夫为沙皇。21日,米哈伊尔即位。

荷兰人在黄金海岸进行殖民和奴隶贸易

荷兰人是继葡萄牙人之后最早到非洲的黄金海岸进行殖民和从事奴隶贩卖的国家。他们在黄金海岸离埃米尔纳不远的地方建立两座堡垒。1611~1612年,荷兰殖民者同当地酋长签订条约,又修建了一座堡垒。1617年他们又买下戈雷岛,在岛上建立几个租界地,修了房子和村落,供欧洲人居住。荷兰人在非洲站住脚以后就从事奴隶贸易。他们把奴隶贩运到西印度的库腊索和阿鲁巴岛上,再转卖给其他国家的殖民者。因此荷兰殖民者在奴隶贩卖中基本上充当中间商人的角色。1619年荷兰人把19名奴隶运到新阿姆斯特丹。这是运到美洲的第一批奴隶。

荷兰在加勒比海地区的殖民活动

荷兰人于1598年在圭亚那沿河各地从事贸易。1613年在科兰坦河修建一座炮台。1621年成立荷兰西印度公司,之后把主要力量转向巴西,控制巴西北部直到1661年。荷兰人在加勒比海地区沿着西班牙所属殖民地进行贸易和突袭。1627年荷兰的弗朗西斯·德雷克爵士即皮埃特·海恩劫掠了从维拉克鲁斯驶来的西班牙白银舰队,价值估算为1,500万美元。1629年,荷兰舰队司令帕特蹂躏了古巴、波多黎各、圣多明各海岸。荷兰西部城市霍恩的江·江斯则袭击了奥里诺科河和特立尼达。1630年德克·德鲁特和皮埃特·伊塔在加勒比海地区袭击西班牙船只,使西班牙从此在这里消失,荷兰人则垄断了这些岛屿及非洲的贸易。荷兰舰队同时袭击智利和秘鲁的海岸。但1624年荷兰舰队司令勒特在卡亚俄、瓜亚基尔、阿卡普尔科被击退。1643年布劳讷远征队企图夺取瓦尔的维亚也未成功。西班牙人在巴拿马城、瓜亚基尔、阿里卡、瓦尔帕米索设防。1634年荷兰人占领了阿鲁巴岛、库腊索岛、博尔内岛,这些岛屿都是盐的产地。

玛丽摄政法国

1610年法国国王亨利四世遇刺后,他的幼儿继位,称路易十三,由他的母亲玛丽摄政。玛丽在摄政时期对刺杀国王亨利四世的凶手处以极刑。她对内外采取和解政策,对内承认南特敕令,对外同奥地利皇帝议和,让路易十三同西班牙公主结婚。法国各地封建主企图恢复他们失去的特权。摄政玛丽免去亨利四世财政大臣苏利的职务,宠幸意大利人孔奇尼,把胞妹嫁给孔奇尼为妻。这年法国国内两派斗争激烈,一派以摄政母后为首,是当权派,一派以孔代等人为首,是台下派。1614 年台下派主要代表人物,如孔代、孔蒂、内维尔等封建贵族回到各省,打算同摄政王后决裂,要求召开三级会议。摄政母后在这些贵族势力压力下,不得不采取妥协政策。1614 年签订圣默纳乌尔德和约,答应召开三级会议,以求国内的和解。

欧洲"三十年战争"

1618 年 5 月 23 日,奥地利哈布斯王朝统治下的布拉格人民实行起义,冲进王宫,把两名皇家官吏马丁尼茨和斯拉瓦塔从窗户掷出去。这就是有名的"掷出窗外"事件。"掷出窗外"事件标志着捷克和奥地利的决裂,三十年战争从此开始。三十年战争分为四个阶段。第一阶段是捷克—普法尔茨阶段(1618~1614)。"掷出窗外"事件发生后,捷克议会选举由 20 人组成的政府。这个政府同匈牙利、奥地利新教徒、新教联盟领袖普法尔茨的斐迪南以及摩拉维亚建立了联系。捷克政府废黜哈布斯堡的斐迪南皇帝,驱逐耶稣教徒,选举普法尔茨的弗里德里希五世为国王。1620 年神圣罗马帝国皇帝斐迪南二世和天主教领袖巴伐利亚的马克西米连达成协议。1680 年 11 月 8 日,捷克军队在白山战役中被斐迪南联盟军队打败。捷克被哈布斯堡王朝军队完全占领,普法尔茨被西班牙军队占领。斐迪南对捷克人和新教徒进行残酷的镇压。第二阶段是丹麦阶段(1625~1629)。1625 年丹麦国王克里斯提安四世在法国支持下同英国、荷兰两国结成联盟。他从英国得到补助金,募集一支军队,对神圣罗马帝国和天主教联盟作战。哈布斯堡王朝的华伦斯坦采用抢劫当地居民的办法建立一支军队,被称为"华伦斯坦的蝗虫"。华伦斯坦在 1627~1628 年间占领了整个德国北部。1629 年签订卢卑克和约,丹麦保证不再干涉德国事务,恢复了原来的国际形势。第三阶段瑞典阶段(1630~1635)。1630 年瑞典国王古斯塔夫·阿道尔法斯在俄、法两国支持下在波美拉尼亚登陆,战争持续到 1635 年,瑞典人战败。第四阶段是法国——瑞典阶段(1635~1648)。1635 年法国对天主教联盟开战,战场主要在德国、尼德兰、意大利、西班牙进行。荷兰、曼都亚、萨伏衣、威尼斯都站在法国—瑞典一方作战。结果神圣罗马帝国军队战败。新皇帝斐迪南三世被迫接受威斯特发利亚和约。三十年战争自此结束。

哈布斯堡王朝将领华伦斯坦

捷克“掷出窗外事件”

1526年捷克并入奥地利哈布斯堡王朝的版图。哈布斯堡家族的斐迪南登上捷克王位。斐迪南即位时曾经答应遵守捷克王国的一切法律，尊重捷克人民的自由权利和捷克各阶层的权利。但实际上，斐迪南和他的继承人都把捷克作为附属国对待。1609年继任捷克国王的鲁道尔夫签署《大诏书》，给予捷克的非天主教徒以宗教信仰的自由，他们有权选举自己的“信仰保护人”。1611年捷克组织自己的武装力量，由马蒂亚斯·图恩伯爵担任统帅。1615年捷克贵族占优势的波希米亚会议通过了具有反德情绪的决议，德语在官方交往中、在公共场合和教堂礼拜中被禁止使用。在摩拉维亚和苏台德地区也通过类似的决议。在波希米亚地区教派斗争尤为激烈。新教徒有权在王室地产上修筑教堂，他们认为教会地产也是王室地产。天主教徒反对这种看法。从而导致在布劳瑙和克洛斯特格拉布修筑教堂的冲突。布劳瑙新教徒提出诉讼，反对停止修筑教堂，被驳回。1617年6月，马蒂亚斯·图恩伯爵领导的激进党采取激烈行动，选举斐迪南为波希米亚国王。他们突然遭到袭击。1618年5月23日，捷克等级议会代表团前往赫拉钦，冲进国王办公室，按照捷克古老的习惯，把皇家总督雅罗斯拉夫·冯·马丁尼茨和威廉·冯·斯拉瓦塔以及他们的机要秘书菲力普·法布里齐乌斯从窗户掷到护城壕里。三人都没有死亡。这就是有名的布拉格“掷出窗外事件”。“掷出窗外事件”标志捷克同奥地利哈布斯堡王朝决裂的开始，三十年战争从此爆发。

反哈布斯堡王朝的捷克战争爆发

1618年5月23日布拉格“掷出窗外”事件发生后，在捷克成立了由30人组成的等级代表政府。捷克政府驱逐耶稣会教士，没收他们的土地，组织反哈布斯堡王朝的战争，即“捷克战争”。但是领导这次反哈布斯堡王朝战争的贵族阶级并没有发动群众。没有把这场战争发展为捷克民族的解放战争。在捷克贵族阶级内部分裂为两个阵营，即反哈布斯堡王朝和反天主教的多数派和依靠哈布斯堡王朝和罗马教会的少数派。在多数派中还存在富裕贵族和没落骑士、贵族和市民之间的矛盾。广大人民群众，包括农民和城市贫民是反对哈布斯堡王朝的主力军，但同时他们也反对本国的封建贵族和新教的代表。在1618~1619年间，在库特纳—霍拉郊区的塞德列茨、布拉格的斯特拉霍夫和多克萨尼的修道院，都发生人民抢劫的事件。1620年农民起义的烈火在塔波尔、比德若、日阿特茨、奥洛穆茨、奥帕夫、克拉德斯等地燃烧起来。捷克贵族不是依靠人民，而是依靠雇佣军和外国同盟者同哈布斯堡王朝军队进行战斗。但是他们希望的外国援助并未实现。1619年7月在布拉格召开的总会议上，结成了家族，选举普法尔茨的弗里德里希为捷克国王。但是他既没有得到英、荷两国的援助,德意志新教各公爵又采取隔岸观火的态度。在1620年11月8日白山战役中捷克军队遭到惨败。捷克国王和反抗斗争领导人逃之夭夭。1621年这些领导均被逮捕。1621年6月12日,27名反抗斗争领导人在布拉格老广场被处决。随后进行残酷镇压,凡参加起义者的土地全被没收,被没收的土地占捷克土地的3/4。

英国垄断非洲贸易

16世纪上半期,葡萄牙人在非洲西海岸的贸易中居垄断地位。英国人在16世纪中叶才出现在非洲西海岸,他们从事香料、黄金和象牙的贸易。1553年英国派温德姆考察队到贝宁和黄金海岸。1554年约翰·洛克考察派也抵达这里。托尔森考察队1555年也在这里寻找黄金和象牙。1558年又有两个英国人伯德和牛顿到达贝宁。1562年英国探险家霍金斯来到非洲西海岸,他主要从事奴隶贸易。当时他劫掠一艘奴隶船回国,受到英国女王伊丽莎白的赞许。女王赐给他一艘装备齐全的船只。1564年和1567年霍金斯又两次远航非洲。英国人从16世纪80年代开始创办公司从事奴隶贸易。英国女王伊丽莎白于1588年给第一家公司颁布专利权,该公司获得塞内加尔河和冈比亚河之间沿海一带贸易专利权。从此英国对非洲的贸易更有组织性质。1591年雷诺兹和达塞耳率领一支考察队到达塞内加尔和冈比亚。1618年成立的伦敦冒险家对非洲贸易公司是英国获得对整个非洲贸易垄断权的大公司。这家公司在非洲沿海建立许多军事据点,以武装保护英国商人。1621年成立荷兰西印度公司,1626年成立法国非洲公司,同英国公司展开竞争。

英国人大肆向美洲贩卖非洲奴隶

最早在西非尼日利亚从事黑人奴隶贸易的是葡萄牙人。葡萄牙人垄断尼日利亚黑人奴隶贸易达50年之久。葡萄牙人从奴隶贩卖中获得的利润引起欧洲其他国家殖民者的贪欲。1530年第一批英国船只到达贝宁河,英国人从此同尼日利亚发生联系。1562年约翰·霍金斯从塞拉利昂贩运300奴隶到海地。这是第一个英国人从非洲贩运黑人奴隶到美洲。从此英国人大兴奴隶贸易。1563年霍金斯奉命率领由7艘船组成的舰队从非洲贩运奴隶到西印度群岛,这只舰队的旗舰叫“耶稣号”。英国王国政府也非常重视奴隶贸易。1618年英王詹姆士一世把从非洲贩卖奴隶的特许权授给“伦敦开发非洲贸易公司”。该公司在冈比亚河巴瑟斯特附近的一个小岛上修建了詹姆士城。1631年英国又成立一家公司,负责给西印度群岛提供黑人奴隶作为劳动力。公司在科曼廷修建碉堡。从此英国在尼日利亚的奴隶贸易大肆发展起来。

柬埔寨宣布独立

17 世纪初期,柬埔寨既遭到暹罗人的侵略,又受到西班牙人从菲律宾方面的威胁。1603 年,暹罗人在柬埔寨扶植索里约波执政,索里约波宣布承认柬埔寨是暹罗的附属国,采用了暹罗的宫廷礼仪。1618 年索里约波由于遭到高棉人的反对,让位给他的儿子,称吉·哲塔二世。吉·哲塔二世乘日本人在暹罗国内作乱之机,宣布脱离暹罗而独立,恢复了高棉宫廷的礼仪和服饰。吉·哲塔二世在乌东建立了新都。1623 年,暹罗兵分两路再次入侵柬埔寨。一路向洞里萨胡进攻,被吉·哲塔二世亲自统帅大军击败;一路向班迭密省进攻,被王弟乌迭亲王率兵击溃。1624 年暹人又对柬埔寨发动进攻也被击退。柬埔寨保持了自己国家的独立。

贝特伦被选为匈牙利国王

贝特伦·加博尔出身于蒂萨河东部地区塞凯分人后代的中等贵族阶层。贝特伦 15 岁就参加过博赤卡伊反对哈布斯堡王朝的斗争。他曾经在哈布斯堡宫廷任职,后来逃到土耳其,同土耳其宫廷取得联系。他成为逃亡土耳其的匈牙利贵族反对哈布斯堡王朝的首脑。他曾同博赤卡伊书信往来,希望博赤卡伊组织反哈布斯堡王朝起义。在土耳其人帮助下,他成为埃尔代伊大公。哈布斯堡王朝于 1615 年承认埃尔代伊独立,1617 年又承认贝特伦为埃尔代伊大公。三十年战争的爆发给贝特伦争取匈牙利民族独立以有利时机。他在匈牙利大贵族拉科西·久尔吉、图尔佐·伊姆雷、塞吉·久尔吉支持下,出其不意地占领了卡绍城。1619 年底,他率军从埃尔代伊出发,占领了波若尼,同捷克—摩拉维亚联军一起围人维也纳。他在 1619 年 11 月初一封信中谈到他发动起义的原因:“由于高贵的匈牙利——我可以为之愉快而死的亲爱的祖国遭受了戴王冠的国王和主教的百般凌辱,这就是一切原因所在。”贝特伦的真正目的是统一匈牙利,建立匈牙利民族帝国。1620 年拜斯泰尔采银矿区召开的国会上,匈牙利贵族选贝特伦为国王。1622 年 1 月他同哈布斯堡王朝签订柯尔斯堡条约,重申维也纳和约的各项条款,并把北方九州划归埃尔代伊。

开普勒提出行星运动定律

德国天文学家约翰内斯·开普勒(1571~1630)是哥白尼学说的支持者。他利用丹麦天文学家第谷·布拉赫(1546~1601)留给他的大量天文观测资料,经过严格的数学演

匈牙利布达佩斯古老教堂的远景

算,发现火星位置的观测数据与按正圆轨道运行所得的计算结果相差 0.133 度,这 0.133 度带来了天文学发展史上的革命。开普勒不愧为一位伟大的科学家,他果断地抛弃了圆形轨道,指出天体绕太阳旋转时的轨道为椭圆形。1609 年,他在《新天文学》一书中对这一思想予以总结,得出了行星运动第一定律和第二定律。即行星绕太阳的运动轨道是一个椭圆,太阳位于这个椭圆的一个焦点上,在同样时间内,行星和太阳之间的联线(矢经)在其轨道平面上扫过的面积相等。1619 年,开普勒又在《宇宙和谐论》中阐述了他对天文学的新贡献,提出了行星运动第三定律,即行星运动过程中,运动周期的平方与椭圆轨道半长轴的三次方成正比。值得提出的是,开普勒的行星运动三定律完成在牛顿力学建立之前。理论本身对天体力学的发展起了重大促进作用,同时也丰富和发展了哥白尼的日心地动说。开普勒也因此被称为"天空立法者"。

英国培根受贿案

英王詹姆士一世统治时期,朝野上下,贿赂风行。上自国王,下至一般官吏,都接受贿赂。要想在政府谋一职位,必须送钱给国王的近臣。新任大臣或对外使节必须把重金送给国王。弗朗西斯·培根是英国大哲学家,又是英国政府官员,他在剑桥大学学习法律,女王伊丽莎白时开始在政府任职,1584 年成为众议员。英王詹姆士一世统治时,他受到国王大臣索姆塞特和白金汉公爵的重用。1618 年任掌玺大臣,1620 年封圣奥尔班子爵。他会司法大臣时,有人以受贿罪向众议院控告他。经调查确认,培根在司法大臣任内曾接受诉讼当事人的贿赂。培根受贿情节严重,一是他身为高级法官,以身试法;二是当时英国社会舆论谴责受贿腐败行为甚厉。此案由贵族院通过弹劾程序进行审理。贵族院判决培根有罪,请求国王革去培根法官职位,罚款 4 万英镑,判无期徒刑,再不得任政府职位,囚禁伦敦塔。培根认罪服刑。不久获释,免交罚款。此后培根过闲居生活,以著述为生。

英国清教徒建立普利茅斯殖民地

1620 年 7 月,32 名避居荷兰的英国分离教徒,得到英王詹姆士一世的允许,从荷兰的雷登乘"快安号"船到达英国的南安普敦港。在这里与载有 70 名异教徒的"五月花号"船相会合,共同向北美进发。因"快安号"船有破烂的可能,102 名乘客都挤到"五月花号"上。他们于 1620 年 12 月 21 日在普利茅斯海湾鳖鱼角登陆。登陆前,他们停船在可德角附近签订了有名的"五月花公约"。公约宣布,他们"互相庄严地在上帝和彼此面前立约组织公民团体"。他们决定,要拟定、制定最合乎并最有利于殖民地共同福利的公正、平等的法律、法令、规章、条例和官职,并承担服从和倡导上述各项义务。他们在出发前并未得到英王关于建立殖民地的特许权。他们以"占有者主权"的名义把望藩诺格印第安人的土地强买下来。当年冬天因寒冷和坏血病而死者 44 名。1621 年印第安人酋长欢迎他们,并教给他们如何种玉米和给谷类施肥。1621 年他们开始播种,建筑房屋。当年秋天又有一艘船只到来。来到普利茅斯殖民地的居民多是清教徒移民的先辈。1626 年普利茅斯取得在本殖民地内同印第安人进行贸易的独占权。但普利茅斯殖民地资金不足,1691 年并入马萨诸塞殖民地。

朝鲜实学产生

17 世纪初,从朝鲜两班统治阶级出身的一部分知识分子痛感国家的衰落,两班统治阶级的腐朽,国内竞争的日益激烈,农民反封建斗争的日益加强,他们主张国家急需采取措施,整顿封建秩序,进行社会、经济和政治改革。他们提出通过实际事务和实践探索真理的口号,研究朝鲜的现状,研究对实际生活有益的问题。这样就产生了实学。实学从事政治、经济、军事、科学、技术、文学、艺术各种领域的研究,成为一种百科全书式的全面的学问。实学继承和发扬了朝鲜优秀的文化遗产,如徐花谭的唯物论,以李栗谷为代表的主气论。对实学产生具有巨大影响的还有权文海的《大东韵府群玉》和许浚的《东医宝鉴》,这些书都发扬了实事求是的学风。同时,朝鲜实学也吸收了中国和欧洲的思想成就及自然科学成果。17 世纪初，跟随大使团到北京的李光，从中国带回自然科学和天文学书籍进行研究。1631 年郑斗原从中国带回大炮、望远镜、机械钟表以及西方各国的风俗记、地图、天文学和天主教的书籍。同时，1628 年三名以威尔特夫雷为首的荷兰人来到朝鲜帮助训练军队。1653 年哈梅尔等 36 名荷兰人也相继到达朝鲜。这些人除帮助训练军队外，也传播科学知识。朝鲜实学家也研究中国的考据学。中国考据学发扬实事求是的精神，维护中华民族文化传统，引起朝鲜实学家的共鸣。朝鲜实学初期的主要代表人物是：李光（1563～1628）、久庵韩百谦（1552～1615）、潜谷金堉（1580～1658）、溪柳馨远（1662～1673）。

越南南北朝战争

17 世纪，越南形成北方郑氏和南方阮氏两家封建势力割据的局面，也就是越南的南北朝对峙。从 1620 年到 1674 年的 50 多年间，郑阮两家进行无数次战争，其中大规模战争共 7 次。第一次战争在 1627 年爆发，郑氏的军队发动进攻，战争的原因是阮福源扣留清化和广南的收入不肯交给首都。但郑氏军队不久就后撤了。第二次战争发生于 1630 年，阮氏从守势转入攻势，占领布政省南部，即现在的河静地区，这是双方争夺的要地，战争继续到 1633 年。战争结果阮氏仍然处于劣势。郑氏进攻不利，又退了回来。第三次战争在 1635 年爆发，延续 8 年之久。郑氏乘阮氏内乱之机，占领了日丽城，但 1643 年又不得不把军队撤回北部。第四次战争爆发于 1648 年。郑氏的进攻遭到失败，3000 军队被俘。郑氏曾一度收回布政省南部，后来又失掉了。第五次战争从 1655 年开始。郑氏打算再次收复布政省南部。阮氏军队相继占领蓝江南岸的奇华、石河、天禄、宜春、罗山、香山和清漳各县。不久，郑氏又收复上述七县。三年战争结果是双方又恢复了各自原来的阵地。1659 年郑氏两次击败阮氏军队，但也未能乘胜追击，未能彻底打败阮氏。第六次战争发生在 1661 年。郑氏想彻底打败阮氏，但在洞海垒前受阻，继而遭到彻底失败，而阮氏也无力实行反击。1672 年发生第七次战争。郑氏采取攻势。双方沿两条长垒进行异常激烈的战争，但战斗结果证明，阮氏是不可征服的。战争从此结束。灵江依然是郑阮两家的分界线。南北对峙局面保持达一个世纪之久。郑氏统治的地区中心是东京，阮氏则向南发展，侵入占领柬埔寨人地区。

英国《每日新闻》出版

1621 年出版的《每日新闻》是英国最早的报纸。当时正是斯图亚特王朝詹姆士一世统治英国的时期。当时英国出版的报纸名称并不统一，每张报纸常常采用一个新的名称。有的是讨论时事的小册子，每星期出版一期。英国革命时期，有许多报纸出版，都是每星期出版一期。克伦威尔政府时,有一个时期只准许出版一两种报纸,其他都被禁止。斯图亚特王朝复辟后,仍然禁止报纸出版。1662 年英国国会通过特别法案,决定非经政府检查的报纸一律禁止出版。斯图亚特复辟王朝委派专门官员负责报纸的检查工作,严惩发表未经批准作品的作家和出版家。检察官本人可以出版报纸。1666 年英国政府批准出版《伦敦公报》,它是一份官方报纸,印张很少,所刊新闻也不多,凡有关政府的新闻一律删掉。在英王查理二世统治时期,英国政党活跃,因此报纸出版渐渐多起来,有的经政府批准公开发行,有的秘密发行。托利党和辉格党都创办了本党的机关报。

法国政治家黎塞留

1621 年德·吕伊纳死后,根据母后玛丽的意见,法国国王路易十三任命黎塞留为御前会议大臣、商业和航运业国务秘书。黎塞留名阿尔芒一让·普莱西,曾在卡尔维学院学习神学,1607 年开始在吕松担任神职。1614 年黎塞留代表普瓦图教士出席三级会议。在玛丽皇后摄政时期,1616 年他被任命为国务秘书。1617 年路易十三开始亲政时黎塞留曾被流放到吕松,后来又亡命到教皇驻地阿维尼翁。1624 年重任要职。他任职后力图打击地方封建势力,加强法国国王的中央集权,因此他同地方封建贵族进行了一系列的斗争,屡遭阴谋,险些丧命。1626 年他召开显贵会议,对国务进行广泛改革,包括改革捐税、预算以及国王的债务。他建立现代化的政府机构,建立强大的陆军、海军和商船队,取消或者减少封建王公们的年俸。因此他遭到封建王公们的激烈反对。宫廷显贵们在 1626 年组成阴谋集团,企图杀害黎塞留。这个阴谋集团包括奥地利的安娜皇后、舍夫勒

法国政治家和宗教家黎塞留的三个脸孔像

支公爵夫人、昂古来姆公爵、埃帕尔农公爵、孔代亲王和苏瓦松亲王。他们的阴谋被黎塞

留的警察发现,结果杀了夏莱伯爵而结束了这个事件。1630年路易十三的王后的掌玺大臣德·马里亚克想把黎塞留赶下台。1630年11月11日,美第奇家族的玛丽和奥地利的安娜皇后以及马里亚克都认为黎塞留已失去恩宠,他们会大功告成。结果黎塞留取胜,马里亚克成为阶下囚,玛丽和安娜得到"愚人"的称号,从此11月11日被定为愚人节。1632年再次发生推翻黎塞留的阴谋。参加这次阴谋的有王弟加斯通·德奥尔良、朗格多克省省长蒙莫朗西元帅、国王宠臣森—马尔斯。黎塞留再次镇压了这个集团,经法王路易十三的同意,把蒙莫朗西元帅和森—马尔斯处死。黎塞留政权要求贵族成为国王的奴仆,服从国家,因此加强了波旁家族专制王权的统治。

托马斯·曼《论英国与东印度的贸易》发表

托马斯·曼(1571~1641)是英国晚期重商主义的重要代表,英国贸易差额论的创始人,曾任东印度公司的董事和政府贸易委员会的委员。当时的英国资本主义工商业已有了很大的发展,早期重商主义的观点和政策已不能适应当时和以后发展的需要。一些早期重商主义者仍用这种过时的理论来攻击东印度公司在对外贸易中大量输出货币。为反驳这一攻击,托马斯·曼于1621年发表了《论英国与东印度的贸易》。1630年作者对它进行了改写,并在他去世后以《英国得自对外贸易的财富》为名于1664年出版。托马斯·曼反对早期重商主义者禁止货币输出的原则,要求取消禁止货币输出的法令。他认为输出货币可以发展对外贸易,而对外贸易又可以增加社会财富。他说:"对外贸易是增加我们财富和现金的通常手段。在对外贸易中,我们应当谨守下列原则:我们每年卖给外国货物的总值,必须大于我们所消费的他们的货物总值。"为了保证对外贸易的顺差,托马斯·曼提出并论证了应采取的各种措施及其效果。托马斯·曼的这部著作被称为重商主义划时代的著作,直接影响了当时的立法。

老挝王国王位之争

1591年,老挝王国在诺胶·古曼领导下重新宣布独立,诺胶·古曼自立为王。1592年老挝军队占领琅勃拉邦,统一了全国。在老挝和安南之间的小国镇宁也承认老挝的宗主权。古曼执政5年,由他的姻兄弟旺萨继承王位,尊号是坦米卡腊,君国到1622年。1622年他的儿子乌帕诺伐腊发动叛乱,击败旺萨的军队,并把旺萨处死。子杀父,但王子本人一年后也失踪了,国家陷入混乱的局面。1622~1637年15年间,老挝相继有15位国王继位。1637年苏里亚旺萨败击所有对手,统一全国,建立巩固政权。

格老秀斯著《战争与和平》

胡果·格老秀斯是荷兰著名的法学家、历史学家和外交家,是近代国际法的创始人。他曾经担任荷兰律师公会主席,荷兰驻英大使。1619 年在荷兰内部斗争中被终身监禁。1621 年逃往法国。后来他到瑞典宫廷任职。1635~1645 年间任瑞典驻巴黎大使。他最早的国际法著作是 1604 年写的《论劫掠的法律》和 1609 年著述的《论海上自由》,其内容主要是替荷兰争取在海上进行自由贸易的权利。1623 年他写成著名的国际法著作《战争与和平》,1625 年出版。由于这本书,格老秀斯被认为是近代国际法的鼻祖。本书主要论述与战争有关的国际法问题。全书分为三卷。第一卷主要讨论权利的起源、正义战争与非正义战争、公战与私战的区别。格老秀斯根据自然法原理,认为正当的战争有三种理由:自卫,恢复自己的财产、惩罚。他认为战争有两个目的,那就是保卫生命和躯体的安全以及获取生活所需要的东西,这两者都符合自然法。他认为,地方长官对反抗他的人发动战争是"公战"。他主张,人们为了自卫同侵略者作战叫作"私战"。"私战"是公正而合法的。第二卷主要讨论可能产生战争的原因,讨论什么是公有,什么是私有,一个人对另一个人有什么权利和义务。第三卷讨论战时的合法行为,讨论战争中什么是犯罪行为。最后讨论和平的方式以及战争中签订的条约。格老秀斯为海上自由进行辩护。他认为,整个海洋和海洋的分支都不应被任何人占为财产。在辽阔的海域上,用水和捕鱼、航行都应该由各国共同使用。

荷兰人占领黄金海岸

荷兰人早就计算占领非洲的黄金海岸,从这里把葡萄牙人驱逐出去。1625 年 12 月,荷兰人对埃米尔纳发动第一次进攻。这是一次试攻,参加试攻的有 1200 荷兰人和 150 名非洲士兵。他们在埃米尔纳以西约 4 公里的阿姆佩尼登陆,但被埃米尔纳人击退。荷兰人继续在黄金海岸从事奴隶贸易,他们在摩里建立贸易哨所,在摩里和海岸之间的昆安妮筑起小型外碉,荷兰人还是决定占领埃米尔纳。1627 年荷兰驻摩里总督同海岸所有部落达成协议,这些部落答应协助他们反对葡萄牙人和埃米尔纳人。1637 年 6 月 25 日,拿骚的摩里逊伯爵率 9 艘军舰和 800 名陆战队员到达黄金海岸,同荷兰驻摩里总督尼古拉·冯·易普伦在柯门达会师。8 月 24 日,这支联合舰队离开柯门达,28 日清晨在海岸角一个小礁湖口登陆,向埃米尔纳进攻。部队在正午到达距埃米尔纳只有 1200 米的甜河,停在这里。柯因上校指挥士兵首先占领了控制这个小镇的山头,驻守堡垒的葡萄牙人只有 30 名欧籍士兵,29 日拂晓,柯因上校令葡萄牙人投降,经过谈判,葡萄牙总督投降,第二天葡萄牙人把部队撤走,埃米尔纳成为荷兰人的大本营。1640 年葡萄牙脱离西班牙独

立，同荷兰人发生战争。1642年，荷兰人占领阿克西姆，把葡萄牙人全部赶出黄金海岸。根据双方签订的和约，葡萄牙放弃对黄金海岸的权利，荷兰人则放弃对巴西的要求。葡萄牙人统治黄金海岸150年的历史至此结束。

沙·贾汉争夺皇位

1627年10月28日印度莫卧儿帝国皇帝贾汉吉尔去世。皇太子沙·贾汉还在南方德干高原的纳西克。他的两个弟弟胡斯劳和巴尔维兹都逝世了。还有一个弟弟沙尔亚尔在北方。沙尔亚尔在拉合尔宣布称帝。但是，沙·贾汉得到阿萨夫汗的有力支持。阿萨夫汗给沙·贾汉送信，请他立即北上。同时，阿萨夫汗暂时立胡斯劳的幼子达瓦尔·巴赫什王子当临时皇帝。阿萨夫汗争取统帅伊拉达特汉站在自己一边，打进拉合尔，囚禁了沙尔亚尔，弄瞎了沙尔亚尔的眼睛。沙·贾汉从德干高原赶回亚格拉，1628年2月宣布为莫卧儿帝国的皇帝，尊号为阿布勒·穆扎法尔·希哈卜—乌德——丁·穆罕默德·菠希卜—伊—吉兰第二。沙·贾汉·帕德莎·加济·达瓦尔·巴赫什被赶下台并被囚禁起来，以后被迫移居波斯，靠波斯王供养过活。史学称巴赫什为一头“献祭的羔羊”。

英国国会《权利请愿书》被批准

1625年，英国查理一世即位。查理一世为人刚愎自用，轻浮妄动，大唱“君权神授”。英西联姻失败后，立即同西班牙进行战争。他协助法国镇压胡格诺教徒，旋又同法国作战，国会认为这是冒险行为，不同意与法国进行战争。查理一世在1625年和1626年两次召开国会，要求拨款，都遭到拒绝，因而他两次解散国会。在同西法两国战争中，军队常常住在居民家里，滋扰乡里。他强令各州州长向富人借款，遭到拒绝后，他便对拒绝借款者加以逮捕或短时拘留。为了筹措借款，查理一世不得不于1628年召开第三届国会。在这届国会里反对势力强大。6月7日提出《权利请愿书》，主要内容：第一、昔国王爱德华一世临朝时，曾制定一项条例，通称为“无同意课税法”，明定凡贡税和补助金，如未经本王国大主教、主教、伯爵、男爵、骑士、市民及平民其他自由人之惠然同意，则国王及其嗣后不得于本王国内征课之。第二、据名为“英格兰各项自由之宪章”之条例规定，凡自由人除经其同济之合法裁决，或依国法外，皆不得加以拘捕、监禁，或剥夺其营业权、各项自由及自由习惯，或置诸法外，或加以放逐，亦不得以任何方式加以毁伤。第三、近来更有大批海陆军队，散驻全国各郡，并违反居民意志，强迫居民接纳住入其住宅，忍受其长期驻扎，既有背于本王国之法律与习惯，且使民不堪命。第四、国王爱德华临朝之25年，国会又制法明定，不得违反大宪章之精神与国法，对任何人臆断处死或残其肢体，任何人除依本王国习惯或国会法案所确定之法律，不得判处死刑，无论何种罪犯，均不得免受通

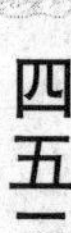

皇后努尔·贾汉和她的仆从们参加狩猎狮子的活动

行程序之审讯,亦不得豁免本王国法律及条例所加之刑罚。《权利请愿书》要求:今后非经国会法案共表同意,不宜强迫任何人征收或缴付任何贡金、贷款、强迫献金、租税或此类负担。亦不因拒绝此类负担,令其答辩或作答辩之宣誓,或传唤出庭或监禁,或加以其他折磨或困扰,宜调离上述海陆军队,俾人民不再受累。国会同意拨款35万英镑,作为国王接受《权利请愿书》的条件。国王被迫于6月7日依式敕答:准以所请为法。《权利请愿书》是英国历史上重要法律之一,被视为英国宪法的基本原则。

英国白金汉公爵遇刺

原名乔治·韦勒尔。从1615年起受到英王詹姆士一世的重用。1615年获骑士称号,1618年封为侯爵。1623年陪同王太子去西班牙联姻,失败而归,国内哗然,反被封为白金汉公爵。国王授予他广大田产,与王公相差无几。凡有求于国王者必先对他行贿。查理一世继位后,他仍然受到重用,1624~1628年升任首相。此公权势甚大,缺少教育,政治无能,粗暴自信,毫无威信。他率军对西对法作战连连败北。1625年查理一世召开第一届国会时,议员们纷纷要求罢免并审判白金汉公爵。1626年第二届国会时反白金汉的情绪更加高涨,理查一世再次解散国会。1627年他率领水陆大军去解救被法军包围在拉罗舍尔城堡的胡格诺教徒也毫无成就,且犯有渎职罪。在1628年召开的国会上,议员们猛烈抨击白金汉。1628年8月23日,他奉查理一世之命统率大军在普利茅斯港准备启航时,被爱国海军中尉约翰·费尔顿刺杀而死。

哈维创立人体血液循环理论

英国生理学家、胚胎学家威廉·哈维(1578~1678)是实验生理学的创始人之一。他曾获得意大利帕多瓦医科大学和英国剑桥大学医学博士学位。在意大利学习期间,哈维就注意到了意大利解剖学家法布里奇奥(1537~1619)提出的“静脉瓣”问题。哈维在行医之余,进行了许多研究工作。他冲破教会禁例,亲自对 80 多种动物进行活体解剖,1616 年 4 月,作为皇家医学院伦姆雷讲座的主讲人,哈维第一次公开阐述了他的血液循环理论,并指出心脏跳动是血液循环的原因。受教会的封锁,哈维的这一理论经过 12 年之后,即 1628 年才发表在他于德国法兰克福出版的巨著《动物心血运动的研究》一书中。哈维提出静脉瓣与心脏瓣膜的作用是使血液经心脏单向流动,即血液从静脉瓣经心脏流至动脉,而心脏肌肉的收缩为这种流动提供了机械原因。他甚至计算出每分钟有 540 磅的血液流经心脏,这样大量的血液不可能在人体的某一部分不断产生,而在另一部分不断被吸收掉。因此哈维提出:右心室的血液经动脉流向肺部,左心室的血液经动脉流向四肢、内脏,然后又经静脉管返回心脏,构成循环。哈维的这些理论受当时实验条件所限还不能被观察到,但这一理论严重地冲击着陈旧观念,因此,它是在称赞和指责声中顽强地建立起来的。《动物心血运动的研究》一书在它发表了 25 年后,即 1653 年才由拉丁文译成英文在伦敦出版。

英国国会与国王发生激烈争论

吨税和磅税是英国专制王权收入颇多的两种税收。吨税是指进口酒按吨征收的进口税,磅税是羊毛出口征收的出口税。过去的 200 年间,英国每位新国王即位后,国会的第一次集会必授权国王终身征收这两种税。但查理一世即位后召开的第一届国会却只准许他征收一年。国会的目的是迫使国王接受他们的要求,再授予他征收这两种税的权利。可是查理时代第一届国会不久便解散了,因此吨税和磅税便成为只能征收一年的税收了。一年后,查理一世又下令继续征收。1629 年国会开会时,允许国王再征收一年。查理一世致函国会,要求允许终身征收这两种税。国会不同意,国王则依旧下令征收。国会根据《权利请愿书》提出抗议。国王则说《权利请愿书》是指内地征税,而吨税和磅税是指关税。吨税和磅税之争,不光是税收问题,还涉及国王和国会之间的关系问题。吨税和磅税占王室收入的 1/4,若这两种税不再经过国会同意而征收的话,国王便可以不再依靠国会在财政上独立。1629 年国会开会时,围绕吨税和磅税的争论达到十分激烈的程度。众议院长宣读国王敕令时,两名议员上前把他按在座位上,并把他软禁起来。议员义律宣读国会决议,确定凡对宗教问题有新意见而未取得国会允许者,凡缴纳或劝人缴纳吨税和磅税而未经国会同意者，为全国之敌人，妨碍国会自由的奸贼。部分议员前去释放议长，其他议员则把门锁起来，议员之间几乎持剑相斗，在混乱之中议案得以通过，才把议长释放出来。查理一世大怒，立刻下令解散国会，把议员义律逮捕起来，1632年义律死于狱中。从此英国开始11年无国会统治。

英国实行无国会统治

1628年英王查理一世接受《权利请愿书》后，国王与国会之间的矛盾并未缓和下来。国会休会期间又发生吨税和磅税之争。1629年秋，第三届国会复会，斗争达到顶点，国会宣布，凡举行天主教仪式者和缴纳吨税和磅税者，都是“自由的叛徒”和国王的敌人。查理一世遂下令解散国会，实行无国会统治，直到1640年。在长达11年的无国会统治时期，英王查理一世加紧迫害国会反对派，反对派内部也发生分化，反对派领袖之一托马斯·温特渥斯投靠国王，封为斯特拉福伯爵，成为枢密会议的成员。查理一世任命威廉·劳德为坎特伯雷大主教。劳德加强国教势力，命令宗教仪式必须繁华和奢侈，要有“神圣的美观，牧师要穿上法衣，实行跪拜和画十字”，信徒要无条件地服从国王。他无情迫害清教徒。苏格兰人雷顿因著书攻击天主教而被捕，遭到鞭打，脸上打烙印，割掉耳朵，罚款1万英镑，终身监禁。长老会派神学家威廉·普林尼两次被罚款，终身监禁。约翰·李尔本1638年因散发独立派宣传品被罚款500英镑，在广场上遭到毒打，还被关押起来。查理一世特别仇恨国会反对派约翰·义律，因为义律攻击过他和白金汉公爵。他把义律、罗来列、沃林顿等国会反对派统统抓起来，亲自审问，把义律关进伦敦塔，直至死亡。他继续征收吨税和磅税，对未接受骑士头衔的地主罚款达10万英镑。对圈地者也进行罚款。同时征收船税。推行专卖制度，使工业停顿，失业严重。国内怨声四沸，阶级矛盾十分尖锐。

路易十三颁布阿莱斯恩典敕令

法国国王路易十三从1617年开始亲政，任命阿尔伯·德·吕伊纳为顾问。路易十三一方面在国内压制各地贵族的势力，另方面加入席卷欧洲的反宗教改革运动。一时间，天王教徒在法国的布道活动十分猖獗。天主教徒不仅控制教会，而且还控制许多学校和知识舆论界。耶稣会创始人依纳爵·罗耀拉的《神性修炼》和弗朗索瓦·德·萨尔的《虔诚生活入门》等著作广为传播。他们在巴黎组成“虔诚教友派”，主张天主教绝对不妥协，驱逐异教徒。新教徒起而反抗。从1626年开始，新教徒在英国人支持下，在拉罗歇尔和朗格多克两地起兵。一场天主教和新教之间的战争重新爆发起来。胡格诺教徒的王公们，如苏比兹、罗昂、拉福尔斯等人都带领军队同国王军队作战。1621年国王军队在战斗中占优势，苏比兹被打败，逃往布列塔尼。天主教徒收复朗格多克和加龙河流域。蒙彼利埃和蒙托邦等城市的新教徒仍然在进行抵抗。国王顾问阿尔伯·德·吕伊

法国军队在战场上

纳死于蒙托邦。路易十三为了避免德意志骑兵入侵，1621 年同新教徒媾和。新教徒保留了拉罗歇尔和蒙托邦。他们在其他地方的要塞都削平了，南特敕令得到承认。1624 年红衣主教黎塞留执政，他继续推行压制新教的政策。1626 年他曾和胡格诺教徒在拉罗歇尔签订条约。罗昂公爵在英国支持下发动暴动。黎塞留率军从雷岛赶走英国人，包围拉罗歇尔一年多。最后新教徒被迫投降，城市被毁。1629 年路易十三签署阿莱斯恩典敕令，恩赐新教徒有礼拜的自由，新教徒可以保留他们的信仰，但要在所有省份恢复天主教。新教徒不得拥有军队，要拆除一切工事，承认法王。阿莱斯恩典敕令标志法国宗教战争的结束。

查理一世专卖权实施

英王查理一世通过出售专卖权大量搜刮金钱。按照英国法律，禁止给予私人享有某种产品的专卖权，但是否给予团体或公司却没有明文规定。1629~1646 年间，查理一世给予许多大商业企业和公司以某种产品的生产和销售的专利权。公司取得专利权要付给王国政府巨额款项。被划为专利的产品有：肥皂、盐、铁、煤、砖、玻璃、皮革、淀粉、火药、麻布、染料、钮扣、酒、啤酒、油脂、针、别针。专利权的扩大，严重影响英国工商业的发展，使许多工商企业倒闭，消费品价格上涨，失业增多，加深了专制王权同新兴资产阶级之间的矛盾。

北美马萨诸塞殖民地建立

1629年,新英格兰公司改称马萨诸塞海湾公司,获得垄断殖民地移民、贸易和制盐业的特权。1630年共1000多人,乘坐17只船,来到北美的马萨诸塞湾建立殖民地。马萨诸塞海湾公司同伦敦公司不同,公司和它的股东都是从伦敦迁往美洲的。迁往马萨诸塞殖民地的都是清教徒,包括乡绅、自耕农和商人,他们驱逐了当地的印第安人,对印第安人进行血腥的屠杀。1634年又有11只船和900多殖民者到达,在马萨诸塞湾建立8个城镇,包括波士顿在内。1684年,马萨诸塞殖民地被取消特许权,成为英王直辖殖民地,境内多为英吉利移民,17世纪末达2万人。

瑞典对神圣罗马帝国发动战争

瑞典国王古斯塔夫·阿道尔法斯在1630年斯德哥尔摩特别会议上已决定对神圣罗马帝进行战争,他的目的是"统治波罗的海"。他陈兵波罗的海德国沿岸,占领斯特拉尔松城作为据点。1630年夏至后不久,瑞典军队在乌泽多姆岛登陆,逐渐占领了奥得河全线。瑞典同波米拉尼亚和法国结成同盟,得到法国的大量军事援助。神圣罗马帝国军队由悌里担任指挥,1631年5月攻入新教城市马格德堡,把城市变成一片火海。瑞典又相继同勃兰登堡选侯和萨克森选侯结成同盟。瑞典军队已深入德国北部。1631年9月7日,哈布斯堡王朝悌里指挥2.2万军队同瑞典萨克森3万联军在莱比锡附近的布赖滕费尔德相遇。萨克森选侯军队被悌里军队冲得四散逃亡,但瑞典军队的步兵、骑兵和炮兵互相配合,经过6小时战斗,转败为胜,全歼悌里军队。莱比锡战役的胜利使瑞典国王古斯塔夫·阿道尔法斯成为一个神秘人物,成为"北方神狮"的化身。他率师穿过屠林根,向美因河和莱茵河汇合处进军。1631年冬他在法兰克福和美因兹会见欧洲大陆的诸侯和外交官。1632年他进军南德意志,3月进入纽伦堡,4月在勒希海畔第二次打败悌里军队,5月进逼慕尼黑,只有英格尔斯塔特要塞还由哈布斯堡王朝军队坚守。这时,瑞典军队的弱点也暴露出来了,他们的六支不同军队,战线拉得过长。同时,法国看到瑞典军队已接近自己的边境而改变了态度。神圣罗马帝国方面重新起用华伦斯坦来代替悌里,并建立一支强大的军队,使瑞典军队不能再向奥地利腹地前进。1632年9月初,华伦斯坦军队同瑞典军队在纽伦堡发生遭遇战,瑞典的进攻被打败。1632年11月6日,一个大雾迷漫的日子,双方在吕岑地区交战,瑞典国王古斯塔夫·阿道尔法斯在一次骑兵交战中阵亡,奥格森斯提尔纳接任瑞典军队统帅。1634年夏末,在诺特林根战役中,瑞典军队一败涂地。奥格森斯提尔纳的继任人约翰·班迪尔在勃兰登堡的韦特斯托克又大败神圣罗马帝国军队和已背弃条约的萨克森军队。不久班迪尔逝世,伦那特·托尔斯滕逊继任。伦那特在1642年的布赖滕尔特和1645年延考战役中击败哈布斯堡军队，又取得辉煌的胜利。在神圣罗马帝国方面，帝国之帅华伦斯坦被谋杀。1635年神圣罗马帝国同萨克森缔结布拉格和约。三十年战争第三阶段至此结束。

伽利略出版《关于托勒密和哥白尼两大世界体系的对话》

为捍卫哥白尼的日心地动学说，1632年伽利略在佛罗伦萨用意大利文出版了《关于托勒密和哥白尼两大世界体系的对话》一书。书中以三人对话形式展开了托勒密地心说与哥白尼日心说的激烈辩论。为避免教会指控，作者在前言中声称"不认为哥白尼学说是正确的，"而且"也没有足够的实验能证明哥白尼学说正确"。尽管如此，每一位读者都认为此书是为宣传哥白尼学说而著。伽利略以他通过望远镜观察到的新星和太阳黑子的变化抨击了亚里士多德"天是永远不变的"学说；以月球表现的山谷批驳了"月球是完美"的观点；以潮汐和信风现象及所推算的广袤天体如果在24小时绕地球旋转一周所达到的速度来说明地球本身在24小时内自转一周；伽利略还驳斥了反对日心说的两个理由，即没有恒星视差和地上物体垂直坠落。他指出，恒星视差并非不存在，只是恒星距地球太远而无法被观测到；而对于后者的讨论导致了伽利略关于惯性定律的重要发现。在这部著作中，伽利略还用生动的笔调描写了一个发生在匀速直线运动的船舱里的力学现象，建立了著名的伽利略相对性原理。这一原理在后来建立起来的经典力学中占有很重要的位置。1633年2月，教会通过自己的宗教法庭——宗教裁判所把伽利略召到罗马，指控他的书宣传了异端思想，并对这位风烛老人施以严刑。在长达4个月之久的审讯和重刑下，伽利略被迫在"悔过书"上签字，并被判以终身监禁。即便如此，伽利略依旧坚信"地球仍在转动"。

马里兰殖民地建立

1632年，一个天主教贵族乔治·加尔维尔得到英王查理一世的赏赐，建立马里兰殖民地。加尔维尔是查理一世的宠臣，封巴提摩尔男爵。他是东印度公司的股东。1632年，英王查理一世把原属弗吉尼亚北纬40°和波他梅河南岸的土地赏给他，叫业主殖民地：业主代表英王，可派总督、裁判官，建立立法会议和法庭。加尔维尔在殖民地进行残酷统治，因此殖民地发展很慢。1634年折撒皮克湾一带才慢慢有人移居。1692年加尔维尔把马里兰殖民地交还给英王，1715年英王又交还给他。因此直到独立战争前，马里兰殖民地仍然是业主殖民者。

加尔维尔在马里兰建立殖民地

印度收复胡格利

从1597年起,葡萄牙人就在孟加拉建立殖民据点萨特国和胡格利。葡萄牙人不满足于从事和平的商业活动,他们向印度商人征收重税,特别是对烟草征税更重,已经影响到印度国家的收入。他们拐骗印度教孤儿或伊斯兰教小孩,使他们改信基督教,当作奴隶加以贩卖。他们竟然抓走了沙·贾汉妻子的两名女奴。他们还迫使印度人改信基督教。这一切都引起印度人民的不满。莫卧儿帝国皇帝沙·贾汉任命卡西姆·阿列汉为孟加拉总督,让他惩办葡萄牙殖民者。1632年6月24日,卡西姆·阿列汉率领一支军队包围胡格利,在战争中许多葡萄牙人丧命,大批葡萄牙人作为俘虏被解往亚格拉。3个月后印度收复了领土胡格利。

日本确立"锁国体制"

从16世纪中叶起,西方列强葡萄牙、西班牙、荷兰、英国等国开始在日本传教和贸易。为了巩固和加强幕府的统治,防范西方殖民主义者利用传教活动对日本进行殖民侵略,防止西南大名利用海外贸易增强自己的割据实力,根除天主教在日本农民中的影响,抑制商品经济的发展和维护封建的剥削制度,1612年幕府发布了禁止天主教的法令,

1616年规定贸易限制在长崎、平户两港，1624年，幕府拒绝与西班牙通商，从1633年2月起至1639年7月，德川幕府又5次颁布锁国令，最终确立了"锁国体制"。这5次"锁国令"的主要内容是：第一、禁止日本船出海贸易，禁止日本人与海外往来，偷渡者处以死刑；第二、取缔天主教传教，对潜入日本者应予以告发和逮捕，以防天主教在日本的蔓延。第三、限制外国商船的贸易，只准中国和荷兰商船在长崎进行贸易并由幕府管制。从此，日本变成一个闭关自守的国家。此政策暂时起到了防范西方殖民主义势力的渗透，维护幕府封建统治的作用，但它同时堵塞了正常输入国际文化的渠道，阻碍了日本社会经济的发展，严重地影响了资本主义萌芽的成长，延缓了社会的进步。这种"锁国体制"共维持了250年之久。

苏格兰人发动起义反对天主教和英国国教

英王詹姆士一世和查理一世为了加强专制王权，决定在苏格兰建立英国国教制度。1637年大主教劳德命令苏格兰长老会教在举行宗教仪式时使用英国国教祈祷书。这引起苏格兰人民的起义。1638年初，苏格兰起义者成立特别委员会，作为最高权力机关。同年3月制定"民族圣约"，号召苏格兰居民参加反对天主教和英国国教的运动。1638年10月，苏格兰起义者在格拉斯哥召开"全体大会"，宣布取消主教制，废除英国国教的祈祷书。大会同时筹措资金，成立2.2万人的军队。苏格兰起义军于1639年越过国境，向苏格兰进攻。英王查理一世控制的军队兵少，战斗力差。他命令北部各郡民兵进行抵抗，但北部居民不愿同苏格兰军队作战。苏格兰起义军遂顺利占领英格兰北部，查理一世被迫求和。1639年6月，双方签订贝尔维克和约。查理一世答应对苏格兰人实行大赦，允许苏格兰"全体大会"有权决定他们的宗教问题。英王同意苏格兰军队在英格兰北部两郡驻扎，每日供给驻军费用850英镑。查理一世同时准备镇压苏格兰起义者，他号召英格兰和苏格兰主教破坏苏格兰"全体大会"的活动，并与苏格兰北部山民领袖蒙持洛兹取得联系，又加紧募集军队。苏格兰起义成为英国革命的导火线。

笛卡尔创建解析几何

法国数学家笛卡尔(1596~1650)于1637年发表《方法论》一书，此书后面有三篇附录，其一就是被后人作为解析几何学起点的《几何学》。在《几何学》中，笛卡尔第一次系统地建立了数学中两个对立着的"形"和"数"的联系，指出平面上的点和实数对(x,y)的对应关系，把平面上的曲线与二元方程F(x,y)=0对应起来。这样，就可以用代数方法来研究曲线性质。反过来，一个方程也可以用几何的直观方法来处理。这就是解析几何的基本思想。在数学史上，一般认为和笛卡尔同代的法国业余数学家费尔玛(1601~

1665）也是解析几何的创建者之一。从他的通信中知道，早在笛卡尔发表《方法论》之前，就已写了关于解析几何的小文，那时他就有了解析几何的思想。但直到1679年他的思想和著述才发表出来。解析几何的创立，引入了一系列新的教学概念，特别是把变量引入数学，就使数学进入了一个新的发展时期。解析几何的创立，标志着近代数学的开始。

汉普顿控告英王征收船税非法

英王查理一世想尽种种办法搜刮民财充实国库，1634年他颁布征收船税的敕令。在盎格鲁—撒克逊时代和早期诺尔曼时代，英国海岸常常遭到海盗袭击，为了防御海盗，沿海居民须向政府供纳船只，可是这种制度早就废除了。查理一世的船税敕令规定在沿海各州征收船税，1636~1637年间又扩大到全国各郡。船税是一种直接税，每位公民都须缴纳，其作用无任何限制，成为政府的经常税收，这样就减少了王国政府对国会的依赖。王国政府称，船税是经常税，代替人们去陆海军中服役。船税引起国内各阶层的不满。白金汉郡的约翰·汉普顿拒绝纳船税，并向高等法院起诉，控告征收船税为非法。高等法院审理这一案件。汉普顿的律师在法庭上申诉人民的基本权利和对王权应有的限制。国王的律师则谓国王享有最高主权。1638年高等法庭判决，支持国王的法官7人，支持汉普顿的法官5人，国王胜诉，船税成为合法税收。汉普顿被宣判有罪，并缴纳罚款。汉普顿虽然败诉，但当时国会既不召开，群众亦禁止集会，书刊报纸不许发行，向高等法院起诉，正是反对派发表言论的唯一有利时机，法庭成为讲话的场所。因此它起了宣传鼓动作用。

神圣罗马帝国的兴废

936年德国萨克森王朝国王亨利一世中风而死，其子奥托继承王位。奥托继续执行其父的东征政策，征服了波西米亚，击败匈牙利人。此后调军南下攻打富庶的意大利，951年占领伦巴底，获得意大利王位。961年罗马贵族叛乱，教皇向奥托乞兵求援，奥托进抵罗马平息了叛乱。962年教皇约翰十二世在罗马圣彼得大教堂为其举行加冕礼，称其为神圣罗马帝国皇帝，意为帝国和天主教一样包括一切基督教王国，是古代基督教罗马帝国的真正继承者。帝国的疆域包括今德国、奥地利、捷克斯洛伐克西部、瑞士、法国东部、低地国家、意大利的北部和中部。德意志的国王当然是神圣罗马帝国的皇帝，直到16世纪一直由教皇在罗马为其举行加冕典礼。11世纪起神圣罗马帝国历届皇帝与罗马教廷争夺基督教世界的领导权，因而陷入长期纷争，帝国由此被削弱。1254年霍亨斯陶芬王朝结束，德国历史上出现了王位“大空位”时代。1273年哈布斯堡家族的鲁道夫四世当选为皇帝，称鲁道夫一世，此后神圣罗马帝国的帝位一直由哈布斯堡家族承袭。

德国古老的天主教堂

1356年查理四世颁布黄金诏书，规定皇帝由七大选侯推举。除直辖领地外，皇帝对帝国境内的诸侯领地没有约束权，神圣罗马帝国的皇权更加衰弱。16世纪宗教改革运动中，支持改革的德意志诸侯改信新教而与皇帝分裂，并导致了30年战争的爆发，帝国更加衰败，实际上仅有一个政治虚名。1804年8月，拿破仑宣布他为法兰西皇帝，取代了神圣罗马帝国皇帝在欧洲诸王权中传统的至高无上的地位。弗朗西斯二世被迫采用奥地利皇帝的称号，1806年8月正式辞去神圣罗马帝国皇帝的称号，神圣罗马帝国至此告终。

古代世界未解之谜

腓尼基人远古海洋探险之谜

据说，在人类历史上，第一次完成环海航行的是腓尼基人。

在所谓的“地理大发现”之前1000多年，乃至2000多年，他们就已经冲出直布罗陀海峡和亚丁湾，探索了大西洋、印度洋乃至北冰洋，创造了远古时代的海洋探险奇迹。

世界是他们发现的。遥远的美洲也可能是他们发现的。

远古时代的“经济动物”

“腓尼基”是紫红色的意思。当时的埃及、巴比伦以及希腊的贵族和僧侣，都喜欢穿紫红色的袍子，但只有腓尼基出产的紫红色衣料才光洁鲜艳，永不褪色。所以，人们把居住在地中海东岸狭长地带、善于用贝壳染布的居民，叫腓尼基人。

腓尼基人是天生的航海家，是伟大的远古时代的“经济动物”。早在公元前3000年，腓尼基就与埃及、巴比伦等强大的邻国有着贸易往来。公元前2000多年，他们就已经占领了塞浦路斯岛，并把它建设成为当时第一流的航海基地。到公元前15世纪，腓尼基的商船已经活跃地驰骋于整个地中海海域。

他们既是商人，也是海盗，还兼做贩卖黑人奴隶的罪恶勾当。腓尼基成了亚洲、非洲和当时还处于蛮荒状态的欧洲的贸易中转站。推罗、西顿、华布勒、乌加里特都一跃而成为当时著名的国际商城。如今马赛、加的斯这样的大城市，当时只不过是依傍着腓尼基人的通商站建起来的几间小木屋而已。

除了商业之外，腓尼基的主要贡献还表现在海洋探险上。

受着生存危机和利益的驱遣，腓尼基人不得不世世代代在海上奔波。是他们的航船，成功地驶出了当时被称为“世界尽头”的海格力斯石柱（直布罗陀海峡尽头），南下西非，北上英吉利，甚至还深入到了波罗的海，从而完成了对整个欧洲的发现。

他们似乎没有特别的政治野心，他们的海上探险活动大多是为他强大的邻国服务的：他们曾为埃及人航行到朋特国；为以色列国王所罗门航行到奥菲尔国，这个国家的位置，至今还无法确定；他们还环绕阿拉伯半岛航行过，并且为阿西利亚皇帝在波斯湾建造过军舰。

最为奇特的是,大约在公元前6世纪,他们受埃及法老委托,完成了一次环绕非洲的历史性航行。这比绕过好望角,环航非洲不到半圈的迪亚士,早了20个世纪,也就是说,早了整整2000年!

环航非洲纪实

据说,公元前609年,富于探险精神的埃及法老尼科二世,把腓尼基的航海家们召进王宫。他说:“利比亚(当时把整个非洲及其未知领域通称利比亚)的四周像是濒临大海,只有与亚洲接触的一部分除外。你们从红海出发,环绕着利比亚航行,最后通过海格力斯石柱,驶进地中海,回到埃及,那时候,我将重重地奖赏你们。”

不甘示弱的腓尼基航海家们爽快地答应了埃及法老的要求,他们准备了3艘双层划桨船,每艘船配备了50个桨手,满载着粮食和日常用品,开始远航。

腓尼基人从厄立特里海(现在叫红海)出发,穿过曼德海峡进入亚丁湾,沿着非洲海岸,小心翼翼地向东划去。

首先,他们驶进了一片巨浪滔天的陌生海域,经验丰富的腓尼基航海家们知道,这是传说中的“南海”(现在叫它“印度洋”),那是一片凶险的无边无际的水域。他们赶紧调整航向,让船的右舷紧靠着非洲海岸,向前划行。

后来,他们惊奇地发现,太阳不再从他们的对面升起,而是从他们的后侧方升起,经验丰富的腓尼基航海家们知道,他们的航船正驶向西南。

天气越来越热,海面似火,他们寻找不出可以安全靠岸的地方。因为那里居住的是一些从来没有见过的狰狞可怕的人种:漆黑的皮肤,雪白的牙齿,厚厚的嘴唇,鼻孔又大又向上翘,赤着胳膊,腰里挂着一条豹尾或一串贝壳。而且向他们龇牙咧嘴,抛石子,不许他们上岸。他们只好沿着海岸线继续向南。

使他们更为惊骇的是:越往南走,气温就越来越低,本来高悬在头顶的太阳,却退到船后,斜斜地从脑后照来。指引航向的北斗星,越来越低,终于沉没到了地平线以下,再也不出来了。仿佛是到了世界末日。他们惊恐万状,又哭又闹,又唱又跳,想把北斗星召唤出来,把太阳爷请回头顶。可是没用,而大海的风涛却是越来越大了。

有的人坚决要求调转船头,他们担心再向前划,就到了大地的边缘,船就会掉进无底的深渊。

可怕的是粮食渐渐没有了,而航程却不知还有多少。于是,他们选择一块没人的海岸停靠,打猎,采集野蔬野果,开垦土地,播种种子,等粮食收获了,再启航向前。

不幸的是,他们驶进了一片风暴的海洋,巨浪铺天盖地向小船压来,狂风把船吹得横冲直撞。他们互相鼓励,拼死同风浪搏斗。先后有两艘船被海涛吞没了,剩下的一艘船避开礁石,紧靠着海岸继续向前。

使他们感到奇怪的是:海岸仍然在船的右舷,船头却转向了北方。船后波涛汹涌,船前却是风平浪静。他们认为这是神的旨意,他们只好遵从神的指引向北航行。

突出在南非西南海域的好望角

使他们高兴的是:正午太阳又渐渐地移到了他们的头顶,久别了的北斗星又从地平线上钻了出来,为他们标示航向。他们看到了不穿衣服、浑身长满长毛的“毛人”(其实,他们看到的可能是猩猩),越过了一条满是鳄鱼和河马的河口(可能是塞内加尔河河口)。到第三年,他们终于穿过了海格力斯石柱,进入了他们很熟悉的地中海。

整个航程长达30000公里。

怀疑论者如是说

对于这段远古时代的航海经历,许多人都表示怀疑。

古代和中世纪的地理学家一直认为,由于无法忍受的酷热,赤道非洲是没有生命的不毛之地。赤道以南还有什么,在认识上是一片空白。

对于欧洲人来说,大西洋更是一片危机四伏的神秘水域。人们只在离岸11公里以内的近海航行。越过“警戒线”,就是无底洞,就会掉进无底的深渊。地图上,巨人安泰手持巨牌扼守在那里,牌上写道:

“到此为止,勿再前进!”

在非洲西海岸,有一个博哈多尔角,在现代非洲地图上,必须花很多时间并且使用放大镜,才能找到它。它在远离葡萄牙的加那利群岛以南200公里,远远凸出于大西洋之中,这里水色昏暗,周围布满暗礁,激流汹涌,卷起重重浪花和泡沫。历史上还没有人从那里生还的记录。人们称那里为“黑暗之海”。祖祖辈辈传说,这里是大地的边缘,海水是沸腾的,人到了那里会变黑,会失去灵魂和肉体。

阿拉伯人的地图在这里画着一只从水里伸出来的手——那是撒旦(魔鬼)的可怕的手!

1433年,葡萄牙探险船船长吉尔·埃亚内斯越过博哈多尔角归来,立即被晋封为“骑士”。

1488年,迪亚士因绕过非洲大陆最南端的“风暴角”而轰动欧洲,若奥二世欣喜之余,大笔一挥,把它改成“好望角”,这个命名一直沿用到今天。

1497~1499年,达·伽马绕过好望角,进入印度洋,并且成功地开辟了印度航线。

这些,都被认为是航海探险史上前无古人的、划时代的大事,当事者也因此而名垂青史。

请注意的是,这一切的一切,离我们现在不过是500余年!而在他们之前2000年(多么漫长的2000年啊!怀疑论者这样想),怎么可能有人环航非洲呢?

既怀疑、又论证的希罗多德

希罗多德(前5世纪)被称为“历史之父”,是他在他的巨著《历史》(第四卷)中记叙了上述这段旷古奇闻。

他是矛盾的。一方面,他个人认为这是不可能的,难以置信的;另一方面,传说中的许多细节又使他怦然心动。

一个伟大的历史学家的伟大之处就在于,他决不因囿于个人的见闻、见识而舍弃历史,他忠实地记下了这段传说,为远古文明留下了辉煌的一页。

但是,他不愿意给后人留下荒唐可笑的话柄。他在记叙的最后这样说:

人们都是这样说的,对此我不相信,可是也有人信以为真。人们说,当环绕利比亚(古代指整个非洲)航行时,太阳从腓尼基人的右边升起,这样,利比亚第一次被人们公认了。

希罗多德是2500年以前的人物,没有我们现在所具有的准确的天文知识和地理知识,他和腓尼基人深感困惑不解的地方,恰好证明了他的描述真实可信。

比如说,越过赤道以后气温变低问题,北斗星没而复出问题,同航程(现在才知道约30000里)大体相当的三年时间,以及怎样解决这三年中的食粮问题,特别是太阳热度和方位问题,完完整整地展示出了这次航行的真实性。

人们不得不相信,在人类征服海洋的历史上,腓尼基人确实完成了一次超越时代的壮举。

他们的伟大历程,直到2000年以后的地理大发现时期,才有人从相反方向重复!

汉诺探险和美洲疑案

直布罗陀海峡两岸,悬崖笔立,人们叫它海格力斯石柱,据说是希腊神话中的英雄海格里斯到阴间执行一项危险使命时立下的。古代欧洲人认为:这里是世界西边的尽头,也是人间的尽头。没有谁敢斗胆越过它。

公元前5世纪初叶的某一天,一支不同寻常的船队在腓尼基商船队长汉诺的指挥下,迎着大西洋涌向地中海的寒冷潮水,通过了海格力斯石柱。

这支船队从腓尼基人建立的城市迦太基出发,目的是在非洲寻找新的商业殖民地。船队紧挨着海岸行驶,出了海峡,绕过非洲的西北角,然后向南沿着现在摩洛哥的海岸航行。

他们在摩洛哥沿岸先后建立了卡里亚堡、阿克拉等四个殖民地城市,然后率领船队继续南行。他们见到前方地平线上微光闪烁,这是大沙漠的征兆。他们在一条大河口补充了淡水,用了 9 天时间才绕过大沙漠。

不久,他们发现了塞内加尔河。溯河而上,看到了鳄鱼和河马,岸上有许多穿着兽皮的"野人",投掷石块,不准他们上岸。他们只得又返回大海,沿着郁郁葱葱的海岸南行。12 天后,船队停泊在佛得角密林覆盖的群山之下。

不久之后,船队掉头向东,我们现在知道,他们正沿着几内亚湾向着尼日利亚、喀麦隆方向航行。直到贝宁湾才又折转向南。

汉诺为我们留下了最早的探险游记,对于赤道和非洲鼓声,他都有精彩的描写:

这里有一座大岛,岛内有一大片似海的水域……白天仅见遍地森林,一到夜间,则到处火光熊熊,笛声、铙钹声、鼓声和呼号声不绝于耳,我们听了胆战心惊,不得不赶快离开这里。

我们随即又扬帆出海,贴岸航行,经过一片炙热地带。这里灌木丛丛,芳香扑鼻。滚烫的急流由此泻入大海。大地是如此酷热,使我们难以张目向岸上观望。

不过,对于土著非洲黑人,他和许多殖民者一样,显示出相当的冷酷、歧视和残忍。他写道:

越过这些滚烫的急流,两天后,我们到了一个称为"南方之角"的海湾。这里也有一个岛中之岛。岛上尽是"野人",大部分是遍体长毛的妇女,我们的译员称之为大猩猩。我们曾想捕捉一些男人,但无法捉住,因为他们或者攀岩逃跑,或者扔掷石头拒捕。我们曾捉到三名妇女,但她们又咬又抓,不肯随行。于是我们将她们杀了。

储备的食物已经用完,只好扬帆返航。汉诺归来之后写过一份航行报告,报告刻在石碑上,这成了远古海洋探险的最早证明。

有趣的是,1872 年,南美洲巴西的一个村庄里,也发掘出过一块刻着奇特文字的石碑,经巴西国立博物馆馆长内特鉴定,这是古腓尼基文,碑上写道:

我们 10 艘船穿越红海,飘行 2 年,绕非洲航行了一周,由于遇上了风暴,船队被冲散了,现在我们 12 个男的和 3 个女的,来到了这个新的海滨。

这个海滨,肯定是指石碑发现地——南美洲的巴西海滨。据此,内特先生认为:远在哥伦布之前一两千年,腓尼基人就已经到达过美洲。

尽管有人怀疑这块石碑是个赝品,但新的发现又加强了腓尼基人到过美洲的有趣论断。

1987 年,巴西潜水员在瓜纳巴拉湾发现了两具瓷锚,不久,又在附近发现陶瓷花瓶。经考古学家考证,这些都是公元前 1 世纪的制品。

是谁把它们带到这里来的呢?考古学家认为,那只有卓越的古代航海家——腓尼基人。

所罗门宝藏之谜

耶路撒冷是一座举世闻名、饱经沧桑的古城，它坐落在地中海东岸巴勒斯坦地区中部。从它问世至今，已重建和扩建18次之多，是世界上唯一的一座被基督教、伊斯兰教、犹太教共同敬仰的圣城。

智慧与财富之王

耶路撒冷原名“耶布斯”。传说公元前2000年，一个叫耶布斯的阿拉伯人部落来这里筑城定居。继之，另一个叫迦南的阿拉伯人部落也来到这里。他们称该城为“尤罗萨利姆”，意思就是“和平之城”。到了公元前1000年，犹太人部落首领大卫攻占了这座城市，并建立了统一的以色列—犹太国。

大卫的儿子所罗门，是以色列历史上的一位出色的政治活动家和行政管理家，在位约30年。他统治期间是以色列—犹太历史上最为繁荣、昌盛与和平的时期。他本人则以大智慧和极其富有闻名于后世。

有一次，两个妇人争夺一个婴儿，都说自己是这孩子的亲生母亲。所有的人都无法判断，官司一直打到所罗门那里。所罗门叫他的部下拿来一把大刀，对这两个妇人说：“既然你们都说孩子是自己的，我也无法辨别，现在我把这活孩子一刀劈成两半，一半给你，一半给她，你们说好不好？”那真妈妈听了，惨然地说：“求你把这活孩子判给她吧，千万不要杀，我不要这个孩子了。”那个假妈妈听了，却说：“就把这孩子劈了吧，也不归你，也不归我，这样才公平。”所罗门说，这愿意不要孩子的才是孩子的真正母亲，因为她不想让孩子被杀死。

所罗门以他的智慧获得了所有以色列人的尊敬。

据《圣经·列王纪》记载，“他作箴言三千句，诗歌一千零五首。他讲论草木，自利巴嫩的香柏树，直到墙上长的牛膝草；又讲论飞禽走兽，昆虫水族。天下列王听见所罗门的智慧，就都差人来听他的智慧语。”

耶和华是以色列犹太人各部落信奉的神主，也是国家和人民的救世主和保护神。耶和华的训谕是当年摩西在西奈山的顶峰不吃不喝待了40个昼夜才得到的。摩西得到《耶和华十诫》和《西奈法典》后，让两个能工巧匠用黄金特制了一个金柜用来存放它们，世称“金约柜”。它们是犹太教最神圣的圣物。

公元前10世纪时，所罗门在亚伯拉罕圣岩上修建了一座雄伟壮观的犹太教圣殿。圣殿里四壁镀金，里面没有圣像，却放着金约柜以及刻有摩西经文的石碑。金约柜的两侧是用橄榄木雕成的金光闪闪、展翅欲飞的天使。在幽暗的圣殿中，金约柜和天使闪烁着金光，明暗相映，使人感到十分庄严和神秘。这里每年只有最高祭司长才能进去一次，其他任何人不得进入圣殿，尽管他们也想看看这座稀世奇珍。

《纽伦堡圣经》插图：两个能工巧匠用黄金打造约柜。

所罗门国王以他非凡的智慧赢得了四方的尊敬，邻国每年都纷纷派遣使臣，进贡金银珠宝，名贵香料，使所罗门国王富甲天下。宫殿的门窗墙柱、祭坛桌椅，乃至一切生活用具，都包着一层厚厚的金箔或黄金。

《圣经·列王纪》还记载："所罗门每年所得的金子，共有六百六十六他连得（亦译"塔连特"，一种古代计量单位）。另外还有商人和杂族的诸王，与国中的省长所进的金子。"他用这些金子打造了200面挡牌，300面盾牌，都放在利巴嫩林宫里。

他还有一个用象牙制成的宝座，有六层台阶，用精金包裹。

在耶路撒冷，银子多得有如石头，香柏木多得有如高原的桑树。他到底存放着多少财宝，在当时就是一个谜。

《圣经》中的示巴故事

《旧约全书·列王记》中有这样一段记载：公元前10世纪中叶，以色列王国在国王所罗门的治理下，国泰民安，十分兴盛，特别是他花了20年时间建造的金碧辉煌的耶和华圣殿和王宫，更是使他驰名遐迩。

有一个异国君主示巴女王，听到所罗门显赫的声名后，对他十分仰慕，于是就在庞大护从队的陪同下，用骆驼驮着香料、宝石和许多金子，浩浩荡荡地来到耶路撒冷，拜会所罗门。

她故意提出一些难题让所罗门解答，以试探他是否像盛传的那样智慧无穷。谁知所罗门聪明绝顶，有问必答。示巴女王见所罗门有大智慧，又看到他所建造的华丽宫室、席上的珍肴美味、群臣分列而坐、仆人两旁侍立，以及他们的服饰等情况，诧异地神不守舍。于是就对所罗门说：

"我在本国所听说的你的事和你的智慧，实在是真的。我先不信那些话，等到亲眼看见了，才知道人们所告诉我的，还不到一半哩。"

她还说："你的智慧和你的福分，越过了我所听到的风声。你的臣子，你的仆人，常侍立在你面前，听你智慧的话，是有福的。你的上帝是值得称颂的，他喜欢你，而且也喜欢以色列，所以才立你为以色列的王。"

她向所罗门献上厚礼，将120塔连特金子、宝石和极多的香料送给了所罗门。所罗门对这位远道而来的异国女君主盛情款待，她所提出的一切要求，都予以满足，在她回国的时候，又馈赠了许多珍贵的礼物。

《圣经》中的这段记载非常精彩，但示巴女王究竟来自何处，姓甚名谁，书中却未道其详。

不翼而飞

20世纪60年代，有人根据在埃及发现的一幅古代卡尔纳克浮雕作品中所描绘的所罗门珍宝进行过估算，这批珍宝共204件，价值高达上亿美元。

美国学者伊曼纽尔·维利可夫斯基，在20世纪50年代初出版的《浑沌的时代：世界古代史重编》一书中，对所罗门的金银艺术品做过描述：四周用黄金雕成的王冠一顶；用金、银和彩色宝石制成的百合花各一支，不同器皿的四周有一圈百合花；花瓶、圣杯花纹上的花朵种子，都用金制的豆粒装饰；金制狮子头，饮酒器皿上的金制牛头；一个用于燃烧供品的金制大圣坛，价值连城，天下无双；有30个黄金制成的锥形物、24个宝石制成的锥形物，还有白银制的"面包"；用黄金、白银和宝石制成的带灯的烛台；金子做的圣桌及其上面摆的纯金器皿。要制成卡尔纳克浮雕上反映的204件珍品，需用几吨黄金和银子。但是204件珍宝只不过是所罗门财宝的一小部分，可见所罗门的宝藏多得多么惊人！

不久之前，人们才读懂库姆南洞手稿，这再次激起了寻宝人的兴趣。据这份手稿记载，所罗门宝藏总共包括282件金银器、1280塔连特黄金、65根金条、608个纯银罐子以及619件金银餐具。1塔连特约等于45磅，折算下来，所罗门宝藏的黄金和白银分别达到26吨和65吨。

所罗门死后，他的属邦中的10个部落先后宣布独立。到了公元前586年，耶路撒冷被巴比伦军队攻占，侵略军把王宫和圣殿付之一炬，耶路撒冷变成了一片废墟。可是占领者没有搜到珍奇的金约柜和所罗门珍宝，它们不翼而飞，下落不明了。

一些历史学家分析，去向有两种可能。其一，在巴比伦人入侵耶路撒冷城之前，财宝和金约柜已被运走，隐藏起来了；但是，巴比伦军队是突然入侵的，犹太人可能来不及搬运这批宝物。另一种可能是，财宝和金约柜仍在圣殿的秘密隧道和地下室里，因为隧道结构复杂，入侵军队无法找到。

稀世之宝金约柜和所罗门宝藏究竟被何人盗走？或者由何人藏于何处？人们不得而知。从公元前4世纪起，马其顿、托勒密、塞琉古诸王国先后占领耶路撒冷，都花了很大精力，千方百计寻找过所罗门宝藏，但毫无结果。公元1~2世纪，罗马帝国占领时期，也千方百计寻找过，仍然是一无所得。公元11~13世纪，基督教几次组织十字军东征，攻占耶路撒冷；穆斯林又几次组织反击，夺回耶路撒冷。期间也曾到处寻找财宝和金约柜，也都一无所获。

时至今日，寻找所罗门宝藏的活动还在进行。但由于耶路撒冷古城几经重大变迁，诸多王国先后交替，都城得而复失，所罗门圣殿也几经变化，毁而又建，这给找宝活动无疑又增加了不少困难。

“亚伯拉罕巨石”和“约亚暗道”

一些学者认为，金约柜和所罗门财宝，可能藏在“亚伯拉罕巨石”底下的暗洞里。

据说，所罗门在耶路撒冷锡安山上历时七年，建造了一座结构宏伟的神殿，“亚伯拉罕巨石”被围在神殿中央。这是一块长17.7米，宽13.5米的花岗石，高出地面1.2米，由大理石支撑着。下面的岩堂高达30米，在岩堂里有洞穴，完全可以把金约柜和所罗门珍宝藏在这里。

20世纪初，几个英国冒险家获悉了学者们的看法后，决定铤而走险。他们买通了岩堂守夜人，趁黑摸进岩堂，悄悄地进行挖掘。他们完全是夜战，白天将洞口伪装。就这样，一连大干了七天，但一无所获。不久因为挖洞的事情败露，只得逃之夭夭。

后来，又有人传说金约柜和所罗门珍宝藏在“约亚暗道”里。

“约亚暗道”是所罗门之父大卫攻打耶路撒冷时发现的一条可以从城外通到城里的神秘通道。据说，此暗道和所罗门圣殿相连。20世纪30年代，美国人理查德·哈利巴顿和摩埃·斯蒂文森曾经探访过这条暗道。他们发现有一处土质不同的地方，似乎有一条

1909~1911年，帕克上尉率领一支队伍，踏遍了耶路撒冷周遭的岩洞穴隙，却没有找到所罗门宝藏的蛛丝马迹。

秘密地道，地道里有被沙土埋着的阶梯。两人把沙土挖开，可是阶梯上的流沙却越挖越多，挖进到150米左右的时候，洞穴里的流沙滚滚而来，连地道也几乎被堵。因此，两人急忙退出地道，寻宝的梦想也就成了泡影。

有些学者认为，所罗门在位时，常常派遣船只出海，每次都是满载金银财宝而归。人们推测，所罗门在某一海岛上有黄金宝库，船载的黄金大概就是从这个岛上运来的。但是，大海茫茫，大小海岛数以千万计，所罗门的黄金究竟藏在哪个海岛上呢？这仍然是一个不解之谜。

公元1568年2月7曰，西班牙航海家明达尼亚在南太平洋上发现了一座岛屿，眼见岛上的土著居民身上戴着许多金光闪闪的饰物，以为这里盛产黄金，就是所罗门国王的宝岛，所以把这里取名为“所罗门群岛”。事后，人们在所罗门群岛探宝，这里岛屿分散，林莽绵密，并没有想象中的藏金窟和金矿，人们的幻想又破灭了。

寻找所罗门宝藏来源和去向的探宝活动仍然在世界各地进行，总有一天，人们持续的努力终将获得丰厚的报偿，所罗门财富之谜也将会因此而揭开。

《圣经》上帝身份之谜

《圣经》无疑是一部杰出的宗教著作，崇信者把它奉为经典，鄙弃者把它斥为迷信，然而事实到底如何呢？

经过许多客观和科学的研究、考证之后，我们至少可以承认，《圣经》是一部反映中、近东古代情况的编年史，它以宗教为外衣，转述了许多年代悠远的故事。

有趣的还不仅在此，随着科学的进步，人们越来越惊奇地发现：《圣经》中的许多貌似荒诞不经的史前故事里，竟然包含了许多超越时代视野的真实！

谁是《圣经》中的“神”？

谁是《圣经》中的“神”？

回答是清晰而准确的：“上帝”。

按照《圣经》的描述，上帝是万能的，至高无上的，同时也应该是独一无二的。然而，就在这部记述上帝的书中，我们却发现了上帝的一些另外的特性。

首先，“他”可能是一个群体。

《创世记》第1章第26节写道：

神说，我们要照着我们的形象，按着我们的样式造人，使他们管理海里的鱼，空中的鸟，地上的牲畜和整个大地，连同地上所爬的一切昆虫。

上帝既然是独一无二的，为什么在他的语言里，出现了“们”这样一个复数形式？难道上帝是由许多“人”组成的群体？这对于虔诚的基督教徒来说，岂不荒唐？

《创世记》第6章第1~4节写道：

当人在世上多起来，又生女儿的时候，神的儿子们看见人的女子美貌，就随意挑选，娶来为妻……那时候有伟人在地上，后来神的儿子们和人的女子们交合生子，那就是上古英武有名的人。

这里描写的是来自另一个世界的“天神”和地球上的凡人交配的故事，给我们却带来了更多的疑问和启示：

1.这另一个世界的“神”，有上帝，还有他的儿子们。——请注意，这又是一个“复数”,岂不是印证了关于“神是群体”的推测,那里是不是也应该存在着一个类似于人类的“社会”?

2.“上帝”在另一个世界的“社会”里,是不是也是万能的,至高无上的?他是一个群体社会的首脑,还是一个家庭的家长?

3.既然“神的儿子们”把“人的女子们”“娶来为妻”,并且“交合生子”,那么,这些“神的儿子们”也当然是“神”娶谁为妻,交合而生的了。这样看来,这个上帝存身的“另一个世界”,同据说是他创造的“地球世界”的繁衍方式,又有什么区别呢?

《圣经》中的上帝

由此可见,《圣经》里的上帝,并不是生活在一个纯粹的精神世界里,而是生活在一个具体的物质世界里。这个世界,有共同生活的群体,有一定的社会结构形态,有家庭及以家庭为核心的繁衍方式……,同地球人相比,只不过能力更强,或者说文明发展的程度较高而已。

“上帝”怎样来到人间?

传说中的“神”,是无所不能、无所不在的。他们的行动,不借助物质,当然也不需要任何交通工具。

中国的“神”们,常常是“腾云驾雾”的,《西游记》里的孙悟空,一个筋斗就是十万八千里,多么玄乎呀!

可是,《圣经》中的“神”们来到人间,却使用了一个地地道道的“飞行器”。

《圣经·以西结书》第1~3章,记载了先知以西结在约雅斤王被巴比伦王尼布甲尼撒二世掳去后的第五年,即公元前592年,看到一个奇异的景象:

我看到:狂风从北方刮来,紧随着有一朵包含着闪耀着火光的巨大云团,云团周围有光辉,从其中的火光内发出,好像光耀的精金。又从其中显出四个“活物”的形象来。

请看,以西结看到的这个“飞行器”:

1.沿着一定的方向飞来:北方;

2.有相当高的速度:扇起狂风;

3.运行中有火光;

4.运行中有声音(随后,以西结还叙述道:“灵将我举起,我听到轮子旋转震动的轰轰的声响”);

5.有材料不明的外壳:它好像光耀的精金;

6.而且其中载着“活物”。

它的物质特性是这样的具体、清晰，只要你略为驰骋你的想象，这，岂不是一艘破空而来的"宇宙飞船"？当然，对于生活在公元前6世纪的古代人类来说，就只能把它理解为一具上帝所携带的神物了。

下面，我们再来看看那些载来的"活物"。请注意的是，以西结并没有说它们是"人"。

他们的外观是这样的：有人的形象，各有四个脸面，四个翅膀。他们的腿是直的，脚掌好像牛犊之蹄，都灿烂如闪光的铜。在翅膀以下有人的手。……四个活物的形象，就如烧着的火炭。火在四个活物中间上去下来。这火里有光辉，从火中发出闪电；这活物往来奔走，好像电光一闪。

以西结继续观察道：

"活物"的脸旁，各有一轮在地上，轮的形状和颜色好像水苍玉。……四个轮子都是一个样式，轮中套轮，轮行走的时候，向四方都能直行，不需要掉转。至于轮轴，高而可畏，……四个轮轴周围满是眼睛。活物行走，轮也行走；活物从地上升起，轮也上升。

请看这个"活物"的形象：多面，有翼，直腿，有蹄，外壳色如金属，熠熠发光，往来倏忽如电。

再看与"活物"配套的工具：四轮，万向，四周是灯光，运载"活物"，随意上下左右。

据此，我们完全可以想象，这岂不是一群受某种遥控指挥的太空机器人？当然，对于生活在公元前6世纪的以西结来说，也只能理解成为上帝的神物了。

我们既不相信上帝和神灵，也不觉得这仅仅是迷信和宗教宣传的呓语，我们认为，以西结所看到的，是一个超越那个时代的"物质世界"。

我们还相信，以西结是确曾看到了。因为生活在公元前6世纪的以西结，不曾预计到20世纪太空飞行器和机器人的出现，同时，公元前6世纪人们科学视野浅窄，也无法编造出这样具体而真切的谎言。

生命起源和"上帝造人"

关于生命起源，现在科学的解释是：通过运动，无生命物质形成原始的有机质碳氢化合物，进而发展到复杂的化合物氨基酸、核苷酸，这些物质之间进行相互作用，产生了原始的生命物质。

然而《圣经》却说：是上帝创造了地球上的一切生灵。

《圣经·创世记》是从地球开创写起的，它描述了原始状态的地球：没有空气，没有水，更没有树木、禽兽和人，一片混沌……这和中国神话传说中盘古开天辟地之前的混沌宇宙一模一样。

值得注意的是：这个描述是接近于真实的。我们是借助了积累到20世纪的天文学和地理学知识，来推断地球的初始状态的。这个推断，又为现代的各种太空考察，如月球考察、金星考察、火星考察等等所证实。然而，遥远的中国和外国的古代先人们，又是怎样知道这几亿乃至几十亿年前的地球形貌的呢？

难道真有人目睹了原始地球的冷漠和荒凉，不然，为什么《圣经》和我们中国神话中，竟有如此相似的叙述呢？

之后，“上帝”又为地球造了空气。于是，地球就开始了生命的进程。

《圣经》还清晰地列举了生物演进的序列：矿物出现在植物之前，植物出现在动物之前，而动物，则出现在人类之前。从地质学和古生物学的观点来看，这也相当精确。难道真有万知万能的“上帝”，高踞于时间和空间的制高点上，鸟瞰了这地球的进程吗？

关于“上帝造人”的记述，也是耐人寻味的。

《创世记》第 2 章和第 3 章中说：上帝用尘土造成人。上帝在他鼻孔中吹气，使他成为活人，取名亚当；上帝又为亚当造了一个配偶，他用亚当身上的一条肋骨造成一个女人，就是夏娃。

从 19 世纪达尔文首倡，并为无数科学实践所证明的进化论的观点来看，人类是由猿人进化而来的。造人是不可能的，“造人”之说是迷信的，荒唐可笑的。然而，仅仅只是百年之隔，到了 20 世纪末期，“造人”则不但是一种可能，而且是一种为实践所证明的现实了。

现在，让我们来考察一下“尘土”的词意，尘土的拉丁文是 Pelvis，而 Pclvis 又具有 Power 的意思，即类似于尘土的粉末。既然当代科学家们都可以用粉末状的试剂来培养细菌，用人的机体的一部分来培育机体，在试管条件下制造婴儿，何况是万知万能的“上帝”呢？

克隆技术的发展，更使得造人成为可能。要克隆一个亚当，只需要他的一个细胞活体就够了，哪里用得着“一条肋骨”呢？

因此，“造人”之说绝非天方夜谭，假如我们既不迷信，也不在现有的科学成就上故步自封的话，我们完全可以在心平气和的情况下，来探讨造人的可能性，并进而窥探这个《圣经》中的“上帝”，究竟是谁了。

“约柜”之谜：古代高压电纪实

《圣经》故事，大都带有浓厚的神秘色彩。一方面是由于宗教宣传的需要，另一方面，则是由于记述时代科学视野的浅窄。

从《圣经·出埃及记》第 25 章开始，上帝对摩西讲述了制造“约柜”的方法。上帝的指示极为详尽——也许是当时的人类过于无知吧，他不厌其烦地指示，连杠和环如何造到柜上，安在什么地方，金属件要各用什么样的合金，以及如何连接，等等，都有严格的规定。

上帝郑重其事地强调说：

“要谨慎地制作这些对象，都要照着在山上指示你的样式。”

“约柜”到底是怎样的东西呢？它有什么用？

上帝告诉摩西，他将通过约柜，在锡安山施恩座与摩西通话。原来，用现在的观点看来，这是一个可以远距离通话的先进的通讯工具。

《圣经》中还记载：每当摩西需要帮助时，他就通过约柜和上帝通话，上帝的声音从约柜里传出来，而摩西却看不见上帝。

对于摩西时代的古人来说，这当然是非常神奇的，只有万知万能的“上帝”才能做到。

中世纪手卷插图：扫罗的军队抬着约柜上战场。

而现在，约柜这样的通讯工具，已经大量地使用于普通家庭了。

但是，约柜是带电的，四周经常有闪烁的火花。因此，上帝还指示，任何人不许靠近约柜。在搬运时，反复叮咛，甚至穿什么衣服，什么鞋子，都做了详细的指示。但是在搬运过程中，牛失前蹄，约柜有翻倒的危险，赶车的乌撒赶紧伸手去扶约柜，结果，可怜的乌撒如同受到雷击一般，立刻倒地身亡。

可以断定，乌撒是触电身亡。因为科学家说，如果我们今天按照摩西的指示重造一个“约柜”的话，会产生几百伏的电压。

关于“上帝”即“外星人”的假说

美国加州大学的弗兰克·德瑞克教授曾经这样推理：

1.银河系里有4000亿颗恒星；

2.其中有10%的恒星（400亿颗），在年龄和结构上同太阳相似；

3.在这些恒星所拥有的行星系中，又有10%的行星（40亿颗）既不太冷又不太热，类似于地球；

4.在这40亿颗类似于地球的行星中，只要条件适合，不同的化学方式都可导致生命，从而进化成智能生命。

因此，他这样断言：人类并不孤独。

根据考古发现，地球上的原始人类最早大概出现在二三百万年前，人类产生比较流畅的语言和简单的文字，至多不过万年的历史。同无限古老的宇宙相比，地球是比较年轻的星体;同无限的宇宙中可能产生的智能生命相比,地球生命是比较年轻的生命。

假如有一天,外星的智能生命们光临地球,进行科学考察,看到了地球的原始、混沌状态,就像现在的地球人登上月球或者用探测器考察金星、火星、木星等看到的情况一样。

假如他们用其智慧和能力,改造了地球的环境,促进了地球生命的产生和繁衍,就像我们现在企图改造月球乃至于其他星球一样。

假如他们在另一个星球——也许就是伊甸园吧,用试管或者克隆技术,制造出了智能生命——亚当和夏娃,并且让他们移居地球,就像我们准备移居月球或其他星球一样。

于是,人类开始繁衍。

这和地球本身的生命进程并不矛盾,因为,他们和它们,都可能是受一定进程控制的智能和科学的结晶。

于是,那些远离地球的"人们",坐着飞行器频繁地光临地球,用交配或者毁灭的方式——是的,我们将要谈到毁灭——改良人种,并且传授知识和技艺,指导人类的文明进程。

他们所做的一切,都是科学的,物质的,理性的,而在文明处于低级状态的人类看来,他们是神圣的,不可知的,万能的。仅仅只是几百年前,人们还把风、雨、雷、电当作"神"来顶礼膜拜,何况是先知先觉,远远高出于地球发展水平之上的智能生命呢?

因此,我们怀疑,《圣经》中的上帝、神以及神的儿子们,很可能就是我们现在正在探索,可望而不可即的"外星人"。

"彩衣笛手"踪迹之谜

1284年6月26日约翰和保罗节,
哈默尔恩城的130个孩子,
被身穿斑斓彩衣的笛手带走,
从此杳无踪影……

这段文字刻写在德国哈默尔恩城的"无鼓街"的一个木牌上,它记载了一件悲惨的往事。但是,这130个孩子为什么出走?走向哪里?谁带走了他们?至今仍是一个不解之谜。

黑死病和"笛手"故事

流行性淋巴腺鼠疫,俗称"黑死病",是一种以老鼠和跳蚤为传播媒介、传播速度极快的传染病,因患者常伴有淋巴腺脓肿或皮肤出现黑斑而得名。

从公元1300年前后一直到15世纪中后叶,欧洲各地灾难频仍。地力衰竭,气候变冷,暴雨频频,农业歉收,饥馑蔓延。更为严重的是,被称作"上帝惩罚"之顶点的黑死病,正在这里开始以灾难性的规模传播。

1347 年,一种由老鼠和跳蚤携带的耶尔森氏鼠疫杆菌经过地中海各港口传到西西里岛。1348 年,传到了意大利、西班牙、法国和英格兰。1349 年传到奥地利、匈牙利、瑞士、德意志各诸侯国和低地国家。1350 年传至波罗的海沿岸国家和北欧……。

染上黑死病的人,常常是股沟或腋下出现巨大肿块,继而转为坏疽,四肢出现黑色斑点,并且腹泻不止而死;有的则因呼吸道感染而肿胀和咯血丧生。这种病传染性极强,死亡速度极快。有的人入睡时还好好的,经过一夜的痛苦挣扎,天明时便停止了呼吸。

死亡接二连三,"尸体大多像垃圾一样被扔上手推车"了事。

许多人口密度较大的城市,死亡率超过 50%。1335 年时的图卢兹城人口约 3 万,到 1380 年时只剩下了 8000 人;东诺曼底的人口在 1347~1357 年,10 年间减少了 30%,到 1380 年又减少了 30%。据估计,在 14 世纪的 100 年中,黑死病夺去了 2500 多万欧洲人的生命,约占当时全欧洲人口的 1/4。

美国著名历史学家伯恩斯等人编写的《世界文明史》则推算,由于黑死病、战争、饥馑等原因,西欧人口在 1300 年至 1450 年间减少了至少一半,甚至于"很可能减少了 2/3"。拜伦爵士为此悲愤地叹道:"这不是人类的历史,这是恶魔的圣经。"

黑死病吓得人们魂魄俱丧,"彩衣笛手"就是在这样一个凄惶的背景下衍生出来的一则民间传说。

哈默尔恩位于德国下萨克森州的威悉河畔,在中世纪,它是一个面粉磨制业非常发达的小城,大量的粮食囤积,使得这里的老鼠也格外猖獗。

正因为如此,当地便出现了捕捉老鼠这样一种专门的职业,同时,捕鼠人又常常是能演奏乐器的流浪艺人。据传说,当时就有一些这样的吹笛人,他能用笛声引出老鼠,并把所有的老鼠都带到河里淹死。

1284 年,哈默尔恩也遭到了鼠疫袭击,居民们惊恐万状。正是这时,来了一个身穿五颜六色衣服的来历不明的吹笛人,自称能把这些该死的老鼠全部带走。哈默尔恩的居民高兴极了,答应只要能赶走老鼠,他们将付给他一笔丰厚的报酬。

那吹笛人果然神奇,他的笛声一响,那些老鼠就纷纷出洞,围住他,仿佛是听他的演奏听得如痴如醉。他一边吹,一边走向城外,那些老鼠也跟着走向城外。最后,他用笛声把所有的老鼠都引到城外的威悉河,在威悉河里淹死了。

但是,哈默尔恩人背信弃义,不肯按事先的约定付给"彩衣笛手"报酬。

6 月 26 日,那个"彩衣笛手"再次出现在哈默尔恩街头。他吹起笛子,引来了许多围观的小孩。他一边吹,一边走向城外,大约有 130 个孩子也跟着他走向城外。最后,在悠扬的笛声中,所有的小孩都沉入了河底。

吹笛人用这样可怕的报复惩罚了忘恩负义的哈默尔恩人。

是道德寓言吗?

现在,鼠疫大流行的时代早已成为过去,但这个"彩衣笛手"的传说早已传遍全球,成为许多小说家、诗人、剧作家和作曲家灵感的源泉。

在哈默尔恩城“无鼓街”上，记述这段故事的木牌尚在，根据这个民间传说改编的戏剧常演不衰，成为哈默尔恩吸引外国游客的旅游节目。

“彩衣笛手”的故事是真的吗？真有那么一个“彩衣笛手”，既能把万恶的老鼠引进河里，又曾把130个无辜的孩子沉入深渊吗？欧洲的一些文史学家进行了长期的研究，提出了许多有趣的见解。

有人认为，“彩衣笛手”纯粹是一个流传于民间的类似神话的传说故事，这个民间故事之所以盛传不衰，是因为“彩衣笛手”的传说里包含了一个道德哲理，我们可以把它看成是一个政治讽喻寓言。它的不幸的结局更给这个民间传说增加了感染力。这个传说故事的目的是教育后人牢记讲究信用，不可忘恩负义，并且讽刺了那些只会夸夸其谈而不信守诺言的伪君子。因此，如同欧美许多文学作品中的古老传说一样，“彩衣笛手”并没有以历史上的真人真事为依据，它在“黑死病”的恐怖背景下开始诞生，在民间流传中逐渐丰满，并最后完成。

在这样一个凄凄惶惶的日子里，哈默尔恩来了个吹笛人。

但是，更多的研究者不同意上述意见，因为在哈默尔恩城的博物馆里充满了与“彩衣笛手”这段传说有关的纪念文物。

有一篇15世纪的手稿这样记载，“彩衣笛手”是一个约莫30岁的漂亮男子，他吹奏银笛令人倾倒，孩子们听到笛声便跟在他身后出了城。一个名叫路德的妇人和一个10岁的少年目睹他们离去。悲痛的父母四处寻觅，再也没有找到他们。

另一篇手稿说，在1300年，哈默尔恩市民在教堂内装了一面纪念之窗，这面已毁于17世纪的窗上记载：“所有的孩子们历尽艰险，到达哥本山，然后音讯杳然。”

一些学者专家用尽多年心血考辨后也认为：“彩衣笛手”并不是子虚乌有的杜撰，它在历史上是实有其人其事的。事情的真相是这样的：1284年6月26日，一位名叫施皮格尔伯格的“彩衣笛手”，带走了130名少年向东迁移，到波罗的海沿岸的波美拉尼亚一带去了。他是一位蓄有胡须、和蔼可亲的老者，在当时的德国曾担任过地方移民官，在1284年前后经常往来于哈默尔恩城和波美拉尼亚之间。他的两个弟弟也是当地负责转运移民的行政官员，曾经在哈默尔恩城附近定居过。

很显然，也许当时确实发生过一起130名少年失踪的事件。那么，他们又到什么地方去了呢？为何杳无音讯？

杳无音讯之谜

有一段史料则记载得比较详细：

当130名孩子失踪之时，施皮格尔伯格也一时不知去向。但到1284年7月8日，即孩子们失踪后的第11天，有人亲眼看见施皮格尔伯格出现在德国的什切青港（今属波兰）。什切青港是当时移民的必经之地，距哈默尔恩城大约400公里，10天左右的行程。

13世纪之初，许多人口稠密的德国城镇都向往着移民，地域广袤的东部被称为"福地乐土"，那里盛产小麦、蜂蜜、肉类，因而人们迫切希望向东迁移。当地居住的斯拉夫人和匈牙利人也欢迎这些来自德国的移民，因为他们的到来可以增强防卫力量，用于阻挡来自俄罗斯的侵扰与掠夺。于是，受了王公贵族的支持和怂恿，当时德国东迁的移民不断增加。在这样的历史背景下，施皮格尔伯格带领130个孩子向东迁移是一件十分平常的事，不足为怪。不幸的是在东迁途中，他们乘坐的船只在波罗的海海岸附近沉没，施皮格尔伯格与130名少年一同罹难，无一人生还。

一生中大部分时间用于探究这一历史悬案的谢博尔特先生，为了解开"彩衣笛手"之谜，查阅了哈默尔恩博物馆的大量历史书籍和纪念文物。他认为，要了解事实真相，还必须弄清楚笛音捕鼠这一事件的真实性。科学实验证明，"彩衣笛手"用笛子诱捕老鼠的做法是完全可行的，他利用高频率的笛声使老鼠的神经紧张而错乱，从而诱使它们纷纷拥入河中自杀。历史上，英国就有人使用过一种锡笛，捕鼠人利用锡笛发出的高频率的抖颤声，将成千上万只老鼠驱入陷阱。在中世纪，欧洲大陆鼠害横行，因此，出现一个巡游捕鼠的人，利用高频率的笛声把老鼠引向河中淹死，是完全可能的，不足为奇。此事同130个孩子失踪事件也许是两回事，人们出于训诫的目的把它们融合成一体了。

如今，"彩衣笛手"的故事，已成为哈默尔恩城重要的人文资源。在美丽的老城区里，随时都能遇见戴有插着羽毛的彩帽，穿着五彩缤纷服装的男子，在街头巷尾串行，以招揽游客。一年一度的6月26日这个灾难纪念日，成了哈默尔恩城的盛大的旅游节日。从5月中旬到9月中旬的每星期日的12点整，露天剧场都要进行"彩衣笛手"童话剧的演出，供游客免费观赏。

"彩衣笛手"的真相究竟如何？当年那些孩子到底走向了哪里？没有最后的答案。如今，这个未解之谜每年吸引着数十万游客到哈默尔恩观光旅行，其中当然不乏试图穷究"彩衣笛手"谜底的有心人士。

十字军东征之谜

从公元1096年开始，西欧的基督教徒——其中虽不乏贵族、骑士和职业军人，但更多的却是普通民众:农民、商人、手工业者,乃至于老弱妇孺,他们佩戴着纪念基督受难的“十字”标记,自动地结队成团,浩浩荡荡向东方进军,对以“新月”为标记的穆斯林,进行了长达 200 年之久的所谓的“圣战”。其动员面之广泛,情景之热烈,持续年代之久远,以及牺牲之惨重,都是史无前例的。

这支不伦不类的队伍,就是历史上赫赫有名的“十字军”。

朝圣热

公元 8 世纪以后,一股朝圣热在欧洲兴起。

对于虔诚的基督教徒来说,到耶稣出生、受难与复活的圣地去朝圣,是寤寐以求的毕生愿望。喝一口清澈的约旦河水,在约翰给救世主耶稣洗礼的河里受洗是莫大的幸福,从遥远的东方带回来的每一件圣物——用大肚水瓶装来的约旦河水,用背篓装来的骷髅地(耶稣受难地地名)的泥土,以及从狡诈的巴勒斯坦商人手里买来的“真正的”十字架木头、圣母马利亚的眼泪和她裙上的卷边等等,都会在欧洲以高昂的价格转售。

朝圣者川流不息。到 10 世纪末,虔诚逐渐变成了狂热。人们普遍认为,世纪末日即将来临,《启示录》说,耶稣将在这天降临耶路撒冷审判人类。信徒们抛弃了家园、亲人和手里的活计,涌向耶路撒冷,等待着上帝显灵。

开始,源源不断的朝圣者给信奉伊斯兰教的巴勒斯坦人带来无限商机,他们也表现出了足够的宗教宽容。圣城既是基督教的圣地,也是伊斯兰教的圣地。但当朝圣者的数量和虔诚都与日俱增的时候,一些贪婪的阿拉伯人要求:每个进入耶路撒冷的朝圣者必须付出一个金币。这对于千里跋涉、沿途乞讨的穷苦的朝圣者,无疑是晴天霹雳。这还不算,到了 11 世纪,塞尔柱土耳其人占领了巴勒斯坦,他们冷酷、残暴,不只高额收取进入耶路撒冷的税金,还蔑视朝圣者的宗教感情。宗教迫害层出不穷:抢劫,鞭笞,杀戮,无力缴纳税金者则常常在圣城门外等待数月之久。

不仅如此,正在扩张的土耳其人还从基督教王国——东罗马帝国手里夺取了小亚细亚的全部领土,逼近君士坦丁堡,直接威胁到东罗马帝国的生存。

隐修士彼得

直到现在,人们对于隐修士彼得还是知之甚微。

他曾经服过役,后来是亚眠地方的一名僧侣。

受那个时代宗教疯狂症的感染,他也去了圣城,塞尔柱土耳其人对基督教徒的无耻盘剥和疯狂迫害使他义愤填膺。为了收复耶稣圣墓和解除基督教徒的苦难,他曾冥思苦想,坐卧不宁。

有一天夜里,他做了一个期待已久的梦。在梦里,上帝亲口许诺,对他即将进行的神圣事业给以保护和帮助。这成了他在东征前后极其艰险的日子里百折不挠的动力。

疯狂的自信支持着他为所欲为。他拜见了耶路撒冷基督教堂的大主教西蒙，也许，他还在君士坦丁堡拜见了东罗马帝国的皇帝阿历克修斯一世。他带回了他们的求援信。求援信历数了基督教徒的苦难，请求教皇和西欧基督教国家最有影响的君主，拯救基督教，拯救东方的基督教帝国。

显然，教皇被他洋溢的热情所感染，立即授权他向所有信仰基督教的国家和教民为"圣战"布道。

有关文献记载：彼得所到之处，响应者不计其数。法国、德国、意大利闻风而动。一位早期研究"十字军东征"的历史学家目睹了他布道的情景。他描述道：他布道时，通常穿着平膝的羊毛束腰外套，外罩长达脚跟的灰色袍子，胳膊和脚光着。他不吃肉和面包，只吃鱼和酒。隐修士说过和做过的一切都显得有点神圣，人们高度信仰他，拔他驴身上的毛作为纪念。

这位编年史作家还说："他穿过一个又一个乡村、城镇……人们簇拥着他，送他礼物，盛赞他的圣洁。我从未见过一个人获得如此高的荣誉。"

他勇敢、执拗，孜孜不倦，全力以赴，把它的疯狂传给听众，直到整个欧洲沸腾起来。

乌尔班二世

现在，也很少有人提到乌尔班二世。但是，如果没有这位非凡的教皇，在历史上如此重要的十字军东征也许就不会发生。

1095 年 11 月，教皇在法国南部的克勒芒召开了一次大宗教会议。14 名大主教、200 名主教、5 名公爵、14 名伯爵，以及来自欧洲各国君主的使臣参加了会议。

会议开了整整七天。时值隆冬，从各地赶来听教皇布道的人踏着积雪，把周围数英里的街道和乡村挤得水泄不通。

头戴三层高冕的教皇站在铺着红地毯的高台上，发表了一篇在人类历史上最有号召力的演说。

他说，圣城和圣地已被异教徒占领，基督教徒惨遭屠杀和蹂躏，上帝和圣物遭受到前所未有的亵渎和践踏。他号召说：

啊，勇敢的骑士，忠诚的人们，你们是战无不胜的祖先的后裔，我相信你们不会给祖先丢脸，不会受妻儿的柔情阻挡，而是会牢记上帝的教导：爱父母胜于爱我的人将被我唾弃，为了我的缘故，抛弃家园、父母、姊妹、妻儿或者土地的人，将得到厚报，他的生命将会永恒。

他还不无诱惑地说：那是一块流着奶和蜜的富饶之地，所有参加东征的人都会在那里拥有自己的土地，而他生前的罪孽将会得到上帝的赦免，灵魂将直接升入天堂。

他的讲话几次被热情的欢呼打断。人们异口同声地高呼：

"这是上帝的旨意！这是上帝的旨意！"

"是的。这是上帝的旨意。"乌尔班不失时机地推波助澜，"为神的事业献身的人是庄

1095年11月，教皇乌尔班二世在法国南部的克勒芒召开了一次大宗教会议，决定组织十字军东征。

严的，让他们在胸前和额上戴着十字架出征吧！请记住上帝的格言：‘那些不拿着十字架跟随我的人将被我唾弃。’”

狂热与血腥

集会的消息很快就传遍了欧洲最偏僻的地方，人人都在狂热地谈论东征。成千上万的人涌向教堂报名：虔诚的，疯狂的，贫穷的，放荡的，年轻的和年老的，甚至跛者、妇孺。参加东征的债务人都可以得到一张罗马教廷的免债赦令，各种触犯法律的人，不管罪行轻重，也因为参加东征而获得自由平等。天空中不时出现灵异的征兆，妇女们在手臂和胸前烙上十字架，疯狂地鼓励自己的情人和丈夫出征。

拥有财产的人都涌到市场上换取硬币，农民们千方百计地卖掉犁耙农具，购买奔赴耶路撒冷的战剑。土地房屋卖不到四分之一的价钱，而战马和武器的价钱却以同样速度上涨。

1096年的春天和夏天，满路上都是十字军。有的骑马，有的驾着牛车，还有的乘木筏顺流而下，人们带着妻子儿女和对耶路撒冷的渴望，盲目地奔向任何一个被指定的地点集结。很少有人知道耶路撒冷在哪，有人以为在五万英里之外，另一些人以为只花一个月时间就能到达。一看见集镇和城堡，孩子们就喊：

“那是耶路撒冷吗？是不是那座城市？”

由于一到耶路撒冷，所有的罪孽都将赦免，这反而使一些潜在的犯罪欲望得到了彻底的释放和发泄。

第一批十字军由穷光蛋瓦尔特率领，他们大都是一文不名的乌合之众，其中包括欧洲的最邪恶之徒。没有给养，没有组织原则，也没有真正的勇气，潮水一样地咆哮着，涌向德国、匈牙利、保加利亚。开始，他们还能得到沿途居民的善意接待，但这群人并不满足于食品和必需品，他们贪得无厌，打家劫舍，酗酒纵欲，无法无天，蝗虫一样地走一路抢一路，压根儿也没有想到遭遇反抗和报复。他们破坏性极强，但遇到强手却不堪一击。在塞姆林，愤怒的匈牙利人袭击了他们，在保加利亚也是如此。他们沿路抛下同伴的尸体，继续前进，到达君士坦丁堡的不到三分之一。

隐修士彼得率领的部队也许比瓦尔特的更加糟糕，他们对塞姆林人进行了残酷的血洗，但匈牙利国王率领军队在贝尔格莱德附近的摩拉瓦河对他们给予迎头痛击，葬身于这道天堑的十字军不计其数。

第三批十字军由一名癫狂的"疯教士"率领，他们出发时约一万人，却没有一个人到达耶路撒冷。

十字军战士

十字军前仆后继，为自己的愚昧、狂热和沿途撒布的罪孽付出了惨重的代价。他们中间百分之九十的人不曾与异教徒交手，也没有走出欧洲。在梅津堡，十字军的尸体曾经堵塞多瑙河，使多瑙河水断流。

严酷的事实使后来的十字军冷静下来，几支由贵族和骑士率领的十字军不得不约束自己的部下，以换取沿途安宁。他们先后到达君士坦丁堡，人数约五六十万之众。他们终于有机会同异教徒交手，使用了最野蛮、最残忍的手段。

1099 年 9 月，十字军攻克耶路撒冷，他们杀光了所有的穆斯林，踏着他们的血迹庆祝胜利。十字军建立了一个"耶路撒冷拉丁王国"，圣城理所当然成了首都。

在这以后的两个世纪里，为了遏制穆斯林势力和保卫耶路撒冷，又先后进行了七次东征。但是，十字军东征的首要目的并没有达到：圣城得而复失，穆斯林不只没有被消灭，反而经过小亚细亚，扩张到了东南欧。

十字军为什么东征？

一千年过去了，十字军到底为什么要进行这场持续了两百年之久的东征，仍然是一个不解之谜。

一般认为,十字军东征的主要动力是虔诚的宗教感情。每一个朝圣归来的人,都会讲述一连串的穆斯林的恐怖故事:圣地被野蛮地占领、践踏,教友被残酷地盘剥、蹂躏,牵动着每一个虔诚的基督教徒的神经。历史上的宗教战争和为宗教献身的人屡见不鲜,十字军东征也不例外。

但是,十字军的所作所为与"虔诚"二字相距甚远。千里迢迢,一路血腥,对象竟是自己的同胞和无辜的平民。1096 年蜂拥而出的几十万十字军,绝大多数未能走到与异教徒交手的前沿,它们大多死于自己的罪恶,献身于走出国门不远的欧洲的原野。

1202~1204 年的第四次东征,对象竟是以基督教为国教的拜占庭帝国。坚固的基督教前沿堡垒君士坦丁堡不曾被异教徒穆斯林攻陷,却被具有相同信仰的十字军攻陷、摧毁,付之一炬。这些与基督教精神大相径庭的行径,定为虔诚的基督教徒所不齿。用宗教感情来解释战争的初始冲动和部分人心态则可,用它来解释这场持续了两百年之久的战争,则远远不是事实。

有人认为,强烈的物质刺激和精神解放才是十字军东征得以持续的真正动力。每个熟读《圣经》的人都知道,巴勒斯坦在《圣经》里叫作"迦南之地",是一个奶蜜横流的地方。乌尔班教皇的慷慨许诺激起了欧洲人无穷的幻想:封建主想扩大自己的领土,农民们则想得到一块富饶的耕地。

当时的欧洲人还普遍认为,世纪末日即将来临,上帝将在耶路撒冷审判人类。占总人口百分之九十五以上的脆弱和轻信的愧疚者惶惑不安,所有的基督教国家动荡不宁。东征可以"完全赦免罪孽"的许诺,不只使恶行累累的无赖之徒如释重负,而且激活了他们有恃无恐、继续犯罪的欲望。这就是他们为什么如此热衷于东征,而且一路骚乱的根本原因。

还有人认为,这场持续了两百年之久的战争的根本原因,还是应该从欧洲当时的现状上来寻找。当时的欧洲已经经历了连续七年的饥荒,哀鸿遍野,民不聊生,骚乱一触即发。

长子继承制的确立,把封建领主、贵族的绝大多数后代变成了既无产业、也无职业的游民。他们寄人篱下,无所事事,习武打斗是他们的职业,恣意生事是他们的本性,这就是所谓的"骑士"。再加上封建领主和贵族的穷凶极恶,为所欲为,更加深了社会的矛盾。

表面上看来,教会拥有无上的权力,但实际上,国王们拥兵自重,不把教皇放在眼里。乌尔班二世的前任格列高里与德皇亨利二世长期纷争,乌尔班二世因反对菲力浦一世与人通奸而与法王反目成仇,梵蒂冈危机四伏,教皇只好外出避难。

基督教徒朝圣受阻遭到迫害由来已久,但阿历克修斯一世的求援信正在其时。现在好了,教皇登高一呼,应者云集,各个阶层都有自己必须"东征"的理由:悲苦的农民迫切希望寻找出路,摆脱饥饿和贫困;躁动的骑士迫切希望发泄和冒险,打开一片新的生存空间;贪婪的领主想要继续扩大疆土;狡诈的商人想借此触发商机;老谋深算的欧洲王公早就想祸水东行,把这些不逞之徒送上杀场;而教皇则要凭借他特殊的地位,夺回已经丧失的神圣权威……因此,十字军东征表面看来是由基督教徒朝圣受阻遭到迫害引起,而实际上是欧洲封建主、商人和教皇发动的侵略性远征。

结果是,200 万欧洲儿女喋血异域。

但对于历史的欧洲来说,十字军东征也许有它的特殊意义:教皇树立起了绝对权威,君主专制得到了强化,欧洲得到了东方文化的滋养,得到了发展和安宁。——这一切,为欧洲的文艺复兴奠定了基础。

无敌舰队毁灭之谜

1588 年 8 月,西班牙同英国为争夺海洋霸权,在英吉利海峡进行了一场举世瞩目、激烈壮观的大海战。两军实力相比,西班牙占绝对优势,但结局却大大出人意料,西班牙的“无敌舰队”惨遭失败,几乎全 军覆没。

这场战争是怎样爆发的?为什么会出现这样的结局?后代史学家对此议论纷纷。

战争的起因

战争的直接起因是苏格兰女王玛丽的被杀。

1587 年 3 月 23 日,当信使把玛丽被她的表姐英国女王伊丽莎白送上断头台公开处决的消息,报告西班牙国王腓力普二世的时候,旧恨新仇一齐涌上心头:一方面,在争夺新大陆黄金份额和海上霸权上,西班牙和英国早已积下了宿怨;另一方面,英国女王伊丽莎白执意处决苏格兰女王玛丽,严重伤害了西班牙天主教派的宗教感情;第三,腓力普二世本想娶玛丽·斯图亚特为妻,他的意愿当然就此破灭。他把自己关在房间里,一个星期没有接见朝臣,当他冲出房间时,这位以谨慎闻名的君主下定了要对英国进行报复的决心。

腓力普二世下令组织一支远征英国的大舰队,任命大贵族西多尼亚公爵为舰队总司令,并且在里斯本大教堂举行了舰队授旗仪式。

西班牙联合舰队拥有舰艇 130 艘——20 艘四桅大船、44 艘武装商船、23 艘圆船、22 艘差船、13 艘轻帆船、4 艘中船和 4 艘长船,总吨位 57868 吨,火炮 2431 门,海员 8050 人,船上共载陆军约 19000,加上其他杂务人员,总计 3 万多人。

1588 年 5 月 27 日,西多尼亚坐镇“圣马丁号”,率领舰队从里斯本出发。舰队刚出港口,就受到了大西洋风暴的猛袭,等风暴停止后,淡水已从仓促制成的木桶中漏光。最可怕的是载有 8449 人的 33 艘船舰走散,再也没有了消息。他只得把舰队开进西班牙半岛西北角的拉科鲁尼港避风和补给。

7 月 12 日再次启航。7 月 19 日西班牙人已经望见了英格兰西南的利泽德角。奇怪的是,离英格兰这么近,却还没看见英国战舰。西班牙军官李弗亚建议,利用这个机会将英军堵在港口里,一举歼灭。然而,西多尼亚却放弃了这个千载难逢的战机。

英国方面，在处死玛丽女王之后，就知道战争已迫在眉睫，伊丽莎白女王立即命令主力舰队在普利茅斯港集结。当时英国能应战的各种舰船共约140艘，其中大部分是海盗式的武装商船，规模不大。整个舰队的作战人员也只有9000人。1587年11月底，女王召开军事会议，任命霍华德为陆军上将兼舰队司令，海盗出身的德雷克为他的副手。

西班牙国王腓力普二世

英西大海战

英国监视船发现西班牙舰队后立即报警。

英国人这时才知道自己的处境已经危迫，霍华德利用敌人迟疑不决的当儿，毅然率舰队出港。月光下，西班牙舰队已经抛锚，摆好了战斗队形。机灵的英国水手逆风而行，抢占了西班牙舰队的上风方位。7月22日凌晨，英国舰队顺风向西班牙舰队发动了攻击。

英国舰队排成一条单长线，绕过西班牙舰队的前卫，乘西风楔入西军主力和后卫之间，集中火力猛攻西军后卫。西军的比斯开支队在英军的沉重打击下队形混乱，开始溃逃。支队司令官李卡尔德乘旗舰“格兰格林号”前来解围，但立刻又被英舰包围。英军炮火空前猛烈。不久，“格兰格林号”丧失战斗力。

西多尼亚亲乘旗舰“圣马丁号”前去解围，英国舰队又巧妙地避开西班牙主力，把载满金币的西班牙军需船打得烈火熊熊。西班牙战舰仿佛暴怒的斗牛扑向英国军舰，企图进行肉搏战，却被英国水手灵活地闪开。夜幕降临，第一场战斗就这样结束了。

当天夜晚，英军在“皇家方舟号”召开了军事会议，决定不给西班牙人以喘息之机，夜袭敌人舰队。

为了不暴露行迹，会议还决定，德雷克在他的旗舰“复仇号”主桅上点起桅灯，其余的英国军舰则熄灯蔽火，跟随着“复仇号”桅灯悄悄逼近敌人。

突然间，“复仇号”的灯光熄灭了，英舰失去目标，在大海上团团乱转，不知所措。原来，海盗出身的德雷克本性难改，当他摸黑接近西班牙将领皮德罗的座舰时，发现了那只船已被打坏，于是盗瘾大发。他怕别人分赃，干脆熄灭了桅灯，然后大肆洗劫该船，并且俘虏了皮德罗本人。德雷克的掠劫行动，使英军丧失了一次大获全胜的机会。

不过，战争的形势朝着有利于英国人的方面发展。他们仗着船舰轻便，航海技术高超，想战则战，想走就走。在大量的消耗中，英国人离家近，可以马上获得补给，而西班牙人要获得补给则困难得多，打来打去，炮弹所剩无几，他们只得放弃维特岛，东航到加来，以求补充炮弹。但是,英国舰队会同西莫尔勋爵的兵力,封锁了整条尼德兰海岸线,西班牙的登陆舰队根本冲不出海港。

7月28日晚,英国海军将领在"皇家方舟号"上再次研究破敌之计。大家一致同意使用"火攻"。他们从舰队中挑了8艘200吨的小船,装上沥青、油脂和柴草,当晚顺风顺潮,火船向西班牙军舰的锚地漂去。

西班牙哨兵发现有几艘浅装小船向他们漂来,并没有引起特别的注意。当小船渐次靠近的时候,熊熊的大火突然在海面上燃烧起来。西班牙海军本来对火攻有所准备,专门备有几艘小艇负责拦截,但事到临头,个个惊恐万状,西多尼亚慌乱中下达了"砍断锚索"的命令。混乱中大家争相逃命,许多军舰自相撞沉。英国舰队则乘胜追击,把西班牙战舰打得落花流水。

火船漂远了,然而大多数的西班牙军舰都丧失了两个主锚,无法集结。天明后,西南风把无锚的西班牙舰队向东北吹去。得胜的英国军舰紧咬住它们,它们弹药不够,无法还击,只能挨打。上帝给予它们的唯一希望是,等英国人把炮弹打完,然后再设法逃出虎口。

从上午9时一直到下午6时,英国人的炮弹终于打光了,西班牙舰队则已经漂过了敦刻尔克。在整整一周的炮战中,西班牙舰队虽说也发射了10万余发炮弹,但由于距离较远,给英军造成的损失甚微,没有击沉一艘英舰。西军死伤1400人,英军却不足百人。

7月29日黄昏,西军决定绕过英国的北方航线回国。但是,归途的境况比战争更为悲惨,许多船破损严重,在强大的大西洋风暴中沉没;另一些船被礁石累累的爱尔兰西海岸吞噬。幸存的船上,海员们被伤口溃疡、坏血病、饥饿和干渴困扰,有的船上甚至断水达14天之久,死者数以千计。回到西班牙时,强大的"无敌舰队"只剩下43艘残破的船舰了。

失败的原因

强大的西班牙舰队为什么会一败涂地,人们对此发表了很多不同的见解。

第一、战争基础薄弱说。

16世纪的西班牙,是头号殖民强国,财力和国力都首屈一指,但它的繁荣和强盛不是建立在本民族的经济发展上,而是仰仗于殖民地掠夺。特别是1492年哥伦布为西班牙找到美洲后,大批西班牙殖民强盗涌向那里,他们屠杀印第安人,抢掠金银财宝。科尔提斯洗劫墨西哥城,皮萨罗毁灭印加古国,大量运送珍宝的船只驶过大西洋,给西班牙王朝带来空前绝后的财富。既然财富来得轻而易举,也就不去费心发展生产了,这终于导致了民族工业的萎缩、凋敝。腓力普二世即位后,对内迫害"异端",大开杀戒,重税敛财,民不聊生,对外穷兵黩武,连年征战,致使矛盾激化,危机四伏。庞大的"无敌舰队"进攻英国,自然得不到人民的支持。

第二,指挥失当说。

西军统帅西多尼亚原为陆军将领，因在贵族中的较高威望，深得西王信赖，所以被任命为舰队统帅。但他本人不懂海战，而且晕船，曾多次恳请辞职，却未被批准。用这样的将领带队远征，焉有不败之理？

英西大海战

在战争中，西多尼亚至少有三次重大失策：

1.7 月 19 日，没有听部下李弗亚的劝告，把英军堵在港口里歼灭，因而失去了战机。

2.当英国舰队发现“无敌舰队”，立即抢占了上风方位，主动出击时，西多尼亚却只能按照传统战略，命令舰队列成半月形迎战，很快就被英军拦腰切断，打乱阵脚，造成了惨重的损失。

3.当发现火船后，他手足无措，慌忙传令砍断锚索，启航避让，使多数军舰无法停船，以至于在随风漂流中任人打击。

第三，天灾说。

“无敌舰队”首先遇到的对手，不是英军，而是更加可怕而又无法战胜的大西洋的狂风巨浪。“无敌舰队”出师之日，就遭到大西洋风暴的猛袭，致使载有 8449 人的 33 艘战舰失踪。它战败归国之际，又在爱尔兰西海岸再次受到风暴的打击，许多船舰因破损或触礁而沉没海底。事后，腓力普二世也不无感慨地长叹说：“我派无敌舰队是去和人作战，而不是去和海涛作战。”这说明，就是这种无法预料的天灾，敲响了“无敌舰队”的丧钟。

上述三说，均言之成理。也许，正是这三者相辅相成，联合作祟，才把外强中干的“无敌舰队”送上了绝路。

这次大战的意义在于：英国保住了，西班牙不可战胜的神话破灭了。从此，西班牙一蹶不振，而英国则以新一代“海上霸主”的身份，出现于世界舞台。

亚历山大大帝崛起之谜

公元前4世纪下半叶，年仅22岁的马其顿国王亚历山大率领40000人马，在不到十年的时间里，旋风般地征服了从小亚细亚直至印度西北部的广大地区，建立了第一个横跨欧、非、亚三大洲的庞大帝国。他传奇式的崛起，闪电般的征伐，以及暧昧不明的突然弃世，给后世留下疑窦丛生的谜团。

传奇式的崛起

马其顿位于希腊以北，开化较晚，当雅典与斯巴达为争夺希腊霸权，进行着长达27年之久的伯罗奔尼撒战争的时候，马其顿开始强大起来。

亚历山大(前356~前323)是马其顿国王菲力普二世的儿子。14岁那年，他的父亲把雅典的著名学者亚里士多德请来为他当家庭教师，前后三年，除了学习政治、宗教、历史、地理、科学知识之外，他还养成了追根究底的“恶习”和强烈的冒险精神。他非常喜爱《荷马史诗》，醉心于当个《伊利亚特》中阿溪里(一译阿喀琉斯)式的英雄。

每当他父亲打胜仗的时候，他就犯愁：

“父亲，你把世界都征服了，我再征服什么呢?”

从16岁起，他就跟随父亲东征西讨，学习指挥战争的艺术和积累实战经验。

公元前338年夏末，马其顿军与希腊联军在中希腊的喀罗尼亚决战，18岁的亚历山大指挥马其顿军左翼，首先突破希腊联军阵线，为会战胜利立下了头功。一颗明亮的将星在历史舞台上冉冉升起，希腊各城邦不得不屈服在马其顿的铁骑之下。

亚历山大20岁登上王位。在不到两年的时间里，他先后平定了宫廷内乱，制服了北方诸侯的反叛，镇压了希腊各城邦趁机而起的反马其顿运动，显示出了他惊人的军事天才和组织天才。

公元前334年，亚历山大率领着30000步兵、5000骑兵、160艘战舰，向东方进军，以实现他父亲留下的征服世界的美梦。出师前，他把他所有的地产、奴隶和牲畜都分送给了别人。一位大将不解地问：

“陛下，你把财产都分给别人了，把什么留给自己呢?”

“我给自己留下希望，”亚历山大满怀信心地说，“有了希望，就有了一切。”

他很快就跨过了达达尼尔海峡，粉碎了由波斯驻防军、各总督直属军和希腊雇佣军三者组成的波斯军队，占领了整个小亚细亚。

在弗里吉亚的古都戈尔狄翁，有一辆古老的战车，车轮上有一个用山茱萸皮拧成的绳结。自古传下来的预言说：谁能把车轮上的绳结解开，谁就能成为“亚洲的霸主”。

亚历山大走近战车的时候，当地有几千名老百姓围观，目光里流露出冷嘲和挑衅。

亚历山大围绕着车轮转了一圈，不动声色地从腰间拔出短剑，把绳结切成几段。他用不屑一顾的口吻宣布：

“我轻而易举地把它解开了。”

跟随着他的马其顿将领们先是一愣，接着就欢呼起来。他，就是这样一个果断和机敏的人。

公元前333年，亚历山大率马其顿军同波斯皇帝大流士三世亲自率领的60万大军在伊苏斯进行了决战。假如这个数字真实的话，这将是一场1:15的力量悬殊的战斗，而且后路已被截断。不过，亚历山大率领的马其顿方阵很快就突破了波斯阵线，大流士落荒而逃。特地赶到前线来观赏胜利场景的大流士的母亲、妻子和两个女儿，都做了亚历山大的俘虏。

波斯王派来求和的使臣，愿意割地、赔款，并且把自己漂亮的女儿许配给他。亚历山大的大将帕曼纽高兴地说：

“我们所要达到的目标都达到了。我要是陛下，就同意媾和。”

“我要是帕曼纽，也会同意媾和的。”亚历山大不动声色地说，“——可惜的是，我是亚历山大。”

帕曼纽听了，目瞪口呆。

“告诉大流士，”亚历山大转身对波斯使者说，“我是全亚洲的统治者。土地，是我的；黄金，是我的；还有他的两个女儿，也都是我的。如果他还想保全性命的话，就应该亲自来朝拜我。”

公元前332年，他挥师南下，结束了波斯人对埃及的统治。为了推行亲东方政策，他穿越沙漠，拜谒了阿蒙神庙。阿蒙是埃及神话中的众神之王，他的动物形象是公羊。埃及僧侣也慷慨地宣布他为“阿蒙之子”，这意味着他是神授的埃及王国的合法继承人。他在尼罗河三角洲建立了第一座以他的名字命名的城市——亚历山大城，后来，这里成了重要的商业和文化都市，直到今天。

这时候，整个波斯西部：小亚细亚、腓尼基、巴勒斯坦和埃及，都已置于亚历山大的统治之下。

公元前331年，他又率领47000将士大举东进，在尼尼微附近的高加米拉同号称百万的波斯军决战，大败波斯军。然后就是马不停蹄地追奔逐北，波斯名城巴比伦、首都苏撒、旧都波斯波利，一个个沦陷于亚历山大之手。

大流士三世在逃亡中被他的部下杀死，亚历山大又理所当然地成了波斯的皇帝。

远征！远征！

强烈的好奇心驱使他不断地冒险。

公元前330年的冬天，他攻伐到了阿富汗的喀布尔附近。第二年春天，他又越过了高达3300米的兴都库什山，然后挥师北上，到达了撒马尔罕，后又转向东北，一直抵达锡尔河岸。

这时,一个新的目标强烈地吸引着他,那就是传说中的印度。

公元前327年,亚历山大的军队越过了海巴鲁山,出现在印度河畔,打败强大的“大象军”,踏着广袤的旁遮普平原向前挺进。他原以为,印度河同尼罗河是相通的,或者就是尼罗河的源头;使他失望的是,印度河却是注入了一个南方的“大海”。

他本来还想向更远的东方前进,为了鼓舞他疲惫的士卒,他发表了一篇著名的演说《让我们共享最后的胜利》:

马其顿同胞们,联军同事们:……我把你们召集到这里来,是为了说服你们继续前进……我认为,一个有志之士的奋斗目标是没有止境的……假如你们一定要知道目前正在进行的这场战争的界限究竟在哪里,我倒可以这样回答:在我们到达恒河和东海以前,剩下的地方已经不多了……

他的演说并没有激起将士们的热情。七年的征战,当日从马其顿出发的老战士大都已经战死。印度的热带气候,雷雨,毒蛇,传染病,以及无法通过的森林,都影响着战士们的情绪。他们沉默,拒绝继续前进,亚历山大只好宣布打道回府。

不过,他的不安分的灵魂不容许他走回头路。他把他的部队分为两支,一支沿印度河岸步行,以防止沿途土著的袭击,他自己则带领一支乘船顺流而下。他在印度河航行了九个月,行程1600公里,顺利地进入了阿拉伯海。

在印度河口,他又把他的部队一分为三:一路翻山越岭,从内陆返回巴比伦;一路乘船,继续探索沿着阿拉伯海进入波斯湾的道路;他自己则亲率一路,沿着海岸西行,继续探索未知的土地。

这里是一片荒漠,烈日当空,几乎是滴水难觅,许多战士活活渴死。他终于在底格里斯河口同他的舰队相遇,并且在公元前325年,回到了巴比伦城。

在进入巴比伦之前,他就有一股不祥的预感。几个迎面而来的迦勒底祭司曾经告诫亚历山大,不要去巴比伦,否则将有不幸的事情发生。他终于发出了绕过巴比伦的命令,但是,部队在一片沼泽地里行军,困难重重,最终还是开进了这座城市。

他们在巴比伦举行了许多庆祝活动,但这并没有使亚历山大阴暗的心情宽解。为了摆脱烦闷,他白天观看演出,晚上和部下欢宴。在一次狂饮之后,他突然病倒在床上,十天之后,他悄然地离开了人世,终年33岁。

他没有留下子嗣。当将军们问他把这个年轻的庞大帝国交给谁时,他简短地说:

“给最强的人。”

亚历山大死亡之谜

亚历山大的生命虽然短暂,但有声有色,在历史上留下了辉煌的一页。他在不到十年的征战生涯中,行程四万多公里,建立了一个地域辽阔的横跨欧、亚、非三洲的大帝国,开拓了东西方的贸易通道,促进了东西方的文化交流。他是古代世界最著名的征服者。

他的勇于探索、不断进取的精神，更是留给后代子孙的一笔丰厚的精神财富。

但是，为什么精力充沛、正值壮年的亚历山大会突然死去呢？对于这点，史学家们有很多猜测。

一种说法是死于疟疾。苏联学者塞尔格叶夫在《古希腊史》中提出："亚历山大死于恶性疟疾。"美国学者伯恩斯和拉尔夫在《世界文明史》中也写道："公元前 323 年，他身患巴比伦疟疾，死时 33 岁。"

我国史学家吴于廑教授也持同样的看法。

另一种说法是死于酒后感冒。英国著名史学家韦尔斯在《世界史纲》中认为：亚历山大追求刺激，不断地在宴会中狂饮，在一次宴会上，他喝光了一樽可装 6 夸特酒的大酒杯里所有的酒。在一次酩酊大醉之后，由于天气骤冷，引起感冒、发烧，导致了他最后的死亡。

美国学者威尔以及日本学者大牟田章也赞同这一观点。

此外，还有第三种说法，亚历山大是被他的部下毒死。

古希腊史学家阿里安在《亚历山大远征记》中，除记述了亚历山大连日跟迈狄亚斯一起饮酒作乐外，还说到了他的部将安提帕特曾送给亚历山大一服药，他正是吃了一服药才死去的。据说，一服药是亚里士多德替安提帕特配的，由安提帕特的儿子卡山德送到亚历山大那里。卡山德的弟弟是亚历山大的御林侍从，卡山德与亚历山大结怨很深。亚历山大一口把那杯药酒喝完后，就感到剧烈疼痛，这就是他当即离席的原因。

很久以后，卡山德成为马其顿国王。传说，他每次来到特尔斐神庙，看到亚历山大塑像时，都会感到极大的恐惧，并全身发抖，头脑发晕，需要很长时间才能恢复。

不过，这仅仅是后人的猜度，亚历山大和当场的人都没有怀疑到这点，否则，卡山德等人还有命吗？

陵墓何在？

亚历山大死后，他的朋友和部将之一托勒密（后来的埃及托勒密王朝的开国国王）用灵车把他的遗体运往埃及，最后安葬在亚历山大城。为了表达对他的尊崇，托勒密一世和二世为他建造了一座富丽堂皇的陵墓。

与此同时，托勒密王朝还在亚历山大城修建了最大最好的图书馆和博物馆，建造了雄伟壮丽的亚历山大灯塔。

罗马人占领亚历山大城时，恺撒大帝曾经拜谒过亚历山大陵墓，并表示要建立像这位英雄那样伟大的业绩。

奥古斯丁皇帝也朝拜过这个陵墓，并在亚历山大的塑像头上加了一顶金冠，在周围撒满了鲜花。

公元 215 年，卡拉卡尔皇帝也进谒过亚历山大的陵墓。可是，在此以后，这座亚历山大陵墓就变得无声无息了。

公元642年,阿拉伯军队占领了这座城市,这里辉煌的历史陈迹使他们惊叹不已。但这座城市后来衰落了,17世纪初,土耳其人占领后,它就更加荒凉。

到了19世纪初,这里修建海港,亚历山大城很快就成了地中海极其重要的贸易中心。古老的建筑遗址变成了采石场,残垣断壁变成了建筑石料。历史陈迹荡然无存。

当人们缅怀这位古代英雄,寻找他的陵墓的时候,他的陵墓却不知去向。

按照希腊习俗,创建城市的国王,死后就成了神,一般都葬在市中心,好让创建者的亡灵庇护全城。因此,有人推断,亚历山大陵墓很可能位于亚历山大城东部的王宫区。公元初,希腊地理学家斯拉特邦曾经提到,陵墓是王宫的一个组成部分,这也印证了上面的推想。但是,人们在王宫区进行了大量的勘测和发掘,却没有找到陵墓的踪影。

英国人维斯国对亚历山大城的托勒密王朝的早期墓地进行过分析研究。他认为,这些陵墓应当同亚历山大陵墓相像。当然,亚历山大的陵墓应当更宏伟、更壮丽,但在建筑特点上不会有太大的差别。亚历山大的棺木很可能是安放在一座宏伟的庙宇里,周围是圆柱,外面是庙宇围墙,对面是开阔的庭院,设有祭坛,供举行祭典仪式用。但人们没有找到这样的庙宇。

菲力普二世陵墓,1977年发现。

19世纪末,一个惊人的发现大体证实了上述猜想,亚历山大父亲的陵墓被发掘出来。大殿中央停放着高大的大理石石棺,上面设有镶着宝石的金质瓶状墓饰,国王的遗骨就在其中。

遗骨周围是一些精美的银质和铜质器皿、金箭袋、王权的标志、他的战盔以及五个用象牙雕刻的雕像。这五个人是国王的一家:菲力普二世本人、他的妻子、儿子和他的父母。这个发现是19世纪考古最伟大的发现之一。

但是,亚历山大的陵墓仍然没有找到。

亚历山大短暂的一生,戎马倥偬,在欧、亚、非三洲,建立了无数个以亚历山大命名的城市。当人们凭吊古迹、缅怀往事的时候,禁不住想:如果能发现他的陵墓,那该有多好啊!

埃及女王情死之谜

埃及女王克里奥帕特拉(前69~前30)是古代埃及托勒密王朝的最后一位女王。在短暂的一生中,她以迷人的姿色,狡黠的手腕,戏剧般地活跃在政治舞台上。她曲折的政治生涯和服务于政治的种种风流韵事,不仅被史学家写进史册,而且使她成为艺术作品中常盛不衰的著名人物。

恺撒的情妇

克里奥帕特拉七世是埃及国王托勒密十二世和克里奥帕特拉五世的女儿,生于公元前69年。她有马其顿人的血统,从小就美貌出众,姿色超群。

公元前51年,托勒密十二世去世,按照遗诏和埃及有关法律规定,21岁的克里奥帕特拉和15岁的异母弟弟结成夫妻,共同执掌朝政。但是,姊弟不和,朝廷迅速分裂为"男王党"和"女王党"。公元前48年,她被其弟逐出亚历山大里亚。但她野心勃勃,在埃及和叙利亚边界一带招募军队,准备回埃及跟弟弟争夺王位。

此时,适逢恺撒追击其政敌庞培来到埃及,他以罗马国家元首的身份,对埃及王位之争进行调停。

克里奥帕特拉的一个党人想出了一条巧计:他把女王包在毛毯里,然后派士兵化装成商人,把女王抬进了恺撒的行馆。恺撒打开一看,又惊又喜,出现在他面前的竟是一位具有维纳斯女神般的黄金身段、妩媚绰约的风姿的甜美艳丽的女子——克里奥帕特拉七世。恺撒立刻为她的美貌所倾倒。两人一见钟情,为后世留下了千古香艳的国际政治佳话。

克里奥帕特拉夜闯军营的"壮举",自然得到了满意的回报,她的丈夫托勒密十三世在恺撒的追杀中溺死于尼罗河。在名义上,她又与另一个5岁的异母兄弟结为夫妻,共同执掌朝政,实际上,她成了大权独揽的埃及女王。不久,克里奥帕特拉为恺撒生下一子,取名托勒密·恺撒或恺撒里昂。

公元前47年9月,恺撒在平定小亚细亚的战乱和庞培余党后,回到了罗马,他被推举为"终身独裁官",成了集军、政、司法、宗教权力于一身的无冕之王。但他无时无刻不思念着那位风流妖艳的埃及女王。

公元前45年,克里奥帕特拉七世应恺撒之邀来到罗马。当她进入罗马城时,恺撒亲自迎接。她端坐在一个巨大的狮身人面像模型上,由8000名侍从牵引着穿过凯旋门。罗马市民倾城出动,争相一睹这位女王的绝代风采。整个罗马上层社会的达官贵人,都以一睹埃及艳后的风姿而感到荣幸。据说,连一代高士西塞罗也来到艳后面前顶礼膜拜。但是,好景不长,恺撒于公元前44年3月15日被刺身亡,她只得怅然地离开了罗马。

安东尼的妻子

她本来就是个风情万种的女子,此时大权在握,更是为所欲为。据说,她经常把英俊的朝臣召进深宫,通宵达旦,秽乱宫廷。为了寻欢作乐更加方便,她把年幼丈夫弟弟托勒密十四世毒死,立她和恺撒的儿子恺撒里昂为托勒密十五世。

恺撒死后,安东尼称雄罗马。当他巡视东方殖民地时,在小亚细亚的塔尔索司城,派人传达召见女王的命令。为了取得这位新贵的欢心,她刻意将自己装扮起来,显示出动人心魄的魅力。这位早在罗马时已使安东尼垂涎欲滴的美人,很快便投入了他的怀抱。安东尼毅然放弃了他到东方的使命,乘坐女王的豪华游艇,一起回到了亚历山大城。从此,他俩如胶似漆,恩爱非凡,在埃及王宫厮混了漫长的五年。

这期间,安东尼也曾回过一次罗马。为了政治需要,他违心地与政敌屋大维的姐姐成婚,但不久便找到借口回到东方,遗弃了他的妻子,并且与克里奥帕特拉正式地举行了婚礼。

这种违反罗马婚俗的举动,自然遭到了舆论的谴责,加上他擅自将罗马帝国在东方的大片殖民地,送给了被他尊奉为“众王之女王”的克里奥帕特拉,这就更加激起了罗马人的愤怒。在屋大维的煽动下,罗马元老院和公民大会,撤销了他的执政官职务,并剥夺了他的一切权力。

公元前31年,安东尼与屋大维会战于阿克提乌姆海角。从实力看,双方各有优劣,不相上下。然而,正当酣战之际,克里奥帕特拉突然命令她的舰队退出战斗,结果使安东尼海军阵容大乱。

更令人奇怪的是,当此胜败存亡的紧急关头,身为全军主帅的安东尼,一看见艳后率舰逃跑,居然丢下正在为自己浴血奋战的10万将士,乘一只小艇追赶艳后而逃亡埃及。一年后,屋大维兵临埃及,由于埃及军队叛变,安东尼见大势已去,解下披甲,抽出佩剑,结束了自己的生命,时年52岁。

克里奥帕特拉被屋大维生俘后,还抱着一丝幻想,想以美色再次迷惑屋大维,但这次没有奏效。一天,当她得知她将被作为战利品带到罗马游街示众的消息后,便恳求屋大维让她为去世的安东尼祭奠。她写了自己的遗书。沐浴后,用了一顿丰盛的晚餐。此后,便怅然地进入自己的卧室,安详地平躺在一张金床上,从此再没有醒来。

慌忙赶到的屋大维展开了她的遗书,女王恳求让她与安东尼埋葬在同一墓穴里。辞情恳切,哀婉动人。屋大维对她的自杀虽然感到失望,但不能不钦佩她的勇敢,便下令将她的遗体安葬在安东尼身边。

“艳后”之美,美在哪里?

那正是罗马帝国极度扩张的时代,克里奥帕特拉以一介小国之君,不但暂时地保全了一个王朝，而且使得强大的罗马帝国的两任首席执政官，心甘情愿地拜倒在她的石榴裙下，以至把罗马帝国征服世界的脚步羁縻了长达十年之久，这该是怎样的一种惊世绝俗的美艳和惊心动魄的事实啊！

法国哲学家帕斯卡在他的《思想录》中不无诙谐地说："要是克里奥帕特拉的鼻子短一点儿，整个世界的面貌就会改变。"

但是，2005 年 3 月 25 日出版的英国《星期日泰晤士报》声称，英国专家们根据柏林博物馆里的克里奥帕特拉雕像，以及最近在大英博物馆首次同时展出的 11 座雕像，并采用电脑技术绘制的结果显示，埃及女王根本不是什么千古美人，而只是一个"身高只有 1.5 米、体态肥胖、龇牙咧嘴的小侏儒"。对于英国报纸的信口雌黄，埃及和世界各国的考古学家、历史学家都给予了坚决的回击。

开罗大学文物学院前院长布鲁非苏尔说："克里奥帕特拉脸部的细腻、光华和神韵是无可辩驳的，她挺拔的鼻子和端庄的五官，在古今世界女王中再也找不到第二个……"

埃及吉萨文物局长扎西哈瓦斯博士说："英国人应该到埃及卢克索神庙去看一看，这座神庙里有保存完好的克里奥帕特拉的浮雕；如果克里奥帕特拉像英国学者描述的那样丑陋，那么，为什么身边绝对不乏美女的两位罗马盖世英豪，会不顾一切地拜倒在她的石榴裙下？"

英国伦敦大学的埃及古物学者奥卡萨·艾尔·达利在一批新发现的中世纪阿拉伯文献中发现，克里奥帕特拉并不像希腊传记中描写的那样只是一个美艳妖娆、专爱勾引男人的风流女子，她可能是一个富有才华的数学家、化学家和哲学家。她的宫廷也绝非淫荡之所，而是知识分子经常聚会的地方。

克里奥帕特拉写过好几本关于科学的书。达利在《埃及古物学：迷失世纪》一书中写道："阿拉伯人经常将她称作'善良的学者'，经常引用她的科学著述。"

伊丽莎白·泰勒扮演的埃及艳后

她还精通多种语言，她的第一语言是希腊语，但她也会说拉丁语、希伯来语、亚拉姆语和埃及语。

克里奥帕特拉当年在亚历山大城的建筑计划"史无前例的庞大"，并且首次成功地把尼罗河的水引进了亚历山大城。

因此，在中世纪阿拉伯学者眼中，"埃及艳后"既才情横溢，又美艳动人，她是凭着卓越的思想和学识征服人心的。

举办此次艳后石雕像赴英展览的英方负责人苏珊·沃克拉女士更是直截了当地说："艳后的美是无可争辩的，《星期日泰晤士报》根据残缺不整的雕像，采用电脑技术绘制出来的克里奥帕特拉肖像是绝对不真实的，他们的这种做法只是想多卖几份报纸而已。”

为何临阵脱逃？

一对风流男女，以喜剧开始，悲剧结束，他们命运的转折点是阿克提乌姆海战。在此命运攸关的大战之中，女王为何临阵而退？至今还是令人费猜的谜。

1.坐收渔利说。一部分人认为，克里奥帕特拉是一个机智过人、擅长手腕、心怀叵测的政治野心家，无信义可言。当初，安东尼在她的怂恿之下，决定海战，但她却虚晃一枪，抽身离去，企图扔下安东尼孤军与敌厮杀。她估计，安东尼与屋大维实力相当，恶战结果必是两败俱伤，到时她便可收渔人之利。出乎意料的是，安东尼竟弃军不顾，以致全军覆没，战局发生急转直下的变化。在屋大维包围亚历山大城后，她还劝说埃及人，要他们放弃抵抗，并且私下与屋大维谈判，要求屋大维答应为她的儿子加冕以取代她。可见，女王对安东尼并无“爱情”，有的只是利用。她临阵退却纯属政治预谋，是对安东尼的出卖。

2.爱情考验说。有人认为，“临阵脱逃”是风流女王的一时任性。或许她当时心血来潮，想知道在战争和爱情的天平上，安东尼的砝码到底放在哪一边。她与安东尼的结合，有政治因素，但也不排除感情因素。在她准备自杀之前，还请求屋大维在她死后，把她和安东尼葬在一起，可见她对安东尼还是情有独钟的。正是出于这种情感，所以在决定命运的关键时刻，来考验安东尼对她的爱情。

3.保存实力说。也有人提出，克里奥帕特拉的行动是地道的“临阵脱逃”。因为她发现，屋大维的轻型舰船比安东尼的重型三层舰船灵活机动，攻击力强，安东尼的舰队已处于困境，在劫难逃，她不愿埃及舰队也遭受灭顶之灾，为了保存实力，她当机立断，迅速撤出战斗。

三种意见，各有道理，但到底哪一种意见反映了女王的真实思想，至今仍无法确定。

香消玉殒之谜

终于死了。这位绝代佳人的死，不仅给后人留下了感叹的话题，而且为古今历史学家留下了一些至今不解之谜。

传统观点认为，埃及女王是自杀身亡的。

相传，女王战败回城之后，就自知作孽多端，不免一死，便详细研究了一种“安乐死”的办法。她事先安排一位农民带进墓堡一只盛满无花果的篮子，里面藏有一条叫“阿斯普”的小毒蛇，毒性极强，她让它咬伤了自己的手臂，导致中毒昏迷而死。或者是，女王早就把蛇喂养在自己的花瓶里，用一枚金簪刺伤它的身体，引它发怒，直到它缠住她的手臂。

至于毒蛇的下落，人们认为，墓堡朝向大海的一侧开有一扇窗户，受惊的毒蛇是可以从这里溜走的。另外，女王的御医认定：“在她的手臂上，确实有两个不大明显的疤痕。”

值得注意的是，当事者屋大维也支持她死于毒蛇的论断，因为在他的凯旋仪式上，克里奥帕特拉女王的塑像上被安排了一条毒蛇，缠绕在她如玉的臂膀上。

但是，“自杀说”的真实性，受到了法理学家和犯罪学家的广泛质疑。

疑点之一是，自杀之说并非目击、实录。

埃及女王时代的宫廷宴会

埃及艳后用毒蛇自杀的叙述，最早见于公元一世纪希腊哲学家普鲁塔克的名人传记，可问题是，普鲁塔克在埃及艳后死去75年后诞生，他的叙述显然不是亲见亲历，而是对已有结论的转述，而这个已有结论，正是战争的胜利者罗马人做出的。

疑点之二是，死亡时间显示编造。

据传说，克里奥帕特拉自杀之前，曾向屋大维送出一封遗书。当屋大维的卫兵根据命令在几分钟之内冲到艳后住所时，她已经香消玉殒了。美国明尼苏达州的犯罪学家帕特·布朗说：“这显然不符合自杀者的性格。一个决心自杀的人绝不会事先向某人先送出一份示警性的遗书，好让他跑来拯救自己。”

而且，如果克里奥帕特拉是中蛇毒身亡的话，那她死得实在太快了。现代实验数据表明，被眼镜蛇咬中后最快的死亡时间是两个小时，尽管医学史上也记载了一些20分钟内死亡的例子，可埃及艳后从送出遗书到现场死亡，相隔只有几分钟时间。

疑点之三是，女仆之死不合情理。

根据传说，克里奥帕特拉的两个女仆选择了为主人殉葬的道路，也同时被那条毒蛇咬后中毒而死。

帕特·布朗先生指出：“在埃及，从没有女仆陪主人自杀的传统。”当她们发现女主人自杀之后，一种情况是她们事先并不知情，一定是惊慌失措地向周边的卫兵求助；另一种情况是她们早已知情，那她们一定是按埃及传统默哀致祭，同女主人告别：绝不会有什么殉葬之举。

而且，以克里奥帕特拉的聪明睿智，也必将要求她的贴身女仆留下，为她善后；而决不会让这样两个无辜的生命，陪着她走向天国。

英国牛津大学热带医学和传染病学教授戴维·沃热尔说：“这儿有一个误解，并不是毒蛇每次咬人都能释放出毒液。如果三个人一起被毒蛇咬中，中毒的概率将会更低。”

那么，克里奥帕特拉到底是怎样死去的呢？

回答是：一场精心策划的政治谋杀。

谁是谋杀者？

历史事实显示，最有嫌疑的谋杀者正是当时的胜利者，后来成为奥古斯都大帝的屋大维。

历史学家指出，屋大维具有强烈的谋杀动机。从政治上讲，屋大维野心勃勃，有扩张罗马国力和版图的强烈愿望，他必得为罗马吞并埃及扫清最后的障碍；不久之后，他又杀死了克里奥帕特拉和恺撒的私生子、埃及人的合法国王恺撒里昂，就是明证。

从个人恩怨上讲，克里奥帕特拉是他亲姐姐的情敌和死敌。是她，勾引了安东尼，使屋大维家族蒙羞，使他的姐姐终日以泪洗面。他必得趁战乱之机了却这段恩怨，而不是留下这个妖孽，让元老院的老态龙钟的长老们，拿出放大镜来，细细鉴赏他屋大维家族的伤疤。

这样，女仆之死也有了简短的答案，那就是，屋大维必须除掉所有的目击者。

风流女王之死，结束了托勒密王朝三百多年的统治，从此，埃及被并入罗马，成了罗马的一个行省。

伊丽莎白与玛丽恩怨之谜

伊丽莎白一世(1533~1603)无疑是英国历史上最杰出的统治者之一。在她在位的45年中，英国经济发展，文学繁荣，不只创建了世界一流的海军，而且在成功地挫败了“无敌舰队”之后，为英国确立了世界海军强国的地位，这地位一直保持到20世纪。

伊丽莎白不嫁之谜

公元1603年3月24日，伊丽莎白以70岁的高龄去世。然而，这个不可一世的女王却一直未婚，给历史留下了一个有趣的谜团。

伊丽莎白是亨利八世第二个王后安妮·波琳的女儿。父母结婚才三个月，她便匆匆地来到了人间。两年后，安妮·波琳因桃色绯闻被亨利处死，此时伊丽莎白还不到三岁。凄凉、忧郁的种子，过早地埋藏在她那幼小的心灵里。

1558年，年仅25岁的伊丽莎白登上英国女王的宝座。正值青春年华的伊丽莎白身材细挑，娴雅多姿，眼光慑人，灿亮得近乎金黄的头发细腻柔顺，十指纤纤，洁白无瑕。她喜欢打扮，也善于打扮。在宫廷宴会或舞会上，她总是无可争辩的佼佼者，一个令人陶醉的女性。

她俨然是一个威高望重、驾驭一切的国王；但她同时也是个女人，当然逃避不了青春年华的情欲，逃避不了英俊潇洒、风度不凡的男人的诱惑。

少女时代的伊丽莎白曾与汤姆斯·西摩尔调过情，一度传为宫廷绯闻。不久，西摩尔野心膨胀，参与政治密谋，事败后被判处死刑。

伊丽莎白当上女王后，议会和大臣曾强烈要求女王迅速成婚，因为这是关系到英国的王位是否后继有人、社稷是否安稳的大事。西班牙国王腓力普二世，瑞典国王埃利克

青春年华的伊丽莎白美艳无比，是一个令人陶醉的女性。

和法国王公等等，都对妖娆万状的女王垂涎三尺，盼望能入主英伦三岛。国内的王公大臣也为争其宠幸而明争暗斗。

伊丽莎白的宠臣和情人如走马灯一样，供她任意驱使。其中第一号情人是罗伯特·达德利，后封为莱斯特伯爵。他们曾是青梅竹马时的玩伴，常常出双入对，通宵轻歌曼舞。他可以不经通报直闯女王寝宫。莱斯特一不在宫，女王就锁眉闭颜，郁郁寡欢。

美国的弗尔杰莎士比亚图书馆曾公开展出过一封达德利给伊丽莎白的情书，信是达德利在指挥英西大海战的间隙中写的，达德利在这封情书中把伊丽莎白称为“我最最亲爱的女王”“最最甜蜜的女王陛下”，更有趣的是，他两次将代表“最”的英文单词“most”中的“o”双写，变成了“moost”，其中“oo”上加上眉毛，就像一双眼睛。任何臣下都是不敢如此胆大妄为的，可达德利就是敢。

但是，莱斯特早有妻室，不久，妻子神秘死去，他曾全力以赴去争取梦寐以求的东西。但结果是，莱斯特竟未能如愿。

女王46岁时，又异想天开，热衷于远嫁法国安茹公爵，并邀请他到王宫，成为王宫里的座上客。安茹此时不过23岁，双方年龄相差一倍。两人手拉手地在御花园亲昵，嬉笑调情，甚至当众拥抱。但是，她到底还不是一个轻浮而毫无见地的女子，安茹公爵还是未能达到他的目的。

她也喜爱华尔特·罗利。罗利以他的英俊、机智、奉承和讲述海外的冒险故事而博得了女王的欢心，出入她的左右，还受封爵士。但也仅仅如此而已。

女王最后的迷恋者是埃塞克斯伯爵，比她小30岁。他身材颀长，风度优雅，桀骜不驯。1601年，埃塞克斯企图染指大权，反对政敌威廉·塞西尔，在伦敦掀起骚动。女王一反常态，断然下令处死了埃塞克斯伯爵。

那么，尊贵的女王为什么悠游情海却终身不嫁呢？

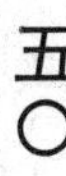

她的政敌说，她根本就没有正常的生理功能，是一个阴阳人。据说，宫中曾传出女王的月经少得可怜。而另一种相反的意见说，她有私生子。至于她为什么不让莱斯特成为王夫，估计她是怕蒙受莱斯特妻室无故死去的罪过。

也有人认为，女王的父亲三次杀妻，六娶王后，惨痛的历史教训使她得出一个结论，伴夫如伴虎，也许正是这样一种心理状态，使她下定决心"嫁给英格兰"，终身拒绝成为人妻。

玛丽杀夫之谜

玛丽·斯图亚特是苏格兰国王亨利五世的独生女。她降生后仅六个昼夜，亨利便弃世了，还处于襁褓之中的玛丽，便当上了苏格兰女王。

玛丽自幼在法国长大，国内则由她母亲摄政。1558 年，16 岁的玛丽与法国王储结婚。不久，她丈夫继承了王位，就是法朗西斯二世。一年后，法朗西斯二世被死神夺走了生命。年轻的玛丽从此终日郁郁寡欢，体验着人生旅途上最深沉的痛楚与悲伤。

1559 年至 1560 年，苏格兰新教徒不堪忍受天主教的压迫，他们在英国军队的干预下，举行了大规模的武装起义，赶走了驻守在苏格兰的法军，从而在全国范围内确立了新教派的统治。苏格兰人热情欢迎自己的女王回国执掌政权。

苏格兰女王玛丽·斯图亚特

此时的玛丽正当青春年少，且又新寡。回国不久，就由意大利人利奇奥做媒嫁给达恩利公爵。然而达恩利是个头脑简单、嗜酒贪杯的家伙，很多贵族都看不起他，把他当作一个讨厌的花花公子。经过短暂的蜜月生活后，玛丽对他的感情逐渐淡薄，甚至发展到看不顺眼的程度。

后来，达恩利指使暴徒杀死了他的媒人利奇奥，因为他怀疑利奇奥在自己与玛丽的夫妻关系中进行了卑鄙的挑拨离间。这次事件发生后，玛丽与丈夫的关系更加恶化，几乎到了势不两立的地步。

为了报复，玛丽决定与博斯威尔伯爵结成政治上的联盟，以对付她丈夫达恩利的蓄意挑衅。

不久，与女王分居的达恩利染上了天花。为了表示夫妻的情分，她不仅派御医为他诊治，还将他接回爱丁堡休养，并将他安置在城外一处荒僻的别墅里。每当公余之暇，女王还亲自去他的别墅探望，似乎还表达了百般的情爱。

一星期后的一个夜晚，突然一声惊天动地的巨响，清晨，人们发现达恩利的别墅已成为一片瓦砾，而主人的尸体却完整无损地躺在近处的一棵树下。这说明达恩利事先有所警觉，企图在爆炸前逃开，但只走了几步，便陈尸在花园里了，尸体完好，仿佛被窒息而死。这一暴行的发生，人们自然将怀疑的目光射向玛丽和她的情人博斯威尔身上。事隔不久，玛丽便和博斯威尔举行了婚礼。

谁是凶手？为什么迫不及待地趁达恩利病危之机痛下杀手？至今仍是一个不解之谜。然而，玛丽纵然有一千张能言善辩的利嘴，也澄清不了这个也许不应由她承担的罪责。

表姐、表妹与教派斗争

达恩利公爵被杀死后不久，苏格兰的新教徒乘机起兵反对玛丽，苏格兰女王兵败卡伯里，被俘后遭到监禁和废黜。苏格兰人把玛丽 1 岁的儿子立为国王，是为“詹姆士六世”。

1568 年 5 月，玛丽逃到英格兰求助于表姐伊丽莎白。在伊丽莎白一世看来，这个痴情的表妹算是自投罗网了。

原来，自从德国教士马丁·路德发动宗教改革之后，一种新的基督教信仰——新教诞生。新教和天主教之间的血腥冲突绵延不断，欧洲的所有大国和广大民众都深受牵连。

伊丽莎白的父亲亨利八世因为与教皇有着个人恩怨，断然地自立新教，同维护天主教的罗马教廷断绝一切关系。与此同时，由他任命的坎特伯雷大主教克兰默宣布，亨利八世与他信仰天主教的妻子——凯瑟琳王后的婚姻无效，转而与信仰新教的王后侍女安妮·波琳结婚。安妮·波琳加冕之时，已经怀有身孕，作为报复，罗马教皇则宣布开除了亨利八世的教籍。

在天主教的眼里，伊丽莎白是个不合法的继承者。其父亨利八世与安妮·波琳结婚仅三个月就生了伊丽莎白，她最多不过是亨利八世的私生女。而且，人们有充分的理由怀疑她血统的纯正性。更重要的是，亨利八世与前皇后的离婚以及与安妮·波琳的结婚，都没有得到教皇的同意。而且不久之后，她的母亲安妮又因不贞与失节，被亨利八世处死。因此，罗马教皇和所有天主教国家都否认伊丽莎白继承王位的合法性，必欲颠覆之而后快。

恰巧相反，这个自投罗网的玛丽，竟是个狂热的天主教徒。从血统上看，她是英王亨利七世的曾外孙，是受到罗马教皇和所有天主教国家支持的英国王位的合法继承人。她是伊丽莎白王位的潜在威胁和公开对手。

更使伊丽莎白不快的是，玛丽生有一个儿子，王位后继有人，而自己却至今未嫁。按照英国的王位继承法，即便是玛丽无所作为，伊丽莎白死后，王位也必将由玛丽继承。更为可怕的是，玛丽的到来，将会给已经被镇压下去的天主教徒带来复辟的希望。

思之再三，伊丽莎白决定将这位自投罗网的表妹软禁起来。这一软禁就是 18 年。

是陷阱，还是罪有应得？

玛丽的到来果然给英格兰带来了轩然大波。

1569 年，英格兰北部的两位伯爵联手图谋将玛丽救出，以取代伊丽莎白出任英格兰国王。但他们的军队根本就不堪一击。

两年后，女王的情报人员又破获了一起“里多尔菲阴谋”，这跟玛丽也或多或少有着某种联系。

特别是 1580 年，教皇格利高里十三世宣布把异教徒从世界上清除出去不算罪恶之后，暗杀伊丽莎白的阴谋陡然地多了起来。

此时的玛丽，表面上整天里以绣花、养狗、玩鸟打发日子，但实际上并没有摆脱天主教派反对新教派统治的一系列阴谋的政治旋涡。英国的天主教徒把复辟的希望寄托在刺杀伊丽莎白、扶助玛丽登基的阴谋得逞上。

据说，英王的反间谍机构的首脑沃尔辛安着手布置了一个陷阱，蓄意让玛丽卷入一起企图谋杀伊丽莎白的阴谋案件中。他们利用每周向软禁玛丽的城堡送啤酒的机会，将秘密信件用防水纸包裹严实后，置入啤酒桶内运送到玛丽的住所。愚蠢而轻信的玛丽果然中计，她又以同样的方式将回信送出城堡。

这样，英王的间谍机构很快得到了玛丽参与复辟阴谋的密信。信上这样说：

找六位先生开始动手。

计划订出后传达我的命令，召集你们的力量，把我救出城堡，同时等待外国援军。

他们终于得到了置玛丽于死地的主要证据。

玛丽预感到自己的末日即将来临。她在给伊丽莎白的一封信中，提出了三点请求：一是将她秘密行刑；二是死后归葬法国；三是遗物分赠给她的侍从，对他们不予加害。

据说，伊丽莎白看完后落下了眼泪，但始终没有回信。

法庭拒绝了法国、苏格兰特使为她说情的请求，也驳回了她的申诉，果断地判处玛丽极刑。议会也批准了法庭的判决。

1578 年 2 月 8 日清晨，玛丽刻意妆饰起来，做完早祷后，一手拿着圣经，一手拿着十字架，款步进入了行刑厅。刽子手取下了她的头饰，拉下了她的衣领，玛丽安详地把头枕在铁砧上，口中喃喃地祈祷着：

“主啊，我把我的灵魂托付给你！”

刽子手举起锋利的大斧，砍下了她的头颅，鲜血染红了她的长裙，也飞溅到围观者的身上。

事后，狡黠的伊丽莎白声明自己从来没有授权任何人传达处死玛丽的命令。她的副首相戴维逊成了这次处决的替罪羊。

玛丽被处死后的第二年，英国与西班牙“无敌舰队”争夺海洋霸权的决战也就开始了。所以，杀死玛丽之时，也是英国下决心与西班牙殊死一战之日，因此，很多史家把玛丽之死看成是这一场大战的序幕,也不是没有理由的。

但是,玛丽在受审判之时,断然否定自己的罪状,陈述了自己长期身陷囹圄,欲加之罪,何患无辞的困境。伊丽莎白则在处决玛丽之后,断然否定曾经下达过任何处死玛丽的命令。显然,这两姊妹都在玩弄欺蒙世人的伎俩,以至于玛丽到底参与了天主教派的复辟阴谋没有,伊丽莎白到底下达了处决玛丽的命令没有,竟成了英国历史上的一个永远无法揭开的谜团。

玛雅文明为何如此先进?

智慧的玛雅人创造了灿烂的玛雅文明,但直到1576年,由于西班牙王室使者迭戈·加西亚的发现才使得在中美洲丛林中沉睡达几个世纪之久的玛雅文明浮出水面。几个世纪以来的研究表明,玛雅文明已达到了令人吃惊的先进程度。

公元前1000年,玛雅人在危地马拉、洪都拉斯、墨西哥等地过着定居的农业生活,从此,玛雅文化开始形成。

据研究,玛雅人有独特的年表体系,他们把各个重要的历史日期记载在石碑、绘画里,甚至陶器上,通过对年表象形文献的分析研究,人们能准确地知道发生的历史事件,知道在玛雅各个城市中几个主要历史人物的名字及其出生、登基、去世的日期和地名。

根据传统的年表,玛雅文化史可划为三个阶段:(一)前古典时期,约从公元前1500年到公元317年;(二)古典时期,从公元317年到公元889年;(三)后古典时期,从公元889年到1697年,至此,最后一批有组织的玛雅人被西班牙人征服。在不同的时期,玛雅文明呈现出不同的特征。

在前古典时期,已经出现了玛雅历法。南部玛雅人在制作陶器、石雕艺术等方面取得了巨大的发展。中部玛雅人建有房基,也制作陶器;建有拱顶和添加灰浆的毛石工程;还竖有一系列初期的古碑。北方玛雅人不仅可以制作简陋的原始陶器,而且还建有大型的宗教中心。

大约在公元元年前后,玛雅人独立地创造了象形文字。玛雅人以石碑作年鉴,每20年立一块石碑,以记载发生的重大事件。令人遗憾的是,用玛雅文字撰写的典籍都被西班牙殖民者入侵美洲时当作"异端邪说"而烧毁了。现得以幸存下来并公认的只有3本,即《玛雅三抄本》。

另外,玛雅人也十分精通天文学,他们能准确地预测到日食、月食,并计算出金星公转的周期,其数据的精确度超过同时期的中国和欧洲。他们还制定了太阳历,将一年分为18个月,每月20天,外加5天的1个月,共计19个月计365天,对时间的计算其准确度超过了当时世界上通用的格列历。玛雅人在数学上也成就斐然。早在公元前3000年,玛雅人就发现和使用了0这个数字,这比世界上其他民族要早800年。

在古典时期,南方玛雅人产生贸易交换并得以繁荣。到后期,除了北方地区之外,大都出现了文化衰退。在中部地区有美丽的彩陶和石雕,还出现了更为精美的毛石工程、加工精细的尖顶石碑雕刻和特佩乌陶器。

在建筑、雕刻和绘画上,玛雅人更是堪称一绝。在他们建造的宏伟壮观的宫殿与欧洲最大的宫殿不相上下,巧夺天工的石砌金字塔、太阳庙堪与埃及金字塔媲美,而且镶嵌在每一建筑物上的巨型石雕精美绝伦而又含意深邃。更有意思的是装饰在建筑物正面的蛇形神面具与中国商朝时代祭皿上的饕餮纹十分相似。

在后古典时期,南方玛雅人被托尔蒂克人征服。这里的玛雅文明出现了陶制塑像,在山岗顶上建有防御工事。后来,北方玛雅人也被托尔蒂克人征服;并在奇钦伊察形成了一个巨大的统治中心,人们崇拜"库库尔坎"——长羽毛的蛇神;制成精致的器皿。奇钦伊察后被遗弃,玛雅人迁都于玛雅潘。

玛雅文明现已成为人类文明史上一颗璀璨的珍珠,尽管它被湮灭在历史的洪流中,然而它的光辉将永远闪耀着。

古印加人为何将"空中之城"弃之而去?

神秘的"马丘比丘"这座空中古城在被废弃了近1个世纪之久后又重新展现在世人的面前,它位于乌鲁班巴河峡谷中,马丘比丘山的山顶,它的雄伟壮丽让世人惊叹不已,但对它的种种疑问也时时萦绕在人们的心头。

根据传说,"马丘比丘"是印加帝国的缔造者曼科·卡帕克的出生地。它位于印加帝国首都库斯科以北118公里处,名字取自它所在的山峰,字面意思是"老山峰"。它三面临河,一面靠着白雪皑皑的萨而坎太山,地势极为险要。正是因为如此,它才躲过了西班牙征服者和天主教士的侵扰与破坏,得以完整保留。

印加人像

城中建筑极具宗教色彩,凡是磨制光滑、对缝严整的建筑均为神庙,且都配备3扇窗,缝与缝之间没有任何黏合物粘接,连最锋利的刀片也插不进去。墙上的每一块石头都像是在玩拼图一样被巧妙地连接起来,与其他印加遗址的风格大相径庭。

在城市中间的"神圣广场",矗立着一座巨大的日晷,马丘比丘人通过它来测定每天的时刻。在古城的一端还有著名的太阳神庙和"拴日石",印加人希望用拴日石永远留住他们心中至高无上的神——太阳——万物生命和希望的起源。

勤劳的马丘比丘人还在城堡对面的山峰上筑出一层层梯田,并在每一层上开凿了引水渠,引来雪水浇灌农田,企望获得丰收。

拥有如此美丽而逍遥的空中之城,马丘比丘人为何离开自己理想的家园?没有任何留恋,没有任何先兆,到底是什么原因呢?很多人认为是因为西班牙征服者的原因。可是,根据历史记载,当年侵略者的铁蹄并未能够踏上这里,并且,考古学家在研究中还发现,早在1533年,西班牙人征服印加帝国之前,马丘比丘人就已经离开了这座美丽的"空中之城"!即使真的是因为西班牙人的入侵,想想印加帝国的雄厚实力,拥有万骑精锐的印加人,居然不敢和100多人的西班牙入侵者作殊死的战斗?这种解释恐怕站不住脚。

今天的考古学家在绵延的安第斯山脉中,陆续发掘到许多印加帝国的遗迹,证明印加人确实是抛弃了他们美丽的家园,而在荒芜的山地中重建了他们理想的国度。

马丘比丘人在云雾缭绕的山顶建造了美丽的空中家园,他们在此安居乐业,可是他们又离开了这方他们赖以生存的乐土去重建家园,到底是为了什么?是上苍的旨意,还是部落之间的侵袭与纷争,还是奴隶们的反抗使其统治坍塌了?目前没有任何证据能解释他们为何弃家而去,印加人和马丘比丘人给人们留下了一道无法解答的难题。

《天方夜谭》故事的背景是巴格达城吗?

世界上最著名的阿拉伯文学作品是《天方夜谭》,又名《一千零一夜》,至今仍对世界各国人民影响深远。那么其中的故事都是以巴格达为背景吗?这一问题引起了很多人的兴趣。

其实,《天方夜谭》中的故事并不是纯属虚构,或者说出于丰富的想象力。这些故事都有一个真实的地方作为依据,而且在那个地方又确实曾经出现过故事中那些人物。事实往往要比故事更出人意料:《天方夜谭》的故事背景,其实是中古时代的巴格达社会。

公元762年,回教阿拔斯王朝建立了城市巴格达,它成为一个从埃及延伸至印度的回教王国首都。当时最有权势的人是阿拔斯王朝第五任君主哈伦·阿拉悉。

哈伦统治下的巴格达城成为《天方夜谭》中许多故事的背景。巴格达是一个非常富有的城市,这儿积聚了与东方贸易赚来的大量财富。据传说巴格达太富有了,以至于在城中不大能找到穷人,就好像在无神论者的家里找不到《古兰经》一样。

当然,哈伦统治下的巴格达人并不是整天享乐,哈伦也并不是老得因娱乐和享受而挥金如土。哈伦虽然颇有才能,受人爱戴,但他的性格反复无常,甚至有时暴戾恣睢,器量非常小,睚眦必报。从他亲手倾覆著名的巴玛基家族一事中,人们可以清楚地看到这一点。巴玛基家族虽信奉回教,却是波斯人的后裔。巴玛基家族3代以来一直都是阿拔斯王朝的忠臣和谏官,并协助国王管理这个回教王国的朝政,他们整个家族的财富也毫不吝啬地供哈伦的宫廷挥霍。

可是,阿拉伯人和波斯人始终水火不相容。公元803年,哈伦突然废掉了他一向极为信任的臣仆,并且命人杀害了长久于私人宴会和宫廷庆典中随侍的查法·巴玛基。

在巴玛基族失宠之后,哈伦很快就遇上了麻烦。他开始面临各族冲突和内乱的威胁,于是哈伦企图将王国一分为二,分给两个儿子管治,借此来平息纠纷。因为哈伦的一个儿子是纯阿拉伯血统,另一个儿子却是波斯女奴所生。但这种分而治之的方法只能是将分裂加剧,而哈伦虽具有一些才能,却不是一位能干的治国人才,再加上没有巴玛基家族协助处理国事,哈伦的王国不久便分崩离析了。

不过,人们从现代回教世界保存下来的古代艺术建筑中,仍能看到哈伦统治时期的光辉。所以难怪那些受过他礼遇的人,借《天方夜谭》的故事来报答他的知遇之恩,使哈伦和巴格达城的名字永垂不朽。

泰姬陵真的是印度王为爱妃所建吗?

中国人不能没有长城,印度人不能没有泰姬陵,作为世界七大建筑奇迹之一的泰姬陵是印度人的骄傲。但是,泰姬陵的设计建造和艺术流派问题,引起了印度国内外学者们的关注和争议。人们尤其感兴趣的是:(1)究竟是谁建造了泰姬陵?(2)泰姬陵是伊斯兰建筑艺术的典范,还是一座印度教神庙圣殿的遗址?从建筑风格上可以看出建造者为谁,而建造者的身份又决定了他的建造目的。所以,这后一个问题耐人寻味,很多人对此纷纷发表看法,并做了新的探究。

泰姬陵始建于1631年,由来自中亚各地、波斯、土耳其、印度和欧洲国家的建筑师和工匠参与建造。

陵园的构想和布局是一个完美无比的整体,它充分向人们展现了伊斯兰建筑艺术的庄严肃穆、气势宏伟和富于哲理。那么,谁是这一宏伟壮观杰作的设计和建造者呢?目前,对于这座建筑物的设计者和艺术风格流派问题,大致有3种说法。

一为"波斯伊斯兰说"。数十年来,《大英百科全书》的作者一直认为,泰姬陵的建造者是沙·贾汉皇帝。主要设计者是波斯人(一说土耳其人)乌斯泰德·伊萨,由他负责全部事务,没有一个印度人参与构思。

二为"欧亚文化结合说"。这一说法的代表人物是英国旧牛津学派的印度史学家密斯。他认为,泰姬陵是"欧洲和亚洲天才结合的产物"。意大利人吉埃落米莫·维洛内奥和法国建筑师奥斯汀·德·博尔多等诸多欧洲文艺复兴时代的建筑大师均参加了设计,且在艺术风格上颇受西方影响。印度穆斯林史学家莫因·乌德一丁·艾哈迈德驳斥了这种说法,他在1904年写的一本题为《泰姬陵的历史》中完全否认这座具有典型的伊斯兰艺术的建筑物是出自西欧文艺复兴时代大师们的构思。

三为"主体艺术印度说"。持这一看法的学者中,有已故的印度著名史学家马宗达(公元1888~1980年)。他说,在探讨这一设计功劳归于谁时,不应忘却印度自身的因素。泰姬陵的平面图和主要特点与苏尔王朝舍尔沙陵墓和莫卧儿胡马雍的陵墓,在建筑上有

泰姬陵清真寺

师承关系；就建筑材料——纯白大理石及其上面的宝石镶嵌工艺水平而言，在西印度的拉杰普特艺术中早已存在，不能把此陵的设计和建造完全归功于波斯的影响和支持作用；由于莫卧儿时代对西方已开放，东西方文化交流日趋扩大，西方艺术的某些因素可能会对印度建筑风格带来影响，这也是符合历史逻辑的。

时至今日，这 3 种说法还是让人难辨谁是谁非，然而不论怎样，泰姬陵在印度人民心目中的地位不会因此而有丝毫的改变。

古印度人制造宇宙飞船之谜

在人们的印象中，高速飞行器械肯定是现代人的发明。但是，考古学家的发现却给出了不同的答案。因为，考古发现，古人不但能够造飞行器械，还能造宇宙飞船。

近年来，人们竟然根据印度古文献仿造出了飞行速度达 5.7 万公里/小时的飞船。当然，从现代科技的角度去看，也许这是小事一桩。这份文献是从一座倒塌的史前时代的庙宇地下室中发现的，这份资料以古代梵文木简写成。而这种飞船就是大名鼎鼎的“战神之车”。

这份资料详细记载了“战神之车”飞船的驱动方式、构造、制造飞船的原料乃至飞行员的训练与服装等众多细节，篇幅达6000行之多。据记载，“战神之车”的飞行速度如换算成现代计算单位应为每小时5.7万公里。

恒河风光

这就是说，当人类发明了火车、飞机、飞船并为自己的发明所陶醉的时候，他们根本就没有想到，这些看来非常现代化的工具在几千年前就可能已经存在了，这真让科学家们尴尬了一回。

说起“战神之车”，还要从印度南部古城甘吉布勒姆的424座神庙说起。这些神庙据说最多时曾达到1000座，因而“寺庙之城”就成为这座城市的当之无愧的称号。在这些神庙中，除了湿婆、毗湿奴、黑天、罗摩等众多古印度的神灵雕像外，还有一种飞船的雕塑。这种被雕成不同样式的飞船上面刻有众多神话人物，但“战神之车”却是它们共同的名称。据说这些飞船就是这些神话人物乘坐的坐骑。

研究者们发现，“战神之车”是一种多重结构的飞船，绝缘装置、电子装置、抽气装置、螺旋翼、避雷针以及喷焰式发动机都装备在了飞机上。文献中多次指明飞船呈金字塔形，顶端覆盖着透明的盖子。这简直就是传说中的飞碟。

这份文献是1943年从印度南部的迈索尔市梵语图书馆一座倒塌的庙宇地下室中发现的。这些神话故事因为它的发现开始变得更加扑朔迷离了，究竟这些人是神话人物还是真实人物？究竟这种飞船是地球人所造还是外星人所造？连科学家们也无法回答这些问题。

驾驶方法也被记在这份文献中，也就是说早在史前时代，飞船和飞船驾驶员就出现在了印度这个地方，这样看来，人类的科技真像魔鬼一样神奇。

当然，人类科技的发展是从当代和现代才开始的，这已被众多的事实所证明，那么，对古印度的飞船就只有一种解释看上去显得合理一点，那就是根本就不是人类建造了这些飞船。也许那时的人们看到了一个这样的飞船，而这个飞船却是外星人乘坐着到地球上来考察的，然后根据这个也许被外星人废弃了的飞船，当地人仿造出了其他的飞船，而他们将那些外星人当成了神仙供奉起来了。

古希腊人制造过齿轮计算机吗?

在20世纪初,一位采集海绵的希腊潜水员在安蒂基西拉海峡的水底看到一个巨大的黑影。他游过去一看,发现是一艘古代沉船的残骸,这令他大吃一惊。这个突然的发现使他十分激动,他又一次潜下水,仔细察看,发现有大理石雕像和青铜雕像装在古船里面。

不久人们打捞上这条沉船。经专家考证,这艘古船沉没在水下已达2000年之久。也就是说,它沉没于公元之初。有关组织马上采取措施保护船上珍贵的古代艺术珍宝。

然而,又发生了另一奇迹,而它的价值,所有雕像都不能及。

在工作人员分析、清理船上物品时他们发现有一团沾满锈痕的东西夹在无用的杂物中。在认真的处理后,人们发现那里面有青铜版,还有一块上面刻有精细的刻度和奇异的文字,有被机械加工的铜圆圈残段。专家们马上意识到这圆圈意义重大,这种东西怎么会出现在古代船上呢?

在认真地拆卸、清洗它2次之后,专家们更加惊异了。那许多的细节部分清洗后竟是一台由复杂的刻度盘、活动指针、旋转的齿轮和刻着文字的金属版组成的机器,经复制发现它由20多个小型齿轮、一种卷动转动装置和1只冠状齿轮组成,一根指轴在一侧,指轴的转动会带着刻度盘以各种不同的速度转动。青铜活动版保护着指针,版上面有供人阅读的长长的铭文。

海底打捞起来的古希腊青铜塑像

美国学者普莱斯用X光对这台机械装置进行了检查,最后断定它是一台计算机,太阳、月亮和其他一些行星的运行都可以用它来计算。据检测,它制造于公元前82年。世人都为之惊异。要知道,是在1642年帕斯卡尔才发明了计算机,而且当时他制造的计算机械十分不准确。虽然希腊人被人们公认是古代最有智慧的民族,但人们对这台古代计算机的出现,还是感到不可理解。

还有,这个机械装置全部是由金属制成的,精密的齿轮转动装置也在其中使用。而人们都知道是在文艺复兴时代才使用金属齿轮转动的。这涉及必须具备钳、刨、铣等机械加工工具才可以制作它,而在古希腊是根本就不存在这些工具的。

于是人们又提出这样一个问题:到底是谁制造了这台“安蒂基西拉机器”?

有人说,如果确是古希腊人制造了它,那么恐怕要彻底改写古希腊科学技术的历史。

但又无法进行这样的改写，因为只有这个计算机的证据，人们并不知道它的制造者。在古希腊和其他一切古代民族的文献中，关于计算机机械的记载也从未发现过。

如果不是古希腊人制造了它，那么必定是远比古希腊人更聪明、工艺水平和科学技术水平也要高得多的智慧生命制造了它。

欧洲也发明活字印刷术了吗？

中国的雕版与活字印刷是不是传到了欧洲，从而成为欧洲活字印刷的先声呢？对此，行家们的回答各不相同。多数学者持这样一种观点，即中国的雕版印刷传到了欧洲。尽管尚没有充分的直接证据，然而他们还是坚持这一点。有人提到公元9世纪威尼斯就印过《古兰经》，但因此书并未留存至今，人们对此说法难以相信。很多东方学专家认为阿拉伯人对印刷术不怎么爱好，所以直到14世纪蒙古大军西征时，中国雕版印刷才传到欧洲。1423年的《圣克利斯多夫像》是现有最早的欧洲雕版印刷品。早在1550年，意大利的约维斯对葡萄牙人从中国带回的几本雕版书进行了细致深入的研究，事后他得出欧洲的印刷术渊源于中国的结论。卡特对中国雕版印刷导致了欧洲活字印刷的发明这一说法予以肯定，根据是从雕版走向活字既然是中国人走过的历程（但未最后成功），欧洲人也必会有此经历。他指出，欧洲最早的雕版印刷中心即荷兰、德国、意大利等国后来也是最早发展活字印刷的国家。此外，他还指出雕版对于拉丁字母不太适合，所以在欧洲不怎么受欢迎，因而很快适宜拉丁文的活字印刷就代替了它。显然，铸造20几个字母同铸造数以万计的汉字相比要简单得多。

西方也有一些人认为欧洲的活字印刷完全是独自发展起来的，与中国无任何关系。绝大多数严肃的学者对这种抱有明显偏见的观点不能苟同。卡特明确指出，如果说欧洲和中国的"印刷术完全各自独立发展，毫无联系，那简直令人难以置信"。不过，中国印刷术是通过什么途径传到欧洲，又是怎样促使欧洲发明活字印刷的？这一问题还没有圆满的答案，很多地方还是不怎么清楚。

谁又是欧洲最早发明活字印刷的人呢？普遍认为是德国的古腾堡。古腾堡是德国美因兹城的金工，在1400年前后出生，经过刻苦研究，他铸造了金属活字，手摇压印机也是他制造出来的。1450年左右，古腾堡印行了《最后的审判》《天文历书》《拉丁语语法》3种书，人们普遍认为这是近代印刷术诞生的标志。但现在找不到上述3本书了，1455年古腾堡印制的有名的《四十二行圣经》有48部留存至今，成为无价的宝贵文物。古腾堡的发明早已得到世界公认，马克思给予活字印刷术以高度评价，认为活字印刷是文艺复兴时期最伟大的发明，它还被雨果称作"一切革命的胚胎"。

但是法国、荷兰都宣称金属活字是他们的人最先发明的。古腾堡早年曾到过法国斯特拉斯堡研究活字印刷，有人就据此认为法国有人比古腾堡更早发明活宇印刷。特别是在荷兰，15世纪就流传这么一个说法，即哈勒姆城一个叫考斯脱的人发明了活字印刷，并且比古腾堡早得多。荷兰人一直把考斯脱当作他们的民族英雄,他的铜像至今还矗立在哈勒姆中心广场。

印第安人的人头缩制术是怎样发明的?

西方人想躲避灾祸,会敲敲木头或采取一些什么魔法对付给自己造成威胁的人,你会认为他们的做法很可笑吗?可能你的嘲笑十分有道理。但有时不少抵挡敌人的原始仪式和方法又似乎能起作用,或者以前曾经起作用,也许正因为大家知道这些方法被别人用过,所以可以恫吓敌人。希瓦罗族印地安人的事例就说明了这一点。南美洲被西班牙人征服之后,希瓦罗族是少数残存下来而且保留自己民族特征的印第安部族之一。

公元前1450年前后,印卡部队在尤潘基的率领下攻打基多王国南厄瓜多一个省份,当时军中传说这一次征战意义重大。本来印卡士兵全部训练有素,勇猛好战,但这一次是一帮特殊的希瓦罗族战士作为他们的对手,因此印卡部队不免有点犹豫。希瓦罗人对缩制敌人人头很在行,并且满足于砍下敌人脑袋留作战利品,这人头被他们缩成拳头那样大小,死者不散的灵魂也永不得翻身。

印卡人倒不怕被人砍掉脑袋拿去当战利品炫耀,因为这也是他们的惯施之技。3000年前这种习俗在南美洲十分普遍,没有什么可奇怪的。但印卡人相信头脑内藏有灵魂,所以最怕灵魂受制不得脱身。希瓦罗人缩制人头为的正是要把敌人的灵魂牵制住。希瓦罗人在把人头缩制之前,仿佛要举行某种仪式,以使脑袋里的灵魂不能报复杀死他的人。

尤潘基取得了那场战争的胜利,可是希瓦罗人并不屈服,希瓦罗人原在丛莽中居住,打败后随即躲入丛莽中。

为了炫耀胜利,别的部落民族战士才砍下敌人脑袋,而希瓦罗人却要举行仪式来缩小敌人的脑袋,使干瘪头皮困住敌人的灵魂,不再兴风作浪。否则,死者的灵魂即会报复杀害他的人。希瓦罗人相信死者灵魂若不用这种方法禁锢起来,自己将永无宁日。因此,如果说希瓦罗人也有害怕的事物,那就是敌人那逃掉的灵魂。

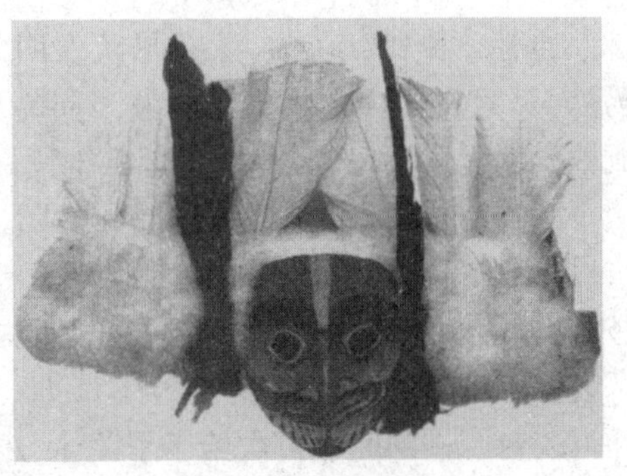

印第安人的头饰

希瓦罗人割取的脑袋大都是近邻阿希亚利族人的,因为这两个部落水火不容,世世代代互相仇杀。如果找不到阿希亚利人,希瓦罗各部落之间也会爆发战争,但是战斗中只限一般的打斗,一条规定被双方严格遵守,就是不得把脑袋砍掉。缩制猎回的人头通常要好几天的时间,或者是在武士回乡后,再进行缩制工作,不然就常在凯旋途中举行缩制仪式。在每一次缩制过程中，都要有大吃大喝和跳舞的仪式。缩制好的人头，要缝合两眼上下眼皮，以使一心想报复的灵魂无法看到外间世界。

莱布尼茨发明二进制与《周易》有关吗？

莱布尼茨是德国自然科学家、唯心主义哲学家、数学家。世人都称他和牛顿是微积分的创造人。他对帕斯卡的加法器进行了改进，设计并制造了一种手摇的演算机，提出了他认为吻合中国“先天八卦”的二进制，后代计算技术的发展受到影响。

关于莱布尼茨发明二进制与《周易》是否有关，至今仍说法不一，几种观点较为常见：英国剑桥大学的李约瑟——《中国科学技术史》的作者，曾经深入地研究过莱布尼茨的生平，认定二进制应起源于八卦和《易经》。李约瑟说正是受到了东方这些古老图书的启示，莱布尼茨才完成了他的创造。传说莱布尼茨年轻时，曾在巴黎游历，在那里发明了对数表，感觉自己非常伟大，恰好一个曾经到过中国传教的教士带了一轴以拉丁文翻译的名为《伏羲六十四卦方位图》的画卷送给他。对此莱布尼茨非常感兴趣，他认真地研读它，经常苦思其中的奥秘，终于有一天他想通了，想到建立二进制，并将自己的数学发明弃置一旁，对东方人的智慧赞不绝口。他以二进制数学把六十四卦的奥秘说得很明白；八卦中一两个符号及其排列方法，可以使等比级数、等差级数、二元式（二进位）、二项式定理、逻辑数学以反电磁波、音响、连锁反应等原理贯通起来。

一种早期的加法机

另一种观点认为，17 世纪末叶，与在华传教士白进、闵明我等人的通信联系中莱布尼茨知道了八卦图和《周易》。

还有一种观点认为，莱布尼茨发明二进制与《周易》无任何关联。这种观点认为，《周易》卦序与二进制数学毫无关系，甚至有学者指出宋代邵雍所创制的六十四卦方位图“不能算二进制数学”，它们“只不过可以译成二进制数码，却没有二进制算法蕴含其中”。郭书春在 1987 年 11 月 17 日《科技日报》著文认为只要把莱布尼茨发明二进制与他和传教士白进的交往时间表列出来，一切都可解释清楚。1679 年 3 月 15 日，莱布尼茨的《二进制数学》初稿完成，1696 年，莱布尼茨对二进制问题再次给予了关注，送给奥古斯特大公一枚以二进制表为背面图案的纪念章。他还向赴中国的传教士详细介绍了二进制原理。莱布尼茨与在中国的法国传教士白进交往始于 1697 年。1701 年 2 月 15 日，莱布尼茨给白进写信，对二进制原理进行了详细说明，白进收到信后发现了中国的六十四卦图与二进制的共同之处。4 月 7 日，莱布尼茨将他的论文《关于仅用 0 与 12 个记号的二进制算术的说明，并附其应用及据此解释古代中国伏羲图的探讨》进行修改补充后再送到巴黎科学院，要求公开发表，二进制才被众人所知。然而，莱布尼茨和白进都不知道，他们所说的“伏羲六十四卦图”既不是伏羲创造，更不是《周易》的，而是北宋哲学家邵雍创作的。

安徒生是丹麦国王的私生子吗？

丹麦著名童话作家安徒生的童话故事伴随着一代又一代的孩子度过了美丽而快乐的童年。他的故事中多写到王子和公主的美丽的爱情故事，人们不禁发出疑问，这是安徒生暗示其真实身份还是他对幸福美好生活的向往的体现？权威的传记作家们以不容置疑的语气告诉我们，1805 年 4 月 2 日，这位伟大的童话作家出生在丹麦富恩岛上的欧登赛城中一间又矮又破的房子里。他的父亲是一位整日为生活而忙碌的鞋匠，他的母亲则是一个非常迷信的洗衣妇。贫穷的童年使安徒生走上了文学创作的道路。他陆续写出了《阿英索尔》《维森堡大盗》等剧本，《阿马格岛漫游记》等浪漫幻想游记和《卡尔里·克里斯蒂安二世》等历史题材的小说。1835 年他的第一本童话集出版。他的童话世界是美好幸福而快乐的，他知道这些童话对那些贫苦的孩子度过童年是有益处的。每年圣诞节他都出版一本童话书，作为礼物送给孩子们。这些礼物很多成了世界文学史上的经典名著。例如《丑小鸭》《夜莺》《皇帝的新装》《卖火柴的小女孩》《海的女儿》等。写作将近 40 年，发表 160 多篇作品的安徒生是丹麦人民的骄傲。

安徒生是平民百姓之子还是一位落难的王子？丹麦人对权威传记作家们所提供的论证并不信服，据说几百个丹麦人曾在 1990 年，到作家故乡的欧登赛大学举行了听证会，研究安徒生的身世之谜。历史学家延斯·约根森写了《安徒生——一个真正的童话》一书，书中说安徒生其实是丹麦国王克里斯蒂安八世和劳尔维格伯爵夫人的私生子。在他出生后，王室把他安置在了安徒生父亲——这个欧登赛鞋匠的家中。做出这种推论的根据是安徒生是一个鞋匠的儿子，身份低微，可是后来竟能进入上流社会，出入于皇家剧院，甚至在皇家宫殿中阿马林堡宫居住了一段时间，如果没有王室的暗中帮助，这些是不可能的。丹麦作家皮特·赫固也有类似看法，他提出了另一种根据，一位海军上将的女儿亨丽艾特·吴尔芙 1848 年给安徒生的信中曾提到安徒生自己也发出自己是“王子”的慨叹。

但是听证会上许多人感到疑惑的是，安徒生在《我一生中的童话》这本自传中为什么没有提到自己是王子，甚至连暗示也没有呢？有的学者找到了 180 多年前教堂户口登记册的复印件，登记册上记录了 1805 年 4 月 2 日凌晨 1 时，鞋匠汉斯·安徒生与其妻子安娜喜得贵子，并且记录了安徒生是在 4 月 16 日那天受洗礼的。

丹麦著名历史学家塔格·卡尔斯泰德为了解开安徒生出生之谜，翻阅了大量有关那时国王克里斯蒂安八世的档案，档案表明，国王和贵族与平民妇女偷情的问题是存在的，而且很有可能生下孩子。国王处理这种情况的方法就是给那个妇女写信，并寄去一笔钱用以抚养孩子。

安徒生笔下的美人鱼

安徒生是否是落难的王子也许并不重要，人们只不过是对这位作家想了解得更多一些罢了，重要的是他的作品享誉全世界，他创造的美妙的童话世界给孩子们幼小的心灵增添了不可或缺的美丽回忆。

荷马及其史诗之谜

众所周知《伊利亚特》和《奥德赛》是两部不朽的史诗，至今仍有其独特的文学价值。这两部史诗的作者相传为公元前 8 世纪的荷马。现代研究表明：这只是古希腊人的说法，这两部巨著的作者，可能另有其人，目前还无法肯定这两部史诗是否为一位诗人独立创作完成，也无法肯定叫荷马的写诗者，是单独一个人还是一个团体。公元前 7(或 6)世纪留下来的一首古诗曾经有过这样的记载："(荷马是)住在契奥斯岛(爱琴海中一个岛)的一个盲人。"可是这种说法无法考证，所以近 3000 年来，一直受到文学界的怀疑。

关于荷马的生平事迹，只有这两部史诗可以引以为据，但其中线索也少得可怜。不过，有一点令人是可以确定的，荷马是古代希腊在公众场合表演吟诵诗歌的人，即古希腊人所称的"吟唱诗人"。对这一点我们之所以这么肯定，是因为希腊人恰好在荷马时代之前不会使用文字。在公元前 8 世纪中叶，地中海东部的腓尼基人教希腊人学习字母之前，希腊人根本无法书写记载。在荷马以前，故事传说只是凭借口头传播，之所以采取歌谣形式，是为了使“吟唱诗人”容易记诵，较有才能的吟唱者也可以当场即兴发挥，并且，每次表演的细节都不完全一样。每个吟唱者把一首诗歌以自己的方式进行修改，一首诗经过日积月累，就不断有各种发展。《伊利亚特》和《奥德赛》这两部史诗最终写成时，肯定是已历经润色增补的最后的定稿。

读荷马史诗中一些段落，很有短诗的味道；而且诗中若干事件，发生的时代似乎比其他部分更早，充分表明荷马史诗是经过很长一段时间，由很多“作者”创作完成的。

因此，经过推测得出的结论是：就在希腊人从腓尼基人处学会字母，知道如何书写时，一个天赋极高的吟唱诗人出现了，他汇集了大量累积下来的口传诗歌，把它们整理成两部具有丰富内涵的史诗，并用文字记述下来。

对这两部史诗的起源和写作过程做这样的假想，应该是极为妥当的，但又有疑问产生了：因为除了《伊利亚特》某些用语似乎比《奥德赛》时代较早之外，这两部史诗的语调与主题的差异也很大。比如，《伊利亚特》描写的主要是发生在几日内的事，并且对战阵军功极为强调；《奥德赛》所述事迹则长达10年之久，同时专写幻想和神仙魔鬼。因为《奥德赛》内容几乎没有涉及战争残酷的一面，所以19世纪英国小说家巴特勒指出：《奥德赛》作者应该是女人而不像是男人！

荷马吟咏史诗图

无论如何，这两部史诗写成之后，并非一成不变，而以后的吟唱诗人又在已写下的史诗上做了新的补充及润色。虽然在留存至今的这两部史诗以书写形式出现的手抄本中，没有早于公元前3世纪的，但是两部史诗呈现出相仿的风格，足以表明某一个时期确有一个统摄的力量，促成了这两部史诗。但这统摄力量源于何处？是个人还是某个集团？为什么找不到任何记载？也许这些疑问还将长期困扰着文学界。

苏格拉底为什么娶悍妇为妻？

苏格拉底生于公元前 649 年前后，是古希腊最伟大的哲学家之一，他的学生柏拉图详尽地记述了他一生的言行。更有趣的是：这位大哲学家娶了一位有名的悍妇为妻。

究竟这位哲学家是什么样的人呢？他本人没有作品，因而我们所知道的他的事迹主要来自柏拉图和赞诺芬的著述。虽然上述二人对苏格拉底生卒年月的描述完全相同，但对其性格方面的描述却完全不同。

苏格拉底经历了雅典文化最辉煌的时期及被斯巴达打败的日子。他当过步兵，做过小官，妻子据说是个出了名的悍妇，生有一个儿子。苏格拉底曾为西方道德哲学做出了很多贡献，最终，他因坚持自己的信念牺牲。雅典当权者指责他轻视传统神祇、鼓励年轻人怀疑传统信仰与思想，而使他们道德败坏。苏格拉底在放逐与死亡任择其一的情况下，挑选了死亡，喝下铁杉毒液自杀。可是他仍然得到了他那一大群才智与年龄参差不齐的学生的尊崇。他们都曾免费听他讲学，学习他在回答中揭露矛盾，从而寻求真知灼见的方法。

然而，苏格拉底到底是怎样的人？在柏拉图的对话录中这位伟大的哲学家是一个热心追求真理、品格高尚的人，虽然他有时幽默而平和，但性格基本上严肃而认真。除此以外，他还跟柏拉图一样被描写成有同性恋的倾向，他对女性是敬而远之的。

另一方面，赞诺芬写的“座谈会”，有可能是用来驳斥柏拉图的，他在文中写到苏格拉底生性活泼，不但嗜酒，还时常跟女表演者开玩笑，主张严肃的问题要在饭宴作乐完毕后才能够开始讨论。毫无疑问，他喜欢女色，而且说话也极讨人喜欢，认为只要女人受到适当教育，则除体力外并不比男人差。据赞诺芬说，苏格拉底愿意娶悍妇为妻的原因就在于此。赞诺芬猜测苏格拉底认为如果可以教导好她，便能够教导所有的人。

以上两种描述似乎从不同方面反映出作者的个性和喜恶。但两人所写的苏格拉底又相差甚大，究竟哪一个更真实呢？柏拉图与赞诺芬都与他十分亲近，所描述的苏格拉底为何相差如此大？苏格拉底娶悍妇是出于对女性的敬畏还是要以哲人的头脑教导她？这些疑问都不得而知。

天文学家托勒密真的是欺世盗名吗？

托勒密是希腊有名的天文学家，他因地心说而影响深远。托勒密的地心体系学说认为地球居宇宙中央不动，日月星辰都围绕地球而运行，这个概念是他学说的基础。后来，他的学说被推翻，但他仍是公认的才华横溢的科学家和天文学家。可是，美国巴尔的摩市约翰斯·霍普金斯大学的天文学家牛顿，对托勒密是否是天文学家提出了质疑。牛顿

苏格拉底之死

在彻底研究分析了托勒密的思想方法和数学法则之后。做出了这一论断，他说托勒密根本就不是天才，而是骗子。

随后，牛顿在《托勒密罪状》一书中指出，托勒密为了使自己的理论成立，不惜捏造观测结果，甚而至于他还篡改了较早期天文学家的一些发现和观测记录。

牛顿找出了证据来证明他这种石破天惊的论断。首先他把托勒密在特定时间内观测到的月亮位置的数值记录，与我们今天知道的当时月亮所在确切位置的数值进行比较，发现与托勒密所宣称的观测结果相差太远，这不能以古代仪器不够精密来搪塞。托勒密的观测甚至还不如较他早几百年以肉眼作的观测准确。托勒密的数值误差超过 1/4 度。这样看来误差似乎并不算多，不过这样等于表明托勒密只是将仪器瞄准月亮边缘，而不是瞄准月亮中央。这样大的错误即使是略知一二的生手也不应该犯，更何况一个天文学家。但是，值得注意的是，这些错误数值正好与托勒密自己假设的天文公式的数值相合。

牛顿还宣称托勒密有一次甚至报道一项绝对没有人能做得到的观测，这可以说他是个骗子！托勒密报道说这项观测是古代天文学家喜帕恰斯做的，他提及的这项观测是公元前 200 年 9 月 22 日下午 6 时 30 分的一次月食。但是我们现在知道，那一天，月亮是在托勒密记载的时间后半小时才升起来的。因此，如果不是原来的观察记录是杜撰的（如果是杜撰，托勒密应该看出来），那么就应该是托勒密把喜帕恰斯的观测结果给改了，又或者这一观测结果是他自己凭空捏造而硬说是受人尊敬的喜帕恰斯所述，并以此为自己编造的数值增加声势。由于喜帕恰斯的记录原本现在已经失传，我们无从考究。不过他说的月食时间正好跟托勒密理论所预测的完全吻合，牛顿就十分肯定究竟是谁在耍把戏了。

托勒密

据牛顿推测，唯一可能的结论是：托勒密把自己的假设作为基础，然后推算出能支持他的说法所需要的数值，再宣称这个数值确实是从观测中所取得的。他还对所用观测仪器以及观测方法做了详尽无遗的描述，这样无非是可以使他的大骗局更加可信罢了。

牛顿的著作非常复杂难懂，但是，如果牛顿的这一论断被证明正确无误的话，那么托勒密的学术讹骗则不仅有害于天文学，而且也毁了他自己。因为像托勒密这样具有优良设备的科学家，要想取得真实观测数值并不是什么太难的事情，而且也许根据那些真实数值，就能使他发现太阳系的真相：地球是绕太阳而转动的。这一真相，直到14个世纪之后，哥白尼才发现，但哥白尼所用的数学方法和观测仪器，并不比托勒密当年所用的精密多少。

不管托勒密理论体系是否科学，但他在享誉科学界的伟人中还是名声赫赫，我们期待着能有更多的资料让我们去全面地了解这位伟人。

米开朗基罗的“怪癖”与其创作有关吗？

意大利文艺复兴时期出现过一位多才多艺的巨人。他不仅是伟大的雕刻家、画家，而且也是一位杰出的建筑家和诗人。这个人就是米开朗基罗。

米开朗基罗是欧洲文艺复兴时期雕塑艺术上最具代表性的人物，他创作的人物雕像气魄宏大，雄伟健壮，蕴含着无穷的力量。他的大量作品显示了写实基础上非同寻常的理想加工，典型的象征了当时的整个时代。但是生活中的米开朗基罗却给人以“怪人”的感觉。

年轻时代的米开朗基罗因酷爱学习而陷入了绝对的孤独。别人都把他看成一个孤芳自赏、性格乖僻、疯疯癫癫的人物。米开朗基罗总是表现得举止粗俗，与社会格格不入，社交活动总使他感到腻烦。这与达·芬奇的相貌堂堂、举止优雅、风度翩翩、受到上流社会人士的喜爱形成鲜明的对照。他只和几位严肃的人士来往，没有其他朋友。他终身未婚，生平只爱过著名的德·贝斯凯尔侯爵夫人维多利阳·柯罗娜，然而却是一种柏拉图式的恋爱。

米开朗基罗创作时需要绝对的孤独是他的又一个怪异之处，只要旁边有一个人在场，就能将他的情绪完全扰乱。他必须获得一种与世隔绝之感，方能得心应手地工作。为身边琐事所纠缠，对于他来说简直是种折磨。

在他塑造的成千上万的人物形象之中，他没有遗忘过一个。他说，只有预先回忆一下以前是否用过这个形象，然后才能决定是否让人动手勾画草图。因此，在他笔下，从来没有重复现象。在艺术上他表现出让人难以想象的多疑和苛求。他亲手为自己制造锯子、雕刀，不管是什么细枝末节，他都不信任别人。

米开朗基曾任圣彼得大教堂的总设计师

米开朗基罗追求完美有时达到苛刻的程度，一旦他在一件雕像中发现有错，他就将整个作品放弃，转而另雕一块石头。这种追求完美的理想使他毁掉了不少成型的作品，甚至在他的才华达到炉火纯青的地步时，他所完成的雕像也并不多。有一次，他在一刹那间失去了耐心，竟打碎了一座几乎竣工的巨大群像，这是一座名叫《哀悼基督》的雕像。

米开朗基罗一生孜孜以求，从不懈怠。一天，红衣主教法尔耐兹在斗兽场附近与这位已是风烛残年的老人在雪地里相见了，主教停下车子，问道："在这样的鬼天气，这样的高龄，你还出门上哪去？""上学院去。"他答复道，"想努一把力，学点东西。"

骑士利翁纳是米开朗基罗的门徒，他曾把米开朗基罗的肖像刻在一块纪念碑上，当他向米开朗基罗征求意见，问他想在阴面刻上什么的时候，米开朗基罗请他刻上一个盲人,前面由一条狗引路并加上下面的题词:我将以你的道路去启示有罪之人,于是不贞洁的心灵都将皈依于你。

人们认为一般艺术家都有怪癖,但米开朗基罗的性格确实十分独特。这位伟大的艺术家的创作与其性格竟是什么关系呢?可能性格之于人就像双刃剑吧。

达·芬奇神奇的创造力来源于他人吗?

意大利文艺复兴时代的伟大先驱列奥纳多·达·芬奇,是举世瞩目的旷世奇才。达·芬奇才华横溢,知识广博,在许多领域都有建树。他不仅在绘画、雕塑等艺术领域取得了极为丰硕的成果,而且在物理、数学、解剖、地质学、天文和建筑、工程制造方面都有很高的造诣,在这些学科领域中他无愧于"杰出创造者"的称号。就是现代科学家也十分惊讶于达·芬奇的精深的知识结构以及惊人的天赋。因为人们几乎不能相信上天会慷慨地把盖世奇才和美德完美地赋予一个凡人。而天才达·芬奇却能集这两者于一身,在世界人物史上也很鲜见,他为何如此幸运地得到上苍的青睐成为一个难解之谜。

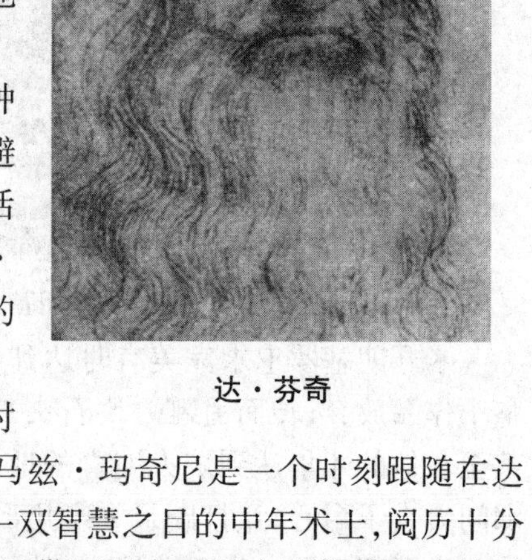
达·芬奇

欧洲一些专家学者近年来广泛而认真地研究了达·芬奇的生平,企图从中找到一些奥秘。有人用计算机分析了他一生的成果。结果令人们大吃一惊,若要完成他全部的绘画、雕塑、研究和各种发明等工作,就算一刻不停地做,需要的时间至少也是74年。这对他来说,简直不可能,因为他只活了67年。

人们从达·芬奇的生平中,还能隐约感觉到某种神秘之处。他一无家庭,二无亲友,终其一生都在躲避着那些被他称为"多嘴的动物"的女人,他隐秘的生活使他从事的事业非常机密。这更使专家们怀疑,达·芬奇可能是得到了神秘人物的帮助。否则,一个人的精力是有限的,如何能取得如此大的成就?

达·芬奇的社交圈很狭小,这就使人们很容易对达·芬奇唯一的仆人托马兹·玛奇尼产生兴趣。托马兹·玛奇尼是一个时刻跟随在达·芬奇左右的人,他是一位面目慈祥、体格强壮并有一双智慧之目的中年术士,阅历十分丰富,曾到过东方,受到过东方圣人和统治者的接见,还带回了大量的古阿拉伯和古埃及的书籍。据记载,他是一位出色的水力专家、雕刻家、机械师,同时对炼丹术和妖法极为热衷,只是因为他身份低微,故不为人们所知。有些学者从这些史料中得出结论:托马兹·玛奇尼是达·芬奇的有力合作者。

但大多数历史学家对上述的观点颇有微词。他们认为,托马兹·玛奇尼这个人物是人为臆造的，并不是历史人物。

有些专家认为，达·芬奇可能是立足于古人的创造发明并对它们进行了再创造和改良而得到如此丰硕的成果的。他们指出，类似直升机的画，早在达·芬奇之前的佛来米派艺术家手稿中就已出现过，与达·芬奇后来的设计很相像。另外，有记载表明，达·芬奇与东方祭司相交甚密，长期往来。他可能从这些古代文明的传继者那儿，得到许多人类知识的精华。

对达·芬奇一生的创造也有人表现出不以为然的态度。他们指出，达·芬奇的科学创造，都只是停留在构想阶段，与真正的科学发明有着本质的区别。但是，持这种观点的专家不得不承认，达·芬奇是一个集崇高美德和天才智慧于一身的奇才。

哥伦布发现美洲大陆是阴差阳错吗？

哥伦布发现美洲大陆的事实早就被载入了史册，而他本人也因此彪炳千秋。距哥伦布发现美洲大陆到现在已有四五百年的历史了，有关哥伦布的传说仍在大西洋两岸流传着，传说中这位航海英雄只是阴差阳错地发现了美洲大陆。但是，进入 20 世纪以来，人们便逐渐对这些说法产生了怀疑。

许多历史学家会提出这样的问题，哥伦布如何会犯下这种错误？大量证据显示出他发现的地方既不是日本也不是中国，他为什么在此情况下还一再坚持说他发现的地方就是印度，居住在当地的人就是“印度人”呢？在一些历史学家看来，哥伦布从没想过要去亚洲，他的“雄心勃勃的印度计划”只是为了把其他探险家的注意力引开而精心设计的一个障眼法。他们认为哥伦布的目标从一开始，就是去发现新大陆。

哥伦布向世人宣布，他是以印度作为目的地的，他那个时代的编年史家们相信了他的这种说法。

哥伦布在 1492 年 10 月 21 日，登上了一座在他看来极为偏远的岛屿，在当天的航海日志的一开始他就写道，亚洲大陆仍然是他的航行目标，他要亲手把伊莎贝拉和斐迪南写的介绍信交给“大汗”，即中国的皇帝。哥伦布在返回西班牙途中，给伊莎贝拉和斐迪南写了一封信，其中谈到他建立了一座将有利于“和邻近的大陆……以及大汗做一切交易”的要塞。

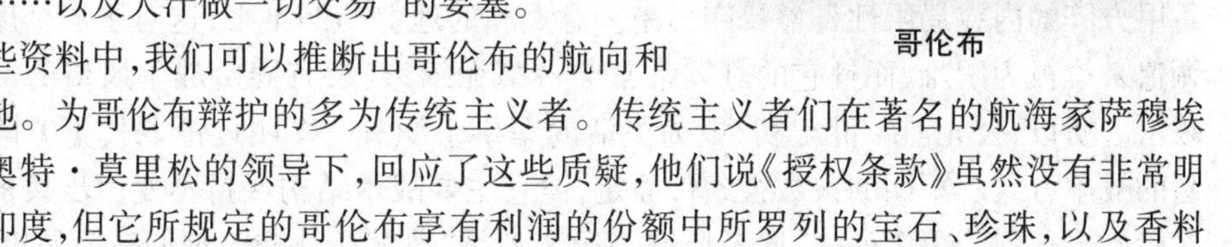

哥伦布

从这些资料中，我们可以推断出哥伦布的航向和他的目的地。为哥伦布辩护的多为传统主义者。传统主义者们在著名的航海家萨穆埃尔·埃利奥特·莫里松的领导下，回应了这些质疑，他们说《授权条款》虽然没有非常明确地提到印度，但它所规定的哥伦布享有利润的份额中所罗列的宝石、珍珠，以及香料等，全部都是亚洲的产品，因此，他的目的地显而易见。

哥伦布发现美洲新大陆的航行只是他 4 次航海生涯中的第 1 次；其后，他又在 1493 年、1498 年和 1502 年先后 3 次前往那里。持与比尼奥德特相同观点的人推测，哥伦布在途中肯定曾注意到他所发现的这些岛屿与约翰·曼杰维利以及马可·波罗所描写的地方完全没有共同之处。日本和中国等伟大帝国究竟在何处呢？金屋顶和大理石街道到底在何处呢？这里所有的，只是一些原始的村落。

可能直到第 3 次航行时，哥伦布才把事情的真相搞清楚了。他在 1498 年 7 月航抵了今天委内瑞拉的帕里亚海湾，才开始觉得可能这里并不是中国海岸线外围的岛屿。眼望着宽阔的奥里诺科河三角洲，他估计如此多的淡水只有可能来自一块具有相当大规模的陆地。依照拉斯·卡萨斯的记述，哥伦布在航海日记中曾这样写道："我相信这块陆地是相当广袤的，迄今为止，我们仍对它一无所知。"

但在这短暂的清醒之后，哥伦布再次陷入了比他最初的"关于印度的伟大事业"更荒诞的想法之中。他把这块新大陆当作"人间天堂"，认为它是传说中的伊甸园。对此，他还做出了进一步的解释，因为它"就位于被权威人士认作是天堂的所在地的赤道附近"。

哥伦布很可能到死时还一直相信他去过的地方就是印度。如果事实果真如此，那么哥伦布的目标专一和倔强可真是天下无双；如果不是这样，他绝不可能对他在以后的航海中所得到的证据视而不见——当然也包括他第一次航海中所得到的证据。不管怎样，无论哥伦布的意图究竟是什么都不重要，我们只要知道美洲大陆的发现为人类文明史增添了重要的一笔。在这块富庶的土地上，后来曾发生许多历史事件，世界史从此改写。丑恶与美好并存，财富与贫穷同在，历史短暂而又意义深远，这些在哥伦布当初也许都没有料到吧。

古罗马军团为何能横行欧亚？

公元 6 世纪末起，罗马人赶走了伊鲁特人，成立罗马人自己的国家，后来，欧洲以至西亚和北非地区的格局都因罗马帝国的崛起而发生了变化。这一影响当时世界格局的帝国拥有一支十分强大的部队，这支军队在最初仍然继续使用他们的统治者伊特鲁里亚人曾经用过的希腊风格的重甲方阵。重甲方阵是由用圆形盾牌和投矛武装起来的重甲步兵组成，此后不久，他们就开始着手建立他们现代化的部队。

伊特鲁里亚逐渐衰落后，在与拉丁同盟和意大利半岛其他部族继续进行的战争中，重甲方阵的内在局限性日益暴露出来。意大利的地势凸凹不平，这对于那个庞然大物的调遣来说极为困难，而且它的侧翼常常会被毫无约束、没有固定战争风格的部族士兵所攻击。所以，公元前 4 世纪初，更为灵活的军事组织——军团逐渐取代了方阵。而成为新的战争方式。军团的人数视条件而定，但它主要战术结构保持不变。步兵根据年龄和经验排成了列。第 1 列称"哈斯塔迪"；第 2 列是"普林斯朴斯"，他们一般是年龄稍长、大约 30 岁左右、服役 7 年的士兵，最后一列“特瑞阿瑞”是久经沙场的老兵，他们的老练和成熟有助于鼓舞士气。

只有第 3 列久经沙场的士兵使用长矛，第 1、2 列士兵使用重标枪，又称“皮鲁姆”，长大约 2.075 米，软铁头和矛柄中间有细细的一段连接。枪尖在用力过猛时就会弯曲，枪头也常常折断，因而使对方无法再次使用。此外，矛头也往往能够嵌入到敌人的盾牌和盔甲中，令对手行动不便。第 1 列队伍在投掷完他们的标枪之后，就立刻挥剑冲入敌阵，近身肉搏。如果第 1 轮进攻失利，幸存者就会马上退向第 2 队列，由第 2 列接着发动更为猛烈的进攻，如果两次进攻都不幸失败了，幸存者将会退到第 3 列的后部，第 3 列就会收缩

罗马军队战斗浮雕

队形，举起长矛。提供一道安全的屏障保护部队安全撤退。

可以说，人力的优势、灵活的战术和特殊用途的武器都对他们的战绩做出了很大贡献。但是所有的因素中，罗马所依靠的最大的力量那就是军团将士的素质和忠诚。正像公元前 200 年希腊将领色诺芬回忆他的军队时所说，当他们面对敌人的武器和战马时，总是表现得极为沉稳，“这样的人在战场上无往而不胜”。

后来，军团的主要战斗武器是西班牙剑，估计可能是由在西班牙与迦太基人作战的军队带回意大利的。西班牙剑是宽身利刃剑，长约 70 厘米，主要为刺东西而设计，这也是令罗马敌人恐惧的一件武器。

公元前 197 年，罗马人在色萨力的锡诺赛佛拉打败了菲力浦五世的马其顿方阵，从而显示出了一种新的迹象：一个以新的方式指导战争的、新的大帝国正在崛起。

战术结构的优越性，是必须在实战中才能得以验证的。当时军队的作战方式受希腊风格重甲方阵影响较大，古罗马军团的战术结构的发明者是谁？他又以怎样的军事理论或政治手段使古罗马朝廷接受了新的作战方式？由于古罗马时代距今时间久远，又缺乏翔实的资料记载，所以至今都是一个未解之谜。

古罗马起义将领斯巴达克为何率军南下？

公元前 73 年，一场由斯巴达克领导的世界古代史上最为波澜壮阔的奴隶起义爆发了，这场起义以反对罗马奴隶主统治为目的，起义曾经席卷整个意大利半岛。

当斯巴达克起义军将克劳狄乌斯和瓦利尼乌斯的围剿接连粉碎后，斯巴达克曾拟订了一个北上计划："全军向阿尔卑斯山前进，越过高山，北上出境，返回故土。"重获自由，这也是人之常情。不过副将克里克苏对斯巴达克提出的这个计划坚决反对。随后，克里克苏率领2万人愤然出走，不幸被官军消灭。斯巴达克率军继续北上，将楞图鲁斯和盖利乌斯的前堵后追挫败，义军一度攻打到阿尔卑斯山脚下的穆提那城。但斯巴达克此时突然放弃北上计划，率领全军调头南下。

斯巴达克铜像

罗马元老院害怕起义军会攻打罗马城，立即派独裁官克拉苏带领8个军团前往镇压奴隶起义。克拉苏采用古老的《十一抽杀律》：凡战败或临阵脱逃者，10人当中抽签选出1人处死。如此严明的军纪使罗马军队的战斗力大大提高。

被赶到意大利半岛南端的布鲁提翁的起义军准备渡海去西西里，但却失败了。克拉苏下令在半岛最南端挖了一条两端通海的大壕沟，企图将起义军的退路截断，将起义军就地歼灭。起义军尽管奇迹般地冲过封锁，但损失巨大，不久就陷入困境。罗马元老院又在此时命令鲁库鲁斯从马其顿、庞培从西班牙回师，会同克拉苏从东、北、南三面包围起义军。

在这个紧要关头，起义军内部牧民出身的康格尼斯不同意撤离意大利半岛，带领1.2万起义军离开队伍，结果很快被克拉苏消灭。

公元前71年春，起义军与官军举行了一场最后的决战。双方在阿普里亚境内展开激战，斯巴达克和6万名部下英勇战死，官军把被俘的6000名起义军全部钉死在从卡普亚到罗马大道两边的十字架上。

尽管起义失败了，但确实沉重地打击了罗马奴隶主统治者。2000多年来，人们也对这次起义提出不少疑问：比如，斯巴达克曾一度制订北上出境计划，如果认真施行这个计划，他们离开罗马返回色雷斯结果会怎么样呢？那么他放弃北上计划的原因究竟是为什么呢？

当斯巴达克最初制订北上计划时，起义军内部已出现严重分裂：副将克里克苏率2万人出走，结果被官军很快歼灭了。起义军内部的第2次分裂也发生在斯巴达克提出渡海去希腊的时候，牧民出身的康格尼斯对撤出意大利半岛的主张坚决反对，带领1.2万人离开队伍，结果被克拉苏消灭。

看来，起义军内部始终在去与留的问题上存在严重的分歧。这与起义军来源有很大的关系：斯巴达克等人是来自色雷斯的角斗士，有很强的乡土意识，希望有朝一日能回归故土色雷斯。而另外一些起义军过去是罗马破产农民，不愿意离开罗马。这种强烈的本土意识使他们在大敌当前时意识不到真正的危险而团结起来。

研究者认为，斯巴达克计划的改变缘于客观形势的变化。起义之初，敌强我弱，斯巴达克感到很难对付罗马官军，不宜久留罗马，所以他拟订北上计划，先在敌人力量比较薄弱的北部地区发展自己，争取早点翻越阿尔卑斯山返回故土。但北上途中的节节胜利，尤其是起义军将罗马执政官克劳狄乌斯、名将楞图鲁斯和盖利乌斯的围剿接连挫败之后，声势大振，敌我力量对比出现了一点变化。起义军因此变得自信起来：觉得可以留在罗马"一搏"。

第二种意见认为：阿尔卑斯山的恶劣条件改变了起义军北上翻越山岭的计划。他们提出，阿尔卑斯山平均海拔3000米左右，是欧洲最高的山峰，许多山峰终年积雪，山上气候千变万化。12万起义将士到达阿尔卑斯山脚下时，身上的单衣无法御寒，再加上起义军给养不足，没有办法，只好取消了北上计划。

还有人认为，斯巴达克改变北上计划是因为想到缺乏意大利北部农民的支持。

当然历史不能重写，如果斯巴达克继续北上，并且成功地翻越阿尔卑斯山，返回了色雷斯，结果会如何呢？罗马官军是想把斯巴达克逐出本土而完事大吉还是要将其一网打尽才罢休？这些仍然还是谜。

古罗马远征安息的大军流落何处？

在现实生活中，一个人的神秘失踪已经让人惊奇不已了，6000余人一起神秘失踪的事情就更让人觉得是天方夜谭了，然而，这样的事确确实实地发生了。

公元前53年，古罗马"三巨头"之一的克拉苏率军远征安息（今伊朗），出师不利，兵败卡雷城，克拉苏本人被杀。他儿子率领的第一军团6000余人拼死突围成功。但突围之后却杳无音信，罗马人几番寻找也得不到他们的影踪，他们去了哪里？2000年来留给人们一个难解之谜。

据《汉书·陈汤传》记载，公元前36年，北匈奴郅支单于政占乌孙、大宛，威胁我国西域地区。汉武帝派都护甘延寿和都护副校尉陈汤出兵至康居，剿灭郅支单于。汉军在康居见到一支奇特的军队，"土城外有重木城"拱卫，"步兵百余人，夹门鱼鳞阵，讲习用兵"。西汉军队把这支军队降服后，又将俘虏的士兵全部收编。后来，西汉政府又在祁连山下设立骊靬县安顿了这批俘虏的士兵。

经过研究后，历史学家认为，只有古罗马军队采用构筑"重木城"防御工事和用圆形盾牌连成鱼鳞形状的防御阵式。所以这支军队可能就是卡雷战役中突围而出的普布利乌斯领导的罗马第一军团的残部。

澳大利亚专家戴维·哈里斯也对此进行了深入分析，推断这支奇特军队就是克拉苏东征部队的残部。当年他们从帕提亚的卡雷突围之后，辗转各地。后来又突破安息东部防线，进入中亚，被郅支单于收编为雇佣军。在公元前36年西汉与郅支之战中被陈汤收降。带回中国。他还根据材料推断，骊靬城旧址就在甘肃省永昌县境内。

另外，中国、澳大利亚和苏联的一些史学家也对此进行深入研究，他们找到一张公元前9年绘制的地图，根据地图指示，确认骊靬县就是现在的焦家庄乡者来寨。

但是也有一些持不同意见的人否定戴维·哈里斯的推断。他们说，“重木城”和“鱼鳞阵”并非是完全属于罗马人的军事艺术。在中国，编木或夯土为城古已有之，外城为郭、内城为城是中国古代通制。而且，《左传》中记载，中国古代也曾使用“鱼鳞阵”，当时其正式名称叫“鱼丽阵”。

因为在对骊靬古城遗址发掘过程中没有取得什么有价值的成果，所以人们推断骊靬古城可能早已深埋地下，成为城下之城。

还有一些学者认为，即使当初罗马人的确曾到过此地，经过与当地居民2000年的通婚、融合，面貌恐怕早已大大改变，不再具有当初的特征。

另外也有人认为，这个地区外来人口一直比较复杂，很难依据现在那些地区存在酷似欧洲人的居民这一事实判定罗马人后裔生活在这里。

俗话说：“人过留名，雁过留声。”这一群6000人的军队却无声无息地失踪了，他们到底去了哪里呢？看来只有当事人自己知道了。

古罗马皇帝提比略为何选择自我流放？

古罗马的诸多皇帝在合上眼的那一刻不是轰轰烈烈战死疆场，就是暴虐过度被碎尸万段，要不就是毫无防备遇刺身亡。唯有提比略显得如此另类与安静。喜欢过离群索居生活的提比略直至生命的最后一刻依然驻守在自我放逐之地康帕尼亚。

可是，他为什么自我流放呢？罗马史学家塔西佗认为，提比略自我流放的原因有两个：一是由于提比略手下大将谢雅努斯的阴谋。但是塔西佗考虑到这样一个事实，那就是在谢氏被处死后，他同样离群索居达6年之久，所以另一面怀疑是出于己意，“目的是想借此来掩盖那由于他的行动而昭彰于世的残酷和淫乱”。这可能是其经过深思熟虑和下定决心才实施的。苏托尼乌斯则认为因为提比略的儿子分别不幸在叙利亚和罗马死亡，所以他想独自一人静一静。还有一种说法认为提比略老年时对自己的外貌特别敏感。他长得比较高，肩部下垂，却又瘦得出奇，脑袋上一根头发也没有，满脸又都长着脓疮，经常涂着各种膏药。当他隐退后已经习惯于不和人们见面，而只是自己偷偷地享乐。

与前述众说截然不同的是，提比略的出走是由于他母亲的专横性格而致。他不能容忍他母亲与他一起共掌大权，但又不可能除掉她。

罗马贵族生活场面壁画

总的说来，古代人对其放逐的原因侧重在他的体质弱点和伦理道德方面，而近代史学家对此的看法和猜测则偏重于社会和政治方面的考虑。苏联史学家科瓦略夫认为："早在公元26年，在病态的对人的厌恶和谢雅努斯的劝说的影响下，提比略离开了罗马。"爱德华·特·萨尔蒙则认为：提比略的目的可能是"第一使他的继承人可以获得经验，第二是为了逃避阿格里帕那的对一个自然海岛堡垒的密谋"。

无论如何，猜测与推断终不能最终得出提比略长期自我放逐的真正原因。自我恐惧也好，心理变态也好，都可能只是诸多原因之一。现在，大量的中外史学家们正在全力以赴地揭开这个谜。至于提比略，只要死得其所，足矣！

"万王之王"大流士是怎样获得波斯王位的？

被尊称为"万王之王"的大流士登上王位的手段到底是怎样的呢？有一天，冈比西斯过去的一个王妃发现新皇帝没有耳朵。她把这件事透露给了她的父亲、大臣欧塔涅斯。欧塔涅斯立即断定新皇帝是僧侣高墨达，而不是巴尔迪亚。因为在居鲁士当皇帝时，曾因高墨达有过失而将他的双耳割去。欧塔涅斯立刻将真情告诉了另外的6名波斯贵族，以后的皇帝大流士一世就是其中的一员。他们决定发动一次政变，把高墨达杀死以夺回政权。

这7个大臣先是派人在首都到处散布新皇帝是高墨达而不是巴尔迪亚的消息。很快，假巴尔迪亚的消息便在京城传开。

高墨达发现真相败露之后，十分惊慌，马上逃到米底的一个地方，最后被大流士和欧塔涅斯等人杀死。

根据希罗多德的《历史》记载，当7个起义的贵族把局势平定之后，在讨论波斯的统治权的时候，欧塔涅斯第一个发言说："我认为应该停止一个人的独裁统治，因为这既不是一件快乐的事，也不是一件好事。当一个人愿意怎样做便怎样做而自己对所做的事又可以毫不负责的时候,那么这种独裁的统治有什么好处呢?把这种权力给世界上最优秀的人,他也会脱离他的正常心情的……相反,人民统治的优点首先在于它那美好的名声,那就是,法律面前人人平等。其次,那样也不会产生一个国王所易犯的错误……任职的人对他们任上所做的一切负责,而一切意见均交给人民大众加以裁决。因此我的意见是,我们废掉独裁政治并增加人民的权利,因为一切事情是必须取决于公众的。"美伽比佐斯则主张实行寡头统治而反对民主制。大流士则主张独裁。他说:"没有什么能够比一个最优秀的人物的统治更好,他能够完美无缺地统治人民,为对付敌人而制定的计划又可以隐藏得最严密。"他接着论证了民主或者寡头制由于互相争斗都会最终导致独裁,结果,大流士的意见以 4 比 3 而获得通过,在决定由谁当这个独裁者的时候,7 个贵族还约法三章:第一,欧塔涅斯明确表示未来的国王不能支配他及他的后代,相反,每年都要给予其奖赏;第二,7 个人不经通报就可以进入皇宫,当然,国王正在和一个女人睡觉时除外;第三,国王必须在同谋者的家族里挑选妻子。

他们进行了一次比试,在一个清晨他们来到市郊,据说因为马夫在那个时候把摩擦过母马阴部的手放到了大流士的马的鼻子上,结果大流士的马首先嘶鸣起来。根据约定应由大流士当国王。

大流士自从坐稳王位以后,为自己树立了一个石碑,石碑上面有这样的句子:

"叙斯塔斯帕之子大流士,由于他的马和他的马夫欧伊巴雷的功绩,赢得了波斯帝国。"

和他一起杀高墨达的那几个大臣,这时都不敢提出异议了。其中有个叫尹塔普列涅的大臣因不识时务而冲撞了大流士,结果其全家都被大流士杀了。

大流士在公元前 500 年发动了对希腊的战争。在公元前 490 年的马拉松战役中,希腊人把波斯军队打得大败。10 年后,大流士的儿子薛西斯第二次远征希腊又惨败而归。从那以后,波斯帝国逐渐走向衰落。

古埃及金字塔仅仅是法老的葬身之地吗?

金字塔是人类文明史中的一项伟大奇迹,更是永恒的谜团,数千年以来,它矗立在古老的尼罗河畔,迎曙光,浴暮霭,闪着神奇的智慧之光。然而,关于金字塔的起源问题,经过历代学者的激烈的论争,至今仍众说纷纭。

在中世纪,很多作家都认为,在埃及粮食充裕时期,金字塔是用来储藏粮食的大仓库。近几年来,金字塔被人描述为与日晷仪和日历,天文观测台、测量工具甚至与神秘的外星生命相联系的东西,把金字塔当作天外宇宙飞船的降落点。

然而,大部分有声望的埃及学者认为金字塔是法老们的坟墓,这一理论也最能被人们所广泛接受。金字塔散布于尼罗河的西岸,根据埃及神话,这里与通往来世的路途相通。考古学家们在金字塔附近发现了许多在葬礼仪式中使用的小船,据说,这些小船就是法老们驶向来世的工具。

大流士一世雕像

许多金字塔中都有石棺或木棺，这早已被证实。19 世纪之前，在石棺上或在石棺附近发现的神秘图画被确定为用来帮助法老们从一个世界通往另一个世界的咒语。

然而，一个铁的事实却让坟墓理论缺乏了最主要的依据，就是学者们在金字塔中找不到法老们的尸体，而且许多法老好像建造了不止一个金字塔。

20 世纪著名的物理学家库尔特·门德尔松坚持认为法老们建造金字塔的目的是在到处是散落的部落的时代巩固埃及的国家地位，而金字塔不是坟墓。门德尔松的理论使坟墓理论不能解释的问题得以解决。

还有一些人认为金字塔中没有尸体，却有大量的陪葬品，说明金字塔是衣冠冢——死去的法老们的纪念碑，但不是他们真正的坟墓。

绝大多数埃及学者仍然认为，尽管金字塔也具有其他用途，但它们首先是作为坟墓而被建造的。它们的周围环绕着其他坟墓，这些坟墓的主人在当时的地位都在法老之下。

另外，关于金字塔的一个折中的观点认为，金字塔可以被理解为古代建筑进步的标志之一，这一种建筑从矩形、平顶、砖泥结构的坟墓开始，今天我们称之为古埃及墓室（里面曾经发现过尸体）。然后，建筑师们开始把一个平顶结构垒在另一个上，这样就建成了今天被我们称为"台阶式金字塔"的建筑物，其中最著名的那些现在仍坐落在撒哈拉地区开罗南部。

几乎所有的延续了埃及文明的东西都关系到了死亡，死亡好像成了他们宗教、文学的限定力量。法老们认为，他们的目的不是今生而是来世，不管是通过小船、台阶还是借助太阳光，只要能成功即可。因此，金字塔被设计成能存放他们遗体的式样，也就是坟墓，这是目前一种最合理的推测。

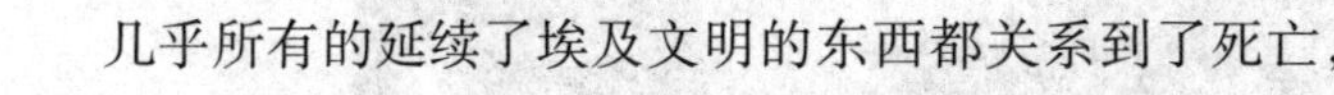

不过科学是永无止境的，历史在延续，人类的天性在于探索无限的未知世界，随着科学的发展，随着探索者们坚持不懈的努力和灵感的产生，金字塔之谜一定会真相大白，也许一个新的、不为人知的理论又摆在世人面前，也许又有更多的谜团不能解开，到那时又会怎样呢？

火刑台上逃走的圣女

圣女贞德，出生在法国东部洛林的一个贫寒之家。在英法百年战争末期，目不识丁的贞德为扭转法国败势，女扮男装，率领法国军队顽强抵抗英军，后不幸被捕。1431 年 5 月 30 日，19 岁的贞德在诺曼底接受审讯，最终被判火刑。贞德的一生充满了传奇的色彩。

圣女贞德

有关圣女贞德的记载主要来自编年史。19 世纪，在英国的旧档案库里，人们首次发现了审判贞德的 5 份原始手稿。随后，历史学家也找到了重新审判她的完整记录，其中包含了 115 位目击者的证词，以及以拉丁文记载的首次审判的记录。

兰斯的贞德雕像

从这些资料我们可以了解到，贞德出生在一个并不起眼的小村庄，当时正值英法百年战争期间，法国大片领土已被英国占领。此外，连年的法国内战更使人民生活在水深火热之中。根据宗教裁判的答辩记载，1425 年的一天，13 岁的贞德在村后的大树下遇见了天使圣米迦勒、圣玛嘉烈和圣凯瑟琳，听到“声音”，而得到“神的启示”。这个神秘的声音告诉她，她的使命就是重振法国，帮助王储查理成为法国国王。为此，她必须着男装，执利刃，统率军队，冲锋陷阵。

1429 年 1 月，贞德遵从“神谕”，经过两次努力终于面见了王储查理，并宣称她带来了上帝的意旨，请求查理给她一支军队去抵抗英军。查理最终答应了她的要求。两个月后，身披白甲的贞德率领她的军队在卢瓦尔河畔的战略要地奥尔良奇迹般地击败了英军。法军随后节节胜利，查理也最终如愿以偿地登上了法国国王的宝座。可是，贞德却在不久之后的一次战斗中被勃艮第人捉住并送给了对她恨之入骨的英国人。

依据审讯的结果，贞德应该被监禁在由修女所看守的教会监狱，但英国人却将贞德监禁在由士兵看守的监狱中。同时，科雄主教拒绝了贞德希望教宗出面的要求。1431 年 5 月，最后法庭总结了贞德的 12 项罪行指控，判处贞德火刑。

传说中，这位未满 20 岁的少女即使在炎炎烈焰中，仍然频呼“耶稣、耶稣”，而她的心脏虽然数次被泼油火化，却始终无法焚毁。

贞德的神迹

贞德是否真如其所言，看到了某些东西，最后在圣米迦勒、圣凯瑟琳和圣玛嘉烈的指引下发现神迹，从而得到某种启示呢？虔诚的天主教徒都相信贞德是受上帝委派的圣女。贞德所看到的“神迹”更是吸引着许多神学家和心理学家。然而，人们只能从当初审判的记录里找寻有关神迹的线索，但是这些复杂的记录并不一定准确，因为贞德在审判时一直拒答法庭针对“神迹”的质问。

很多看到审判记录的人都认为，贞德的话是出自真诚的，问题只在于她所看到的是否真的是“神迹”。

而许多心理学家则认为，贞德所看到的其实是由心理疾病造成的幻觉和妄想，例如偏执狂的精神分裂症、癫痫造成的短暂脑叶变化。赞成这种看法的学者都认为贞德只是一个名义上的精神领袖，而不是有真实才干的领导人。但这种说法似乎难以服众，从审判记录上看，在审判过程中，审判者常常从一个问题跳到另一个问题，变化无常，但尽管这样，贞德仍然相当精明地回答了这些问题，而且显示出极好的记忆力。从另一个角度看，如果贞德是一个精神病患者，那么她又是如何得到查理七世朝廷的支持呢？

假贞德猜疑

1436 年 5 月 30 日，在贞德被处刑 5 年以后，卢森堡领地附近出现一个自称为贞德的女子。而贞德的哥哥皮埃尔则一口咬定这个女子是真的贞德。1440 年，巴黎的法院下令彻查此事，也许是听到了什么风声，在调查人员赶到卢森堡的前一天，这个贞德亦消失在人们的视线。1457 年，为了保护圣女贞德的名誉，调查组删除了所有假贞德的资料。

但另一份 1457 年的资料却显示，贞德其实是查理六世的皇后伊莎贝拉同盟弟路易的私生女。路易王妃的儿子菲力普在1407年11月20日死去,路易也在同年11月23日被暗杀。作为王族的后裔,贞德极有可能在处刑前被调包,而真正的贞德依然存活于人世。

圣女贞德是否成功地逃脱于火刑架下?仅仅依靠有限的审讯资料,并不能为我们解答这个令人猜疑的问题。

玛雅遗迹里的秘密发现

在拉丁美洲墨西哥东部,有一块伸向海里的突出地——尤卡坦半岛,拥有很高文明的玛雅民族曾是这里的主人。1839年,探险家们在中美洲热带雨林中发现了玛雅人遗迹:蕴藏宝藏的圣井、神奇的水晶人头、让人不寒而栗的神祭里的秘密……

生命的源泉

玛雅族究竟从哪里迁移来的呢?至今不清楚。只知道玛雅族当时是一个以种植玉米为主的农业民族。但农田的水源并不是利用河流,而是依靠分散在各地的天然大水池。玛雅人汲取天然水池的水来灌溉农田和饮用,并且在天然水池附近建起了城市。

在这些城市当中,有一座叫奇琴伊查。奇琴伊查在玛雅语里是"水中之口的伊查城"的意思。离这座城不远的地方,有两个直径大约60米的天然大水池,当地居民用其中一个水池的水灌溉农田和饮用,把另一个水池奉为"圣井",用来祭祀雨神。

16世纪,尤卡坦半岛被西班牙人科尔特斯率领的军队所占领,"圣井"便同玛雅人一起消失在了热带丛林里。

1987年7月,法国探险家丹尼尔踏上了寻宝之路。在这口由石灰岩形成的天然井里,丹尼尔发现了数以百计的黄金、宝石祭品,更令人吃惊的是,在这深不见底的沼泽中,躺着上百具人类的骸骨。黑洞洞的枯井里,到底有着什么秘密?为什么在丛林深处会有这么多的宝藏,躺在井下的骸骨是些什么人,为什么会惨死在井下呢?

据传说,玛雅族有这样一种风俗,每逢遇到干旱,庄稼枯萎时,就认为是雨神发怒了。为了安抚雨神,要把一个14岁的美丽少女投入"圣井"里,去做雨神的新娘子。每到祭雨神的那一天,耕种的人们便从各处赶来,聚集到奇琴伊查,为美丽的"新娘子"送行。在祭司唱完祭歌以后,"新娘子"就会被投入"圣井"里,接着人们便向"圣井"里投掷各种各样的宝物进献雨神。一个牧师在他所著的《尤卡坦半岛记事》一书中这样写道:"如果说这个国家有黄金和财宝,不言而喻,都埋藏在这口'圣井'里。"

20世纪90年代末,一批欧美考古学家在崖顶上发现了丹尼尔的遗骨和日记本,找到了世界闻名的"天下第一圣井"。至此,"圣井"的秘密开始公诸于世。

水晶头骨的神谕

古印第安人世代流传着一个传说,宇宙中有十二颗行星,每颗行星上都住着人类。一个头骨掌管着一颗行星,再加上管理整个世界的一个,共有13个头骨。这些头骨,均是水晶的,它们和人类的头骨一般大,下巴还可以活动,能说话,能唱歌。据说这些水晶头骨可以提供有关人类起源和死亡的资料,还能帮助人类解开宇宙生命的秘密。如果人们能找到所有的水晶头骨,并把它们聚集在一起,便能集人类大智于一体,发挥它们应有的作用。但前提是人类的道德和精神必须达到一定的水准,否则即使将水晶头骨聚集到一起,也是对伟大文化的一种亵渎。

北京欢乐谷——失落的玛雅

19世纪欧洲的探险家们却对这个传说深信不疑,尽管一直没人找到过那些传说中的水晶头骨。直到1927年,一个考察队的玛雅之行才有了惊人的发现。当人们在废墟金字塔的裂缝深处看到了闪闪发亮的水晶头骨的时候,所有的人都惊呆了。

这个被发现的水晶头颅,高12.7厘米,重5.2千克,大小如同真人头骨,它是用一大块完整的水晶,根据一个成年女人头颅的形状雕制而成的。它做工非常细致,鼻骨是用三块水晶拼成的,两个眼孔处是两块圆形的水晶,它的下颌部分可以跟头盖骨部分相连,也可以拆开,整个结构异常精巧。据说,这个水晶头颅具有神奇的力量,是玛雅神庙中求神占卜的重要用具,至今有1000多年的历史了。

水晶头骨的横空出世,牵动了全世界考古学家们的神经。人们研究后发现:这颗水晶头骨雕刻得非常逼真,甚至连内部结构都与人的颅骨骨骼构造完全相符。高超的工艺水平,把隐藏在基底的棱镜和眼窝里用手工琢磨的透镜片组合在一起,发出炫目的亮光。这一结果让所有的研究人员困惑了,我们都知道:近代光学产生于17世纪,而人类准确

地认识自己的骨骼结构更是18世纪解剖学兴起以后的事。但是,这个水晶头颅却是在非常了解人体骨骼构造和光学原理的基础上雕刻成的。那么,1000多年前的玛雅人是如何掌握这些高深的解剖学和光学知识的?还有,即使是现代人要雕琢这样的水晶制品,也只能使用金刚石等现代工具,而在玛雅时代,并不懂炼铁技术的玛雅人又是使用什么工具加工水晶头颅呢?难道他们早已掌握了我们现在还不了解的某种技术?种种疑问,至今没人能够回答。

丛林里的巨石遗迹

在墨西哥及尤卡坦半岛的丛林里,耸立着许多气度非凡的巨石遗迹——金字塔,它们是玛雅人留下的作品。和金黄色四角锥形的埃及金字塔不同的是,玛雅金字塔比较矮,建筑的巨石是灰白色的,整个金字塔也是灰白色的,它们的顶端有一个祭神的神殿,其形状并不完全是锥形的。但是,玛雅人的这些建筑,其规模之宏伟,构造之精巧,乃至于情景之神秘,完全可以与埃及金字塔媲美。

1968年,一批科学家试图探测这些金字塔的内部结构,令人费解的是:他们在每天的同一时间,用同一设备,对金字塔内的同一部位进行X射线探测,得到的图形竟无一相同。

人们不得不惊叹于玛雅人的天文知识和建筑技术。

太阳金字塔。塔基全长225米,宽222米,塔体呈正方形,正好朝着东南西北四个方向,塔的四面都是呈“金”字的等边三角形,底边与塔高之比,恰好等于圆周与半径之比。令人惊骇的是,人们可以勘测到:天狼星的光线,经过南边墙上的气流通道,可以直射到长眠于上层厅堂中的死者的头部;而北极星的光线,经过北边墙上的气流通道,可以直射到下层厅堂。

库库尔坎金字塔。塔基呈四方形,共分9层,塔的四面共有91级台阶,直达塔顶并且由下而上层层堆叠而又逐渐缩小;塔的四面共364级,再加上塔顶平台,恰巧是365级(一年的天数),而9层塔座的阶梯又分为18个部分(玛雅历一年的月数)。玛雅人似乎非常重视天文学的数据,在他们的建筑里处处都是这些关于天体运行规律的数字。除了阶梯数目外,金字塔四面各有52个四角浮雕,表示玛雅的一世纪为52年。

考古学家推测:古时候,玛雅的天文学家在这里建立了一个地区性的天文观测网。因为,不论从功能上还是外观上,玛雅的天文台与现在的天文台十分类似。其中,凯若卡天文观测塔是遗迹中最大的天文观测塔,其他遗迹也有类似的建筑,它们在位置上都与太阳和月亮对齐。

这些建筑物以今天的角度看也足以令人称奇。以玛雅金字塔来说,巨大的石块是如何切凿又被搬运到丛林的深处的?要把一块块十几吨的石块堆积起来,堆高至70米处,没有先进的交通工具及起重设备,是难以完成这项任务的。而生活在丛林里的民族,为什么要花这么大的工夫,建立一个天文观测网呢?

越走近玛雅,我们似乎越难看清,这个曾经在热带雨林里辉煌的民族。

漫步遗迹的神牛

埃及是个信仰拜物教的国度。古代的埃及神大多数都是以动物形象出现。孟斐斯的公牛塞拉皮斯就是最著名的神兽,它受到的崇拜礼仪也最为隆重。到底是什么原因让古埃及人这样热衷于拜物教,孟斐斯的地下神牛墓又是如何被发现的呢?

神牛墓

古代埃及人在选择和供养神牛上是非常严格的。在神牛(即活公牛)活着的时候,它通常由牧师在庙里喂养,死后尸体用药剂进行保护,并举行隆重的葬礼,然后选择同样花色的公牛继续接替。这些神兽的墓地的规模不下于神祇和帝王的陵墓,孟斐斯的地下神牛墓(即塞拉皮斯神庙)就是一个典型的例证。

1848年,法国人马利耶特来到埃及,长时间的观察让他注意到了一个非常奇怪的现象:无论是在埃及官僚们私人的花园里,还是亚历山大、开罗或吉萨的一些较新的寺庙前,所有狮身人面像的雕刻风格都是一样的。那么这些狮身人面像是从哪里来的?马利耶特试图找到答案,却在漫步古代遗迹时得到了意外的收获:一座古埃及王左瑟所建的阶梯式大金字塔旁,掩埋着一座只露着头部的狮身人面像,面像上刻有一段铭文,那是有关孟斐斯的神牛塞拉皮斯的记载。经过一次次艰辛的考察,马利耶特断定:在这片茫茫的古代遗迹里,一定有一支湮没了的狮身人面像的行列,其尽头就是传说中的塞拉皮斯神庙。

1851年2月11日,马利耶特所带领的发掘小组终于抵达了神牛墓的外围,站在了神牛塞拉皮斯的陵墓前。几年后,马利耶特在埃及开罗北部的布拉克创建了一座埃及博物馆,自那以后,凡在埃及出现的文物,不论是偶然发现的,还是正式出土的,都要首先送交埃及博物馆。作为外国人的马利耶特,制止了埃及文物被人乱盗乱卖的现象,从此使埃及人保住了自己的财富。

如今,孟斐斯的塞拉皮斯神庙,与图坦卡蒙的陵墓、德尔巴哈里的帝王谷木乃伊,以及塔尼斯的王室墓穴一起,并列为埃及四大重要的考古发现。

了不起的宗教遗迹

漫步遗迹的神牛,带我们进入了另一个世界,我们很难想象,人对于动物的依赖已经达到了出神入化的地步。这种超于物外的情感,是崇拜?是感恩?抑或是喻示着某种生存之道?

神牛塞拉皮斯的陵墓入口处有一座教堂(安葬之前放置遗体用的建筑),其规模与埃及贵族的平顶墓前的教堂不相上下。与之相连的一条很陡的通道通向长形墓室，里面安放着从拉美西斯大帝起数百年来无数具神牛的尸体。这些尸体各占一间墓室，许多墓室沿着约 97.5 米长的通道排成长列，加上后来出土的直至托勒密时代的墓葬，墓道总长达约 341.4 米。神牛的尸体被装在黑色和红色花岗岩凿成的石棺里，但许多石棺的盖早已被人掀去，所以马利耶特和以后的考古者一共只找到两只完整无损的石棺，其他都已遭受粗暴的劫掠。是什么人又是什么时候来到这里破坏了这些石棺，没有人知道。数千年来不断移动的流沙湮没了不知多少庙宇、墓葬和古城，盗墓者留下的痕迹早已被黄沙掩埋了。

当时，狮身人面像行列的两端还有两座庙，马利耶特也将它们挖掘了出来，并对出土的一些文物进行研究，发现这些出土物为进一步了解古埃及的某些文化形象提供了丰富的资料，它们说明古埃及宗教中有些偶像既怪诞又凶恶，就连古希腊人的游记中也把这些偶像引为奇谈。

后来，在距西拉皮厄姆不远地方，马利耶特又发现了古埃及大臣、大地主的陵墓。这座陵墓比神牛墓又古老得多。墓室的墙壁和甬道里的大量浮雕记录着死者生前的生活，其详细程度远非以前出土的浮雕可比。这些作品向我们展示了古埃及人生活的细节，不仅表明古埃及人在做些什么，而且具体说明他们是怎样做的。据此，我们可以进一步了解古埃及人在解决生产、生活的问题时所使用的许多操作方法。这些方法尽管是原始的，却都是经过精心创造而成的。在马利耶特等人看来，古埃及人在如此落后的技术水平下竟能造出金字塔，这就更加令人不能理解。

巴林岛的“万冢墓”

巴林岛面积约 562 平方千米，周围有 32 个小岛。就是这么一个小岛，却存在着世界上最大的史前时期的冢林，所以它又被称为“万冢之岛”“死岛”。来此观光的人们都会有这样的疑问：小小的海岛，何以形成如此庞大的冢林呢？

不起眼的酋长国

巴林是一个位于波斯湾西南部的岛国，东邻卡塔尔，西邻沙特阿拉伯，由主岛巴林岛等 33 个大小岛屿组成。各岛地势均低平。

巴林本身并未留下史书，它的远古历史还是个谜，但阿拉伯各国的古籍却不止一次地提到天堂一般的“狄尔蒙岛”。从出土的城址及冢林印证，狄尔蒙就是现在的巴林。大约在公元前 3000 年，这里就有了原始形态的国家组织——狄尔蒙国。

公元前 2795 ~ 前 2739 年，两河流域的苏美尔人企图打通波斯湾横越大陆到地中海的商路，数次摧毁了狄尔蒙的都城，使得这里的文明一度被中断。直到公元前 1518 ~ 前 1204 年，巴林才组成了一个独立的国家。公元前 1000 年，腓尼基人征服了巴林，使这里

巴林是一个位于波斯湾西南部的岛国

成了转口贸易的中心，盛极一时。公元前6世纪初，新巴比伦王国称霸中东，腓尼基人渐渐将商路转移到红海，从此巴林一落千丈。后来，阿拉伯人来到这里，并建立了国家和都城，巴林重又繁盛起来，成为波斯湾的贸易中心。309~379年，波斯王国不断进攻巴林，在围岛一年后，登陆破城，几乎将阿拉伯人斩尽杀绝，使巴林成了“鬼岛”。622年，阿拉伯人重新收复巴林。此后，巴林进入历史上最强大和繁荣的时期。

1057至1058年，哈里发（伊斯兰教职称谓）讨伐巴林，屠杀“邪教徒”（非穆斯林），将所有城镇一律摧毁，果园和棕榈林放火烧光。以后，巴林始终是个不起眼的酋长国，开始臣服于阿曼苏丹国，后来沦为葡萄牙、英国的殖民地，直到1971年才获独立。

默默的小岛，经历了千年的洗礼，终于可以重见天日。但它身后的繁密的冢林却永远掩不掉曾经的苦难。

万千起伏的墓海

这片墓海盘踞在巴林岛的北部，位于首都麦纳麦以西，占地30多平方千米。从飞机上俯瞰，一个个人工土丘，似十万大军集结的帐篷，横排竖列，蔚为奇观。经1879年英国人的第一次发掘之后，人们才知道这些土丘是坟墓。

由于年代久远，前人的墓早已被泥沙埋没，后人复葬其上，一层叠一层，形成了现在的山丘。这些垒叠的山丘最高可达10米。据不完全统计，全部坟茔当在17万座以上。考古学家对已发掘的70多座坟进行考证，证明古墓的历史上限在公元前3000年的青铜时代。发掘过程中，研究人员在坟层之下和坟林附近，发现了巴林聚落和城镇的遗址。由此可见，古代的巴林岛曾经出现过灿烂的文明。

这些古墓多数是单墓，比较简陋，很有可能是葬平民的。墓道用灰石砌成，地上铺细沙，墓顶盖石板，墓门开在西方，遗骸头朝东、足朝西，弓形侧卧。双墓并葬的不多，大概为贵族阶级所有。墓室里的陪葬品甚为丰富，除了羊、羚羊、狗等动物的骨殖以及大量的条纹陶罐、红釉花瓶、金属矛头外，还有黄金制的辟邪佩物，刻有精细花纹的青铜器、银器，鸵鸟蛋壳制的饰物，象牙制的小盒子等。

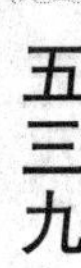

透过这些丰厚的陪葬品，人们很难想象眼前万千起伏的墓海上，曾经有过繁荣的经济和鲜为人知的文明。如今的巴林已经成为人们旅游观光的好去处，它向前来膜拜的人们展示了自己独有的文化艺术，曾经饱受风霜的小小酋长国，早已不复存在。

永生的灵魂

古埃及人笃信人死后，其灵魂不会消亡，仍会依附在尸体或雕像上，所以法老死后，均被制成木乃伊，作为死者永生的象征。但是，这些穿越时空保存完整的木乃伊到底是怎样制作的？为什么在古埃及会形成制干尸的风气？

自由飞翔的灵魂

木乃伊即“人工干尸”。此词译自英语 mummy，源自波斯语 mumiai，意为“沥青”，指一种干枯不腐烂的尸体。世界许多地区都有用防腐香料殓藏尸体的习俗，尸体年久干瘪，即形成木乃伊。其中埃及发现的木乃伊数量最多，时间最早，技术也最复杂。

1881 年 7 月 5 日，考古学家进入了埃及德尔巴哈里附近一座很深的墓室，在这里，他们惊奇地发现了 40 具木乃伊，这其中包括著名法老如赛提一世与拉美西斯二世的尸体。

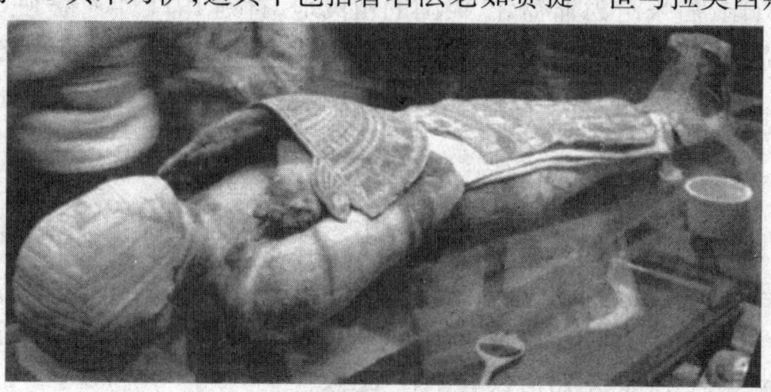

埃及木乃伊

1898 年在阿蒙霍特普二世的墓穴中，考古学家们又发现隐藏的 16 具木乃伊，其中有 10 具是王室木乃伊。

据推测，从旧石器时代开始，埃及人就有了灵魂不死的观念。这种相信来世存在的信念或多或少能摆脱他们对于死亡的恐惧，因此，当时的人们在埋葬死者时就进行了精心准备。埃及人相信，每一个人的灵魂都会有几种存在方式，其中最主要的是“卡”和“巴”的形式。“卡”，古埃及语意为“力量，财富，养料，繁盛，效力，永恒，创造性，神秘力量”；“巴”，古埃及语意为“在阴阳世界里自由飞翔的灵魂”。为了能在另一个世界里得到生命的延续，古埃及人开始热衷于制干尸、修坟墓。他们用盐水、香料、膏油、麻布等物将尸体泡制成“木乃伊”，再放到密不透风的墓中，尸体就可经久不坏。深藏墓中不会腐烂的尸体，静静等待着死的灵魂重新回来依附于肉体。

进入法老时代以后，由于社会的贫富差距日益扩大，等级制度逐渐森严，人们对美好来世的向往更加迫切，进而形成了对死者尸体的崇拜。但同时他们又意识到，人的复活只能在阴间，而不是在人间。因而，尸体同灵魂的重新组合，也不能使人重新回到人世，而只能生活在墓殿。作为统治者的法老们为了满足自己死后生活的需要，不惜动用国家所有的人力、物力、财力建造坟墓，金字塔就是在这种形势下孕育而生的。

对死亡的至极领悟，莫过于对生的向往。如今，静静躺在金字塔里的法老们是否如愿成了永生的灵魂呢?

木乃伊的制作之谜

“木乃伊”的制作，夹杂着一些神秘和迷信的东西。不论贫富贵贱，古埃及人死后都要被制成木乃伊，以此来追求永恒。

如果有人死去，他的尸体首先会被送到一个被称为“衣部”的地方：专门净化尸体。尸体被苏打水清洗后，就送到叫“诖拜特”（意为纯洁之地）或“培尔—那非尔”（意为美丽之屋）的地方，完成香料的填充。最后是木乃伊的制作。

那么，要想永久保存永生的“灵魂”，究竟要拥有怎样的技术和制作过程呢?

根据学者的考察，在早期的历史上，埃及人就已经为他们的子孙后代保留自己的遗体了。最初是埋葬在沙漠里，这是因为滚烫的沙子有脱水的作用，尸体可以保存好几年。后来，达官贵人们开始实行土葬，从而促进了防腐技术的发展，埋葬尸体的程序也越来越复杂。到了二十一王朝时期，木乃伊的制作技术已经达到了顶峰，其中的一些技术是连今人都无法企及的。

据史料记载，制作木乃伊的工序是非常讲究的。关于这方面，古希腊历史学家希罗多德给我们留下了详尽的资料。

在净化尸体以后，技师用燧石刀在尸体腹部左侧开个 10 厘米长的切口，从切口把心脏以外所有其他内脏掏出来，逐一用酒和含有桂皮的香料加以清洗。防腐师还用香柏油冲洗尸体腹腔，把余下的柔软组织分解，接着用一种带钩的工具从死者鼻孔穿入头颅，钩出里面的脑髓，然后灌入香柏油和香料，冲出脑壳中的残余组织。

空空的体腔在经过棕榈酒或椰枣酒消毒后，由技师涂上树脂，以防止寄生物蛀蚀。随后把已经包好的干燥泡碱放进体腔并在体腔外涂满泡碱。经过 35 到 40 天后，泡碱会把尸体里的水分全都抽干。

尸体经过脱水处理之后，美容师们便可以用亚麻布或者锯末填充尸体，缝上切口，贴上一块画有荷拉斯保护神的皮。

如果死者为女性，美容师还得为她编好辫子，并且装上宝石当眼睛，再将其全身涂上芬芳的香料。

经过上述处理后，技师还要在尸体外裹上一层层的亚麻布。包扎时，从尸体的手指和脚趾开始，再到四肢、躯干，工序完成后，人们还要在木乃伊的胸前放上护身符和蜣螂雕像（也叫圣尸虫），乞求它们能保佑死者顺利通过阴间的审判。跟着防腐师把木乃伊送还给丧主，再由丧主备好棺木下葬。

内姆鲁特·达哥山上的王陵

内姆鲁特·达哥山遗址，位于土耳其南部的安塔利亚省，距首都安卡拉西南约520千米。内姆鲁特山海拔2134米，这里是科马基尼王朝国王安提俄克斯一世的陵墓。1987年联合国教科文组织将内姆鲁特·达哥山遗址作为文化遗产，列入《世界遗产名录》。

目光如炬的头像

1881年，一个名叫卡尔的德国工程师在迪亚巴克附近的内姆鲁特山上，发现了神秘的大石头人像。这是一次非同凡响的发现：整个山头既不是泥土的，也不是岩石的，而是由一块块拳头大的碎石头人工堆砌而成的；山头呈圆锥体，就像有个巨人，用一个巨大的簸箕，将碎石不停地往山顶上倒，直到整个山头都堆满了碎石块。而且石块堆砌得如此均匀平滑，以至于人要想徒手爬上山坡是根本不可能的。更令人疑惑的是，山头唯独南

排列有序的头像

边是浑圆的山坡，正对着东、西、北三面的山坡脚却修成平地。在东面平地靠山坡的大台阶上，整整齐齐地排列着一队面东而坐的石雕像。但是，这些坐像都只剩下了一米多高的“头”，它们面容各异地散落在台阶下面的平地上，奇怪的是它们都神情专注，目光越过群山，凝视着东方。这到底是座什么山？为什么巨大的石雕像只剩下目光如炬的人头？

他们面向东方又在看些什么呢?

经过多国考古学家的考证,原来这个山头和这些石像是一位名叫安提俄克斯一世的国王在位时期修建和雕刻的,他那鲜为人知、但却不可小视的王国存在于古罗马时期,叫作科马基尼王国。公元前69年,罗马帝国扶持他上台,由于采取灵活的政策,小王国得以发展壮大成一个富裕的王国,直到公元72年,被罗马帝国并入叙利亚行省后才消亡。其间,科马基尼王国创造了不少辉煌,也留下了不少谜团。也许是为了感谢神明的眷顾,同时期待着与神一样成为永恒的存在,安提俄克斯一世修建了这座山头,以及这些雕像。传说,是众神帮助科马基尼王国建造了这个山头和雕像,要人们永远敬神,并等着神的归来。

与神共舞

公元前69年~前34年,科马基尼王朝国王安提俄克斯一世为了显示自己与天神之间的荣耀关系,在山顶建起一座含雕像、祭坛和墓地的建筑群,并把自己的雕像建在了里面。2000多年过去了,神像的头部早已与身体分离,散落在山体四周。然而正是这些散落的石像把那个远古的科马基尼王朝带进了人们的视野。

2世纪中叶,科马基尼王朝脱离了曾经依附的塞琉西帝国,雄于叙利亚北方与幼发拉底河一带。公元前62年~前38年,科马基尼王朝国王安提俄克斯一世在位。这位国王好大喜功,处处神化自己的统治,并把自己与人们心目中信仰的神灵等同起来,他想让他的子民知道,他就是人人敬仰的神明。为了尽可能使自己靠近天庭,安提俄克斯一世决定死后要埋在山顶。他下令对内姆鲁特·达哥山顶进行修整,在原有的山顶上又建造了一座由石块堆砌起来的圆锥体人工山顶。除了用众神的巨大石像来表现自己陵墓的神秘性外,安提俄克斯还通过浮雕艺术使自己进入神灵世界,并与神灵交往。在浮雕中,他把自己和诸神并列,向世人展示了自己神性的一面。

在陵墓西边的高地上,依序陈列着安提俄克斯国王与阿波罗、宙斯、大力士等神握手的浮雕,一幅人神共舞的画面栩栩如生;紧临着的是一块"国王星占图"的浮雕石板,雕刻着从脖子上垂下弯月的狮子和19颗星星。狮子背上的三颗星分别代表水星、火星和木星。据了解,这是发生在公元前61年7月7日的星相图,而这三颗行星在狮子座附近排列成一条直线,那天正是安提俄克斯当上国王的日子。安提俄克斯在生前以这种星相图来为自己的统治抹上神授的色彩,而在他死后也以这种星相图来作为自己不朽的根据。

这以后,人们陆续在宁沸伊奥斯的阿尔萨姆西亚发现了类似的建筑群(但没有保存下巨大的雕像),这里是安提俄克斯之父米特拉达梯一世的墓地。墓地里的浅浮雕上又一次描绘了安提俄克斯与一个天神握手的场面,尤其令人感兴趣的是,在这座墓地里有一条长达152米的人工开凿的地道,地道渐渐向下伸入,部分地方建有台阶,但地道尽头却是死路,入口边有一刻在石头上的长长的碑文,但关于地道却只字未提。

虽然在随后的挖掘工作中人们未能发现安提俄克斯的墓,但人们肯定他的墓就在此地。有没有人的遗骸根本无关紧要，但在留存下的巨大雕像中，他的傲慢自大、傲睨神明却保留了下来。

印加的祭品

早在公元前4000年，安第斯地区就有将死人做成木乃伊的传统，并一直延续到1532年印加帝国被西班牙人灭亡前后。在印加帝国，人们并没有把木乃伊当作死人看待，他们相信木乃伊仍会像活人一般思考，会继续发育成长，甚至可以同他们敬畏的神明交流。

沉睡的孩子

1896年，德国考古学家麦克斯·乌勒在秘鲁利马附近发现了一个木乃伊包裹，里面是一个12岁的小女孩，放在包着羊驼毛寿衣的篮子里，500年来几乎毫发无损，更奇怪的是，在她身上竟然没有涂以任何香料。这一木乃伊的发现，引起了考古界的重视，于是，越来越多的人开始把眼光从埃及转向了安第斯。

人们通过考察发现：在16世纪早期，印加帝国统治着一个长达4023.4千米的狭长地带，北起今天的哥伦比亚，南到智利的中部。当时的印加人曾把周围的山峰奉为神明，而向神明献礼在当时则被认为是必做的事情。

5个世纪以前，在印加，有无数的儿童把生命献给了他们敬畏的神明。宾厄姆顿大学人类学家托马斯·毕森博士描写当时印加人的心态："如果你向信仰的神献上祭品，神就会给予你回报，让你心想事成。印加人最大的希望就是雨水充沛，农作物茁壮生长，同时还希望六畜兴旺。"而印加人认为他们能献出的最珍贵的祭品就是孩子，孩子是帝国的未来。只有容貌俊美、血统纯正的孩子才有资格成为祭品。

1999年，一支考古队登上了位于阿根廷和智利边界的尤耶亚科峰。考古学家挖掘了两天，最终发现了一具8岁小男孩和两具小女孩的木乃伊。

2004年5月，人们在秘鲁首都利马南郊的帕夏卡马克地区发现了一片保存完好的祭祀墓地，挖掘出多具活人祭品的遗骸。其中有两名儿童的遗骸显示出头部被利器猛烈击打、活埋或被绞死等强迫死亡的迹象。

通过检测分析这些不幸儿童的头发样本，一个关于古印加祭祀富有神秘色彩的故事逐渐呈现在世人的面前。这些孩子到底是怎样死的？

有考古学家推测说，这些孩子死得很平静。他们很可能是被祭司用酒灌醉，然后放在寒冷的地方，有的被活活冻死之后就被掩埋了，有的还未等他们从昏迷中醒来，就已经难见天日，成为永久的"活死人"。

冰冻少女

安姆帕托，印加的神山，位于秘鲁境内安第斯山区，是一座海拔约 6309.4 米的火山。印加人用最珍贵的东西——生命作为祭品，祈求它赐予生命之水、带来谷牧丰收。1995 年，人们在这里发现了迄今为止保存最完整的印加冰冻木乃伊，也是第一个女性冰冻木乃伊。

这个女孩安眠在陶土的墓穴中，没有任何挣扎、勒杀、殴打的痕迹，年龄估计有十几岁，面部已经风干了，当两名发现者试着将她搬起来时发现：她足有 36.3 千克重，显然，她身体的大部分还未解冻。

经研究人员推测，冰冻少女大约死于 500 年前的一次印加祭礼中，但她的身体组织和器官仍完好无缺，并且是自然风干。人们在冰冻少女身边发现的羽毛编织袋里，找到了 500 年前的供品——古柯叶，与现在的古柯植物没有什么不同。

分离织物的过程中，科学家又有新的发现：冰冻少女的着装与 14 世纪的西班牙人潘多·雷恩在其书中的描述相吻合：她的衣饰是当地库斯科贵族妇女中最风行、最华丽的，毫无疑问，这构成为今后描述印加贵族妇女衣饰的范例。不过，一些外衣对女孩而言，似乎太大，也许印加人相信，女孩在死后仍然会像活着的人一样长大成熟，所以为她准备了稍大的衣物。

女孩或许是印加人献给山神的珍贵礼物，是联系族人与山神的使者，会给族人带来福音，因此人们对她充满了敬重。有人为她做了精心的装扮：她华美的衣服，都用精致的别针别住，上面用细线吊着各种小木刻盒子和玩具。

最令科学家震撼的是女孩的右手，紧紧地攥住自己的衣角，这是紧张、痛苦，还是决心呢？女孩的命运也许并不是她自己所愿，更不是她自己所能掌握的。

在她身后是否还藏有一些没有解开的谜呢？

沉睡的马其顿王陵

马其顿王陵“沉睡”着一位妄图征服天下的国王——古希腊马其顿王腓力二世。1977 年，希腊考古学家发现了这座沉睡了千年的陵墓，陵墓中的珠宝金器、战盔等物引起了考古界的轰动，被认为是第二次世界大战以来希腊考古学的重大成果之一。

侵略者腓力

马其顿虽不属于传统的希腊城邦，但与希腊城邦间有着千丝万缕的联系，腓力早年就曾在希腊的底比斯城邦为人质。在此期间，腓力深受希腊文化的熏陶，不仅学习了希腊有关战争的战术、希腊城邦的弱点,以及各城邦之间的相互矛盾,同时还受益于希腊的先进文化和技术。

公元前 359 年,腓力回国夺取了年幼侄子的王位,经过 20 多年的励精图治,打造了一个强大的马其顿王国。内政方面,腓力二世加强王权,改革币制,促进贸易,建立新城市,打开出海口;军事和外交方面,他建立了一支常备军,训练了一种战斗力很强的"马其顿方阵",并建立了强大的海军。做好了这一切准备后,早已跃跃欲试的腓力二世将侵略的足迹踏上了希腊的疆土。

公元前 338 年,腓力亲率大军与希腊同盟军进行决战,大获全胜。狂喜的腓力二世纵酒大醉,在战死的雅典人及其盟军的尸首之间举行歌舞饮宴。或许对于他来说,这些尸体已不再是与他同类的人,而只是证明他的胜利的物件。公元前 337 年,腓力在科林斯召开全希腊城邦大会,结束了古典时代的希腊历史,没腊世界命运的主宰。公元前 336 年,妄想征服天下的腓力二世把侵略的目标移到了波斯。就在他紧锣密鼓招兵买马之时,一场突发的宫廷骚乱彻底打碎了他开拓疆土的计划:那是在他女儿的婚礼盛典上,也是他准备进军波斯的前夕,腓力二世被内部的仇敌刺杀身亡。

装满奇珍的王陵

马其顿王陵位于距地面 5.18 米的地下,在它的上面有一座被盗过的大理石墓,大理石墓上面则是一个周长 99 米、高 12.8 米的巨大土冢。如果腓力二世能够知道有人压着他的头顶做了个屏障,不知是恼火还是庆幸。

马其顿王陵的形状看上去像是多立克柱式神庙。它分前小后大两个墓室,大墓室为主室。墓门是多立克柱式的门廊,横楣上还留着猎狮图壁画的残迹。王陵的墓顶是拱形结构,在主室的正中间置放着白色大理石棺,石棺内有一只长方形的纯金骨灰箱,具四足呈狮爪形,箱盖上刻着马其顿王室的星光形徽记,四壁饰以玫瑰花、棕榈叶和藤蔓等花纹图案,异常精美。骨灰箱内盛着用紫色的锦缎包裹的腓力二世的骨灰和两颗牙齿,上面还覆盖着一顶装饰有橡树叶和橡实交缠图案的金制王冠。主室的石棺前放着一张镶配着象牙浮雕和小型象牙头像的木床,其雕刻技艺非常高超,上面放着各式各样的随葬品,皆为古希腊工艺的精品。小墓室中也有一只同样的石棺,棺内的纯金骨灰箱形状与主室中的骨灰箱相仿,不过较小。纯金打造的骨灰箱与金冠的制作精美绝伦,为希腊考古中所仅见。

马其顿王陵里的宝藏让所有见到它的人瞠目结舌:当时希腊盛行火葬,一般墓室都很简单,像这样规模的墓葬尚属罕见。到底腓力二世拥有希腊的多少财富?没有人能够计算!

被谋杀的奥兹冰人

1991 年,两名到阿尔卑斯山探险的德国人,在山谷中发现了一具肢体扭曲,面部朝下躺在冰雪中的尸体。起初他们以为死者是位现代登山者。而科学家们的研究结果表明:这并不是意外死亡的现代登山者,而是一件也许有着几千年历史的无价之宝。

雪山上沉睡的冰人

冰人被发现时,已被阿尔卑斯山上的冰雪制成了木乃伊。他皮肤上的汗孔仍然清晰可见,甚至连眼球都保存完好。人们根据发现他的地点,为他起名为“奥兹”。经过研究推断:奥兹冰人的年龄大概在 45 岁左右,身高 159 厘米,身上有很多纹身。他身上穿着由羊皮、鹿皮和树皮及草制成的三层服装,戴着帽子和羊皮护腿。他身旁还放置了一把铜制的斧头和一个装有 14 只箭的箭袋。

在阿尔卑斯山探险的人们

研究学者们试图利用这些线索来解答心中的疑问:这个在雪山上沉睡已久的冰人从何处来?是什么原因使他死在这寒冷的阿尔卑斯山上?

起先,根据意大利考古博物馆的研究,人们认为,奥兹冰人是一位极其普通的牧羊人,当他在阿尔卑斯山上放羊时,突然刮起了一场风暴,他就这样被活活冻死了。后来,人们通过 X 光检测冰人携带的物品才得知,奥兹是一个沉睡了 5300 年的古人。那么,他也许是在自然条件下形成的最古老的木乃伊了。

一支冷箭

在经过一种被称作层面 X 线照相术的技术测试后，科学家们发现：在奥兹的左肩下有一枚箭头，其骨骼上还有箭头射入他身体后留下的痕迹。研究人员称，奥兹很可能是死于战争，因为箭头进入体内的角度表明他是被人从下方击中。这枚箭头不到 4 厘米长，穿过他的背部，切断臂上的神经和血管，停在肩膀和肋骨之间。由于箭没有射到任何重要器官，以此推算奥兹是因为失血过多，最后在痛苦中死去的。这个发现澄清了“冰人”死于暴风雪，或死于某种祭祀活动的种种猜测。听到这样的分析，人们突然意识到奥兹是被谋杀的。

一个名叫布伦达·福勒的人在他所著的《冰人：揭秘史前人时代》一书中说：“我认为，目前对冰人之死最接近事实的推测是：冰人和其他人发生了冲突，对方从背后向冰人放了一支冷箭。生命垂危的冰人逃进了阿尔卑斯山，然后死在那里。”

通过深入研究，科学家们吃惊地在冰人的身上发现了 47 处纹身，其背部和腿部的文身甚至接近于或者就在缓解背疼或腿疼的针灸位置。X 射线分析表明奥兹的骨关节炎曾对针灸有过反应。然而问题是，针灸起源于 2000~3000 年前的中国，那么是不是可以说明，针灸或类似针灸的治疗法在 5300 年前就在远离中国的地方出现过？然而最令人吃惊的莫过于奥兹身上的那把铜斧。因为科学家们一直以为人类在 4000 年前才掌握这样的熔炉及成型技术。此外，对奥兹头发的分析显示他参加过冶炼铜的工作。这个冰人令考古学家不得不重新考虑青铜时期的问题。

“奥兹诅咒”

奥兹被偶然发现 14 年后，5 名曾经接触过这具干尸的人相继死亡，传说中，这些人之所以死亡是因为他们中了“奥兹的咒语”。

在奥地利因斯布鲁克大学“冰人研究小组”负责人康拉德·斯宾德勒不幸成为第六个死亡者后，一直沉迷于对“冰人奥兹”研究的澳大利亚昆士兰大学 DNA 专家汤姆·罗伊也撒手归西了。斯宾德勒教授去世后，虽然关于死因，他的死亡证明书上写得清清楚楚，是因患多发性硬化症医治无效而死亡，但他的死还是在当地引起了不小的议论，有人认为他是“奥兹诅咒”的又一个受害者。

据说，奥兹冰人拥有无边的神力，自他的沉睡梦被打破后，就开始一步一步地向那些打扰他的人采取报复行动，并以一些神秘的方式让他们死去。木乃伊真的有什么咒语吗？如果有，下一个目标会是谁？如果没有，“奥兹诅咒”又是如何产生的？

行走的美索不达米亚

大约在公元前19世纪，底格里斯与幼发拉底两河流域就孕育了人类有史以来最早的文明，古希腊人把它叫作“美索不达米亚”，意思是“两河之间的地方”。美索不达米亚又分两个部分，南边叫巴比伦尼亚，北边叫亚述。

汉谟拉比法典

公元前1792年，汉谟拉比成为古巴比伦国王。为了缓和阶级矛盾、加强王权和发展经济，汉谟拉比颁布了迄今为止世界上最古老、最完整的法典——汉谟拉比法典。

由于那个时代没有纸张和书籍，法典被刻在一根高2.25米，上部周长1.65米，底部周长1.90米的黑色玄武岩柱上，共3500行，分为序言、正文和结语三部分。正文共有282条，内容包括诉讼程序、保护私产、租佃、债务、高利贷和婚姻家庭等条文，比较全面地反映了当时的社会情况。

但是这部法典并没有在巴比伦遗存下来，许多人试图寻找，但都没有发现法典的踪影。1901年12月，一支考古队终于在伊朗西南部一个名叫苏撒的古城旧址中发现了失踪千年的汉谟拉比法典。惊喜之余，人们不免产生疑问：应该在巴比伦出现的石柱法典为什么会跑到苏撒？发掘出来的圆柱正面七栏被损坏，又是怎么回事呢？

原来，公元前3000多年前，在今天伊朗迪兹富勒西南的苏撒盆地有一个强大的奴隶制王国，叫埃兰，古城苏撒就是埃兰王国的首都。公元前1163年埃兰人攻占了巴比伦之后，便把刻着汉谟拉比法典的石柱作为战利品搬回到了苏撒。埃兰王国后来被波斯灭亡。公元前6世纪波斯帝国国王大流士上台，把波斯帝国的首都也定在苏撒，这个石柱法典便又落到了波斯人手中，据传说，埃兰国王曾打算在圆柱正面刻上自己的功绩，可是，在毁去原来的字迹后，为什么没有刻上新字？汉谟拉比法典究竟经历了怎样的磨难呢？

失落的亚述故宫

尼尼微意为“上帝面前最伟大的城市”，位于伊拉克的北部，底格里斯河的东岸，隔河与今天的摩苏尔城相望。

在《圣经》中曾经记载着这样一段话：“耶和华必伸手攻击北方，毁灭亚述，使尼尼微荒芜，干旱如旷野。”作为古代文明古国的亚述王国无人不知，可是曾经在《圣经》中出现过的名城尼尼微却在很长时间里消失在美索不达米亚的历史烟尘中。许多探险者千辛万苦寻找它的踪迹，但直到1842年这座古亚述王国的首都才终于得以现身。

大英博物馆里的尼尼微浮雕

尼尼微城形状不规则，占地约7.5平方千米。城墙长12千米，有内外两重，外墙带雉堞，间有城塔，内墙为土坯高墙。有城门15座，5座已经发掘。已发现的城内主要建筑包括三组宫殿和两组神庙。城南是西拿基立宫，城北是阿苏尔巴尼帕宫。两宫之间有阿苏尔纳西尔帕二世宫、文字神纳布庙及爱与战争女神伊丝塔尔庙。作为帝国的首都，尼尼微一度车水马龙，热闹非凡，成为当时世界上最繁荣的城市之一。

虽然十分繁华，但在历史文献中，这座都城名声一直都不怎么好。亚述国王对在战争中不肯投降的战败国极其残酷，破城之后，亚述士兵残酷地对待城里的人们，火烧他们的房屋，抢走他们的财产，还掳走他们的妻子和儿女……，所以在犹太人和其他民族的书籍典故中，尼尼微被称为“血腥的狮穴”。

亚述的残暴激起了猛烈的反抗浪潮。公元前612年，新巴比伦和米底联军攻入尼尼微。最后一代亚述帝王为不被生擒，纵身跃入火海。尼尼微在被洗劫一空后，又被付之一炬。就这样，一代名城尼尼微和显赫一时的军事帝国亚述一起，从世界上消失了。

静默的不亡灵魂

埃及文明，一个古老而神秘的文明，犹如一个静默而不亡的灵魂，神奇的遗迹，恐怖的咒语、震撼的历史……。近200年来，探险家，考古学家、语言学家、历史学家们一步步走近古埃及，发出一道道疑问：这一古老的文明为什么会在历史长河中沉没了？

“法老的诅咒”

在埃及金字塔幽深的墓道里，刻着一句庄重威严的咒语：“谁打扰了法老的安宁，死神的翅膀就将降临在他头上。”人们曾经以为，把这种咒语刻在墓道上，不过是想吓唬那些盗墓者，使法老墓中的财宝免遭洗劫。然而一个多世纪以来陆续发生的情况，却使那些胆大妄为的人们不得不感到畏惧：进入法老墓探宝的人，无论是探险家、盗墓者还是科学家，绝大多数不久便染上不治之症或因意外事故，莫名其妙地死去。陵墓中的法老难道真有什么诅咒不成？

1989 年，美国考古学家肯特·威尼斯在帝王谷中，主持发掘了一座编号为 K-V5 的陵墓。在这座陵墓里，埋葬着十九王朝拉美西斯二世的 48 位王子。陵墓早已被盗掘一空，但是它仍然留给发掘者们一个意外收获：这是一座黑暗而潮湿的陵墓，墓中随处可见一团一团奇怪的东西。它们以木乃伊和陪葬的食物为食，渗入的尼罗河洪水又给它们带来了更多的食物。更重要的是，这些家伙不需要氧气。这些致命真菌的发现，与图坦卡蒙陵墓发掘记录中的一条讯息十分吻合。那就是，图坦卡蒙王陵在最初被开启的时候，墓中也发现了许多成团的“莫名其妙的东西”。它们很可能就是和王子墓中同样的致命真菌，也就是许多人进入古墓致死的重要原因。

当然，关于“法老的诅咒”，至今人们也没有得出统一的观点，各种解释都可能成立。一些研究人员认为，法老的咒语来自陵墓的结构，其墓道与墓穴的设计，能产生并聚集某种特殊的磁场或能量波，从而置人于死地。但要设计出这样的结构，必然要有比现代人更高的科学技术水平，而 3000 多年前的古埃及人又是怎样掌握这种技术的呢？

沉睡的帝王谷

在开罗以南 700 千米，尼罗河西岸岸边 7 千米，与卢克索等现代化城市隔河相望的一大片沙漠地带就是古代埃及都城底比斯的所在地。那里有一个荒凉的山谷——帝王谷。这里酷热、干燥、几乎没有生命存在，然而却有着极大的诱惑力，因为在那断崖底下，有 28 个曾经拥有无上权力的法老安眠的墓穴。

为什么埃及法老会突然停止修建金字塔作为自己永久的居所，而把自己的陵墓选择在鲜为人知的偏僻之地？

1923 年，最负盛名的图坦卡蒙之墓开放，人们在那里看到了惊人的文物——一口纯金棺、金色王冠和面罩、珠宝、饰物、战车、武器、雕像、绘画——数量之多以致花了 3 年的时间才把墓穴清理完毕。没有人知道，在盗墓者未涉足之前，地位更高的统治者墓穴里究竟有些什么惊人的财富。

飘逝的文明

在肥沃的尼罗河谷的庇护之下，一个勤劳智慧的民族创造了繁盛的古埃及文明。然而令人费解的是，在公元 4 世纪前后，这条气势宏大、辉煌壮观的古埃及文明长河却突然断流，在茫茫的黄沙中消失得无影无踪，只留下众多的金字塔和神庙，孤独地屹立在荒漠之中。

到底是什么原因,让这古老的文明从此消逝在人类眼前的呢?公元前525年,能征善战的波斯王冈比斯让埃及成了波斯的一部分;亚历山大时代(前332~前30),古埃及受到强势的希腊文化的冲击,不久古埃及人就只能用希腊字母来拼写他们自己的文字了;公元前30年,罗马军队开进埃及,这给正渐渐消失的古埃及文明以最后的一击。基督教入主埃及,使大批神庙关闭,大量抄本书籍遭到烧毁,通晓象形文字的祭司作鸟兽散,自此古埃及文明彻底失落。

希腊的橄榄枝

古希腊文明首先发源于克里特岛。克里特文明以克诺索斯为中心,在公元前2000年中期米诺斯统治时期臻于极盛。随后,伯罗奔尼撒半岛西北部的迈锡尼成为新的文明发展中心。古希腊吸收了克里特和迈锡尼的橄榄汁液,进而掀开了历史辉煌的一页。

觉醒的克里特

克里特文明是古希腊文明的起点,尤以富丽堂皇、结构复杂的宫殿建筑闻名。公元前1700~前1400年,克里特文明发展到它的全盛时期,然而不久后却突然神秘消失。一个文明的瞬间绝迹引起了人们的多种猜测,有人认为是它被来自小亚细亚的蛮族摧毁,有人认为这是与希腊城邦交战的结果,还有人认为可能是遭遇了大地震。究竟是什么原因造成这个古代文明的蒸发?这一切具体又是发生在什么时候?

科学家们在研究大量这一时期的史料时发现:大约3600多年前,锡拉岛上一座火山突然猛烈喷发,其喷出的烟柱上升到高空,火山灰甚至随风飘散到格陵兰岛、中国和北美洲。火山喷发还引发了大海啸,高达12米的巨浪席卷了距离锡拉岛100多千米的克里特岛,摧毁了沿海的港口和渔村。而且,火山灰长期飘浮在空中,形成一种类似核大战之后的"核冬天"效应,以致此后几年农作物连续歉收。克里特文明可能因此遭受了毁灭性打击,迅速走向衰亡。

科学家从遥远的格陵兰岛、黑海以及埃及都探测到这次火山喷发产生的灰尘。他们还从爱尔兰和加利福尼亚发掘出遭到这次火山爆发引起的霜冻破坏的植物化石。

活性炭的检测断定,一棵橄榄树死于公元前1627~前1600年间。一枝小小的橄榄枝解答了令人困扰已久的疑惑,让昏睡的克里特突然觉醒。通过对它的研究,科学家几乎可以肯定,以克里特岛为中心的克里特文明就毁在火山喷发的魔爪之下。

令人费解的迈锡尼

在《伊利亚特》和《奥德赛》中,荷马多次提到"人间王"阿伽门农的首都迈锡尼,而且每次提及这一城市，都要加上“多金的”这一词来形容它。在荷马的笔下，迈锡尼似乎是一座黄金遍地的城市。公元前2世纪的希腊历史学家波桑尼阿斯的游记中也有一段关于迈锡尼的描述。据说这座古城是由一个独眼巨人修筑的。

公元前2000年前后，迈锡尼人定居在了伯罗奔尼撒半岛，然而这时的伯罗奔尼撒半岛上的亚哥里斯平原干旱贫瘠，人们很难把它与《荷马史诗》中所描述的“多金的”迈锡尼联系在一起。但是当人们伫立平原之上，极目远眺，便隐约可见群山环抱的高丘之上气势恢宏的城堡遗址。正是在这个沉寂了数千年的城堡内，德国考古学家施里曼找到了令世界震惊不已的无尽宝藏，向世人展现了“多金的”迈锡尼的真实性。

公元前17世纪中期至公元前12世纪，迈锡尼文明盛极一时。与海外先进文明地区的密切交往，使迈锡尼的经济与文化得到了迅速发展。到圆顶墓王朝时期，迈锡尼已从尾随于克里特之后而转为可与之抗衡的强国了。到公元前1450年，迈锡尼人可以通过联姻、继承等和平方式，入住克诺索斯王宫，这是迈锡尼文明发展的关键一步。迈锡尼统治克里特后，既承袭了克里特掌握的爱琴海商业贸易网的控制权，也全面吸收了克里特文明的遗产。

迈锡尼此后曾向外扩张，侵入小亚细亚西南沿海一带。特洛伊战争正是迈锡尼人与特洛伊人争夺海上霸权的一场交锋。迈锡尼虽然取得了特洛伊战争的胜利，但不久便被南下的强悍民族多利亚人所征服，从此迈锡尼文明急剧衰亡，希腊倒退到没有文字记载的史前社会时期。迈锡尼文明也逐渐被人们淡忘，唯有留存下来的废墟孤独地立于夕阳余晖下，默忆着那曾经有过的辉煌……。

宙斯脚下的帝国

古希腊文明诞生于巴尔干半岛和爱琴海域。与起源于大河流域尽享水土之利的民族相比，这里的自然条件相当恶劣。然而就是在这样的环境里，希腊人硬是凭着超凡的智慧和毅力，开辟出一个理想的生存空间。

漫长的古希腊隧道

古希腊文明的起源大概可以追溯到公元前5000多年，从那时候起，希腊文明就逐渐地进步，在漫长的古希腊隧道中积累了丰富的历史遗产，让世人真正认识了这座“宙斯脚下的帝国”。令人匪夷所思的是，在2000年以后，希腊文明突然跨越了以青铜器为主体的金属时代，之后奇迹般地进入了鼎盛的迈锡尼文明，到公元前1200年左右，迈锡尼文明也神秘消失了。在经过了长达4个世纪的“黑暗时代”后，到了公元前8世纪，希腊文明再次以超高的姿态亮相在我们眼前，其文明程度超乎我们的想象。

如此高度的文明，为什么会出现在“黑暗时代”之后呢？在漫长的时间隧道里，古希

古典希腊壁画

腊文明到底经历了什么？

早在古希腊文明兴起之前约800年，爱琴海地区就孕育了灿烂的克里特文明和迈锡尼文明。大约在公元前1200年，多利亚人的入侵毁灭了迈锡尼文明，希腊历史进入所谓的“黑暗时代”。到了荷马时代末期，铁器得到推广，取代了青铜器；海上贸易也重新发达，新的城邦国家纷纷建立。公元前776年召开了第一次奥林匹克运动会，从此古希腊文明进入了兴盛时期。公元前750年左右，随着人口增长，希腊人开始向外殖民。在此后的250年间，他们的殖民地遍布西欧、南欧、北非、小亚细亚和黑海沿岸，从马萨里亚到拜占庭，从波提地亚到西诺普，埃及的宗教、波斯的哲学、腓尼基的文字、巴比伦的天文和“野蛮民族”的艺术，数不清的远古文明和几千年的文化成果都迅速地传播到这片土地上，然而历史的无情却把这古老的辉煌文明一扫而光了。

沉在海底的大西国

希腊大哲学家柏拉图在他的著作《克里齐》里提到了大西国，说这个国家曾经比利比亚和小亚细亚加在一起还要大，它的势力一直延伸到埃及和第勒尼安海。这是历史上对大西国的最早记载。传说中那里气候温和，土地肥沃，森林茂盛，风景绮丽，人们过着富裕快乐的生活。

可是，大西国是否真正存在呢？如果存在的话，它是如何神秘地消失的呢？

柏拉图告诉我们，强大的大西国对埃及、希腊和地中海沿岸所有其他民族都发动过战争。有一次大西国对雅典发动了战争，雅典人进行了殊死的抵抗，将大西国的军队击退。不久，一场强烈的地震和随之而来的洪水，使整个大西国在一昼夜之间便消失得无影无踪了。大西国沉没的时间，根据柏拉图在另外一本书中所记载的说法推算，大约是

11150 年前。那么这说明早在一万两千年前，人类就已经创造了文明。

但这个大西国在哪里呢？千百年来人们对此一直怀有极大的兴趣。

1968 年，人们在巴哈马群岛的比米尼岛附近的大西洋海底发现一条用巨石铺设的大路。这是一条用长方形和多边形的平面石头砌成的大道，石头的大小和厚度不一，但排列整齐，轮廓鲜明。这是不是大西国的驿道呢？1974 年，苏联的一艘海洋考察船在大西洋海下拍摄了一座宏大的古代人工建筑。1979 年，美国和法国的一些科学家使用十分先进的仪器，在百慕大"魔鬼三角"海底发现了金字塔。塔底边长约 300 米，高约 200 米，塔尖离洋面仅大约 100 米，比埃及的金字塔大得多。这个金字塔是不是大西国人修筑的呢？大西国军队曾征服过埃及，是不是大西国人将金字塔文明带到了埃及？1985 年，两位挪威水手在"魔鬼三角"海区之下发现了一座古城。在他俩拍摄的照片上，有平原、纵横的大路和街道、圆顶房屋、角斗场、寺院、河床……

遗憾的是，百慕大的"海底金字塔"是用仪器在海面上探测到的，迄今还没有一位科学家能确定它究竟是不是一座真正的人工建筑物；苏联人拍下来的海底古建筑遗址照片，目前也没有人可以证实它就是大西国的遗址。至于比米尼岛大西洋海底的石路，据说后来有科学家曾经潜入洋底，在"石路"上采回标本进行化验和分析。结果表明，这些"石路"距今还不到一万年。如果这条路是大西国人修造的话，它至少不应该少于一万年。现在唯一可以得到的正确结论是，在大西洋底确实有一块沉下的陆地。

苍鹭栖息的地方

今日拥有 2000 万人口的世界特大城市墨西哥城是建立在昔日繁华的阿兹特克帝国首都——特诺奇蒂特兰城的废墟之上的。这座古城曾拥有一段令世人惊叹的古文明——阿兹特克文明。相传，阿兹特克得名于一个叫阿兹特兰（意为"苍鹭栖息的地方"）的岛屿。

消失的阿兹特克

阿兹特克人是印第安人当中的一支，最初可能居住在墨西哥湾西部的一些海岛上。在崛起之前，他们的主要职业是给其他部落酋长充当雇佣兵。14 世纪初他们在部落酋长的带领下来到特斯科科湖畔定居，此后迅速崛起。公元 1325 年，阿兹特克人又在特斯科科湖边的两个小岛上建立了阿兹特克帝国，并将以两个小岛为中心建立起来的首都命名为特诺奇蒂特兰城。

460 年之后，在墨西哥政府及考古学家的努力下，沉睡了几个世纪的阿兹特克文明终于重见天日，高姿态地亮相在世人眼前。

1437 年，阿兹特克帝国的统治者——蒙特祖马一世（亦称"蒙特祖玛大帝"）领导阿

特奥蒂瓦坎古城的"黄泉大道"

兹特克人建立了强大的部落联盟,他们在墨西哥盆地中央创造了一段高度发达的文明——阿兹特克文明。此后,阿兹特克人对其统治区域的被征服者采取了极其野蛮的统治方式。由于残酷的统治,国内社会矛盾急剧恶化。当面临强敌压境时,阿兹特克帝国已经是内外交困。1521 年,西班牙殖民强盗科泰斯以极其野蛮的方式征服了阿兹特克,并对特诺奇蒂特兰城进行了大肆的破坏。由此墨西哥古文明中最辉煌最灿烂的一页被撕毁了,阿兹特克文明的历史使命不得不提前宣告结束。

奇妙的印第安古城

在帝国存在的短短 200 余年里,阿兹特克人为我们留下了一大批珍贵的艺术品,一座座整洁、美丽、雄伟、蔚为壮观的城市、金字塔和宫殿群,所有这些尽显艺术构思的奇妙建筑,不能不说是一大奇迹。

有人曾把特诺奇蒂特兰城的繁华程度与当时的君士坦丁堡或意大利的罗马相提并论。因为这座辉煌的印第安古城,可以说是中美洲印第安历史上最值得一提的地方。它不仅具有神话般的起源传说,而且还有自己独特的风格。

这座"极其奇妙"的城市位于特斯科科湖的一个小岛上。由于在多雨的年份,特斯科科湖的水位随时可能上升,为了避免被河水淹没,阿兹特克人在湖岸筑起了一条长堤,将特诺奇蒂特兰置于一个封闭的水湾中。湾内的水位用水闸来控制。三条石坝将小岛与湖岸连接起来。这三条石坝都与城内的主要街道连接在一起。而城内的街道以中心广场为中心呈辐射状向四周延伸。

特诺奇蒂特兰城的房屋,有用泥沙砌成的,也有高档的用石块建造的,还有两层的楼房。浪漫的阿兹特克人在这些房屋的顶上种满了花草,犹如一个个"空中楼阁"。随着帝国的不断发展,人口不断膨胀的阿兹特克人又开始在居住的岛屿四周建筑更多的人工岛屿。他们先是在沼泽地建运河,然后建起挡土墙,在墙内放入一些腐败的植物,并定期地将运河底的沃土补充到墙内作为表层,更令人惊奇的是,在这座人人惊叹的"水上花园"

里，竟然有着可以与现代相比拟的排水系统。阿兹特克人何以拥有如此高的建筑技术？

人们试图在这座城的遗迹下寻找答案，可惜的是，这些完美的建筑在西班牙殖民者到来以后便被付之一炬，以后墨西哥人又在特诺奇蒂特兰的废墟上建立了墨西哥城。从此，阿兹特克文明以及那些仿佛神来的建筑被深埋在了地下，并随着时间的推移，逐渐被人们所遗忘了。

玫瑰红的梦幻都城

在死海和阿克巴湾（今约旦国境内）之间的山峡中，隐没着一个神秘之都——佩特拉城。它是从岩石中雕琢出来的，并因岩石的色彩而闻名于世，被人称之为“沙漠峡道里的石头城”。屹立在群山中，古城佩特拉已经默默地见证了2600多个寒暑。

峡道里的石头城

佩特拉遗迹有一条长约1.5千米的狭窄峡谷通道。建筑物雕琢在悬崖峭壁面内，其房间也隐没在岩石之中。大约在公元前312年，纳巴泰人在此定居。峡谷最宽处约7米，最窄处仅2米左右，两侧雕琢有岩墓、洞窟等。峡谷尽头豁然开朗，耸立着一座宽约30米、高约40米的依山雕琢的哈兹纳殿堂，它是佩特拉最负盛名的建筑。宫室雕琢在陡峭而坚固的岩石上，共上下两层，顶层由6根圆形石柱附壁雕成，柱与柱间是神龛，供奉着圣母、带翅武士等神像。这些像比真人还要大，威严肃穆，栩栩如生，颇具神韵。底层由6根直径2米的大圆柱支撑着前殿，构成堂皇的柱廊；左右殿堂上是造型独特、左右对称、线条粗犷的壁画。然而真正使哈兹纳宫声名远扬的还是其独特的色彩，由于整座建筑雕琢在沙石壁里，阳光照耀下，粉色、橘色、红色以及深红色层次生动分明，衬着紫、白、黄三色条纹，砂石壁闪闪烁烁，神奇无比，让人仿佛进入了玫瑰红般的梦幻都城。

西克山峡南面的半山腰上是欧翁石宫。令人惊奇的是，几百平方米的大殿内居然没有一根支撑的柱子，真是巧夺天工。欧翁宫的两侧是石窟群，向东西两侧延伸，远远看去，密密麻麻，如蜂巢一般。石窟内有墓窟、寺院、住宅和浴室。

欧翁宫的斜对面是一座罗马式露天大剧场。舞台用巨石铺砌而成，由几十层阶梯石座环护着，犹如众星捧月。更神奇的是，在音响系统尚未发明的久远年代，可容纳6000人的剧场居然有天然的音响效果。只要站在舞台前的中心击掌、说话，便能形成强烈的回音，而且声音可以清晰地扩散，即使坐在最后一排也能听得一清二楚。剧场内每隔10层阶梯就筑有一个通道，整个剧场可容纳几千名观众。

以上描述的并不是佩特拉城的全部，在佩特拉城博物馆里，还收藏着美妙绝伦的雕塑文物。追溯历史，佩特拉的建造者纳巴泰人在现代人的眼中，成了一个充满着神秘色彩的民族。

佩特拉古城

迷雾中的佩特拉

历史上的佩特拉是一个安居乐业的好去处:第一,它易守难攻,唯一的入口是狭窄的山峡,敌方无法调集大军攻城,可以做到"一夫当关,万夫莫开"。第二,资源丰富,环抱城市的高地平原上森林繁茂,木材丰富,牧草肥沃,利于游牧。第三,水源充足,一股终年不断的喷泉提供了可靠的水源。纳巴泰人充分利用了地理优势而大获其利。由于佩特拉地处亚洲和阿拉伯通往欧洲的主要商道附近,来自世界各地的商人们押运着满载货物的骆驼队经过佩特拉门前——阿拉伯的香药、经波斯湾输入的印度香料、埃及的黄金以及中国的丝绸,源源不断地运往大马士革、泰尔以及加沙等地的市场。与此同时,佩特拉还是通往希腊和地中海各地的门户,接近商道线的纳巴泰人得天独厚,赢利不少。当时的佩特拉可算是个文化交流中心。

公元106年,佩特拉的繁荣昌盛引起了罗马帝国的觊觎,在遭受罗马帝国吞并后,佩特拉成了一座基督教城市。公元4世纪,地震毁坏了这座古城,许多人丧生,还有许多人逃离此地。此后,伊斯兰教在阿拉伯地区东山再起,并迅速波及西亚和北非地带,最终控制了从西班牙到阿富汗的广大地区,佩特拉又成了伊斯兰帝国的一个小省。

从此,佩特拉这个曾经生机勃勃的贸易中心逐渐被人淡忘,12世纪以后更是如同从人间蒸发掉一样销声匿迹了,来也突然去也突然,一点线索都未留下。

被吞噬的庞贝古城

庞贝城是意大利半岛西南角坎佩尼亚地区一座历史悠久的古城,在意大利的古书上，可以查询到“庞贝”这样一个城市的名字，它曾经是仅次于意大利古罗马的第二大城。据说1000多年前，维苏威火山的爆发无情地埋葬了这座千年古城。

不朽之城——庞贝

据记载，庞贝城是由奥斯坎斯部落兴建的，早在公元前7世纪，它已是一座人口稠密、商旅云集的小城。公元前6世纪，希腊人来到了这里，带来了先进的希腊文明；接着意大利中部的托斯卡纳人又带来了本土的伊特拉斯坎文明，庞贝就是在希腊文化和伊特拉斯坎文化的共同哺育下成长起来的。公元前89年，庞贝城被罗马人占领，成为罗马帝国的属地。发展到奥古斯都帝国时期，庞贝已成为富人的乐园，贵族富商纷纷到此营建豪华别墅，尽情寻欢作乐，成了闻名遐迩的酒色之都。重要建筑围绕市政广场，有朱庇特神庙、阿波罗神庙、大会堂、浴场、商场等，还有剧场、体育馆、斗兽场、引水道等罗马市政建筑必备设施。作坊店铺众多，都按行业分街坊设置，连同大量居民住宅，构成研究罗马民用建筑的重要实物。富裕之家一般都有花园，主宅环绕中央天井布置厅堂居室，花园中有古典柱廊和大理石雕像。厅堂廊庑多施壁画（庞贝壁画），是古典壁画重要的遗存。这些壁画都有较高水平，并且对欧洲的新古典主义艺术影响甚大。

庞贝城背山面海，风景秀丽，到公元1世纪中期，这里已经成为连接意大利内地和外界的贸易枢纽。这里有用于角斗士比武的大型圆形竞技场，有上演戏剧和音乐节目的剧院，有众多家酒吧和餐馆，有公共浴场和庙宇，甚至还有装饰露骨的妓院。庞贝人生活得如此安逸，城市的空气中弥漫着休闲和享乐的气氛。然而，庞贝人做梦也没有预料到，厄运正悄悄降临到他们的头上，而这厄运正是来自那座与他们相依相伴的、沉睡了几个世纪的维苏威火山。

庞贝古城与维苏威火山

维苏威火山海拔1277米，在公元初年，著名的地理学家斯特拉波根据维苏威火山的地形地貌特征，断定它是一座死火山，虽然有时温度比较高，但并不被认为是什么不祥的征兆，人们在山坡上种植果园，开垦牧场，动物们在灌木丛里奔走，他们万没料到这座“死火山”正酝酿着一场毁灭性的大灾难。公元62年（或63年），一次强烈的地震袭击了这一地区，造成了许多建筑物的毁塌。地震过后，庞贝人又重建城市，而且更追求奢侈豪华。然而，庞贝城还没来得及完全从上次地震中复苏过来，公元79年，维苏威火山却突然喷发了。

瞬息之间，火山喷出的灼热的岩浆遮天蔽日，四处飞溅，浓浓的黑烟夹杂着滚烫的火山灰，铺天盖地降落到这座城市，空气中弥漫着令人窒息的硫磺味。很快，厚约5.6米的熔岩和火山灰毫不留情地将庞贝从地球上抹掉了。大劫过后，过去非常熟悉的几十万顷林场、草场以及与林地接壤的繁华庞贝城都不见了，眼前只有火山岩浆冷却后留下的一条条像河流的长长焦土地带，周围一片死寂！

随着岁月的流逝，人们渐渐将庞贝城淡忘，只有在人们翻阅古书的时候，才看到庞贝古城的名字。然而，它的遗址具体在何处，城市原来是个什么样子，对人们来说始终是个谜。

“死城”的复活

庞贝古城虽然是在一天内被掩埋的，但却需要数百年的时间慢慢苏醒。当然，真正意义上的“复活”是不可能的。1592年，有人在庞贝城所在地修建水渠，偶然发现一些大理石碎片和古钱；1689年，在那不勒斯郊外，人们发掘出一些刻字的石块，其中一块刻有庞贝的名字。据此有人推测，庞贝古城就在这一地区。1707年，人们在维苏威山脚下打井时，又挖出了3尊衣饰华丽的士女雕像，但人们以为这些不过是那不勒斯海湾沿岸古代遗址中的文物，没有人意识到，一座古代城市此刻正完整地密封在他们脚下占地近65公顷的火山岩屑中。1748年，人们挖掘出了被火山灰包裹着的人体遗骸，这才意识到，公元79年维苏威火山的爆发掩埋了一座城市。于是，寻找庞贝的工作就此展开。

从1860年起，人们对庞贝城进行了系统的发掘。新的发掘技术使死城中被埋葬的人、动物、家具、木结构建筑物等充分地再现于人们眼前。从这些火山灰模子上，人们看到了当年火山喷发时的种种情景。一切都似乎发生在昨天，庞贝城好像沉睡了1900年，刚刚苏醒。

直到今天，庞贝古城也只有五分之三被发掘出来，而人们看到的庞贝早已不是那个经济蓬勃发展、人来车往的活生生的庞贝了，它已成了历史中一页真实的标本，大到神庙建筑，小到城中某个角落还未烤熟的碳化小饼……，它给予人们的是一部丰富、生动并寓意深远的经济史、文化史和艺术史。

现在，庞贝古城已被联合国教科文组织定为世界文化和自然遗产，游客们称这里是“天然的历史博物馆”，它每天吸引着数以万计的来自世界各地的游人们来这里参观。值得注意的是，庞贝古城覆灭后，维苏威火山从没有平静过，公元79~1631年之间，喷发周期为每百年一次；1631~1944年之间，喷发周期是每12年一次，但规模都比公元79年那次小得多，它最后一次喷发的时间为1944年。即使在火山休眠时，火山口也是烟雾袅袅。

1841年，意大利政府建立了世界上最古老的火山观测台——维苏威火山观测台。观测报告表明，自1944年以来，维苏威火山内部通道已自行堵塞了，这无疑是一个不祥之兆。专家们预测：最近200年间，维苏威火山将会重演1900多年前的故伎，也就是说，重新复活的庞贝古城还会有再度遭到灭顶之灾的危险。

美洲的罗马帝国

“印加”一词有国王之意，这个帝国的真正名称是叫“塔王汀斯尤”，意为“四州之国”。印加帝国享有“美洲的罗马”之称。在没有轮轴运输工具和文字的情况下，印加成功地创造出高度的文明，形成了人类历史上组织最精细复杂的社会之一。

太阳神的化身

独特的印加文明很多起源于“传说”——相传远古时代，太阳神之子曼科·卡帕克在的的喀喀湖中的太阳岛上现身。按照秘鲁人的古老传说，“太阳之子”来到了这个野蛮落后的国家，他教会了人们良好的风俗和各种先进的技艺。从此，位于秘鲁和玻利维亚交界的的的喀喀湖，成为印加始祖的诞生地，太阳神成了印加人情有独钟的信仰。在这片神赐予的土地上，印加人日出而作，日落而息，以最进步的方法建筑了漂亮宏伟的宫殿。自古以来，南美洲的安第斯高原地区就是人文荟萃的好地方，生活在这里的人们曾先后创造出了丰富多彩的各种文化。

印加人能在安第斯山区建立这样一个幅员辽阔的国家，与当地发达的经济文化是分不开的。早在公元前400年，印加人就知道集约栽培法，他们栽培玉米的技术之高超是无人能比的。在金属加工方面，印加人不但懂得金、银、铜、铅、锡、汞的冶炼，还会冶炼各种合金，并知道利用汞来提取纯黄金。金银主要用来制作装饰品和艺术品，视黄金为太阳象征的印加人，制作了许多黄金饰品。其中有一种金蝴蝶的翅膀只有1/10毫米厚。有学者认为，印加人的金银装饰品，其技巧可与欧洲文艺复兴时期相类比。同时，印加人在纺织技术、制陶技术方面同样有着相当高的成就。在文化艺术上，印加人的创造更是令人惊叹。金光闪闪的太阳神庙、庞大的马丘比丘古城……发达的社会经济和灿烂夺目的文化艺术无不让世人惊叹和赞赏。

自称为“太阳后裔”的印加人凭借自己的聪明才智和辛勤劳动，创造出了南美大陆最发达的古代印加文明。然而，印加人在遭受西班牙殖民入侵之后犹如狂风扫落叶一般，一夜之间就消失得无影无踪了。令人费解的是,他们究竟去了哪里?

失落的太阳

西班牙人入侵的前夕,印加帝国因两位王子之间争夺王位、爆发内战而分裂,于是开始了血腥的战斗。正值印加因分裂而国力日衰之际,残暴的西班牙冒险家们乘虚而入。

1532 年,目不识丁的西班牙冒险家弗朗西斯科·皮萨罗,仅率 62 匹令当地土著不胜恐惧的战马和 106 个步兵,进入秘鲁,转瞬之间,就征服了整个印加帝国。

贪得无厌的皮萨罗在杀死国王后,率兵前往印加首都库斯科,企图搜寻更多的宝藏,然而令人讶异的是,在库斯科城中,无论是宫殿还是神庙都空无一物,连称为"太阳的尼姑庵"中的百位美女亦不知去向,整个库斯科城成了一个死寂的世界。

印加帝国的人们以及财富何以霎时间消失得无影无踪?这一点至今仍令历史学家们费尽思量。有一种说法认为,也许印加人民自知抵抗不过刀剑锐利、心狠手辣的西班牙人,于是用竹筏载着国王的木乃伊和国内所有的金银财宝,在向上天祈祷过后,把这些宝物全部沉到了的的喀喀湖中。然而仔细思考,印加人拥有 7 万精锐骑兵,难道不敢和 180 名西班牙人作殊死战斗,任由皮萨罗横行霸道?印加人为何最终选择暗地里大迁移,逃向不为世人所知的崇山峻岭之中呢?

印加武士

现代许多考古学家在绵延的安第斯山脉中,陆续发掘到许多印加帝国的遗迹,证明印加人确实曾经抛弃辛苦经营的帝国,而在蛮荒的山地中再建王国。在马丘比丘,考古学家宾格哈姆发现了一个洞穴,两边排着雕琢极工整的石块,可能为一陵墓。陵墓上是一座半圆形建筑物,外墙顺着岩石的天然形势建造,契合的巨石间插不进一张纸。墙是用纹理精细的纯白花岗岩方石砌成的,匠心独具,颇有艺术价值。这座墓穴中的骨骸,女性占绝大多数,从其中贵重的器皿可看出她们是一些重要的人物。这些人是否就是当年"太阳的尼姑庵"中的美女,被送到这里以后继续为印加帝国祈祷呢?

由于印加人没有文字记载,使得遗留下来的问题更具神秘性。另一些学者根据印加人的记录做出大胆推测:当时印加帝国虽然拥有高度文明,但却被突袭而来的恐怖瘟疫毁灭了。然而就算是发生瘟疫，难道当时的西班牙人具有免疫力？即使印加人认命了，纷纷向瘟疫低头，垂首等死，试想1100万的人口，如何顷刻间便化为乌有？诸如此类的谜团，给古代印加帝国的灭亡增添了不少神秘色彩。

古代印加人凭着自己的聪明智慧和辛勤劳动在安第斯高原创造了一系列惊人的业绩，其发达的社会经济和灿烂夺目的文化艺术无法不让世人惊叹和赞赏。然而，这样一个高度发达的文明却仿佛在一夜之间就突然消失了，着实又让我们迷惑不已。我们相信，在历史学家、考古学家们的共同努力下，这一谜题有朝一日终究会大白于天下。

覆灭的拜占庭王朝

拜占庭之名起源于一座靠海的古希腊移民城市，公元330年，罗马皇帝君士坦丁一世在此建城，作为罗马帝国的陪都，并改名为君士坦丁堡。公元395年，为便于管辖而将帝国一分为二，东部帝国即以君士坦丁堡为首府，东罗马帝国又称为拜占庭帝国。

帝国末日

拜占庭声名远播，它的中心君士坦丁堡是当时世界上最大的集市。在那里，随处可见黄金、翡翠、宫殿与光彩夺目的教堂，拜占庭是一个无比奢华的传奇国度。拜占庭以神的旨意统治全国，不仅人人称臣，更以宗教的辉煌肃穆折服了群邦。圣·索菲亚教堂位于君士坦丁堡的中央，拜占庭诸皇在此朝拜天主，俨然是基督神国的中心。

在公元9~11世纪初，拜占廷帝国达到了它的顶峰。在这段被称为“黄金时期”的几个世纪里，拜占庭帝国抵抗了罗马教廷撤销佛迪奥斯为教主的要求，获得亚得里亚海的制海权，占领了意大利的一部分和保加利亚的大部分。1014年巴西尔二世打败了保加利亚人，并于1018年彻底灭亡了第一保加利亚王国。

但如其前身的罗马帝国一样，拜占庭很快又陷入困境。1204年，威尼斯人说服残暴的十字军放弃将巴勒斯坦纳入基督神国的神圣誓言，允诺他们大肆掠夺，使君士坦丁堡变成废墟。1261年拜占庭复建，但其领土只包括小亚细亚西北部、色雷斯、马其顿、爱琴海北部一些岛和伯罗奔尼撒若干据点。以后，奥斯曼帝国不断对拜占庭入侵。到了14世纪末期，拜占庭军队丢失了安纳托利亚这个重要的马匹盛产地，东罗马的核心部队——拜占庭骑兵的建设受到巨大影响，军队战斗力急剧下降。1453年，君士坦丁堡沦陷。1461年，拜占庭灭亡。50年间，君士坦丁堡的半数财宝，都被打包装载运往威尼斯及西方，西欧诸王盗取君士坦丁堡的圣物之后，犹如取走天主授予王室的神圣权利，随着以欧洲为中心的思想展开，东方的拜占廷帝国逐渐消逝。

“希腊火”的拯救

公元678年6月，拜占庭帝国的首都君士坦丁堡（今土耳其伊斯坦布尔）处在一种极端紧张的气氛之中，可怕的阿拉伯人已经在此围困多日，君士坦丁堡危在旦夕。君士坦丁堡是拜占庭帝国的心脏，也是亚欧交通的必经之地。因此，如果拿下此地，阿拉伯军队便可长驱直入，席卷欧洲。只有寥寥几十艘战舰和一些小船的拜占廷，结果却让拥有庞大舰队的阿拉伯人大跌眼镜。战斗中，拜占庭人从小船上喷洒出一种火焰，这些火焰有的直接落到靠近的阿拉伯船上，有的则落在水中，但是奇怪的是，它们非但没有被水淹灭，反而更加凶猛地扑向阿拉伯战船。阿拉伯舰队顿时陷入火海之中，大约有三分之二的船只被焚毁，最后仅剩下十几艘伤痕累累的破船，无功而返。

拜占庭雕窗

717年，拜占庭人又一次凭借着这种神秘的火焰击退了阿拉伯人的进攻，深受其苦的阿拉伯人心惊胆战地将之称为“希腊火”。

神秘的“希腊火”几次拯救了在战火中的拜占庭人。“希腊火”的背后到底隐藏着什么呢？

“希腊火”其实只是阿拉伯人对这种恐怖武器的称呼，拜占庭人自己则称之为“野火”“海洋之火”“流动之火”“液体火焰”“人造之火”和“防备之火”等等。希腊火是一种以石油为基本原料的物质，据称它是在668年被一个名为佳利尼科斯的叙利亚工匠带往君士坦丁堡的。由于拜占庭皇室的严密的保密措施，后世对于希腊火的配方和制作方法知之甚少。为了保住自己的“致命武器”（实际上更是“救命武器”），拜占庭研制和生产希腊火都在皇宫深处进行。拜占庭人不仅对希腊火的配方极端保密，而且为了防止敌人窥探到相关的秘密，甚至很少在战争中应用，不到万不得已，宁可牺牲将士，也不将武器示人。不过，拜占庭的敌人们，特别是深受其害的阿拉伯人，通过多种途径终于掌握了希腊火的技术秘密。

史料记载：这种武器是一种能在水上燃烧的液体，用类似于虹吸管的装置喷射，在喷射的时候很可能发出巨大的轰鸣声，并伴以浓烟。根据这些资料，我们大致知道了希腊火以可燃并且比重较小的轻质石油（俗称石脑油）为主体，在制作时混入一定比例的硫磺、沥青、松香、树脂等易燃物质，通过加热而溶为燃烧性能极佳的液体，可以在水面漂浮和燃烧，并且容易附着在敌船或者落水士兵的身上。但是上述配置方法都需要人点燃后才能使用。

1939 年，德国学者相椐希腊火的配方，进行多次的模拟实验后，取得成功，但在解释起火现象时遇到了疑难。因为生石灰遇水产生的热，不足以使希腊火燃料达到着火点，除非是直接点燃。因此有些学者认为，希腊火的确不需要点燃，而是触水即燃，这是因为希腊火的成分之中含有一定量的磷化钙，大概由石灰石、骨炭甚至尿液构成。磷化钙是红棕色或灰色结晶块状物，熔点约 1600℃，遇水、潮湿空气、酸类能分解，放出剧毒而且有自燃危险的磷化氢气体，在潮湿状态下能够自燃。

前面已经提到，希腊火的秘密最终被阿拉伯人掌握了，但令人惊讶的是，泄露机密的人不是别人，正是拜占廷人自己。最有泄密嫌疑的是逃到西西里的拜占庭的叛将优傅穆留斯，他在 827 年用希腊火的秘密作为条件，换得阿拉伯人一支艾格莱卜人的支持，以消灭拜占庭在这一地区的统治力量。凭借着这件新武器的威力和震慑作用，艾格莱卜人成为西西里岛的第一批阿拉伯主人，并将之作为一件宝贵的遗产留给了他们的征服者法蒂玛人。1169 年，法蒂玛人的舰队被摧毁，但希腊火却因一些火船分布在偏远港口而留存了下来，并且在法蒂玛王朝灭亡之后得到了更加广泛的传播。

菩提树下的时空穿越

印度河是世界上最长的河流之一。但在 18 世纪之前，人们根本没有想到这条藏身于沙漠、人迹罕见的河流曾有过可与古埃及相媲美的璀璨昨天。在这个佛教文明发源的菩提树下，印度河文明穿越了时空，缔造出与其他古代文明相比，史无前例的珍宝。

黄沙下的思考

公元前 2500 年左右，也就是人类第一个文明在苏美尔出现约 1000 年之后，在印度河两岸又出现另一个文明。因为这个文明遗址位于印度河流域，所以被称为印度河文明。这个璀璨的文明，独自存在到公元前 1500 年左右，然后由于一些不十分清楚的原因，逐渐消失。黄沙之下，古老的印度河文明留给人们更多的是一道道难解的思考题。

20 世纪 20 年代，印度河下游区一块被当地人称为“死者之地”的荒凉地方吸引了各地的考古学者。那里有早已遭到劫掠的几座古坟，发掘结果表明，遗址始建于 5000 年以前甚至更早的年代。透过遗迹能看到，这里曾是一个十分繁荣的城市。随后，人们又对印度河流域其他地方和周围地区进行发掘，结果出乎所有人的意料——这一古代文明的分布范围比埃及文明和美索不达米亚文明要大上好几倍。然而令人激动的还不仅是它的面积和年代，不久，人们就发现虽然这些遗址属于同一文明，但当时的生活水平并不一样，这是什么原因呢？

考古学家按照惯例首先在马享达摩寻找王宫和神殿，结果一无所获。人们不禁产生疑问：这些城市的统治者是什么人，他们使用怎样的方法统治这块辽阔的国土？为什么这里没有神殿和宫殿，难道5000多年前的印度河文明已经废弃了君主制？

根据发掘的一小部分印章上的神像，人们推测，这可能是宗教遗物。但出土的近3万枚印章里，有神像的只是很小部分，不足以说明整个国家具有宗教性质，谜团越来越多。

究竟是什么人创造了这个文明？人们发现，无论是文字还是印章都是其他地方看不到的，而且出土的人类骨骸经过鉴定也表明这里的人融混了许多人种的要素，不是现在已知的某个特定民族。从马享达摩出土的人骨中，人们还发现：这些人都是在十分奇异的状态下死亡的，换言之，死亡的人并非埋葬在墓中。考古学家发现这些人是猝死的，在通常的古文明遗址中，除非发生过地震和火山爆发，否则不会有猝死的人。马享达摩没有发生过上述两件事，人骨都是在居室内被发现的，有不少居室遗体成堆地倒着，惨不忍睹。最引人注目的是，有的遗体还呈现出用双手盖住脸保护自己的样子。如果不是火山爆发和地震，那是一种什么样的恐怖令这些人瞬间死去呢？这在很长时间内是一个谜，考古学家们提出了流行病、袭击、集体自杀等假说，但均被推翻了。无论是流行病还是集体自杀，都不能解释"一瞬间"死去。

婆罗门教二大主神之一——湿婆神

迄今为止，印度河文明衰落的起因和详情尚不清楚。研究普遍认为，主要由于雅利安人入侵才衰落。不过，最近有人提出，这一文明也许实际上是被泥浆所淹没的。按照这种说法，地下的火山活动使大量的泥浆、淤泥和沙子涌出地面，堵塞河道，形成一个很大的湖泊，把马享达摩全给淹了。几十年后，堵塞河道的堤坝渐渐磨损，河水流过堤坝，大河又恢复原来的水道，不过，马享达摩的城市已遭毁灭。从马享达摩一层又一层的淤泥判断，这一灾难至少发生过五次以上，最后，给印度河文明的中心带来了无可挽救的灾难。

错综复杂的文明

如果不是马享达摩的发现，印度人会一直以为他们的历史是从约公元前1500年雅利安人入侵印度河流域时开始的。

经过大量的遗迹考证，我们了解到：古印度大体上包括如今的印度、巴基斯坦和孟加拉三国领土。我国在西汉时才有关于印度的记载，当时称其为"身毒"；东汉时改称"天竺"国；到了唐代，玄奘将其译为"印度"。

古印度位于亚洲南部，东临孟加拉湾，西临阿拉伯海，北枕喜马拉雅山，南接印度洋，北广南狭。这里三面环海，一面靠山，虽然有着天然封闭的地理环境，但西北部的山脉并非不可逾越。所以许多个世纪以来，军队、商人和朝圣者络绎不绝。

古印度文明首先是哈拉巴文明。此后，雅利安入侵的第一阶段，史称吠陀时代与史诗时代。史诗时代是由《摩诃婆罗多》和《罗摩衍那》两部史诗而得名。其内容都是传说中远古的历史事件，经代代相传，逐渐增加内容而形成。随着经济的不断发展，恒河下游区的摩揭陀王国强盛起来，接下来是南陀王朝，最后取而代之的是印度历史上第一个大一统帝国——孔雀帝国，它曾征服了除南端以外的整个印度半岛。

印度有着复杂的种姓制度，这是一种影响印度几千年的陈规陋习。按照肤色和职业的不同，雅利安人发展起四大世袭种姓的制度，即婆罗门（僧侣）、刹帝利（武士、王公贵族）、吠舍（商人、平民）和首陀罗（农民）。各种姓之间互不通婚。随着时间的推移，在首陀罗之下又出现了贱民。如今印度南部黑皮肤的僧侣照样高贵，而北部某些地区白皮肤、灰眼睛的贱民照样低贱。

古印度的宗教也很复杂，有与种姓制度关系密切的婆罗门教、“胜者主教”——耆那教，还有对世界产生影响的佛教。令人奇怪的是宗教如此繁杂、宗教气氛如此浓厚的印度，其早期的天文学成就并不突出。这或许与印度各宗教的推崇来世，轻视今生，强调人生无常，主张清心寡欲有关吧。

无论如何，印度河文明不易为外人所把握。素有“人种博物馆”之称的印度，是世界三大人种交融混杂的聚集地。地理、历史和文化的互为因果，成就了印度民族的独具一格。

古罗马的骄奢源于澡堂？

沐浴作为一种文化，其历史渊源颇为深奥。洗浴最早被定义为人类的一种宗教仪式。在世界基督教的中心罗马，人们对沐浴的热衷是出了名的，直到今天，在罗马城内还保有用华丽的大理石所装饰的公共浴场，尽显一派奢华之风。那么，罗马人对于洗浴是单纯的只为了感官享受，还是罗马帝国至尊无上精神的彰显？人们希望一探究竟。

从圣池到俗世乐园

诞生于公元前8世纪的《荷马史诗》就曾对古罗马的公共浴池有所描述：建筑宏伟的古罗马浴场，可容百人共浴，里面并设有艺术画廊、资料室，甚至还有漂亮的花园。在当时，伴随着罗马政治、经济和思想文化的发展，以公共浴场的繁荣为标志的洗浴事业在整个罗马社会得到了空前的发展。洗浴成为罗马人日常生活中不可或缺的一部分，罗马人酷爱清洁已经到了无可复加的程度，上至皇帝下至平民百姓，许多人一天中的大部分时

土耳其安卡拉古罗马大浴室遗址

间都在公共浴场里度过。作为罗马最具典型性的建筑场所,浴池在罗马人的日常生活中具有优于一切的地位。而那些集蒸汽、清洁、按摩于一身的浴池在罗马时期更是盛极一时。

当一小部分非主流的基督徒在大罗马帝国境内定居下来时,他们过着和地中海地区其他同时代人一样的生活,洗浴文化也融入了日常生活。基督教在各个层次的居民中广为传播,这又促使很多人拥有了自家的浴室。5世纪的圣池是随着埃及的祭坛浴池流传开来的。朝圣者在那里洗浴,以此来祈求病体康复,并让天主聆听他们的请求。因此,后人在挖掘浴池时发现了许多祭祀品,譬如一些按色调仿制的人体部位。这些东西是人们感谢圣主赐予病体痊愈的感恩品。

在罗马,洗浴也和其他的行为一样积淀着丰富的文化内涵,人们以沐浴为礼仪,以沐浴为休闲,甚至还曾以沐浴为禁忌。《欧洲洗浴文化史》一书这样写道:“宗教会议和宗教统治者于1545年至1563年颁布宗教法令,禁止洗浴。”原因或许即如罗素曾经指出过的:“那时教会攻击洗浴的习惯,以为凡使肉体清洁可爱者皆有发生罪恶之倾向。”

奢靡在这里上演

热水澡是随着古罗马文化的进入才开始出现在阿尔卑斯山北部国家的。当时的一些神职人员,从清洁,取暖以及健康的角度,对沐治本身持肯定的态度,对于沐浴中的乐趣,他们也是完全理解的。罗马人在早期基督教时代的习惯是,女性喜欢在浴室里展示她们最好的服饰和最昂贵的首饰,男人更多的是享受和治疗。在整个中世纪,浴室也是喜庆的场所,有人甚至把婚礼安排在浴室里举行。

罗马建立共和国初期(约公元前400年),有钱人家往往有私人浴室,大多像小型室内游泳池而不像现代浴室。共和国拓展成为强大的帝国后,各城镇也相继扩大,公民生活更趋于富足,沐浴的风气盛行于社会各阶层。据说就连名噪一时的历史学家普利尼也算不清楚罗马城内，到底有多少座公共澡堂。罗马和其他城市的大规模热澡堂如王宫般豪华，内有大理石柱、穹隆天花板、精美拼花地板、喷水池和塑像。例如，罗马皇帝喀拉凯拉澡堂的皇家浴池，占地 11 公顷，可供 1500 多人同时沐浴。而另一位皇帝戴欧克里比的热澡堂规模更大。大多数澡堂除游戏室、热气室和浴池外，还有商店，酒吧和咖啡座，甚至有图书馆和剧院等设施。澡堂成了有钱阶层比富逗乐的安乐窝。喜欢炫耀财富的富人，穿戴最漂亮的衣饰来到公共澡堂，带一群奴隶随侍在侧，替主人更衣，用油脂按摩主人身体，再用金属或象牙制的、上有槽纹的刮板刮净皮肤，然后用珍贵香水抹遍全身。

一位罗马人曾经这样评价说："浴池、醇酒和美人腐化了我们的躯体，但这些又何尝不是生命的一部分呢？"

沐浴天堂——巴斯

享誉全球的巴斯位于伦敦的西郊。公元 1 世纪入侵英国的罗马人看中了这里美丽宜人的温泉，并将此地取名"巴斯"（Bath，即"浴池"）。随后，罗马人在全城各处修建了许多奢华的浴池。现存完好的古罗马温泉浴池基本都位于市中心的罗马帝国浴室博物馆中，被视作城市的象征，巴斯也以其独有的温泉浴室成为举世闻名的度假胜地。关于巴斯温泉的由来这其中还流传着一个古老的故事。

很久以前，当李尔王的父亲布拉杜德还是王子的时候，不幸感染上麻风病，被驱逐到这片土地上，为生计所迫，这位王子只好以养猪为生。猪喜欢吃橡籽，一天，馋嘴的猪群见到一个池塘中漂满了橡籽，便争先恐后地冲了进去，王子只好下到池塘里把猪群赶上岸。池塘里出奇的热，王子上了岸甚至都有些喘不上气来，但他忽然发现麻风病却不治而愈了。王子大为欢喜，将池塘整修为温泉浴池，在他登基成为国王后，就在这里建立起一座以自己的名字命名的城市——布拉杜德。现在，巴斯的古罗马温泉浴依然是当地的重点旅游项目，几乎所有宾馆内都有仿古罗马式的温泉浴池，游人在此都能体验到古罗马贵族的奢华惬意。

浴场的多功能

曾经有人问罗马皇帝为什么每天都要洗一次澡，这位国王无奈地回答："因为我太忙了，所以不能每天洗两次啊！"由此可见，洗澡沐浴是罗马人最爱的日常活动，就如同社交活动一样的普遍。澡堂也是罗马人社交活动的重要场所，从一个人洗澡时使用的香料、按摩油的品质，以及随从人数的多寡，就可以看出这个人的社会地位。许多商业交易都在澡堂中进行决定，澡堂也是哲学家们交换意见、高谈阔论的绝佳场所。

豪华浴场出土

20 世纪末，考古学家在意大利罗马近郊，发现一处公元 2 世纪的古浴场。浴场遗址总占地面积竟达2公顷，这让考古学家相信，拥有这种规模的浴场，非常不平凡，当时主人的财力至少相当于现在的亿万富翁。在这座两层的遗址里，考古人员看到了保存完好的公厕，其中部分公厕是以大理石打造的；此外，供佣人生火的炉灶则是在地下室。当时室内还以雕像和瀑布来装潢。“古罗马人的休闲时间比其他民族更为充沛，他们通常来公共浴场消磨时间，玩玩游戏、谈谈政治或拉拉家常，总之，这是一个可以让人呆一整天的地方。”罗马文化机构教授达鲁斯阿亚如是说。

今天，我们可以站在这些宏伟澡堂的颓垣断壁间，追思骄奢淫逸的罗马人如何亲手断送了大好的帝国。同时，我们也许会想起这些地方从前竖立了罗马的艺术和建筑杰作，它们足以显示罗马的伟大。而且，时至今日，大多数罗马人仍坦率地表示他们喜爱澡堂，这或许正是源于他们骨子里的一种骄奢的传统吧。

圣诞节之来历

圣诞节是基督教世界最大的节日，它是基督徒庆祝其信仰的耶稣基督诞生的庆祝日。然而开始并无圣诞节，而且到目前为止，关于耶稣基督确切的出生日期仍存在着争议。由于只有《马太福音》和《路加福音》介绍了耶稣早期的生活细节，后人又根据这些细节推断出关于耶稣诞生的种种版本。这些细节能否作为人们探寻耶稣诞生时间的考证，继而获知圣诞节是如何衍生而来的呢？众多学者正为此做着努力。

耶稣是否确有其人？

持肯定观点的人认为：确实真有耶稣其人。这些学者明确地指出了耶稣的身世背景，耶稣的父母是公元前一世纪初，生活在巴勒斯坦北部伯利恒地区一个小镇上的木匠约瑟和农家女玛利亚。约瑟和玛利亚共有四个孩子，耶稣是他们的长子，自幼便跟随父母去宗教圣地耶路撒冷虔诚朝拜。由于从小没有受过正统的教育，耶稣的知识主要来源于社会。在与父母同行到耶路撒冷的过程中，耶稣了解了许多关于巴勒斯坦和部分西方世界的情况，获取了丰富的知识，从而逐渐成了一名知识渊博的人。后来，耶稣和他的12门徒在巴勒斯坦各地云游传教，四处奔波。在他们广泛的宣传下，下层人民都将耶稣宣扬的“天国”当作福音，于是他们离开家乡，跟随耶稣到处布道传教。

耶稣主张让权贵失位，提高卑贱者的地位；叫饥饿的吃饱；让富足的空手；凡是自以为是、自负的必降为卑，提高自卑者的自信心。在犹太人民的心目中，耶稣不但是宗教的先知还是大卫王国的皇位继承人。在这种信念的鼓舞下，耶稣和他的门徒逐渐建立起了当时罗马帝国最大的宗教——基督教，后来基督教又逐步发展成为影响欧洲以致整个世界最为深远的宗教之一。

新约故事

根据基督教《新约》的《马太福音》和《路加福音》记载，耶稣是伯利恒的少女玛利亚受圣灵感孕后生下的，玛利亚和丈夫约瑟当时正在去罗马人口普查注册的路上。耶稣的出生在信徒看来是犹太教预言中的弥赛亚（救世主）将要到来这一计划的实现，因为伯利恒是约瑟祖先大卫一族的故乡。据《新约》上说：上帝决定让他的独生子耶稣基督投生人间，从罗马帝国手中和罪恶中拯救以色列。当时，玛利亚已和木匠约瑟订婚。可是，在他们同居之前，约瑟发现玛利亚怀有身孕。因为约瑟是个正派的人，又不想把这件事说出去让她丢脸，所以他想悄悄地和玛利亚分手。在他正在考虑这件事时，上帝的天使出现在他的梦中对他说，"不要在踌躇了，把玛利亚娶回家。她怀的孩子来自圣灵。她将生下个男孩子，你们给孩子起名叫耶稣，因为他将从罪恶中拯救人们。"

《路加福音》中描述说，玛利亚年幼时收到天使加百利的消息，身为处女的她借由圣灵受孕。当时罗马皇帝奥古斯都下旨，叫天下人民各归各城进行人口普查，于是她和丈夫约瑟便离开了拿撒勒城到叙利亚去报名上册。途中他们经过约瑟祖先大卫生活的伯利恒城，因为在伯利恒的乡村旅店已经没有空房，他们只好寄宿在旅舍外面，玛利亚在那儿的马厩里生下了耶稣。耶稣出生时天使向附近的牧羊人报喜，几位祭司看到伯利恒方向的天空上有一颗大星，于是便跟着它来到了耶稣基督的出生地。

圣诞的起源

由于耶稣的确切生日并不清楚，大约是在 2000 年前，所以日历按着假定日期把时间分为公元前（耶稣基督诞生前）和公元后。在公元后的头三百年间，耶稣的生日是在不同的日子庆祝的。据西方教会说：第一个圣诞节是在公元 138 年，由罗马主教圣克里门倡议举行。而教会罗马史志载第一个圣诞节则是在公元 336 年。那么为什么又将圣诞节定于 12 月 25 日呢？原来 12 月 25 日本是波斯太阳神（即光明之神）密特拉的诞辰，同时，这一天又是罗马历书的冬至节，崇拜太阳神的异教徒都把这一天当作春天的希望，万物复苏的开始。所以，自古以来，人们便经常在这一天举行祭奠太阳神生日的活动以祝贺太阳复活，从而使这一天具有了广泛的民众基础以及深远的影响力。正是出于这个原因，罗马教会才选择这一天作为耶稣的诞生之日，这是教会初期力图把异教徒的风俗习惯基督教化的措施之一。由于《圣经》未明记耶稣生于何时，故各地圣诞节日期各异。直到公元 440 年，才由罗马教廷统一定为 12 月 25 日。公元 1607 年，世界各地教会领袖在伯利恒聚会，进一步予以确定，从此世界大多数的基督徒均以 12 月 25 日为圣诞节。

圣诞节是基督教世界最大的节日。后来历史学家们在罗马基督徒习用的日历中发现，公元 354 年 12 月 25 日页内记录着："基督降生在犹大的伯利恒。"由于《圣经》记载耶稣生于夜间，故传统称 12 月 24 日夜为"圣诞夜"或"平安夜"。

犹太人与基督教的溯源之谜

基督教和犹太教都产生于亚洲西部地区,但它们出现的时代却不相同。犹太教出现于公元前10世纪,而基督教却出现于公元1世纪中叶。随着时间的推移,基督教逐渐发展成为一种新的世界性宗教,而犹太教则仍保留着崇拜民族神的成分和对自然力的崇拜。那么它们之间究竟有什么样的历史渊源呢?外界对此一直众说纷纭,莫衷一是。

从起源说起

基督教与犹太教同源,两教均诞生于巴勒斯坦的耶路撒冷圣城。犹太教是在公元前10世纪前期,巴勒斯坦一场名为“先知运动”的过程中开始产生的,它是在原始社会多神崇拜基础上发展而来的一种神教。传说犹太教的创始人是摩西,他一手制订了犹太教的教义、教规和约法。教义是信奉“独一真神”耶和华,约法即《旧约全书》,简称《旧约》。犹太教伴随其民族被征服、被驱赶的历史而流散于世界各地。犹太教的历史,反映了犹太民族的物质精神文化,是犹太人维系民族团结的精神纽带和强大的精神力量。公元1世纪30年代,原属犹太教的一个分支派系,逐渐从犹太教中分离出去,形成了基督教。犹太教正典《圣经·旧约》为基督教《新约全书》的诞生铺平了道路,阐明了生活目标和历史意义的历史观。《新约》中的《福音书》是有关1世纪之初居住在犹太和加利利的犹太人生活的写照,其主人公是生活在自己家乡的犹太人。客观的历史学家必然会把基督教看作是犹太人智慧的结晶。

分道扬镳的原因

相传,耶稣最初是一个犹太教徒,起初传道时他并没有想到要创立一种新宗教,而是继续拥护犹太教的基本教义。他经常援引《圣经·旧约》中的词句,以强调自己主张的正统和权威性。同时他也从《旧约》中找理论依据,以证明自己是先知们所预言过的那位弥赛亚(救世主)。但是,耶稣反对犹太教上层撒都该人(祭司、贵族)的腐化生活和法利赛人(中产者)的伪善行为,也反对犹太教脱离现实的教条主义和繁缛仪式。

耶稣和犹太教的主要分歧点就是他声称自己是“上帝的儿子”,即弥赛亚,而正是这一点构成了基督教与犹太教分道扬镳的内在原因之一。犹太教盼望弥赛亚来临,认为真正的弥赛亚还没有到来,应继续等待;而基督教则认为弥赛亚已经来了,他就是拿撒勒人耶稣。凡不承认耶稣是弥赛亚的就仍然是犹太教徒,凡承认耶稣是弥赛亚的就是基督教徒,这样耶稣基督就成了基督徒信奉的对象。

公元66~70年,犹太民族掀起了长达4年的反罗马斗争,即著名的“犹太战争”。当时身为犹太人的基督徒都参加了这一斗争，《启示录》中对罗马统治者充满了强烈的民族仇恨的描述就是有力的证明。但是公元2世纪后，许多富人加入了基督教，并逐渐夺取了教会的领导权，他们的政治立场影响了基督教社团的政治态度，使基督教发生了性质上的改变，冲淡了社团对罗马统治者的敌对情绪。而与此同时，他们与犹太教徒的距离却越来越远。最好的证明就是公元116至117年，犹太民族起义时，有些基督徒就袖手旁观了。公元132~135年，犹太民族举行最后一次反罗马帝国的起义，这时外邦人基督徒自然置身斗争之外，就连犹太人基督教徒也远离战斗。这次起义失败后，犹太教徒不再承认基督教社团是自己的一个宗派。公元135年基督教完全从犹太教中分离出来，成为一种独立的新宗教。

随着时间的推移，基督教逐渐发展为一种新的世界性宗教，而犹太教则仍保留着崇拜氏族神的成分和对自然力的崇拜。另外，犹太教敬拜雅赫维（耶和华）为"唯一之真神"，教徒坚信自己是神的"特选子民"，神祇拯救犹太民族，有一定的封闭性；而基督教宣扬只要信耶稣基督，无论是谁，就可以得到救赎，所以比较开放，更能吸引信徒。

诋毁的迫害的到来

罗马统治者看到基督教已经失去反抗性，再也不会对其统治造成威胁，于是也改变了对基督教的态度，逐步由迫害转变为扶植和利用。公元392年，罗马统治者宣布基督教为国教，同时下令禁止异教信仰，罗马皇帝君士坦丁也皈依了基督教。这样基督教一跃而成为统治者的宠儿，迅速发展为全欧洲乃至世界性的宗教。而犹太教此后仍局限于在犹太人中发展教徒，变成地道的犹太人的宗教。宗教势力上的此消彼长，决定了犹太教处于被动挨打的地位，受到愈来愈严重的迫害。

威斯敏斯特教堂圣母怀抱圣婴雕像

当时基督教对犹太教发出的众多指责中，影响最为深远、攻击最为恶毒的便是指责犹太人是杀害耶稣的凶手。这是《新约》中反犹言论的最核心部分，成为日后基督徒仇恨犹太人的最主要原因。《新约》中的四大福音书皆将耶稣的被害归罪于犹太人。据《福音书》中描述：这一年逾越节（犹太教的主要节日之一）的前夕，耶稣按照古代先知预言过的方式，骑驴进入圣城耶路撒冷。入城后，耶稣在洁净的圣殿宣讲福音。由于叛徒犹大的出卖，耶稣就被犹太祭司捉拿，押往犹太教公会受审。受审期间，耶稣不仅遭受侮辱，还被毒打。为了置耶稣于死地，犹太祭司和长老把他捆起来交给当时罗马帝国驻犹太总督庞迪俄·彼拉多处置。彼拉多本想释放耶稣，却遭到犹太人的坚决反对。最终,耶稣被钉死在耶路撒冷东郊橄榄山的十字架上。耶稣死后,世界广泛流传着耶稣复活升天的神话:人类由于耶稣的死而得到了上帝的救赎。

对历史的新认识

然而,经过史学家、神学家和犹太教专家对史料典籍的深入研究发现,《新约》中有关耶稣被害的经过有与事实相偏颇的地方。因为在耶稣活动的年代,犹太人的家园早已成为罗马帝国的殖民地,犹太人身为被罗马暴政统治之下的臣民,并没有审判耶稣的权力,更不可能去向罗马当局施加压力处死耶稣。

千百年来,在犹太教看来,《新约》作者将彼拉多描写成了一个优柔寡断、善良通达的总督,淡化了他的杀人罪行,说他最后是很无奈地屈服于犹太暴民的压力,才判耶稣死刑的。其实彼拉多生性残酷、办事独断专行、为人暴虐无情,是一个"杀人不眨眼的刽子手",常常不经审判就屠杀手下的臣民。作者将罪责不依史实根据地一股脑地全加在犹太人的身上,实在有失历史公允。

今天,基督教对犹太人的迫害已成过去,双方已经和睦相处。20 世纪 60 年代和 90 年代,罗马教宗曾两次发表敕令,反省迫害犹太人的问题。最近教宗又亲自访问以色列,公开表态:肯定耶稣不是犹太人杀害的,并表示天主教设立异端审判庭也是不对的。但在犹太人方面则希望基督教在《新约》中删去指责犹太人杀害基督的错误记载,如果不能修改《新约》,则由教宗发表宣言,给予更正。只有这样做,方能消除导致犹太人受到迫害的根源。

印加宝藏之谜

早在哥伦布发现新大陆之前,生活在南美这块所谓新大陆上的印加人就创造了灿烂的文明。15 世纪末,西方人哥伦布首次到达美洲大陆,从此茫茫的大西洋上就多了一艘艘繁忙的船只,辽阔的"新大陆"上也多了一批批不知疲倦的身影。这些来自西方的船只、身影如此忙碌,不为别的,只为掠夺这块"新土地"上令人垂涎的黄金财富。

金子的王国

印加文明是世界上重要的古文明之一,它由印加帝国创造。印加帝国兴起于 11 世纪的南美大陆,其版图大约是今天南美洲的秘鲁、厄瓜多尔、哥伦比亚,玻利维亚、智利、阿根廷一带,首都是库斯科。印加人以太阳神的后裔而自居。传说中太阳神派了他的一对儿女曼科卡帕克和马奥克约向印加人民教导历法、律制等。而事实上,印加人是利用千年以来获得的知识以及从以前的文明中继承的内容,建立起自己强大的神权帝国的。

印加帝国的统治者把帝国辖区内的不同部族归纳在其统治之下，进行农业生产，并在适当时机对外进行领土扩张。15世纪末，印加帝国达到鼎盛时期。

古印第安传说，印加帝国是一个金子的王国，那里到处是黄金。在首都库斯科，有用黄金和宝石装饰成的宏伟的太阳神庙，有金碧辉煌的"黄金花园"；王公贵族们全身披金戴银，就连一般的平民也随便就能拿出金子。1511年的一天，当西班牙冒险家巴尔沃亚狂喜地数着从当地印第安人处得到的金子时，一位年迈的酋长走上前来惊奇地问他："这就是你们远离家乡、冒着生命危险所追求的东西吗？"酋长遥指广袤无垠的亚马孙丛林向他说道："我可以告诉你，有一个地方的人民，他们吃喝用的器皿全都是黄金制的。在那个国家，到处是金子。"这位酋长所说的国家就是印加帝国。

贪婪的殖民者

从哥伦布到达美洲大陆起，来自西方的殖民者就没有停止过对这片大陆的掠夺。1532年，西班牙殖民者皮萨罗率领小规模的殖民军从巴拿马出发，入侵印加帝国。当时印加帝国正经历一场内乱而大耗元气，殖民者有机可乘，在未遇任何抵抗的情况下就进入了印加重镇卡沙马尔卡。

殖民船勾勒图

狡猾的皮萨罗设计俘虏了印加皇帝阿塔瓦尔帕，然后勒索巨额赎金，要求印加人拿出能填满关押阿塔瓦尔帕屋子的黄金和白银。阿塔瓦尔帕答应了殖民者野蛮的要求，命印加人民收集黄金，向卡沙马尔卡送来。印加人源源不断地将黄金白银送来。可是当黄金和白银的数量达到13200镑和26000镑的时候，皮萨罗因为害怕把皇帝放走，他早晚会带领印加人起来反抗，因此竟然背信弃义地杀害了这位印加国王。

当时阿塔瓦尔帕的臣民正在运剩余的赎金，在路上他们获悉皇帝已被杀死，于是就将赎金隐藏起来了。而皮萨罗并不知情，他率领手下的士兵一路杀到帝国的首都库斯科，经过一番掠夺，收入颇丰。而那笔巨额的赎金因为已被印加人秘密藏了起来，所以并没有落入殖民者的手中。

皮萨罗及其同伙满载而归，但在最后分赃时，贪婪的殖民者们却因为分赃不均而引起了一场内讧。侵略者内部爆发冲突，最终皮萨罗的兄弟及其本人都被杀死，而那批数额惊人的印加宝藏从此也失去了踪影。

丰厚宝藏何在?

关于皮萨罗掠夺来的印加宝藏的下落,有人认为它被印加人重新夺回,连同阿塔瓦尔帕的尸体一起藏在另一个隐秘的地方,随着知情人一个个地死去,最终失去了下落。而那笔剩余的赎金,印加祭司们让奴仆把黄金运到隐藏地点附近后,就让另一些忠心的印第安人将其换下,这些人把财宝藏好后,最终都毫无怨言地自杀了,因此剩余赎金最后也下落不明。

有人说,印加人藏宝的地点是在今天厄瓜多尔利安加纳蒂的山中。数百年来,为了找到这些宝藏,寻宝者们冒着生命危险,一次次进入利安加纳蒂地区。但在这片沼泽密布,野兽毒蛇横行出没的地方,无数寻宝者进去了就再也没有出来。1989 年,一支由法国人丹尼尔·斯赫率领的探险队在西班牙人类学家赫尔·戈麦斯的协助下,再次进入亚马逊丛林,遗憾的是他们仍没能找到这批神秘的藏宝。

事实上,印加的宝藏远不止这些。在民间,还广泛流传着关于“黄金湖”和“黄金城”的传说。

“黄金湖”据说是古印加国王行加冕礼的地方。相传,古印加国王在继承王位后,须全身涂满金粉到“黄金湖”畔行加冕礼。涂金粉是为了显示印加王乃太阳之子,全身散发着如太阳般的光辉。涂过金粉的印加国王会到“黄金湖”中清洗身子,把身上的金粉洗掉,然后接受臣民们的献礼。臣民们纷纷把自己最珍贵的黄金、宝石献于国王脚下。国王再把这些珍贵的献礼丢到“黄金湖”,说是祭献给最尊贵的太阳神……经过如此长年累月的积累,湖中已经聚集了大量的黄金珠宝,成为名副其实的“黄金湖”。

自 16 世纪西班牙殖民者征服印加帝国后,对“黄金湖”的寻找和打捞就一直未曾中断。1545 年,一支西班牙探险队在哥伦比亚的瓜达维达湖中打捞起几百件黄金制品,这一收获证实了“黄金湖”的存在。从此这一湖区就吸引了越来越多的探险者的光顾,但是却一直没有更进一步的收获。1911 年,一家英国公司想抽干湖水进行寻宝,但耗费了巨大的人力物力,结果仍是失败。1974 年,为保证湖中宝藏不落外人之手,哥伦比亚政府下令禁止在湖中进行一切勘探打捞,随后派遣军队对湖区进行了封锁。从此以后,“黄金湖”就成了人们心中的一个谜。

与“黄金湖”对应的是“黄金城”。“黄金城”是另一个令探险者向往心动的地方,据说它位于亚马孙丛林中的一个神秘王国。这个王国叫玛诺阿,国王是印第安酋长帕蒂。尽管这个王国富裕无比,“黄金城”中的金银更是堆积如山,但这一切却并不为外界所知。尤其是“黄金城”,据说只有国王和巫师知道它的确切位置。

西班牙殖民者踏入这片土地之后,从一个印加贵族那里得到了有关“黄金城”的消息,于是立即组织人力对“黄金城”进行寻找。然而,在广袤无垠、处处凶险的亚马逊丛林,任何冒失的行为都是极其危险的。殖民者进行了无数次的冒险,但结果都是失望而归,非但没能找到“黄金城”,而且还搭上了大量的人命。

直到17世纪时，有6个葡萄牙人在一群印第安人的带领下闯入亚马逊丛林。辗转数年后，突然有一天，这些探险者透过密林发现了一座颇具规模的古城遗址。据认为，这座古城就是传说中的“黄金城”。因为，后来有人根据他们写下的探险报告——这份报告收藏在巴西里约热内卢图书馆，在古城遗址中找到小部分宝藏。然而那也只是小部分宝藏，与传说中的巨额数量还有很大的差距，因此它到底是否就是那“黄金城”，实际上人们还不能完全肯定。

可可岛上的秘密

在中美洲哥斯达黎加太平洋沿岸以南600千米的海面上，有一个面积只有24平方千米的小岛——可可岛。可可岛虽然小，但却是举世闻名。一则因为该岛风光秀美，是世界各国游人向往的目的地；二则因为该岛盛传着一个有关宝藏的传说，它吸引着人们前来寻宝。

海盗船的罪孽

关于可可岛上藏有神秘宝藏的传说由来已久，事情发生在19世纪，但时间却可推溯到16世纪。

自从1535年西班牙殖民头子弗朗西斯科·皮萨罗占领秘鲁以来，利马就一直作为南美西班牙殖民地总督的驻地，这种情况一直持续到1821年秘鲁独立。当年，殖民军在南美大肆杀害印第安人，并从他们手里掠夺了大量金银财宝。这些财宝聚敛到利马，然后被定期装船运回西班牙。

19世纪初，南美爆发大规模民族独立运动。作为殖民地总督所在地，利马成为“风暴”的中心。1820年，南美解放者科克伦勋爵在海上击溃了西班牙人的三桅战舰“埃斯梅拉达”号和其他二十六艘战舰。阿根廷民族英雄圣·马丁将军率领舰队沿智利海岸北上，也很快就逼近利马城。龟缩在利马城中的西班牙达官贵族们惶惶不可终日，再也没有了往日的威风。显贵们都准备逃离利马。在逃离之前，他们自然不舍得多年聚揽下来的财宝，因此想方设法要把财宝带走。

当时，海上只剩下一条海路可以逃离利马，而可以横渡大海去西班牙的船也只剩下一艘叫“玛丽·迪尔”号的私船。“玛丽·迪尔”号的船长是爱尔兰人汤普森，他也是一个靠在殖民地掠夺致富的暴发户。惊惧于那场轰轰烈烈的民族独立运动，汤普森也准备离开利马起锚回欧洲。于是，他与那些西班牙达宫贵族们一拍即合，以高价把“玛丽·迪尔”号帆船出租给他们，用以运送他们以及他们聚揽来的财宝。掠夺者们整整花了两天的时间，才把利马城中几乎所有能带走的贵重物品都装上船。这是一笔巨额的财富，其中包括各种各样的古币——有杜卡托（威尼斯古币）、金路易（法国古金币）、皮阿斯特

(埃及等国古金币)——和首饰、珠宝、金银餐具、珍贵图书档案,以及教堂里的各种圣物盒、金烛台和祭仪用品等。

汤普森原本并不是海盗,但是见了这笔财宝之后,以海盗方式将这笔财宝窃为己有的想法就在头脑中形成了。“玛丽·迪尔”号起航后,并没有朝着预定的目的地加的斯(西班牙港口)驶去,而是径直向北。一天晚上,汤普森终于在自己船员的协助下,残忍地把船上的所有乘客杀死,然后扔进大海了。“玛丽·迪尔”号从此成了一艘真正的海盗船。

杀死财宝的主人后,“玛丽·迪尔”号继续向北航行。经过一番考虑,汤普森决定把船开往可可岛。因为,当时的可可岛还不太为欧洲人所知,它与世隔绝的地理位置有助于海盗船摆脱海上的监控和追踪。海盗船顺利到达了可可岛。在那里,汤普森拿出了少量的财宝,然后把大部分的财宝都埋藏在可可岛隐蔽的地方,最后他还毁掉了“玛丽·迪尔”号帆船,与船员们分乘小艇去了中美洲。

旷世珍宝

“玛丽·迪尔”号帆船上究竟有多少财宝呢?据估计,其价值大概在一百亿到二百亿法郎之间。它是世界上已知的第二大藏宝。

简单的数字或许并不能让人产生深刻的印象,一份具体的清单更具有冲击力。在委内瑞拉的加拉加斯博物馆,珍藏着一份有关“玛丽·迪尔”号帆船财产清单的原始文件,它是掌握可可岛宝藏秘密的海军下士菲茨杰拉德于1835年写给柯曾·豪上尉的。财产清单上这样写道:“我们每隔四英尺在红土层里放着:一只货物箱,内有金钱缎锦用品,以及圣体盒、圣体显供台、圣餐杯和1244颗宝石。一只货物箱,内有两个金圣物盒,重120斤,以及654颗黄玉、光玉髓和纯绿宝石,12颗钻石。一只货物箱,内有三个浇铸圣物盒,重160斤,里面有860颗红宝石和其他各种宝石以及19颗钻石。一只货物箱,内有4000枚西班牙多布朗(西班牙古金币)、5000枚墨西哥克朗(墨西哥古金币),以及124把宝剑、64把匕首、120副肩带和28个圆盾。一只货物箱,内有八个银匣子,3840颗已经琢磨过的宝石,4265颗未经琢磨的宝石,以及戒指。在西北28英尺处,在黄沙底下8英尺处,有七只货物箱,内有22个金的和银的大烛台,重250斤,以及164颗红宝石。在西边26米处,在红土底下10英尺处,有一尊两米高的带童年耶稣像的圣母金塑像以及王冠和重780斤的宝石胸饰,嵌有1684颗宝石的金祭披。胸饰上有三颗4英寸大的纯绿宝石,王冠上有六颗6英寸大的光玉髓宝石,还有钻石十字架。”

这就是“玛丽·迪尔”号帆船上的旷世珍宝,它的诱惑力足以使那些“对珠宝具有与生俱来嗜好”的人失去理智。这也就难怪汤普森船长会对那些珍宝主们下手,在蔚蓝的大海上犯下滔天的罪孽。

碧波粼粼的可可岛

可望不可得

汤普森以及他的船员们回到中美洲后,对外谎称他们的船在海上遇到了无法抗拒的风暴,致使“玛丽·迪尔”号帆船触礁沉没,以此来掩饰他们曾经犯下的罪孽。然而,他们的海盗行为还是被识破了。汤普森的同伙在严刑拷打下供出了实情。

在当时,国际上已经有明确协定,那就是,对那些从事抢劫活动的海盗要处以死刑。然而,汤普森本人却巧妙地躲过了惩罚。据猜测,他是利用抢夺来的大把大把的金币贿赂了有关人员后才得以生存下来的。后来,汤普森去了加拿大,而后又到了新爱尔兰。在此期间,他又去了一趟可可岛,在那取走了一部分藏宝。但是,由于他的行动并不是十分自由,加上自然条件的限制,可可岛上的大部分财宝没能被取走,它们仍然被埋藏在岛上隐秘的地方。

也许是为了摆脱良心上的谴责,汤普森在临死前,决定向世人公布宝藏的秘密。他找到了自己的好朋友基廷,向他透露可可岛上的秘密,并交给他一份平面图和有关藏宝位置的资料。

基廷按照汤普森所提供的资料,先后三次登上可可岛,带回了价值达五亿法郎的财宝。但是“玛丽·迪尔”号船上的主要财宝却始终没能找到。后来,基廷又将可可岛的秘密告诉了好友尼科拉·菲茨杰拉德海军下士。这位海军下士身无积蓄,没有足够的钱去买或租赁一条船,所以一直没能去可可岛。菲茨杰拉德在临死前,又将自己的所知告诉曾经救过自己性命的柯曾·蒙上尉。柯曾·蒙上尉因为种种原因,最终也没能去成可可岛。就这样,有关可可岛上藏宝的资料年复一年地遗赠着、传递着,其间还被盗窃、出售过。在澳大利亚悉尼的“海员和旅游者俱乐部”里,保存着一封菲茨杰拉德根据基廷提供的情况写成的一份资料。资料描述了几名探宝者潜入水中,却一无所获的经过。

1927年,法国人托尼·曼格尔从悉尼“海员和旅游者俱乐部”复制了这份资料。他带着这份资料,曾于1927年和1929年两次去可可岛上寻找藏宝。

托尼·曼格尔发现,汤普森标出的有关藏宝位置的数据是错误的。之所以出现这种情况,是因为当时汤普森是用一个叫“八分仪”的仪器进行勘定的,而这种仪器在1820年后就被回收不再使用了,因为它有很大偏差。托尼·曼格尔根据1820年到1823年的航海仪表资料,校正了汤普森的数据。校正后,他得出财宝埋在希望海湾南边和石磨岛西北边海下的结论,于是满怀希望地来到心中所想的藏宝地。在那里,他确实找到了一个只在落潮后近一个小时的时间内才可进入的洞穴——一个小时后潮水就会把该洞穴重新淹没。然而,除此之外,他什么也没发现。托尼·曼格尔曾尝试进入那个洞穴,然而潮水却差点没把他淹死。极度失望的托尼·曼格尔认为该洞穴“是对藏宝寻找者的诅咒”,从此再也没敢去那里冒险。

随着时间的推移,越来越多有关可可岛藏宝的资料在世界各地出现,这些资料都自称是可靠资料。20世纪,美国洛杉矶一位有钱的园艺家詹姆斯·福布斯得到一份据称是可靠的可可岛藏宝图。他带着这份藏宝图,连同一批先进的现代化仪器,先后五次到达可可岛,然而令人遗憾的是,每一次都一无所获。

可可岛的宝藏就像一朵水中花,一轮雾中月,可望而不可得。寻宝者们明明了解并且确信它就在可可岛,但就是找不到它的具体位置。它已成为世界上最大的宝藏谜团之一。

自从传出可可岛藏有珍宝以来,寻宝者的身影就频频在这个美丽小岛上出现,这也给该岛带来了较大程度的破坏。1978年,哥斯达黎加政府以保护生态环境为由,封闭了可可岛,严禁任何人未经允许在岛上进行挖掘。可可岛又恢复了往日的美丽和安宁。然而,那些有志于寻宝的探险者们,能否就此停止对可可岛的关注呢?答案显然是否定的。

人去楼空吴哥窟

在神秘的东方有一座神秘的古寺,它的外部布满浮雕,精美绝伦。然而,这么一座壮伟的古寺当初被发现时却空无一人。是什么原因使得这座美丽的古寺被抛弃,淹没在茂密的丛林和历史的尘埃里?在遥远的800多年前,又是谁建造了这座古寺?千百年来,人们一直苦苦寻求着它的答案。

最大的宗教建筑

吴哥窟位于柬埔寨暹粒省暹粒市,寺址在高棉王国(真腊9世纪至15世纪的吴哥王朝,被称为高棉帝国)当时的首都吴哥城的南郊,又称吴哥寺,它是世界上所存最大的宗教建筑,也是柬埔寨古代石构建筑和石刻艺术的代表作。吴哥窟是柬埔寨的灵魂和象征，是吴哥古迹中保存得最完好的庙宇。其建筑宏伟、浮雕细致，是宗教艺术的典范之作。据说吴哥窟是真腊国王苏耶跋摩二世(1113~1150年在位)作为其死后祭祀的庙宇而修建的。15世纪开始，吴哥城废，寺院荒芜。19世纪被发现后，进行了大力整修，直至今日。

吴哥窟中轴对称，颇为规整。台呈长方形，周围有宽190米的壕沟，有墙围绕，分内外两重。外墙东西长约1025米，南北长约820米，西墙正中为正门，由正门经过东西走向的主轴线，一条300多米长的石道，可达由内墙围绕的主殿。

主殿建有三层台基，其每层台基边沿有石砌回廊，底层和二层台基的西侧回廊角部有经藏。底层台基高4米，回廊东西长200米，南北长180米；廊壁布满雕刻，题材取自印度史诗《摩诃婆罗多》和《罗摩衍那》中的故事，也有描绘苏耶跋摩二世出征的图景。第二层台基高8米，回廊东西长115米，南北长100米，在四个角上有塔。最上层台基高13米，平面呈正方形，回廊每边长60米。其上有五座尖塔(中央一座，四角各有一座)，构成金刚宝座塔形。中央神堂之塔较四角之塔为大。各层台基四侧的中间和两端有踏步相连，各层回廊的南北两侧中间各开一门，形成与主轴垂直的另一轴线。中央之塔塔尖高出庭院地面65米。

整个吴哥窟规模宏大、比例匀称、简单庄严、瑰丽精致。全部建筑用砂石砌成，石块之间无灰浆或其他粘合剂，靠石块表面形状的规整以及本身的重量彼此结合。由于建造此建筑的石工尚未掌握券拱技术，所以吴哥窟没有大的殿堂，石室门道均狭小阴暗，艺术装饰主要集中在建筑外部。

寺庙还是皇陵?

吴哥窟的建造时间尚未定论，一般认为是在12世纪中叶。当时真腊国王苏耶跋摩二世定都吴哥，因其信奉毗湿奴，为国王加冕的婆罗门主祭司地婆诃罗便为国王设计了这座国庙，专门供奉毗湿奴，名之为“毗湿奴神殿”。这在我国宋代的笔记中有记载。但是吴哥窟是不是当年的神殿，却无从得知。现存的吴哥窟融合有大部分的佛教元素。元代航海家汪大渊在1330年至1339年间曾游历吴哥，他称吴哥窟为“桑香佛舍”，这表明在十四世纪中叶，吴哥窟已经改为佛寺了。

有人认为吴哥窟是苏耶跋摩二世的皇陵，我国元代曾派遣使者前往真腊，据使者的记载称吴哥窟为皇陵。后来也有学者赞成这一观点。其原因有：首先，与吴哥大多数其他寺庙正门朝东，面对朝阳不同，吴哥窟正门朝西，面向日暮。而根据研究，印度和爪哇的殡葬风俗，墓地一律朝西，祭祀的寺庙则朝东；其次，画廊浮雕反时针方向排列，正好是印度教葬礼时在墓地巡行的方向；还有就是，根据画廊内容来看，毗湿奴神相貌就是依照苏耶跋摩二世的形象而来的，有寓皇帝死后成为神祇之意。

在15世纪到底发生了什么，导致这里的人们弃吴哥窟而走，置之于荒林之中数百年，直到19世纪穆奥发现这个遗迹以前，连柬埔寨当地的居民对此都一无所知。

史料记载，真腊是在12世纪改信佛教的。1431年，暹罗攻破真腊国都吴哥，真腊迁都金边。从此，吴哥便被抛弃了。但是，这一点并不足以解释为什么吴哥从此便成了一个废墟，延续了600余年的文化，居住的上百万的百姓，他们到哪里去了呢？

在柬埔寨人的传说中，有天神怒降洪水，淹没了整个吴哥的传说。此说的事实原型可能是源于该处的自然环境。因此有学者认为可能是洪水或者是鼠疫、霍乱之类的流行疾病，结束了一个古城的生命。

还有人认为是大屠杀或者大迁徙，但这些说法都没有考古的证据，留给人们无尽的神秘。

“天堂”的悬挂与坠落

古希腊人曾经把“空中花园”誉为“世界七大奇迹”之一。这座传说中存在于古巴比伦的花园，如今已经无处寻觅它的踪影了。虽然不停有人站出来宣称自己发现了“空中花园”的遗址，但仔细研究却总似是而非。是不是真的存在过这么一座花园呢？这座花园地处何方？规模多大？这些问题当真成为一个“空中花园”了！

公主的思乡病

相传，建于公元前7世纪至公元前6世纪的新巴比伦王国是亚述和波斯之间的一个王朝。国王尼布甲尼撒二世娶了米底的公主米梯斯为王后。公主美丽可人，深得国王的宠爱。可是时间一长，公主愁容渐生。尼布甲尼撒不知何故。公主说：“我的家乡山峦叠翠，花草丛生。而这里是一望无际的巴比伦平原，连个小山丘都找不到，我多么渴望能再见到我们家乡的山岭和盘山小道啊！”原来公主得了思乡病。

尼布甲尼撒二世为了博得娇妻的欢心，真是费尽了心思。他令工匠按照米底山区的景色，在王宫里建造了层层叠叠的阶梯形花园，上面栽满了奇花异草，并在园中开辟了幽静的山间小道，小道旁是潺潺流水。工匠们还在花园中央修建了一座城楼，远远望去仿佛矗立在空中。巧夺天工的园林景色终于令公主破涕为笑。由于花园比宫墙还要高，给人感觉像是整个御花园悬挂在空中，因此这座花园被称为“空中花园”，又叫“悬苑”。

希腊人的赞叹

“空中花园”是上古时代巴比伦人的卓越成就，它带给当时的人民无比的骄傲。来到巴比伦的旅人们经常记录下这座伟大的奇观，纷纷描述称自远处便可看到空中城楼上的金色屋顶在阳光的照耀下熠熠生辉。“空中花园”不仅代表了工程学上的惊人表现，而且到最后甚至逐渐演绎为被无限地夸大的建筑的代称。层层叠叠的花园中栽种了各式各样的树木以及藤蔓等绿色植被，使其看起来像是由泥砖塑成的绿色高山，由城市中央奇妙地凌空升起。一些欧洲的先哲很早便阐述了论调："从壮大与宽广这一点看，'空中花园'显然远不及尼布甲尼撒二世宫殿，或巴别塔，但是它的美丽、优雅，以及难以抗拒的魅力，是其他建筑所望尘莫及的。"

欧洲伟大的历史学家希罗多德（公元前484~公元前425）对巴比伦城多有记载，并为这座"空中花园"的神奇和美妙惊叹不已。至公元2世纪，希腊学者在品评世界各地著名建筑和雕塑品时，更是把"空中花园"列为"世界七大奇观"之一，从此以后，"空中花园"蜚声世界。然而令人遗憾的是，"空中花园"和巴比伦文明中其他一些著名建筑一样，早已湮没在滚滚黄沙之中。我们要了解空中花园，只能通过后世的历史记载和近代的考古发掘。

遗址在哪儿？

是否有人真正见过"空中花园"？或者这只是停留在人们对古巴比伦城的神秘描述中最精彩的部分？迄今为止，空中花园依然是个千古难解的谜团。

遗址的考古发掘是于1899~1917年间进行的。德国考古学家在发掘巴比伦城的南宫苑时，于东北角挖掘出一个不寻常的、半地下的、近似长方形的建筑物，面积约1260平方米。这个建筑物由两排小屋组成，每个小屋平均只有6.6平方米。两排小屋由一走廊分开，对称布局，周围被高而宽厚的围墙所环绕。随后在靠西边的一间小屋中发现了一口开了三个水槽的水井，一个是正方形的，两个是椭圆形的。根据考古学家的分析，这些小屋可能是原来的水房，那些水槽则是用来安装压水机的。因此，考古学家认为这个地方很可能就是传说中的"空中花园"的遗址。

人们又回到对史料的探究中。据称，这是一座依次向上递减的平台式建筑，高达110米，每层之间又有巨大的廊柱支撑，平台顶部先铺上用沥青粘合的芦苇，再在其上砌以烧砖，最后铺上泥土，种植各种花草树木。人们还用巧妙的机械从幼发拉底河中将水抽到空中。这些水不仅用于灌溉，还形成了溪流、瀑布等水景，可见工程规模之大。但这些资料从现今发现的巴比伦楔形文字文献中，却没有记载。倒是有资料显示被巴比伦攻灭的亚述王国有建造花园的传统。亚述首都尼尼微王宫遗址的一幅壁画上，还描绘了建在城堡上的花园形象。然而巴比伦人既然占领了亚述，从亚述人那里学会修筑"空中花园"也并非不可能，而历史上巴比伦也确实曾与米底联姻。所以很多人相信，"空中花园"的遗址就躺在幼发拉底河河底。

永远的怀疑

"空中花园"在阿拉伯语中被解读为"悬挂的天堂"，然而这么豪华的"天堂"现在却什么也看不到了，只在一段被修复后的低矮墙中残留有一小块原址遗迹。美丽而神秘的巴比伦“空中花园”究竟在哪里呢？有人认为，巴比伦“空中花园”的具体位置是在幼发拉底河(Euphrates)的东面，距离伊拉克首都巴格达大约一百千米。空中花园营建之时，幼发拉底河可能从城的中部穿城而过。在《圣经·旧约》中，有一段诅咒巴比伦的经文，称其“必将成为旷野、荒芜，无人居住，一片荒凉的不毛之地。”迷信的人从不低估咒语的魔力，古巴比伦城的遗址，至今还沉寂在18米深的黄沙之下。

“空中花园”的遗存品收藏家兼尼布甲尼撒博物馆的馆长称：“即使经过考证，现在仍不能确认这就是真正的“空中花园”遗址，因为这里离幼发拉底河20多千米，而资料记载花园就建在河边。事实上，大半描绘“空中花园”的人都未真正涉足过巴比伦，他们只知东方有座奇妙的花园，波斯王称之为天堂，而在两相拼凑之下，形成遥远巴比伦的梦幻花园。实际上，在以往巴比伦的文献记载中，它本身也是一个谜，其中甚至没有一篇提及过空中花园。所以真正的空中花园在哪里，至今没人能说得清楚。”玄妙而神秘的空中花园，持续将重重的迷雾尽藏腹中。

特洛伊的“罪与罚”

长期以来荷马史诗被认为是没有根据的奇谈。但德国考古学家施里曼却找到了传说中的城堡特洛伊及其无尽宝藏的所在地。从此，施里曼和特洛伊的故事成为考古史上最动人心弦的伟大传奇，爱琴文明也由此翻开新的一页。时至今天，在西利比亚，有一部族宣称他们是漂流过海的特洛伊人的后代，然而史实果真是如此吗？

史诗还是史实？

公元前8世纪盲人荷马利用一大堆从远古时代流传下来的神话、传说和民间故事，创作了《伊利亚特》《奥德赛》两部史诗，向人们描述了发生在公元前13世纪的那场特洛伊战争和希腊英雄们的命运。特洛伊古城又因为荷马史诗中对其战争的描述而闻名，绝世美女海伦和木马屠城记也成为不朽的传说。但这是史实吗？来自德国蒂宾根大学的两位博士就目前位于土耳其西部特洛伊古城遗址的废墟展开了激烈的争论，其核心话题就是特洛伊城在当时到底是不是一座繁华的都市，而这一点，荷马并未在他的诗中提起。

特洛伊城大约在公元前3000年的铜器时代起就有人居住，直到公元前2000年间，仍陆续有人居住在那里，之后荒废了一段时间。从古希腊罗马时代，到公元4世纪，又有人在那里定居。特洛伊历史的遗迹，大致可分为9个主要时期，时间从公元前3000年至公元400年。每个时期都有代表性的残存建筑物及其相应的废墟，这些遗物按居住地的兴衰，一层一层地累积起来。

土耳其特洛伊城内的特洛伊木马

金苹果之争

特洛伊战争是指希腊和特洛伊之间的历时10年的恩怨情仇，通常认为战争时间是在公元前1193年到公元前1184年之间。尽管希腊史学家希罗多德认为敌对双方的战事都是历史上的真实事件，但后人则认为这些只是停留在传说的范畴之内，争辩的结果至今还没有定论。至于这场战争的原因，一般的说法是为了争夺一个名叫海伦的绝世美女。

故事缘起于赫拉、雅典娜和维纳斯3位女神，她们为了一个金苹果起了争执，因为苹果上面刻了一行字：归至美所有！宙斯要她们三人到山上找特洛伊王子帕里斯做裁判。当这位特洛伊王子还在娘胎的时候，他的母亲赫可芭便做了个梦，梦见腹中胎儿将会是焚毁特洛伊的火炬。特洛伊国王普里阿摩斯听了大吃一惊，遂下令孩子出世后立即处死。好在仁慈的仆人让弃婴大难不死，最后被牧羊人捡回家，抚养长大成人。

三位女神都想贿赂帕里斯，天后赫拉愿意让他成为全世界的主人；智能之神和战神雅典娜，要让他赢得所有的战争；爱神维纳斯则答应让他回去当特洛伊的王子，并得到全世界最美丽的女人——希腊斯巴达王墨涅拉俄斯的王后海伦。最后是维纳斯得到了金苹果。但维纳斯忘了提醒帕里斯，海伦是有夫之妇，于是引发了这场著名的特洛伊战争。

木马屠城记

海伦是希腊神话中最美丽的女人。特洛伊王子帕里斯利用到斯巴达王墨涅拉俄斯家做客的机会，诱拐了他的娇妻海伦。帕里斯将海伦带回特洛伊。墨涅拉俄斯和他的兄弟迈锡尼国王阿加门农派兵讨伐特洛伊。由于特洛伊城池牢固，易守难攻，攻战 10 年，未能如愿。这时，史诗中的主人公奥德赛想出了木马计。希腊联军烧毁了营帐，坐船佯装撤退回国，但在岸边留下一匹巨大的木马，里面隐藏着希腊战士。毫无防备之心的特洛伊人把木马当作战利品运进城去。为了让木马通过城门，他们还拆除了一部分城墙。夜晚来临时，正当特洛伊人沉湎于美酒和歌舞中欢庆胜利的时候，藏在木马内的迈锡尼士兵跳出木马，打开城门，与返回的希腊军队里应外合，终于攻破了特洛伊城。普里阿摩斯和他的子民们在劫难逃，特洛伊城亦被付之一炬。

特洛伊战争结束了，但关于其历史真实性的争议却延续了 3000 年。在古典时代，人们对荷马史诗深信不疑，认为那是希腊人早期的一段历史。战争中提到的阿加门农等也确有其人，他们是古希腊文化中的英雄，而特洛伊是希腊人取得辉煌胜利的一个地方。据说亚历山大在公元前 334 年攻打波斯人时，曾在特洛伊作短暂停顿，并向帮助希腊人战胜特洛伊人的神像献祭。后来的罗马人对荷马史诗的真实性的信念依然没有动摇，他们称特洛伊为伊利昂，并在小亚细亚北部被认为是古特洛伊的所在地兴建了一个叫新伊利昂(新特洛伊)的城市。

被揭开的面纱

英国历史学家埃里克认为，特洛伊在当时充其量不过是一个王公贵族的城堡而已，而且这样的看法是有其合理的逻辑推理的。而哈佛大学历史系教授弗兰克·里奇却持着不同的观点。两位教授之间论点的交锋，引出了一些已经争论多年的古老问题：荷马史诗中对特洛伊战争的描述是基于历史事实，还是完全脱离了史实，而成为纯粹的诗作？历史中真的有海伦这个女人存在吗？如果存在，难道她的容颜真的有那么动人，会引来拥有千艘战船的军队为其征战？

到了 18、19 世纪，特洛伊和特洛伊战争的真实性越来越受到怀疑，它们被看成是模糊不清的神话或传奇，学者们甚至怀疑有没有荷马这个人。他们推测荷马史诗并非出自一人之手，而是许多位诗人的共同之作。在漫长的岁月中，诗人们不断地对一些诗作加工润色，并系统地记录下来，最后以故事的形式代代相传。

历史学家只能将古希腊文明追溯到公元前 8 世纪，他们认为在那之前，爱琴地区只有贫困、目不识丁的农民，根本没有荷马史诗中的繁华城市和掌握大权的国王们。1822 年以前，这个看法还十分流行，但正是这一年，考古史上的传奇人物施里曼在德国北部梅克伦堡的一个牧师家庭出生了。他将推翻当时的权威之说，向人们再现爱琴文明的辉煌。

1874 年，当施里曼从特洛伊遗址考古归来之时，将一顶据说是当年海伦的王冠，戴在了自己年轻美丽的妻子索菲亚的头上，同时向世界公布了“普里阿摩斯宝藏”的发现。人们这才相信，荷马史诗中的特洛伊城并非虚幻的传说，充满传奇色彩的特洛伊城在尘封千年之后，终于揭开了其神秘的面纱。

千古传诵的荷马史诗在考古的发掘下再次显示出了它非凡的魅力，它告诉人们，特洛伊考古不仅仅是一个永恒的传奇，也开启了一个新的考古时代。接踵而来的迈锡尼考古发掘和克里特考古发掘，使爱琴文明的光辉重现人间，欧洲的文明史也因此整整向前推进了1000年。

说不尽的《蒙娜丽莎》

《蒙娜丽莎》是人所皆知的名画，而此画的那些神秘传说以及各种研究进展也是年复一年的出现。如果说微笑着的蒙娜丽莎就像蒙着一层面纱，那么当我们费尽气力揭开这层面纱时，会发现微笑着的豪娜丽莎的脸上还蒙着面纱。这就是这幅永远揭不完面纱的《蒙娜丽莎》的神秘了。

从佛罗伦萨到巴黎

《蒙娜丽莎》是文艺复兴时代意大利画家列奥纳多·达·芬奇的一幅著名油画。达·芬奇传世的油画很多，但是像《蒙娜丽莎》一样被人审查、研究、演绎或是恶搞的，仅此一幅。

此画是直接画在白杨木上的，现存的《蒙娜丽莎》长77厘米，宽53厘米，为法国政府所拥有。法国政府把此画保存在巴黎的卢浮宫供公众欣赏，被称为“卢浮宫的镇馆之宝之一”。这幅半身肖像油画描绘的是一位女子，其面容端庄，神情含蓄，略带微笑，因为画中女子的微笑更是让人倾倒迷惑的所在，所以此画在中国又有译名为“蒙娜丽莎的微笑”。

1502年，意大利文艺复兴时期，达·芬奇便在佛罗伦萨开始创作这幅《蒙娜丽莎》，根据瓦萨里的记载，这幅画耗时4年，直到1506年才完成，据说单单其嘴角就画了12个月。达·芬奇画完这幅画后，并没有把画交给请他作画的人，而是一直随身携带。1516年，法国国王弗朗索瓦一世邀请达·芬奇访法，到昂布瓦斯城堡中的克鲁克斯庄园休养工作。达·芬奇就将这幅画从佛罗伦萨带到了巴黎。1519年，达·芬奇在巴黎逝世了。国王花了4000埃居买下了《蒙娜丽莎》，并将它保存在枫丹白露宫，直至路易十四时期，才将此画藏于卢浮宫。

拿破仑时期，拿破仑为了将此画装入画框，曾经对此画进行裁剪，将画的两边各切割掉一部分。据说在《蒙娜丽莎》的未裁剪版本中，画的两侧有两根柱子。后来出现的另外一幅《蒙娜丽莎》，有人称是达·芬奇的初稿，或者有说是其弟子临摹，在这幅画中就出现了两根柱子。

藏在卢浮宫的《蒙娜丽莎》一度被盗回佛罗伦萨。经过一番波折，才又回到卢浮宫的。

她在微笑

《蒙娜丽莎》问世以来，人们对蒙娜丽莎神秘的微笑的解释就没有停止过。不同的观众，不同的时间，不同的场合，对其感受都不同。有时候，蒙娜丽莎笑得温柔畅快，有时候又笑得严肃庄重，有时候笑得略含哀伤，有时又露出讥嘲和揶揄的微笑。荷兰阿姆斯特丹的一所大学曾经应用“情感识别软件”分析蒙娜丽莎的微笑，认为她的微笑含有 80%的喜悦、9%的厌恶、6%的恐惧、3%的愤怒以及 2%的不可名状。

虽然，这种分析没有太大意义，但是可见其复杂。专家认为，此画之所以能产生这样的效果是因为画中光线的变化。在蒙娜丽莎的脸上，微暗的阴影时隐时现，变幻的光影为她的双眼与唇部披上了一层面纱。一般而言，人的笑容主要表现在眼角和嘴角上，达·芬奇却偏偏把这些地方画得若隐若现，似真似幻，一点也不分明，从而产生了这令人捉摸不定的“神秘的微笑”的艺术效果。

研究视觉神经的专家认为，蒙娜丽莎的神秘与其本身无太大关系，关键在于人的视觉感受，处于不同的位置，都会有不同的视觉感受，从而产生神秘之感。

数百年来，研究蒙娜丽莎的微笑的著作层出不穷。其中许多解释本身就神秘得很，许多解释更是令人解颐，但这些解释为此画提供了许多思路也增添了许多色彩。

譬如美国的一位医生认为：“蒙娜丽莎压根就没笑，她的面部表情很典型地说明她想掩饰自己没长门牙。”由此我们可以推测提出这种解释的应该是一位牙科医生。

法国一位脑外科专家的观点更为骇人，他认为蒙娜丽莎刚得过一次中风，因为她半个脸的肌肉是松弛的，导致脸显得歪斜，所以才像是在微笑。

英国的一位医生则相信蒙娜丽莎是怀孕了。他认为蒙娜丽莎的脸上流露出满意的表情，皮肤鲜嫩，双手交叉着放在腹部，是典型的怀孕者的表情。支持此说的人还考证出画的原型正处于怀孕期间，还有人认为画中蒙娜丽莎没有眉毛就是妊娠反应，而不是当时风俗。

另有专家推测，蒙娜丽莎刚刚经历了性高潮，所以才表现出令世人倾倒的微笑。与此相近的一种观点是，蒙娜丽莎很像吃了苯氨基亚胺（巧克力中的一种物质），然后在人体内产生的一种欢愉激素。

类似于此类的解释还有很多，其神秘之名可见了。

画中人

最初，一般认为，蒙娜丽莎确有其人。她是弗朗西斯科·戴尔·吉奥亢多的夫人。她丈夫是佛罗伦萨的一位富商，在当地的政治界也颇有影响。传说蒙娜丽莎是其第三任夫人。但是历史上关于此人却没有任何资料，也没有任何历史记录说明她是达·芬奇的画中人。

其后，有人认为，蒙娜丽莎其实是达·芬奇的一幅自画像，不然达·芬奇不会将其随身携带。研究者还在计算机上把蒙娜丽莎的像与达·芬奇的另外一幅自画像重叠着放，两幅画像的面部几乎一模一样。反对者认为这个结果，只不过是因为两幅画像是同一个画家用同一种画风创作出来的而已。

另有说法是，蒙娜丽莎实际上是一位米兰的公爵夫人。达·芬奇曾经为这位夫人做了11年的专用画家。资料表明，蒙娜丽莎的面容与此夫人有很多相似之处。

另外一个说法是，蒙娜丽莎的名字来自古埃及传说，古埃及传说主管男性的神叫阿蒙，主管女性的神叫莉斯，两者连起来就是蒙娜丽莎了，因此蒙娜丽莎非男非女，是两性的融合体。

还有一种解释则根据达·芬奇终身未娶，有同性恋倾向，认为此画是一幅象征画。画中，地平线左边比右边的低，人物则左侧比右侧大。他们认为这代表达·芬奇对女性的崇拜。

后现代人的恶搞

蒙娜丽莎被尊重了数百年，然而到了20世纪，当喜爱、崇拜等情怀积累到了无新意时，趁着20世纪的解构之风，蒙娜丽莎遭遇了在前几个世纪不曾遇到过的恶搞。

最开始是法国画家杜桑，这位著名大达达主义者，用铅笔在蒙娜丽莎的脸上画上小胡子和山羊须，并题上L.H.O.O.Q字母，命名为《带胡须的蒙娜丽莎》，成为现代艺术的一大代表。

其后，20世纪的摄影大师哈尔斯曼，则将蒙娜丽莎的脸换成了达利怪异的面容：凸出的双目，翘过眉毛的胡子，青筋突起的手中塞满钱币。

还有南美画家博特罗将蒙娜丽莎画成了一位肥胖无比的胖子，脸部夸张为充气球，占满整个画面，那双号称最美丽的手却小到几乎看不见。

进入20世纪90年代，尤其是在互联网和电脑大行天下的时代，各式各样的“蒙娜丽莎”纷纷出炉——肢解了的蒙娜丽莎、裁剪了的蒙娜丽莎、污损的蒙娜丽莎、烧毁的蒙娜丽莎以及各种置换了头像的蒙娜丽莎，都成了独立的艺术创造。

解不开的谜

由文艺复兴时期，到现在的大解构时代，《蒙娜丽莎》一直都不曾离开过人们的视线。当年达·芬奇到底为谁画的肖像，在今日不过是人们茶余饭后的话题了。但是这幅杰作所产生的神秘莫测的艺术效果，却让后世的我们赞叹不已。

古希腊雕塑为何都是裸体？

古希腊雕塑是古希腊文化的标志，其中所表现出来的美令人惊叹。然而我们可以发现，古希腊雕塑大多都是裸体的。时至今日，裸体艺术还会被人非议，而在几千年前的古希腊，人们普遍的将雕塑塑成裸体，这到底是为什么？在这后面有着什么样的文化和风情呢？

力与美

古希腊的雕塑被誉为“力与美的象征”。其经过了从荷马时期开始，到希腊化时期，整整 800 多年的发展成熟，才形成了古希腊独特魅力的雕塑艺术。

古希腊雕塑的材料主要是石灰石、大理石、青铜、陶土、木材、黄金和象牙，但是在今日保存下来的只有石雕了，而青铜雕塑多遭熔铸。其雕塑的主要内容有：祭祀神灵；庆祝战争的胜利；表彰在运动场上夺得胜利的运动员；或是纪念重要的政治事件等。另外还有一些立在旷野或是家族墓地中的纪念碑。

其最初的目的是服务于宗教。因此在古希腊，雕塑是一项崇高的工作，这也直接导致其艺术创作理念的神化。

古希腊雕塑的创造来源一般是古希腊神话，其神话在荷马时期便已经系统形成。在古希腊神话中体现的是“神人同形同性”的理念。因此，雕塑师们都是按现实中的人的形象来塑造神，并赋予其更为理想更为完美的艺术形式。精心表现人体美，将理想和现实融为一体的人体雕塑艺术，是古希腊雕塑艺术的最重要的特征，它的自然的美感往往表现出一种动人的柔和感。

崇尚身体的年代

对于为什么古希腊雕塑多为裸体的疑问，最常见的观点认为这与当时的风俗相关。

有一种说法，认为古希腊的裸体艺术源于原始社会的裸体风俗。这在各大文明的早期艺术作品中可以得到印证，譬如说许多原始文明的壁画，但是这一观点并没有得到大多数人的支持。

更为常见的观点则认为，古希腊人雕塑采取裸体的形式，和当时战争的频繁与体育的盛行紧密相关。

在希腊时代，当公民的职责就是公共事务和战争。当时的战争全凭肉搏，因此要求每个公民都得锻炼出强壮的身体，愈强壮愈矫健愈好。因此青年人都要接受身体训练，以卫城邦。

战争带来了体育的盛行，运动健将得到追捧，而身体羸弱者被人鄙视。古希腊各个城邦每逢节日，都要举行体育竞赛。人们参加运动会，都会把衣服脱光，露出健美的身体。这种情况不仅是男子，当时女子也是如此。当这成为风俗时，也就没有什么好羞耻的了。而且身体愈强壮者，愈会被人认为美，被人们欢呼，甚至被雕塑家塑像。

法国著名雕塑家罗丹曾经说：“希腊人这种特有的风气产生了特殊的观念。在他们眼中,理想的人物不是善于思索的头脑或者说感觉敏锐的心灵,而是血统好、发育好、比例匀称、身手矫健、擅长各种运动的裸体。"这样导致古希腊的审美观偏向于裸体,于是裸体雕塑就大量地出现了。

快乐主义说

近年来,研究者对此说渐渐有了不同的意见,有论者认为,古希腊的裸体雕塑文化,其本原是古希腊的享乐主义。在古希腊,人们过着相当奢靡的生活,以沉迷于两性的乐趣之中为风尚。所以学者们认为其裸体雕塑是当时性快乐主义风尚的产物。他们认为:

人类的裸体有三种性的特征。第一性征即生下来便用于区别性别的特征,由动物继承而来;第二性征是人体发育成熟之后,男女体型和体表的不同,主要有乳、臀和身体结构等的差异,是从猿到人进化中由供养制度造成;第三性征是两性的心理、气质、风度和行力的不同,是社会文化的产物。这三种性征相应构成性吸引与性审美的三个层次:生理的、心理的和习俗的。

古代希腊艺术奠定了西方文化中裸体美的基本模式,既非源于裸体风俗,也非来自赤身体育活动,而是当时性快乐主义风尚的产物。理由是它在保留第一性征的基础上,强调第二和第三性征。也就是说,并非强调身体本身的强壮,而是在强调性快乐的表情。

这种裸体美的典型和极品是存于罗马的阿佛洛狄忒无头立像和跪像,以及爱神群像等。

这种说法在社会学上很受欢迎,但是艺术界人对其有争议。还有论者认为古希腊雕塑艺术其实是起源于中亚的,但这种说法需要考古事实来支持。

日本的《红楼梦》——《源氏物语》

日本文学作品中的《源氏物语》一书,风格细腻,影响了日本文学的走向。而其作者,竟然是一位名字不可考的女性。这位女性到底是谁?她为什么要写这么一部小说?由此,《源氏物语》这样一部文学名著,以它的离奇出身,给出了一道久远而艰深的谜题,吸引着无数人的目光。

《源氏物语》其书

《源氏物语》是一部日本古典文学名著,对于日本文学的发展产生过巨大的影响,被誉为日本古典文学的高峰。《源氏物语》中所带有的"物哀"的格调,被定格成为日本文化的特质,这种特质随着一代一代的文人,渐渐地浸入了日本人的骨子里。

《源氏物语》是一部让日本民族整整骄傲了十个世纪的著作。川端康成指出《源氏物语》是日本小说创作的最巅峰。的确，此书影响着日本文学的发展，至今，仍无人能超过。

物语，为“讲述”之意，是日本古典文学中的一种体裁，相当于我国的传奇。“源氏物语”就是关于源氏的传奇。这类小说在日本较著名的还有《竹取物语》《落洼物语》《平家物语》《伊势物语》等。

《源氏物语》作者紫式部石雕像

此书共五十四回，近百万字。上半部讲述了平安时代源氏公子与众妃、侍女的荒淫生活。后半部以源氏公子之子熏君为主人公，铺陈了复杂纷繁的男女纠葛。此书行文典雅，很具散文的韵味，同时书中大量引用了《礼记》《战国策》《史记》等中国古籍中的史实和典故，又使其具有浓郁的中国古典气息。书中大量写实的白描让贵族们的生活展现在读者眼前，相隔千年却始终魅力不减。书里有许多关于性的描写，对日本文学和文化人格也大有影响。

研究者常常将此书与《红楼梦》相比，因两书所涉人物都是贵族，其所揭示的社会与生活的着墨点染又与《红楼梦》有异曲同工之妙，所以这部作品被认为是日本的《红楼梦》。

紫式部

此书作者具有争议，现在尚无定论，相传是日本平安时代的紫式部。

紫式部本姓藤原，字不详。因其长兄任式部丞，而当时风俗是，宫中女官以父兄的官衔为名，所以称为藤式部。之所以叫紫式部，是因为《源氏物语》中女主人公紫姬为世人传诵，遂改其为紫式部。

紫式部除名字外，其他多不可考，包括其生卒。现在一般认为，其生于 978 年，死于 1015 年。紫式部出身于中等贵族家庭，是一位极富才情的女子，家中是书香门第，父兄等皆是诗人。紫式部因此自幼得以随父学习汉诗，并熟读中国古代典籍。

紫式部家道中衰,嫁给一个官吏做过小妾,丈夫去世后,依赖父兄生活,十年寡居。后进宫做了彰子皇后的侍读女官。这篇小说就是她写给皇后,供天皇消遣的读物。因为紫式部有宫廷生活的直接体验,又对当时日本贵族阶层的淫逸生活及男女间的情爱之事有全面的了解。加上作者内心细腻、敏感,而且古典文化修养深厚,才情敏捷,所以《源氏物语》读来令人感动,显得古典静雅、美丽哀婉。

才女之女

有人怀疑此书后十回为紫式部女儿所作。

其女藤原贤子是长保二年出生的,第二年就随母亲居住。在母亲任彰子皇后的女官之后,她也进入了宫殿中出任女官。

贤子入宫之后,因为美貌而富有诗名,为当时公卿所追逐。于是贤子游走于公卿贵族之间,显得无比风流。最后嫁给了左卫门督藤原兼隆。后来,贤子的闺中好友藤原嬉子成为皇后,因生产仁亲王难产而死。贤子出任仁亲王的乳母,将仁亲王抚养长大。

贤子担任乳母后,其丈夫藤原变心另有情人。性格坚毅的贤子在28岁时,毅然与他离婚了。此后,出身于没落家族的高阶成章积极追求贤子。贤子经此变故,已经厌倦了当年的风流生活,便下嫁于他。

其后仁亲王登基,将贤子提升为四位典侍,从此改称大弍三位。贤子活了80多岁,诗名传遍日本,是极有才情的人物。

鉴于《源氏物语》一书后面部分风格不一致,考虑到贤子的复杂经历和才华,她续写后面十回的可能性是很大的。而书中浮舟最后出家,寂寂一生,也符合她那时的心情。

征服

《源氏物语》的流传,是日本文化的矛盾内涵的表现。日本作为一个歧视女性的国家,他们唯一的一部巨著却是两个女性所写,影响了数百年的男性作家。

也因此,数千年来,日本文学研究者对紫式部此人是否便是此书作者考据无数。然而,由于年代久远,而紫式部本人又不显赫,是不是她写的此书,终究是不可考的。

所以,紫式部到底何许人也?后十回到底是不是藤原贤子所著?这些答案可能无人能够回答。但是,毋庸置疑的是,此书的作者一定是宫中女官。她们用她们的绝世才华,以及对生活的深刻体验,征服了日本,感染了温婉而凄美的日本文化,也征服了全世界的读者。这才是这个谜题的答案吧。

哲学家苏格拉底被处死之谜

公元前399年,年逾七旬的古希腊著名哲学家苏格拉底被雅典当局宣判死刑。他的罪名是"亵渎神灵,蛊惑青年""煽动反民主情绪"。接到判决后,这位著名的哲学家在狱中喝下人们为他准备好的毒酒,痛苦地死去。

神灵赐予雅典的一只"牛虻"

苏格拉底(约公元前469~前399年)出生在希腊雅典城邦一个普通石匠家庭,母亲是位接生婆。他青年时期,正值雅典和整个希腊社会的多事之秋。当时战争连绵不断,他本人就曾参加雅典的多次战役。由于对战争烽火的体验,他不像以前的哲学家那样静坐书斋。他从书斋走向社会,把哲学家的眼光从茫茫宇宙移到熙熙人世。那时,在雅典的大街小巷,人们经常看到这位智者,他打着一双赤脚,心平气和地同各行业的人探讨各种各样的问题。

苏格拉底最早提出神秘的目的论。他认为世界是由神灵创造的,一切都是神灵为了一定的目的而安排的。神给人眼睛是为了看,给人耳朵是为了听,给人鼻子是为了嗅。他自称"通晓神谕",常有"灵机"。他认为人在自然面前是无能为力的,因为自然也是神创造的,人的理性根本不可能去认识它。研究自然是一种亵渎神明的行为。

即使这样,苏格拉底哲学中也有许多值得继承的地方。他提倡"先认识自己",这是他哲学的精髓所在。他提出"知识即美德,无知即罪恶",主张"真知必行""知行合一"。他反对人们追求物质享受和社会地位,认为人应注意自身的素质和德行的完善,过一种文明而简朴的生活。他主张社会各行业均应让有专长的人来管理,甚至国家政权也不例外。苏格拉底还是一个教育家。他从母亲为人接生孩子受到启发,自称是知识的"接生婆"。他在和别人讨论问题时,能敏锐地抓住核心概念,设法使对方陷入自相矛盾的境地。然后,他通过所谓"接生术",使对方藏在意识中的思想"出世"。这其实是一种独特的启发式教育。希腊另外一位大哲学家柏拉图就是他的弟子。

苏格拉底生前既有大批热烈的崇敬者,又有大批激烈的反对者。他认为自己是神灵赐予雅典的一只"牛虻",时时叮叮雅典这匹硕大的骏马,为了让它精神焕发。可是,也许雅典被"叮咬"得不耐烦,执意要将他这只"牛虻"拍死。

苏格拉底的主要罪状

当苏格拉底被人控告后,他的学生色诺芬和柏拉图在法庭上为老师作了辩护。原告提出苏格拉底的罪状主要有两条:一是引进新神,亵渎了人们公认的神;二是煽动反民主思想,给雅典社会带来了危害。柏拉图作为苏格拉底的辩护人和受审时的目击者之一,事后撰写了《申辩篇》。色诺芬在《回忆苏格拉底》一文中,也逐条反驳了原告的指控。不过后人认为,他们作为学生在为自己的恩师辩护时,难免带有比较强烈的主观色彩,所以这些文件难称"信史"。但是也不否认,材料具有一定的历史价值。由于其他材料缺乏,苏格拉底到底有罪无罪,人们一直争论了两千多年。

有人认为,苏格拉底之死是"罪有应得"。他当时在雅典已经不仅仅如他自己所称是一只牛虻,他实在是一个"危险分子"。在他还活着时,人们已经开始群起而攻之了。公元前 423 年，雅典上演阿里斯托芬的喜剧《云》，此剧将苏格拉底描绘成一个伤风败俗、不敬宙斯、专教别人干坏事的无赖。但是不少人指出：作者虽然是苏格拉底的朋友，但他留恋过去的“黄金时代”，对当时十分活跃的智者学派深恶痛绝，于是不加区分地把剧中的苏格拉底作为他们的化身，尽情嘲弄攻击。阿里斯托芬不一定蓄意害友，不料过了 24 年，在审判苏格拉底的时候，他的剧本竟然被人利用，当作苏格拉底犯有渎神罪的证据。

苏格拉底雕塑

有人认为，苏格拉底曾组织过一个贵族小集团，进行仇视平民的活动，因此被处以死刑。这是他拥护贵族统治、反对民主政体应受的惩罚。但许多人觉得，这种罪名只要稍加分析，便知难以成立。苏格拉底出身于一个普通的小手工业者家庭，他反对人们追求物质享受，应该不会和贵族为伍，更不会拥护贵族统治；他成天在街头巷尾和老百姓津津乐道人生哲理，又怎会仇视人民？他只是主张由有专长的人来治理国家，并没有否认人民群众的执政能力。不过这种推理也大可商榷。从政治观点来讲，苏格拉底的确推崇贵族“精英”的专制统治，在政治斗争异常激烈的雅典城邦，掌权的民主派不会容忍他。

有人认为苏格拉底被处死是历史的悲剧。持这种观点的学者认为，不管苏格拉底被以何种罪名处死，他都是清白无辜的。他实际上是为自己的信念而死的。公元前 404 年，雅典由于在伯罗奔尼撒战争中失败，民主政体被斯巴达支持的“三十僭主”统治所取代。“三十僭主”的头目，就是苏格拉底的学生克利提阿斯。据说有一次，克利提阿斯把苏格拉底召去，要他带领四个人去逮捕一个叫列昂的富人，欲杀之以夺其财产。其余四人欣然从命，只有苏格拉底拒绝合作，拂袖而去。他不但敢于抵制克利提阿斯的非法命令，而且公开谴责他的罪行。克利提阿斯把他叫去，不准他今后再接触青年，但他不予理睬，弄得彼此关系十分紧张。由此可见，苏格拉底对“三十僭主”的恐怖政策也表示不满。前 403 年，以塞拉息布洛为首的民主派夺取了雅典政权，但是苏格拉底并没有遇到麻烦。几年后，苏格拉底才遇害。

从容赴死

按照雅典的法律，在法庭对被告进行判决之前，被告有权提出一种不同于原告所要求的刑罚，以便法庭二者选一。但苏格拉底理直气壮地自称无罪。他认为自己的言行不仅不属于犯罪，而且有利于社会；他甚至觉得只有让他终生在雅典卫城的圆顶厅享受国家提供的免费餐，才算合理。在朋友们的规劝下，他提议法庭对他罚款 30 明那。但结果大大出乎意料：他被判了死刑。据说在收监期间，他的朋友克利托等人已经买通狱卒，还制定了越狱计划，力劝他逃走。但苏格拉底坚决不从，他认为自己应该服从国家的法律和法庭的判决。在就要处决他的那个晚上，他打发妻子和亲属离开牢房，与克里托等人侃侃而谈。在讲了一番灵魂不死的问题后，苏格拉底镇定自若地从狱卒手中接过毒药，一饮而尽。

由此可见，如果说苏格拉底反对民主政治，他同样也反对克利提阿斯的寡头暴政。如果说他的言论具有蛊惑性，他一直规劝青年（包括克利提阿斯）从善。像他这样注重美德之人，何有“败坏社会公德”之罪？

1979 年 4 月 8 日，《纽约时报画刊》发表著名记者斯东的文章。他认为雅典是欧洲思想、言论自由的发源地，不可能仅仅因为传播某种不合乎“主流”的思想，就把一个受人尊崇的大哲学家处死，一定是苏格拉底曾犯下不可饶恕的其他罪行。色诺芬和柏拉图的记载很可能隐瞒了重要情节，美化了他们的老师。但是，苏格拉底究竟犯了何种“其他罪行”，人们不得而知。

查理大帝的加冕事出偶然吗？

公元 800 年 12 月 25 日，在意大利的罗马城，发生了一件举世瞩目、影响深远，以至改变欧洲政治格局的大事件：一个“蛮族”人的国王，被罗马教皇破天荒地戴上一顶金皇冠，加冕为“罗马人的皇帝”。这个得“天”独厚的人，就是欧洲历史上赫赫有名的“查理大帝”。

查理大帝

查理 742 年出生于法兰克王国的名门贵族家庭。祖父查理 · 马特是墨洛温王朝大权实握的宫相，以打败阿拉伯人的进攻和实行采邑改革而驰名遐迩。父亲“矮子丕平”于 751 年与教皇相勾结，废黜了墨洛温王朝的末代国君，并取而代之，创建了加洛林王朝，成为加洛林王朝的第一代国君。作为王子，查理从小就经常跟随在父亲身边，或出入宫廷，或巡行全国，或骑马打猎，或从军作战，受到政治上和军事上的锻炼。他身体颀长，体格强壮，双目大而炯炯有神。他精于武艺，彪悍善战，很早就显露出军事上的才干。

768 年，“矮子丕平”去世，查理继位为王。这时，正是西欧封建化过程急剧进行之

查理大帝

际。随着封建化的发展,封建贵族迫切要求向外扩张,掠夺土地和财富。因此,查理即位后,即开始了大规模的征服战争。他在位46年,先后发动五十余次征服战争。774年他吞并了伦巴德王国;778年和801年他两度进攻西班牙,建立了“西班牙马克”;从772年到804年历时三十余年,经过18次战役,征服了萨克森;788年占领巴伐利亚;796年征服阿瓦尔人,占领多瑙河中游的潘诺尼亚。通过一系列南征北掠、东侵西讨的军事战争,查理迫使许多各不相同的部落和部族都做了他的臣民,并把法兰克王国的版图扩大到西至厄布罗河,北抵北海,南到意大利,东迄易北河的广大地区,成为土地广袤、雄踞西欧的第一个封建大帝国。

赫赫声威和强大的国势,使查理踌躇满志,“蛮族”人的国王称号,显然已与他的声势不相适应,威震四方的“恺撒大帝”才是他推崇和效法的榜样。恰巧,罗马教廷内部的倾轧斗争,为他加冕称帝提供了条件。795年,教皇阿连德一世逝世,新教皇立奥三世以阴谋手段登上教皇宝座,与教廷中有势力的大贵族发生矛盾,遭到强烈反对。于是立奥三世便向外寻求援助。他致函查理,表示忠诚,以换取查理的支持。796年,查理在给立奥三世的复信中说:“正如我们与您的前任哈德良达成过协议,我们同样愿与您建立牢固的信仰与仁爱的和谐……我的天职是用武力保卫教会,而使它不受异教徒的攻击蹂躏……而圣父,您的职责则是用祈祷支持我的武力。”这番话鲜明地反映了新教皇与查理的亲密关系。但是,罗马的贵族对日耳曼人包括查理在内,一向是非常蔑视的。因此,立奥三世的行为遭到罗马大贵族的反对。799年4月25日,罗马贵族首领以教皇对法兰克人软弱为借口,将立奥三世逮捕入狱,倍加虐待,几乎使立奥三世致盲致哑。后来他在法兰克使臣的帮助下设法逃了出来,潜出罗马城来到法兰克,向查理“鸣冤叫屈”。查理勃然大怒,于800年12月亲率大兵护送立奥三世回罗马,召集所有主教、神职人员及贵族开会,帮助立奥三世复位,并对反对立奥三世的人处以重刑。立奥三世对查理感激涕零,视同再生父母,不惜抓住一切机会报效查理的恩典。12月25日圣诞节那天,当查理跪在圣彼得大教堂做弥撒时,立奥三世便为查理戴上一顶金皇冠,封他为“罗马人皇帝”,并赞颂道:“上帝为查理皇帝加冕,这位伟大的和带来和平的罗马人皇帝,万寿无疆,永远胜利。”这样,在西罗马帝国灭亡三百多年后在它的领土上又建立了一个“罗马人的帝国”。从此,法兰克王国被称为“查理帝国”,查理国王变成了“查理大帝”,亦称“查理曼”。

情非所愿的加冕典礼

查理的加冕,是世界中世纪史上意义重大、影响深远的一件大事,它奠定了教权与王权对西欧进行教俗双重统治的政治思想基础。但是,查理大帝的“加冕”曾引起史学家的热烈争辩。据为查理作传的爱因哈德所述,查理对“加冕”一节事前毫无所知,因而对立奥三世的做法感到突兀,并且很反感。爱因哈德在《查理大帝传》中这样记述道:查理“非常不喜欢这种称号,他肯定地说:‘假如当初能够预见到教皇的意图,他那天是不会进教堂的,尽管那天是教堂的重要节日。’”事情果真如此吗?现代许多西方历史学家对此表示怀疑。有人认为,查理既拥有至高无上的权力,又能严密控制局势,绝不可能容许心非所愿之事,从当时立奥三世的处境看,他也绝不敢做冒犯查理的事。有的史学家则强调指出,800年时,拜占庭(即东罗马帝国)正缺少一位皇帝,查理曾向拜占庭皇后艾琳商谈联姻事宜,未能如愿。这一事实也足以表明查理对拜占庭的“帝冠”是感兴趣的。另外,在立奥三世给查理戴上皇冠时,立即受到在场的罗马贵族和僧侣的热烈欢呼和拥戴,显然这一事件是经过精心策划的。因此,爱因哈德说查理对“加冕”事前毫无所知,纯系心非所愿的偶然事件,很难令人置信。

但是,也有一些西方史学家认为爱因哈德的记述是可信的。因为此人学识渊博,才智过人,20岁时即被查理延聘到宫中供职。一生中大部分时间都跟随查理左右,掌管秘书,参与机要,还几次衔查理之命出使国外,深得查理的宠信。在查理死后,他还继续留在“虔诚者”路易的宫廷,恩宠不衰。由于爱因哈德的优越身份和特殊地位,使他对查理的行为举止和宫廷内幕了如指掌。他本人在自序中曾这样说道:“我认为没有人能够比我更真实地记述这些事情。”同时代的学者瓦拉夫里德·斯特拉博也曾称赞他“提供了丝毫不假的真实情况”。因此,他撰写的《查理大帝传》是建立在亲身经历的基础上的,具有可靠的史料价值,其中对“加冕”的记述,应当说是可信的,不能视为杜撰之语。我国的有些教科书也倾向于这种观点。如朱寰先生主编的《世界中古史》在叙述这一事件时写道:“圣诞节这一天,当查理跪在圣彼得大教堂作弥撒时,教皇立奥三世突然把一顶金冠戴在他的头上。”“突然”一词既体现了这一事件的偶然性,又与爱因哈德记述的查理对“加冕”感到突兀相吻合。

查理“加冕”的真相究竟如何?是教皇立奥三世别出心裁的偶然性举动,还是经过精心策划的历史事件?这一历史谜团尚需认真研究、考证,才能揭开。

有没有伊索其人和《伊索寓言》?

伊索和他的寓言故事集是大家所熟悉的。《伊索寓言》约350篇,大多是古希腊民间的讽喻小品,还有印度、阿拉伯和基督教的故事,取材于半历史、半神话的野兽王国的事情,诙谐幽默,脍炙人口。它对西方伦理道德、政治思想影响很大。然而,人们很难设想,这本蜚声文坛的杰作竟然出自一位奴隶出身的寓言鼻祖——伊索。

相貌丑陋,足智多谋的伊索

根据希罗多德(约公元前484~前425年)记载,伊索生活在公元前6世纪中叶左右,是萨摩斯岛雅得蒙的被释奴隶。萨摩斯、萨尔狄斯、色雷斯的美塞姆布里亚和普里吉亚的科狄奥乌姆都可以认为是他的出生地。后来,又有许多关于伊索的趣闻轶事,大多不足凭信。相传其人相貌丑陋,上肢短小,下肢罗圈,皮肤黝黑,大腹便便,斜眼、塌鼻、尖脑袋,更糟糕的是,他是个哑巴,只是因为行善而感动女神艾西斯,她赐予了他说话的能力。伊索思维敏捷,足智多谋,能言善辩。例如,他和其他奴隶到埃菲苏斯,他在必须驮运的行李物件中选了一大筐面包,这筐子比其他奴隶的筐子重一倍。为此,他受到了伙伴们的嘲笑。但到天黑时,作为他们口粮的面包都被吃光,筐子变得空空如也。再如,在僭主庇西特拉图(约公元前600~前527年)统治时期,伊索来到雅典,以《乞请国王青蛙》的故事,告诫人们不要犯上作乱。后来,伊索受宠于吕底亚国王克洛伊索斯,在萨尔狄斯宫廷中做事。有一次,他竟然有幸参加希腊七贤宴会,不久,又受命到特尔斐神庙送礼,在一次骚乱中,不幸被特尔斐人投到山崖下摔死。他死后约200年,吕留波斯为伊索塑了一尊雕像,并把他竖在希腊七贤塑像之前。

伊索风格的寓言

历史上许多人都提到了伊索和他的作品。大哲学家柏拉图告诉我们,他的老师苏格拉底于公元前399年在监狱中把伊索寓言改成韵文。百科全书式学者亚里士多德(公元前384~前322年)的《修辞学》中有《狐狸和刺猬》的故事。大雄辩家德摩斯梯尼(公元前384~前322年)曾用《狼与小羊》劝说雅典人不要把他出卖给腓力普。演说家摩特里乌斯·法莱里乌斯(约公元前345~前283年)曾分10册出版了他所收集的寓言。奥古斯都时期的自由民费德鲁斯用拉丁文把寓言改成诗体。大约2世纪,亚历山大·塞佛鲁斯大帝儿子的家庭教师、罗马人巴布里乌斯把寓言改写成希腊文。4世纪,阿维阿努斯把42个寓言故事写成拉丁文哀歌体对句。大约14世纪,马克西姆斯·普拉努底斯教士收集汇编了这些寓言,使伊索寓言广为流传。

过去也有人认为,伊索这个名字事实上就是寓言这个词的同义语。伊索,或者某一个像他那样的人,为了使世人明辨是非,最先以简洁、明快的风格讲述所收集的某些寓言故事，在这一过程中，他当然加进了一些自己的内容，从而使伊索这个名字和寓言之间的关系变得密不可分。所有这些具有伊索风格的寓言年复一年，世世代代经口头流传下

伊索

来，最后都被归结为出自伊索的手笔。例如，在西亚远古苏美尔时期和古巴比伦的泥板文书中，古埃及的大纸草里，还有古印度梵文《五卷书》，佛教经典《本生经》《嘉言集》，小亚细亚《旧约全书》中的《士师记》，以及公元前8世纪希腊的《田功农时》中，都有这种伊索风格的寓言。

伊索原型为寓言家阿克曼

但在最近几年，有人考证，伊索不是别人，而是非洲埃塞俄比亚的寓言家阿克曼。他们认为，希腊人把埃塞俄比亚的寓言翻译成希腊文，并以伊索署名，其含义是埃塞俄比亚人。这大概是因为译者将 Ethiop 错读成 Egop，于是，埃塞俄比亚人(Ethiopian)寓言成了伊索(Aesop)寓言，作者阿克曼也就成了伊索。从寓言中透露，阿克曼是黑人被释奴隶。有这样一句俗话："有阿克曼智慧的教导。"这都是因为他是阿拉伯国家一个最著名的哲学家和寓言家。

所以,直到现在,伊索是何许人还是个谜。

伊凡雷帝是否死于非命?

伊凡四世,1547 年在马卡林总主教主持下加冕称帝,自诩为东罗马帝国的继承人,称皇帝为恺撒(即沙皇),成了俄国历史上第一位沙皇。伊凡四世生性多疑又独断专行,性情凶残而手段残酷,因而得名“雷帝”。1584 年 3 月 18 日,他正在下棋时突然暴卒,终年 53 岁。他的死,成为世界历史上的一个谜。

第一位俄国沙皇之死

伊凡雷帝突发性的死亡,自然在当时俄国统治阶级上层引起种种猜疑。于是在他死后不久,就发布了一种官方的正式说法。据亚历山德罗一涅夫斯基编年史中记载,5 月 31 日,他的儿子费奥多尔·伊凡诺维奇继位加冕时对总主教和大臣们说:“按照上帝的旨意,我们的父亲,已经仙逝的伟大沙皇、俄罗斯的大公、专制的君王伊凡·瓦西里耶维奇留下了地上的王国,领受了天使的圣像升入天国;而他也以自己统治俄罗斯诸王的名义给我、他的儿子以祝福。”然而这一说法对伊凡四世之死并没有解释清楚。此后这种官方的说法在一些史籍中不断得到补充和完善。最后,在 1630 年宫廷总主教费拉列特编纂的《新编年史》中是这样写的:当伊凡四世看到天空出现了向他昭示死亡的征兆以后,“不久就重病缠身,而在自知寿命不长时,他吩咐总主教杰奥尼西替他削发为僧,并取名约拿。他把莫斯科公国传给了王储费奥多尔·伊凡诺维奇……3 月 18 日升入天堂。”

官方的这种说法解释雷帝之死是自然死亡,由于不少史籍均沿袭此说,所以一直为史学家们所认可。直到 1963 年,史学家韦谢洛夫斯基在《关于特辖制历史的研究》一书中对此说法提出了异议。这位熟谙伊凡四世时代历史的行家写了“可疑的传闻”一节,提出沙皇是被自己的宠臣波·别依斯基和波·戈杜诺夫害死的。他认为“这没有什么难以置信”。但是此后在他本人的其他著作,以及另外一些历史学家的著作中都未再加阐述。这意味着大家对此说并不相信,甚至他本人也有所怀疑了。而 1975 年出版的《伊凡雷帝》一书的作者斯克伦尼科夫则把这种说法归为沙皇死后人们杜撰的传说。

被人毒死

然而近几年来发掘的史料,却使历史学家们重新关注这种说法。首先是《莫斯科编年史》记载了与官方说法迥异的非官方说法。该书用肯定的语气强调“沙皇伊凡死得很快”,指出“是他宠信的人给他吃了有毒的食物”。而 17 世纪初的俄国作家伊凡·季莫费耶夫在《同时代人》一书中进一步披露沙皇所“宠信的人”中有 3 个人参与谋害了他。书中点出了波·戈杜诺夫和波·别依斯基,但第三个人的名字没有提出来。那么第三个人是谁呢?荷兰商人依·马萨在名为《见闻录》的书中提到了。马萨长期生活在俄国,和罗曼诺夫家族以及接近罗曼诺夫家族的莫斯科官员过往甚密。他写道："（伊凡四世）比人们预料的死得早。他身患重病，一天比一天衰弱，但是还看不出濒死的迹象。据说，一个受到雷帝宠信的显贵波格丹·别依斯基递给他一份约翰·艾洛夫医生配制的饮料，里面放了毒药，之后沙皇很快就死了。"据俄国档案资料记载，艾洛夫是个英国医生。他是伊凡四世的宫廷御医兼药剂师，直接隶属于别依斯基。关于沙皇死于他的亲信之手的说法，在当时俄罗斯王国以外的一些资料中也有反映。比如当时乌克兰黑特曼统治区的若尔托夫斯基在自己的《回忆录》中也说沙皇死于非命。不过他把罪行归到波·戈杜诺夫头上："他（戈杜诺夫）在收买了给伊凡治病的英国医生后，谋害了伊凡四世。因为如果他不抢在沙皇之前，他自己就要和许多显贵一样被处死。而处死下面的人，这对伊凡四世来说并不是什么新鲜事，因为他是史无前例的暴君。"

自然死亡

一些研究者从杰·戈尔谢的《回忆录》中提出了雷帝是自然死亡的有力证据。戈尔谢是在雷帝暴卒前后能出入宫廷，见到雷帝的人物，而且是伊凡四世死前最后一些见到他的人之一。他生动地描述了雷帝生前最后几小时的情景："中午，他又重看了一遍他的遗嘱，但是没有想到死（因为人们多次对他施行法术，而每一次法术都拯救了他，但这一次神不再帮忙）。当时他吩咐自己的主要医生兼药剂师（艾洛夫）为他预备一切所需的消遣，为他准备好澡堂（或澡盆）。他派自己的亲信（别依斯基）到女巫们那儿去，他想知道星象的预兆……3点左右，沙皇去洗澡，同时像往常一样哼着他喜爱的歌曲。7点左右他容光焕发地出浴。人们将他安置到另一间屋子。他坐在自己的床上，召唤他的另一个亲信罗季翁·比尔金，吩咐他把象棋拿来，并在身边安置好自己的仆人、亲信等人。沙皇穿着敞开的长袍，夏布衬衫和长袜子。突然，他变得软弱无力，并仰面倒下。这造成了极大的混乱。一些人去取伏特加，另一些人去取金盏花药和玫瑰水，有的人去找他的牧师和医生……这时沙皇却已停止了呼吸，身体开始僵硬。"戈尔谢指出，沙皇是因"窒息而死"。

对此，持相反意见的人认为，戈尔谢的看法与沙皇被毒害而死的说法并不矛盾。他们认为沙皇是先中毒倒下，而后为了更牢靠些，在他倒下造成的混乱中谋害者们又闷死了他。他们也从戈尔谢的书中提出不少证据来印正自己的说法。他们指出，戈尔谢提供的下述资料实际上描绘了一幅谋杀伊凡四世的图画：

年过半百且又身患疾病的沙皇曾正式向英国女王伊丽莎白的侄女曼丽·加斯金格斯求婚，这对戈杜诺夫及其亲属构成严重威胁。"王储妃周围那些最亲信的大公和贵族，也就是戈杜诺夫家族，对此十分怨恨并感到受辱。他们在寻求一些秘密措施，策划旨在根除这一意图和推倒已达成的协议的阴谋。"因为和英国女王的亲属联姻，将加强她的后裔继承沙皇王位的权利，这会有损于戈杜诺瓦·伊琳娜的丈夫，即王储费奥多尔·伊凡诺维奇。

有一次，暴怒的沙皇严惩王储。戈杜诺夫想要替他求情，也被雷帝无情地痛打了一顿，以致戈杜诺夫不得不请医生治疗，并有好一阵子躺在家里不能到王宫去，从而引起沙皇对他的猜疑。此外,沙皇企图玩弄自己儿媳妇的乱伦之举,也促使戈杜诺夫反对伊凡四世。

谋杀的动因

戈尔谢的书中还提供了别依斯基背叛沙皇的缘由。雷帝晚年时非常害怕在没有忏悔、没有圣餐礼的情况下突然死亡。他从各地召来 60 名巫师和巫医,由卫队看管起来。沙皇每天派别依斯基去了解并向自己报告这些人的占卜和预言。据说女巫们曾对别依斯基讲,天上最强有力的星宿都反对沙皇。她们还预言了沙皇死亡的日期。但是别依斯基不敢向沙皇报告。最后沙皇还是知道了。他狂暴地说,在这一天他要把星相术士们统统烧死,而隐瞒这一预言的别依斯基则应被砍头。这样,对他们自身生命的威胁,在巫师们预言沙皇的死期后变得现实起来。这成了别依斯基和戈杜诺夫谋杀沙皇的直接动因。他们把自己将要受刑的日子变成了沙皇真正的死期。

持这一说法的研究者们提出的最有力证据是:1963 年,在维修莫斯科克里姆林宫阿尔罕格尔斯克大教堂时,曾打开了伊凡四世及其他一些人的陵墓。对雷帝的遗体部分进行化学分析表明,有大量的水银分子存在。法医的意见是:"不能完全排除用药物一下子,或是缓慢地毒杀他的可能性。"

总之,关于伊凡雷帝之死有两种看法:一种认为属于自然死亡;另一种看法则认为雷帝是被毒害而死的。后者的看法似乎有点玄妙,但是现代科学的测定好像对它更有利。

图坦卡蒙法老因何猝死?

埃及开罗以南七百多公里的尼罗河西岸,曾是古代埃及都城底比斯所在地。第十八王朝(约公元前 1570~前 1090 年)时,继法老图特摩斯一世在此建造了完全隐蔽的地下墓室后,其余的三十多个法老竞相仿效,死后全部葬在这里。因而该地素被称为"帝王之谷"。但在"帝王之谷"内,有一座差不多被人们遗忘的陵墓,即三千多年前十八王朝的一位法老图坦卡蒙的陵墓。

"划时代的发现"

图坦卡蒙是著名的阿蒙霍普特四世(即埃赫那吞)王后尼费尔提提的女婿。他是一位政绩平平、无所作为的君主。据推测,他于公元前 1361 年登基,时年仅 10 岁,娶了一个 12 岁的少女。19 岁时他便死去了(也有人认为他死时 18 岁)。关于他的生平,见于史料和传说的仅限于此。几千年来,"帝王之谷"内的帝王陵寝一直成为盗墓贼、旅行家、考古学家们涉猎的目标。到 20 世纪初,几乎无一处未被骚扰、掠劫。但是由于图坦卡蒙的陵墓被发现时差不多原封未动,所以它依然属世界上最引人注目的考古发现之一。它是迄今为止所发现的最完整、最有价值的古代埃及法老的陵墓。1922 年,当这一发现公布于世时，举世为之震动，被誉为“划时代的发现”。1972年、1976年，图坦卡蒙墓中出土的部分珍贵文物先后在伦敦、华盛顿展出，吸引了成千上万的欧美观众，再次轰动了世界。图坦卡蒙又一次成为人们津津乐道的话题。

完成这一划时代发现的是英国的埃及学家霍华德·卡特。19世纪末20世纪初，外国的旅行家纷纷来到“帝王之谷”，挖陵掘墓风行一时。此时卡特也来到了埃及。他把已被掘陵的帝王名字和古文献中记载的加以对照。认为还有一位早亡的法老图坦卡蒙葬身于“帝王之谷”，不为人们所知。他确信，图坦卡蒙之墓就在“帝王之谷”，而且一定能找到。其时，持这种观念的人似乎只有他自己。

帝王谷壁画

在卡特之前，曾有一个腰缠万贯的美国富翁于1902年来到“帝王之谷”进行发掘。5年的时间里，除发现一个小坑，里面葬有四十几只陶罐和几只泥制杯子外，再无他物。有价值的是，在一块包裹着破损陶器的白布上，写着图坦卡蒙的名字。然而，这并未引起他的注意。不久他就放弃了发掘。卡特极其富有的资助人——一个英国的贵族继续了那个美国人的发掘。正值他们制定了庞大的发掘计划，准备动工之时，第一次世界大战爆发了。发掘工作也被迫搁置在一边。直至战后，他们的计划才得以付诸实施。

发掘的工作量是巨大的。在不到1万平方米的范围内，人们靠锄头、镐、锹、小筐等工具搬走了大约30万吨沙子、砾石。从1917年到1921年共进行了两次发掘，结果一无所获。卡特的资助人几乎失去了信心。就在这时传来了令人振奋的消息：经过对1907年发掘出的器物的研究鉴定，学者们认为这些东西是制作图坦卡蒙木乃伊大典时所使用的，还有封闭坟墓之前举行8人宴会时使用的礼器。这说明图坦卡蒙之墓距此不远了。卡特的资助人终于同意做最后一次发掘。一次划时代的发现才未半途而废。

最后一次发掘成功了。古老、神秘的图坦卡蒙之墓终于重见天日。消息传开，轰动了全世界，在考古学、历史学界产生了深远的影响。在这里，人们发现了基本上完整的法老墓葬，第一次看到了法老的葬制。

完整的法老墓室

墓大体上由前室、墓室、耳室、库室组成。除墓室外,所有的地方都放满了家具、器皿、箱、匣等各类器物,其中包括墓主人的宝库。每件器物,无一不是以金银珠玉装饰而成。两尊真人大小的乌木镀金雕像,据称是图坦卡蒙本人的形象。它们生动逼真,栩栩如生,充分反映了古代艺术家们的高超技艺和丰富想象力。卡特在墓中发现了两千多件文物,共用了8年的时间(一说用了10年的功夫)才清理完毕,墓中奇珍异宝之丰富,由此可见一斑。

杀害法老的凶手是谁?

图坦卡蒙的木乃伊被密封在重重棺椁之中,外面4层是涂金的木椁,最里面是黄金打制成的棺椁,而且打造成了法老本人的形象,罩盖在木乃伊上。但是当揭开裹在木乃伊脸部的最后一层亚麻布时,人们完全惊呆了。图坦卡蒙的脸上靠近左耳垂的地方有一处致命的创伤!创伤是怎样造成的?凶手是谁?年轻的法老在何处丢掉了性命?这一切都成了谜。

结合出土的壁画文物和上文提到的文献、史料记载,我们粗略得知:图坦卡蒙年幼登基,只得同老臣阿伊共掌大权。19岁时突然死去,他死后,年轻的王后曾请求赫梯王派一王子与她完婚。可是赫梯王子在来埃及途中被人杀害。老臣阿伊继承了王位。

然而,零散的资料与传说都不足以揭开图坦卡蒙猝死之谜,无法告诉人们事情的全部经过。谜底到底在哪里呢?也许仍埋在地下,那么随着科学技术的发展,我们期望能有充足的考古资料揭开这个谜。但也许很难找到谜底,这将给人们留下无限的悬念。

恺撒被刺之谜

公元前44年3月15日,在罗马元老院议事厅里,一个人被一群手拿短剑和匕首的阴谋分子团团围住,他在身中23剑之后,倒在了庞培雕像的脚下。他就是尤里乌斯·恺撒,古罗马历史上的赫赫人物,著名的军事家、政治家。他似乎早已知道自己大去之期不远了,却还是鬼使神差地走进了阴霾四伏的元老院。

挑起罗马内战

恺撒于公元前100年出生在罗马一个贵族家庭里。他善于辞令,工于心计,才华横溢,从小就有鸿鹄之志。公元前71年,他当选为罗马保民官,并且获得了广大平民的支持,成为民主派的领袖人物。从此,他在罗马政坛的影响如日中天。公元前60年。恺撒同罗马当时的权势人物庞培和克拉苏达成秘密协议,他们与元老院贵族相抗衡,史称“前三头同盟”。恺撒在庞培和克拉苏二人的支持下,先后出任执政官和高卢总督。尤其是他在高卢总督任内,通过10年征战,征服了高卢全境,为罗马搜罗了大量的财富和奴隶,也为自己积攒了丰厚的政治、军事资本。

后来,克拉苏在远征东方帕提亚人的战斗中,兵败被杀。不久恺撒又和庞培公开翻脸,三头同盟变成了“两头对抗”。公元前49年,庞培授意元老院解除恺撒兵权,让他回罗马“听候处理”。恺撒不从,带领忠于自己的军团从高卢南下,挺进罗马,讨伐庞培。一路之上,恺撒内心矛盾重重。在军队渡过意大利边境的卢比孔河时,他甚至显出少有的犹豫不决。当时,恺撒牵着自己的战马,低头凝视着河水,对身边的朋友说:“如果不过河,我将遇到种种灾难;如果过河,全人类会有灾难。”随即,他一边喊着“骰子已经掷了,就这样吧!”一边发疯似的翻身上马,冲过渡口。恺撒当时内心极其复杂的活动人们不得而知,但他最终为了个人的荣辱得失,不惜挑起长达4年的罗马内战。后来他转战巴尔干,屡屡败在庞培手下。可公元前48年的法萨卢之战,恺撒“毕其功于一役”,终置庞培于死地。

“祖国之父”

在转战埃及等地后,公元前45年9月,恺撒胜利凯旋,回到罗马。他获得了至高无上的权力和荣誉。他集军、政、司法和宗教大权于一身,并且还获得了“祖国之父”的荣誉称号。当时的罗马是一个城邦制共和国,人们在很早就定下不成文的规矩:如果谁想当国王,罗马神人共戮之。恺撒当然不敢公开称王称帝,但他的权势已胜似一国之君。得势的恺撒一改往昔讨好人民的政策,使得过去许多拥护他的人脱离了他。他还遭到一部分元老贵族的反对。这些人身居要职,留恋城邦共和制度,不满恺撒的独裁统治。他们暗中串联起来,组成了一个密谋集团,准备伺机刺杀恺撒。

保民官的权力在罗马是神圣不可侵犯的。有一次恺撒由外地返回罗马,他的一些信徒像迎接国王那样欢迎他,保民官搜捕了发动这次欢迎的人。恺撒十分恼怒。以保民官“别有用心”为借口,要求把他们开除出元老院,并处以死刑。恺撒的这一举动无疑是对共和制的公然挑战,因此更加剧了人们对他的不满。公元前44年3月,恺撒正在全力准备对小亚细亚地区的帕提亚人的一场战争。在此之前早有一则许多罗马人都信奉的预言:只有国王才能打败帕提亚人。于是社会上流言四起,认为恺撒是在找一个公开称王的机会。在他出发之前,元老院准备在3月15日召开一个会议,密谋分子们决定在会上动手刺杀恺撒,其中的骨干就有恺撒忠贞不贰的部将布鲁图和加西阿斯。

最好的死法是“突如其来的”

3月15日的前夜,恺撒到他的部将雷必达家里赴宴。当话题偶然转到怎样的死法最好的时候。恺撒不假思索地说道:“突如其来的!”有人据此认为,恺撒似乎已预察到了死亡的阴影,其实不然。当时,罗马人的平均寿命只有三十多岁,他们一旦过了这个年纪,大都津津乐道自己的“死亡”。因此,五十多岁的恺撒说出这番话,并不奇怪。

妻子噩梦“启示”

晚上恺撒回到自己家里安寝，半夜里所有的门窗突然被风吹开了。恺撒惊醒后，看到妻子卡尔普尔尼亚在睡梦中哭泣，他叫醒她后得知：原来妻子做了一个噩梦，梦见丈夫在自己的怀里被别人刺死了，并且在流血。日有所思，夜有所梦。罗马共和国后期政坛凶险，妻子担心丈夫会遭人暗算，也在情理之中。但罗马人相信，梦是神灵的“启示”。

天亮以后，妻子因梦中出现的“凶兆”，要求他不要离家，取消元老院会议。在妻子的坚持之下，恺撒决定派他的亲信马克·安东尼去通知取消会议。这时，密谋分子之一布鲁图来到恺撒家，居心叵测地极力劝说恺撒不要给人以指责他高傲的新口实，游说他自己去元老院亲自宣布取消这次会议。在布鲁图的再三劝说下，恺撒最后答应由其陪同前往元老院。在途中，恺撒遇到了一位占卜师，据说此人过去曾警告他3月15日会有危险。恺撒本人不相信占卜，就开玩笑地对他说：“3月15日已经到了！”占卜师反驳道：“是啊，已经到了，但还没有过去。”随后，又有一名奴隶想到恺撒面前来，但被恺撒身边的人挤开了。于是这位奴隶来到恺撒家中，对卡尔普尔尼亚说，他要等恺撒回来告诉他一件非常重要的事情。最后，恺撒遇到了他的朋友阿尔提米多洛斯。他把一个记着谋杀阴谋的可靠消息的纸卷递给恺撒，并叮嘱他马上看一看。由于遇到的请求者一个接一个，尽管恺撒几次想打开这个纸卷，但直到走进元老院庞培议事厅，他也未来得及看这个纸卷一眼。

恺撒雕像

乱刀之下，死于非命

恺撒进入议事厅后，密谋分子们按照预定的计划分成两部分，一部分站在恺撒的座椅后面，另一部分迎着恺撒走去，为一个被流放的犯人求情。恺撒坐下后，拒绝了他们的请求。但密谋分子们仍缠着他不放。这时，一名密谋分子扯下了恺撒的外袍，这就是动手的信号。密谋分子把恺撒团团围住，纷纷拔出匕首刺向恺撒。起初恺撒还在奋力抵抗，但是当他看到自己一向忠贞不贰的布鲁图也拿着匕首向他走过来的时候，他绝望地喊道：“布鲁图，连你也这样吗？”在这之后，他便用衣服裹住头，停止了反抗。早在恺撒打败庞培后，罗马就有“恺撒笑，庞培哭”的说法,而他倒下的地方,恰好安放着一尊庞培的雕像。

当时的罗马人是十分迷信的。就这样,由于种种迹象的巧合,恺撒之死被渲染成具有神秘色彩的刺杀事件。然而不可否认的是,恺撒的一生的确充满了矛盾和悲剧色彩。他仗义疏财,交游广阔,宽容政敌,不计前嫌,最终被自己的部下和最亲近的朋友所谋害;他身经百战,在枪林箭雨中毫发未损,却在和平时代以"神圣不可侵犯"之躯,于乱刀之下死于非命;他生前多次拒绝帝王的称号,死时却是被当作暴君诛杀,死后他的名字又被西方帝王用作头衔。此外,恺撒爱好文学、艺术和科学,但他的一生却基本是在政治角逐、行军打仗中度过的。

恺撒死后,共和制并没有恢复起来。随着罗马的扩张、疆域的扩大,共和制已不能适应统治的需要。后来,恺撒的养子屋大维(即奥古斯都)建立罗马帝国,这顺应了历史的必然潮流。

释迦牟尼之谜

佛教是世界三大宗教之一,至今在亚洲东部、东南部及南部部分地区仍有很大影响。佛教的创始人一般认为是释迦牟尼,据说是古印度迦毗罗卫国国王净饭王之子,本名乔答摩·悉达多,结过婚并生过子,29 岁时削发为僧,35 岁时悟得大道,成为至上的佛陀,80 岁时涅槃。然而,历史上到底有无释迦牟尼其人呢?

真实的历史人物

一些学者认为,释迦牟尼是真实的历史人物,约生于公元前 624 年,死于公元前 544 年。佛经关于他的事迹的记载虽有神奇之处,但大致轮廓是可以相信的。他确实诞生在迦毗罗卫城,其遗址就在今尼泊尔泰米地区的梯罗拉克提。此处遗物很多,古印度最伟大的国王阿育王在公元前 4 世纪时在此立过纪念石柱,该柱保留至今;另外,释迦牟尼的舍利坛也被考古工作者发现了。苦思得道是当时印度宗教中流行的思想,至今仍有影响。从教义来看,四圣谛、八正道、十二因缘学,显然是后人引发阐述的,但教义的主要思想,可能是由释迦牟尼提出的。和尚不准结婚,而佛经却说释迦牟尼结过婚。这一情况,如非事实,当不会记入佛经并流传后世。

传说中的人物

另一些学者认为,释迦牟尼是一个传说中的人物,是佛教的神。他的出生,系诸神找人托生的,化作一头白象入胎,生于净饭王王后胁下,生而能行并识经卷,通晓各种知识,神乎其神。至于他成婚、出家、苦修、得道、传道等,无不富于传奇色彩。这种既不见于史籍、又无文物遗迹作为佐证的神奇人物,很难说是真实存在的。

古印度各类宗教经卷虽多,但历史文献奇缺,因而研究历史者遇到了很大困难。多

耶稣

数人相信释迦牟尼实有其人，1956-1957年印度还举行了纪念释迦牟尼涅槃（即去世）2500年的盛大国际活动。不过此事要成为定论，尚待发现更可靠的史料。

耶稣之谜

耶稣是基督教世界家喻户晓的人物，有关他的传说不胜其数，其中最重要的也许是他为了拯救世人不惜去上十字架，献出自己的生命。千百年来，人们一直视之为当然存在的人物或神，想不到也不敢去探究其真实性问题。18世纪以来，随着社会的进步和思想的开放，人们大胆地进入这一禁区，并展开了热烈的讨论。

耶稣是真实存在的人物

许多人相信，耶稣是真实存在的人物。他在公元前1世纪初出生在巴勒斯坦北部伯利恒地区的拿撒勒小镇，父亲约瑟是个木匠，母亲叫玛丽亚。耶稣的父母都是虔诚的教徒，常常带着作为长子的耶稣和他的弟妹去耶路撒冷朝拜。长大成人后，耶稣在广泛吸纳犹太教及西亚、埃及传统宗教经验的基础上创立了基督教，并召集12位门徒四处传播。当时巴勒斯坦处于罗马的统治下，耶稣的“天国”说就是要把巴勒斯坦从罗马统治下解放出来，重建繁荣富强的希伯来王国。耶稣通过其传教活动赢得了不少信徒，但也遭

到犹太教当权者的嫉恨并使罗马统治者恐慌，结果被钉死在耶路撒冷东郊橄榄山的十字架上。该派学者的主要根据有三：一、主要活动于公元1世纪的犹太历史学家约瑟夫斯提到过耶稣，并说"他是基督"；二、罗马历史学家提到一个称为"基督"的人创立了基督教，而对基督徒来说，基督是耶稣的专有称号；三、《福音》书依据的资料有一定的真实性，其中可能包括从耶稣活动时期到《圣经》成书时期有关耶稣的各种传说。总之，耶稣是位历史人物，很可能是当时犹太社会群众运动的领袖，运动失败后被尊为救世主。

传说中虚构的人物

不少人认为，耶稣只是传说中虚构的人物，在历史上并未真正存在过。迄今发现的所有历史资料都难以证明耶稣是真实的历史人物。在他同时代或公元1世纪的作品中

耶稣(油画)

几乎没有可靠的材料提到过他或他的事迹。《新约》中的耶稣有天神的形象，记载耶稣故事的《福音》书是在基督教产生以后很久才陆续出现的。从语词上看，"耶稣"是犹太人名"约书亚"的希腊文译法，在犹太人中是个非常普遍的名字，意为"耶和华拯救"。另外，基督教本为犹太教的一个新宗派，其难以说是耶稣创立的。圣诞节更非基督所创，而是该教产生三百多年后才由教会逐步确立下来的。12月25日本为上古以来人们经常举行的祭祀太阳神生日的节日，后为基督教会借用，更不是耶稣的生日。因此，说耶稣是真实人物是站不住脚的。

两说并存，优劣难辨。问题的解决，尚待更可靠资料的发现。

摩西是犹太人吗？

《圣经》中说，三千多年前，摩西率领犹太人历经艰险逃离埃及，回到巴勒斯坦，从奴役走向自由。这是真的吗，摩西是不是一个犹太人呢？许多古老民族的早期历史都模糊不清，犹太人的历史也是从神话和历史交融的晨曦中开始的。

雅各有 12 个儿子

据《圣经》记载，四千多年前，在亚伯拉罕带领下，犹太人离开故乡——两河流域的巴比伦城，来到迦南（巴勒斯坦）这块上帝赐给他们的"流着奶和蜜的地方"定居下来，繁衍子孙。王位传了三代，一直传到雅各。

雅各共有 12 个儿子，其中小儿子约瑟最受宠爱。有一次，雅各还特地送给约瑟一件彩色的衣服，这使哥哥们嫉妒不已。于是，有一次他们趁着一起出去放羊的机会，把约瑟卖给一位商人，让他把约瑟带到埃及去。然后，他们宰了一只公山羊，在约瑟那件彩色衣服上涂上鲜血，回去骗他们的父亲说，他们在路上拣到了约瑟的这件衣服，看来约瑟肯定已经被野兽撕成碎片了。痛失爱子的雅各虽然痛苦不堪，却也无可奈何。

为法老解梦

再说被哥哥们卖到埃及的约瑟。他在上帝的保护下，过得还算顺利。有一天，埃及喜克索斯王朝的法老（异族人）做了一个奇怪的梦。他梦见自己站在尼罗河边，突然间，从河中钻出来 7 头膘肥体壮的母牛到河边吃草。接着又有 7 头瘦弱的母牛从河里钻了出来，站在先前的 7 头母牛旁边吃草。可后来那 7 头瘦弱的母牛竟然把 7 头肥壮的母牛给吃掉了。第二天，法老又做了一个怪梦：一株麦子上面长了 7 个穗子，每个穗子都颗粒饱满。后来在这株麦子上又长了 7 个穗子，它们非常细弱，几乎弱不禁风。可最后竟是这 7 个瘦弱的穗子把那 7 个饱满的穗子给吃掉了。一连两个怪梦使法老寝食难安，他不知道这两个梦究竟预示着什么，便让人把埃及所有的术士和学者统统召到宫殿中，为自己解梦，可没有一个人能为法老解开这个梦。

有人向法老推荐了约瑟。聪明的约瑟马上就解开了梦的含义，他对法老说："您的两个梦其实是一个意思，7 头肥牛和 7 个饱满的穗子代表了 7 个丰年，而 7 头瘦牛和 7 个细弱的穗子代表了 7 个荒年。您所做的梦就代表着埃及先会经历 7 个丰年，那时收获的粮食连仓库也装不下。但紧接着又会有 7 个灾年，使丰年的所有收获化为乌有。"法老对约瑟的解释十分满意，委派约瑟管理整个埃及。法老还把自己手上的戒指摘下来，给约瑟戴上，又将金链戴在约瑟的脖子上。约瑟积极着手应对荒年，他让人们修建许多粮库，把剩余的粮食储藏起来。

后来的一切就像法老的梦所预示的那样：当地先是经历了 7 个丰年，紧接着，7 个灾年来到了。整整7年中，老天滴雨不下。就连约瑟的故乡迦南也不例外，土地龟裂，河流干涸，禾苗枯萎。约瑟的哥哥们没有办法，最后决定去埃及换些粮食。当他们出现在约瑟眼前时，已经饿得骨瘦如柴，但是约瑟还是一下子就认出了他们。然而，宽容的约瑟并没有计较过去，而是热情地款待他的哥哥们，并让他们把年迈的父亲雅各也接到埃及。从此犹太人又离开迦南，在埃及过着幸福的生活。

但是，后来当地的埃及人重新崛起，他们赶走喜克索斯王朝的法老。犹太人也跟着遭殃，他们被赶出老家，来到埃及中部，像奴隶一样做苦工。他们被迫建金字塔、修筑公路、开挖河渠，真是吃尽了苦头。就在犹太人饱受奴役之苦、渴望重获自由时，一个犹太青年——摩西来到他们中间。

“从河里拉下来”——摩西

摩西虽然是个犹太人，但自幼在埃及王宫中长大。原来，埃及人为了阻止犹太人口的增加，规定只有女孩才能够生存下来，所有犹太男孩一生下来都要被扔进尼罗河中。摩西出生后，母亲也只得按照法老的规定，含着热泪用一只蒲草编成的篮子装了孩子，放在尼罗河边的芦苇丛中。然而无巧不成书，那天，法老的女儿正在河边洗澡。她看到篮中大声啼哭的婴孩，觉得于心不忍，就偷偷地把这个犹太男孩收养下来，起名为摩西。“摩西”就是“从河里拉下来”的意思。

小摩西因祸得福，能够在宫中长大，并受到了良好的教育，但他对犹太兄弟的遭遇十分同情。有一次，摩西外出时正好碰到一个埃及人殴打一个犹太人，他气愤之下痛揍了那个埃及人，不料却把他打死了。这下可闯了大祸，摩西只得逃到犹太人部落中寻求避难。后来，上帝耶和华有意把犹太人从水深火热中拯救出来，就派摩西向埃及法老请求，放犹太人回故乡。但法老拒绝了。上帝为了惩罚埃及人，让灾难一次又一次地降临：河水变成了鲜血，遍地布满了青蛙。人和牲畜的身上爬满了虱子，冰雹毁坏了所有的庄稼，整个埃及一连三天笼罩在黑暗之中，等等。

但这始终没能使埃及法老回心转意，耶和华只得使出最后一招。一夜之间，埃及人所有的长子（从坐在宝座上的法老，到关在监狱中的囚犯）以及所有头胎的牲畜，都死去了。只有犹太人因为事先在门上涂了羊血记号才幸免于难。最终，埃及新法老被迫同意犹太人返乡。

出埃及——“向自由进军”

耶和华在白天化作一片云，在黑夜变成一道火光，为犹太人指引着回乡之路。犹太人风餐露宿，日夜兼程。但埃及法老不久就反悔了，派出大军追赶。当犹太人来到红海边时，茫茫大海挡住了他们的去路，而后面埃及军队正在渐渐逼近。正在这危急时刻，耶和华将海水分开，让犹太人顺利地通过。当埃及军队来到红海时，海水又恢复了原状，埃及军人统统被淹死在大海中了。

摩西带领犹太人历经千辛万苦重返故乡迦南的事件，被后人赋予“向自由进军”的寓

摩西雕像

意。如富兰克林和杰斐逊就曾建议把以色列子孙越过红海的壮举刻在美国国玺上，并应写上："反抗暴君就是服从上帝"；在法国大革命时期，有些领袖自命为"新的迦南的继承人"。

可是，历史上到底有没有摩西率领犹太人逃出埃及的壮举呢？有人认为这只是传说，因为只有《圣经》记录过这件事，而当时埃及的历史却对此只字未提（当然，这也可能是因为高傲的埃及人不愿提及这段被异族统治的历史）。而另一些人认为确有其事，只不过具体时间还有待商榷。一般认为"出埃及"事发于公元前13世纪，而美国学者哥迪克却认为时间应该在公元前15世纪。他有两个证据：一是在埃及女法老哈特谢普苏特的铭文中就有过一段类似的记载；一是故事中耶和华惩罚埃及人的十次灾难和火山爆发的景象十分相似，而那时正值爱琴海上桑托林岛火山爆发。

还有一些人对摩西是犹太人产生了怀疑。有的说，当时在沦为埃及人奴隶的犹太人中爆发了一次瘟疫，一个名叫摩西的埃及祭司被派往犹太人中教授良好的清洁习惯，并带领犹太人迁出埃及。有的认为摩西是埃及的一位公主，她被埃及历史上伟大的女王哈特谢普苏特收养，并深受女王宠爱，可是在女王的政敌图特摩斯三世上台后。她只得逃离了埃及。

智慧女神雅典娜诞生的传说是怎么来的?

希腊神话传说中的智慧女神雅典娜(Athena)的身世相当不凡,她那不寻常的诞生足以令人惊叹不已。她不是脱胎于母腹,而是由父亲产出,更令人费解的是这位女神不同常人,她是从父亲脑袋里蹦出来的。

从父亲脑袋里蹦出来的雅典娜

传说雅典娜是天神宙斯和智慧女神墨提斯所生之女,临产前墨提斯对宙斯说,将要出生的孩子一定会比宙斯更强壮、更聪明。宙斯生怕孩子降生后会危及他在奥林匹斯山的统治地位,于是便把墨提斯一口吞到肚子里去了。不料,宙斯突然感到头痛欲裂,赶忙叫火神赫费斯托斯用斧子劈开他的脑袋,谁知这时满身铠甲的雅典娜却从宙斯脑袋里呼叫着蹦了出来。

固然,作为神话传说,我们不必考究其本身的真实性。但是,众所周知,表面看来离奇古怪的神话实际上都是以一定的社会背景为其历史依据的,它在一定程度上是对原始人类社会的反映。那么,雅典娜诞生的传说是怎么来的?它反映了一种什么样的社会背景呢?这是一个值得探讨的问题。长期以来许多学者对此做了深入地探讨。

有人认为,这段传说意在说明雅典娜是宙斯的化身,因为化身法是早期神话中常用的造神手法。这种方法可使彼此孤立的神之间产生一种类似于人类的血缘关系,从而构成一定的体系,以增强神话的故事性和神秘色彩。

父权制时代母权的象征

更多的人则认为,这个传说反映的不仅是神话创作的手法问题,更主要的是它反映了早期人类的一定历史状况。持这种观点的人认为,这段传说实际上反映了人类父权制开始取代母权制的情况。因为雅典娜曾说过:“我不是母亲所生的人。我,一个处女,是从我父亲宙斯的头里跳出来的。因此,我拥护父亲和儿子的权利,而反对母亲的权利。”类似的传说也是在早期神话中常见的。如中国神话传说中有“鲧腹生禹”,《圣经》中所说的人类的女始祖夏娃是用男始祖亚当的肋骨做成的。这些传说与雅典娜诞生传说的含义相同,意味着这时候女人已经依附于男人,母权制已经被父权制所取代。

母亲生孩子,父亲坐月子

有的人还对此做了进一步的论证,他们指出这很有可能是“产翁习俗”的反映。“产翁习俗”是怎么回事呢?简单地说就是母亲生孩子,父亲坐月子。原始社会早期,由于实行群婚,人们只知其母,不知其父,世系只能按母亲划分。后来,对偶婚出现后,父亲为了取代母亲对孩子的权利,便用代母亲坐月子的方式证明孩子是他生的。这种习俗今天我们仍可在一些后进民族中看到。这种观点旁征博引，论证较圆满，但详加分析，也并不是无懈可击的。

这种观点如果成立。还必须解决如下两个问题：

第一、据传说雅典娜的父亲宙斯的妻子，即所谓的天后赫拉竟是宙斯的同胞姐姐，他们在洪水灾难中死里逃生，并结为夫妻。再造了人类的丢卡利翁和皮拉原来也是堂兄妹。从这里可明显看出族内通婚的痕迹，如果说人类在族内婚阶段就已出现父权的观念，那是绝对不可能的。

第二、希腊父权制取代母权制是在英雄时代。这早已成定论，可是从神话描写看雅典娜出生距英雄时代还有一段相当长的时间，是否能说这一过程自雅典娜诞生时已开始，尚待探讨。

还有一种观点认为，这段传说之所以离奇古怪，恐怕与雅典娜在希腊神话传说中的地位和作用有关。因为雅典娜在希腊神话中被认为是聪明过人的智慧女神，所以把她说成是智慧女神和天神宙斯的女儿，并让她从宙斯的脑袋里蹦出来，似乎这便意味着她同时继承了墨提斯和宙斯两人的智慧，自然会有超人的智慧。这样一来，雅典娜成为人们公认的智慧女神，也就在情理之中了。而为了给这位女神提供一个施展其聪明才智的广阔舞台，神话的创作者又煞费苦心地让宙斯把那位老智慧女神吞进肚子里，于是聪明的母亲便“隐居”了，因为世上没有了这位聪明的母亲，会更显示出其女儿过人的智慧。这种观点圆满地解释了这段传说中令人费解的情节，并且没有涉及复杂的社会背景，所以很少漏洞，但是这只能算是一种推论，是否正确，也很难说。

综上所述，以上三种观点各有道理，但都不能成为定论。之所以如此，可能有这样一些原因：第一、早期神话产生于前逻辑的非理性的、原始的心理状态，与现代人的思维方式大不相同，而现代人分析研究时则是借助于现代逻辑思维进行的，这必然导致一定的差距。也就是说，把现代文明的衣服套在前文明的个体身上，其不合体是难免的。第二、作为神话，它本身就具有两重性。其一是现实的、世俗的，这是在神秘外衣掩盖下的历史；其二是虚幻的，即非历史的部分。两者交织在一起，因而神话中想象与现实、历史与宗教的界限总是模糊的。第三、神话材料本身都是“历史的”。它是以传说的形式积淀下来的人类早期各个不同时代的产物，本身就缺乏严格的时间限制。仅仅凭神话内容去断定其严格的时代界限是不可能的，也是不科学的。第四、历史本来就是极为复杂的。尽管今天在理论上可以划出一些不同的历史时代，但严格说来也还是相对的。事实上各个时代之间始终是你中有我、我中有你的。这种情况在人类的早期历史中更为突出。即使在信史中也很难找出使各个时代之间相区别的明显标志、划出严格的界限。

主要由于这样几种原因，这个问题至今仍无法定论，尚待进一步探索研究。

真有耶稣裹尸布吗？

相传，耶稣被他12个门徒中的一个叫犹大的出卖，在受尽折磨后被钉死在十字架上。耶稣死后，他的另一个门徒约瑟用一块裹尸布将其尸体精心包裹好后放在哥尔高扎的一个石洞墓里。3天后，几个去石洞吊唁的妇女发现耶稣复活了。这个日子后来成为基督教徒的重要节日——复活节。然而，就在耶稣复活后，他的那块裹尸布却不翼而飞了。

亚麻裹尸布

1357年，在法国利莱展出了一块未说明来历的亚麻裹尸布。人们发现在布上留有明显影像——一个裸体、有胡子、留长头发的男人的图像，其大小同实际人体一样，死者的面容安详，其身体上留有鞭痕和钉痕。布上相当于死者的头、手、腰、足部位都有斑斑“血”迹。有人认为，裹尸布上的影像很像《福音》书上所描述的耶稣受难时的形象，并断定这就是大约2000年前约瑟用来包裹耶稣尸体的那块圣布。从此，这块裹尸布就一直受到基督教徒的顶礼膜拜。

裹尸布真是耶稣受难时的圣布吗？

历史学家首先对这件事产生了兴趣。他们开始对所有的历史文献进行研究，以此来探寻裹尸布的来历。

据记载，13世纪初一个叫克劳里的编年史家声称他本人于1203年在君士坦丁堡看见过一块据说是耶稣裹尸布的长形亚麻布。第二年，在十字军攻占这座城市后，这块裹尸布却不知去向。

1353年，这块裹尸布突然出现在一个属于领主夏尔尼伯爵的城市利莱的教堂里，裹尸布上印有一个还能够辨认出来的耶稣图像。也许夏尔尼伯爵知道这块裹尸布的来龙去脉，不幸的是这位伯爵很快就病故了，他把裹尸布突然出现之谜永远带进了坟墓。

4年后，也就是1357年，这块裹尸布终于在利莱教堂的祭台上公开展出。它吸引了大批朝圣者，但同时也引起了天主教主教的不满，他要求停止展出这块裹尸布，并断言它是赝品。1389年主教的继承人在给教皇的信中指出，有一个不知名的艺术家已经承认，所谓耶稣裹尸布实际上是出自他手笔的艺术品。因此教皇克利孟特七世下达教谕，只允许在说明这块细麻布不是真正的耶稣裹尸布，而只是艺术品的情况下才能向基督教徒公开展出。

但是，法国的基督教徒们无视教皇的教谕，他们认为那个不知名的艺术家是出于压力而被迫承认的。到了15世纪，萨伏伊公爵将裹尸布从利莱转移到著名的尚贝里大教堂。1532年，尚贝里大教堂失火，装着裹尸布的盒子上镶的银被烧熔滴在裹尸布的几个角上，使它遭到了一些破坏。人们用水扑灭了火，同时也在裹尸布上留下了明显的污迹。1578年，裹尸布被迁往意大利北部的都灵，被存放在都灵大教堂的圣坛上，时至今日。

裹尸布的真伪

由于社会上对耶稣裹尸布的真伪众说纷纭，1898年，都灵大主教终于同意一批科学家对裹尸布进行考察。有人发现,裹尸布的人形是一个裸体的形象,这与当时的习俗相违背,因为通行的十字架上的耶稣受难形象是穿着希腊长衣,或者腰间束有大腿绷带。同时,他们还发现,裹尸布上的耶稣形象留有发辫痕迹,而中世纪时几乎所有圣像都没有发辫。由此,他们否认裹尸布的真实性。尽管如此,有人仍然找出了证实耶稣裹尸布真实可靠的证据。这些人发现:裹尸布图像上的脸型、披肩的发式及胡子都属于公元初的犹太人型,并且,裹尸布上的形象与圣西娜山上叶卡捷琳娜教堂中的圣像有45处相似,而与查士丁尼二世时货币上的圣像有65处相似。至于裹尸布上的图像是怎样形成的,生物学家用气化理论做了回答。他们发现,古代涂在尸体上的芦荟剂香料如果和死者在生前最后一刻流出的汗混合在一起,会放出氨气,而裹尸布上的图像正是由于汗气熏蒸而成的。

1978年,为纪念裹尸布迁移都灵400周年。举行了公开展出。各国科学家集聚都灵,用各种现代科学方法,对裹尸布作了实物检验研究。纺织学家发现,在古代的中东地

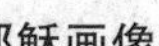

耶稣画像

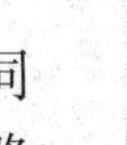

区常以亚麻布作尸衣、尸布,而这块亚麻裹尸布明显具有古代耶路撒冷地区的特征。同时,科学家们还发现在裹尸布上含有一些花粉,这些花粉大部分是属于生长在圣地耶路撒冷的植物。因此有人断定:裹尸布肯定有一段时期是在耶路撒冷保存过的。但是马上

有人提出反驳,他们指出,花粉是可以随风飘荡或被鸟类带到很远的地方的,而裹尸布恰恰在几个世纪中被放在露天场上展出过。因此,用花粉来证实裹尸布真实性的论点就有些靠不住了。于是,有人提出用放射性碳断代法来测出裹尸布的确切年代,以此来证明裹尸布确系公元1世纪的产物,但未能得到允许,因为用这种方法会破坏掉一部分原物。

正当欧洲的科学家们争持的时候,从大洋彼岸的美国却传来了不同的研究结果。

首先,科学家们得出了一个一致的结论,认为这块裹尸布不是一幅画,因为裹尸布上没有发现颜料的成分。而裹尸布的图像也不是由蒸气所产生的,至于图像是怎样形成的,他们通过1532年的那场火灾所提供的线索得到了启发,断定这是由别人巧妙地用轻微的焦痕构成的。

其次,通过对裹尸布上的“血”迹的研究表明,裹尸布上留下的“血”迹确系人血。但经过分析发现,“血”迹部分拍摄的底片上呈白色,证明裹尸布上的血迹是阳性的,而人体影像却是阴性的,这说明,裹尸布上的血不是来源于尸体,而是后来加上去的。通过这些证据,有些科学家断言,裹尸布上的耶稣图像是伪造的,这块亚麻布根本不是传说中的耶稣裹尸布。

然而,这是否就能用来完全揭开耶稣裹尸布的奥秘呢?科学家们对有些问题至今不解。裹尸布上的图像是立体形的,但古代人类是否能掌握立体成形技术?如果裹尸布上的图像是由焦痕形成的,那么要有怎样的烧烫技术才能绘制出这样一幅图像呢?还有,历史上真的有过耶稣裹尸布吗?

诺亚与洪水的传说

在西方,鸽子和橄榄枝历来被视为和平的象征,此典故源出《旧约·创世纪》中的世界大洪水传说。上帝看到人类已败坏,便以洪水灭世,水势极为浩大,淹没了所有的高山,唯有诺亚奉上帝之命建了一艘方舟,载着他一家老小及各类留种的动物逃脱了灭顶之灾。船最后在阿拉拉特山搁浅,诺亚放出鸽子探测水情,鸽子噙来一片新鲜的橄榄叶,传达了洪水退尽,大地回春的消息。于是诺亚走出方舟,成为人类的新始祖。

诺亚与洪水的故事

诺亚与洪水的故事是中世纪以来文学艺术中最常见的题材之一,许许多多的作家、美术家、音乐家从中汲取了灵感,从而创作出如宗教剧《诺亚夫人进方舟》和米开朗琪罗的壁画《洪水灭世》等脍炙人口的作品。不言而喻,它是个流传极广的传说,世界三大宗教的经典中都有其言之确凿的记载。并为15亿多信徒所熟知。然而知道洪水传说的人远远不止这个数目,至今已知道,包括巴比伦、希腊、印度、中国等文明古国在内,世界各地绝大多数文化中都有形形色色的世界大洪水传说。譬如大禹治洪水的故事在中国几乎是家喻户晓。

然而，西欧在基督教确立统治地位以来，诺亚洪水的传说一直被当作毋庸置疑的信史出现在著名史家的笔下，而且还按希伯来人年表推断为发生在约公元前2448年(一说公元前2345年)。而在希腊古典著作中及世界各地发现的各种大洪水传说，则一概被看作诺亚洪水故事的翻版，或者被拿来证明《创世纪》中记载的真实可靠。

有无大洪水的一场旷日持久的大争论

直到1872年，年轻的亚述学者乔治·史密斯的重大发现才终于动摇了诺亚洪水的神圣地位。当时他正在大英博物馆整理一批亚述古都尼尼微出土的楔形文字泥版，忽然在一块残片上意外地读到了船搁浅与放出鸽子的词句，经研究，认为这是一段与诺亚洪水如出一辙的古代两河流域的世界大洪水传说。但由于证据不够完整，他的发现遭到了较保守学者的攻击和否定。史密斯没有罢休，翌年他又亲自领导了一次尼尼微发掘，居然在半个月中奇迹般地找到了洪水传说泥版的另外半块碎片，即《吉尔伽美什史诗》第十一泥版，终于证实他的发现是真实的。此事轰动了全欧，学者们很快就得出诺亚洪水故事来源于两河流域洪水传说的结论，故史密斯的壮举也揭开了关于大洪水及其传说的一场旷日持久的大争论。

人们随之从各方面提出怀疑，并做出大胆假设，故争论一开始，就以难以抗拒的力量吸引了大批学者、专家和不少业余研究者，大洪水传说遂成为现代世界上争论最激烈的上古大疑案之一。迄今为止，出现了许多严谨而科学的解释和推论，但也出现了不少极荒谬的玄思奇想。目前，争论的焦点渐渐集中在两个最基本的问题上：远古初民时代究竟有没有一场世界大洪水？世界上这样普遍的洪水传说又是怎样起源的？

世界性的大洪水纯属子虚乌有

克莱默等学者认为，世界性的大洪水纯属子虚乌有，而各地的洪水传说大多起源自两河流域的苏美尔人。他们凭借的是坚实可靠的考古发现。20世纪初发现了最早的洪水传说——苏美尔《洪水》泥版，而后在苏美尔古城乌尔的发掘中，又在地下发现了11英尺厚的沙层，据考证这是由公元前4500年前后两河流域的一次特大洪水堆积出来的，洪水还淹没了一个叫乌博地安的史前民族。故他们深信，苏美尔的洪水故事就是这样一次大灾难留下的记忆，而经民间传说的媒介夸大为世界大洪水。这一故事以后又传给了巴比伦人、犹太人等许多民族，从而演化为世界性的文化现象。

只是因第四纪冰期吞没了部分陆地

另有一种意见则截然相反。他们认为，地球第四纪冰期在1200年前开始退却时，气候转暖，冰河大量解冻而泛滥，并且海水不断回升，吞没了出露的大陆架和陆桥，并发生普遍的大海浸，淹没了许多海岸和部分陆地。故全世界性的大洪水确实发生过，但是没达到淹没一切的程度。当时靠海及靠水的人们损失巨大，被迫向更高的地面迁徙，并带去了可怕的洪水故事，因此世界上绝大多数地方都有关于世界大洪水的传说。许多淹没在海水之下的文明遗迹及大海浸的痕迹成为他们有力的依据。

以英国的富勒策为代表的一批学者，在做了大量综合和比较研究后认为，世界大洪水是不可能的，而洪水传说的产生亦与遥远的地质变迁无关。他们指出各种洪水故事的起源不尽相同，并不是共出一源。在古代世界的各个地方，火山地震引起的海啸，飓风掀起的海水猛涨，大雨或融雪造成的大泛滥，都可能被深受其害的人们传为世界大洪水。而不少故事则纯粹是神话，是主观想象的结果。

“诺亚方舟”

另外，还有一些灾变论者的观点也颇有市场，他们坚信诺亚洪水可用科学证据加以证实，重新强调《圣经》所记的真实性。其根据是被称为“时代最大发现”的诺亚方舟的发现，现已有许多登山者声称在土耳其的阿拉拉特山南坡的12500英尺高处，找到并拍摄了巨型方舟的残骸，还有人带下了一些船板，然而对船板的年代却有争议，而且因此山接近苏联边境而排除了组织大规模考察做进一步证实的可能性，故方舟的发现还没有得到公认。

确凿的答案或许会出现，但在此之前，世界大洪水及传说仍是人世间最大的谜之一。

夏娃的传说是怎么回事？

人类一旦开化，自然要问，他们最初是从哪儿来的？世界上每个民族都有关于人类起源的各自传说，但影响最大的莫过于基督教的亚当夏娃说。据《旧约·创世记》记载，上帝用地上的尘土造人，将生气吹在他鼻孔里，他就成了有灵的活人，名叫亚当；上帝又用亚当身上的肋骨造成一个女人作其配偶，亚当给他妻子起名叫夏娃，因为她是众生之母。

语源学派与神话学派

基督徒历来笃信《旧约·创世记》的历史真实性，认为任何怀疑都是对上帝的不敬和亵渎。但随着近代科学特别是进化论的出现，人们的怀疑却有增无减。从18、19世纪起去基督教发祥地西亚考查和考古的欧洲人日增，出现了专门将《圣经》当作一门人文科学来研究的学术团体，西亚古文字的释读更为《圣经》的比较研究提供了方便，研究圣经遂成了一门专门的学问。

在当今众多的《圣经》研究中，影响较大的有语源学派和神话学派二派。语源学派力图从语源学角度进行解释，但内部意见不一。例如有的学者认为亚当的希伯来文原意即为“人”，有的认为原意为“土”，有的则认为其源自亚述文，意为“制造或生产”，等等。对夏娃的解释也众说不一，有的认为希伯来文原意即为“母性”，有的认为原意为“人世间的人”，有的则认为原意为“生命”，等等。语源学派无力解答为什么上帝会用亚当的肋骨造夏娃等这一类问题。1872 年底英国人乔治·斯密斯在英圣经考古学会宣读论文，证实旧约创世纪有关洪水的记载源出巴比伦·亚述人；1875 年斯氏又在伦敦《每日电讯报》载文，介绍他新发现的和旧约创世传说有关的楔形文泥版资料。斯密斯的论文和报道轰动了当时的学术界，恩格斯在次年写作《反杜林论》时就引用了斯氏的研究成果，讥讽杜林不学无术，“一直不知道，由于斯密斯关于亚述的发现，这个原始犹太人原来是原始闪米特人，而《圣经》上全部有关创世和洪水的故事，都被证实是犹太人同巴比伦人、迦勒底人和亚述人所共有的一段古代异教的宗教传说”。根据古代西亚（包括埃及）的考古文献资料对比研究旧约《圣经》的神话学派遂开始日益受人重视。进入 20 世纪后，随着两河流域南部考古发掘工作的全面展开，学术界始知在古代两河流域的巴比伦人、亚述人之前还存在苏美尔人及其语言苏美尔语，《旧约·创世纪》中的几乎所有记载均可从最古老的苏美尔文化中找到依据。

众神的乐园迪尔蒙

当代美国苏美尔学权威克拉美尔从苏美尔神话《恩基和宁胡尔萨格》中找到了上帝用亚当肋骨造夏娃的谜底。神话《恩基和宁胡尔萨格》的泥版出土自尼普尔，现存美国宾州大学博物馆，内容扼要如下：神话一开始赞颂了故事的发生地——众神的乐园迪尔蒙。接着水神恩基使母神宁胡尔萨格受孕，宁胡尔萨格怀孕 9 天，毫无苦楚地生下了女神宁木；恩基又使宁木受孕，生下了女神宁库尔拉；恩基又使宁库尔拉受孕，生下了美女乌特图。恩基向乌特图求欢，但这一次结合没有生下新的女神，宁胡尔萨格却用恩基的精液造出了 8 种植物。恩基偷吃了这 8 种植物，宁胡尔萨格诅咒恩基，愤怒离去。恩基病倒，宁胡尔萨格重返迪尔蒙为恩基治病。恩基诉说了身上 8 处部位的病痛，宁胡尔萨格创造 8 个神替他一一做了医治。恩基康复后，应宁胡尔萨格的请求，对这 8 个神的命运做了妥善的安排。

夏娃源自“肋骨女神”与“生育女神”

乐园的思想无疑始于苏美尔人。太阳升起的地方迪尔蒙使人想起上帝所建的伊甸园所在东方。女神们毫无苦楚地怀孕和生产使我们对上帝对夏娃的诅咒“我必多多加增你怀胎的苦楚，你生产儿女必多受苦楚”有了更好的了解。至于恩基犯错误，贪吃 8 种植物，遭到宁胡尔萨格的诅咒，则更自然地使人联想到亚当和夏娃贪吃智慧树的果子，遭上帝诅咒的故事。但最令人感兴趣的是，恩基病痛的第七处部位刚好是肋骨。根据克拉美尔的解释，苏美尔语“肋骨”读“ti”，宁胡尔萨格为医治恩基肋骨痛而创造的女神称“Nin~ti”，意即“肋骨女神”。苏美尔语“ti”是个一音多义词，除“肋骨”外，还有“生育”的意思，因此“Nin~ti”一词，既可作“肋骨女神”，也可作“生育女神”讲。但在希伯来语中，“肋骨”和“生育”却是发音完全不同的两个词，这样，在苏美尔语中发音相同的“肋骨女神”和“生育女神”，到了希伯来语的《旧约·圣经》中就变成了上帝用亚当的肋骨创造了夏娃（“生育的女人”，“众生之母”）的难解之谜。克拉美尔的解释虽尚未得到学术界的普

亚当与夏娃

遍认可，但随着越来越多苏美尔文献资料的出土，可以预言，神话学派的上述解释终将被证实是对《旧约·圣经》研究的一大突破！

撒哈拉岩画之谜

撒哈拉沙漠地处非洲北部，东西长约5600公里，南北宽约1600公里，差不多占世界沙漠总面积的一半，相当于3/4个欧洲。在这样大的一片土地上，绝大部分地区没有青草，没有树木，没有牲畜，当然也没有人烟。一眼望去，到处是纵横排列的沙垅，绵延起伏的沙丘，岩层裸露的戈壁，以及莽莽苍苍的流沙，是一个令人望而生畏的死寂的世界。

这里干旱酷热，年降水量不足50毫米，但蒸发量却高达2000毫米以上。白天，这里的温度可高达70℃，可是夜晚，温度可低到零下15℃。巨大的温差所造成的热胀冷缩，常常使裸露的岩石爆裂。每到夜间，岩层崩裂，沙丘滑坡，流沙游走……闷雷似的响声此起彼伏，连绵不断，惊心动魄，附近的土著居民把它称作"魔鬼的鼓声"。

撒哈拉沙漠自古以来就是这样的吗？一系列岩画群的发现，对这个问题做出了有趣的回答。

撒哈拉沙漠的莽莽黄沙

岩画的发现

撒哈拉岩画主要分布在荒凉的塔西里高原上。这里原本有一座绵延800公里的塔西里山脉，平均海拔一千多米。在土著土阿雷格人的语言里，塔西里的意思是"有河流的台地"。但是，岁月的洗礼使河流消失，整个台地变得宛如月球表面一样肃杀萧瑟，寸草不生，人迹罕至。

1850年，德国青年巴鲁特在撒哈拉沙漠探险中发现，一些人迹罕至的岩壁上，居然涂画着水牛、鸵鸟等一些当地无法生存的动物，无意中揭开了撒哈拉沙漠考古的序幕。

巴鲁特不是考古学家，他的发现没有引起世人的重视。

1932年，一位名叫布鲁南的法国中尉率领一支法国骆驼骑兵队，到撒哈拉沙漠的塔西里一带考察。他们穿过一道山石嶙峋的峡谷，又渴又累，疲惫不堪，队员们都倚靠着一片背阴的岩壁休息。

布鲁南眯着眼睛，不经意地朝对面望去。啊！他突然发现，在对面被太阳煎烤着的火红的岩壁上，兀立着一头巨大的犀牛！它和真犀牛一般大小，怡然傲然，形态逼真。这引起了他极大的兴趣。在随后的考察中，他又发现了更多的犀牛，以及高大的长颈鹿，肥笨的大象，带角的水牛，奔跑的羚羊……还有各种各样的人物画像。

布鲁南被这些画面深深地打动，他随手画了一些速写。这些速写表明：撒哈拉并非人们想象的那样一直荒无人烟，那里曾经气候温润，河道纵横，水草丰茂，牛羊成群，远古人类在这里过着狩猎、放牧和农耕的生活。

布鲁南的速写震惊了世界，探险家、艺术家、考古学家纷至沓来。但由于二次世界大战爆发，刚刚开始进行的考古探索不得不中止。

直到1955年，考古学家亨利·罗特组建了一支由四名画家、一名摄影师和一名土语翻译组成的考察队，在条件异常艰苦的塔西里工作了将近两年，临摹了 11.6 万平方英尺的岩画精品。此外，人们还在沙漠中发掘出了一百多个新石器时代的岩画遗址，出土了一批磨光石器和陶器。

1957 年，岩画在巴黎装饰艺术博物馆展出，一时成为轰动世界的奇闻。那熙熙攘攘的野生和家养动物，那丰富多彩的生活画面，以及在一些岩画中显示出来的精湛的绘画技巧，使专家、学者惶惑、震惊，赞叹不已！

坦桑尼亚岩画：《人与动物群》

撒哈拉曾经是这样的吗？那么，是什么力量使得它一蹶不振，退化成了现在这般模样呢？

从绿洲到沙漠

据有关专家考证，撒哈拉岩画最早出现于一万年之前。那时候，这里气候温润，雨量充足，星散的湖泊，蜿蜒的小河，滋润着这块无垠的土地。悠闲的大象在树林里漫步，露着长牙的犀牛在啃嚼嫩草，丑陋的河马在水边出没，一时兴起的史前水牛摇摆着长角，正在进行一场殊死的搏斗……

这时的史前人类以狩猎和采集为生。剽悍的男子手提磨光的石斧，或者弯弓搭箭，正在追逐倏忽来去的野物。

根据岩画的特点，专家们把这个时期称为“狩猎时期”。

大约在公元前 3500~前 1500 年前后，撒哈拉的气候发生了微妙的变化。大森林在衰退，然而草原依然辽阔。野生动物在减少，代之而起的是，膘肥体健的家养牛群占尽了草原风光。它们有的被一条线地拴在“家园”，有的则成群结队地在一望无际的大草原上恣睢徜徉。

为了争夺牛群和草场，这里发生过激烈的战斗，但是，宽阔的草原总是能化解矛盾，让人们过着安闲恬静的牧养生活。

专家们把这个时期称为“放牧时期”。

大约在公元前 1500 年前后，撒哈拉逐渐变得干燥起来，绿草枯萎，溪谷断流。为了寻求新的牧场，土著牧民不得不吆喝着牛羊南移，另一支使用马和马车的民族及时地填补了这个空缺。牛群逐渐从岩画中淡出，神采飞扬的马和马车成了岩画中的明星。

专家们把这段时期称为“马匹时期”。

由于塔西里一带崖嶂林立，道路崎岖，马车运行颇为困难，这支乘兴而来的马车民族，不得不在公元前1000年左右败兴而去。

然而，撒哈拉的沙漠化进程越来越快，到公元前后，撒哈拉已是一片浩瀚无垠的荒漠，著名的“沙漠之舟”——骆驼，也就在岩画中应运而生。

据北非有关碑文记载，骆驼出现在公元前150年左右。

“骆驼时期”的出现，标志着撒哈拉史前时代的结束，也标志着岩画衰落时期的开始。

文字开始出现，一种被称为“撒哈拉文字”的本土文字，常常在岩画中出现。有趣的是，这种文字可以向上下左右方向任意书写，被称为“牛耕式”书写法。在罗马人统治时期，这种文字也常常在北非的各种纪念碑上出现。

那么，到底是什么力量，使得这一片绿色草原变成了黄色沙漠呢？有的人认为是天灾，气候的变化导致了撒哈拉沙漠化；有的人认为是人祸，乱砍滥伐导致了植被破坏，水土流失，土地沙化。

值得忧虑的是，撒哈拉沙漠化的进程并没有终止，它仍然以平均每年8000平方公里的速度向外推移。

拯救撒哈拉，拯救非洲，已成为地球人类的当务之急！

谁是岩画的主人？

撒哈拉地区大约有三万多处岩画遗址。其数量之多，区域之广，持续创作时间之长，都是举世无双的。就其艺术风格而言，中、早期的更为完整、圆熟，显示出惊人的写实能力和强烈的艺术效果。他们的创作者究竟是谁，便成了一个饶有兴趣的课题。

一些欧洲的学者认为，无论是从创作时间、创作主题来看，还是从绘制风格、绘制技巧来看，撒哈拉岩画与西班牙东部、北非、埃及等地的岩画如出一辙。他们推想：在那遥远的年代，欧洲和北非的白人狩猎者曾经漂泊到这里，在水草肥美的撒哈拉定居下来，留下了许多精美的岩画。随着气候骤变，草场衰减，他们又离开这里，回到了欧洲。

他们还认为，生产和文化水平低下的非洲土著布须曼人，根本不懂得“透视法”，当然不可能绘制出这些具有透视效果的作品。

另一些学者认为：撒哈拉的中、早期岩画自成体系，显示出非洲人特有的风习和种族特征，比如说，岩画中的人物常常是四肢颀长，细腰宽背，特别是臀部高耸，这正是非洲黑人和一些非洲部族的人种特征；又比如说，岩画中圆头人的肩、背、腹、腿等处，都有很规则的白色斑点，这也是现在仍然在西非、中非流行的文身习俗的反映；还有，岩画中的一些人物戴着羚羊面具，这与今天的西非塞奴弗族举行成年礼时所戴的面具十分相似；岩画中男人戴的圆帽，女人向后梳束的头盔似发型，也类似于现在仍住在撒哈拉沙漠南缘的夫鲁贝族的圆帽和发型……这些，只可能是非洲土著人的作品，而不可能是体态和风习完全不同的欧洲人的作品。

世界各地区的人类发展和进步有着共同的规律。由于发展阶段相同，生活方式相近，岩画中的题材相同、风格相近是不足为奇的。

至于布须曼人，经历了殖民主义者多次迫害、剿灭和驱逐之后，人数锐减，生存环境恶化，用当今的布须曼人不懂透视法来否定他们优秀祖先的艺术创造，不只是不公平的，而且是可笑的。

当然，也有人认为，撒哈拉岩画发现时间不长，引起世界关注的时间更短，许多困惑我们的问题，如岩画的作者到底是谁，他们制作岩画的目的到底是什么，为什么一些彩绘岩画历经数千年的风雨剥蚀而不褪色，一些远非写实的怪异人像有没有特殊含义，等等，还有待于进一步研究才能找到答案。

斯巴达尚武之谜

在希腊北部的德摩比勒隘口，有一座雄伟的石狮子雕像，雕像上刻着一段动人的碑文：

过往的客人啊，
请传个话给斯巴达人，
说我们忠实地履行了诺言，
在这里长眠。

他们是谁？为什么长眠在这里？这得从波希战争说起。

温泉关战役

公元前490年，波斯国王大流士为了征服世界，曾大举向希腊各城邦进攻，结果被打

法国戴维油画：《列奥尼达在温泉关》

得大败而归。他的儿子薛西斯即位以后，经过四年的准备，带着几百万人马，再次进攻希腊。

位于希腊北部的德摩比勒隘口，是一个只容一辆战车通过的险要之地，因为近旁有

两眼硫磺温泉，所以又叫作“温泉关”。当波斯大军临近这道关隘的时候，斯巴达国王列奥尼达带着 300 名战士也赶到了这里。

为什么只带 300 人？因为希腊人崇尚体育运动，当时正在举行奥林匹克运动大会，按照习俗，这期间是不打仗的。所以，当列奥尼达带领 300 人前往温泉关应战的时候，自分必死。他和王后的道别也是斯巴达式的：

“再嫁个好男人，多生些优秀的儿女吧！”

薛西斯派人威胁希腊守军说：“投降吧，我们密集的投枪，将会使你们看不见太阳！”

斯巴达将士泰然自若地回答说：“这太妙了，我们将在阴影下继续战斗。”

波斯人开始进攻，斯巴达人拖着锋利的长矛迎战，由于道路窄狭，波斯人的 300 万大军拥拥挤挤，却找不到用武之地。一批又一批的波斯人冲上去，却是毫不例外地仆倒在温泉关前。

波斯王暴跳如雷，把 10000 名精悍的御林军投入战斗，但是，温泉关依然是固若金汤。

由于一名希腊叛徒的出卖，波斯人从一条小路抄到温泉关后，使温泉关腹背受敌。斯巴达王立即意识到形势险恶，他把其他城邦的军队调到后方，自己只带着 300 战士固守迎战。因为在斯巴达人的传统里，绝没有放弃阵地的先例。

战斗是惨烈的。敌人像潮水一样地涌来，斯巴达人坚毅、从容，直到一个个战死。波斯军队付出的代价是 20000 人死亡。

“命运否定了他们的胜利，但却赐予他们以光荣不朽的王冠。”

训练从婴儿开始

斯巴达位于伯罗奔尼撒半岛南部，是古代希腊的一个军事化的城邦国家。为了捍卫国土和民族尊严，他们始终保持着原始部落的遗俗，过着严格的军事化的集体生活。

每一个男子都要被训练成为百折不挠的战士，每一个女子都要被训练成为能够生育出强健儿子的母亲。为着这一目标，他们做出了一系列的规定：

婴儿刚一出生，就要受到长老们的严格检验，强健的，留下，孱弱的，扔进山谷，以免他适应不了未来的严酷的军事生活，以免严整的方阵在惨烈的战斗中留下一个薄弱的环节。

婴儿第一次洗澡，不是用水，而是用酒。孱弱的，任他在酒里晕死，醉死；强健的，他们认为，他将会在严酷的锤炼中变得像铁一样结实。

他们不用襁褓，不用绷带，让孩子的四肢和体形自由生长。他们不给与特殊照料，也不供给充分的食物，让他们从小就养成不怕黑暗，不怕孤单，能够忍饥挨饿的生活习惯。

男孩长到 7 岁，就得离开父母，到少年寄宿学校去接受军事训练。他们分成若干组，每组都选出一个懂事而勇敢的孩子来发号施令。“至于学习，他们学的只是对他们有用的东西。其余的时间他们便用来学习怎样服从，怎样忍受痛苦，怎样担负劳动，怎样在战斗中克敌制胜”。

希腊少年的军事训练

他们时而顶着烈日，在荆棘丛生的野地里奔走；时而冒着严冬，脱光衣服，在凛冽的寒风中挺立；或者在一次紧张的急行军之后，临时捡来一堆干草，钻进干草堆里露宿。他们总是光着头，赤着脚，穿着粗朴单薄的衣服，在军事训练场上摸爬滚打，不断地提高体力、耐力和灵敏性，随时准备应付各种严酷的考验。

他们练习的项目包括跑步、掷铁饼、拳击、击剑、殴斗等等，乃至于拼杀。他们还要自己做饭，甚至还要做点苦工。

为了训练孩子的服从性和忍耐性，他们常常分成两队，进行各种军事的或者准军事的演习。在徒手搏斗训练中，他们可以对自己的同胞、对手，拳打脚踢、用牙齿咬，甚至可以挖掉对方的眼睛，把对手打死。他们不会因出手太重而受到惩罚，相反的，优胜者将获得相应的奖赏。

沉默是金

所有的孩子每年都要在希腊女猎神亚特米斯的神坛前，接受一次严酷的鞭打。哭、喊和告饶都是无济于事的，他们必须默默地忍受，一声不吭，即使被打死也是如此。

他们认为，能默默地忍受痛苦是一种最好的品质。

几乎所有的希腊历史书都提到过这样一个斯巴达儿童：他在上学的路上，抓到一只小狐狸，因为怕老师发现，就把它揣在上衣贴胸的地方。上课时，那只狐狸又抓又咬，尽管疼痛难忍，那孩子一动也不动，最后被那狐狸活活地咬死了。

他们从小就学会了沉默，想听到一个斯巴达男孩的声音，比想听到一尊石像的声音还难。

如果必须回答，他们的回答也是极其简短的。

有一个国王威胁他们，扬言要攻打他们的城邦，他们的回答只有一个字：

“请。”

又有一个国王来信说：“假如斯巴达人不投降，就把你们的城邦变成废墟。”他们的回答也只有两个字：

“假如？”

准备进攻温泉关的波斯国王薛西斯写了一封冗长的劝降书，要斯巴达人“放下武器”。列奥尼达的回复只有两个字：

“来拿！”

后人用“斯巴达式的回答”来表示简练的回答。

机智也是斯巴达少年的必修“课程”。为了培养他们的机智、应变，以及在一切环境中都能生存的能力，他们甚至鼓励孩子学会偷窃。成功地将受到赞扬，失败的将受到责罚。斯巴达的军队是不带粮食的，也没有供给食物的军需官。士兵们必须依靠自己从小训练出来的偷窃本领去弄到食物，否则就会在行军、打仗的过程中饿死和累死。

军事化的奴隶制国家

到了 20 岁，他们就开始军营生活，接受正规的军事训练。他们把军队编成“方阵”，每一个方阵都是一个有机的整体，为了保证方阵的协调一致，进退娴熟，严密的组织纪律和长期操练是必不可少的。

到了 30 岁，他们可以成家，住在自己的家里，但必须参加一种叫作“斐迪提亚”的公民社团，每天一起出操、进餐，直到 60 岁，才可以结束这种军事化的生活。

斯巴达人不从事劳动生产，他们把被征服者变成专门从事劳动生产的奴隶，称之为“希洛人”。希洛人不仅没有人身自由，而且也没有生命保障。政府鼓励斯巴达人任意杀死任何一个希洛人，对于希洛人来说，这是一种威慑手段；对于斯巴达人来说，则可以借此机会，锻炼和提高杀敌的技巧和胆量。

有一种专门用来迫害和消灭希洛人的方法，叫作“克里普提”，意思是秘密行动。古代典籍中这样记载：“长官们时常派遣大批最谨慎的青年战士下乡，他们只带着短剑和一些必需的给养品。在白天，他们分散隐蔽在偏僻的地方，杀死他们所能捉到的每一个希洛人。有时，他们也来到希洛人正在劳动的田地里，杀死其中的最强壮最优秀者。”

为了防止斯巴达人内部贫富分化，斯巴达人也不许从事工商业，不用金银做货币，而用价值低廉的铁币。斯巴达人除了从事军事活动外，不得从事其他营生。

斯巴达的女子也不娇生惯养，她们从小就和男孩一样，学习跑步、竞走、格斗、投铁饼、掷标枪，进行各种体育锻炼。斯巴达人认为，一个体魄强健的母亲，才能生育出刚强勇猛的战士。

她们不怕看到丈夫和儿子在战场上负伤或者死亡。一个斯巴达母亲送儿子上战场时，不是祝他平安归来，而是给他一个盾牌。这意思是说，要么拿着盾牌光荣胜利地归来，要么光荣战死，被别人用盾牌抬回来。

这样训练的结果，使得斯巴达的每一个男子都成为勇敢善战、刻苦耐劳的战士。在很长一段时间内，他们的步兵被认为是所向无敌的，他们的方阵也享有常胜不败的威名。

后人把这种严守纪律、刻苦训练、忍饥耐劳、刚毅不拔的尚武精神，称为“斯巴达精神”。

但是，斯巴达人长于武功而短于文化，他们轻视文学艺术和自然科学。斯巴达城里，几乎看不到一座宏伟的建筑物，斯巴达人也没有制作出一件精致的艺术品传到后世。

忽视了文化教育培养出来的人，头脑简单，四肢发达，成了一部部便于操作的战争机器。尽管他们在后来的伯罗奔尼撒战争中击败了辉煌的雅典，称霸于全希腊，但最终因为保守落后而走向衰落。

如今，时世沧桑，斯巴达仅仅在伯罗奔尼撒半岛上留下了一座普通城市，除了尚武精神之外，他们没有留下什么值得称道的遗迹。

中世纪骑士之谜

如果你读过西班牙著名作家塞万提斯的小说《堂·吉诃德》，就一定会记得那个瘦骨伶仃、与作品同名的乡绅。他因为梦想当个“骑士”，常常出外冒险，因而闹出了许多笑话来：他把客店老板当作封建领主，一定要他封自己为骑士；他把风车当作假想的敌人，跃马横戈同它战斗；他还把村里的养猪女郎当作贵妇人，向她呈献自己的忠诚和爱情……

这些脱离时代的荒唐言行，使他成了世人的笑柄；在文学典型的画廊中，也因此而增添了一座崭新的形象。

骑士的庭生

什么叫骑士？堂·吉诃德为什么要梦想当个骑士？这得从骑士在中世纪欧洲政治生活、军事生活中的地位说起。

骑士最早出现于古代罗马，那时战争频繁，部落军事首长周围备有一个300人左右的亲兵集团，执行扈从和紧急作战任务，他们常常是剽悍的骑兵，大约也就是最早的骑士。

到公元前6世纪，这些骑兵队必须由最富有的第一等级的成员组成，这就大大地提高了骑士的地位。骑士们在战争中疯狂地掠夺奴隶和土地，不断地扩张自己的实力。到罗马共和国后期，骑士阶层进入元老院，与元老们分享权力，成了罗马共和国和罗马帝国的主要社会基础。

堂·吉诃德先生和他的仆从桑丘

西罗马帝国灭亡以后，日耳曼人也是靠这些中小地主组成的骑兵队南征北讨，打打杀杀，才建立了法兰克王国。由于当时战马昂贵，一匹带装备的战马相当于45头母牛或者15匹母马的价值，建立一支勇猛剽悍的骑兵队也殊非易事。所以，法兰克王国率先改革：一方面，把贫穷的小农及平民摒弃于军役之外，让有能力自带装备的贵族和富裕农民成为职业骑兵，他们被正式命名为“骑士”；另一方面，论功行赏，把抢夺来的土地以“采邑”的形式分封给他身边的骑士，使他们成为土地的主人。这个聪明的举措不只为骑士源源不断地产生准备了肥沃的土壤，而且为整个骑士制度奠定了坚实的基础。

这些获得了“采邑”的“领主”又可以继续往下分封，依次形成公、侯、伯、子、男、骑士等严格的封建等级制度。每个受封者都要对封主尽一定的义务，成为封主的“附庸”。所有的封主又都必须效忠于国王，从而成为一个国家稳定和强大的基础。

等到土地分割完毕和长子继承制确立之后，那些没有继承权、又无所事事的庶子们，只有两条出路：清心寡欲的，则选择当教士，把自己的一生献给神的事业；野心勃勃的，则选择当骑士，准备在新一轮的战争中为自己挣得领地和荣誉。

骑士的主要职责是骑马作战，在一般情况下，他们每年需为领主服役达40天之久。他们必须自备马匹、武器和人马的防护甲胄。他们通常还得带一个随从，替他牵引马匹和进行生活服务。如果主人受伤或被击落马，随从必须尽全力救护。在中世纪的欧洲军队中，骑士是真正的战斗人员，一个国家的强弱，一个领主的势力大小，都是以能征集骑士的人数多少来衡量的。

参战的所有等级的贵族，甚至国王都以自己的“骑士”名号而感到荣耀。如先后参加十字军东征的英王理查一世（狮心王）、爱德华一世，法王路易七世、路易九世、腓力二世，德皇腓特烈一世、二世等，皆以“骑士国王”著称于后世。他们作为骑士中的一员，常常与骑士们围绕圆桌议事，共同进餐，主持比武等等，更是传为美谈。许多人认为，中世纪实际上是一个“骑士时代”，或者说是一个骑士的“英雄时代”。

骑士精神

实际情况是：骑士是中世纪封建等级制度中最低级的贵族，他们既无爵位，也无封土，有的只是传统的骑士荣誉感和骑士精神。

骑士有一整套的道德标准，它们是：荣誉、效忠、护教、行侠、勇武以及保护弱者和崇尚女性，这就是人们所常说的“骑士精神”。

恪守这些准则，被认为是与一名骑士名誉攸关的大事，如果有人对某一骑士的勇敢或者忠诚表示怀疑，那就会被认为是对他本人最大的侮辱，他必须通过向对方挑战，进行决斗，以维护自己的荣誉。

挑战的方法，是把自己的手套脱下，扔在地上；应战的方法，则是拾起对方扔下的手套。手套一经扔出，一场恶斗就在所难免。决斗之后，不论生死，被侮辱者都算是为自己挽回了名誉，仍然是一名响当当的受人尊敬的骑士。

应战者也是如此。至于那些不敢拾起手套的懦夫，将会声誉扫地，为整个骑士阶层所不齿。

"荣誉高于生命",不仅是骑士们时刻牢记的座右铭,而且也是欧洲战场上所有英勇无畏气概的直接精神力量。

尽管骑士凶狠好斗,邦国战祸绵延,但骑士在战场上的争斗往往不以杀戮对方为目的。1106年的廷切布雷之役,英王亨利一世打败所有的诺曼底人,400个武士被捕,但是亨利的骑士却没有一个阵亡。布汶之役是中古时代流血最多,最富决定性的一场战役,1500个骑士中,只有170个丧生。这不仅仅是盔甲和堡垒大有益于保障骑士生命,更主要的是骑士间的默契与规约,均要求善待俘虏,同时,还可以索取一笔合理的赎金。

通常俘虏以信誉保证于一定日期缴给赎金后即被释回,很少有骑士会破坏这种誓约。

史载:英法战争时在克里西及普瓦泰被俘的法国骑士,与胜利的英国骑士自由而舒适地生活在一起,分享餐宴及运动,直到被赎回为止。这种以金钱赎取被俘骑士贵族的方式,甚至连国王也如此。英国狮心王理查在十字军战争中被内讧的奥地利人俘获,英国就用重金赎回,他照样是人们心目中勇敢英武的英雄骑士国王。法王路易九世也有同样的经历。

保护妇女似乎是骑士的天职。年轻的骑士还必须选定一位贵妇人或者淑女作为自己的意中人,把她作为自己崇拜的偶像,对她无比尊敬和绝对服从,甘愿为她冒各种风险,受各种折磨,而毫无怨悔之意。这就是所谓的"骑士之爱"。"骑士之爱"绝不是一般意义的男女之爱,绝对排除了肌肤之亲,在这种绝对圣洁的理想化的爱情模式里,展现出一个骑士的忠诚不渝的精神面貌。

与此同时,还形成了整套的对贵妇人表示尊敬的礼仪:在她们面前鞠躬低头,吻她们的手,出入时让她们先走,入座时让她们上座,有妇女在场时,必须举止潇洒庄重、谈吐优雅等等,这被称为"骑士风度"。

后来,这种彬彬有礼、宽容大度的作风延伸到种种社交场合,也叫作"绅士风度"。

绅士风度

庄严的"授甲"仪式

在中世纪,每一个贵族子弟都得从小接受骑士训练,这既是一种荣誉的象征,也是一种教育的手段。

一般的做法是,小孩长到七八岁时,父母就把他送到自己的封主或者更有权势的领主家里去当"侍童"。

侍童要追随在领主夫人左右,按照主人和主妇的吩咐干些杂活,同时学习一些文化知识和骑士礼节。他们还要学会吟诗、唱歌和弹奏乐器,以便歌颂领主的军功和领主夫人的美丽与贤德，还要学习骑马、角力等等，以便应付各种可能遇到的危险和战斗。

到了14岁，就可以晋升为领主的“侍从”了。

侍从是主人的随从护卫，也就是预备骑士。这期间，主要学习项目被称为“骑士七技”，即骑术、游泳、投枪、剑术、狩猎、吟诗、弈棋。学习骑术就是要熟练地在快速奔跑的马背上操纵武器，进攻敌人；学习狩猎则不仅是一种娱乐消遣，而且是战术操练，在狩猎中锻炼作战的勇气和智谋；学习吟诗的目的在于通过许多叙事诗中对骑士生活和精神的描写，陶冶情操，并获得对现实生活的感性认识。

平时，还得服侍女主人和女公子，向她们学习各种礼节，养成“女士优先”和为所敬爱的女子献身的精神和品德。

如果遇到战事，他就跟随着主人出征，为主人看管甲胄、武器和马匹，同时学习打仗。直到21岁，才举行授甲仪式，成为一名真正的骑士。

授甲仪式是非常隆重的。即将成为骑士的年轻人，要彻夜不眠地看守着他的盔甲和武器，斋戒、沐浴，并进行祈祷。第二天，举行宣誓仪式，这位未来的骑士单膝跪下，念念有词，表示效忠国王和教会，爱护荣誉，尊崇妇女，行侠仗义，扶弱济困，等等。宣誓以后，主人把一支剑挂在他身边，并用另一支出鞘的剑背在他的后背上轻敲两下，以表示承认。从此，年轻人便取得了“骑士”的称号，成为一名真正的骑士了。

在授甲仪式上，新骑士还可以在奔驰的马背上展示其武功，持矛猛刺靶子以及即兴比武等等。比武活动可以延续三至七天，有时会发展成一场真正的战斗，有死有伤，在所不惜。

英国雪顿油画《授爵》

11世纪以后，教会开始宣扬骑士是上帝在世间的战士，在授甲仪式中引入弥撒，以坚定骑士对上帝的信仰。教会封主用剑拍打骑士后背被解释为：“从噩梦中醒来保持清醒，信仰基督，为获得崇高的荣誉而奋斗。”骑士则宣誓：“我将成为一名勇敢的骑士，我将按上帝所愿生活。”

取得了骑士的称号之后，他就得在江湖上闯荡一番，建功立业，以获得勇敢的声名。尤其是那些没有领地的最低等级的骑士，身无分文，更是以打家劫舍为生，以比武搏斗为乐。他们的彬彬有礼只限于对主人和妇女，平时则凶狠好斗，动辄拔剑出鞘。两名陌生的骑士狭路相逢，常常会狠斗一场，打得头破血流，甚至丢掉性命。这就是骑士的生活。

这样的生活理念注定了他们必然要在十字军东征中大显身手，成为十字军的中坚力量。

所以，当教皇乌尔班二世号召第一次十字军东征时发出呼吁：

"让那些从前经常凶狠地和有信仰的因私事而斗争的人,现在去和那些不信上帝的人战斗吧!"

"那些从前做强盗的人,现在去做基督的战士吧!"

"那些从前与自己的兄弟和亲朋争斗不休的人,现在去向蛮族进行正义的战争吧!"

他们——有爵位和无爵位的骑士便立即变卖了家产,打点好行装,如火如荼,前仆后继,投入了疯狂的十字军东征。

有的人因此而获得了声名和财富,更多的则是在异邦的土地上默默无闻地捐弃了身躯。

骑士是中世纪特有的产物。到14世纪以后,由于封建制度的解体和射击武器的广泛使用,骑士的军事意义完全丧失。火药枪的发明,使全身披挂的骑士丧失了昔日的优势,而雇佣军的出现,又使得骑士们无法把仗打得像象棋比赛那样优雅。骑士便成了多余之"物"。堂·吉诃德也许是真正骑士中的最后一个代表,但由于他的价值观远远落后于时代,他就只可能成为新时代人们眼中的一个滑稽人物,或者一段笑料而已。

津巴布韦主人之谜

啊,津巴布韦!

1868年,葡萄牙冒险家亚当·伦德斯潜入津巴布韦狩猎,他紧跟着一头受伤的野兽,穷追不舍。野兽走投无路,居然蹿出了密林,他也紧跟着追出密林。

"啊!"他惊叫一声,迎面山坡上竟然出现了一座巨大的城堡。

他持着枪,闪进石墙间的一条羊肠小道,东张西望,看不到一个人影。他放胆闯进城内,发现这竟是一座空荡荡的废墟。

这是津巴布韦经历了漫长的沉寂之后,第一次向现代人类展露它的尊容。

这个消息被一个名叫卡尔·莫克的探险家知道了,他于1871年9月4日也悄悄地探访了这座废墟。

他怕惊动酋长,小心翼翼地踏着坡度越来越陡的小道前进。前面隐隐约约的是一座孤独的青山,裸露的岩石依稀可见,走到面前,才发现眼前这片露在外面的花岗石,原来是一个巨大建筑物的遗址。他在文章中写道:

此时,矗立在我面前的是一尊大约6米高的花岗岩石柱。再近一点,前面竟是一个人工建造的庞然大物,有一条粗石铺成的小路通向里面。我顺着这条路,在一堆堆粗石、一段段残墙、一丛丛灌木中跌跌绊绊地穿行。最后,在一座塔状建筑物前停了下来。

卡尔估计,这座塔大约10米高。使他感到吃惊的是,这些墙和这座塔竟是石板砌成;石板切割得如此精确,镶嵌得天衣无缝,没有留下任何泥浆和石灰粘合的痕迹。

卡尔在文章中写道:"那个夜晚格外宁静,是那段充满着无数惊喜发现的日子里的难得的宁静。”卡尔深信，他已经奇迹般地发现了《圣经》中盛产黄金和宝石的城市——俄斐！

长期以来，人们一直想知道俄斐城的准确位置，那是具有无穷魅力的示巴女王的家！根据《圣经》中《列王纪》上的记载，俄斐的金矿是所罗门王难以置信的财富的源泉。

他继续写道：

那是一大片聚在一起的石头建筑，都没有屋顶，用灰色花岗岩石块以精巧的技术建成，有些还有雕刻。山上那些高大的石墙，分明是欧洲人的建筑。

他的第一个断言，引起了欧洲探宝迷的探宝风潮，他们从四面八方赶到这座陌生的遗址，掘地三尺，将古城搞得面目全非。

他的第二个断言，则引起了考古学家、建筑学家乃至人类学家长期的争论。

古怪的“石头城”

南非的土著黑人把这种建筑物叫作“津巴布韦”，意思是“可尊敬的石屋”，或者“石头城”。

津巴布韦共和国现存的大小石头城遗址有 200 多处，其中最大的一处在首都哈拉雷以南 320 公里处，占地 7.25 平方公里，通常称它为“大津巴布韦遗址”。

大津巴布韦遗址坐落在三面环山、风景优美的丘陵地上，北面是波光粼粼的凯尔湖。全城所有建筑几乎都用长 30 厘米、厚 10 厘米的花岗岩石板垒成，不用胶泥、石灰之类的粘合物，砌得十分严整牢固，浑然一体。全城可容纳 10 万居民，它无疑是当年非洲最大

大津巴布韦遗址

的城市。

石头城由三大部分构成：椭圆形的大围场（王城），山顶堡垒状的卫城，以及这两者周围的平民区。大围场依山傍崖而建，城墙周长 240 米，高 10 米，城内面积 4600 平方米。东南墙外还加筑了一道与城墙平行的石墙，长约百米，两墙之间，是一条宽仅 1 米的阴森甬道，只要你走进甬道，就会产生恐怖的感觉，似乎有一股压迫人的力量紧紧地向你袭

来。甬道终端，则是一座直径6米、高约15米的圆锥形实心塔。

城中心有一个周长90米的半圆形内城，可能是最高统治者办公和居住的地方。内外城的一组组建筑群均筑有小围墙，曲径相连，错综复杂，门、柱、墙、窗都装饰着浮雕图案，估计是后妃、王室人员的住所。

据估算，仅城墙所用石料就达1.8万立方米，足够建造一栋90层的摩天大楼。

走出城门，有石阶通向100多米之上的卫城。

卫城是整个遗址的制高点，墙体原来的高度大约7.5米，底厚6米。正面有门通大围场，背面是悬崖绝壁，堡内有石头垒砌的小围墙，将建筑物分割成一块块，其间通道繁复，有如迷津，建筑与雕饰之精美并不在王城之下。因此，也有人认为，卫城才是国王视事、居住的地方，而大围场，居住的不过是国王的三宫六院罢了。

大围场和卫城周围，还发现了大量的建筑物遗址，墙基纵横，结构多样，估计有作坊、货栈、商店、铁矿坑、炼铁炉、住宅、水井、水渠、梯田等等，显然这是一个庞大而复杂的平民生活生产区。

谁是津巴布韦的主人？

津巴布韦的发现，引起了一系列的争论。

首先，谁是津巴布韦的主人？

一些目空一切的欧洲人认为，非洲土著居民文化低下，生产落后，只习惯于住泥做的小屋，这样高大宏伟的建筑，这样高超的工艺水平，不会是他们的作品。他们认为，公元前的腓尼基人，曾穿越撒哈拉大沙漠，定居于津巴布韦，创建了这一系列的石头城。或者，是以后的欧洲人或者阿拉伯人在这里建造的。

1906年，苏格兰的考古学家马吉巴，提出了完全不同的看法。他说："这些遗迹，是非洲人分成许多阶段完成的，而且这些建筑物虽说并不古老，但大多数可追溯到14~15世纪以前。从这些遗迹挖出的遗物告诉我们，这些物品的样式与制作方法都是典型的非洲型，其次，建筑物内部居住空间的格局，也是非洲式的。"

到1931年，以考古学家汤普逊为首的英国学术振兴会调查队，也发表了"非洲主人说"的报告书。

特别是八只"津巴布韦鸟"的出土，给"非洲主人说"以强有力的证明。这种鸽头、鹰身、鳄爪的鸟，是非洲一些土著部落的图腾，而与欧洲文化毫无关系。独立后的津巴布韦把这种鸟印制在国旗上，作为祖国的象征。

此外，通过碳14测定表明，石头城遗址的时间可以追溯到公元6~8世纪，这既与早到的腓尼基人无关，也与晚到近一千年的欧洲人无关。

现在，大多数研究者都同意，非洲的土著居民才是津巴布韦真正的主人。

其次，津巴布韦的建筑水平，也使人迷惑不解。

任何一个津巴布韦建筑群，都是使用大小一定而且雕琢平整的大块花岗岩砌成。线条整齐划一，图案鲜明，石块与石块之间没有使用灰浆和胶粘物，但砌得极为坚固严密，接缝处连薄薄的刀片也难以插进。经历一千多年的风雨沧桑，它却依然如故。这需要较高的几何学、建筑学方面的知识和极其精良的施工水平。

仅仅大津巴布韦石头墙，所用巨石至少有 90 万块。加工花岗岩石块是一项艰巨而繁重的任务，当年的非洲人，是怎样完成这样浩繁的工程的？

第三，津巴布韦的建筑风格和用途，更加神秘莫测。

特别是那座圆锥形的塔，底部直径 6 米，顶部直径 2 米，高达 20 米，既没有设置进出口，也没有发现塔下通道，想瞧一瞧塔内究竟的人，便只有从塔外攀登了。

更叫人惊奇的是，里面是实心的，只是堆放着一些石头。它是干什么用的？学者们议论纷纷。有的说，它像个生殖器，是某些部族生殖崇拜的象征；有的说，它像个观察远方动向的哨台，但又没有可供上下的阶梯；还有的说，它旨在炫耀部族和酋长的力量，但也没有任何根据。

不仅如此，其他建筑物的布局和做法也很古怪，把它们叫作“卫城”或者“神庙”“王宫”，只是我们一厢情愿的猜测。欧洲人来到这里的时候，它已是一片废墟，它实际上是做什么用的，我们一点也不知道。

耶路撒冷圣地之谜

耶路撒冷坐落在巴勒斯坦地区中部的四座小山上，是一座有四千多年历史的古城。在希伯来语里，“耶路”是“城”，“撒冷”是“和平”，合起来，就是“和平之城”。

但是，自从犹太教、基督教、伊斯兰教都把它定为自己的宗教圣地之后，耶路撒冷一天也没有和平过。

犹太人的圣地

相传，希伯来人是犹太人的祖先，原本生活在两河流域上游一带，他们看到巴勒斯坦地区——当时叫“迦南”——土地肥美，是个“流奶滴蜜之地”，就把整个部落迁移到这里。哪知迦南人非常强悍，希伯来人打不过他们，只好又牵着瘦羊，流徙在尼罗河三角洲一带定居，在那里过了一段安定的生活。

但是，埃及法老把他们整个民族变成了奴隶，残酷地剥削和压迫他们。根据《旧约·出埃及记》记载，大约在公元前 1300 年左右，一个叫摩西的首领带领他们，越过红海，逃出了埃及，重新返回那个“流奶滴蜜之地”迦南定居。

途经西奈山的时候，摩西独自上山，据说是要聆听耶和华的教诲。40 个昼夜之后，他带回了两块石板，上面刻着耶和华的戒律，这就是有名的”摩西十诫”。摩西带头恪守这些戒律，还建立了“圣所”，让大家祭拜耶和华，这便是最早的教堂。摩西也就成了犹太教的创始人。

大约在公元前 10 世纪，犹太人中出现了一位英雄，名叫大卫，他带领犹太人打败了麇集在迦南的许多部族，建立了犹太王国，并把耶路撒冷定为首都。大卫的儿子所罗门登基时，在耶路撒冷城内的锡安山上建立了一座犹太教圣殿。这座殿堂长 200 米，宽 100 米，巍峨壮观，富丽堂皇，成为当时的犹太人进行宗教祭祀和政治活动的中心。

从此，耶路撒冷便成了犹太教的圣地。

公元前 586 年，犹太王国被巴比伦灭亡，用雪松和黄金建造的所罗门圣殿被捣毁，成千上万的犹太人被掳获为奴，成为建造新巴比伦城的主要劳力，历史上把他们称为"巴比伦之囚"。

巴比伦衰亡后，犹太人被允许重归故土，他们又在被摧毁的原址上建立起新的圣殿。但是，到公元 70 年，犹太历第 11 个月的第 9 天，罗马总督提图斯经过四年的血战，占领了耶路撒冷。他大肆屠城，并把 7.9 万年轻力壮的犹太人变卖为奴隶，有的被送到矿山上去开矿，有的则被驱赶进角斗场同野兽搏斗，其结果当然是被野兽活活撕死。

侥幸活下来的犹太人则流散到世界各地。

后来，罗马人在耶路撒冷建立了基督教的神权统治，并宣布永远放逐犹太人。直到 200 年后，才允许流落各地的犹太人每年回乡凭吊一次。

耶路撒冷被毁时，犹太教圣殿的西部还残存一堵城墙，被称为"西墙"。西墙高 18 米，长 28 米，用 27 层石灰石砌成。据说，罗马人烧城的时候，有六位天使曾坐在这堵城墙上哭泣，涟涟的泪水粘结住城墙上的石头，所以这段城墙永不倒塌。

每年犹太历的 11 月 9 日——耶路撒冷被毁灭的日子，流散到世界各地的犹太人悄悄地回到耶路撒冷，抚着这堵残墙哭泣。后来，人们又把这堵残墙称为"哭墙"，它是犹太教徒最神圣的纪念物。

基督教的圣地

耶路撒冷成为基督教圣地则是在很久以后的事。相传在 1 世纪初叶，耶稣出生在耶路撒冷南部伯利恒的拿撒勒小镇，曾经在耶路撒冷就学，长大以后，开始在巴勒斯坦一带传道，自称为"救世主"，并且招收了 12 名门徒。他的传教活动遭到了罗马统治者和犹太教祭司的反对和仇视，他们收买了他 12 门徒中的一个叫犹大的门徒，设圈套逮捕了他，把他钉死在耶路撒冷东郊橄榄山的一座十字架上。

犹太教徒在器墙前祈祷

但是，广大的信徒都不相信耶稣真的死了，据《圣经》中的有关传说，耶稣在死后三天就复活了，而在此后的 40 天里，他还经常地同他的信徒在一起，最后，他被接回了天堂。

不过，基督教仍然在遭受残酷的迫害。公元 64 年罗马大火，基督教徒成了替罪羊，著名的历史学家塔西陀这样写道：

他们的死亡蒙受着各种各样的嘲讽。他们被裹在兽皮里，让狗把他们撕碎，咬死。他们被钉在高高的十字架上，或者被投进熊熊烈火活活烧死。

到4世纪，形势发生了戏剧性逆转。公元312年，年轻的君士坦丁向罗马进军，要与他的死敌马克桑蒂亚斯决一死战。

时值黄昏，他和他的部下突然看见，天空中出现了一个巨大的光轮，光轮中有一个闪闪发光的火红的十字架。十字架是异教基督的象征，这叫他恐怖而且惶惑。

而且，当晚他还做了一个奇怪的梦：基督告诉他，要佩带十字架，擎着绣上基督标记的军旗打仗，他才能取得胜利。

君士坦丁照办了。他连夜用表示基督名字的图案绣出了军旗，上面还缀满了宝石，士兵的盾牌上也涂了十字。第二天，他在台伯河的密尔维安桥上大败敌军，马克桑蒂亚斯在台伯河淹死。他顺利占领了罗马，成了罗马帝国的皇帝。

公元313年，他颁布敕令，宣布基督教是罗马的国教，并最终接受了洗礼，成了一名虔诚的基督教徒。

公元335年，君士坦丁大帝的母亲希拉娜太后巡游耶路撒冷时，下令在耶稣墓地上建造一座教堂，供基督教徒顶礼膜拜，以纪念这位为宗教而殉难的圣者。

从此，耶路撒冷就被基督教徒尊奉为基督教的圣地。

伊斯兰教的圣地

伊斯兰教的先知穆罕默德于公元570年出身于阿拉伯半岛麦加城古来氏部落哈希姆家庭。父母早亡，从小由祖父和伯父抚养。早年随商队到过巴勒斯坦、叙利亚等地，后为麦加贵族富孀赫蒂彻经商，25岁与其结婚，开始过安定的生活。

据说，40岁那年，他在希拉山得到了天使的神谕，便开始在阿拉伯半岛一带传教。他说："世界上只有一个主宰，那就是安拉。"而他，则是安拉的使者和"最后的先知"。

"伊斯兰"的意思是"顺服"，指顺服唯一之神安拉的旨意，信教的人称为"穆斯林"，意思是"顺从者"，指信仰安拉、服从先知的人。

穆罕默德经常得到真主的启示，他把这些启示记录下来，后来汇集成册，那就是伊斯兰教的神圣经典《古兰经》。

他的传教活动遭到了麦加贵族的反对。

公元622年7月的一个夜晚，皓月当空，天使给穆罕默德送来一匹银灰色的牝马，他跨上马，一直奔驰到耶路撒冷，马蹄踏在耶路撒冷的一块"圣石"上，直向七重天飞跃而去。在天上接受了真主安拉的旨意之后，他又连夜地返回了麦加。现在伊斯兰的重要教义——"夜行与登霄"的典故就出在这里。

纠结在"圣石"上的历史

在耶路撒冷老城区东南角，有一块宽阔平坦的场地，即世界闻名的神庙山，是三教信徒一体朝拜的圣地。

场地正中有一座宏伟庄严、富丽堂皇的清真寺——萨赫莱清真寺。在阿拉伯语中，萨赫莱是“石头”的意思，所以，萨赫莱清真寺也称作“圣石殿”。

该寺建于公元691年，整座建筑结构严谨，布局协调，造型美观。金黄色的圆顶，灰色的大理石柱，镶嵌绿、蓝色玉石雕刻的墙壁，把这块神圣的教地点染得格外庄严。大殿中央有一块黑褐色的花岗岩，长17.7米，宽13.5米，高1.2米，传说，穆罕默德当夜登天时脚下踩的就是这块圣石，伊斯兰教徒把它视同麦加的克尔白玄石一样神圣。

有趣的是，犹太人、基督教徒也对它敬奉有加，顶礼膜拜。

原来，这块巨石源远流长。早先，它是希伯来人祭祀石。犹太人的祖先亚伯拉罕根据耶和华的旨意，曾经将儿子以撒捆在这块石头上，准备祭天。耶和华被亚伯拉罕的虔

神圣的萨赫莱清真寺

诚感动，放了以撒，并预言：“犹太人将在这块土地上衍滋昌盛。”

后来，以撒的儿子雅各在这块石头上与天使摔跤得胜，天使赐其名曰“以色列”。

所罗门在位时，大兴土木，在亚伯拉罕圣岩上建了宏伟的神殿。岩下建地下室秘藏金银财宝，并筑有秘密隧道，以供危急时撤退。因此，圣岩成了犹太人最神圣的地方，即使最高祭司也只能每年来巡视一遍。

不过，这座犹太人的圣殿屡次被捣为废墟。君士坦丁大帝皈依基督教后，在神殿废墟上建造了基督教堂，在亚伯拉罕圣岩上造了祭坛，于是，这块花岗岩又成了基督教的圣石。

不仅如此，由于战乱频仍，圣城多次易主，许多历史建筑物的归属也纠结不清。1867年，考古学家对耶路撒冷的一处庙宇圆丘进行了发掘。他们发现，一道公元16世纪的苏莱曼墙压在12世纪十字军建造的塔楼之上，十字军的塔楼又建造在公元7世纪奥马亚德宫殿之上，奥马亚德宫殿又建造在罗马帝国第10军团的军营废墟之上，而罗马军营又是在希律城废墟上建立起来的……

耶路撒冷人民的苦难，由此可见一斑。

和平之城无和平

据说，耶路撒冷最开始是由耶布斯部族的国王设计和建造的，因这位国王性情温和，所以把它命名为“和平之城”。

但自从三大宗教都把耶路撒冷定为自己的宗教圣地后，这座“和平之城”再也没有安宁过。

公元636年，穆斯林的圣战者消灭了基督教拜占庭的军队主力，把耶路撒冷置于伊斯兰教的控制之下。

公元1095年。在教皇和西欧君主的鼓动下，基督教徒高举“收复圣址”的旗帜，开始了蔓延200年的“十字军东征”。

1099年7月，十字军攻陷耶路撒冷，进行了惨绝人寰的屠城，穆斯林和犹太人积尸遍野，血流成河。

十字军攻打耶路撒冷

1187年，一个虔诚的穆斯林战士撒拉丁领导伊斯兰圣战，收复耶路撒冷，重新建立起阿拉伯人对该城的统治。

此后，为夺取耶路撒冷的“十字军东征”绵延不断，为保卫耶路撒冷而进行的“伊斯兰圣战”也层出不穷。直到300年后，奥斯曼土耳其帝国崛起，耶路撒冷的统治权，仍然牢牢地控制在穆斯林手里。

据有关资料记载，它曾18次地被无情的战火夷为平地，又18次奇迹般地从废墟上复兴、重建起来。

它始终屹立在这块饱经战乱的神秘的土地上，神采奕奕。屡遭破坏同备受崇敬不可分割地纠集在一起，这在世界各国的城市发展史上也是独一无二的。

第二次世界大战后，为了解决这一历史遗留问题，联合国于1947年通过了巴勒斯坦分治和耶路撒冷国际化的决议。

耶路撒冷原有新旧两城,1949 年,新成立的信仰犹太教的以色列国出兵,占领了新城,并宣布耶路撒冷为以色列的首都。随后又在 1967 年第三次中东战争打响之际占领了旧城,把耶路撒冷完全地置于以色列的管辖之下。

可是,1988 年新成立的信仰伊斯兰教的巴勒斯坦国,也宣布耶路撒冷为该国的首都。现在,两国相持不下,战事绵延,都不肯在耶路撒冷主权问题上让步。

耶路撒冷的前途到底如何?全世界爱好和平的人们都在为它祈祷。

马可·波罗来华之谜

公元 13 世纪,意大利旅行家马可·波罗克服艰难险阻,漫游东方,足迹遍及中国及其邻近的亚洲各国,并在中国旅居 17 年之久(1275~1291)。他为后世留下的《马可·波罗游记》,成为风靡一时的"世界第一奇书",至今已有五六十种不同的版本。然而,几个世纪以来,一直有人对其人其书的真实性表示怀疑。

马可·波罗自述

根据马可·波罗自述,他出身于威尼斯贵族,他的父亲和叔叔曾经到过中国,并得到过元世祖忽必烈的信任。忽必烈派他们返回欧洲,拜见教皇,以便与罗马教廷取得联系。他们兄弟俩完成任务后,又以教皇代表的身份重访中国。这次,他们带上了年仅 17 岁的马可·波罗。

这一年,是公元 1271 年。

他们从威尼斯启程,经过地中海到达巴勒斯坦北部,此后,他们所走的便是著名而艰难的"古丝绸之路"了。历经小亚细亚、两河流域、伊朗、阿富汗、中亚细亚,翻越帕米尔高原,到达今中国新疆境内。然后走过喀什、和田,沿塔克拉玛干沙漠南部边缘东进,到达敦煌,又经河西走廊的酒泉、张掖,斜向东北,前后费时约三年半,于 1275 年到达上都。

他们觐见了忽必烈,忽必烈对 21 岁的青年马可·波罗非常喜爱。马可·波罗也聪明好学,很快学会了蒙古语,能直接同忽必烈及其他官员交谈。他的谈吐和知识深受忽必烈赞赏。

马可·波罗曾被忽必烈派到西部各省,走遍了山西、陕西、四川、云南,甚至到达过西藏和缅甸。但是,从《游记》记叙的口气来看,这些显然都不是他的亲身经历。

马可·波罗在《游记》中还写道,他曾经游历过江南各地,盛赞苏州、杭州美景天下无双。他甚至自称做过三年扬州行政长官,不过,他对扬州的描述却颇为简略。

马可·波罗在中国呆了 17 年,1292 年护送元朝公主阔阔真远嫁波斯后,顺路回国,当他回到故乡的时候,已经是 1295 年的冬天了。

1298 年,威尼斯与热那亚发生战争,马可·波罗成为威尼斯海军中的一员,兵败被俘。在监狱中,他口述了多年来的东方旅行见闻,由他同狱的一位通晓法文的难友鲁思

元世祖忽必烈接见波罗兄弟

梯谦笔录下来，这就是著名的《马可·波罗游记》，又叫作《东方见闻录》。

在当时的欧洲，人们都把马可·波罗当作骗子。因为，他们不相信在东方有如此文明的国度，对于《游记》中叙述的一些事实，比如，拿黑色石头（煤）当燃料、整个南宋旧地共有 1200 多个城镇等等，更是视为奇谈怪论，匪夷所思。

此后，随着中西方交流增多，许多说法都被证实，人们对《游记》又倍加赞赏起来。可是，困扰着中、西方文史学家的是，《游记》中有大量失实和似是而非、夸大其词的地方。于是，马可·波罗是否真正到过中国，就成了人们争论的焦点。

襄阳献炮和扬州总管

《马可·波罗游记》中最大的疑点是"襄阳献炮说"和"扬州总管说"。

马可·波罗在《游记》中写道：蒙古大军攻打军事重镇襄阳城，但遭到强烈抵抗，因而久攻不下。马可·波罗便献计说：有一种武器，威力非凡，装置好后，可向城上守军发射大石。蒙古军采用了他的建议，制造了这种"抛石机"，结果一举拿下了襄阳城。

这件事在中国《元史》和波斯的《史集》中都有记载，但提议使用这种新式武器的不是马可，而是一位从波斯来的回回人亦思马因，此炮也因此而被称为"回回炮"。

我们到底该相信《元史》和《史集》呢？还是该相信《马可·波罗游记》呢？答案肯定是前者。

又，据历史记载，攻襄阳城的时间是 1273 年，而马可·波罗到达中国的时间是 1275 年，他怎么可能提前两年向元朝献炮呢？《游记》的记载显然失实。这就引出了一个问题，《马可·波罗游记》的可信程度到底有多大？

马可·波罗在《游记》中还说，他曾接受大汗的任命，官位是总管，治理扬州三年。此事也不足为信。著名的《马可·波罗游记》注释家玉耳也说："扬州居帝国中心，地位重要，而且纯为汉人城市，马可，波罗竟治此城三年，而不懂汉语，简直是不可能的。"而且，"其时马可·波罗不过 23 岁，到中国才两年，绝不可能出任这样高位的行政长官"。

再说，扬州为十二省城之一，是元朝的大都会，总管是级别很高的行政长官，担任职务三年，时间不可谓短，可是，在浩如烟海的元代史料及《扬州方志》中，却找不到一条有关马可·波罗当扬州总管的记载,这也是不可想象的事情。

元世祖二年规定:“以蒙古人任各路达鲁花赤(最高长官),汉人充总管,回回人充同知,永为定制。”这个规定已经非常清楚,扬州总管的重任不可能落在马可·波罗这样一个洋人肩上。

是否来华,观点各异

除了上述两点之外,人们还怀疑:

1.17 年时间不可谓短,马可·波罗却把中国北方丰富多彩的景象,描写成白茫茫的一片,而且对蒙古皇帝的家谱也不甚了解,说得极不准确。

2.中国极具特色的茶叶和汉字,还有四大发明之一的印刷术,当时欧洲人并不了解,作为一本搜奇志异的旅游书,对此却只字不提,也实在叫人费解。

3.马可·波罗对中国许多地名都使用了波斯叫法。

因此,许多人认为,马可·波罗并没有到过中国,仅仅只到过中亚的伊斯兰国家,同许多曾到过中国的波斯商人和土耳其商人有过接触,或是看过波斯人的《导游手册》,等等。就凭借着这些道听途说的资料,他凑合成了哗众取宠的《马可·波罗游记》。

可是,主张马可来过中国的学者也证据确凿。他们认为:

1.对于中国的某些城市和建筑,马可·波罗有相当准确而细致的描绘。如元大都的兴建和建筑格局,卢沟桥的建筑工艺等,这些描述,如果不是亲见亲历,是绝不可能凭借道听途说写就的。

2.《马可·波罗游记》中记载了至元十九年三月发生的刺杀奸臣阿合马事件,如果他当时不是身在京城,他的描写就不可能如此翔实和逼真,而且和史实基本相符。

3.虽说在史料中找不到马可·波罗来华的直接证据,但《永乐大典·站赤》条中记载了至元二十七年八月尚书阿难答等上书,提到了“兀鲁斛、阿必失呵、火者取道马八儿往阿鲁浑大王位下”的事,此事也从《蒙古史》和波斯《史集》中找到了印证。有趣的是,《马可·波罗游记》中也记载了此事,而且三位使者的名字都完全一致,这完全可以证明马可·波罗当时确在现场。可不可能是马可·波罗从《蒙古史》等书中转录出来的呢?不是。因为当时的他不可能看到这两种由后人编写、结集的史书。

以上两种说法各执己见,都持之有据,轻易否定任何一方都是不可能的。于是就有了第三种说法:

马可·波罗到了中国,但是只到过北方,而没有到过南方;他关于大都的描述准确而具体,而对于南方城市的描写非但没有细节,而且流于公式化。他在中国的 17 年,并没有像他说的地位很高,而只是一个向忽必烈提供欧洲故事的小人物。当然,他有可能从各种商人、旅行家、使臣口中听到各种小道消息。

如果这种假说成立,那么,马可·波罗不远万里,历尽艰辛,毕竟到达了中国;而且是他,第一次向西方系统地介绍了东方。这是功不可没的。他是西方探索东方的先行者,是世界上最伟大的旅行家和探险家之一。

哥伦布生平之谜

西班牙名城巴塞罗那港口的和平广场上，一尊巨大的雕像傲然而立，这位巨人举目凝视着远方，挥手遥指大西洋彼岸。附近码头上泊着一艘中世纪的海船，船虽不大，但精致坚固，别具一格。这就是世界上伟大的航海家哥伦布及其著名的航船“圣玛丽亚号”的仿制品。

错误的知识

从1492年8月3日开始，哥伦布先后四次到达美洲，开辟了欧洲通往美洲的航路：虽然早在哥伦布之前，公元5世纪的中国僧人慧深，10世纪的北欧海盗，都可能先后到达过美洲，但人们一致公认，发现美洲新大陆，应该从1492年的哥伦布航行算起。因此，哥伦布是开拓世界的历史人物。

哥伦布从小就喜欢读书，《马可·波罗游记》《世界形象》《世界漫游记》等书都对他产生过巨大影响。长期的航海实践，对外部世界孜孜不倦的探求，培育了他活跃而丰富的想象，撩拨着他永无休止的好奇心。

《马可·波罗游记》中关于东方国家的描绘——“盛产黄金、珍珠和宝石，到处都有纯金装饰的庙宇和皇宫”——使他着迷。繁荣而富庶的中国，神秘的印度，金银遍地的日本，不断地吸引着他的注意力。和同时代的冒险家不同的是，他始终用科学指导自己。尽管用现在的眼光来看，他的“科学”掺和着宗教神话，充满着天真可笑的谬误，可是这些谬误却使他充满信心，勇往直前。

在古代杰出的地理学家托勒密的地图上，曾经把非洲和东南亚连接在一起，印度洋只不过是被非洲和亚洲包围的内海。因此，照哥伦布看来，绕道非洲进入印度洋是不可能的。相反，向西航行，不仅是到达印度群岛的更短的航道，而且也是唯一的航道。事实上，大西洋和印度洋是在好望角外无限广阔的海域上汇合。

此外，哥伦布对基督教教义也深信不疑，“上帝创造地球的时候，到了第三天，将水集合于大地的第七个部分，使其余的部分干涸”。他相信：地球是一个球体，海洋的总和只占地球表面的1/7，因此，没有多少海域在西面把西班牙同印度群岛分开，大西洋也不会是很辽阔的。事实上，地表水面占71%，陆地仅占29%。

当时的科学家一致认为，地球是一个360°的球体，但对陆地宽度的估计有116°、125°、225°和234°等多种说法。哥伦布宁愿相信非洲西端到亚洲东端的广阔陆地占了280°，那么，大西洋的宽度就不到80°了。现在知道的正确度数是131°。

当时的专家对地球周长的估计与实际也相差25%，哥伦布当然又取了最小值。

根据《马可·波罗游记》的记载，哥伦布一直认为，日本距中国2000公里，这就又大大缩小了欧洲西航日本的距离。哥伦布的推算是：前往东亚的最佳航线是加那利群岛。

从加那利向西航行 4500~5000 公里，就可以到达同一纬度的日本。

这个错误是显然的。实际情况是：从加那利群岛到日本空中直线距离都有 18500 公里。

18 世纪法国著名地理学家安维里不无感慨地说："一个极大的错误，导致了一次极其伟大的发现。"

伟大的航海探险家哥伦布

伟大的发现

1492 年 9 月 6 日，哥伦布带着那张错误的海图从加那利向西出发了。哥伦布认为：加那利群岛和日本国在同一纬度上，只要沿着纬度线西行，就可以顺利地到达日本。

最初的航行风平浪静，船只慢悠悠地向前行驶。为了不使船员在漫长的旅途中丧失信心，他假造了"航海日记"。他每天记下的航行里程比实际的航行距离总是少得多，以免水手们向他质问："已经航行这么远了，为什么还没有到达你所说的日本呢？"

9 月 16 日，他们看到了漂浮的绿草，一簇簇、一片片的，出现在航船的前方。大家高兴极了，因为这是接近陆地的象征。

开始几天，航船在这些绿色植物上轻快地滑行，但后来，海风停息了，海流静止了，船队似乎进入了一个死寂的世界。水草越来越稠密，一连几天，船队几乎停滞不前。他们投下"侧铅"，想测量海的深度，几百米的绳索投光了，"测铅"仍然不能到达海底。哥伦布的目光灰暗了，这说明附近没有陆地。

原来，这一带位于大西洋环流的中心，风力微弱，水流平缓，一种叫作"马尾藻"的海草长出之后，不能随波逐流，只好就地生长繁殖，日积月累，竟覆盖了大约 450 万平方公里的椭圆形的海面。直到现在，"马尾藻海"仍然是航海者避之唯恐不及的魔鬼水域！

经过 19 天的艰苦航行，才摆脱了马尾藻的纠缠。然而，前方仍然是水天一色，茫茫一片。

10 月 11 日，先是几只信天翁迎风飞来，接着，几根绿色的芦苇在船舷边出现，还有，一根缀满花朵的树枝，一块人工砍削过的木条，一切表明：航船正在向陆地靠近。时当黄昏，心情激动的水手们用颤抖的手画着十字，不约而同地唱起了一首古老的歌——《拯救雷希拉》。

直到 10 月 12 日凌晨 2 点，一个水手突然高喊起来：

"陆地！陆地！"

他的确看到了陆地，那由砂石组成的崖岸，正在目光中闪现出灰白的色调。

晨光初现，新大陆在第一批异域猎手面前展现了她处女般的姿色：在前方 10 公里外，一条项链似的珊瑚礁和光闪闪的沙滩，环绕着一个微微起伏的海岛，到处是绿油油的热带森林。

这是哥伦布潦倒一生中的一个最辉煌的日子。从此,哥伦布以一个新大陆的伟大发现者的身份,被载入史册!

扑朔迷离的生平

哥伦布生平活动的资料极少,直到目前还不断有新的发现,引起新的争论:

在17~19世纪里,至少有20个不同地点被列为哥伦布的故乡。他的出生年份也含糊不清,跨度达20年。人们无法确定,那个劈波斩浪、叱咤风云的探险家,是生于1456年,还是1435年,抑或是1447年?

他的死,至今也仍是一个未解之谜。

根据传统的说法,克里斯托弗·哥伦布生于1436年的意大利热那亚。他的父亲经营一家羊毛纺织作坊,并不富有;哥伦布是长子,但他并不想继承父亲的事业。

能取得一致公认的是:他从年轻时候起,就是一位聪明而顽强的自学者。他至少能用四种文字——意大利、西班牙、葡萄牙和拉丁文进行阅读。

据哥伦布自己说,他14岁就开始出海,20岁时就参加了热那亚的商业探险活动,在地中海水域中航行。

大约在1478年以前,哥伦布在里斯本与莫尼斯结婚。莫尼斯出身意大利名门,这对于哥伦布涉足于葡萄牙、西班牙上层社会,并最终取得他们的支持不无帮助。

1478年,他们生下儿子迭戈。在此期间,他可能不止一次地参加过远洋航行:到过北大西洋的爱尔兰和冰岛,到过非洲探险前沿的几内亚湾和黄金海岸。在1492年以前,他已经是一个集船长、舵手、业余天文学家于一体的优秀海员。

但1981年版的《不列颠百科全书》认为,这些不能证明哥伦布是意大利人,他从未在哪个场合声称自己是热那亚人。1476年海战,他是以葡萄牙一方的身份与热那亚作战。他没有用意大利文写下任何东西,甚至给家人的信件和日记都是用的西班牙文。他自己的名字也习惯用西班牙语拼写,并希望别人也这样用。因此,英国《不列颠百科全书》认为,他是定居在热那亚的西班牙犹太人。

哥伦布到底在哪里度过晚年?也没有统一的答案。一说是西班牙的塞维利亚市,另一说则是远隔重洋的多米尼加共和国的圣多明各市。为什么会出现这样的混淆?据说,他在晚年不断迁居。

哥伦布的葬身之地也一直争论不断,有的说葬在西班牙城市巴利阿多利德,也有的说葬在塞维利亚、哈瓦那或者圣多明各。

最近,有人打开了位于塞维利亚的大教堂,据说这里有这位探险家和他儿子迭戈的墓,以便通过DNA分析比较来鉴定这两具遗骨的真伪。

已故的美共主席福斯特在他的《美洲政治史纲》中干脆写道:“我们不能确实知道他是什么时候生的,也不知道他在哪里出世,他的早年生活究竟如何,他的面貌怎样,他能不能读写,他最初在哪里登陆,也不知道他死后葬在何处。”

此哥伦布与彼哥伦布

有些历史学家认为，在同一时代从事航海事业的有两个哥伦布；发现美洲大陆的是西班牙的"克里斯托瓦尔·哥伦布"，而不是意大利的"克里斯托弗尔·哥伦布"。

委内瑞拉著名历史学家内克塔里奥从1964年起，就担任委内瑞拉驻西班牙大使馆的文化参赞，负责历史事务。他利用西班牙丰富的历史档案，继续从事历史研究工作。

他根据自己多年的研究提出：哥伦布不是意大利人，而是西班牙犹太人。他出生于西班牙马略尔卡岛的赫诺瓦。"赫诺瓦"与意大利"热那亚"的字母拼写是一样的。哥伦布原名胡安，姓"哥伦布"。在西班牙语里，哥伦布是"鸽子"的意思，这是马略尔卡群岛上的一个很古老的姓，取自犹太人的祖姓。因此，他认为，人们一直把克里斯托瓦尔·哥伦布同克里斯托弗尔·哥伦布搞混了。后者是意大利热那亚人，生于1451年，也在地中海从事航海业。

1983年版的《西班牙历史百科辞典》和美国1983年的《柯里尔百科全书》则坚持认为，哥伦布是意大利人，前者还举出哥伦布家族1498年的长子继承权立法文件作依据。由于它只是个抄件，有人对它的真实性表示怀疑。究竟是哪一个哥伦布发现美洲？迄今仍无定论。

所以，我们在一些介绍哥伦布的书中，会发现一个有趣的现象，有些肖像为一个胖子，有些肖像却是一个瘦子。在19世纪末以前的智利邮票上，甚至把哥伦布画成一个留着大胡子的人。

美洲发现之谜

谁是印第安人？

1492年，哥伦布经过漫长而枯燥的海上航行，突然发现在他的视野里出现了一线漫长的海岸，他登上了岸，迎接他的是当地的土著。

当时的哥伦布，并没有意识到他脚下踩着的是一块新奇的土地，他以为那是书籍上早已记载的东方古国印度。因此，他漫不经心地称他们为"印第安人"。

迄今，拉丁美洲尚有2000万印第安人的后裔。

印第安人是在遥远而孤寂的美洲土生土长的吗？不！印第安人是从遥远而冷漠的星宇破空而降的吗？也不！现在的人类学家、历史学家大多认为，美洲最早的居民是从其他地方迁移而来的，这些迁移来的部落，才是美洲的最早的发现者，他们比哥伦布至少要早几千年。

至于是什么种族或部落，通过什么路线迁入美洲，史学界却是众说纷纭，尚无定论。归纳起来，主要有以下四点：

一是“欧洲移民说”。此说认为印第安人的祖先是从欧洲大陆向北经冰岛和格陵兰岛进入美洲的，也有人认为，欧洲人是通过横渡大西洋到达美洲的。

二是“亚洲人南太平洋岛屿移入说”。此说认为亚洲人经过南太平洋的岛屿，逐步移入美洲。当然，也有人认为，是本来就生活在太平洋群岛上的波利尼亚人通过南太平洋岛屿进入美洲的。

三是“非洲移民说”。此说认为非洲黑人，特别是努比亚人、马里人，都有可能横渡大西洋到达美洲。

四是“亚洲人白令海峡进入说”。此说认为是蒙古人种的亚洲人，在四万年和一万八千年前，通过白令海峡结冰的“走廊”，从阿拉斯加进入美洲大陆的。

印第安人美丽的羽饰

这第四种说法影响很大，赞同者也最多。在这种说法的基础上，我国学者提出“华北人说”，用引人注目的证据，论证了印第安人的祖先是中国人，他们可能是一批寻找安憩之所的仓皇逃窜的战败者，也可能是一批敢于冒险、追逐猎物的猎人，他们才是荒无人迹的美洲的开拓者。

殷人逃美说

殷即商，商是我国古代的一个王朝。

大约在公元前1066年，武王伐纣，纣是商朝的最后一个国王。

当时的纣王正率大军，征伐位于今山东省的“人方国”，大获全胜，然后，匆匆地赶回安阳过年。正月初二，武王兵临城下，而纣王的大军还在返回的途中，他不得不驱使大批的奴隶、俘虏和平民应战，结果大败，纣王自焚而死。

武王死后，纣王的儿子武庚谋反，企图复国，周公进行了第二次东征，武庚战死，叛乱平定，殷国贵族们见复国无望，只好纷纷出逃。

殷人到底逃到哪儿去了呢？有的学者认为：就是美洲。

早在1939年，中国学者陈志良就提出了殷人逃美的断想。20世纪70年代，香港学者卫聚贤在《中国古代美洲交通考》里写道，殷人亡国后，逃亡到美洲，公元前656年，齐桓公曾到阿拉斯加的科达克岛去寻找美洲虎皮，后来，殷人后裔曾派人回到中原，带回六只美洲特有的蜂鸟。

蜂鸟体小而美丽，是唯一在飞行中可停可退的鸟，在中国古籍中叫“鹢”。《左传·僖公十六年》中载“六鹢退飞过宋都”，这几只退飞的“鹢”，既不是中原的特产，也不是古人的梦幻,唯一的可能就是在哥伦布发现美洲前2136年,殷人的后裔就带回了足以在中原炫耀的美洲蜂鸟。

历史学家、考古学家还发现了美洲的文化和中国的文化的许多相似之处:

例如:金字塔。墨西哥的金字塔与埃及的金字塔,仅仅只是"锥"形相似,而"棱"状全非,与墨西哥金字塔"锥""棱"全似的则只有中国的"金字塔"。

我国山东曲阜的少昊陵,陕西十数座汉皇陵,特别是吉林集安县的正方形体"将军坟",除了规模略小之外,与墨西哥"金字塔"的形状、石室结构以及筑为单数的石阶相比,如出一人之手。其中,以少昊陵为最古,陵顶有庙,石筑台阶,俨然是一座墨西哥"金字塔"。

还有,中国人崇尚龙,被称为是"龙的传人"。龙的图像最早出现于三千年前的商代,而三千年前的墨西哥奥尔梅克文化中,甚至在美洲其他印第安人中,也出现了镶嵌着龙状的石刻和龙蛇交尾的图像。

还有,我国古代传说,伏羲、女娲兄妹婚配,以传人类;古代的墨西哥的一些民族,主要由祭司来管理,他是天神的化身,另一个女祭司,则是他的妹妹和妻子,她代表着地。这表明,"内婚制"在中、美两地的古代,不约而同地流传。

茫茫烟水惹梦思

中华民族本来就是一个滨海民族,绵长的海岸和烟涛迷茫的广阔的海疆,本来就足以诱发人们无穷的遐想。

在悠久的中国历史上,濒海为国的战败者越海而逃的事例屡见不鲜。

最早的"越海"记载出现在夏朝末年。《尚书大传·汤誓》中说:"桀曰:'国君之有也,吾闻海外有人',与五百人俱去。"那就是说,商汤——殷人的祖先在战胜夏桀的时候,就出现过五百名夏朝贵族越海而逃的事例。

后来,秦始皇灭齐的时候,田横也曾率领五百壮士越海而逃。

最近的例子出现在半个世纪之前,国民党政权抵挡不住中国人民解放军凌厉的攻势的时候,也走了许多败亡者走过的老路。

殷人本来就是个航海民族,《诗经·商颂·长发》中说:"相土烈烈,海外有截(截:统一)。"他们管辖的范围本来就延伸到了"海外",到他们战败的时候,越海而逃就是很自然的了。

然而,他们能渡过茫茫的烟水吗?

答案是肯定的。

1852年,美籍华人乔治·休就曾偕数人驾小艇8艘,从广东出发,沿黑潮漂至加利福尼亚州。他同他所乘坐的小艇照片,被保留在美国旧金山唐人街博物馆里。

加利福尼亚州立大学美籍华人物理教授周传钧博士,四十多年前在他还是个渔人的时候,就曾偕同4人,不假其他动力,驾木帆船,用了63天时间,沿黑潮暖流横渡太平洋获得成功。在他之前,他的一位同事的父亲,也因一批木船被台风刮向黑潮暖流,最后也漂流到了美洲。

与此同时，一批勇敢者也完成了横渡大西洋的试验。

一位名叫图尔·海尔达尔的挪威旅行家，仿照古埃及人的船只，建造了一艘纸莎草船“拉”号。1969年，他就乘坐这艘船从摩洛哥出发横渡大西洋，来到了美洲沿岸的巴巴多斯岛。

1981年12月，另一位勇敢的探索者，36岁的法国人克里斯蒂安·马蒂，乘坐一艘面积只有2平方米的带帆水上滑板横渡大西洋，经过38天的航行，于1982年1月18日到达了南美洲法属圭亚那的库鲁市附近。

这些勇敢的实践，说明了跨越茫茫烟水是完全可能的。

据考证，周公平定叛乱为秋九月，渤海、黄海、东海海面已开始刮北风，如果殷人此时下海，那么北风、黑潮、西风漂流会促使他们走以下路线：舟山群岛——台湾北部——琉球群岛——日本南部——阿留申群岛南部——北美——加利福尼亚——墨西哥，顺风顺水，简直是一帆风顺。正如沿着黑潮横渡过太平洋的周传钧教授所说：“古代中国的船舶不被漂到美洲是绝对不可能的。”只要有足够食物、淡水和思想准备。

另外，尤卡坦半岛的玛雅人自称是三千年前，经过“天之浮桥诸岛”而来，这与周灭殷商的时代正好一致。住在支华华的殷福布人自称是中国血统，每天见面都说“殷地安”，意思是“殷人新地平安”。

也许，当哥伦布初次踏上这片神奇的土地，见当地居民友好地向他道“殷地安”，他便以为是“Indla”了。后来哥伦布又到过古巴，他以为是中国南方某省，这个地理错觉他到死都执迷不悟。

“事实是，不是哥伦布发现了美洲，而是美洲人发现了哥伦布，他迷路了。”美国历史学会执行会长塞缪尔·盖蒙这样说。

汉字、石锚、玉圭文书

许多考古发现也令人震惊。

在墨西哥奥尔梅克文化遗址中，发掘出了16个玉雕人像和6块刻有古老的中国汉字的玉圭。其中，玉雕人像显然是一副中国人面孔，而且都是长头少发。我国典籍《御览》引《晏子春秋》说：“汤，长头而寡发。”汤是商朝的开国君主。我国著名人类学家裴文中教授曾对这种头形进行过解释，他说，这种头形是由“人工缠绕变形的”，这是北方沿海东夷人的风俗，至今山东半岛仍有此风。有趣的是，美洲的印第安人也曾有过这种缠头变形的风习。

更令人惊奇的是，这些玉圭上的汉字现已被破译出来。其中第二块刻着“俎娀茧翟伯”，第三块刻着“火农辛”，第五块刻着“十二示土二”等等。

此外，还刻有一些与中国远古文明相关联的名人，如“帝喾”“蚩尤”“王亥”“少皋”等字词。

“茧翟”，即简狄，是有娀氏的长女，殷商的祖先。“帝喾”高辛氏是黄帝曾孙，也是殷商的一位祖先。“土”是古“社”字,“十二示土”是殷商时代祭祀祖先的制度。

我国学者王大有先生在对这些玉圭书板一一解读后指出:玉圭上的文字刻符,是用中国商代文字镌刻的殷人祖先的谱系,雕像则是殷人祖先的形象。“这是一组祭祀中国殷人祖先的最高规格的神主牌位文献典籍,并有列祖列宗形象的国祀大典整体谱系”。

这真是令人振奋的奇闻!这为印第安人的先祖是殷商时代的移民提供了有利的证据。

古老的汉字在美洲不断发现,迄今已有59个。

房仲甫先生经过潜心研究,总结出美洲与中国商代文化明显的相似之处有七:(1)土墩;(2)雕像;(3)饕餮纹;(4)祖石;(5)虎神崇拜;(6)“四合院”式的建筑物;(7)与甲骨文相近的文字。

墨西哥拉文塔有一处土墩遗址,是美洲最早的祭祀场所,其建筑年代、用途和殷人“封禅”仪式的土墩完全一样;秘鲁查比因文明与墨西哥奥尔梅克文明都崇拜虎神,在安第斯山上的神殿里有一座高大的半人半虎石像,和商代雕刻的虎首、人身、虎爪明显地一脉相承;印第安人的饕餮纹与商代相同。美洲出土的一个陶器上,有二十多个与甲骨文完全相同的“凡”(即帆)字,也表现了东渡的殷人对迢迢烟水的特殊怀念之情。

1975年冬,鲍勃·迈雷尔在加利福尼亚海底捞到一只重152公斤,中穿一孔的石柱。经考古学家莫里亚蒂和皮尔逊鉴定,这是一个船碇,已有二三千年的历史。但北美沿岸从未发现过此类人工石制品。1980年8月,北京大学安泰庠先生鉴定,这些“石锚”材质与台湾中、东部的灰岩同属一类;而广州的一座东汉古墓中的陶船上,也吊有这种石锚的仿制品。因此,它可能是中国人远航美洲的遗物。

反向交流:钩纹皮蠹

长沙马王堆汉墓以发掘出西汉女尸和金缕玉衣等诸多珍稀文物而闻名于世,而今又有一项发现令人迷惑而又惊奇。

那是在一号汉墓里,考古工作者在墓椁西室的食物笥和衣物笥中,发现了三只钩纹皮蠹的尸体。

钩纹皮蠹是一种昆虫,喜欢吃动物干制品和烟草、茶叶、衣服、粮食等物。由于它天生懒惰,只是附在货物上从一个地方转到另一地方,所以,和其他昆虫相比,传播比较困难。

问题的关键在于:钩纹皮蠹原产于美洲。

昆虫学家告诉我们,这种昆虫是在哥伦布到达美洲之后,才逐渐传播到世界各地的,就是传播到别的地方以后,也因为其自身的惰性,它的发展也非常缓慢,就是海运业非常发达、同美洲交往频繁的英国,也是近几十年才传入的。那么,这三只钩纹皮蠹怎么会出现在二千一百多年前的西汉古墓之中呢?

是后来有人将这种昆虫带入了墓室?例如:盗墓。但这座古墓封闭严密,从未遭到过破坏。

难道是中国原本就有这种昆虫，一号汉墓中的钩纹皮蠹原本就是中国的土产？科学严肃地告诉我们：由于新旧大陆区系不同，这种昆虫在广阔的旧大陆连生存的可能都没有，何况是中国！

事实只能这样认定：一批来自中国的货船越过茫茫烟水，把石锚“交流”到了美洲；然后，一批来自美洲的船只又跨过茫茫烟水，把钩纹皮蠹“交流”给了中国。如果不是这样，那该怎样解释？

据悉，在中国某处古墓中，还发掘出了玉米。作物栽培史认为，玉米也是原产于美洲，也是在哥伦布发现新大陆之后，才逐渐传播到世界各地的。

很显然的是，这座古墓的年龄要比哥伦布的年龄大得多。

还有一个有趣的事例：我国小孩出生，屁股上常常有一块青色的“胎记”，这是蒙古人种特有的“标记”，俗称“蒙古斑”，其他人种则没有。有趣的是，印第安人的小孩出世，也常常带有这种“蒙古斑”。

这就是说，印第安人在出世之初，早就打下了这种无须考证的人种学标记。

谁能解开这一件件的千古之谜？

美洲，这个古老而年轻的大陆，留给我们的谜实在太多了！可以肯定的一点就是，美洲在它遥远的历史年代里，曾和世界各地有过种种神秘的联系，尤其是同我们这个古老的有着灿烂文明历史的泱泱大国。

还可以肯定的一点是，哥伦布绝不是第一个到达美洲的旧大陆的造访者。一位美国学者曾幽默地说：哥伦布只是第一个从美洲回去召开记者招待会的人。

事实也确实是如此！

诺曼海盗横行之谜

正当中国人、印度人、日本人在东方海域寻访仙山乐土、奇情异俗的时候，西方海域却被一群胆大包天、无恶不作的海盗统治着。

在欢乐的蓝色的海面上，我们
巡视自己的帝国，游览自己的家乡！
我们的灵魂比轻快的海风还要自由，
我们的思想比汹涌的波涛还要狂放。
这无边无际的，是我们的疆土，
我们的旗是谁遇见都要臣服的权杖。
我们的野性的生活这样安排：从忙碌
到休息，每次变换都叫人欣喜欲狂……

——拜伦：《海盗》

然而，他们的实际生活却是惨苦的。绞索和镣铐追逐着他们，风暴和巨浪袭击着他们，为了寻求一片可供蜷足的礁石，他们不得不在苦涩的海面上永不驻足地跋涉。

他们，就是横行在北大西洋海面上的诺曼海盗！

海商，还是海盗？

诺曼人的意思是北方人，也称作维京人。

斯堪的纳维亚半岛和日德兰半岛像一把铁钳，封锁着波罗的海和北海的通道，诺曼人就居住在这里。

这里是欧洲北部，气候严寒，土地硗薄，岩壁嶙峋的海岸没有留给诺曼人足够的生存空间，为了追寻鱼群和海兽，他们的舟楫几乎踏遍了每一寸北大西洋海域。

即使是丰收年景，他们的粮食也不能满足自身的需要，要常常用珍贵的毛皮和鱼类去换取粮食；而当毛皮和鱼类也歉收的年景，他们不能让嗷嗷待哺的妻儿老小坐以待毙，于是结伴成群，以浩瀚的大海作背景，干起了世界各地都"生意兴隆"的无本买卖：抢劫。

胆大的诺曼贵族在自由民中招募亲兵，并率领他们到欧洲的粮食生产国去进行海上"探险"。他们轻捷、剽悍，来去无踪，很快就以野蛮和残酷、傲慢和无理，赢得了欧洲海岸各国的惊讶和"尊敬"。

他们掠夺教堂、修道院，屠杀僧侣，用长矛刺杀被俘的孩子，奸淫妇女。

1021年，他们和被俘的坎特伯雷大主教一起欢宴，本来只想换取一笔可观的赎金，然而宴会失去控制，大主教被海盗们用吃剩的骨头活活敲死。

他们的头目被称为"科龙格"，意思是"海上之王"。他们有时经商，或者干脆装扮成商人，但大部分时间就是海盗：拦截商船，洗劫沿岸的村庄和城镇。

法国著名的历史学家奥·第耶利生动地描绘了诺曼海盗的海盗生涯：

海盗们欢乐地行进在天鹅飞翔的道路上……他们或是沿岸航驶，埋伏在海峡、海湾和不大引人注目的港口里，窥伺敌人，因此，人们把他们称作"半商半盗的航海者"或者"海湾之王"；他们或是穿过海洋去追获自己的战利品。北部海上的剧烈风暴常常吹散和摧毁他们脆弱的帆船，能集合到主船附近的人已经为数不多了，然而，这些幸存者并不灰心，并不垂头丧气，他们高声唱道：风暴帮助我们船夫的双手，台风为我们效劳，把我们带到我们想要到的地方。

恩格斯曾经指出：诺曼人的船只绝非一些"脆弱的帆船"，恰恰相反，"他们的船是一种稳定的、坚固的海船，龙骨凸起，两端尖削，他们在这种船上大都只使用帆，并且不怕在波涛汹涌的北海上受到风暴的突然袭击。……这种敢于横渡大西洋的船只的速成，在航海业中引起了全面的革命"。

大约从公元8世纪开始，诺曼人几乎成了整个西欧地区的灾难。他们采取新的方法作战。当海上风暴突起、其他航船纷纷寻找避风港湾的时候，他们却扬帆出海。伴随着涨潮，数以百计的诺曼船队呼啸而来，飞快地驶进河口，逆水而上，深入到内陆腹地，从事洗劫的战争。伴随着退潮，数以百计的诺曼船队又呼啸而去，顷刻间消失得无影无踪。他们使用的是一种水陆两用船，能够成功地把自己的船队从一个河区转移到另一个河区。

他们四面出击。向东,他们穿过波罗的海,抵达里加湾和芬兰湾,并且沿着东欧河流到达里海、拜占庭帝国。向北,他们绕过斯堪的纳维亚半岛,到达白海。向西,他们穿越茫茫大西洋,发现了冰岛、格陵兰岛,并且确凿无疑地登上了美洲大陆的东北海岸;他们在法国的塞纳河下游巩固了自己的阵地,并且三次占领英国。向南,他们洗劫并破坏了大西洋沿岸,穿越直布罗陀海峡,直达地中海南部地区。在 9~11 世纪期间,诺曼海盗有效控制的航道,环绕着整个中欧、西欧和南欧。

冰岛的发现

最早发现冰岛的,是一名叫纳多德的诺曼海盗船长。

如果就冰岛、挪威、英吉利三地的最近点连成直线,正好是一个三角形,这三角形的中心就是法罗群岛。纳多德船长因为杀人越货,血债累累,只得逃到这孤悬于茫茫大海中的小岛上存身。公元 867 年的一天,他在从挪威返岛途中遇到了风暴,把他推到西北方向的一片满是岩石的陆地,当时天上下起了大雪,他顺口把这片陆地叫作“雪地”。

两年以后,以卡尔达尔为首的一批诺曼人也被风暴送到了这里。卡尔达尔小心翼翼地环绕着这块陆地航行,发现这是一个大岛。他们在这里度过了一个冬天,壮丽的冰川,辉煌的火山,茂密的森林,富饶的渔场,给他们留下了深刻的印象。

这时候,挪威正在进行一场旷日持久的内战。加拉尔德一世联合农民,打败了“海上之王”的联合力量。不愿臣服的“海上之王”,只好率领亲兵、家属越海北窜,传闻中的“雪地”就成了他们的首选之地。

根据神话传说:“海上之王”弗劳克从法罗群岛(现属丹麦)出发的时候,带了三只渡鸦。早年的航海家都相信:渡鸦是一种能够横渡大海的神鸟,它能准确地找到最近的陆地。

航船向西北方向划了一段路程,弗劳克放出了第一只渡鸦,它在空中盘旋了一圈,掉回头朝着他们来的方向飞去,这表明,法罗群岛仍然是最近的陆地。

航船又划行了很久,弗劳克放出了第二只渡鸦,它在空中盘旋了几圈,又飞回自己的船上。这表明,四周没有陆地,他们正处于大洋的中心。

航船又划了很久,弗劳克放出了第三只渡鸦,它展开翅膀,毫不犹豫地朝西北方向飞去。弗劳克高兴极了,飞快地划动船只,紧随在渡鸦的后面。很快,他们就找到这片向往已久的海岛。

尽管海滩上有肥美的青草,海湾里有丰富的鱼群,他们仍然在这里度过了一个严酷的冬天,寒风肆虐,暴雪击面,牲畜大量死亡。弗劳克沮丧极了,就把这里叫作“冰岛”。尽管他后来对这里美丽的草原、丰富的渔场赞不绝口,但这个令人齿寒的名字,一直沿用到今天。

弗劳克有两个堂兄弟——英科尔和莱弗,也是些无法无天的主儿,他们在挪威杀了人,被驱逐出境,判处在境外“度过三个冬天”的刑罚。他们也首先想到了冰岛,亲自去那

冰岛印象

里考察，很是满意。返航途中，又顺道袭击了爱尔兰，抓了一批奴隶。于是，他们就举家迁移。

根据诺曼人的习俗，他们把一块刻有图案的木板扔到海里，任其漂流，木板搁浅的地方，就是他们的登岸之地。

然而，他们很快地失去了目标，一场风暴把这两艘紧紧相靠的航船拆散。历尽千辛万苦之后，英科尔在岛东南面的一片洼地上了岸，莱弗也在岛南的一片碎石滩涂登陆。

春天来了，冰岛的新移民开始了艰苦的垦殖。

莱弗带来的牲畜不够用，就把抓来的奴隶套在牛轭下，同牲畜一起拉犁翻土。来自爱尔兰的奴隶们——他们本来是高傲的白人——愤怒了，他们杀死了牛，也杀死了莱弗，然后洗劫了财物，裹携着妇女，逃到了冰岛南面不远的一个海岛上躲藏起来。这个岛叫作海默岛。

后来，英科尔找来，发现了莱弗的尸体。他组织力量，找到这批奴隶的藏身之地，一个一个处死了他们。

诺曼人（北方人）把爱尔兰人叫作韦斯特马（西方人），所以海默岛及其附近小岛，被命名为韦斯特马纳埃亚群岛，以纪念那些在这场血腥、悲惨的屠杀中的遇难者。

后来，他们在岛的西南部找到了那块遗失多年的木板，英科尔相信这是神的旨意，他们迁居到这里，在一个多雾的不冻港边的海岛上，建起了第一个村庄，命名为雷克雅未克，意思是“雾港”。

移民大量涌来。到930年，冰岛居民达25000人。英科尔在这里繁衍了一个大家族，这个大家族成了冰岛的第一个朝代。

他们的最早居住地——雷克雅未克，就是现在冰岛的首都。

“红头发”爱利克

从冰岛往西，有一片冰雪覆盖的礁石，冰岛神话把它叫作“贡比恩礁石”。

礁石上是万丈冰岩，礁石下是巨型冰块，常年云吞雾吐，威严而又神秘。人们远远地逃避它，没有谁敢越过“雷池”半步！

那时候，冰岛上居住着一名海盗船长，头上有一蓬火红的头发，人们叫他“红头发”爱利克。他本来是挪威人，因为杀人重罪被驱逐出境。在冰岛，他恶习不改，性情暴烈，又被冰岛当局判处驱逐出境三年。

“红头发”爱利克是一个大胆而又不甘寂寞的人，他决心闯过贡比恩礁石，寻找新的陆地。

大约在公元982年，爱利克伙同几个好友，从冰岛出发，向西北直驶。在北纬65°~

格陵兰的雪屋

66°之间，他碰到了一大片冰封的陆地。他狂怒着，几次想冲过冰层，但都没有成功。

他改弦易辙，让船沿着海岸线向西航行，大约航行650公里后，登陆上岸。

他终于找到了几块平坦的地方：港湾里有大量的鳟鱼、鳕鱼和海豹，滩原上长满青嫩的植物和树丛；夏季温暖，冬季也没有严寒袭击，同四周冰封雪盖的荒原形成鲜明的对照。爱利克欣喜若狂，把这块得天独厚的宝地叫作“格陵兰”。

格陵兰，意思就是“绿色的土地”。

后来，人们用格陵兰称呼全岛，尽管这样叫名实不副，全岛85%的土地都是寸草不生的蛮荒的冰原，但是人们仍然使用这个“亲切的名称”。

格陵兰自然和历史学家赫立克·林克，生动地追述了“红头发”爱利克的胆略和艰辛：

……如果你想顺利到达海岸，那么你就要冲进岩石、小岛、光秃秃的悬崖断壁所组成的迷宫。这一切都不会给你提供生活资料。数不尽的海湾蜿蜒在海岸与半岛之间，并且深入这个地区的腹地。在这些高地的一旁，离海湾口约50~60公里的地方，展现出一块平坦的陆地。这片陆地似乎适宜于（诺曼人）居住。然而使人惊奇的是，他们是怎样找到这些七零八碎的小块平地的。我们现在已经详尽地熟知了这个沿海地区。但是，丹麦的居民在这里居住了100年，始终没有找到像爱利克所指出的更适合人类居住的地方。

“红头发”爱利克满怀豪情，用“绿色的土地”作号召，以便欺诳轻信的冰岛人，迁移到这块一踏上就会使人感到无望的地区。

移民的船队浩浩荡荡地组织起来，几艘船被海上突发的风暴摧毁，几艘船被吓得立即掉转了船头，但是，仍然有14艘船，装载着500名移民到达了南格陵兰的尤利安娜霍布。

这片地后来被称为“东开拓地”。“红头发”理所当然地成了“东开拓地”的首领。

格陵兰属于北美洲，地理大发现之前的丹麦地图，格陵兰被标明为欧洲的一部分。因此，爱出风头的“红头发”爱利克至死也不曾知道，他是环球探险的先行者和导师，他领导了美洲土地上的第一批有历史记载的移民。

幸运者莱弗：首登新大陆

“红头发”的儿子们也是一批“好汉”。

大约在公元1000年，“幸运者”莱弗驾着海船向南行驶，寻找一块传说中的森林之地。突然，一场巨大的风暴向海船袭来，海船在茫茫大海中颠簸旋转。莱弗凭着他天生的大胆，只是把稳舵，任海船趁着风浪顺势漂流。几天以后，船的右侧出现了一线海岸，登岸一看，到处是光秃秃的巨大石块。他把这块陆地叫作赫卢兰特，意思是“石头地”，然后驱遣他的航船继续向南。

几天以后，他发现了一道布满暗色森林的海岸，郁郁葱葱，充满生气。他高兴极了，把这块地叫作马克兰特，意思是“森林地”，然后驱遣着他的航船继续向南。

又航行了两天，他把船停泊在一个美丽的河口，河流两岸，生长着大片大片的野葡萄。他把它命名文兰，意思是“葡萄地”。他们在这里建起了小木屋过冬。

这里的冬季相当温和，白天也特别长。所有的历史学家认为：诺曼人最终登岸的地方是位于北纬40°的美国东部海岸，这和后来的第一艘英国移民船“五月花号”登陆的地方相距不远。

莱弗领导了美洲大陆的第一批欧洲移民。

第二年春天，幸运的莱弗携带着他的传奇故事和大量的木材返回格陵兰。他理所当然地成了格陵兰欢呼的英雄。不久，他的父亲去世，他继承了遗留的农场，结束了海上的冒险生涯。

他的弟弟索瓦德有着同哥哥一样的胆量，却没有哥哥那样的幸运。

索瓦德沿着莱弗的航线到达了文兰，也在那里建房过冬。不料的是他遇到了当地的土著居民，手势不合，语言不通，在一场势在必行的冲突中，索瓦德被利箭射中，凄然地死在遥远的异邦海岸。

莱弗的另一个弟弟命运更加不济，还未到文兰，就被一连串的风暴刮得晕头转向。后来，他出现在冰岛以东的洋面上，得了热病，不久也死去了。

后来，更多的诺曼人顺利地到达了文兰，并在那里定居下来。这里有广袤的原野，无尽的森林，海湾有捕捞不尽的游鱼，陆地有猎取不完的走兽，“野蔬”“野麦”一片一片的，自生自灭，移民们享受着大自然丰盛的赐予。

不久，身穿兽皮的印第安人出现在移民们面前。首先引起移民们注意的，是那些又狭又长的独木舟；接着是一张张奇特的面孔：黑头发、大眼睛、宽面颊。这使得碧眼金发的欧洲人大吃一惊。印第安人自称为斯克雷林人，拿出珍贵的皮毛，只想换取一些低廉的红布。

他们觉得，红布缠在头上英武极了。

这一场不等价交换注定要以一场血腥的战斗结束。斯克雷林人很快发现了欧洲人的狡狯，就用古老的弩炮、石斧和弓箭武装起来，四面出击，决心赶走这些破坏他们家园宁静生活的外来人。尽管诺曼人武器精良，但寡不敌众，两年以后，他们不得不驾着帆船，灰溜溜地撤离了这片被他们发现和居住过的美洲大陆。

直到500年后，他们的子孙才卷土重来。

尽管“红头发”爱利克和他儿子们的探险航行和发现，没有像15世纪末的地理大发现那样，对世界文明的进程产生深远的影响，但人们仍然怀着崇敬的心情，缅怀这些探险世界的先行者，并且怀着善意，谅解了这两个世界的种族与文化的血腥冲突。

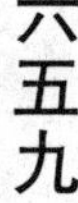

世界通史

近代世界史

导 读

世界近代史始于19世纪，是世界通史的重要组成部分，是资本主义萌芽、基本定型的历史。以1640年英国资产阶级革命为开端，到1917年俄国十月社会主义革命结束，是资本主义产生和发展，并逐步形成资本主义世界体系和向帝国主义过渡的历史。整个世界近代史有三条线索：一是资本主义制度的确立、发展；二是无产阶级反对资产阶级的斗争；三是亚、非、拉美人民反对殖民压迫。从时间和内容上，可将其分为早期资产阶级革命、工业资本主义和垄断资本主义三个时期。

从欧洲探索新大陆，大航海时代开始，欧洲文明以一种强势征服了地球，以欧洲文明为核心的西方文明开始占上风。相对于东方，西方文明更具有进攻性，用野蛮的方式摧毁阻挡它的东西。但不可否认，在这个过程中，由于社会的变革加剧，解放了欧洲被基督教禁锢的思想，所以科学技术有很大的发展，资本主义制度也发展起来。

近代世界史实纵横

资本主义经济的迅速发展

17 世纪初的英国还是一个封建的农业国。全国人口 550 万，农村居民占绝大多数，城市人口不到五分之一，封建经济仍占主导地位。但是，自 16 世纪起，资本主义手工工场迅速发展起来。尤其是呢绒业在英国特别兴旺，它在出口额中一度达到 90%左右。英国工业发展是同对外贸易的扩大联系在一起的。16 世纪至 17 世纪之间英国商人建立起一批垄断公司从事“黑奴”的贩卖和海外掠夺性贸易。海外贸易和海上掠夺行为，使英国商人积聚了大量资金，为资本主义发展积累了资本。

革命前英国资本主义发展最重要的特点，是资本主义经济广泛地深入农村。到 17 世纪，农业中的资本主义已发展到相当高的水平。在东南地区，资本主义农场已相当普遍。农场雇佣农业工人从事生产，使用播种机及其他新式农具，农业产量有了很大提高。英国的农业资本主义发展与圈地运动有密切联系，由于工业人口增长，粮价上涨，又给圈地运动以新的刺激。因此，“圈地运动”实质上是在农村进行的资本原始积累运动，它用暴力使“生产者和生产资料分离”，把大批农民赶出家园，从而为资本家提供雇佣劳动力；同时，也是土地制度的一次革命，由此资本主义大土地所有制逐渐代替封建土地所有制和村社公有制。

资本主义经济和圈地运动的不断发展，引起英国阶级关系的深刻变化，封建的统治阶级即贵族阶级开始分裂。西北部地区的大部分贵族仍然沿袭旧的封建剥削方式，依靠榨取农民的封建地租生活，他们属于旧贵族。由于物价不断上涨，旧贵族的实际收入越来越低，经常入不敷出，债台高筑，因此，不断出卖土地，领地越来越少。他们越是没落，生活越腐化，越要依赖专制王权来维护他们的社会和政治地位。

东南部地区以中小贵族为主体的很大一部分贵族逐渐从封建贵族中分化出来，他们被称为新贵族。新贵族采用资本主义的方式经营农牧场，雇佣和剥削农业工人，或者坐收资本主义地租。有的还经营工商业，开设酿酒和造纸作坊，从事土地投机。他们是资产阶级化了的贵族。新贵族不断购买旧贵族的土地，经济力量日益强大。但是，新贵族的大部分地产是依据骑士领有制占有的。在这种制度下，国王是全国的最高土地所有者。新贵族虽然享有土地占有权，但是附有很多条件，必须向国王履行各种封建义务，如向国王缴盾牌钱以代替军役，国王被俘赎回时要缴助赎金，子嗣继承领地时要缴继承税等。新贵族要求废除骑士领有制，使土地成为自己的私产。为实现这一目的，增强自己的力量，他们要求同资产阶级建立联盟，共同反抗封建王权。资产阶级在革命中同新贵族结成联盟，是英国资产阶级革命的一个基本特征。

英国的资产阶级分为几个阶层。伦敦的大商人、大高利贷者是资产阶级的上层，他们是王室的包税商，专利权的享有者，同国王和贵族有密切的联系。工商业资产阶级是资产阶级的主体，主要是手工工场主和殖民地的企业主。他们受到行会制度和国王经济垄断政策的束缚，在国内外市场上又受到专利公司的排挤，他们要求打碎这些枷锁，自由发展资本主义。

革命前英国农民的基本群众是自耕农。它包括两种类型，一种是自由租地农，他们对领主的封建义务比较轻，能自由支配自己的世袭份地。另一种是公薄持有农，他们是从农奴转化而来的，不能自由支配自己的土地，除了向地主缴纳地租外，还要负担其他各种封建义务。此外还有一部分茅舍农，他们基本上没有土地，只能依靠房舍周围的少量土地和村社的公有土地维持生活。广大农民迫切要求废除封建土地制度，解决他们的土地问题。

城乡手工业工人也是一支重要的革命力量。他们受着封建的和资本主义的双重压迫，既反对行会陋规等封建性奴役，也反对新兴资产阶级对他们的剥削。

斯图亚特王朝的反动统治

1603 年苏格兰国王詹姆士即英国王位(1603~1625 年)后，竭力鼓吹王权神授、君权无限论，大力加强封建专制统治。在经济政策上，詹姆士大规模推行垄断制度，广泛出售商品专卖权，使少数同宫廷有联系的大商人和资本家垄断了多数商品的出售和制造，使中、小资产阶级受到很大的限制。同时引起物价上涨，人民群众的灾难进一步加重；在宗教问题上，大力加强圣公会的统治，肆意迫害清教徒。詹姆士看出了清教徒的意图，叫嚷："没有主教，就没有国王。"他对清教徒的一切活动都严加禁止，违者逮捕惩罚，这时的高等法庭被用以惩治清教徒。结果，大批清教徒不得不逃亡北美和西欧大陆；在对外政策上，詹姆士违背资产阶级的利益，放弃了联合新教的荷兰、打击天主教西班牙的传统政策，极力讨好西班牙，妄图依靠国际封建势力来保持他在英国的统治。詹姆士还屡次侵犯国会权利。英国国会产生于 13 世纪，分为上下两院。上院由国王直接任命的世袭贵族和高级僧侣组成，下院由选举产生。17 世纪时，新贵族在下院中占统治地位。按照传统习惯，非经国会同意国王不得征税。詹姆士三次召开国会，企图强迫国会通过征税法案；国会不予批准，他就蛮横的解散国会。1625 年查理一世即位，继续执行他父亲的反动政策，国会与王权之间的斗争更为激烈。1628 年，国会向国王提出一份"权利请愿书"，要求非经国会同意，不得征税或强行借债；除非依据法庭判决及国家法律不得逮捕任何人或剥夺其财产；不得按战时法逮捕公民；军队不得占用民房等。查理出于财政困难，假意批准请愿书,但在骗取了35万镑补助金后,立即解散了国会。

从1629~1640年间,查理没有再召开国会。他以斯特拉福伯爵和大主教教劳德为左右手,实行无国会的国王专制统治。在这十一年间,他强行征收各种苛捐杂税,大量出售专卖权,恢复早已废弃的古老捐税,把拒绝交税的人逮捕入狱。对清教徒的迫害也变本加厉。

查理的横征暴敛,加重了人民的灾难。城乡劳动人民不断举行起义。1639至1640年伦敦多次出现手工业者和工人的大规模示威游行。剑桥、林肯郡的农民也掀起了反圈地斗争的新高潮。劳动人民的广泛斗争,标志着革命风暴日益迫近。

英国长期国会召开

英王查理一世解散短期国会以后,对筹措战争经费仍然是一筹莫展。他邀请贵族召开大参议会议。贵族们劝告他除召开国会外别无他途。查理一世遂在1640年9月24日宣布11月3日召开新的国会。10月份在英格兰开展轰轰烈烈的竞选运动。国王查理一世用尽拉拢贿赂各种手段,使王权同情者或支持者当选。西部各郡封建贵族甚至使用暴力威逼选民选举国王支持者。反对派领袖们也在各郡展开竞选。约翰·皮姆到几十个地方去旅行竞选。反对派取得很大胜利。当选议员511名,反对派占290席。从社会地位看,511名议员中有180名来自各郡的骑士阶层,其中80名为子爵和男爵。资产者议员70名,名大学选派4名代表,其余为各城市代表,城市代表也多为乡绅。不同地区的议员具有不同的政治倾向。经济发达的东部、东南部和中部地区的当选议员多数是反对派,当选议员137名,105人是反对派。西部和北部经济落后地区的当选议员多为保王党的人,当选议员119名,反对派71人。1640年11月3日新国会在伦敦韦斯敏斯特开幕。以约翰·皮姆为中心形成强大的反对派,汉普顿和奥利佛·克伦威尔都是反对派的领导人物。会议一开始他们便同王权展开坚决的斗争。国会通过决议,要求审判斯特拉福和劳德,废除无国会统治时期颁布的关于船税、森林法、专利权和迫害政治犯的法令。查理一世无法抗拒,只有在国会决议上签字。因此,长期国会的召开便标志着英国革命的开始。

葡萄牙宣布独立

葡萄牙于1581年被并入西班牙。1581年托马尔议会选举西班牙国王菲力普二世为葡萄牙国王。菲力普二世在当选时曾许下诺言,保证葡萄牙议会在葡萄牙本土召开,一切旧有的地方法规、自由和法律不受侵犯。葡萄牙的所有总督、省长和其他高级官员,除王室提出的人选外,都应是葡萄牙人。教会中高级职称的任用也是如此。西班牙和葡萄牙两个殖民帝国分别由各国派员进行统治。两国货币分别保存，葡萄牙人的案件在葡萄牙进行审讯。6人组成的参议会协助菲力普二世处理葡萄牙事务。但是，这些保证后来都变成一纸空文。西班牙征调葡萄牙劳动力参与对外战争。西班牙在葡萄牙实行横征暴敛，以满足庞大的开支。在西班牙国王菲力普三世和菲力普四世统治时期，继续推行奴役葡萄牙的政策，引起葡萄牙各阶层人民的不满。西班牙驻葡萄牙最后一任总督是曼图亚女公爵玛加雷特，属于哈布斯堡家族。她任用西班牙人和意大利人代替葡萄牙人担任各级政府的官吏，取消葡萄牙本身原有的各种制度，公开把葡萄牙并入西班牙。1640年西班牙本国爆发卡塔洛尼亚起义。西班牙国王命令葡萄牙布拉甘公爵若奥带兵去镇压卡塔洛尼亚起义。葡萄牙贵族召开紧急会议，认为这是争取独立的绝佳机会。1640年12月1日，一群葡萄牙贵族在里斯本集会。他们坐着马车，冲进王室。贵族米格尔·德·阿尔梅达推开窗户，对外面的群众大喊："自由！自由！若奥四世国王万岁！布拉甘沙公爵是我们合法的国王！上帝赏赐王冠给他，复兴王国。基督对阿牛索·恩里克斯的预言实现了。"曼图亚女公爵玛加雷特想要镇压起义。起义领导人之一卡洛斯·德·诺罗尼亚通知她：离开这个房间，是从大门还是从窗户出去，请你自己选择。她在监视下走出房门。里斯本全城沸腾起来，欢呼若奥四世国王万岁！里斯本市议会接受了这次革命。停泊在特茹河的一支西班牙舰队投降了。里斯本成立一个委员会负责执政。1640年12月15日，布拉甘沙公爵加冕为葡萄牙国王，称若奥四世。葡萄牙宣布独立。1668年西班牙最后承认葡萄牙独立。

英王宠臣斯特拉福被处死

斯特拉福伯爵本名托马斯·温特渥斯(1593~1641)。他是约克郡的旧式绅士。1613年当选众议院议员，属反对派，但他既不是清教徒，也不同情资产者，更不信赖国会，他参加反对派是认为政府无能。1629年国会解散后，他脱离反对派，成为王权的忠实支持者。他曾任北方议会的主席——一个处理北方王家利益的法庭。1628年封为男爵，不久升为子爵，最后封为斯特拉福伯爵。1633年任命为爱尔兰总督。他在爱尔兰任职7年，大力推行殖民政策，没收爱尔兰人土地，搜刮爱尔兰人钱财。他与查理一世通信，提出各种政策建议。1639年任命为查理一世的主要顾问。英王认为他政绩卓著，但却是民怨沸腾。长期国会开幕时，他正在北方处理爱尔兰问题。11月9日，斯特拉福返回伦敦，劝英王逮捕皮姆等反对派领袖。反对派发现了斯特拉福的反动行径，于11月11日逮捕了斯特拉福。皮姆在众议院控诉斯特拉福犯有叛国罪。他说："让斯特拉福逍遥法外，就意味解散国会。"贵族院从3月22日到4月10日共用18天审讯斯特拉福。但贵族院议员多为贵族，对斯特拉福抱同情态度，未做叛国罪的判决。众议院议员阿瑟·赫斯里格在4月10日提出"褫夺公权案"。议员亨利·温发现斯特拉福企图动用爱尔兰军队镇压革命的文件。众院遂于4月20日以904票对59票通过"褫夺公权案"。查理一世于5月

刚刚独立的荷兰人

1日亲临上院,反对处死斯特拉福。国会提出抗议书,签名者上院议员107人,下院360人。国王动用武力围攻伦敦塔,企图释放斯特拉福未成。国会又面临被解散的危险。5月3日伦敦数万人民群众到威斯敏斯特前举行示威游行,要求马上处死斯特拉福。5月7日上院被迫通过"褫夺公权案",查理一世于5月10日不得不签字。5月20日,斯特拉福被枭首示众。斯特拉福临刑前说:"勿信君主之言。"

巴西伯南布哥反荷革命

荷兰殖民者从1600年把殖民活动转向拉丁美洲。荷兰海盗1613年在圭亚那海岸建立哨所。1621年荷兰等级议会批准成立荷兰西印度公司,公司拥有建筑炮台、同土人签订条约、发展同南美贸易、袭击西班牙舰队的广泛权力,并选定巴西的突出部分作为基地。1624年荷兰人夺取了巴伊亚,1630年夺回伯南布哥。1637年,拿骚亲王毛里斯统治这块土地。毛里斯把这块土地从巴伊亚扩大到马腊尼翁河。他在这里实行自由贸易,发展农业，推行宗教自由政策，还打算建立代议制政府。1640年葡萄牙脱离西班牙获得独立后，葡萄牙国王唐·若奥四世企图同荷兰人妥协，把荷兰人占领的土地划归荷兰人所有。同时巴西本地人对荷兰新教抱敌视态度。这一切引起胡南·费尔南德斯·德维埃拉领导的伯南布哥革命。德维埃拉进行了14年的游击战争。1654年英荷战争期间，荷兰人从伯南布哥撤走。伯南布哥归德维埃拉治理。1661年荷兰同葡萄牙签订新条约，荷兰同意撤销对巴西的领土要求。

荷兰人被逐出巴西

在欧洲殖民者争夺巴西的斗争中，葡萄牙和荷兰之间争夺最为激烈。1623年荷兰人开始入侵巴西，1624年占领巴伊亚达一年之久。1629~1630年，荷兰远征队入侵伯南布哥，占领了阿里达尼和累西腓几个城市，几年后几乎占领了整个巴西东北部地区。累西腓成为荷兰占领区的首府。1640年葡萄牙宣布独立。巴西的葡萄牙人、印第安人、混血人和黑人积极开展反对荷兰人的斗争。广大人民群众逃往山林，建筑堡垒，开展游击战争。印第安部落领袖波蒂，黑人部队领袖恩里克·迪亚斯在战斗中非常勇敢。他们同荷兰人战斗达14年之久。1654年他们把荷兰人驱逐出巴西。战争结束后，胜利果实都落到葡萄牙殖民者手里。但战争也有巨大的成果，他们第一次作为独立的政治和军事力量登上巴西的政治舞台。他们把这次战争叫作巴西历史上的"伊利亚特"。

夸美纽斯的启蒙教育思想

约翰·阿莫斯·夸美纽斯(1592~1670)是捷克著名的教育改革家、语言学家和宗教领袖。夸美纽斯就学于海德堡大学，熟读弗兰西斯·培根的著作。他关心德国教育家沃尔夫甘·拉提库斯的教育改革。夸美纽斯在大学毕业后任摩拉维亚教会牧师。"三十年战争"爆发后，奥地利哈布斯堡皇帝斐迪南二世决定在波希米亚推行天主教。夸美纽斯是新教徒，遂避居波兰的里萨，仍然从事牧师职业。1641年夸美纽斯到达英国，在英国开办社会改革学院。1642年英国内战爆发后，他离开英国，到瑞典改革学校组织，后来他又到普鲁士和匈牙利从事教育改革工作。法国和英国都曾请他去讲学和办学。夸美纽斯在里萨流亡时期写寓言《世界的迷宫和心灵的王国》，描写他绝望的心情和安慰的源泉。他相信基督教终究会取得胜利，通过教育改革可以重建社会。他的著作有《启蒙教育》《幼儿学校》《分析教学法》《语言学入门》等。他著《简要建议》，主张开办全日制学校，全国青年均可入学，学习欧洲文化和本国文化。他认为，教育改革要注意两件事。第一要改革教育方法，使学生学习速度快，心情愉快，理解透彻，教师要"顺乎自然之脚步"，注意儿童心理和教育方法。第二为了使学生容易理解欧洲文化，要学习拉丁语。1658年他编

写附有插图的教科书《图画中见到的世界》。这本教科书在欧洲流行两个世纪之久。夸美纽斯的启蒙教育思想,为现代教育奠定了基础。他形成了统一教育、形象教育、普及教育的思想。他是法国的卢梭和瑞士教育家彼斯塔洛齐的先驱者。

英国国会三年法案通过

1641 年 2 月,长期国会通过三年法案,规定国会每三年必须召开一次。国王如不召集,国会则自行召开。同时国会还通过法案,非经国会本身同意不能随意解散。这是针对查理一世 11 年不召开国会,为保护自身地位而通过的。查理一世于 1641 年 5 月 11 日签署了该法案。

英国议会通过对国王的《大抗议书》

1641 年 10 月 28 日,长期国会成立《大抗议书》起草委员会。国会内在讨论《大抗议书》时争论激烈,几乎演成武斗。11 月 22 日众议院以 159 票对 148 票通过。《大抗议书》共 204 条。它首先控诉了英国专制王权的罪行、罗马教皇派对法律的憎恨、主教和教士的腐败,枢密大臣和宫内大臣为个人目的而替外国君主谋利益。其次它控诉国内滥征税收、专卖制度,破坏《权利请愿书》的罪行。《大抗议书》提出下列要求:国王不得干涉工商业活动,不经国会同意国王不得征税,查理应对西、法战争失败负责,议会有权监督国王及大臣们的一切活动。《大抗议书》还附有请愿书,要求取消主教参加议会的权利。国会把《大抗议书》送交英王查理一世。查理一世未做明确答复,但他不希望发表《大抗议书》。但国会还是于 12 月 24 日在伦敦居民中散发了,在国内引起强烈反响。

查理一世在诺丁昂挑起英国内战

英王查理一世于 1642 年 1 月 10 日北上,以纽克城作为反革命据点,希望在北方封建贵族支持下反扑。随后,全体宫廷人员、大部分贵族院议员和部分众议院议员也来到约克城。长期国会频频派人来约克城,请国王回伦敦,希望同国王妥协。1642 年 2 月 2 日,国会向国王呈送请愿书,要求由国会任命的人驻守伦敦塔和其他堡垒,由国会任命民兵司令,国王加以拒绝。3 月 5 日国会通过民兵法案,规定只有国会同意才能招募和指挥民兵。国王要求国会同意他招募 2,800 步骑兵,去镇压爱尔兰起义,国会亦不同意。4 月 23 日,国王亲自率领队伍去纽克郡的赫尔要塞,夺取那里储存的武器。要塞司令约翰·霍塔姆是国会任命的,他拉起吊桥,紧闭城门,拒绝国王入城。国王宣布霍塔姆为叛徒,并宣布拒绝批准民兵法案。国会下令各地组织民兵,国王也在北部召集军队,准备战斗。5月20日国会通过决议,谴责国王备战的罪行,宣布帮助国王者为叛徒。6月2日国会通过"十九项决议",规定必经国会同意才能任命大臣和高级官吏,国会控制武装力量和外交大权。国王在6月16日发布募兵令,17日王军占领纽卡什尔。7月21日国会决定成立国会军,任命埃塞克斯伯爵为司令。1642年8月22日,英王查理一世在诺丁昂城堡正式竖起国王旗帜,向国会宣战。英国内战正式开始。

英国东部联盟组成

英国内战开始后,乡绅出身的奥利佛·克伦威尔把东部各郡,包括诺福克、苏福克、埃塞克斯、剑桥、赫特福德、林肯、亨丁顿七郡组成东部联盟,站在国会军方面作战。东部联盟七郡的战略地位十分重要,它背靠北海,南临泰晤士河和伦敦,是个三角形。1643年夏,全国3/4土地沦于王党手中的时候,东部联军地区是国会军的重要补给基地。东部联盟以克伦威尔的军队为基础组成自己的军队,曼彻斯特伯爵任总司令,克伦威尔任骑兵指挥。到1643年年中,东部联盟军队达1.2万人,克伦威尔骑兵达2000。东部联盟军队主要由自耕农组成,他们憎恨封建制度,信仰清教。克伦威尔从普通人中选拔军官,如约翰·佛克斯上校是个铜匠,托马斯·普莱德上校是位马车夫。东部联盟军队纪律严明,作战勇敢,凡盗窃、饮酒、嫖娼等违反军纪行为都要受到严厉处罚。因此东部联盟军队是一支革命的队伍。东部联盟军队组成后,在1643年打了三次胜仗:第一次是5月13日在林肯郡的格林特姆;第二次是7月31日在林肯郡的盖因斯波格;第三次是10月11日在林肯郡的温斯比。温斯比战役双方兵力均为3000人,王军遭到惨败。经过这三次战役,从此林肯郡肃清了王党势力。

克伦威尔

庄严同盟和圣约签订

1643年9月25日,长期国会和苏格兰长老会派签订庄严的同盟和圣约,下令苏格兰和英格兰全体人民都必须遵守。圣约规定,长老会教定为英格兰、苏格兰、爱尔兰占统治地位的教会,全体人民都必须信仰长老会教。确定英格兰和苏格兰建立统一的军队,共同对王军作战。英格兰负担苏格兰军费,每月付军费5.1万英镑。根据圣约,苏格兰在1644年初派2万军队南下援助国会军。英格兰国会和苏格兰国会组成"两王军委员会",成为指挥作战的最高权力机构。苏格兰军队开始从北方向王军进攻,对扭转战局起了巨大作用。

北美殖民地首次代表集会

1642年英国内战开始后,英国同北美新英格兰殖民地已经失去联系。1643年,康涅狄格、新海汾、普利茅斯和马萨诸塞四个殖民地代表集会,起草联盟条例共11条,成为新英格兰联合殖民地的宪法。联盟取名为"巩固而持久的攻守、协商以及互助的友好同盟"。共同事务由8名全权代表的会议决定。每个殖民地选出全权代表2人,任期一年。任何问题的决定都需要四方代表共同决定。全权代表会议有权决定印第安人、战争、和平、联盟等问题,解决各殖民地之间的争执、互相协助追捕逃奴,财政按16~60岁男子人口数分担。全权代表会议于1684年停止活动。

马扎然任法国首相

黎塞留于1642年逝世,法国国王路易十三亦于1643年与世长辞。路易十三临终前留下遗嘱,成立政务会议来管理国家。但他死后政务会议并未组成,由王后摄政,王弟任王国总监。王后任命马扎然为法国首相。马扎然原是意大利人,他毕业于马德里大学法律系,毕业后先在罗马教廷军队中服役,后来进入罗马教廷外交部。1634年马扎然被任命为罗马教廷驻法大使,深得黎塞留的信赖,从而加入法国籍。1641年被任命为红衣主教。马扎然担任法国首相后,同样遭到法国封建贵族的反对,在法国宫廷里组成显贵集团,企图赶走这位意大利人。马扎然依靠孔代亲王和王弟粉碎了这一阴谋集团,放逐并监禁了阴谋分子。从此马扎然成为国王路易十四的教父、安娜王后的私下丈夫、法国绝对的统治者。他和王后住在罗亚尔宫,创办丰富的图书馆,在宫内上演歌剧,奖励文艺。马扎然在对外政策上结束"三十年战争",同奥地利签订威斯特发利亚和约。他在国内镇压了投石党人运动,加强了法国专制王权的统治。1661年3月9日马扎然逝世。他把黎塞留的一句话留给路易十四:"独揽大权,国王要统治一切。"

英国国会军在马斯敦荒原大败王军

1644年1月,李文率领的苏格兰军南下,解放了约克郡的大部分领土,同费尔法克斯的国会军相会合后,从1644年6月开始包围约克城。英王查理一世命鲁波特亲王从兰开厦北上,6月28日在约克城附近同纽卡什尔的王军会师。两军在约克城西北10公里的马斯敦草原相遭遇。国会方面曼彻斯特伯爵指挥的军队和奥利佛·克伦威尔的骑兵也及时赶到。国会军2.7万人,步兵2万,骑兵7000,王军1.8万人,其中骑兵也是7000。双方首先展开炮战,停止后双方军队才投入正式战斗。克伦威尔在这次战斗中表现出卓越的军事才能。他的骑兵是国会军的左翼,对手是鲁伯特亲王的骑兵。克伦威尔先发制人,他的骑兵唱着赞美歌,采取密集队形向前冲杀。鲁波特发现克伦威尔的骑兵不像国会军其他部队临阵逃脱。开始进攻时,克伦威尔骑兵一度受挫,他的颈部受伤。克伦威尔重新整顿队伍,发起第二次进攻。鲁波特亲王骑兵招架不住,纷纷后退,转而溃逃。克伦威尔又去支援国会军的中央和右翼,终于取得了马斯敦草原战役的巨大胜利。

劳德大主教被斩首示众

威廉·劳德(1573~1645)出身于裁缝家庭,牛津大学圣约翰学院毕业。1604年开始任教职。1611年成为王室牧师,受到白金汉公爵的信任和重用。1627年任查理一世枢密顾问官,后任伦敦主教。1611年任圣约翰学院院长。1629年任牛津大学校长。1633年任坎特伯雷大主教。他在任内加强主教的权力和对教区的控制。他推行国教仪式,肆意奢侈浪费,牧师要穿上法衣,举行跪拜和画十字,他要求牧师要宣传无条件拥护国王的思想,他残酷迫害清教徒。1639年就因在苏格兰推行英国国教仪式,引起苏格兰起义。1640年12月,长期国会以叛国罪逮捕劳德。1644年开始审讯,1645年1月劳德被正法,斩首示众。

克伦威尔建立英国“新模范军”

1645年1月,长期国会通过新模范军法案,2月亦获贵族院通过。新模范军法案规定:第一、建立2.2万人军队,其中2/3是步兵,1/3是骑兵;第二、每月4.5万英镑的军费由固定的国家预算支出;第三、建立统一的指挥部,任命新的总司令;第四、统一军服;第五、统一纪律条令;第六、实行强制募兵制。新模范军是英国开始建立的正规军。它以东联盟军队为基础,1/3是克伦威尔的铁骑军。总司令为费尔法克斯。克伦威尔是国会议员,根据自抑法,他应在5月13日辞去军职。当时克伦威尔正在战场上指挥作战。5月10日决定他辞职日期延长40天。6月5日,伦敦市民上书国会两院要求保留克伦威尔的军职。6月8日费尔法克斯和高级军官也要求国会将克伦威尔留下指挥骑兵。6月10日,克伦威尔终于以国会议员的身份保留新模范军副总司令的职务,任命为中将。新模范军组成后共有11个骑兵团,每团600人,12个步兵团,每团1200人,1个龙骑兵团

1000 人,共 22000 人。以后又组建了炮兵。新模范军以克伦威尔铁骑军为榜样,纪律严明,是一支朝气蓬勃的革命军队。

英国平等派形成

在英国第一次内战当中和内战后,长老会派占统治地位的长期国会,推行有利于资产阶级新贵族的政策,严重损害广大人民群众的利益,引起广大群众的不满。这样就形成了代表广大人民群众利益的平等派,其领袖是约翰·李尔本。1645 年李尔本提出国家最高权力属于人民的主张,提出取消专卖制、什一税、减少平民的负担。平等派另一位领袖理查·奥佛顿在 1646 年著《反对一切专横的篡夺》,批评长老会派的政策,反对国王和上院,强调下院的任务是保障人民的权利。他要求取消君主制。威廉·渥尔本是平等派著名思想家,宣传人民主权的思想。1647 年 3 月 15 日,平等派向下院提出请愿书,要求取消上院,要求下院把人民从暴力和压迫下解放出来。请愿书还要求取消专卖制度,废除什一税,教会应由人民自愿捐助。同时要求建立一体制国会,实行广泛的选举权和宗教自由,采取救济贫民的特殊措施。

英王查理一世成为阶下囚

纳斯比战役后,英王查理一世乔装成仆人,带着两名随从,先到来塞斯特郡,后来到威尔士,最后决定投奔苏格兰北部高山族领袖蒙特洛兹,蒙特洛兹已被苏格兰军队打败,查理一世只得向苏格兰军队投降。他先后被押送到纽瓦克和纽卡斯特尔。他在这里同爱尔兰人谈判,希望得到 1 万爱尔兰克尔特人军队的援助。他也想同国会谈判,趁机挑起国会内长老会派和独立派之间的冲突。他写信给逃亡法国的王后说,如果教皇帮助他恢复王位和国教,他就允许天主教在英国自由活动。他的一切阴谋均未得逞。最后同苏格兰人谈判。苏格兰人提出他接受圣约,他加以拒绝。1647 年 1 月 30 日,苏格兰人以 40 万英镑的代价,把他交给长期国会的一个委员。长期国会把他囚禁在纳斯比战场附近的赫恩比堡。他同长期国会的长老会派进行谈判,条件是他辞去指挥军队 10 年,建立长老会派统治 3 年。1647 年 6 月 3 日,独立派领袖克伦威尔派乔埃斯把他从赫恩比堡带到军队驻地纽马凯特。1647 年 8 月 6 日军队进驻伦敦后,8 月 20 日把他囚禁伦敦的汉普顿宫。

克伦威尔率军队进入伦敦

长期国会拒绝军队的各项要求后,1647 年 7 月 16 日军队中的士兵鼓动委员会向克伦威尔提出把军队开进伦敦的请愿书,以制止长老会派同查理一世的谈判和他们的备战活动。但这时克伦威尔还犹豫不决,他生怕军队开进伦敦后由士兵控制了局势。可是,7月26~27日,长期国会中长老会派领袖指使他们的子弟和商业区的职员包围长期国会,要求长期国会通过决议,由长老会派指挥伦敦民兵,从伦敦民兵中清除独立派军官。克伦威尔遂下令军队向伦敦进军。8月3日夜,军队占领了梭特瓦克,8月6日清晨,克伦威尔军队凯旋进入伦敦。长老会派11名领袖逃出伦敦,其余长老会派分子向军队投降。从此独立派控制了长期国会,军政大权全都落入独立派手中。

英国平等派士兵提出《军队立场》

同独立派军官的《军队建议要点》相对抗,平等派士兵于1647年10月15日提出《军队立场》,这是平等派的政治纲领。《立场》指出,军队拿起武器是为了人民的权利和自由,而不是为暴君服务。因此他们有权要求权利和自由。《立场》建议建立共和政体,否定王权,谴责独立派军官保留君主制的企图。《立场》要求清洗同情王党的议员,解散现在的国会,选举新国会,制定成文宪法。《立场》还提出一系列社会经济要求:取消专卖权及其他特权,减少贫民纳税额,取消啤酒、服装以及其他日用消费品的消费税,保留外贸税,增加银行纳税,拨出国家森林土地以及副牧师、僧会的土地,以解决军队欠饷,取消什一税,把圈占的公共土地交还给农民,救济阵亡士兵家属,成立救济院等。士兵鼓动员把《军队立场》交给费尔法克斯。独立派军官在10月22日举行全军会议,讨论《军队立场》这一文件,毫无结果。会议决定10月28日召开军队扩大会议再次审查这个文件。

英国军队会议在巴特尼教堂召开

为了解决独立派军官提出的《建议要点》和平等派提出的《人民公约》之间的分歧,1647年10月28日~11月11日在伦敦郊区巴特尼教堂召开军队会议。独立派上层军官、团队的军官和全体鼓动员(多数为平等派分子)参加了会议。会议秘书克拉克做了记录。后来称为《克拉克文件》发表。10月28日,会议一开始就围绕国家形式问题展开辩论。独立派主张保留王权,认为消灭君主制将是“过大的跳跃”,并且是非常可怕的跳跃,因为共和国将导致国家的崩溃。他们主张对王权有所限制。克伦威尔代表独立派发言,证明君主制在英国是不可动摇的,他不赞成最高主权属于人民的思想。平等派代表塞克斯比、怀尔特曼、雷因波洛在发言中都表示要消灭君主制。雷因波洛说:“至于我吗?我应该说我反对国王。我反对他,并且反对任何为害人民的政权。”29日,会议就选举权问题进行激烈的辩论。独立派代表爱尔顿发言,坚决反对《人民公约》提出普选权。平等派代表马克西米连·配第反对爱尔顿的观点。他指出:“根据出生权而成为英国人的一切

投石党人举行集会，坚决反对马扎然执政。

人都应该享有平等的权利。”雷因波洛则尖锐地强调，剥夺大多数人民参加投票的权利将使英国实行暴政统治，其专横跋扈将不逊于过去的专制王权。29日的辩论毫无结果。根据克伦威尔的建议成立特别委员会，负责调和《建议要点》和《人民公约》。委员会由克伦威尔为首的12名军官和以塞克斯比为首的6名平等派代表组成，最后草拟了一个折衷方案。折衷方案保留了君主制和上院，每两年召开国会。关于普选权留待国会处理。11月1日围绕折衷方案进行激烈辩论。11月5日趁克伦威尔不在之机，通过决议：召开全军大会表决是否接受《人民公约》。克伦威尔遂提议鼓动员回团队，11月11日把军队会议解散。

英国第二次内战

英王查理一世于1647年12月在怀特岛与苏格兰长老会派签订密约，国王承认“圣约”，三年内在英国成立长老会派统治；苏格兰长老会派答应以武力帮助英王恢复政权。这时长期国会又被长老会派控制，他们力图同国王妥协。1647年12月中旬，长期国会通过给国王的建议书，其内容为：20年内剥夺国王的军权，20年后经国会同意国王才能掌握军权，国王必须收回反对国会的一切声明，国会有权把开会地点迁到对自己有利的地方，降低上院的地位。查理一世拒绝这个建议书。1648年1月长期国会开会时，围绕同国王谈判问题，长老会派和独立派斗争激烈。长老会派坚持与国王进行谈判，独立派则要求停止谈判。克伦威尔在发言中说,不应该相信国王,因为他是个骗子手,任何谈判都是徒劳无益的。他表示,与国王妥协是不可能的。他讲完话把手放在剑柄上,以示动武之意。下院以94票多数通过决议,停止与国王来往。不久上院也被迫通过了这一决议。1648年4月初,长期国会通过安全委员会负责国家保卫事务。这时国内王党势力猖獗,南威尔士潘布洛克要塞司令波伊尔公开竖起拥护国王的旗帜。肯特郡和伦敦的王党都发动叛乱。苏格兰长老会派履行同国王的密约,于1648年3月2日建立危险委员会,组建9万军队,并在4月24日向长期国会送交咨文,要求取消独立派及其他一切民作派别,接受圣约,国王回伦敦,被逐下院诉员返回下院,解散军队等。苏格兰人的干涉也鼓动英国北部王党起来叛乱。还有10艘军舰站在王党方面,查理一世之子威尔斯亲王和王侄鲁波特亲王成为叛乱舰队的首领。1648年4月29日在温莎举行军事会议,独立派和平等派一致同意消灭保王党人,审判查理一世。独立派应允战后实行《人民公约》。5月3日,克伦威尔率军离开伦敦。第二次内战爆发!

克伦威尔普列斯顿战役大败王党军队

1648年7月6日,苏格兰军队在哈米尔顿侯爵率领下越过英苏边界,进入苏格兰北部。朗格得尔指挥的英国保王党军队和门罗率领的英爱保王党军队也同苏格兰军队相配合。他们共2.4万人。克伦威尔镇压了南威尔士王党叛乱后率军北上,8月11日与蓝白军队会师。克伦威尔只有9000军队。双方于8月16日在兰开厦的普列斯顿相遇。8月17日,克伦威尔军队发动进攻,楔入朗格得尔和哈米尔顿军队之间,全力打击朗格得尔,阻止哈米尔顿支援。朗格得尔全军覆没。8月18日克伦威尔首先切断了哈米尔顿的退路,然后把他的军队全部歼灭。克伦威尔在普列斯顿战役中击毙敌军千人,俘4000余人,获大批军火,以胜利告终。普列斯顿战役是第二次内战的决定性战役。之后克伦威尔率军北上,进军爱丁堡。苏格兰政府不承认旧政府与英王签订的一切条约,愿与苏格兰建立友谊。

普莱德上校清洗议会长老派势力

第二次内战结束后,长老会派占优势的长期国会继续同国王谈判,把矛头指向军队。1648年8月24日,国会取消了停止同国王来往的决定,组成15人全权代表团(上院议员5人,下院议员10人),前往怀特岛同国王谈判。查理一世正期待外援,故意拖延谈判。这引起国内广大人民群众的不满。1648年9月11日,平等派向国会提出由李尔本起草的请愿书,谴责国会同国王的谈判,反对保留国王和上院,要求惩办国王和内战的罪魁祸首,确立政治上的平等和建立共和国。在广大人民群众革命情绪的推动下,独立派高级军官于 1648 年 11 月 18 日在圣·阿尔班斯举行军事会议，通过爱尔顿起草的军队抗议书，列举国王的罪行，要求惩办国王。抗议书提出解散现在国会的日期，选举新的国会。下院对军队抗议书展开激烈的辩论。长老会派不同意军队的要求。11 月 22 日国会通过遣散军队的决议，只留下部分军队作为卫戍部队驻扎在各地。军队对此在 11 月 30 日发表宣言，表示要进驻伦敦，清洗国会。12 月 2 日，4 团步兵和 6 团骑兵开进伦敦，大本营设在白宫。长老会派控制的国会决议继续同国王进行谈判。独立派也采取相应措施，把国王从怀特岛押解到汉普什尔郡的赫斯特城堡。12 月 6 日清晨，普莱德上校亲率步骑兵包围了国会。普莱德手持名单，逮捕了 47 名下院长老会派议员，开除 96 名长老会派议员，只剩下 50 余名独立议员。从此长期国会便成为残缺国会。普莱德肃清国会长老会派是独立派的一次政变，从此独立派掌握了政权。

法国投石党运动爆发

马扎然担任法国首相时期，连年对外战争，军费至钜，加上王后和宫廷佞臣奢侈腐化，挥霍无度，造成国库空虚。马扎然为了解决国家财政困难，实行横征暴敛。他委托包税人征收人头税，税额不断提高，十年间人头税从 4400 万里弗增加到 5500 万里弗。许多省份农民纷纷暴动。1646 年全国半数以上地区处于公开的或不公开的暴乱之中。社会上的各个阶级，包括法官、领主、农民、普通的下层人民都对马扎然的政策不满。1648 年 5 月，马扎然决定征收官职税，王国的各级官员都要预付 4 年保证金。巴黎法院的 4 个高等分院召开会议。国王下命停止会议，会议对此提出抗议。会议在圣路易院通过了政治和财政改革纲领。纲领要求国家实施新的税则，要求有关财政法令在公布和实施以前要交给高等法院讨论和审查，要求禁止不宣布罪状就随意捕人，禁止超过 24 小时不将被告交付法庭，要求取消财政官、警察局长和司法官，取消人头税的包税制，豁免一切欠税，成立法庭审判那些盗窃国库的金融家。巴黎法院的要求得到广大人民群众的支持，各地农民停止缴纳捐税，拿起武器惩办国王官吏。马扎然利用法国军队在朗斯的胜利而出现的爱国热情于 8 月 26 日下令逮捕巴黎法院的领袖布鲁塞尔等人。这就引起巴黎人民拿起武器进行斗争。一夜之间巴黎街头树起 1260 座街垒。巴黎的资产者和平民一起同国王军队进行战斗。摄政王后不得不下令释放被捕的法官并宣布接受圣路易院的大部分要求。8 月 28 日，巴黎街头的街垒大部分拆除了。马扎然答应在 10 月份把预算提交法院审查。巴黎法院在 11 月提出实行王国财政改革，12 月份又试图取消包税人和停止一切税收。1648 年 12 月孔代亲王率军队包围首都巴黎。1649 年 1 月 5 日夜，马扎然和王室人员逃离首都。法院领导巴黎人民组成市民自卫军，同王军进行英勇战斗。各地人民也积极支援巴黎。巴黎高等法院通过决议，宣布“马扎然对国王和国家犯有破坏公共安宁罪”而不受法律保护，但决议又表示忠于国王。这时巴黎人民群众的斗争有进一步发展。群众冲进高等法院的大法庭，不仅要求驱逐马扎然，还要求放逐财政官员。这使高等法院领导恐惧起来。同时英王查理一世被送上断头台也使他们害怕。他们决定同王室妥协。1649 年 3 月 11 日高等法院同马扎然签订吕埃和约,3 月 15 日加以公布。巴黎法院投降了。1650 年 11 月王室回到巴黎。这次投石党运动就这样失败了。

查理一世被推上断头台

1648 年 9 月,英国汉普什尔州的赫斯特城堡,囚禁着在英国资产阶级革命战争中的失败者、斯图亚特王朝的国王查理一世。他虽然仍旧过着封建帝王式的生活,但这种好景却已为时不长了。

英国资产阶级革命战争结束以后,怎样处置国王,如何对待这个给英国人民带来深重灾难的查理一世,作为当时重要而又敏感的问题,已经提上了议事日程。英国广大人民群众,包括贫民、工匠、学徒、小手工业者、工人和士兵,曾经多次要求国会严惩国王,审判查理一世这个"血腥的人";特别是伦敦及其郊区,以及德旺、北威尔士和赫尔等地的群众,呼声更高。而那些保皇党人贵族以及同王室有着千丝万缕联系的社会上层人物,他们则极力为国王开脱,力图把他说成是无罪的人,为他的战争罪责辩护;他们甚至把内战责任推向国会一方,把革命者说成是一群青面獠牙、十恶不赦的罪犯。照他们的理解,如果要开庭审判的话,首先押上被告席的,不是查理一世,应该是克伦威尔。他们的这种情绪,流露得最清楚的是曼彻斯特伯爵的一番话,他说:"没有国王就没有国会,因此,国王不可能是自己的背叛者,不可能犯下叛国大罪。"

严格说来,贵族、极端保皇党人的叫嚣并不可怕,而可怕的是下院内部在这个问题上的分歧和不一致,以及到喋喋不休的长期辩论。

当时,下院有三种意见。有些人主张,沿用历史上处置失势帝王的一种常用方法,将查理一世废黜,让他的小儿子、才刚十岁的亨利登位;这样,既缓和了争论,又能由于废黜国王而使人民群众的要求得到满足,同时也保存了查理一世的体面。这实质上是对英国传统体制的妥协。另一派人认为,查理一世罪大恶极,不处决则难以平民愤。怎么办呢?他们主张,在秘密中用暗杀手段,将他处决,把他干掉。这样既可以大快人心,又不必做出任何解释。激进的共和主义者,对前两种主张,一直持有否定态度。他们认为,对查理一世必须公开审判,将其专制罪行公诸于世,只有如此,才能把革命推向高潮,建立新的国家政权。下院的辩论长达一个多月,各种主张,五花八门,始终没有取得一致的意见。

正当下院的辩论还在继续的时候,一份新的查理一世的罪证材料被发现了。1648 年 12 月,人们查获了查理一世在 1646 年 3 月给枢密大臣狄格比的一封信件,他在信中写道:"我努力争取回到伦敦……我有可能把长老会派或独立派拉到我这方面来。消灭这一个或那一个,好再成为真正的国王,这不是没有希望的。"信件充分反映了查理一世的阴险奸诈和他对内战不可推卸的责任。这份新的罪证材料的发现,打破了英国政局的沉闷,进一步推动了事态的发展和下院辩论的进程。12 月 23 日,下院的最后一次辩论,取得了重大成果，宣布查理一世应对英国的全部灾难负责。当天，克伦威尔下令，把查理一世由赫斯特城堡，押解到伦敦郊区，监禁在古老的温莎，听候审判。尽管形势急转直下，可是，查理一世并不显得疲惫和紧张，仍旧大吃大嚼；他深信上帝会保佑他的神授王权；他更相信他的那群狐朋狗党不会抛弃他，而使克伦威尔等人无可奈何。

然而，事态发展恰恰跟查理一世的主观愿望相反。1649年元旦，下院再次通过法案，决定建立一个由155人组成的最高法院，负责审理查理一世的罪行。根据英国的法律程序，新法案送到上院讨论。第二天，当上院开会的时候，那些一向老成而稳健的上议员们，像发疯一样的咆哮，否定法案，反对审判国王；诺桑伯兰伯爵歇斯底里大发作，他使出全身的力气叫喊："到底是国王举兵发动反对国会的战争，还是国会举兵发动反对国王的战争，还有待于查证。""审判是没有根据的。"这次到会的上议员人数，简直多得使人吃惊，平时上院开会，出席议员最多不超过五人，"残阙"而冷落；这次则一反常态，出席者竟有十二人之多！这与其说是他们富有政治热情，倒不如说是出自他们保护国王的需要。

上院反对审判国王的消息传播开来以后，下院全场哗然，愤慨达到了极点。1月4日，他们再次做出决议："人民是一切公正权力的源泉……下院所制定的或宣布的任何法案都具有法律的效力"。从而，剥夺了上院的否决权，宣布下院为国家的最高权力机关。在经历这一场风波之后，最高法庭终于组成。由于一些被委任者的不愿参加，它的成员只有135人，没有现任法官和贵族，克伦威尔成为法院成员，伦敦著名律师、反君主主义者约翰·布拉德肖当选为法庭庭长；其实，真正参加审判工作的，始终也没有超过58人。尽管审判工作遭到传统体制的阻挠和旧营垒的敌视，但是，它已经成为一种不可抗拒的潮流，这正像克伦威尔所预言的那样：英国革命人民"将把国王连同他的王冠一起砍掉！"

查理一世来到温莎整整四个星期了。他虽然没有自由，但由于消息闭塞，他仍满怀希望地认为，他的臣民不会、也不应该审判他。当温莎总督告诉他，即将把他转移到伦敦的时候，他还是满不在乎地、半开玩笑地唱着高调："上帝无所不在，智慧、力量和仁慈到处都一样。"他认为谁也不敢触动他的权威。可是近几天来生活上的变化，诸如餐具不再有遮盖，"侍者"换上了一群不恭的大兵，却又使他预感到可能是审判自己的日子临近了。

1649年1月19日这天上午，一支骑兵部队，在哈利逊上校率领下，威风凛凛地押送着一辆并不豪华的马车，从温莎城堡直奔伦敦；听候受审的查理一世坐在车子里，心情紧张，他只觉得自己的命运前途未卜；当他被关进圣·詹姆士宫时，他不由得落下了几滴思念亲人的泪水……

20日，第一次开庭审判查理一世。布拉德肖手执宝剑和权标，由16名持戟的军官作为前导，威严地进入审判大厅；查理一世在法庭庭长的命令声中被押上被告席。而后，由库克检察长宣读起诉书；这时候，查理一世傲慢地用手杖敲打着库克的肩膀，凶狠地喝令他：你给我"住嘴！"库克忍耐着极大的愤怒，立即宣读起来。他控告查理一世实行暴政，两次挑起内战，破坏国家安宁，要求最高法庭将查理一世作为暴君、卖国贼判处。查理一世听完这些话以后，先是报之以蔑视的冷笑，而后勃然大怒，他质问："是哪一种权威召我到这里来的？"当告诉他我们"是以英格兰人民的名义要做出回答"的时候，他像疯狗一样的狂叫起来："对此，我拒绝承认！"他简直嚣张到了极点。

连续几轮审讯之后，27日星期六中午，最后一次庭审开始了。布拉德肖发表了长篇讲话之后，由秘书宣读判决书，宣布判决："查理·斯图亚特作为暴君、叛徒、杀人犯和国家公敌应当斩首。"话音未落，法庭成员全体起立，一致表示赞同。

查理一世的希望破灭了，他像一堆烂泥，瘫倒在被告席上……

1649年1月30日，伦敦阳光微弱，在白厅前面的广场上，昨天已经搭好了临时台子，在这里将要结束查理一世反动的一生。这天一清早，人们就从四面八方涌向广场，霎时间，把一个偌大的广场挤得水泄不通。他们甚至忘记了吃饭，焦躁不安地等待着对国王的最后处决。

下午一点半钟，白厅宴会堂面对广场的一扇窗子打开了，突然，一队士兵出现在临时台子的周围，几个全副武装的人上台之后，站在适当的位置上；刽子手提着长把板斧和行刑器具，在台上做着各种行刑准备；所有这一切，都在牵动着每一个人的心弦。"他来了，他来了！"忽然万头攒动，打破了原来死一般的沉寂。在众目睽睽之下，查理一世被押上断头台；他全身穿着黑色衣服，面色惨白，他虽然身材瘦长，可能是因为害怕，好像短了一大截；他虽然还是中年，但已步履艰困，踉跄而颤抖……他简直变成了另一个人。

他站在台子上，首先接受了神甫为他所做的最后一次祈祷，他不时地偷看着四周。履行完了宗教仪式之后，武装人员押他跪下，这时候，不知是谁碰倒了板斧，这种极不平常的铁器撞击声，吓得查理一世魂飞魄散，他下意识地回过头来，溜看着周围的一切，嘴里还喃喃地嘟囔着什么。

查理一世被送上断头台

一个粗鲁大汉走过来，把夹板夹在查理一世的肩膀与脖子之间，让他的头颅完整地露在夹板外面,而后垫好砧板;另一个刽子手举起板斧,一声行刑令下,只听得"咔嚓"一声这颗祸国殃民的人头,随着口令滚滚落地。行刑人员举起了查理一世的人头,走到台边,面向全场的人们。

"共和国万岁!"的欢呼声,响彻伦敦上空。

那么,是谁把查理一世24年的反动统治连同他的人头和王冠一起,抛进了历史垃圾堆的呢?归根到底,是英国人民的斗争,是他们斗争的胜利!

斯图亚特王朝复辟

1649年,英国宣布成立共和国,结束了斯图亚特王朝的统治。然而,这并不意味着资产阶级和新贵族的统治已经最后确立。被推翻的反动统治阶级不甘心失败,他们为了挽救旧制度而垂死挣扎,积极地进行复辟活动。

在国内,内战期间固守在北部约克郡的王党分子,并未因查理一世的倒台而被完全镇压下去,内战之后他们仍在那里继续顽抗,建立反革命据点。在国外,那些同英国利益有矛盾的国家如法国、荷兰、西班牙等,积极支持王党分子及王室成员的反革命复辟活动,提供经费、枪械和其他条件。革命开始不久,查理一世的王后即携带王室大批珠宝逃往荷兰,准备在那里购买军火,接济王军。

查理二世画像

查理一世的儿子查理·斯图亚特于1646年第一次内战期间即逃往国外,先后定居法国、荷兰。1649年,当查理一世被处死的消息传到苏格兰之后,苏格兰议会立即宣布当时流亡在荷兰的查理·斯图亚特为英格兰、苏格兰和爱尔兰的国王,称查理二世。从此,查理二世的名字就成为保王党人进行反革命活动的旗帜。1650年6月,查理·斯图亚特到达苏格兰,在那里积极作复辟的准备。次年8月,他亲自率领了2000士兵向英格兰进攻,很快便被克伦威尔击溃。查理本人因藏匿在厚密的橡树叶下,侥幸未被发现,才保全了性命,事后即逃往法国。然而,以查理·斯图亚特为首的王党分子并没有认输,还是千方百计地准备复辟,军事进攻的活动既未得逞,他们便把希望寄托在国内王党分子的武装叛乱,或者是大陆封建君主的武装干涉上。

但是,查理·斯图亚特的复辟,最后是在蒙克将军策划下完成的。早在护国主统治后期,人民群众对克伦威尔的军事独裁已经非常不满。1658 年,他的儿子理查·克伦威尔继任护国主,但不久便被高级军官篡夺了政权,政局更加动乱不稳。面对这种情况,资产阶级和新贵族为了保卫既得利益,镇压人民,把旧王朝复辟看作是唯一出路。

蒙克将军当时是英国驻苏格兰的指挥官。他早年是一个君主主义者,在国王军队里任过职,后来转入议会军,投靠克伦威尔,但从来没有放弃过恢复君主制的念头。他同逃亡到大陆上的王党分子,以及查理·斯图亚特本人,都有联系。因此资产阶级和新贵族把他看成是实现复辟最理想的人物。在他们的串通下,1660 年 2 月,蒙克带兵南下,进入伦敦,迫使议会进行改选。新选入议会的成员大多数是主张复辟的长老派分子和保王党人。这就直接为查理·斯图亚特复辟打开了一条通路。

查理·斯图亚特本人在多次反革命武装复辟活动失败之后,也感到凭借武力恢复王位已经毫无希望,准备采取另外的途径。经过同蒙克将军的多次谈判,他于 1660 年 4 月在荷兰的不列达发表宣言,保证:赦免所有参加革命的人,实行宗教信仰自由,承认革命期间土地财产的变动等,史称《不列达宣言》。议会同意他在上述条件下复位,并通过决议:"根据本王国古老的和根本的法律,政府是,而且应该是由国王、上院和下院共同组成的"。接着宣布查理·斯图亚特是"英格兰、苏格兰、爱尔兰最强的、最有力的和不容置疑的国王",正式称查理二世。5 月 29 日,查理二世回到伦敦,斯图亚斯王朝复辟了。

但是,查理二世刚一登上王位,立即撕毁《不列达宣言》,实行反攻倒算,迫害革命者。英国处于白色恐怖之中。革命参加者遭到残酷的迫害,革命期间没收的王党和主教的土地被夺去发给原主,国教重新恢复,清教徒遭到歧视。对于"弑君者"的迫害更加野蛮、残酷,参加审判查理一世的法官,凡在世的一律砍头。甚至对死者也不放过,克伦威尔、艾尔顿等人的尸体,从坟墓里被挖出,重新施以绞刑,把他们的头砍下来吊在审判查理一世的威斯敏斯特厅里示众。由于查理二世在流亡期间受到法王路易十四的庇护,复位后又继续暗中接受法王每年 20 万镑的巨额津贴,在对内、对外政策上都受法国支配。他不顾资产阶级和新贵族的反对,擅自与法国订立密约,并把具有重大战略地位的敦刻尔克卖给法国。1685 年,查理二世的弟弟詹姆士二世继位。他变本加厉地推行查理二世的内外政策。他又是一个狂热的天主教徒,一心一意想恢复天主教在英国的统治。

复辟王朝的倒行逆施,激起了全国广大人民的反对,不断掀起新的反抗高潮。同时,复辟王朝的政策也严重地违反了资产阶级和新贵族的利益。他们当年纵容斯图亚特王朝复辟,目的是要建立一个能镇压群众并听命于议会的君主,以巩固资产阶级和新贵族在英国的统治。复辟王朝 20 多年的统治,恰恰是沿着一条相反的道路前进,把英国又推向内战的边缘。为了确立资产阶级和新贵族在英国的统治,他们又开始把目光投向荷兰的执政奥兰治亲王威廉和他的妻子玛丽。在 1688 年所谓"光荣革命"中,斯图亚特复辟王朝终于被当初支持它复辟的资产阶级和新贵族所推翻。

“光荣革命”与君主立宪

1688年10月，荷兰全国各大城市、各主要地区，所有的港口、码头、主要街道以及通衢小巷，只要是引人注目的地方，都贴满了揭露英国国王詹姆士二世的反动统治以及奥兰治亲王的宣言等花花绿绿的宣传品。世界上第一次大规模的宣传攻势，正在这里全面展开。这究竟是怎么一回事呢？

1660年，斯图亚特王朝开始在英国复辟，查理二世回到英国以后，反攻倒算，倒行逆施，就连死去的克伦威尔都不能放过，同样重新施加绞刑；好端端的一个英国，霎时间变得乌云翻滚，白色恐怖笼罩大地。查理二世复辟20多年，弄得英国简直面目全非。

1685年，查理二世病死，王位由他的弟弟詹姆士二世继承。他前后在位三年，不仅没有废除原来的反动措施，反而变本加厉地推行查理二世的内外政策，兄弟相比，可谓后来者居上，有过之而无不及。詹姆士二世是个“君权至上”论者，虔诚的天主教徒，狂热的亲法派，完全继承了查理二世的反动衣钵。他即位以后，依然从法国王室秘密领取津贴；降低法国商品的关税率，听命于路易十四，按照法国的意旨办事。1687年，他发布“信教自由宣言”，废除反天主教的法律，企图在英国恢复天主教的统治；在宫廷里公开举行天主教的礼拜仪式，成批释放被囚禁的天主教徒，公开委派天主教徒充任军官、大学校长，把他们送上统治阶级的宝座；在牛津成立出版社，大量印发天主教的宣传品，制造反动舆论。

詹姆士二世的反动统治，严重地损害和侵犯了大资产阶级和新贵族的利益，同时也遭到广大人民群众的反对。这是为什么呢？因为在英国新贵族中，有很多人曾经廉价购买过大批寺院土地，如果天主教一旦恢复，他们手中的土地，就将有重新被夺回和重新丧失的危险。就是在国教内部，像上层主教和教士这些人，也是忧心忡忡，唯恐天主教重新恢复，如果恢复天主教，他们的领地、什一税和世袭福利将全部丧失。詹姆士二世的反动统治，对广大人民来说，更是一种灾难和罪恶，所以，人民群众的反对情绪，正在与日俱增。

1688年，一个反抗詹姆士二世反动统治的运动正在兴起，一场革命风暴逐渐酝酿成熟。这年4月，詹姆士二世下令，在所有教堂中宣读“信教自由宣言”，但是，人们已经不那么顺从了。譬如，广大群众拒绝参加天主教仪式的礼拜；在威斯敏斯特修道院做礼拜时，人们只要一听到美化和吹捧国王的宣传，就纷纷退场离去。弄得教士们十分尴尬。詹姆士二世面对这种日益高涨的反抗情绪，图穷匕首见，开始动用暴力了。他首先逮捕一批不服从命令的主教，交付法庭审判，但陪审员完全违背国王意志，宣告他们无罪。情况表明，詹姆士二世不仅已经众叛亲离，就连他的国家机器也都运转失灵了。

当英国王权遭到严重挑战的时候，资产阶级和新贵族，日益感到复辟的斯图亚特王朝，已经不能维护自己的阶级利益，决定结束詹姆士二世的统治，准备再次“换马”了。那么，人选呢？最后被他们选中的是荷兰执政奥兰治亲王，他们认为这是自己最理想的代表。

奥兰治亲王威廉本来是英国王室的姻亲，他的夫人玛丽，是詹姆士二世的长女。威廉所以被英国资产阶级选中，有两方面原因：一是詹姆士二世无子，长女玛丽是王位的当然继承人，就习惯和法理来说，威廉入主英国，仿佛是无可非议的，不应该引起任何争议和冲突。二是威廉的政治态度完全适应资产阶级的需要。他不仅是新教国家首领，同天主教势不两立，而且他一直把法国视若仇敌。如果他能登上英国王位，资产阶级的两块心病，马上就可根除，既可以使英国摆脱法国势力的影响，又可以保证英国不再成为天主教国家。说来也巧，1688 年 6 月，詹姆士二世喜得王子，从而，使玛丽的王位继承权发生了新的变化。于是，围绕王位继承问题，统治阶级上层的矛盾日趋激化。1688 年夏，英国资产阶级、新贵族派出代表，同威廉举行谈判，要求他对英国实行武装干涉；一场宫廷政变在秘密策划中。6 月 30 日，在谈判双方已经私下拍板成交、达成协议的情况下，为了给威廉来到英国披上合法外衣，英国议会两党领袖和一位主教，向威廉发出公开邀请，敦促他立即来英国，以保护人们的自由。威廉接到邀请以后，当即表示同意；并于 10 月 10 日发表宣言，对英国人民的苦难，假惺惺地深表“同情”；并且声称，他去英国的目的，主要是为了保护“新教、自由、财产及自由的议会”；一邀一就，一唱一和，一出滑稽的双簧，表演得惟妙惟肖，配合得十分默契。

为了保证出师有名，马到成功，威廉在出发之前，作了一系列准备工作。在舆论方面，他不顾任何情谊，向他的岳父发起了一个历史空前的宣传攻势，他把自己的“宣言”和揭露詹姆士二世罪行的宣传品，到处张贴，据考证，这种宣传攻势，在历史上还是第一次。

当一切准备全部就绪之后，1688 年 10 月 19 日，威廉率领军舰 600 艘，士兵 1.5 万人，开始向英国进发了。11 月 5 日，在英国西南部的托尔基海港登陆。8 月，到达埃克西特城，随后开始向伦敦挺进。面对威廉的武装进攻，在英国统治阶级上层，有两种根本不同的反映。詹姆士二世听说威廉大兵压境，十分惊慌，他立即要求法国出兵干涉。当时，法国正忙于争夺欧洲大陆霸权，根本无暇西顾，也抽不出一兵一卒，只好眼瞪瞪地看着领有自己津贴的英国代理人走向绝望、陷于灭亡。而英国西南、中部和北部各城乡的资产阶级、新贵族，却多半都投到了威廉方面。伦敦的资产阶级更迫切地期待着威廉的到来；他们千里迢迢来到威廉军队的驻地，表示自己的热忱，倾诉自己的一片衷心。至于那些王族、大臣，甚至还有王军总司令部的成员，以及詹姆士二世的次女和女婿，也都一起背叛国王，投向威廉方面。詹姆士二世完全被遗弃了。所以，前线没有发生什么战斗，威廉就顺利地取得了胜利。

当詹姆士二世眼看大势已去，再也无法招架的时候，决定逃往法国，以便在那里得到庇护。他首先打发王后和他那刚满半岁的王子离开英国，随后他也在 12 月 10 日夜间，仓皇化装出逃，但被士兵中途截回伦敦。士兵们的这种认真态度，看来并不符合威廉的意图。因为詹姆士二世的出逃，恰好使英国国王虚位以待，给威廉提供了上台的大好时机。1688 年 12 月 28 日，威廉下令放走詹姆士二世，使他第二次流亡法国。同一天，威廉进驻白厅，一场由资产阶级策划的宫廷政变，最后宣告完成。这场政变，我们叫它“1688 年政变”。这次政变是一次没有经过流血、没有人民群众参加、而更替政权的历史事变，所以资产阶级史学家称它为“光荣革命”。其实，它并没有什么光荣，不过是女婿使用政变手段，取代了岳父的政权罢了！

1689 年 1 月，英国国会宣布詹姆士二世“自行退位”，把政权交给威廉和他的妻子玛丽。2 月 13 日，威廉被宣布为英王，玛丽为英国女王、国后，实行双王统治，行政大权由威廉掌握，称威廉三世。

随着资产阶级“换马”任务的完成，英国的政治形式也出现了某些波动。中世纪以来的世袭君主制，议员世袭的贵族院等等，虽然被完整地保留下来，但是，资产阶级为了使这种政治形式更能保障自己的利益，适合自己的需要，而把无限的君主权力，限制在有限的宪法范围之内。为此，1689 年，英国国会颁布《权利法案》。法案限制了王权，保障了资产阶级和新贵族的权力；它规定没有经过议会同意，国王不得废止法律，不得征税，不得在平时招募和维持常备军；它也规定臣民有权向国王请愿；议员在议会中的言论，在会外不受任何机关的弹劾和质问；国王必须经常召开议会会议等等。1701 年，国会进一步通过《王位继承法》，规定国王个人无权决定王位继承问题，对王位继承做出了一系列限制。它规定威廉死后如果无嗣，王位应由忠于新教的、詹姆士二世的幼女安娜继承；如果将来安娜也是无嗣的话，那么，王位将属于汉诺威选侯。《权利法案》和《王位继承法》，确立了英国君主立宪制的基本原则，排除了天主教徒继承英国王位的可能性，它规定了国会的权利和国王的权限，保留了国王的形式，用立法手段限制了国王的权力，这种政治形式，历史上叫作“君主立宪”制。君主立宪制的统治，使大资产阶级和新贵族，牢固地控制了政权，巩固了资产阶级革命的成果。

但滑稽的是，君主立宪制的故乡虽然是在英国，它理应是世界上最早产生宪法的国家。然而，时至今日，英国还是把一堆习惯法、判例和法令，杂烩一起，权且充当宪法，它根本没有一部成文的东西。

瑞士独立

在“三十年战争”时期，瑞士是德意志神圣罗马帝国的组成部分。瑞士许多青年或者站在法国方面参战，或者加入德意志神圣罗马帝国军队，因而失去了宝贵的生命。但是，幸运的是瑞士官方并没有介入这次旷日持久的战争。在整个战争期间，瑞士议会始终保持中立的立场。1647 年瑞士各州签订《保卫协定》，向各州征税。这个协定成为瑞士各州进一步联合起来的纽带。1647 年 10 月 19 日神圣罗马帝国皇帝斐迪南三世承认：巴塞尔和瑞士其他各州在法律上和其他方面永远脱离帝国，不复存在任何依附关系。瑞士独立得到 1648 年威斯特发利亚和约的承认。

威斯特发利亚和约缔结

在"三十年战争"的最后阶段,从 1640 年开始,德意志神圣罗马帝国便同瑞典、法国进行谈判。真正的谈判是在 1643~1648 年进行的。谈判分两部分进行,一部分在威斯特发利亚的俄斯那布鲁克进行,参加者为神圣罗马帝国皇帝,德意志各邦诸侯代表和瑞典代表。另一部分谈判在闵斯特进行,参加者为德皇、法国及其他参战国的公使。两组谈判后,集中在闵斯特,于 1648 年 10 月 24 日签订总和约。威斯特发利亚和约由两个和约组成,一是以皇帝斐迪南三世为一方,以瑞典女王克利斯丁娜和其德意志同盟者为另一方,在俄斯那布鲁克签订的;另个是以斐迪南三世为一方以法国国王路易十四为另一方在闵斯特签订的。根据和约,瑞典获得了西波美拉尼亚(波莫瑞)全部地区和鲁根岛,在东波美拉尼亚获得斯德丁城及其他许多据点。伏林岛、波美拉尼亚湾及其沿海城市、不来梅大主教区、凡尔登主教区和维斯马城都划归瑞典。这样北部德意志一切通商口岸都落入瑞典人手里,瑞典成为波罗的海的霸主。法国获得了上下阿尔萨斯、宗德高,包括阿尔萨斯十座帝国城市、哈格瑙,但斯特拉斯堡和阿尔萨斯的其他地点在形式上仍属于神圣罗马帝国版图。帝国同意把 1552 年法国占领的梅斯,图尔和凡尔登主教区划归法国。和约承认,国际上承认瑞士和荷兰为独立国。德意志神圣罗马帝国的地位衰落下去,皇帝在帝国内部的力量更加削弱。上下劳西茨划给萨克森选帝侯领地,巴伐利亚占领了普法尔茨并获得了第七个选帝侯的地位,勃兰登堡——普鲁士扩大了版图,莱茵普法尔茨归它所有。德意志神圣罗马帝国已名存实亡,帝国成为松散的联盟,只剩下帝国最高法院和帝国宫廷司法处两个司法机构。和约重申 1620 年和 1627 年的规定,专制制度和天主教的胜利。瑞典和丹麦依靠在帝国议会中北德各邦的代表施加影响。和约实际上确立了德意志神圣罗马帝国的内部体制和分裂局面,实际取消了德意志神圣罗马帝国。和约确定了欧洲大国的国界,直到 1789 年法国革命爆发。德意志各公国获得了独立的外交权,可以对外宣战,媾和缔结条约。法国的自然疆界得以实现。

平等派发表新《人民公约》

1649 年 5 月 1 日,平等派又发表新的《人民公约》,由李尔本等人签署。新的《人民公约》是 1647 年人民公约和 1648 年末人民公约的思想和原则的发展。它提出:"国家的最高权力属于以平等、比例的代表为基础的选举出来的,有 400 名成员的人民代表机关。它要求各郡按人口比例选举代表。它提出,为了符合自然权利,21 岁以上的全体男子都享有选举权,但奴仆和被施舍者除外。新《人民公约》规定,行政官员、军官和财务人员无权当选为代表机关的代表,而代表也无权担任国家的行政、军事和财务职务,国会议员不能从事司法工作。新《人民公约》主张实行一院制国会,反对设置上院,它更反对国王。规定一年改选一次国会,国会休会期间成立国会委员会。强调行政和立法划清界限。它主张限制国会的职权,保障人民的实权。它限制国会干涉宗教事务,禁止国会委任教区牧师,牧师由信徒自由选举。规定出版自由,禁止出版带有反动思想的作品。宣布一切人在法律面前平等,主张贸易自由,反对专卖制度,政府无权平均或破坏人们的财产,或者实行公有。新《人民公约》最后郑重表示,任何政府都不得取消、增加或减少《公约》的任何部分,并表示要制裁破坏《公约》的人物。新《公约》是一部资产阶级民主主义宪法草案。

英国宣布为共和国

英王查理一世被送上断头台后,1649 年 1 月 4 日下院宣布自己是国家的最高权力机关。2 月 6 日下院通过取消上院的决议。2 月 7 日下院通过决议,取消英国的君主制。决议说:"经验证明,在这个国家,国王的职位及与他相联系的政权之属于任何一个人都是无益的,对于这个国家的自由是难以忍受和危险的,因此应该被取消。关于这个问题应该颁布适应的决议。"上述两个决议于 3 月 17 日和 19 日被批准为法律。从此英国成为"没有国王和上院"的一院制共和国。2 月 7 日,下院通过决议,成立国务会议,从属于下院。2 月 13 日国务会议宣告成立,由 41 人组成,多数为独立派领袖和同他们接近的政治活动家。其中有克伦威尔、费尔法克斯、斯基朋等高级军官,国家高级官吏有圣·约翰、律师布拉德肖、怀特洛克,独立派议员亨利·温、亨利·马丁等人。布拉德肖被任命为国务会议主席。1649 年 5 月 19 日,国会正式宣布:"英国人民为共和和自由国家,由民族的最高主权管辖之。"

俄国缙绅会议编纂会议法典

沙皇俄国的贵族阶级利用 1648 年莫斯科人民起义事件,对沙皇施加压力,要求召开缙绅会议,罢免莫洛佐夫。沙皇不得不答应他们的要求。7 月 16 日缙绅会议召开紧急会议,制定新法典。9 月 1 日缙绅会议如期召开,会议代表共 350 人,其中最高僧侣 14 人、大臣、首都贵族、衙门司书 4 人、外省代表 155 人、客商 3 人、莫斯科同业公会代表 2 人、莫斯科射击军 15 人、市民 79 人、身份不明者 21 人。没有农民代表。会议由两院组成:上院由沙皇、总主教、御前会议和宗教会议最高僧侣组成,下院由普通贵族和各城市代表组成。会议成立以尼·伊·奥多耶夫斯基为首的法典编纂委员会。各等级代表在法典编纂委员会中都提出了自己的请愿书。1648 年 10 月 30 日市民代表要求取消"空白地",因为"空白地"使国家减少税收,埋怨让农民进城从事工商业成为他们的竞争对象。市民还要求没收教会土地，分给小贵族。贵族则要求取消追捕逃亡农奴所规定的期限。委员会在编纂法典过程中参照了沙皇俄国的历届法典以及各阶层的请愿书。1649 年 1 月 29 日编纂工作结束，在法典上签名的代表共 316 人。法典称会议法典。法典共 25 章，967 条。开头几章规定沙皇、教会和国家的权力。法典维护封建贵族的利益，允许服役贵族转为世袭贵族。法典对农民规定了严格限制，规定凡从宫廷领地、国有领地和私有领地上逃走的农民，可无限期地追回。法典通过地主责成农民纳税和承担国家义务。如农民逃亡，地主应替农民纳税，地主必须保证农民份地。规定窝藏农民者除交还农民外，还要罚款 10 卢布。会议法典是俄国历史上重要的法律文件。

克伦威尔远征苏格兰

1649 年 2 月 4 日，当爱丁堡收到查理一世上断头台的消息时，苏格兰国会便宣布侨居荷兰的查理一世之子为英国国王，称查理二世。1650 年查理二世与苏格兰长老会派在荷兰布列达签订协议。查理二世同意把长老会教扩大到英格兰、爱尔兰，废除同爱尔兰签订的一切条约，苏格兰内政由苏格兰国会自行解决。1650 年 6 月查理二世到达苏格兰，苏格兰成为王朝复辟的基地。英国国会任命克伦威尔为远征苏格兰军队总司令，费利特伍德和蓝白为副司令。克伦威尔集结 1.6 万军队，1650 年 7 月 22 日越过特维德河，进入苏格兰。苏格兰任命戴维德·列斯特为总司令，军队 2.6 万人。7 月末，英军接近苏格兰首府爱丁堡，爱丁堡工事坚固，英军无力攻城。列斯特用小规模战争消耗英格兰兵力。到 8 月末，克伦威尔只得退兵登巴尔，只剩 1.1 万军队。苏格兰追击英军到登巴尔。苏格兰军队不仅占领了登巴尔丘陵，而且切断英军的退路。列斯特认为，英军可能从海上逃跑，把军队从丘陵撤到平原。克伦威尔利用这个机会，于 9 月 3 日拂晓发动突然袭击。苏格兰军队处于丘陵与河水之间，运动极不方便，很快陷于混乱状态。苏格兰军战死 3000 人，被俘 1 万人。英军伤亡不到 80 人。登巴尔战役是克伦威尔以少胜多的典型战役之一。克伦威尔进军爱丁堡。到 1650 年底，英军已占领了整个苏格兰平原。苏格兰保王党于 1651 年 1 月 1 日在苏格兰北部为查理二世加冕，宣布他是苏格兰国王。查理二世在苏格兰集结军队，入侵英格兰。1651 年 9 月 3 日，克伦威尔军队与查理二世军队会战于瓦塞斯特。战斗持续 3 小时，查理二世全军覆没，死 3000 人，被俘 9000 人，全部军官被俘，查理二世一人逃往法国。1651 年底，苏格兰大多数城市投降。1654 年苏格兰合并英格兰，在英国国会里保留苏格兰 30 个席位。

英国第五君主国派出现

克伦威尔镇压了掘地派和平等派以后，英国广大人民群众的不满情绪多以宗教派别的形式出现。在这种形势下出现了第五君主国派。他们宣传说,古代亚述—巴比伦帝国、波斯帝国、希腊帝国这三个君主国家都死亡了,神圣罗马帝国这第四个君主国也濒临死亡,因此第五君主国即将降临人间。他们称第五君主国为"基督的千年王国"。他们认为,人类只有在这个基督的千年王国里才能得到正义,才能推翻有钱的压迫者的统治,把他们的财产在苦难人民之间进行分配。在这个基督的千年王国到来之前,应该让基督的最优秀代表——"圣徒"掌握政权。他们就是这样的圣徒。第五君主国派的信徒主要是农民、城市下层人民、中小地主和商人以及军队中的民主分子。在克伦威尔护国主统治时期,第五君主国派分子曾进行过斗争,但都因脱离人民群众而失败了。

英国颁布《航海条例》

1651 年 10 月 9 日英国国会颁布《航海条例》。《条例》指出,航海业乃是谋求本共和国福利和安全最重要手段,兹为增加本国航运和鼓励航海,本届国会及其权力机关特规定:自公元 1651 年 12 月 1 日起和以后,凡亚洲、非洲、美洲的商品,只有装载在英国船上或大多数船员为英国人时,才能运入英国、爱尔兰及英国殖民地;欧洲商品只有载在英国船上或生产这些商品国家的船上才能运进英国、爱尔兰或英国殖民地;外国商品由英国船只运载者,必须由原产地运来者;盐、鱼、鱼油、鲸骨只能由英国船运入;上述鱼类物品只有英国船只装载才能从英国领地运出;共和国领土内各地之间的贸易完全保留英国船只经营。《航海条例》主要针对荷兰,目的在于把荷兰人从英国殖民地和欧洲国家贸易中驱逐出去。

英、荷两国对黄金海岸的争夺

1642 年荷兰人从黄金海岸赶走葡萄牙人以后,在黄金海岸建立了荷兰人的垄断地位,加固了埃米尔纳堡垒,在圣雅各山修建一座坚固的辅助要塞。在沙马、布里特、阿克拉、安诺马布、科曼廷、海岸角都修建了碉堡和商栈。随后,英国人、瑞典人、丹麦人也涌进黄金海岸。1652 年,瑞典人派一支远征队到黄金海岸,在塔科拉第、海岸角、阿克拉附近的奥苏建立了商栈。1657 年丹麦国王弗里德里希三世派一支远征队从这些商栈驱逐了荷兰人。丹麦人在阿弗曼洛村建起新的小型堡垒。1651 年英国共和政府派出一支舰队保护英国人在几内亚海岸的贸易。在 1654 年第一次英荷战争中,荷兰人保持了在黄金海岸的地位。荷兰人对英国船只进行不断地袭击,为此 1662 年英国曾对荷兰提出抗议。1662 年英格兰皇家冒险家者非洲贸易公司成立,英王查理二世的弟弟约克公爵詹姆士是这家公司的成员,英国政府给予该公司从直布罗陀到好望角的垄断权。公司每年要供应西印度群岛 3000 名奴隶,要接管科曼廷的碉堡,要在海岸角、安那善、埃基雅、柯门达、温尼巴、阿克拉等地建立新的碉堡和商栈。海岸角是这家公司的总管理处所在地。英国人于1662~1663年间,相继在上述地点建立了碉堡和商栈。荷兰人抗议英国人破坏他们的垄断权,鼓动当地居民破坏这些碉堡和商栈。荷兰人随后进攻海岸角英国碉堡。海岸角的英国碉堡和埃基雅的英国商栈都被荷兰人攻克。1665年英荷战争开始后,英国派霍尔姆斯率领一支舰队在西非海岸游弋,并占领了荷兰人在果里的碉堡,4月9日到达塔科拉第,并进而夺取了维臣堡、沙马、海岸角、摩里、安诺马布、埃基雅、阿克西姆,然后胜利返航。荷兰人派德·路德尔海军上将率13艘军舰从直布罗陀出发,到非洲西海岸,夺回了果里、安那善、科曼廷、柯门达、温尼巴、沙马、摩里、安诺马布等碉堡。荷兰人只是没有夺回海岸角。最后,英荷缔结布列达条约,把海岸角留给英国。

温斯坦莱发表《自由法典》一书

掘地派被镇压后,温斯坦莱继续从事著述工作,阐述他的原始共产主义思想。1652年他发表《自由法典》一书,全名是《以纲领形式叙述的自由法典和恢复了的真正的管理制度》,书前附有《一封给英格兰、苏格兰和爱尔兰共和国军队奥利维·克伦威尔将军阁下的信》,日期是1651年11月5日。温斯坦莱在给克伦威尔的信中提出,克伦威尔面前摆着两条道路,一条是把土地还给人民,从而无愧于他所掌握的政权,一条是他可以拒绝解放土地,为使人民重陷残酷暴政开辟道路。他希望克伦威尔选择自由之路。《自由法典》一书提出,在自由原则的基础上建立真正的共和国。他指出,自由的基本要素是生存的权力,而唯有土地公有制才能保证人们的生存。因此在真正的共和国里,土地和一切自然资源都应该是社会的公有财产。人们以家庭为单位进行生产,把产品交给仓库,从仓库里领回自己的消费品。禁止雇佣劳动,人剥削人的现象存在。在温斯坦莱的公社里,没有贵族和地主,没有法学家和什一税征收员,没有商品和货币。温斯坦莱的《自由法典》是一部空想社会主义著作,与英尔的《乌托邦》和康帕内拉的《太阳城》同列为18世纪以前的共产主义文献。

法国亲王投石党运动

巴黎法院领导的投石党运动失败后,法国以孔代亲王为首的封建贵族,包括红衣主教列荻,利用投石党运动的余波,继续进行夺权斗争。孔代亲王在吉埃尔省招兵买马。1652年孔代亲王统帅军队打败国王和马扎然的军队进入巴黎。巴黎人民再次掀起革命斗争。人民群众走上街头,高呼:“不要国王,不要王公,自由万岁!”他们要求惩办马扎然及其党羽。群众冲进市政厅,杀死法官和官吏。这就使孔代亲王和王公们深感不安。蒂雷纳率领国王军包围巴黎,孔代亲王逃出巴黎,投奔西班牙。10月10日,国王回到巴黎,亲王投石党运动失败。

法国国王路易十三的首相黎塞留

英荷战争爆发

英国革命战争之际，恰逢荷兰作为海上贸易大国强盛之时。17 世纪中叶，荷兰拥有强大船队，仅捕鱼船和运鱼船就有 6,400 艘。荷兰船只体积大，效率高，运费低，有完整的商业组织。波罗的海贸易完全控制在荷兰人手里。对东印度的贸易也是荷兰人占优势，英国东印度公司无力同它竞争。荷兰人甚至到英国海岸捕鱼，再卖给英国人。英国革命胜利后，荷兰成为它第一个海上贸易对手。共和国成立后英国加强了舰队建设。共和国头三年建造的军舰比斯图亚特王朝时期建造得还多。1650 年英国国会通过决议，禁止外国人与英国殖民地进行贸易。1651 年英国又颁布航海条例。荷兰要求英国废除航海条例，遭英国拒绝。英荷战争遂于 1652 年 6 月爆发。布雷克任英国海军统帅，特伦普任荷兰海军司令。战争一开始英军遭到一系列失败，荷兰人曾在英国登陆，在苏塞斯克地区同英军发生小规模战斗。但 1653 年荷兰海军却被英国海军击败。1654 年两国缔结和约，荷兰承认《航海条约》。

克伦威尔解散长期国会

长期国会从 1640 年 11 月 3 日召开以来，历经两次内战和共和国，越来越不得人心。议员利用职权，贪污腐化，贿赂成风。克伦威尔在高级军官支持下想建立军事独裁。

1653年4月19日，克伦威尔在白宫召集军官和一些议员开会，要求解散长期国会，成立新国会，草拟新宪法。长期国会制定了一部新的选举法，规定长期国会议员不得改选，应自动参加新国会和未来的一切国会，只有长期国会代表有权决定今后国会议员当选的合法性。选举法遭到克伦威尔和高级军官们的反对。4月20日长期国会秘密讨论选举法。克伦威尔听到这个消息，顾不得穿礼服，穿便服到国会去听辩论。当议员要进行表决时，克伦威尔突然站起来，不摘帽子，十分粗鲁而蛮横地对议员讲话。他谴责国会的罪行。议员彼得·温特渥斯说：他第一次听到这样污辱国会的话，而被国会所深深信任并另眼看待的国会的奴仆说出这些话，就更可怕了。克伦威尔大声叱责说："够了，够了，我中止你的废话！"克伦威尔在大厅里踱来踱去，继续说："你们以为这不是对国会讲话的语言。你们不是国会。我对你们说，你们不是国会，我取缔你们的会议。"他下令军队驱逐议员。他骂这个议员狂饮，骂那个议员是淫棍。议员不肯离去，克伦威尔命令哈里逊把他拽走。克伦威尔把选举法草案塞到帽子里，拿起议长权标说："你们怎样处置这个玩具，把它拿走吧！"然后克伦威尔下令把议会大门锁上，径自回白宫去了。当晚，克伦威尔又解散了国务会议。4月20日，克伦威尔解散长期国会和国务会议是一次政变，为他建立军事独裁扫清了道路。

长期国会解散后，克伦威尔没有经过公开的选举，由他邀请140名议员于1653年召开新的国会。这140人多数是各郡独立派宗教团体的代表和军官。由于议员比一般国会少，故称小国会。克伦威尔在开幕式上讲话，强调它的政权是军队赋予的，军队有权使用刀剑力量建立巩固的秩序。小国会议员虽然是克伦威尔指定的，但多数人是激进分子，成为反对克伦威尔的力量。小国会成立许多委员会，草拟改革法案。他们企图编辑简明法典，改革审理民事案件的大法官厅，该厅办事拖拉，积案2万多件。他们想改革教会制度，使它民主化。小国会提议实行世俗婚姻，取消教会干涉婚姻事务的权力。它要求按收入纳税，取消包税制。它公布一份释放因欠债而入狱者的法案和国家救济贫民的法案。小国会还通过了把爱尔兰土地分配给国家债权人、军官和士兵的法案。小国会的土地改革法案规定把公薄持有农改为任意租地农。小国会提议缩编军队，削减军官薪金，引起军官的不满。它要求取消什一税。1653年12月12日它正在讨论取消什一税时，军官们同国会中温和派相勾结，趁多数左翼未到之机通过决议，解散小国会，把政权交给克伦威尔。

英国政府颁布《满足法案》

《处理爱尔兰法案》公布后，1653年9月26日英国政府又颁布《满足法案》，规定没收的爱尔兰土地的分配办法。法案规定，一半土地分给债权人，一半土地分给军队，以偿还高达150万英镑的军队欠饷。法案规定，新土地所有者可豁免任何封建捐税，如果他们自己耕种可免税5年，免军服10年。法案规定，凡被赦免的爱尔兰人要强制迁移到康瑙特郡和克来尔郡去,1654 年 5 月 1 日前不迁作者间谍处理。凡迁入新地址的爱尔兰人不准进入城市、港口和英国军队驻地,不准携带武器。他们在新地方可以从政府那里租土地耕种。法案又规定,凡在本法案公布前占有爱尔兰土地的债权人、军官和士兵,已占土地超过应分得的份额时,两年内应向驻爱尔兰特派员缴纳多余土地三年收入的余额。《满足法案》实施的结果,使爱尔兰大部分土地落入英国资产阶级和新贵族手中。1642 年购买国债者为 1,360 人,其中大贵族和乡绅为 203 人,官吏 52 人,军官 6 人,僧侣 17 人,银行家和商人 406 人,手工业者 163 人,农民仆奴 11 人。其中许多人是国会议员,克伦威尔本人购买国债 600 英镑。1642 年国债为 36 万英镑,债权人共得土地约 16 万公顷。军队拿得债券,军队解散后可凭债券分得土地。法案规定债券是不允许出售的。但事实上士兵多以四五先令出售价值一英镑的债券。因此在爱尔兰出现土地投机。克伦威尔本人就是土地投机家,他获得 400 公顷好地。克伦威尔的儿子亨利·克伦威尔任爱尔兰军队司令和爱尔兰总督,占地约 9000 公顷。

克伦威尔成为英国的无冕之王

1653 年 12 月 12 日解散小国会后,国会中 67 名温和派分子去见克伦威尔,把解散小国会和把政权交给他的决定报告给他。克伦威尔故作姿态,惊讶地说:"你们为什么通过这样的决定?"但是,他还是接受了交给他的政权。1653 年 12 月 16 日,伦敦举行盛大的仪式。由高级军官、法官、官吏、伦敦市长、市议会议员组成代表团,请克伦威尔接受英格兰、苏格兰、爱尔兰护国主的称号。当场宣读了由军队会议草拟的新宪法草案——《统治文件》。克伦威尔宣誓忠于新宪法。克伦威尔头带镶有金边的帽子,坐在王座一样的座位上。礼官献上国玺,伦敦市长献上国剑。他以护国主的身份回到白宫,成为英国的军事独裁者。当天,公布了由军队会议起草的新宪法草案——《统治文件》。它规定,国家政权由护国主、国会和国务会议共同掌握。护国主是终身制,立法权属于护国主和国会。国会通过的决议经护国主同意后方能生效。护国主不经国会同意不能征税。国会实行一院制,每三年改选一次。英格兰选出议员 400 名,苏格兰和爱尔兰各 30 名。《文件》规定,只有拥有 200 英镑动产和不动产的人才有选举权。凡参加反国会的内战和叛乱的人没有选举权和被选举权。行政权归护国主和国务会议。国务委员为终身职。第一届国务会议人选是由军队决定的,7 名武官 8 名文官组成。国务会议协助护国主处理行政事务。护国主实行的各项政策,必须经国务会议同意。护国主任英格兰、苏格兰、爱尔兰军队总司令,军权由护国主和国会共同掌握。国会休会期间,护国主和国务会议颁布的法律有效。国务会议有权审查和批准国会代表的资格。《统治文件》的颁布,使克伦威尔任护国主、建立军事独裁具有法律上的依据。

1657 年 2 月 23 日,伦敦商人托里斯托费尔·配克向克伦威尔护国主时代第二届国会提出"最恭敬的请愿书",要求恢复英国"正常"的政治秩序——国王和两院制,提请克伦威尔登上英国王位。1657 年 3 月 25 日，国会以 123 票对 63 票通过决议，"请克伦威尔接受国王称号"，理由是："护国主的称号不见于英国法律，而国王这个官职却存在多少百年之久。"克伦威尔在一次军官会议上也曾表述过：英国应该回到某种正常的、稳定的状态当中去！至于国王的称号，那只是帽子上的羽毛而已！国会根据"最恭敬的请愿书"的内容，草拟了新的宪法草案。它的主要内容是：克伦威尔为英国世袭君主，恢复上院，议员 40~70 人，由国王委任为终身职，扩大下院职权，由下院控制武装力量和国务会议。克伦威尔准备接受国会的请求，但遇到军队的反对。士兵们表示，恢复王位同他们拥护的原则相矛盾。高级军官蓝白和弗利特伍德等 100 名军官晋见克伦威尔，表示如果他接受王位，他们就辞职。在克伦威尔应该答复"劝进"的当天，克伦威尔接到军官们的请愿书，要求他立即表态。克伦威尔回答说："不"，接着说："我将是粗鲁的，假如不接受你们送给我的最高荣誉（由于向我提议）的话。真的，这个提议，除了善意之外，不包括任何其他东西……你们衷心地向我证实了和表现了这样的好感，并且这么崇高地估计了我的人格。"一席话表示，克伦威尔放弃了称王的念头。

奥朗泽布夺得莫卧儿帝国皇位

1657 年 9 月，莫卧儿帝国皇帝沙·贾汉病重。他的 4 个儿子，长子达拉·舒科、次子舒贾、三子奥朗泽布、四子穆拉德立即开展争夺皇位的战争。沙·贾汉生病时只有长子达拉·舒科在亚格拉。次子舒贾在孟加拉首府拉杰马哈尔。他在这里自行称帝，并向亚格拉进军。他在贝拿勒斯附近被达拉·舒科儿子苏莱曼·舒科的军队打败，退回孟加拉。四子穆拉德于 1657 年 12 月 5 日也在艾哈迈达巴德称帝。他与三哥奥朗泽布在马尔瓦达成两项协议：第一、1/3 的领土归穆拉德·巴赫什，2/3 归奥朗泽布；第二、他们征服帝国后，旁遮普、阿富汗、克什米尔、信德归穆拉德，他可自行称王。1658 年 4 月 15 日，奥朗泽布和穆拉德联军在达尔马特大败皇帝军队。奥朗泽布和穆拉德联军进抵亚格拉城堡以东约 13 公里的萨木加尔平原。达拉·舒科统帅 5 万大军前来迎战。1658 年 5 月 29 日双方发生激战。穆拉德脸部三处负伤。达拉·舒科的坐象被毒箭射中，他改骑战马。战士们以为他阵亡，因而军队陷入一片混乱。达拉·舒科逃回亚格拉。随后奥朗泽布向亚格拉进军，并拒绝他父亲提出的一切和解建议。6 月 8 日奥朗泽布占领亚格拉城堡。沙·贾汉被赶下皇位。奥朗泽布断绝朱木拿河水对亚格拉守城禁军的供应。沙·贾汉在炎热的 9 月只有喝城里的咸涩的井水解渴。他写信给奥朗泽布说：印度教徒应永远赞扬，彼此对死者常常贡献水喝。吾子真乃一奇异的穆斯林，你使我生时为（缺）水而悲伤。沙·贾汉被作为囚徒监禁起来，由他女儿贾哈纳拉陪同直到 1666 年 1 月 22 日逝世。1658 年 6 月 13 日，奥朗泽布从亚格拉向德里进军，途中又诱杀了他的同盟者四弟穆拉德。奥朗泽布抵达德里后，1658 年 7 月 21 日加冕为莫卧儿帝国皇帝。1659 年 1 月 5 日他在阿拉哈巴德的卡瓦杰打败了二哥舒贾的军队。1659 年 6 月他又重新加冕，称号是

“阿拉姆吉尔”（世界征服者）、“帕德沙”（皇帝）和“加济”（神圣的战士）。

荷兰人惠更斯发明摆钟

伽利略在发现摆具有等时性后，在晚年曾经设计过一种利用摆来计量时间的方案，但是没有来得及付诸实际。1657 年荷兰数学家、天文学家克利斯蒂安·惠更斯（1629～1695）出于一个天文学家对精确计量时间的要求，设计、制造了以单摆作为调节器的时钟，并取得了发明专利权。在 1673 年出版的《摆动的时钟》一书中，惠更斯对摆在运动过程中的诸多动力学问题和有关数学理论做了详尽的阐述。现在的节摆锚是伦敦一个钟表商克莱门特 1680 年设计的。历史上，就摆钟的发明权问题曾在伽利略的弟子与惠更斯的朋友之间展开过争论，最终证明，摆钟的发明权确属惠更斯。

概率论和数理统计学创立

概率论产生于 17 世纪，最初是由保险事业的发展而创立的，惠更斯（1629～1695）的《论机会游戏的计算》一书是概率论的最早著作。勒贝格在本世纪初创立的测度论和积分论给概率论的发展提供了新的手段。到本世纪 30 年代，苏联的柯尔莫哥洛夫提出了公理化的处理方法，这便是现代概率论的开始。此后，辛钦、费勒和维纳也相继在这个领域做出了非常出色的工作。从 50 年代开始，概率论又奠基于抽象数学，杜博提出的鞅论就是随机过程理论的进一步抽象化。在此基础上发展的概率论，实际是一种抽象的分析。数理统计学的早期工作可以上溯到达尔文和孟德尔。1901 年，皮尔逊创办《计量生物学》杂志，并形成了一个数理统计学派。而现代数理统计的奠基人则是英国的费歇尔（1890～1962），他在本世纪 20 年代的工作实用价值很大，对数理统计后来的发展产生重大的影响。在第二次世界大战中做出《序贯分析》的沃尔德（1902～1950）开创出统计的新局面，他的《统计决策函数》也是一本重要的著作。沃尔德提出的这两个深刻的思想至今仍在继续研究。数理统计学还有一个特点就是它可说是 20 世纪数学中普及程度最大的一门学科。概率论和数理统计在 20 世纪有如此重大的发展，是由实际问题的强烈需要所推动的。

克伦威尔病逝

奥利佛·克伦威尔 4 年护国主统治，造成国内危机四伏，民怨沸腾。他在生命的最后时刻，深居简出，恐怕有被谋杀的危险。年老而且病魔缠身，1658 年他又得了疟疾。当年夏天他心爱的女儿伊丽莎白·科莱乌波尔逝世了。他悲痛至极。8月中旬克伦威尔病情恶化。乔治·福克斯在8月20日去看望他,说他已同死人无异了。克伦威尔临死前生怕失去上帝的恩典。牧师回答说:"不,不能!"克伦威尔说:"这样,我得救了!"他从此拒绝服药,拒绝进食!他说:"我希望尽快地离开人世!"1658年9月3日,登巴尔和克塞斯特战役纪念日,克伦威尔在午后3时与世长辞!他死前数小时指定理查·克伦威尔为继承人。他的尸体经过防腐处理,9月20日安放在索姆塞特馆,11月23日举行葬礼。他的尸体被埋在威斯敏斯特大教堂里。1660年斯图亚特王朝复辟后,他的尸体被挖出来,吊在伦敦死刑场的绞刑架上,脑袋挂在威斯敏斯特屋顶的旗杆上,然后在绞刑架下烧掉。有个说法,克伦威尔死前密令把他的尸体偷偷运走,火化在纳斯比战场上。

克伦威尔之子统治垮台

1658年理查·克伦威尔继任英国第二任护国主。理查·克伦威尔庸碌无能,高级军官不服从他的命令。蓝白甚至认为,只有他才有资格继任护国主。克伦威尔逝世不久,尸骨未寒,高级军官就要求理查辞去军队总司令,另外任命总司令。理查开始时拒绝这个要求,但后来不得不让步。任命弗里特伍德为总司令。理查想利用国会作为阵地同军队对抗,为此他下令进行新的国会选举,召开新的国会。选举没有按《统治文件》的办法进行,而是恢复了旧的选举制度,许多市镇和败地都有了选举权。当然规定剥夺王党的选举权。1659年1月27日,新国会开幕。多数议员拥护新护国主,强调护国主享有军权,反对军官干预政治。这引起军官们的不满。军官们于4月初在伦敦召开800人的军官大会,要求护国主保护他们的权利。理查要求解散军官大会,军官们拒绝执行命令,并进而要求解散国会。伦敦已在弗里特伍德控制之下,理查屈服了。1659年4月22日他解散国会,5月25日他也辞去护国主职务。

蒙克控制英国政局

1659年5月25日理查·克伦威尔辞去护国主后,英国出现了政权空悬的局面。高级军官控制着局势,他们之间争权斗争激烈,伦敦陷入混乱局面。驻苏格兰军总司令乔治·蒙克趁机进军伦敦。蒙克原是保王党军官,英国内战开始后投奔牛津,对国会军作战,1644年当了国会军俘虏,第一次内战结束后因国会急需军官,蒙克被留在国会军服务。他随克伦威尔远征苏格兰。1651年克伦威尔回国后,蒙克被任命为驻苏格兰军队总司令。1660年1月1日,他趁英国政局混乱之机,下令进军伦敦。他率军打败了蓝白的军队,军队纷纷向他投降。当他的军队接近伦敦时,他要求国会成员指挥的军队离开伦敦,从军队中清除有革命思想的军官,并要求把应开除的军官名单交给他。国会把他当做靠山。1660年1月2日国务会议选他为国务会议成员，1月26日选他为军队总司令。2月3日他率军进入伦敦。他控制伦敦局势后，下令逮捕伦敦商业区11名市民领袖，指责国会的所谓罪行，把被普莱德肃清的长老会派议员请回来。长老会派重新控制了国会。国会选出以蒙克为首的国务会议，任命蒙克为英国陆军总司令和海军联合总司令。蒙克控制了英国的政局。

英国国会通过两项商品法案

1660年英国斯图亚特王朝复辟后，国会通过列举商品法，这是对航海条例的补充。列举商品法规定，北美殖民地的烟草、砂糖、棉花、靛青等商品只能输出到英国，如果输出到其他国家，则必须首先在英国卸货，再由英国商人运往其他国家。1663年英国国会又颁布主要商品法，规定一切从欧洲输入北美殖民地的商品，必须先在英国卸下，英国政府征税后再装船运往北美。两项法案都是为了保护英国资产阶级的利益，既把北美殖民地变为英国商品的销售市场，又把它变为英国工业的原料供给地。

英国颁布谷物法

1660年英国颁布谷物法，规定一夸脱（1.1365升）小麦国内价格不超过44先令时，进口小麦要征收2先令进口税，国内价格超过44先令时，进口税则为2便士。1670年英国又规定，一夸脱小麦国内价格不超过53先令4便士时，征收进口税16先令，国内价格在53先令4便士到80先令之间时，进口税为8先令，超过80先令则只征收进口税4先令。谷物法主要保护新贵族和农业资产阶级利益。

爱尔兰土地处理法案通过

英国斯图亚特王朝复辟后，英国查理二世着手处理爱尔兰土地问题。为了满足天主教徒和新教徒双方的要求，宣布爱尔兰的全部土地上缴英王处理。凡参加爱尔兰起义的天主教徒都作为反对英国国王的反叛者对待。1660年11月英王查理二世发布宣言，规定了第二个组织法令的全部内容。英王保证1642年的“冒险家法令”，克伦威尔颁布的组织法令必须修改，使它照顾天主教徒的利益。冒险家的土地得到确认，无辜的新教徒的地产立即得到恢复。爱尔兰天主教徒根据有罪、无罪分成几个等级。被迁走者恢复他们的产业。凡参加1642～1646年起义的天主教徒，只有少数人恢复了产业，多数人则没有得到任何恩赐。1661年5月召开爱尔兰会议，新教徒占绝对优势，要宣誓王权至高无上。1662年7月爱尔兰议会通过组织法令。查理二世成立“处理土地权法庭”,由7名英国人组成。许多天主教徒恢复了产业。“处理土地权法庭”存在到1667年8月。因为它过分袒护天主教徒,引起英格兰、爱尔兰新教徒的不满而使它停止工作。但第二个组织法令推行的结果,在爱尔兰出现了新教徒占有大批土地的倾向。他们控制着议会、政府、城镇和贸易。据统计,1672年爱尔兰有良田1,200万亩,克伦威尔党人殖民者就有450万亩,天主教徒只占有350万亩,其余被早期殖民者占有。在爱尔兰总人口中天主教徒占80万,新教徒只占30万。

第一台起电机发明

第一台起电机大约在1660年由德国工程师奥托·冯·格里凯(1602~1686)发明。当时科学的发展已经使人们开始注意到了电现象和磁现象,而要想对电进行深入的研究,首先必须获得电。为此,格里凯设计了起电机。他首先将硫磺研磨成粉末,装入一个球形玻璃瓶中,经加热使硫磺全部熔化,再经冷却后,就得到一个硫磺球。打碎玻璃瓶,取出这个硫磺球并在球上钻了一个洞,然后将其固定到一个能连续转动的联杆上。在硫磺球开始转动后,用手掌或布片与其摩擦,使之产生大量电荷。这就是第一台摩擦起电机。

路易十四画像

法国进入“路易十四时代”

1643 年法国国王路易十三逝世,他的长子年方 5 岁的路易十四即位。母后奥地利的安娜摄政,首相马扎然执政。这时路易十四过着狩猎、在巴黎社交界鬼混的生活。1661 年马扎然逝世,年已 23 岁的路易十四亲自执政。他要成为“职业的国王”,让整个朝廷和大臣附耳听命。路易十四任命马扎然的亲信富凯为财政总监,米歇尔·勒泰利埃为军事国务秘书,于格·德·利奥内为外交国务秘书。路易十四根据马扎然的意见,没有任命首相,决定亲自治理国家。大臣们要亲自向他做详细汇报,国家的任何事务他都要亲自决定。他宣布说,他“自己将是自己的首相”。国家的文件都要他亲自签署,不准大臣们反驳他。他对太子说,“上帝要求每一个生而为臣民的人绝对服从他”,“全部权力要完全集中在孤家手里。”他剥夺了巴黎高等法院和各地法院的权利,把巴黎法院的某些法官流放。1668 年路易十四亲自到巴黎法院去,亲手从议事录里撕掉有关投石党的记录。他对法官说:“先生们,你们认为国家是你们的吗? 国家是我的(或译朕即国家)!”法院已失去扣留国王法令和对这些法令表示异议的权利。“朕即国家”,体现路易十四在法国实行绝对专制主义统治,他本人被称为“太阳王”。他的统治使法国专制王权达到极盛,被称为“路易十四时代”。

化学家发现氢气

首先收集到氢气的是玻义耳。1660 年,玻义耳为反驳范·海尔孟提出的气体不能收集在容器之中的见解,用实验证明,当把一个充满稀硫酸的瓶子倒置在盛有稀硫酸的盘子上时,就可以收集到从铁钉上释放出来的气体,他后来把这种气体(实际上就是氢气)叫作人造空气。1766 年英国化学家亨利·卡文提什(1731~1810)测出了氢气的比重,并对其有关化学性质进行了研究,其成果发表在论文《人造空气实验》中。卡文提什将氢氯酸和稀硫酸分别与锌、铁和锡作用,得到了所谓的“易燃空气”,即氢气。在实验过程中他发现,无论用什么酸来溶解一定量的某种金属,总是得到同样重量的易燃空气,由此他推断这种易燃空气是金属产生的。依据燃素说,卡文提什认为,在金属与酸发生相互作用时,金属中的燃素逸出,从而使人们得到了易燃空气。在进一步的实验中,卡文提什发现这种易燃空气是具有一定重量的,并测出了它的比重。这无疑的是对燃素论的沉重打击,因为它否认了燃素的负质量,因此,氢气的发现以及对其化学、物理学性质的研究,强烈地冲击了燃素说多年来的统治地位。后来是拉瓦锡将这种易燃空气命名为“氢”,即“成水元素”。

巴黎凡尔赛宫兴建

以前,法国国王及其宫廷一般都在巴黎的卢弗尔宫或王宫里,巴黎是国家的统治中心。路易十四不喜欢巴黎,因为巴黎发生过投石党运动。他即位后从1661年就开始修建凡尔赛宫。凡尔赛宫位于巴黎西南22公里,路易十四经常住在这里,凡尔赛成为他统治的中心。凡尔赛宫是个宏伟的建筑群,有王宫、巨大的公园、林荫路、贮水池、喷水池和塑像。参加凡尔赛宫修建的有建筑家、画家、雕刻家、园艺家、家具制造家以及优秀的工程师、工人和手工业者。路易十四让各地贵族都来到凡尔赛宫,一大群朝臣都聚集在他的周围,接受他的赏赐。他本人成为崇拜的中心。路易十四按照西班牙和奥地利的宫廷仪式,规定了严格的宫廷礼仪,规定了他生活的每一个细节——起床、进膳、睡觉的仪式。宫廷里所有人员都来侍奉他。路易十四象资产者那样生活,由拉罗什·富科公爵担任御衣官,左永公爵任内侍长,孔代亲王任大总管。他们在凡尔赛宫飞黄腾达。圣西蒙在《回记录》中说:"国王在起床、就寝、用餐时,在穿过厅堂时,在走只有侍臣才能随便出入的凡尔赛花园时,左顾右盼,他看到和注意到所有的人。谁也逃不过他的眼睛……不经常住在宫里,就该受到谴责,从来不进宫或者几乎从来不进宫的人肯定要失宠。谁替他们要求点什么,国王就傲然说:我不认识他。谈到那些很少露面的人,国王说,这个人我从来没看到他。而这些判决是无法挽回的。"凡尔赛宫后来成为著名的旅游胜地。1837年路易·菲力普把它辟为博物馆。1870年成为德军司令部,1871年德意志帝国就在这里宣告成立。1875年法兰西第三共和国在此诞生。1919年协约国和德国签订凡尔赛和约。戴高乐总统时期,重修凡尔赛宫。它是欧洲和世界著名的文明财富和旅游胜地。

英国化学家玻义耳提出"元素"概念

17世纪中叶,英国著名化学者罗伯特·玻义耳(1627~1691)认为,不应把化学看作是仅仅属于炼金士和医学化学家。他将严密的实验引入了化学,并给出了"元素"的定义,从而使化学被确立成为一门科学。1661年玻义耳发表名著《怀疑的化学家:或化学——物理的怀疑和悖论,涉及炼金家普遍推崇并为之辩护的而又为化学家通常认为实在的种种要素》。在这部著作中,玻义耳向传统的化学观念提出了严峻的挑战,给"元素"下了一个科学的定义。玻义耳认为千差万别的物质既不能用亚里士多德学派的土、水、空气、火四元素来概括,也不能仅仅分解成炼金士——医药化学家提出的盐、硫、汞三元素。他指出,"元素应当是某些不由任何其他物质所构成的原始的和简单的物质,或完全纯净的物质",这种物质"是具有确定的、实在的、可觉察到的实物,他们应该是用一般化学方法不能再分散为更简单的某些实物"。而"混合物则由它们组成,并最终被分解成它们”。玻义耳实质上是定义了现代化学中的单质。虽然玻义耳没有指明元素究竟是哪种物质,但他澄清了元素这一概念,把元素与化合物及混合物区分开来,为人类探索万物的组成开辟了道路。

路易十四力求在欧洲称霸

法国“太阳王”路易十四在1661年开始亲政时,欧洲的形势对法国十分有利。根据威斯特发利亚和约和比利牛斯和约,神圣罗马帝国和西班牙都衰落了。而英国在斯图亚特王朝复辟后把法国视为靠山,希望从法国得到资助。当时的法国,是欧洲人口最多、最富庶、最强大的国家。它有一支强大的军队和一批有经验的将军。对外,法国同荷兰、瑞典、德意志各独立国家、波兰、土耳其结成联盟。路易十四即位后就野心勃勃地力求在欧洲称霸。他强调说,他的政权源于查理大帝的帝国,他想充当神圣罗马帝国皇帝的候选人。他命令在纪念碑上把易北河划为法国东部的边界。路易十四首先要征服德意志西部各邦、西属尼德兰和荷兰。他同样想控制斯图亚特王朝复辟时代的英国。他企图利用波旁家族对西班牙王位的继承权来夺取西班牙本土以及西班牙在欧洲的附属地和海外殖民地。路易十四在他当政时期共进行四次战争。第一次是1667~1668年对荷兰战争,结果缔结亚琛和约。第二次是1672~1679年仍然是对荷兰战争。1679年缔结尼姆维根和约,获得比利时的几个据点。第三次是1680~1697年,第四次则是1700~1713年的西班牙王位继承战争。路易十四野心勃勃,他的目标并未完全达到,但在17世纪后半期法国确实起了欧洲霸主的作用。

英国实施《信仰统一法案》

1660年英国斯图亚特王朝复辟后,着手恢复英国国教的地位,开始迫害长老会派、独立派和其他革命派别。1661年国会通过《市政人员任用案》,规定凡在市政机关任职者,必须宣誓取消1643年的神圣同盟和圣约,承认武力反抗国王为非法。按英国国教规定参加圣餐礼仪式。1662年国会通过《信仰统一法案》,规定一切牧师必须承认英国国教,声明在任何情况下不拿起武器反对国王。因而有2千名长老会派、独立派、浸礼派、教友派牧师辞职。1664年国会又通过《集会法案》,禁止举行非国教的宗教仪式,否则要受重罚,受罚次数根据犯罪次数而增加,犯罪四次以上者要流放到西印度群岛当10年奴隶。1665年通过《五英里法案》,规定牧师必须宣誓在任何情况下不以武力反对国王,取消神圣同盟和圣约,否则要驱逐出教区以外,不得回到城市和昔日教区5英里以内。

查理二世出卖敦刻尔克

敦刻尔克是法国北部诺尔省的重要港口,克伦威尔时代英国从西班牙手中夺取了这个港口。16~17世纪,这个港口一直是法、西、英、荷各国争夺的中心地之一。1662年,英王查理二世以20万英镑的代价出卖给法国,英国从此失去在大陆上的贸易据点。查理二世所以把敦刻尔克出卖给法国,是因为从斯图亚特王朝在英国复辟以来,他就推行亲法政策。这首先是因为,他曾在法国流亡,得到过法国王室的支持。其次,查理二世倾向天主教,使他同法国和解。他同法国国王路易十四是表兄弟,他的母亲亨利塔·马丽亚是法国国王路易十三的妹妹。更重要的原因是,查理二世希望在金钱上得到法国国王路易十四的支持。这样它既可以摆脱国会对他的限制,又可建立自己的常备军,以实现在英国恢复专制制度的企图。

查理二世

西方古典政治经济学产生

资产阶级古典政治经济学产生于17世纪中叶到18世纪下半期。这个时期是资本主义制度在欧洲确立,资本主义生产方式进一步发展的时期。古典经济学作为资本主义制度产生、成长阶段的经济理论,他们把资本主义制度看作是最美好的制度,是永恒的制度。他们摆脱了重商主义学派的局限性,开始透过资本主义生产方式的外部现象去揭示内在的联系,把理论研究从流通领域转到了生产领域,对资本主义的生产方式有了较科学的分析,对于资本主义生产关系中的许多问题有了较科学的认识,例如:古典经济学对价值、货币、工资、利润、地租等都进行了研究,揭示了劳动是价值的源泉,并对剩余价值有了初步的探索。资产阶级古典政治经济学主要在英国和法国产生并得到发展。在英国的创始人是威廉·配第,他是第一个试图探索资本主义制度内在联系和发展规律的资产阶级学者。在法国的创始人是布阿吉尔贝尔。随着资本主义的发展,古典经济学也得到了不断地发展。其中亚当·斯密是英国工场手工业时代集大成的经济学家,大卫·李嘉图完成了古典经济学,他的理论把英国古典经济学发展到了最高阶段。古典经济学在法国被重农学派的代表者弗朗斯瓦·魁奈和杜尔果所发展,在法国完成者是西斯蒙第。资产阶级古典经济学是历史上最早的政治经济学,它的产生使政治经济学成为一门独立的科学。由于他们的研究从某种程度上揭示了资产阶级同无产阶级对立的矛盾,所以当资产阶级同无产阶级的斗争激烈化时,古典经济学已无法为资本主义制度服务,而被庸俗经济学所代替了。

威廉·配第的经济学说

威廉·配第(1623~1687)是英国17世纪资产阶级革命后新兴资产阶级的代表,对自然科学和技术科学有过研究。特别是在政治经济学某些领域做出了前无古人的成就,成为"英国政治经济学之父"。配第的经济理论主要形成于17世纪60~70年代。当时的英国正处在由工业资本取代商业资本领导地位的时代,并且资产阶级革命在英、法两国取得了胜利,以培根为代表的唯物主义公开反对宗教的唯心主义世界观。在新的世界观推动下,配第成为第一个试图探索资本主义制度内在联系和发展规律的学者。他首先在方法论上提出与重商主义完全不同的研究方法,即用客观的、确实的标准去透过事物的现象,探索事物的本质和内在联系的方法。配第的经济学观点表述在其一系列著作中,如《赋税论》(1662年)、《政治算术》(1676年)等。配第在这些著作中主要对价值理论和剩余价值理论进行了研究。在政治经济学的发展史上,配第第一个注意并考察了商品的价值问题,区别了"自然价格"和"政治价格"。他所谓的"自然价格"即是价值。配第发现商品的价值取决于劳动,而且货币的价值也是由劳动决定的。配第虽然没有提出"剩余价值"这一概念,但他的地租理论,实际上是以地租这个特殊形式对剩余价值做了分析。配第把地租归结为剩余劳动(因而归结为剩余价值)并把土地的价值归结为一定年数的地租总额。配第作为现代政治经济学的创始者,对政治经济学作为一门科学的建立,立下了不可磨灭的功勋。马克思指出:"配第在政治经济学的几乎一切领域中所做的最初的勇敢的尝试,都一一为他的英国后继者接受,并且做了进一步的研究。在1691年到1752年这段时期,这一过程的痕迹,就是对于最肤浅的观察者说来,也是十分明显的,因为这一时期比较重要的经济著作,无论赞成或反对配第,总是要涉及配第的"。

英、法殖民者争夺冈比亚

1619年,英国伦敦冒险家对非洲贸易公司派汤普森考察队到达冈比亚,被葡萄牙人杀害。1620~1621年英国公司同冈比亚当地几个部落酋长商定以后,立即派出由乔布森率领的强大考察队再次到达冈比亚。他们在冈比亚设立一系列贸易据点。1663 年英国人在冈比亚河的一个小岛上修建一座城堡,以保护英国的贸易。这个城堡以英国海军大臣的名字命名为"詹姆士堡"。法国殖民者也来到这里。1695 年詹姆士堡被法国人占领,1696 年又被英国人夺回。法国在附近的阿尔布雷达修建一个商站。从此英法两国殖民者争夺冈比亚的斗争更加激烈。1783 年凡尔赛和约,法国承认英国对冈比亚的贸易垄断权,英国则承认法国在塞内加尔的领地并同意法国收回阿尔布雷达商站。

纽约殖民地建立

荷兰人在 1601 年到达北美,1618 年组织荷属西印度公司。1621 年荷属西印度公司

英国国王威廉

在哈得逊河流域建立新尼德兰殖民地。荷兰总督凯夫特在 1641 年和 1642 年曾发动对印第安人的战争,遭到 1,500 名印第安战士的抵抗,战争持续到 1645 年。殖民地遭到极大的破坏。1664 年英国人派军舰到新阿姆斯丹,战胜了荷兰人,占领了哈得逊河广大地区。英王查理二世把这块土地赠送给其弟约克公爵,改名纽约。1685 年纽约公爵继承王位,称詹姆士二世。纽约殖民地成为英王直辖殖民地。

新泽西英国殖民地建立

1664 年,约克公爵把哈得逊河和德拉瓦河之间的土地赠送给两个贵族——巴克莱和卡特勒脱,并任命卡特勒脱为总督。卡特勒脱曾在英伦海峡泽西岛做过总督,因此就把

这块殖民地叫新泽西。两名贵族把土地出卖给移民者,因此有大批殖民者从英国本土和康涅狄克殖民地涌进新泽西殖民地。1702 年新泽西殖民地改为英王直辖殖民地。

英荷两国爆发第二次战争

斯图亚特王朝复辟时期,英国和荷兰争夺海上贸易和海外殖民地的斗争更加激烈。两国在印度、西印度群岛、美洲和非洲都占有殖民地。两国在北海争夺渔业的捕捞。英国极力鼓励商人从事海上贸易。1660 年又重新修订航海条例。荷英第二次战争也有斯图亚特王朝内部的原因。查理一世的女婿荷兰执政威廉二世于 1650 年逝世,他的儿子奥兰治·威廉失去执政职位。因此英王查理二世发动第二次英荷战争也为亲属恢复执政地位。战争于 1664 年爆发,正式宣战是 1665 年。战争在英吉利海峡,北美和非洲沿岸进行。在英吉利海峡的战斗中,暴露了英国复辟王朝的弱点,舰队指挥多为腐朽无能的贵族。舰队得不到武器弹药的供应,士兵发不到薪饷。英国大败,荷兰海军在德路特率领下兵临泰晤士河口,直接威胁伦敦。荷兰舰队在英吉利海峡航行,船首挂一雀旗,表明他们在海上已扫平英国舰队。英国舰队也在荷兰海岸进行劫掠,在北美占领荷兰殖民地新阿姆斯特丹。1667 年 7 月 31 日,英荷两国缔结布列达和约。荷兰把北美的新阿姆斯特丹割给英国,英国将该地改称纽约,以纪念约克公爵。英国把香料群岛割给荷兰,英国对东方贸易以印度大陆为限。荷兰在非洲沿岸的堡垒均归英国所有,但航海条例稍加放宽。

英国工业革命

18 世纪英国小说家哥尔德斯密斯,在他的诗歌《荒村》中有这样一段描写:“曾多少次,我在你那甜美迷人的景色前停留……这片土地正在遭遇厄运,它是来势凶猛的灾难……财富在积累,人口在凋零……”这就是当时英国“圈地运动”的一个缩影。

这场轰轰烈烈的“圈地运动”,后来被人们称之为“羊吃人运动”。由于养羊需要很多的土地,贵族和地主们这时纷纷行动起来,手持刀剑、木棒,气势汹汹地挥鞭驱赶那些租种他们土地的农民,将他们全家赶走,强行拆掉他们的房屋,挖沟围墙,扎篱设栅,所有可以养羊的土地被贵族和地主们利用了起来。一时间,在英国全国的乡村到处都可以看到被贵族和地主们大片分割的土地,到处可以听到咩咩的羊叫声。

随着农民大量流入城市,城市变得不堪重负。为了使失去土地的农民在城市里安置下来,国王曾颁布法令限制城市流浪者,规定他们如果不在规定的时间里找到工作,轻者鞭打,重则处以死刑。成为城市无产者的农民要想生活下去,不得不进入手工作坊或工厂,去当廉价的劳动力。

英国圈地运动共持续三百多年，直到19世纪中叶才最后完成，它为工业革命提供了大批“自由”劳动力。而大批“自由”劳动力的存在，正是工业革命所必需的。

哥尔德斯密斯

为了保护本国的安全及取得更多的海外利益，英国开始打造世界上一流的海军舰队。他们装备精良，武器先进，很快成了海上霸主，英国“日不落帝国”的名声就是靠海军血腥征伐才名扬天下的。英国的经济贸易在精良强大的海军保护下，在世界上畅通无阻。

英国在海上的货物运输、商品交易，都是靠着强大的海军做后盾。他们从世界贸易中，特别是从贩卖奴隶贸易中，获得的利润是惊人的。18世纪末，他们通过贩卖奴隶每年给国内赚取30万英镑的收入。

在海军的掩护下，英国还加大了殖民地的扩张，甚至把黑手伸向了东方，比如他们入侵中国的西藏，在炮火声中踏上了印度孟加拉省等。他们一面扩充殖民地，一面加大了对殖民地的抢劫。英军占领印度孟加拉省后，洗劫了国库，将数亿元的资产卷入国内。在半个世纪中，英国从印度掠夺了10多亿英镑的资产。这些资产通过海上贸易，使英国赚得盆满钵盈，最后都成了他们本土化的资本。

在英国国内，政府通过发行国债来补充战争的费用，国债利息为8厘。这些国债让大商人和大银行家们看到了发财的捷径。很多人大量的购入，坐享其成。这个时期的英国，因为对外频频发动战争，需要不断地加大国债来补充战争费用。奥地利王位继承权问题引发战争时，英国的国债为7581多万英镑。到近八年的战争结束时，国债竟达到了12679多万英镑。那些大量购买国债券的资本家们因此大发其财。

乡村轰轰烈烈的圈地运动，给英国带来了不计其数的无产者；而殖民地的无情掠夺，海外贸易、国债制度，又使大量的财富流入到了少数人的手中。这一切都为英国的工业革命创造了条件。

纺织革命

飞梭的发明

约翰·凯伊是英国兰开夏郡一个农民，由于英国乡村的圈地运动，他变成了一个无产者和自由者。为了生活下去,他当上了纺织工人。工人纺织是用手纺机纺布,将线梭从一只手上抛到另一只手里,再用脚踏一下纺车。虽然这是个简单的重复动作,但一天工作下来,仍累得人腰酸腿疼,而且工作效率也不高。由于人的两手距离的宽度有限,也很难织出宽幅面的布匹来。

凯伊总想改变这种又苦又累的工作环境,他常常想,如果发明一种不用人动手的飞梭,纺织工人的工作就变得轻松多了。在这种想法的支持下,他在工作之余开始研究飞梭。1733年,他终于成功地研制出了飞梭。他在平常的梭子上安装了小轮,然后把梭子装在一种滑槽上,又在左右两边装上两个木槌,吊在横杆上,用一根细绳把这两个木槌紧紧连在一个柄上,织工只要拉动这个柄就能使梭子来回跑动,故称之为“飞梭”。这种飞梭把工作效率整整提高了一倍。

约翰·凯伊

但不幸的是,开始这项发明并没有引起重视,反而遭到很多纺织工人的强烈反对,因为它的出现,使许多工人失去了饭碗。气愤的工人多次袭击凯伊的住所,他差不多成了人人喊打的过街老鼠。凯伊在英国实在呆不下去了,就藏在羊毛袋子里随轮船逃往法国,最后客死在法国。后来他的儿子继承父志,对飞梭进行了改进,发明了上下梭箱,最终使飞梭这种发明在英国纺织业中得到了广泛的普及。

哈格里夫斯的功绩

哈格里夫斯生活在英国的一个小镇上,他既是一个纺工又是一个木匠。他们一家是在圈地运动中流入到城镇的。妻子用手工摇纺车纺线,而他则是用飞梭织布机织布。这样就造成了纺与织之间速度上的差距,妻子纺出来的线远远不能满足他织布所用。这不仅是他们一家的情况,也是整个英国的困局。飞梭的发明大大提高了织布水平,一架织机织布,五、六架纺车纺纱还供应不上,全国出现了“纱荒”的局面。

为了改变这种不对称状态,英国政府曾出高价悬赏:凡是能发明一部只需一人照管、且能纺六根棉线、亚麻线或黄麻线者,奖励50英镑。在这种背景下,哈格里夫斯对发明纺纱机产生了浓厚的兴趣。他根据做木匠的经验,对现有手工纺纱车进行了反复改造。有一天,眉头不展的哈格里夫斯正在思考如何改造纺车,不小心把身边的纺车碰翻了,纺车仰面朝天倒在地上,轮子却空转个不停。这时他猛然醒悟:把锭子竖起来,在一个车上就可以并排放两个、三个,效率不就提高了吗?

作为一个木匠，完成这样的想法并不困难。他很快就制出了这样一架纺车：在上面垂直竖立八个纱锭，旁边装了一个木轮。试验的结果和预想的一样，纺纱效率果然提高了很多倍。他用女儿的名字命名这项发明，叫它"珍妮纺纱机"。在这个纺纱车的基础上，他又进行了不断改进，最终将纱锭加到80个，纺纱效率提高到了近一百倍。

哈格里夫斯诞生地

在多轴纺纱机发明后，哈格里夫斯申请了专利，开始批量生产，向市场出售。他的这种纺纱机很快得到了市场的认可，英国的纺纱业由此迈出了空前的一大步。

纺纱技术的革命——"骡机"

"珍妮纺纱机"用人力转动，纺出的纱细且易断。如何改变纱的断线、提高纱的质量，又成了一个难题。理发匠兼钟表匠阿克莱特在别人的帮助下，开始研究水力转动的纺纱机。他经常从早晨5点工作到晚上9点，终年累月地琢磨着他的发明。在1769年，他终于成功地发明了水力转动纺纱机。这种纺纱机在珍妮纺纱机的基础上，进行了大幅度地改进。两年后，他在罗姆德福选取了河水流量大而急、有暖流注入、冬季不结冰的河段，建造了第一座水力纺纱厂，工厂有几千个纱锭却只雇佣了300个工人。

水力纺纱机纺出的纱虽然不断线，但纱线比较粗，质量不太好。另一个同样生活在兰开夏郡的工匠克朗普顿，开始研究如何将"珍妮机"和水力纺纱机巧妙地结合起来，让纱线既细又均匀。他用了整整5年的时间，对这两种机器进行整合。他在纺纱机上安装了一个滑动架，然后在滑动架上安装旋转的锭子，滑动架可以前后移动，把纺织的纱线绷直，以蒸汽和水力做动力，可以推动300~400个纱锭，纺出的纱线细致而又牢固。他把这种机器命名为"骡机"，因为"骡子"是马和驴的混种，"骡机"的意思是指它吸取了水力纺纱机和珍妮纺纱机各种的优点组合而成的。

克朗普顿的"骡机"很快在全国得到了普遍推广，到了1812年，英国已安装了400万个锭子的克朗普顿精纺机来生产棉纱，其工作效率相当于400万个妇女用400万台手纺车不停地纺纱。

动人的篇章

由于"骡机"的发明，纺纱的生产效率提高了近百倍，而织布机却在约翰·凯伊发明飞梭织布机后停滞不前，大量的纺纱涌入市场，却找不到足够的工人来纺织。牛津大学的文学博士卡特莱特在一次偶然的集会中，发现了纺与织的极端不平衡，这种不平衡让他下定了发明一种新型织布机的决心。

卡特莱特是个非常有事业心的人,在他产生了发明新型织布机的决心后,马上就投入到了这项工作中。他在自己家里一次次地进行试验。因为他只是个文学博士,对机械的原理懂得不多,于是就找来了一些木匠和铁匠,向他们提出自己的问题,征求他们的意见。经过几年时间的努力,他终于制造出了一台用水车带动织布机的样品。他把这台样品投入到实际应用当中,但很快就发现这台织布机存在着许多的缺陷。经过反复的探索和改进,织布机的工序变得简单而且非常容易操作了。卡特莱特在他发明的织布机上颇费心思,如这种织布机只要对一些零件稍做改动,还可以根据生产需要来织各种不同类型的纺织品。而且这种织机还有着许多的优点,比如在织布时如果出现断线的情况,织布机就会停下来,这样大大方便了工人们的操作。这种织布机很快就取代了飞梭织布机,在全国推广开来,它的工作效率比飞梭织布机整整提高了40倍。

卡特莱特在织机发明成功后,并没有停止改进的步伐。1803年,他又对织布机进行了改进,制造出了世界上第一台铁制织布机。纺纱机和织布机经过多人的改进后,使英国的纺织工业出现了空前的繁荣景象。

蒸汽机的发明

茶壶盖振动引起的革命

蒸汽机的发明,据说是从壶盖震动得到的启发。它的发明者詹姆斯·瓦特,从小就注意到了这种现象。当他还是一个孩子的时候,就常常坐在家中的火炉旁,目不转睛地看水壶。当水壶的水烧开时,壶盖就会一下一下地被顶起来。小瓦特坐在那里,有时候半小时也不说一句话,痴痴地看着蒸汽由沸腾的水壶中冒出、凝结……有时候,他也会把开着水的壶盖来来回回地拿下来又放上去,他还会把水杯和银匙之类的东西放到蒸汽上,看这些东西是不是也会被蒸汽顶起来,家里人都觉得他是一个"懒孩子"。

1736年1月19日,瓦特在英国伦弗鲁郡格里诺克市的一个小镇上出生,他的爷爷和叔叔都是机械工匠父亲做过造船技术工人,做过仪器制造,还做过商人,甚至还当过一段小镇上的地方官。小瓦特就生长在这样的环境里,受到长辈们的耳濡目染,对机械制造有着浓厚的兴趣。

瓦特

小瓦特从小体弱多病,没有受过完整的教育。

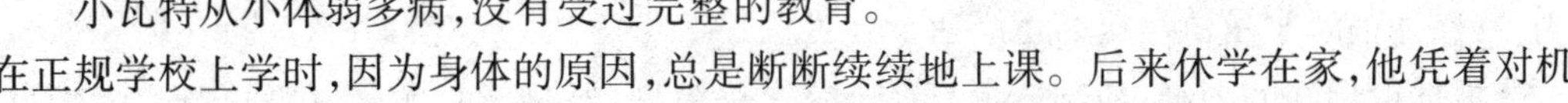

在正规学校上学时,因为身体的原因,总是断断续续地上课。后来休学在家,他凭着对机

械的兴趣，动手制作了滑车、航海器械等。长大后，他到一家仪表厂当学徒工，在那里他学会了仪表制造原理，并养成了一种独立思考的习惯和对新事物探索的兴趣。

在他 20 岁那年，瓦特对仪表的制造技术已经相当精通了，并且对其他的物理仪器也颇有研究。一个偶然的机会，格拉斯哥大学的台克教授发现了他的才能，就把他介绍到了该大学做仪器修理工人。在这所高等学校里，他有幸认识了化学家约瑟夫·布莱克和约翰·鲁滨逊等一些名人，瓦特从他们那里学到了很多的物理知识。

纽可门蒸汽机的启示

瓦特蒸汽机的发明，是在总结了许多前人的经验和发明的基础上完成的。人们对蒸汽的认识有着一个漫长的过程，最早可追溯到公元前 2 世纪，那时候古希腊人就发明了第一台利用蒸汽原理喷射产生反作用力的发动机。到了 17 世纪末期，人们对蒸汽有了进一步的认识，法国物理学家巴本在研究中发现了蒸汽对物体的推动作用，根据这种原理，他创造性地发明了活塞装置。它的大致组成是：把一只活塞装在一个黄铜汽缸里。当加热装在汽缸一端的水时，由此产生的蒸汽就推动活塞向上移动。因为巴本只是一个物理学家，尽管他发明了活塞，却没有对其做进一步的设计和完善，所以这种活塞装置只停留在试验室的状态，并没有得到实际的运用。

活塞装置真正应用到生产中是在 8 年以后，英国工程师托马斯·塞维利对巴本的发明做了进一步的设计，制造出了矿井抽水的蒸汽机。但这种蒸汽机有许多的缺点，一是热源消耗太大，二是因为靠大气压力汲水，工作受到不少的限制，而且也很不安全。

时间又过去了 7 年，英国有一个叫托马斯·纽可门的小铁匠对塞维利的设计进行了大胆的改进，把蒸汽装置从矿井抽水机中分离了出来，在设计上做了重要革新：不让冷却水直接进入汽缸，而是把冷却水通过一个细小的龙头向汽缸内进行喷射，并引入了巴本的活塞装置。但是纽可门的这项发明并没有引起英国皇家学会的重视，他们甚至不承认这是纽可门发明的。

瓦特在格拉斯哥大学修理仪器时，发现了一台纽可门蒸汽机，这台蒸汽机后来成了他发明的基础。

伟大的发明

纽可门蒸汽机存在着明显的缺点，最大的缺陷就是冷却不足。从知道了纽可门蒸汽机的原理之后，瓦特对蒸汽机的研究开始着了迷。

瓦特发明的灵感来自一个星期天。他在郊外散步的时候，还在考虑如何对蒸汽机进行改进，这时候他突然有了一个很好的设想：在纽可门蒸汽机里添加一个冷却装置！他匆忙跑回家后，便开始按照自己的想法设计，他把冷却装置设计成一个单独的容器，这样既不会影响蒸汽机工作，又能使机器得到冷却。他还把用气压做动力改成用蒸汽做动力，这样就消除了纽可门机器里的诸多缺点。

根据设计好的图纸，他制造出第一台蒸汽机模型，经过反复实验，机器运行良好。瓦特想把这种机器运用到实际生产中,但他手里没有足够的资金来造这种机器。正好这时有一名叫罗巴特的商人,急需要一种力量大而节省能源的抽水机。通过布莱克教授的牵线搭桥,双方一拍即合:罗巴特资助瓦特研究的资金,瓦特为他提供这种抽水机。瓦特在取得专利后,成功地制造出了第一台单动蒸汽机。

这台机器投入使用后,虽然降低了燃料耗费,运转速度也加快了许多,还是有不少缺点。比如杠杆只是作反复的直线运动,影响了应用范围;机器的汽缸漏水,使内部无法形成真空状态等。

罗巴特本希望瓦特的发明能为他解决矿井的积水问题,事实证明并没有多少效果,后来罗巴特的矿井因为积水问题而破产,瓦特也被迫停止了蒸汽机的改造。

推动整个世界前进

罗巴特并没有因为破产对瓦特失去信心,他仍非常看好瓦特的发明,并把瓦特介绍给了有名的企业家博尔顿。博尔顿看了瓦特的发明后,也觉得非常有前途,他决定和瓦特合伙,全力支持瓦特改进这种蒸汽机,并准备向全世界推广这种先进的机器。瓦特在博尔顿那里再一次获得了发展的机会。

从 1776 年到 1790 年的十几年里,瓦特一直没有停止对蒸汽机的改进,他差不多每两、三年就发明一种新机种。他先是在原来的基础上制造出了分体冷凝器的蒸汽发动机两年后又制造出了蒸汽动力抽水机,并成功地运用到了生产中;五年后他又发明了齿轮,把它巧妙地运用到了蒸汽机中,使蒸汽机从往复运动变成了旋转运动;后来他又发明了双作用蒸汽机、离心调速器。在 1790 年的时候,他还发明了压力表,这使瓦特蒸汽机配套齐全,运用起来更加方便简单。

到 1819 年瓦特去世的时候,他的蒸汽机已经被广泛地应用到了英国的工业生产中,差不多影响了英国的所有工业,尤其是采矿业、纺织业、钢铁生产及印刷业,给工业带来了一次全新的革命。蒸汽机的发明随后还带动了一大批发明的完成,比如美国的道尔顿把蒸汽机装在船上,发明了蒸汽轮船;英国的史蒂芬森把蒸汽机装在车上,制造出了火车等。这些发明把人类从手工劳动中彻底解放了出来。后来,瓦特的蒸汽机传遍了世界各地,被称为“第一个真正国际性的发明”。

车床的发明

学徒出身的机械师

一说到车床,人们马上就想到了亨利·莫兹利。他发明了车床上的移动刀架,这一发明使他赢得了“车床之父”的称号。

1771 年 8 月 22 日,亨利·莫兹利生于英国肯特郡的一个军人家庭,从小就没有受到正规教育，他在12岁那年就进入工厂开始做工了。他做工的工厂主要制造兵器，用于军队。在那里他虽然没有真正地摆弄过机械，但那段时间却让他对机械产生了浓厚的兴趣。

在他14岁时，父母考虑到他的前途，就让他辞去了制造兵器的工作，改做学徒工，跟着一个木匠学做木工活。他不怎么喜欢这种工作，但又不能违背父母的心愿。一年后，他终于说服了父母，不再当木匠学徒工。相对而言，他更喜欢做铁器活，于是就到离家不远的一个铁匠铺里，跟铁匠当学徒。这是他喜欢的工作，他干活非常卖力，铁匠也很喜欢他，就不断传授给他一些做铁制品的技巧。

莫兹利平时很用功，铁匠教给他的技术他很快就能学会，尤其善于使用铁锉，两三年的时间后，他用铁锉的功夫在附近的村镇已经无人能比了。

莫兹利在那家铁匠铺里当了7年的学徒，对打造铁制品已经很熟了。在他18岁那年，全国的制锁业兴盛起来，当时英国很有名的制锁商约瑟夫·布拉默急需要一名帮手。莫兹利听到这个消息后，非常想进入布拉默的工厂做工，于是他结束了尚未到期的铁匠学徒生涯，到布拉默那里去报了名。

布拉默对帮手的条件要求很高，经过非常严格的考试，莫兹利很出色地完成了布拉默的各项技术考核，布拉默对他很满意。就录用了他。

在布拉默的言传身教下，莫兹利进步很快，不久就成了制锁厂的一名优秀技师。

伟大的发明

莫兹利在布拉默那里一干就是8年，由于他很喜欢机械、铁制品的加工等，所以他对这份工作乐此不疲，干起活也很积极，深得布拉默的喜欢。他也从布拉默那里学到了很多的技术，因为对样样制品都要求精益求精，他成了布拉默工厂最优秀的机械工，后来被布拉默任命为总工长。

莫兹利

工作时，莫兹利常常被一些问题所困扰，如有时候工厂里订单太多，而他们的生产速度总是跟不上。当时的车床非常简单，有些活是人力根本无法做到的，这时候他就想，如果把机床改造成可以借助机械的力量的话，那就方便多了，不仅可以提高产量，还可以做一些人力根本无法做到的活。

他在工作之余开始琢磨车床的改造和研制。他觉得首先要解决车床易动问题，因为机器运转起来后，车床就会出现左右晃动的情况，这样加工出来的产品很难精细。他采用了铸铁制造床身，很轻易地就把这个问题解决了。

接下来,他开始琢磨如何把制品做得精细。根据自己的设想,他在床身上装了滑动刀架,让滑座可以左右移动,滑动刀架上可以固定切削刀具。这种滑动刀架做得很成功,在这样的滑动刀架上,可以加工任何尺寸的部件。

滑动刀架的成功,给他带来了更大的信心。随后他又发明了两样非常有价值的东西:一种是进给箱,这是一种刀具可以自动进给的装置(在此之前,在车床上制作小型机械零件需要自己组装小型车床进行加工);另一种是水压机泵的密封装置。

建立莫兹利工厂

莫兹利在布拉默的制锁工厂工作了 8 年,可以说这 8 年他为布拉默立下了汗马功劳,但他的薪水一直保持在最初的水平。在他 26 岁这年,他不得不要求老板加薪,因为他的生活很难维持下去了,但老板布拉默却拒绝了。在这种情况下,莫兹利很无奈地辞去了工作,自己办厂赚钱,来维持他的家庭生活。

他很快就办起了自己的工厂,因为他在布拉默工厂就非常有名气,很快就有了第一批订单。在这批订单上,他花费了大量的心思,严格把握产品的尺寸,力求产品件件达到优质。这批订单完成后,给他带来了良好的声誉,随后订单便接连不断,他的小工厂很快就红火起来,不得不雇用一些工人来完成订货。后来随着订单的不断增加,他不断地添加工人、购置机器,在工厂最红火的时候,他厂子里的工人曾达到 80 多名。

莫兹利工厂生产出的精密产品引起了军方的注意,英国海军向莫兹利订购了一大批滑轮,这种滑轮以前没有人生产过,而且工厂现有的设备也无法完成。莫兹利用了一年的时间来设计军用滑轮的图纸,又用了一年的时间改造和购买制造滑轮所需的设备,在设备齐全后,制造工作十分顺利,他如期把产品交给了海军。

海军订制的这批滑轮产品主要用于朴次茅斯港码头,它们就像一块金字招牌,让许多到过朴次茅斯港的人记住了"莫兹利"这个名字。

莫兹利成了全英国最有名的机械工程师,当时英国的机械工业发展迅猛,有许多优秀的机械工程师活跃其中,由于莫兹利在机械制造方面的杰出成就,被大家公认为机械业的权威人物。

后来,莫兹利为了扩大企业的规模,吸收了一个投资者,并把工厂迁移到了兰帕斯,他的企业很快便成了英国重要的机床生产厂家。

不断前进的莫兹利

莫兹利最伟大的发明,就是在车床上安装了刀架。后来人们发明的刨床、钻床、镗床等各种机床,刀架都在其中担当着重要的角色。这看似简单的发明,对当时英国工业的功劳一点也不亚于蒸汽机的发明。后来制锁业和武器枪支的革新,也都源于这项发明。

莫兹利成为英国的名人后,仍没有停止他的发明和对车床的改造,比如他设计了锅炉钢板的打刻机,把脚蹬变成了蒸汽机制动、把刻刀由手削变成了自动刀削等。经过多年的摸索、改进和创新,他的工厂生产出来的带有进给箱的车床更加完善,也更加简便耐用，生产出来的产品精密度更高。当然，只有优秀的机器而没有优秀的人才，是无法生产出来优秀的产品的。

莫兹利平时非常善于人才的培养，善于开发弟子们的聪明才智，比如在他发明齿轮组合体螺纹加工机过程中，就融入了弟子们的智慧，这种可以多级改变丝杠转速的车床，最后就是由其弟子克莱梅特、惠特尼制作并组装完成的。

他教出的弟子大多身怀绝技，从莫兹利工厂里走出来的人中，有好几位成了英国有名的机械师，像詹姆斯·纳思密斯、约瑟夫·惠特沃斯、约瑟夫·克莱梅特等人，他们日后都成了英国机械业界的精英。

1830 年，莫兹利长途跋涉看望一位患重病的法国朋友，在归途中他不幸感染了风寒。1831 年 2 月 14 日，莫兹利去世，终年 59 岁。

火车的发明

火车出现前的交通

在火车发明以前，人们开采煤炭资源和采石时，用木材做成路轨，人推着车或是用牲口拉着车在轨道上行走。水路运输靠轮船，陆地运输靠马车，不仅运输量小，而且时间太长。这样就造成了一些地方的原材料运不出去，而另一些地方则发愁没有资源可用的尴尬。

说来有趣，铁轨的发明，并不是同火车一起发明出来的，而是比火车发明早 47 年的时间。它的发明完全是一次偶然。18 世纪六十年代，由于交通运输的落后，许多地方出现钢铁生产过剩的情况，致使铁的价格狂跌。有一家炼铁工厂，厂子里堆满了生铁。老板让工人把堆在厂子里的生铁全部浇铸成一根根长的铁条，然后铺在厂里的道路上。其目的有二：一是腾地方，二是等钢铁价格好的时候再卖。当人们拉着车在上面走的时候，却发现省了不少力气，还非常的平稳。就这样，铁轨在无意中发明出来了。

当然，从铁条到后来的“工”字形铁轨还有一个演变的过程。人们在圆圆的铁条上行车不很方便，车轮胎常常滑出来。这时有人就把铁条改造成了方形有凹槽的铁轨。虽然它防止了轮胎打滑，但凹槽里容易积石子之类的东西，不但轮胎磨损过度，铁轨也容易断。后来有人就把铁轨做成上下同宽、中间略窄的形态，这倒是解决了积堆石子、铁轨易坏的问题，可是翻车的事情却时有发生。于是，有人就把铁轨制成了现在的“工”字形。

划时代的发明

斯蒂芬森从小是一个放牛娃，14 岁时到一家煤矿当蒸汽机司炉工。他很喜欢这份工作，做事很认真，经常把蒸汽机的零件拆卸下来，进行上油维护，所以很快就熟悉了蒸汽机的构造。在家时他没有上过学，因此渴望知道关于蒸汽机的更多知识，于是就在晚上去上夜校。由于聪明好学，他很快就掌握了蒸汽机的原理，并学会了设计图纸。

在学习的过程中，斯蒂芬森知道了特里维希克和维维安曾经制造过了在普通道路上行走的蒸汽机车，但因为过于笨重，他们先后都放弃了研究。斯蒂芬森对他们的发明很感兴趣，就在他们的基础上进行了多次改进，但都失败了，机车在道路上行走缓慢的问题始终不能解决。

有一天，他看到了铁轨，忽然有了灵感：何不把机车放在铁轨上呢？他根据自己的设想开始研究如何让机车在铁轨上运行。为防止火车出轨和打滑。他还在车轮的边上加了轮缘棘轮。

斯蒂芬森的蒸汽火车终于在 1814 年制造成功了，它被命名为"皮靴号"。这个大家伙有 30 多吨重，带 8 节车厢，声音很大，震动得很厉害，速度也不快。

几年后斯蒂芬森对火车进行了改进，设计出了一辆新型火车。恰逢企业家皮斯准备建造一条从斯托克顿到达灵顿供马拉车用的铁轨，斯蒂芬森就带着自己的图纸找到皮斯，说服了皮斯支持他把铁轨建成火车专用。在皮斯先生把铁路铺好的时候，他的新型火车头也出厂了，这辆火车被斯蒂芬森命名为"旅行号"。

那一天，斯托克顿聚集了 4 万群众。当斯蒂芬森亲自驾驶着他发明的火车向这边疾速奔来时，所有的群众都忍不住欢呼了起来，全世界的铁路运输事业就从这天开始了。

电报机的发明

画家的奇想

电报机的发明，大大方便了人们通信。但你也许不知道，它的发明者却是一位画家。塞缪尔·莫尔斯是美国十九世纪中叶非常有名的画家，他在肖像画和历史绘画方面的出色成就，被当时的人们所推崇。电报机的发明是一次旅行给他带来的灵感。

作为美国画家协会的主席，1832 年他应邀到法国讲学。在乘坐轮船返回途中，为了打发漫长旅程中的寂寞，有一名叫杰克逊的美国医生向船上的旅客们展示了他得到的一种新玩意儿：这种叫"电磁铁"的东西，可以在电流的作用下，变成磁铁，而电流消失后，它的磁性就没有了。杰克逊仔细向旅客们讲述这种器件的用法和原理，并告诉大家，电流可以迅速通过很长很长的线。

杰克逊的话引起了莫尔斯很大的兴趣，也让他产生了无边的遐想，发明一种通过电流传播信息工具的想法油然而生。

这年莫尔斯 41 岁，发明一种通过电流传播信息工具的想法让他渐离绘画艺术，走进了一个完全陌生的领域。他当时的身份是美院的一名教授，在授课之余开始了这种通信工具的设计。三年之后，已经身陷其中的他毅然辞去了教授的职务，彻底放弃了绘画艺术，不再写生和创作绘画，关起门来，一门心思地用在了电报装置的研究上。

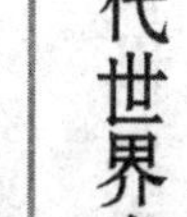

致力于通信领域的先驱们

通过电流进行通信的方法,很早以前人们就想到了。因为电流的传输速度快,用它进行通信再合适不过了。早在七八十年前,有一个叫摩尔逊的人就异想天开地在半空中架了26根线。每根线用一个字母来表示,字母的确认主要靠静电来完成。当某一根电线有静电时,这根电线另一端的小纸球就会被吸住,那边的人就记下这根线所代表的字母。用这种方式进行通信,应该说是电报最早的雏形了。因为当时电池还没有发明出来,靠静电传送的距离有限,研究也只能停留在这种状态上,并没有得到广泛的应用。

伏特

在此以后,有人又对这项发明进行了改进:把纸球改成木球,把导线由26根改成了1根,但这种方法仍然没有实用价值。

后来,伏特发明了金属电堆,从中可以得到相对稳定的电流。随后奥斯特又发现电流可以产生磁效应,电磁学成了一门新兴的科学。这时莫尔斯开始研究电报机,有着很多的优势。他在前人的基础上把静电换成了恒压电流,并用一根导线传递信号,这种发明取得了初步成功。

新奇的构思

莫尔斯从画家转行研究电报机,就等于一切需要从头开始。以前他学习的是美术学,对物理知识掌握得很有限。他于是一面找来书籍学习,一面向别人请教。纽约大学的物理学教授盖尔是他的朋友,他便把自己的计划告诉了盖尔先生,并得到了盖尔先生的支持。莫尔斯在盖尔的悉心指导下,四处寻找一些制造电报机所需的材料,当年的年底他就造出了第一台发报机。可是,这种发报机只有在两三米的距离内才有效,距离一增大,信号就失灵了。

为了进一步研究,莫尔斯购买了大量的试验设备。他趴在实验桌上常常一干就是一夜,但他设计的方案一个又一个相继失败。上帝似乎并不为他的努力所打动,一年过去了,他的电报机研究不见有丝毫的进展。后来,莫尔斯拜访了当时著名的物理学家亨利,说出了一直困扰着他的烦恼。亨利先生建议他把电磁铁换成绝缘导线强力磁铁,把继电器的每个电池串联起来,并使用一条地线。亨利的建议让莫尔斯受益匪浅,莫尔斯的思路大大扩展。他按照亨利的建议把老电报机进行了改进,传递距离的问题终于解决了。

1836年,莫尔斯采用编码传递信息的试验终于成功了。电报的原理是这样的:把英文字母表中的字母、标点符号和空格按照出现的频度排序，然后用点和划的组合来代表这些字母、标点和空格，使频度最高的符号具有最短的点划组合，“点”对应于短的电脉冲信号，“划”对应于长的电脉冲信号，这些信号传到对方，接收机把短的电脉冲信号翻译成“点”，把长的电脉冲信号转换成“划”，译码员根据这些点划组合就可以译成英文字母，从而完成了通信任务。

世界为之而变小

莫尔斯的研究取得了突破性的进展，但他却没有资金推广研究成果。莫尔斯只得重操旧业，到美院去教学，把挣到的钱全部用于投资。为了积攒经费用于研究，他把自己的伙食水平降低到最低水平。经过了一年多的努力，莫尔斯终于组装成了一台电报机。1838 年 1 月，莫尔斯进行了 3 英里距离收发电报的试验，结果非常成功。

1840 年 4 月，莫尔斯为这项发明申请到了专利。此后，他开始四处游说，希望人们投资生产这种电报机，但当时的人们对他的电报机并不感兴趣。莫尔斯在国内遭到冷遇，就到欧洲一些国家去游说。这时候英国的惠斯通发明的电磁电报已经运用到了实际生活中，俄国的希林也制造出了类似于惠斯通的电磁电报，人们对莫尔斯的电报机前景并不乐观。

莫尔斯的电报机就这样被搁置了。直到 1842 年，他的电报机才引起了美国议会的重视。1842 年 1 月，美国议会通过了他的电报技术法案，同意他的电报机在全国使用。

1844 年 5 月 24 日，在美国议会大厅里举行了一次隆重的电报机通信实验活动。莫尔斯坐在电报机前，嘀嘀嗒嗒地向巴尔的摩成功地发出了第一封电报：“上帝创造了惊人的奇迹！”。他的助手很快翻译出了这份电报的内容。

莫尔斯电报的发明，是世界电信史上光辉的一页。莫尔斯的电报由于使用了电报编码，更简单、实用，很快就风靡全球。直到今天他的电报编码仍在被人们所使用。

工业革命在欧洲的扩展

法国的工业革命比英国要晚一些。法国在西欧曾是最发达的国家，但后来由于波旁王朝在经济上过于保守，一直沿着旧的体制从事工业生产，致使经济发展缓慢。后来，法国的波旁王朝被推翻，以路易·菲力普为首的“七月王朝”在经济上开始朝着工业化方向努力。

同英国一样，法国最先发展的也是纺织业。1845 年法国的棉花增加到了 6400 万公斤，动力织机达到 1 万台，纱锭 170 万支。聪明的法国人在纺织过程中使用了氯漂白棉布的技术，还发明了织造复杂图样的织布机。在此期间，阿尔萨斯、诺曼底等地成了全国重要的纺织工业区。由于法国煤炭和钢铁资源相对缺乏，钢铁行业发展较慢，且多是中小企业。当时以生产服装而闻名的巴黎，雇用 10 个人以上的企业还不到 1/10。

同欧洲大陆各国相较，比利时的工业革命的进展是首屈一指的。在拿破仑和荷兰统治时期，它就保持着较快的发展速度。19 世纪初比利时实现独立后，煤炭的产量一直高出法国，生产的机器在西欧地区非常畅销。另外，比利时的交通业非常发达，通过陆地和海上运输，可以很方便地到达西欧各地。所以，它成了西欧贸易的集散地。

德意志的经济起步较晚，主要是政治因素造成的。直到 19 世纪三十年代，德意志经济上才开始起色，很快就有了几个经济发展很快的工业城市，像科隆、爱北菲特，巴门等。德意志矿产资源丰富，这对德意志工业发展很有利。在这个时期，德意志出现了开采热，大量的矿产资源被挖了出来，尤其是煤炭资源。煤炭经济的繁荣带动了相关科技的进步，所以，德意志在煤炭副产品的利用方面，比其他国家先进了许多。

工业革命在北美的扩展

美国不论在资源上还是地理条件上，都有着得天独厚的优势，因此英国工业发展对美国的影响最大。美国的工业发展比欧洲的一些国家还要早，最先发展的也是纺织业。从 1790 年按照英国的式样建立第一座纺纱厂开始，到 19 世纪初期，纱锭已达到了 13 万支，纺织业差不多红遍于全国。钢铁行业紧跟其后，1816 年在匹兹堡建立的炼铁厂和轧铁厂就是冶金工业兴盛的开端。1860 年，美国的铁产量近百万吨，匹兹堡成为著名的冶金中心。钢铁加工业也在这时候发展起来了，惠特尼在康涅狄格州建造了武器工厂，从事标准部件的生产，这项产业使美国标准件加工业走在了世界最前端。

在工业高速发展期间，美国还出现了一股淘金热。在这种热潮中，大量的劳动力涌向西部，这样就造成了人力资源的相对缺乏。尽管有许多的移民进入，但劳力仍无法满足企业发展的需要。有许多的企业因为缺少人手，效益受到影响，他们不得不通过采用机器代替人力的劳动的方法。如使用轧棉机进行原棉脱籽，一台轧棉机就相当于 50 个人的工作量，这样就节省了很多的人力成本。

在此期间，美国人发明了很多机器，如造纸机、缝纫机、制鞋机、轮转印刷机等。1834 年，麦考密克发明收割机以后，美国相继创制了许多农业机械。1851 年伦敦世界博览会上，美国展出的农业机器模型数量最多。发明机器和广泛使用机器以补劳力的不足，是美国工业革命进程中的一个特点。

富尔顿的蒸汽船

在工业革命以前，还没有铁路交通的时候，水路交通非常繁荣。在欧美各国，修挖了许多的运河。英国通过开挖的运河，把许多的河流连接了起来，形成了一个非常便利的水路运输网；美国开凿的伊利运河，在五大湖和哈得逊河之间建立了一条通道，便利了中西部之间的商业运输。

蒸汽船就是在此种背景下发明出来的，它的发明者是罗伯特·富尔顿。富尔顿的父亲是英国人，1730 年移居到美国。1765 年 11 月 14 日，富尔顿在一个农场里出生。因家境情况不好，富尔顿 17 岁开始外出谋生。在费城他靠给别人绘制车辆和机器图纸生活，在这段日子里他结识了著名的科学家富兰克林和瓦特。

高超的图纸绘制技巧给他的生活带来了稳定的收入，后来他学习、研究和生活的费用多是通过绘制图纸挣来的。富尔顿是个非常善于钻研的人，为了搞清楚一些机器的构造和原理，他边工作边自学，并先后学习了法文、德文和意大利文。

在图纸设计过程中，富尔顿萌生了制造蒸汽船的想法。自 1793 年以后，他就做了许多关于机器、桨轮和船的草图，并研究总结了前人在制造汽船上的经验教训。1803 年 1 月 9 日，富尔顿开始在巴黎进行蒸汽推动的船模型试验。他制造出了第一个蒸汽船的模型，对这个模型他进行了反复的修改，把每次试验的数据进行比较总结。这样又过了 4 年，他终于造出了一艘蒸汽船，命名为"克莱孟特"号。他亲自驾驶这艘汽船在哈得逊河上进行了试验，速度每小时 4 英里，航行非常成功。

"克莱孟特"号的成功，给富尔顿带来了更大的信心。此后，他又造出载运客货的渡轮"约克和杰赛"号。他在一生中共制造了汽船 17 艘，让世人从此告别了靠风行船的历史。

农业技术的革新

欧洲的农业比起亚洲来，要落后许多。以农具犁为例，欧洲人使用的犁一直是木犁，后来才在木犁尖上加了一块铁。直到 18 世纪，他们才把木犁换成了铁犁，而中国早在战国时期就开始使用铁犁铧了，这比中国落后了 2000 多年。

欧洲的工业革命，也带动了农业的发展和农具的革新。18 世纪初，英国人塔尔发明了条播机，改变了以前的遍地撒播方式。在使用中，用牲口拉着条播机播种，也改变了土壤的环境，碾碎土壤中的坷垃，更利于土壤的保墒。

以前，欧洲人耕作采用"三年一休耕"的方式。为了保持土地的肥力，他们每耕作三年后，就让土地"休息"一年。工业革命时期，人们创造了农作物轮作的方式，就是每年在土地上种植不同的植物。这种方式既可以保持土地的肥力，又避免了土地的闲置。

在这个时期，英国人发明了打谷机，后来这种机器传到了美国。美国人麦考密克在打谷机的基础上，研究发明了收割机。收割机的发明又让农业生产向前迈出了一大步，节省了大量的农业劳动力，成为当时最重要的农业生产工具。

由于德国的矿产资源比较丰富，他们在化学领域的成就也领先于其他欧洲国家。在 19 世纪四十年代，他们在对土壤研究时发现，植物生长所需要的氮、磷、钾三种元素必不可少，而土壤中这三种元素远远不能满足植物生长的需要。于是，他们推广使用化学肥料，后来化肥成了农业高产的关键。

工业革命的社会意义

工业革命的本质说白了就是机器的革命。以前欧洲人靠传统的手工劳动来进行经济生活，主要还是以农业为主。工业革命的到来把这些传统的东西都打破了，庄园主的土地上由庄稼变成了工厂，手工业和家庭作坊在竞争中迅速崩溃。那些农民也由耕作者变成了工人，改变了他们和庄园主之间的关系。

经济的发展，加快了城市的建设速度。一座座工业化的城市拔地而起，旧的体制全部被推翻和打破，农业不再是控制国家命脉的主体，这就让封建社会的复辟变得不再可能。

工厂多了，农民变成了工人。他们失去了土地，也就失去了最后的依赖。这时大批的工人就成了社会劳动力的主体，成了无产者，他们除了出卖劳动力来生存外，没有其他任何生存方式。

成为社会主力军的工人，为了生存，他们更加团结，思想意识也不断提高，反抗意识不断增强。19 世纪，欧洲各地先后爆发了宪章运动、里昂起义、巴黎公社运动、争取 8 小时工作制的罢工等工人运动，他们一次又一次在为争取自己的利益而进行不懈的努力。

欧洲的工业革命也让欧洲国家的国力大增，它们迅速成为世界上的强国，因而更有实力去侵略和扩张。这个时期也是殖民地面积最多的时期，全世界有 1/4 的版图在他们的侵略中沦为殖民地。

工业革命的“后遗症”

工业革命让人看到最明显的是财富的迅速增长，每个工人的生产效率平均提高了 20 倍，棉花、煤炭、钢铁比过去增加了几十倍，甚至几百倍，如英国从纺织、钢铁、煤炭、机器制造到交通运输业，在世界贸易中都处于垄断地位。还有是城市数量和规模不断扩大，城市人口的急剧增加，如 1841 年曼彻斯特达到 35 万人，格拉斯哥的人口达到 30 万。

工业革命的背后是大多数的农民变得一无所有，他们成了城市里的流浪者。城市人口的增加，对粮食需求也在不断加大。庄园主们为了赚钱，加大了圈地力度。强行收回了一些雇农的土地，并把他们赶到了城市里，这使城市里的人口密集度再度增长。在这个过程中，工业革命让资本家和工人、庄园主和雇农之间的对立关系变得紧张起来，大家像撕破脸皮的仇人，原本那种暧昧的、温情的关系不存在了，代之的是仇视的面孔。

大机器工业也给社会带来了一些无法解决的问题，最厉害的就是生产过剩危机。英国在 1825 年发生了第一次过剩危机，这期间物价下跌，工厂倒闭，大批工人失业，大量生产过剩的产品因无法处理被浪费和毁坏。这是工业革命带来的致命后遗症，而且这种危机是阶段性的，大约每隔10年就会爆发一次。

探险家库克

发现澳洲大陆

詹姆斯·库克是英国的一位探险家、航海家和制图学家，因进行了三次探险航行而闻名于世。他18岁时在为一个船主工作，主要工作就是随船到波罗的海航行，这为他以后的航海积累了经验。

1768年8月26日，库克以船长的身份进行了第一次重要的航海考察。当时他乘坐的是“促进”号，目的是调查太平洋中的维纳斯航道并考察该海区的新岛屿。随他同行的有一名天文学家、两名植物学家和一名擅长绘描植物的画家。

他们先向南航行，然后向西转弯，绕过合恩角，在航行8个月后到达塔希提岛。库克对维纳斯航道进行了调查后，于1769年6月3日观察到了金星凌日现象。随后“促进”号调查船驶向新西兰，他们在那里逗留16个月的时间，详细地考察了两个岛屿的地理位置，并准确地把它们的位置标绘在海图上。

为了达到绕地球一周的目的，库克船长大胆决定继续向西航行。又经过20天航行，他们发现了澳大利亚这块陆地，在这里库克船长第一次看到了袋鼠。库克船长以英国政府的名义把澳大利亚东海岸命名为新南威尔士，并宣布这块陆地属于英国的领土。“促进号”考察船向西航行的途中穿过澳大利亚和新几内亚之间的海峡，经爪哇、印度洋，最后绕过好望角，于1771年7月12日顺利地返回了英格兰，这是他的第一次重要航行。

第一个闯进南极圈的人

现在人们所说的南极洲大陆，是库克在第二次航行时发现的。本来这次航行的目的就想验证当时人们所说的“在太平洋南温带地区存在一个大陆”的说法。1772年7月，库克从英格兰出发，开始了他的第二次海上航行。

他的航船沿大西洋非洲海岸南下，绕过好望角，穿过南极圈。库克船长是最早探索这片大陆的探险家之一，为后来的南极洲探险奠定了重要基础。1772~1775年，库克船长率领“决心号”和“冒险号”两艘独桅帆船，三次进入南极圈，曾一度进入了南纬74度10分、西经106度54分的海面。在那个靠木船航行的时代，没有人敢这样冒险，但库克做到了，并把这个航海纪录保持了51年。

库克的航船在对南极圈进行考察之后，又去了新西兰，接着对南太平洋包括复活节岛、汤加、新赫布里底、新喀里多尼亚、诺福克岛以及后来以他命名的库克群岛等一些岛屿进行了考察，还将复活节岛和马克萨扬群岛绘制了海图，并在南大西洋中测绘了南乔治亚岛，还发现了南桑德韦奇群岛。1775 年 7 月 29 日，库克再次从好望角返航到英国，完成了在南半球高纬度地区绕地球一周的航海。

这是人类历史上第一次自西向东环绕地球的航行，库克用事实证明了太平洋南温带地区所说的大陆并不存在，而是在更南边有一个南极大陆，这个南极大陆和澳大利亚并不属于同一大陆。

夏威夷群岛被发现

1776 年 7 月，库克开始了他的第三次海上航行，这也是他的最后一次航行。这次他试图寻找一条从大西洋到太平洋的海上通道。自从哥伦布发现新大陆后，人们一直试图寻找这样一条通道。早在法国国王弗朗西斯一世时，就曾两次派人考察了佛罗里达以北直到纽芬兰的北美东海岸，但都没有寻找到想象中的那条通道。

库克这次决定从太平洋出发去，或许这样更有希望寻找到那条通道。他率领“决心号”和“发现号”船只绕过好望角之后，横渡印度洋到达新西兰。然后从新西兰向北到达塔希提岛，继续北行。一个新的岛屿很快就出现在了他的视野里，因为发现这天是在 1776 年的圣诞节前夜，库克便把这个小岛命名为“圣诞岛”。接下来库克继续向北航行，这次他发现了夏威夷群岛。夏威夷群岛是库克此行最大的发现。

时间进入到 1778 年，库克又发现了瓦胡岛和考爱岛，并在考爱岛登陆。上岛后船员们用铜章和铁钉向当地人换取了鱼、猪肉和山药。在这里，船员们被岛上妇女的“友好”举动所吸引。实际上，岛上居民是要试探这些海外来客到底是神还是有着人类欲望的普通人。水手们的行为让他们确信无疑，知道他们也是普通的人类，只不过来自遥远的未知大陆。但是这种尝试使许多英国水手染上了性病。

1778 年 2 月，库克到达了现在叫俄勒冈海岸的地方，他们朝北航行，穿过白令海和白令海峡进入北冰洋。后来，库克没有找到可以向东的行驶航道，不得不返航到夏威夷岛，但没想到的是，那里却成了他的丧生之地。

库克船长之死

库克船长率领他的船员登陆夏威夷岛的时候，受到当地土著们异乎寻常地热情欢迎，因为在当地流传一个传说，他们崇拜的洛诺神就要降临人间了，洛诺神是小个子，他出现的时候会站在桅杆形柱子上，身披一件树皮布的斗篷。库克在登陆夏威夷岛时，他站在船板上的形象和当地人传说中洛诺神的形象是那样的相似，以至于全岛的人都狂欢起来，以为他就是洛诺神。

库克一行住在寺庙里，受到当地人无限的崇拜。当地人向他们祈祷，希望能赐福他们。但是，这样的礼遇他们只享受了几个星期。很快当地人就发现幸福并没有降临到他们的身上，于是他们对船长和他的船员们产生了怀疑。

接下来的灾难就来临了。库克船长的一名船员生病死了，这是灾难的导火索。因为洛诺神是不会死的，船员的死就证明了他们是假的，这些人也和他们一样只是一群普通的人。当地人忽然明白他们受骗了,他们愤怒了,库克一行立即成了他们的敌人。

就这样,双方的关系一天天恶化起来。当地人把库克一行赶出了神庙,接下来,有一群当地人趁“发现号”船上无人的时候,偷走了一条救生船。这件事加剧了双方的矛盾,远洋航行救生船是必不可少的救命工具。库克在愤怒之中丧失了理智,他绑架了当地的酋长,试图通过这种方法来逼迫当地人把救生船拿出来。但是库克船长想错了,他们的举动引起了当地人的无比愤怒,双方发生了激烈的冲突。当地人向他们发起了进攻,用木棍和石块作武器。库克一行则用火炮和弓箭回击,有 17 个当地人被打死。这激起了他们更大的怒火,一轮更猛烈的攻击向库克一行袭来。在当地人的疯狂进攻中,库克和 4 名水手丧生。

牛顿

充满乐趣的童年

1643 年 1 月 4 日,伊萨克·牛顿在英国林肯郡乌尔索普小镇上出生。父亲在牛顿出生前就去世了,原本就不富裕的家庭生活变得更加艰难。后来牛顿的母亲嫁给了一个牧师,而他则被送到外祖母家里寄住。

小牛顿是个非常淘气的孩子,即使是在他 12 岁入学后,他的淘气性格仍没有丝毫的改变。因为学校离家太远,他被安排在一个药剂师家里居住,但他的淘气常常让药剂师头痛不已。

牛顿从小就喜爱自己动手制造一些小玩具,他收集了斧头、锤子等工具,常常能造出一些让大家感到惊奇的东西来。药剂师住处附近有一架风车,小牛顿放学后常到那里看风车,后来他弄懂了风车的原理,就自己动手制造了一架小型的风车。不过他的风车并不是用风做动力,而是用老鼠。他把老鼠放在一个有轮子的踏车上,然后在老鼠可望而不可即的距离上放一些食物,老鼠想吃到食物,就不停地踏车,这样轮子就转动了起来。他造出的这个小风车引起了当地人极大的兴趣,他古灵精怪的名声传得更远了。

上学这段时期,牛顿最喜欢数学,善于钻研。据记载,他在小学读书时就研究出了“水钟计时”和“太阳钟”。他的水钟是用木箱制成的,用一个容器盛水,用容器滴出的水控制时钟的转动,这样他每天上学就不用担心迟到了。

有一天他注意到了自己的影子,上学时影子在左边,而下午放学后影子跑到右边去了。这个发现让他很受启发,于是他又造出了“太阳钟”,这与中国的“日晷”很相似。

牛顿 14 岁的时候,他的继父死了。牛顿被迫辍学,回家放羊。这时候的牛顿已经深深迷上了数学,很多时候,他把羊群丢在一边,趴在草地上研究数学问题,羊群走散了他也不知道。

“一个神经不很正常的家伙”

牛顿在舅父的帮助下，很快又复学了。1661 年中学毕业后，牛顿考入了英国剑桥大学。因为他在中学时数学根底好，上了大学后更是如虎添翼。他如饥似渴地读着欧几里得的《几何原本》、笛卡儿的《几何学》和《哲学原理》、开普勒的《光学》、伽利略的《两大世界体系对话》、胡克的《显微图集》等等，由于刻苦钻研，1665 年牛顿发现了微分和积分，这是高等数学中一次伟大的革命。

1665～1666 年，剑桥发生瘟疫，学校被迫停课，牛顿又回到了家乡。有一天，他坐在一棵苹果树下，刚好一颗熟透的苹果从树上落了下来。这本来是一件司空见惯的事情。但引起了他极大的兴趣，后来他终于得出了结论，苹果落地，是因为有地心引力的存在。牛顿对苹果落地的解释是：“宇宙的定律就是质量与质量间的相互吸引”。这条定律人们已经知道多少世纪了，引力原理不仅适用于地球，也同样适用于整个宇宙。

1667 年，牛顿重返剑桥大学。1669 年 3 月 16 日接替巴罗教授，任卢卡斯讲座教授。从此，牛顿在剑桥大学从事教学和科学研究达 30 年之久，他的辉煌的科学成就都是在这里取得的。为了科学研究，他的大部分时间都是在实验室里度过的，每天要在这里研究十七八个小时，甚至通宵达旦。“给他送去的热腾腾的晚餐，他常常等到变成冷冰冰的早点才吃到嘴里。”一个人这样说道。即使是在外面的草地上散步，牛顿的脑子里也常常在想着他的科学研究，有时会因为想到了结果而大喊大叫起来，剑桥大学图书馆长甚至说牛顿是“一个神经不很正常的家伙”。

力学三大定律

1687 年，牛顿出版了他的《自然哲学的数学原理》，这是一部力学的经典著作。这时候他已经由教授身份变成英国皇家学会的会员，当时皇家学会的会员有好几位都是大名鼎鼎的科学家。在会员中，牛顿和哈雷最投缘，他们努力弥补相互的不足。如在形容行星椭圆轨道问题上，哈雷比牛顿精通；而在万有引力问题上，牛顿却是哈雷的老师。在哈雷的鼓励下，牛顿终于在 1686 年底完成了他的《自然哲学的数学原理》。但皇家学会由于经费不足，出版不了这本书。后来靠哈雷的资助，这部伟大的著作才得以呈现在世人面前。

这本书阐述了力学的三大基本定律，即惯性定律、力和运动关系的定律、作用和反作用的定律。他还根据万有引力定律，研究了太阳系里行星、卫星和彗星的运动理论。在《自然哲学的数学原理》一书里，牛顿还研究子潮汐问题、流体静力学、流体动力学的问题，还有弹性介质中波运动的速度问题，并对这些问题做了一个合理的解释。

但是这本书出版却受到了冷遇，因为没有几个人能看懂它，包括一些科学家和哲学家，都觉得过于深奥和离奇，有些人对他的万有引力定律提出了尖锐的批评，认为这些定律太荒唐，从他的理论里人们看到的是一个没有智慧和生气的世界。即使在其后的 40 年里，这些定律仍是曲高和寡，它的信徒还“总共不到一打”。但牛顿似乎对这些并不在乎，也不对任何意见加以迁就。他只对少数人讲它的原理，“至于世上其他的人，随他们的便吧，死光我也不在乎！”

进入政治的科学巨匠

在社会上有了名望的牛顿，渐渐对政治热衷起来，开始疏远给他带来巨大成就的科学。当时正是詹姆士二世执政时期，国王限制大学的自由，遭到了牛顿等人的强烈反对。威廉一世执政后，牛顿成了议会的议员，但他并不善于演讲和争辩。他在大会辩论中几乎没有发过言，据说他在大会中只作过一次发言，是要求会场中的招待人员关一关窗户。有人请求国王就政治问题征求牛顿的意见时，国王回答说：“啊，不必了，牛顿不过是一个哲学家。”

1699 年，国家铸币局大臣位子出现了空缺，牛顿通过一些有权势的人物的扶持，如愿当上了铸币大臣。当时英国货币比较混乱，各个时期的钱币混用，牛顿花了大力气进行整治，把全国的钱币进行了回收，进行重新铸造。

1703 年，牛顿当选为英国皇家学会的会长，由于他在科学方面的巨大成就，一直到他逝世为止，他的会长位子都无人撼动。在这个时期，他对自己以前的科学研究进行了整理，出版了一些光学和数学方面的许多研究著作。他还利用会长的身份组织科学活动，近代的数学、物理学和天文学就是从牛顿开始创立的。

1705 年，牛顿被安妮女王封为爵士。牛顿晚年的生活可谓十分优裕，在伦敦他设有自己的公馆，在乡下买有自己的庄园。但晚年的牛顿致力于对神学的研究，否定哲学的指导作用，把自己的科学成就归之于上帝。当他遇到难以解释的天体运动时，就认为这是神在推动着这一切，是上帝在统治着万物。他成了一个唯心主义者，从此以后，因为他迷信于神学，而把科学研究荒废殆尽。

1727 年 3 月 20 日，牛顿在伦敦逝世，以国葬礼葬于伦敦威斯敏斯特教堂。

路易斯安那的易主

当《独立宣言》在 1776 年发表时，尚未独立的北美 13 个殖民地只有 83.5 万平方公里，是一个狭长的地带。到 1783 年美国真正独立时，美国的国土已有 205 万平方公里。可是到了 1803 年，竞一跃达 400 多万平方公里，转瞬间翻了一番！这自然与杰斐逊和拿破仑的一笔交易有关，这个令美国占了不少便宜的交易史称“路易斯安那购买”。

路易斯安那地区本是一片荒无人烟的地区，当年印第安人常常在这里架鹰牵犬，追捕野兽。不过对欧洲人来说，这片辽阔的土地却是物产丰富的一块宝地。又由于境内有密西西比河流过。而且还濒临墨西哥湾。从而使这里拥有便利的水上交通。因而，这里成为欧洲列强争夺的一块肥肉。

16 世纪时，西班牙探险家便发现了这里，也许是嫌这个地方过于荒凉，因而没有把这里圈为西班牙的殖民地。近百年后，法国探险家沿着密西西比河南下，航行到了新奥尔良以南的河岸，这里便被圈为法国的一块殖民地。为了表示对太阳王路易十四的敬意，这块土地被命名为路易斯安那，意思是“路易的土地”。从1731年开始，这里正式接受法国的统治。当时，法国在北美的殖民地还包括加拿大在内的新法兰西，只有阿巴拉契亚山脉以东的13块殖民地归属英国。1756~1763年的七年战争中，英法两国在北美与印度展开了激烈的争夺，虽然当时法国与西班牙结为盟国，但最终还是被大英日不落帝国打败，失去了北美的大片殖民地。西班牙在这场战争中失去了佛罗里达半岛，法国为了补偿盟国的损失，便将密西西比河以西的路易斯安那送给了西班牙。从此，路易斯安那成了西班牙的一块殖民地。

“路易斯安那购买”的开始

拿破仑发动雾月政变后，成为法国的第一执政，野心勃勃地想在美洲大陆建立一个辽阔的殖民地。他并没有用武力夺取路易斯安那，而是运用高超的外交手腕。用意大利北部的托斯卡纳与西班牙进行交换。

路易斯安那是一个粮食生产基地，西班牙自然不想轻易转手，但面对逞暴恃强的拿破仑也实在是有些胆怯。于是在1802年，西班牙国王不得不把这块“肥肉”交给了拿破仑，并一再嘱托千万不要将其转让给第三国。言外之意便是如果法国不再想要，自己还想再次拥有。法国则承诺在任何情况下也不会将其转让，言外之意很明显，自然是想一直拥有。

路易斯安那的土地虽然可以种植不少农作物，但由于大部分地区没有开发，所以当时最大的经济来源是新奥尔良市的港口。墨西哥湾和密西西比河的大港口都在这里，而无论哪国商船经过这里，都要交过境费。这个过境费，真是一笔取之不尽、用之不竭的财富。而通过这个港口最多的是美国商船，美国南部的农民的产品必须经过水路运到新奥尔良，再从新奥尔良装船运到欧洲各国。所以，这里是美国做梦都想得到的地方。

当时的美国总统是杰斐逊，他最为忧虑的便是路易斯安那对美国构成的威胁。因为穷兵黩武、不可一世的拿破仑可能从此扎根于密西西比河和新奥尔良，阻碍美国在这一地区的活动。杰斐逊对美国驻法大使利文斯说：“我国3/8的农产品要经过新奥尔良港运往欧洲各地，法国控制着这个门户收取过境费，是对我们采取挑衅的态度。”在美国国会上他说：“当对我国西部贸易具有至关重要的地区仍然属于外国管辖之下时，我们的和平将永远面临危险。”

为了美国的有更大的发展，在经济上不受法国的钳制，杰斐逊指示驻法大使同法国的拿破仑谈判，商讨购买新奥尔良的事宜。同时，指派在美国西部威望最高、人气最旺的门罗为特使，前往法国促成这笔交易。

拿破仑态度的变化

想要一统欧洲的拿破仑怎么会把土地卖掉呢？他非常坚决地拒绝了美国的请求。

然而,真是天助美国,1803 年在拉美爆发的海地独立运动使拿破仑彻底改变了态度。

海地独立之父杜桑用兵如神,打得法国军队全无还手之力,虽然拿破仑用计策擒获了杜桑,但他的部下与战友继续揭竿而起,依然把法军打得狼狈不堪。到后来,拿破仑的妹夫也因黄热病而命丧黄泉,他派去的几万精兵没有一个生还(8000 名残兵归国途中被英国海军俘获)。在这种情况下,拿破仑一边大骂着"该死的糖!该死的咖啡!该死的殖民地!"不得不放弃对海地的控制。

而此时拿破仑正在欧洲战场上同第二次反法同盟激战,无法分身顾及美洲。于是拿破仑为了不让西班牙抢去路易斯安那,同时也为了打击英国的海上贸易,便不再信守曾经的承诺,决意将路易斯安那出售给美国,以换取一些军费。

拿破仑的做法使他的两个兄弟非常气愤。一天,拿破仑正在撒有香水的沐盆里洗热水澡,约瑟夫与吕西安走了进来。吕西安说,"立法机构总不会同意这种出卖领土的行为。"拿破仑一听勃然大怒,挖苦他的弟弟说,"你大可为此事举哀戴孝,但这件事必须要付诸实施。"约瑟夫说,"如果你坚持这样做,我就在议会上带头反对你。"拿破仑大发雷霆,一下从沐盆中站了起来,又倒了进去,洗澡水溅了约瑟夫一身。吕西安最后表示,如果拿破仑不是他的哥哥,就会与他为敌。拿破仑听后大声说:"那么,我就会像砸烂这只烟盒一样对待你!"边说边把一个鼻烟盒摔在了地上。

1803 年 4 月 11 日,拿破仑对外交部长塔列朗说:"我不要路易斯安那了。我要放弃的不仅仅是奥尔良,我要全无保留地、完全放弃那块殖民地。"并命令塔列朗负责与美国谈判,商讨出卖路易斯安那的事宜。

巧取豪夺的扩张

为了出卖路易斯安那,塔列朗与美国驻法大使利文斯进行了会晤。一阵寒暄过后,塔列朗突然语惊人地直入主题:"贵国是否愿购买整个路易斯安那?"

利文斯顿时惊住了。因为杰斐逊总统的指示,只是让他与法国交涉购买新奥尔良市。出价 1000 万美元。可是近 200 万平方公里的路易斯安那,得多少钱啊?!

塔列朗接着提出条件要么一起接受,要么一起拒绝!

震惊的利文斯显然无法给塔列朗一个满意的答复,他只得要求再考虑考虑。1803 年 4 月 12 日,美国的特使门罗来到了巴黎。利文斯和门罗经过反复商量,权衡利弊,最后终于接受了法国的条件——全部购买路易斯安那。两人认为,虽然没有得到政府的指令,但路易斯安那毕竟是一块令人垂涎的土地,它的面积相当于现在的美国。他们怕时间一长拿破仑会收回主意,便急忙找塔列朗进行谈判。经过一番锱铢必较的讨价还价之后,在 1803 年 4 月底,双方终于达成协议,美国以 1500 万美元的价钱买下了辽阔的路易斯安那。这可真是让美国占尽便宜的买卖,多花了原来 1/2 的价钱,竟然使国土增加了一倍!

1803 年 12 月 20 日,美国在新奥尔良市举行接收仪式,正式将路易斯安那地区划入美国的版图。后来,美国通过一系列巧取豪夺,使国土面积进一步扩大:在 1810 年吞并了西佛罗里达,1819 年"购买"了佛罗里达,1845 年得到得克萨斯,1846~1847 年的墨西哥战争中夺取了加利福尼亚、亚利桑那和新墨西哥等大片领土，1846 年迫使英国放弃北纬 49 度以南的俄勒冈地区，1867 年又从俄国手中购买了阿拉斯加。于是，到 19 世纪中期，美国领土已经从 1783 年以前的 205 万平方公里扩大为 777 万平方公里，接近原国土面积的四倍。

尼古拉一世

“俄国第一代革命者”

1825 年 12 月 14 日上午，彼得堡市中心的元老院广场，3000 多名俄国陆海军官兵全副武装，荷枪实弹，在彼得一世的铜像旁布成战斗方阵，将枪口直接指向正在准备登基为皇帝的尼古拉一世。“拒绝宣誓!”“要求宪法!”“要求民主!”此起彼伏的口号声使这个冰天雪地的世界洋溢着沸腾的热忱。

这是一场政变吗？不！这是爱国者们发起的一场名垂千古的革命。由于这件事发生在 12 月份，所以这些革命者被称为“十二月党人”。他们被列宁高度评价为“俄国第一代革命者”。其实，你不妨认为这是拿破仑的灵魂在起作用，因为的确与这位已去世 4 年的英雄有关。

穆拉维约夫

拿破仑从来没有彻底征服俄罗斯这头北极熊，亚历山大一世反而把拿破仑赶下了皇帝的宝座。野史记载，他甚至还短时间占有了拿破仑最喜欢的女人约瑟芬。可是，法国的文明却征服了亚历山大的 60 万将士。当这支胜利之师凯旋而归的时候，部队带回的却是法国大革命的火种。

军官与士兵们，亲眼看到了法国的繁华与文明，于是对穷困的祖国，对落后的农奴制越发不满，一些人甚至萌发了“改造祖国”的愿望。他们先于 1816 年成立了俄国史上第一个革命团体“救国协会”，两年后改组为“幸福协会”。1821 年“幸福协会”因政见不和解散，同年成立了以青年军官彼斯捷尔为首的“南方协会”，赞成共和制度。与此同时，又成立了以青年军官穆拉维约夫为首的“北方协会”，赞成君主立宪制。1822 年，南北协会第一次建立了联系，他们达成的共识是：消灭和废除腐朽的农奴制度与沙皇统治。第二年春，经过彼斯捷尔在彼得堡与雷列耶夫商讨，双方就联合行动达成协议，发动各自控制的军队进行武装起义，任何一方开始行动，另一方应立即给予支持。

鲜血染红涅瓦河

1825年11月19日，沙皇亚历山大一世神秘地去世了。这位“北方的斯芬克斯”一生中留下了无数个未解之谜，甚至他的死也成为一桩悬案。因为在他死后10年，有一位雍容华贵的老人因说不清自己的身份而被流放西伯利亚，可是他却能说出亚历山大经历的所有事情，并且和他长得一模一样。

也许亚历山大真的像中国清朝的顺治一样，看破了红尘；也许他被法国的文明所征服，所以早些“驾崩”，好让十二月党人早些干革命。不过他死的太突然了，甚至使十二月党人还没做好准备，而军民却已经准备向本应继承皇位的康斯坦丁宣誓。由于亚历山大没有后嗣，所以按规定他的二弟康斯坦丁应当继承皇位。也许康斯坦丁想再给十二月党人一次机会，不过史书上说他因为爱上了一位波兰小姐而放弃了王位，总之他把王位让给了三弟尼古拉。这仿佛注定要让第一代革命者成为“十二月党人”，可是不幸的是，尼古拉却不想做开明君主，并且极其憎恨共和制度与君主立宪制。

当宫廷指定12月14日向尼古拉一世“再宣誓”时，十二月党人按计划开始了武装起义。不过应当叫“兵谏”更为合适些，因为3000名官兵只是列开阵式，喊着口号，并没有冲进冬宫逮捕尼古拉。可是尼古拉却派出军队，对兵谏者进行了残酷的镇压。于是在元老院广场发生了激烈的血战。

由于担任起义统帅的特鲁别茨科依不在现场，这就为尼古拉创造了有利的条件。他调集了9000名步兵和3000名骑兵，使用霰弹向起义部队进攻。起义者退到冰冻的涅瓦河上，冰面被炮弹炸裂，使很多人落水而亡。元老院广场上弹痕累累，血迹斑斑，尸横遍野。“北方协会”的“兵谏”很快被镇压下去。而“南方协会”的首领彼斯特尔突遭逮捕，在穆拉维约夫等人的领导下匆忙起义，但也很快被镇压下去了。

戴王冠的警察

在残酷镇压了十二月党人起义后，尼古拉一世踩着革命者的鲜血登上了沙皇的宝座。他亲自审讯被逮捕的十二月党人，对革命运动进行彻底绞杀。1825年7月12日，彼斯捷尔等五位起义领导人被处以绞刑，121人遭到流放。穆拉维约夫虽被判处死刑，但经多方营救改判为20年流放，押往西伯利亚服苦役。

尼古拉一世为了巩固自己的权力，撕去一切君主都试图穿戴的伪善外衣，断然实行公开的暴政。他发誓说“只要我一息尚存，革命就不会在俄国发生。”为了防止十二月党人卷土重来，他加强警察职能，设立了宪兵团和内廷第三厅，专门负责惩办“国事犯”，监视分裂分子和外国人，放逐嫌疑犯，搜集秘密情报等。因此他本人被称为“戴王冠的警察”。

尼古拉一世“不需要博学之士，而需要忠臣”，并且“给自由言论加上铁的口罩”，他让教育部门制定了“东正教、专制制度和民族性”三位一体的教育方针。在大学里，禁止讲授哲学、自然法学和政治经济学，并在教材中宣扬农奴制俄国的辉煌灿烂，进行自欺欺人的愚民教育。别尔林斯基、赫尔岑、恰达耶夫等进步的思想家和文学家,都因发表反对专制统治的作品而受到迫害。讴歌自由的伟大诗人普希金被沙皇政府设计致死,诗人莱蒙托夫因痛斥杀害普希金而被流放到高加索。

尼古拉一世在政治上和经济上巩固贵族地位,确立贵族禁地制,并规定禁地只能由长子继承,并且不得分割和出卖。为了削弱资产阶级的政治地位,他规定这些人永远不能获得贵族头衔,最高只能成为世袭的"荣誉公民"。

这位"戴着王冠的警察"还想成为国际刑警,把保护欧洲封建专制和解决东方问题作为俄国对外政策的两个主要目标,并极其野蛮地镇压了波兰民族起义和匈牙利革命。

十二月党人

学者的革命

十二月党人大多数参加过反对拿破仑的战争,他们不仅出身名门贵族,而且大多是才华横溢的诗人、作家。如被处以绞刑的十二月党人领袖雷列耶夫便是创作了《公民》《致宠臣》等诗作的杰出诗人。因涉案被捕、被流放者中,就有格里鲍耶陀夫、马尔林斯基、奥陀耶夫斯基等,都是当时俄罗斯一流的诗人、作家。

马尔林斯基

十二月党人的文学团体有"俄罗斯文学爱好者同人会"和"绿灯社"。主要刊物有雷列耶夫和马尔林斯基主编的《北极星》和丘赫尔别凯和弗·奥陀耶夫斯基主编的《谟涅摩辛涅》,他们团结当时优秀作家,包括普希金和格里鲍耶陀夫等,共同宣扬进步思想。

十二月党人的文学重视作品的政治内容,歌颂当代或历史上的英雄人物及其功勋,把斗争的锋芒直接指向沙皇专制制度和农奴制。他们提倡创作民族文学,反对崇拜国外与单纯模仿英国与德国诗人,在语言上要求浅显易懂。

十二月党人的文学成就主要在诗歌方面。著名诗人有很多,最优秀的是雷列耶夫。奥陀耶夫斯基流放西伯利亚后开始写诗,列宁曾用他的名句"星星之火将燃成熊熊烈焰"作为《火星报》刊头题词。莱蒙托夫十分推崇他,写有《纪念奥陀耶夫斯基》一诗表示悼念。

在小说方面,其代表作家有马尔林斯基、格林卡和柯尔尼洛维奇等。在戏剧方面,十二月党人也有一定成就。丘赫尔别凯写有《阿尔吉维扬涅》《伊若尔斯基》《普罗科菲·

利亚普诺夫》三部剧本，谴责暴政，讽刺迷信外国，表扬爱国英雄。卡捷宁的悲剧《安德罗玛克》曾受到普希金的好评。

十二月党人的文学在俄罗斯文学史上占有重要的地位。它为俄国文学向现实主义发展开辟了道路。

伯爵夫人特鲁别茨卡娅

有一种女人是如此高贵，如此炫目。她让你仰视之下，双目灼痛，泪流满面。她就是十二月党人的女人们。

十二月党人的妻子大多是出身名门的贵族小姐，她们不仅姿容姣好，而且都受过良好的教育。尼古拉一世想要贵妇们与“罪犯丈夫”断绝关系，急忙修正了不予批准离婚的法律，只要哪一位贵妇提出离婚，法院立即给予批准。他还下令：愿意跟随丈夫流放西伯利亚的妻子不得携带子女，不得再返回家乡城市，并取消贵族特权。

但她们却毅然放弃了舒适安逸的都市生活，向欢乐富贵告别，向年幼的孩子与年老的双亲告别，跟随“国事犯”的丈夫踏上了一条不归路。在西伯利亚冰天雪地的范茫荒原，她们成就了最伟大的爱情。

第一个前往西伯利亚的妇女是伯爵夫人叶卡杰琳娜·特鲁别茨卡娅。她的丈夫特鲁别茨科依上校是起义部队的总指挥。在丈夫被放逐的次日，她不顾父母亲友的一再劝阻，从彼得堡启程直奔西伯利亚。当她冒着风雪严寒、历经两个月的艰苦旅程，途经伊尔库茨克时，沙皇下令阻止她这“可怕的行动”，让她“迷途知返”。

当地省长奉命来劝导她，说彼得堡有“舞会、灯光辉煌的宫廷、自由和尊敬”，而前面却“只有监狱、凌辱、永无止境的压迫和贫困”，特鲁别茨卡娅却不为所动。于是省长又嘲讽她是丈夫的牺牲品和“可怜的奴隶”，特鲁别茨卡娅却坚定地说：“对刽子手的蔑视，对正义的理解，会成为我们的可靠支柱。”最后，省长拿出了最后一招，让她在一份文件上签字，承认甘愿放弃一切贵族特权和财产继承权。令省长感到吃惊的是，这位外表娇柔的少妇，竟毫不犹豫地在文件上签了名。

特鲁别茨卡娅历经千辛万苦，终于第一个来到了西伯利亚的聂尔琴斯克矿坑与丈夫相会了。更可贵的是，她为后来的妇女们开拓了光荣的道路。

玛丽娅和穆拉维约娃

北国一个冰天雪地的冬日，在西伯利亚茫茫荒原，一位十二月党人仰天长视，悲怆无语。前来送行的妻子，长跪在他脚下，俯身亲吻着那寒光森森的镣铐……这幅让人荡气回肠的油画中的女主人公，便是第二个来到西伯利亚的玛丽娅·沃尔康斯卡娅。

她是俄国名将拉耶夫斯基的女儿，在起义前夕，嫁给了“南方协会”领导人之一沃尔康斯基将军。丈夫被流放西伯利亚时，玛丽娅年方二十，刚生下一男孩，却毅然赴西伯利亚与丈夫为伴。此举惊动了整个俄罗斯上流社会和文化界。当她途经莫斯科时，人们为她举行了盛大宴会。隆重送行。这其中也包括她的爱慕者——普希金。玛丽娅见到衣衫褴褛的丈夫后，激动地跪在地上亲吻他脚踝上的镣铐，以表达对蒙受屈辱的爱国者的深深敬意。玛丽亚给地狱般的矿坑带来了欢愉和乐趣。她为囚犯们洗衣、做饭、裁衣服，还帮助难友们逃离流放地，虽然他们当中有的又被追回，却没有一人肯供出玛丽娅的名字，因为他们都从内心感激这位和善可亲的“神的天使”。20 年后，当她终于从流放地回到家乡时，写下了回忆录《祖母的札记》一书。

第三个到西伯利亚与丈夫相会的是穆拉维约娃。她的丈夫是“北方协会”的领袖穆拉维约夫。她整整斗争了一个月，才得到流放许可。她告别父母弟兄，忍痛丢下三个年幼的孩子，来到了西伯利亚的赤塔监狱。会见时，丈夫发现妻子依然巧施粉黛，衣饰华贵，美丽娇艳，不禁泪如泉涌地说：“你还是回莫斯科吧，我不想让你一同忍受饥寒之苦。”而她却坚定地说：“为了爱情，我要永远跟随你。”不幸的是，这位被人们称为“西伯利亚圣女”和“爱神”的妇女，28 岁就离开了人世。

尼古拉共批准 14 位女人流放西伯利亚，她们在那里谱写了最动人的乐章，至今仍令人无限怀念。

圣西门

法国大革命的产儿

圣西门 1760 年出生在法国巴黎一个封建贵族家庭，承袭伯爵爵位。他早年曾以此为荣，经常自豪地对别人说：“我是查理大帝的后裔”。

他幼年的家庭教师也不是等闲之辈——法国著名科学家、启蒙思想家、百科全书派的达兰贝尔。因此，圣西门从小便受到启蒙思想的影响。圣西门自幼勤奋而自信，他每天早上起床时，都要仆人对他说：“啊，伟大的伯爵，您要完成您伟大的使命，开始新的一天了。”

19 岁时，圣西门作为一名少尉奔赴北美，援助美国独立战争。他受美国《独立宣言》的影响，开始推崇资产阶级民主思想。1789 年法国大革命爆发时，许多贵族纷纷逃往国外，而圣西门此时却急忙从国外返回巴黎。他不再以“查理大帝的后裔”自居，而是加入革命的洪流，发表演说，拥护革命，并主动放弃伯爵爵位，成为一名法国公民，还与农民一起参加劳动。

“包诺姆，请这样摘花。”热心的农民经常会对摘棉花的圣西门这样说。“包诺姆”是圣西门参加革命后的新名字，即“老百姓”的意思。因此恩格斯说：“圣西门是法国大革命的产儿”，不过应该说他是一个投机者。因为他在革命中利用国家财产进行投机，从中谋利，赚过不少钱。随着雅各宾专政对投机商的打击，圣西门的家产被没收，他本人也被投进了监狱。正是因为这样，使他对革命的态度转为消极，以致后来发展到对暴力革命采取否定和敌视的态度。

1800年，斯塔尔夫人出版了《论文学与社会制度》一书，圣西门看后兴奋不已，他感到遇到了红颜知已，立刻从巴黎跑到她在日内瓦湖畔的住处，向她求婚。他说："夫人，正像我是世界上最伟大的男人，你也是最伟大的女人。并且毫无疑问，我们的孩子将会更加伟大。"他所说的这句话成为后人的笑料，这桩婚事也没有了下文。因为这位法国女作家是百万富翁、瑞士银行家、原法国财政部长内克尔的千金，虽然一年前与丈夫离婚，但她婚后的情人都是塔列朗、阿尔博内等名流。她的沙龙客人曾经是拉斐德、孔多塞、塔列朗、布里索等政界要人，连罗兰夫人都吃她的醋，而此时她正暗恋着从来没青睐过她的拿破仑，怎么会认为圣西门是"最伟大的男人"呢?

不知是否与求婚未遂有关，总之圣西门开始发表作品了。1802年发表第一篇著作《一个日内瓦居民给当代人的信》，接着是《人类科学概论》(1813)、《论欧洲社会的改造》(1814)、《论实业制度》(1821)、《实业家问答》(1824)、《新基督教》(1825)。这些著作成为一个系统的思想体系，便是后来人们所说的"空想社会主义"。

不切实际的空想

圣西门是思想史上一位有趣的人物。尽管他实际上并不了解科学，但他却雄辩地论述了科学的重要意义。他甚至渴望一种由科学家当牧师的科学宗教，并且梦想物理学家就像是教皇那样的人。

他还本着科学的态度，勾画出了一个理想国。那是一个绝对平等的社会，不承认任何特权，人们按照最有利于生产的方式组织起来，一切人都要从事劳动。国家实行议会制，由发明院，审查院和执行院组成的议会都由有能力的专家、学者负责。欧洲各国要在议会制基础上，建立欧洲总议会，总部设在日内瓦。在实业制度下，人人要劳动，人人有劳动权，没有失业者，实行"按能力计报酬，按工效定能力"的原则。这些设想虽有不切实际之处，却包含了对未来社会的重要猜测，成为后来科学社会主义的一个重要思想源泉。

圣西门曾一度把实现自己理想的希望寄托于拿破仑，可是滑铁卢战役后，他的希望彻底破灭了。一直到1825年5月去世，他的观点始终不被人接受。

傅立叶

大宅门的叛逆者

三大空想家中，有两位是法国人。一位是上面已经说过的圣西门，另一位则是比圣西门小12岁的傅立叶。

1772年4月7日，沙尔·傅立叶出生在法国东部贝占桑的一个呢绒富商家庭。他父亲文化不高，却很善于理财。母亲也是一位富商的后代。俗话说无商不奸，傅立叶的父母也不例外。不过小傅立叶却是一个十分诚实、富有同情心的孩子。他6岁时，一天跟

着别人到父亲的呢绒商店里去玩。当他看到一个店员正在蒙骗顾客,便跑过去戳穿了骗局,没让顾客上当。老傅立叶知道这件事后,把小傅立叶痛打了一顿,好让他懂得什么才是经商。

沙尔·傅立叶

中学时,傅立叶是一名兴趣广泛、品学兼优的学生。他对几何、物理和地理很有兴趣,诗歌和绘画学得也不错,他还学会了好几种乐器,并且会作曲。一边弹着心爱的吉他,一边放声高歌,大概是他最开心的事。在他的房间里,总是摆着许多鲜花,这是他终生不变的习惯。然而,令人难以置信的是,他的理想竟然是想成为一名军人,他竟然从小就羡慕军队中严格的生活方式!

傅立叶中学毕业后,便想进入军事工程学校学习,准备将来做个军事工程师。可是他的父母却一直想让他成为一名杰出的商人。虽然傅立叶9岁时父亲便去世了,但狡猾的老博立叶却用一份遗嘱依然约束着小傅立叶的人生选择。他给家人留下两万法郎的遗产,并规定:儿子应得2/5,三个女儿各得1/5。但儿子必须年满20岁并从事商业时才能获得这份遗产,如不经商便只能到30岁后才能获得。

因此,在母亲的命令下,18岁的傅立叶不得不到里昂的一位富商那里做徒工,学习经商知识。以后又辗转到巴黎、卢昂、马赛、波尔多从事商业活动。他还先后到过英国、德国、荷兰和奥属尼德兰,这为他提供了观察各种社会现象的好机会。

从富商到一贫如洗

傅立叶20岁时回到家乡,终于接管了他应得的那份遗产,开始独立经商了。此时,他似乎对商业发生了兴趣。他从马塞购进大批货物运往里昂,也想大发一笔。

可是他的运气实在不太好,这时的法国正是吉伦特派倒台的时候。雅各宾派正在到处搜捕吉伦特派代表,吉伦特派则到处进行演讲,甚至煽动暴乱。工商业发达的里昂,则正是吉伦特派暴乱的中心,他们在那里篡夺了市领导权。傅立叶的全部库存货物,也被吉伦特政权强行征用,他本人也被拉进了吉伦特派组建的军队中,在战斗中险些丧命。

雅各宾党人的军队攻克里昂后,傅立叶因支持叛军的罪名而被逮捕。他的住宅一天曾多次被搜索,家中财物被洗劫一空。后来,傅立叶设法逃出里昂,回到了家乡。但因证件有问题,他在家乡又遭逮捕,蹲进了监狱,幸亏得到他表兄的营救,才被释放。领教了雅各宾派专政之后,傅立叶产生了仇视暴力革命的思想。

1794年,根据当时的兵役法,傅立叶参军入伍,被编入轻骑兵团。但此时他对军队生活已经没有了好感,两年后便退伍离开了部队。但由于他此时没有资本,只能靠打工维持生活了,他先后做过会计员、出纳员、推销员、发行员和经纪人。经济富足的人,尽可以满脑子阳春白雪;一贫如洗的人,似乎不得不面对现实问题。此时,一贫如洗的傅立叶开始对社会有了更深刻的理解与认识。于是他开始构想一个理想中的和谐社会。

傅立叶所构想的社会，并非是没边儿没沿儿的胡思乱想，而是包含着许多文化内涵。他为了使自己拥有更多的知识，一直利用业余时间进行自学。哲学、经济学、政治学、历史学、伦理学、教育学、文学和自然科学都是他研读的范围，他还经常做社会调查研究，实际观察资本主义制度的各种罪恶，从而最终树立起一套空想社会主义体系。

一个苹果的启发

傅立叶说，他的学说是在 1798 至 1802 年间形成的，并且同牛顿一样，都是因为受到一个苹果的启发。不同的是，牛顿受启发后，研究出自然界的运动规律，傅立叶受启发后，研究出社会的运动规律。

一次，傅立叶在巴黎的一家饭店吃饭。饭后，他买了一个苹果，一副账才发现竟花去了 14 个苏(当时法国货币单位)。傅立叶大吃一惊——因为在外省，这个价钱可以买到 100 多个同样质量的苹果。这里面有什么奥妙呢?

也许现在很多人都能明白是怎么回事，但傅立叶却研究了四五年才找到答案，不过他的答案却很深刻:苹果的不同价格，说明社会存在着种种罪恶，都是资本主义制度造成的。他说，这个制度是“巧妙地掠夺穷人和使富人发财的组织”，富人是“坐在黄金上的阶级”，他们掠夺了穷人的财物使自己暴富。

傅立叶还列举了资本主义商业的三十六宗罪恶，其中有囤积居奇、投机倒把、买空卖空、哄抬物价、重利盘剥、掺假掺杂、制造饥荒、危害健康、偷运走私、贩卖黑奴等等。当时，法国有 800 万穷人没有面包吃，却有许多粮食被销毁。2500 万人喝不上葡萄酒，却有大量葡萄酒被倒进臭水沟，傅立叶给富商打工时，老板便曾命令过他监督工人们将 200 万公斤大米扔到海里。

于是，傅立叶开始拿起他那幽默辛辣的笔，抨击资本主义制度。他讽刺说:在这个丑恶的社会里，医生盼着病人越多越好;建筑师愿意每天都来场火灾，恨不得大火烧掉整条街，甚至是半个城;玻璃商渴望下场冰雹，把城里所有人家的玻璃窗砸个粉碎;律师则希望人们天天打官司……人们把自己的幸福建筑在别人的痛苦之上，这就是资本主义的实质！资本主义的法律，也不过是将偷了一颗大白菜的穷人送上绞架，而让盗窃国家巨款的富商逍遥法外。

从 1803 年至 1807 年，傅立叶撰写了大量手稿，但国内的书商却对他的作品不感兴趣。1808 年，他匿名发表了重要理论著作《关于四种运动和普遍命运的理论》，他向国内外市场发书，积极推广他与牛顿相媲美的新“发现”。结果读者寥寥无几，上层社会怀疑这本书“是不是大脑病患者的产物。”

不过，傅立叶那充满睿智、嬉笑怒骂、妙趣横生的文笔，后来受到了恩格斯的赏识，他说:“傅立叶不仅是批评家，而且是自古以来最伟大的讽刺家之一。”

傅立叶的“法郎吉”

傅立叶这位大空想家，毕竟也得面对现实的穿衣吃饭问题，所以他不得不用大部分时间来给别人打工。不过到了1811年，他就可以把全部精力用在“空想”上了。因为这一年他母亲去世，而她的遗嘱却是要求三个女儿每年付给傅立叶900法郎。

傅立叶构想的和谐社会是由许多“法郎吉”组成。法郎吉在希腊语中是“步兵队伍”的意思，傅立叶想让他构想的社会各组织像部队一样齐整。每个“法郎吉”有1600人，分成果园队、种菜队、木工队、纺织队等许多生产队。每个“法郎吉”拥有一座大厦，大厦的主楼中有食堂、交易所、教堂、电报局、图书馆和冬季花园等。大厦里的房间有大有小，设备有高级的，也有普通的，食品有山珍海味，也有粗茶淡饭。每个人可以按自己的收入多少，租用不同的住房，选吃不同的饭菜。

1832年，傅立叶的门徒真的建起了一个“法郎吉”，不过规模较小，只有150人参加，在傅立叶的领导下，这个“法郎吉”仅存活了一年。

他还登过一条广告，说明自己每天中午在家等待支持“法郎吉”的富人捐款。据说他每天不管多忙，总要在中午赶回家，整整齐齐穿上蓝色的大礼服，围上一条白色的围巾，在家里耐心等候。但直到1837年10月10日他逝世的那一天，也没有等到一个前来捐款的富翁。

欧文

轰动欧洲的慈善家

三大空想家之一的欧文与前两位的区别是：他是一位英国人，他的空想主义是建立在工业革命基础上的，并且他本身也是一位实干家——欧文按照自己理论，建立了一个既增加工厂主的财富，又增加工人收入的工厂。

欧文比傅立叶年长1岁，出身穷苦，父亲是一个手艺人，小欧文10岁时便开始在伦敦自谋生路。他先当学徒，后到一家服装店当店员。19岁时，他自己办起了一个工厂，不过规模很小，只有3名工人。可是在欧文的管理下，效益可观，一年就赚了300英镑。很快，欧文的管理才能被一些资本家看中了，一家拥有500人的纺纱厂老板请他去当经理。欧文一去，便按照自己的理论进行试验。没过多久，产品质量提高了，利润上升了。从此，欧文成了英国资本家眼中的人才。

社会改革家欧文

1800年，29岁的欧文到英国拉纳克担任一家大纱厂的经理，管理2500百名工人。欧文在这里按照自己的理论进行大规模试验。这里的工人原来每天要工作十三四个小时，工资却少得可怜，还经常受到监工的鞭打。欧文则把工人的劳动时间缩短为10个半小时，并且提高工资、增加福利待遇。他为工人修建新的住宅，设立公共厨房、食堂和平价商店，又成立了工人互助积金会、保险和医院等部门，并将原来的鞭打改为说服教育。欧文还为工人的孩子着想，办起了托儿所、幼儿园和学校。

欧文的这些改革，花了不少钱，会不会使工厂的利润减少呢？结果却正好相反，由于工人们的劳动积极性大大提高，总产值翻了一番，新拉纳克变成了“模范移民区”。在那里，警察和法官们无事可做——工人们遵纪守法，文明礼貌。

于是，各国的达官贵人、王公大臣、大小资产者和慈善家，纷纷到新拉纳克参观、访问，都想知道欧文获得优厚利润的秘密。欧文成了欧洲最有名望的“慈善家”。

“新和谐”公社

“新拉纳克”的改革虽然轰动了欧洲，但欧文却不认为这是一项成功的实验。因为他发现工人们虽然提高了薪水与待遇，但他们的地位并没有改变，仍然是工厂主管理下的奴隶。

欧文通过思考，终于认识到，这一切都是由可恶的私有制造成的。欧文虽然懂得资本主义剥削的秘密，但他不想利用这个秘密发财致富，他想建立一个没有剥削的国度。这样，欧文便由一名资本家变成了空想社会主义者。

当欧文把自己的这一理论公布于众时，却受到了权贵们的排斥。当他还是一个“慈善家”时，王公贵族都愿意听他讲话，可是当他提出了空想社会主义的理论后，资产阶级、反动僧侣和政府官员便讨厌他了，甚至开始攻击和迫害他，封锁他的言论。但欧文没有动摇自己的信念，在继续著书立说的同时，开始了大胆的实践。

1824年，欧文漂洋过海来到美国，在印第安纳州买了3万英亩的土地和一些房屋，建立了一个名叫“新和谐”的公社。在这里实行财产公有制，没有阶级，没有压迫，人们各尽所能，按需分配。既可以从事工业劳动，还可以搞科学研究。这里还设立了较为完善的教育机构，全面培养人才。

欧文幻想通过这个实验，先搞出一个模范公社，然后把他理想的公有制社会传遍全球，造福全人类。可惜的是，这个“新和谐”公社惨淡经营了四年之后，遭到了彻底的失败。最后欧文只得用低价变卖了土地、房屋，结果损失14万英镑，使欧文几乎失去了全部财产。

1828年，年过花甲、白发苍苍的欧文孤身回到了英国。不过他没有灰心，他帮助工人群众组织消费合作社和生产合作社，开办“劳动公平交换市场”。结果，也都遭到了失败。但难能可贵的，一直到1858年他去世，欧文一直在为消除私有制而奋斗。

巴尔扎克

暴发户家中的叛逆者

巴尔扎克的祖上一直是穷人，不过1799年5月20日他在法国杜尔城出生时，已经可以算作是富家小少爷了。因为，他的父亲在拿破仑战争中发了财，成了有钱的官吏与金融实业家，后娶了巴黎一位呢绒商的女儿为妻。

老巴尔扎克为了儿子以后更有出息，把7岁的儿子送进了管理严格的欧瑞多教会学校读书。然而巴尔扎克却不是让父母省心的孩子，除了课外书外，他对各种课程毫无兴趣。为此他经常受到训斥、打骂，甚至监禁。对他来说，这里无异于一座监狱。

巴尔扎克肖像

1814年，巴尔扎克随同全家人迁居巴黎，他进了黎毕德拉先生办的寄宿学校。在这里，他的拉丁文竟然考了第三名——当然，是倒数。以至于他的母亲怀疑他是个废物。但他仍然完成了学业，更确切地说应该是他父亲的钱支持他拿到了中学毕业证。

1816年巴尔扎克进入法学院读大学。这是他父母帮他选择的学校，因为他们希望儿子将来能成为一名有地位的律师。父母为了让他“笨鸟先飞”，曾先后安排他在一位诉讼代理人和一位公证人的事务所见习。可是巴尔扎克对律师行业却不感兴趣，他的理想是要当文学家——尽管他一直在这方面没有什么突出的才能。

1819年春，大学刚毕业的巴尔扎克在律师事务所“造反”了，他把那些案卷抛在桌子上摔门而出，回到家里郑重宣布：决不去做律师，而要去当文学家。一直怀疑儿子智力低下的双亲听到这个决定无异于五雷轰顶。经过激烈的争论，父母决定给巴尔扎克两年的试验期。在这期间，每月付给他120法郎的生活费，期满后，如未获得成功，就得乖乖地回到律师事务所的凳子上去，否则就取消他的生活费。

坎坷的文学创作之路

1819年秋天，巴尔扎克搬进了父母为他租赁的工作室。这个工作室冬冷夏热，却饱含着父母对儿子的一片关怀——他们想，当儿子在这里冻得发抖、饿得肚子咕咕直叫的时候，就会回心转意去当律师了。

不过巴尔扎克却在这个又脏又破的工作室里开始了雄心勃勃的创作。他决定选取历史题材,写一部悲剧,取名《克伦威尔》。他不分昼夜地创作着,有时,一连三四天不出屋子。经过几个月奋战,终于完稿了。他兴致勃勃地跑回家里,对家里人和几位朋友朗读他的剧本。他滔滔不绝地一连念了三四个小时,可是听众席上却传来鼾声。一位法兰西学院的院士看过剧本后表示:"这位作者随便干什么都行,只要不搞文学。"

巴尔扎克并不灰心,继续以极大的热情投入于文学创作。可是,眼看两年试验期便要到了,他再坚持便会失去了经济来源。为此,从1821年开始,他以各种笔名为书商炮制和撰写流行小说。不过这些小说写得很糟糕,以至于巴尔扎克成名后始终不肯承认这是他的作品。

两年试验期满后,巴尔扎克生活上开始陷入贫困。以至于他每天的饮食只有数量不多的水与面包。不过他有一个享受丰富美味的绝招:每当就餐,便在桌子上画上一只只盘子,上面写上"香肠""火腿""奶酪""牛排"等字样,然后在想象的欢乐中狼吞虎咽。更令人不可思议的是,在这样窘困的日子里,他竟然花700法郎买了一根镶着玛瑙石的粗大手杖,并在手杖上刻了一行字:我将粉碎一切障碍。也许读者会说,能买得起这根手杖,说明他还不太穷。其实,这根手杖他没花一分钱,只是写了一张欠条。

虽然巴尔扎克的决心可嘉,但是接二连三的退稿使他甚至无法得到少量的面包。在这种情况下,他也只得放弃文学,另谋生路了。

《朱安党人》的发表

1825春,巴尔扎克开始弃文经商。不过他不是从事小商小贩的小买卖,而是去做一名出版商——他准备出版莫里哀、拉·方登两位法国古典作家的作品。

他依靠朋友与合伙人的帮助,集聚了必需的资金,准备尽快地付印这两部书稿,但狡猾的批发商见他没有经验,便将带污点的劣质纸张卖给了他。书稿在排印时又用非常小的字体,结果印出来的书,连视力最好的人看了也感到疲惫。最终这些书被搁在印字馆里,一年只卖出了20本。这一年巴尔扎克负债1.5万法郎。

巴尔扎克接着又当了一家印刷厂的老板。他想自己写书,自己编书,自己印刷,自己出版,但是又失败了。到了1828年,他已欠债9万法郎。大量的欠款压得他透不过气来:警察局下了通缉令,要拘禁他,债权人半夜敲门讨债,使他没有片刻安宁。在这种情况下,他只好隐姓埋名,躲进母亲为他租赁的那间小屋,反锁上门,继续从事文学创作。

一切挫折都在他的笔下转化为成功的创作素材,并且巴尔扎克从来没有放弃过对文学的探索,当然也不排除巨大压力造成的"急中生智",总之他成熟了,在1829年终于写出了一部像样的作品——《朱安党人》。这部长篇小说出版时,上面第一次署了真名:巴尔扎克。虽然这部小说并没有在法国社会上引起巨大反响,却为巴尔扎克在文学界赢得了一个稳固的地位,它标志着巴尔扎克现实主义创作道路的开始。

这部小说反映法国1795~1799年间的历史,描写的是共和党人与保王党之间的斗争。为了写好这部小说,巴尔扎克用几个月的时间,阅读了大量的资料,包括地图和当时双方军队的活动情况。他以现实主义的目光,洞察了这场战争的本质,歌颂了共和国军队的普通战士。

从此，巴尔扎克的文学创作一发不可收拾，开始进入创作的高峰期。

《人间喜剧》

从1830年开始，巴尔扎克以目不暇接的速度接连发表小说，部部引人瞩目。及至1833年《欧也妮·葛朗台》问世，他已成为享誉欧洲的著名作家。

1834年，他决定将自己的所有作品系列化。起初，他将这个庞大的作品框架命名为《社会研究》，后因受但丁《神曲》（原名直译为《神圣喜剧》）的影响改为《人间喜剧》，下设"风俗研究""哲理研究""分析研究"三个部分。巴尔扎克想把人世间的一切纷争角逐、悲欢离合喻为人生大舞台上的一个个场景，一幕幕悲喜剧。

巴尔扎克原计划写137部作品，后来只完成了96部。作者笔下刻下了2000多个形象鲜明的人物，它们来自社会的不同阶层，有不同的性格、形象，不同的生活方式和遭遇。这部包罗万象的巨著可以说是法国社会、特别是巴黎"上流社会"的现实主义历史，它既是封建社会的没落衰亡史，又是资产阶级的罪恶发家史。

巴尔扎克想成为"文学上的拿破仑"，他特意在书房里摆了拿破仑的塑像，还写了一句话："我要用笔完成他用剑所未能完成的事业。"他经常每天晚上8点钟上床，半夜12点起床，披上圣多明各式的僧袍，点起四支蜡烛，一口气工作16个小时。为了保持精力，他每天饮用大量的咖啡。他对校样总是改了又改，有时是大段大段地重写。《老处女》这部小说从手稿到出版，他改了9次。

巴尔扎克如此勤奋地写作，主要是因为钱袋空空。到逝世前，他已欠下了21万法郎的债务，所以他只能写作写作再写作。早在1842年，他就得了心脏病，但仍然夜以继日地工作。1850年8月，他的心脏病又发作了，这一次病魔占了上风，夺去了他的生命。

巴尔扎克生前没有获得任何官方的荣誉，死后则与托尔斯泰齐名，并称为现代主义文学划时代的大师。

歌德

早熟的才子

歌德是非常复杂的一个人，他有时非常伟大，有时非常渺小，有时是叛逆的、爱嘲笑的、鄙视世界的天才；有时是谨小慎微、事事知足、胸襟狭隘的庸人。歌德一生恋爱无数次，见诸文字、郑重其事的就有8次，74岁还给19岁的小姐写含情脉脉的情诗，并想娶她为妻。他全身心地生活在一个纷繁扰攘的世俗世界里，然而他却提出："让灵魂站在高处"。

1749年8月28日，歌德出生于莱茵河畔的法兰克福市。祖父原是个裁缝，后来经商致富。父亲是一个富裕的市民，取得法学博士学位，学识渊博，曾做皇家顾问，是市里的参议员。母亲是法兰克福市长的女儿，她在 17 岁时嫁给了已经 38 岁的老歌德。因为家境富裕，歌德受到很好的教育，很早就学习多种语言，包括拉丁文、法文、希伯莱文、意大利文和英文。歌德聪明早慧，8 岁那年过新年时，他献给外祖父母一首诗，11 岁时，还根据神话编写了一个剧本。

歌德在 14 岁时，就过早地开始了初恋，他的邻居有个叫格兰脱欣的姑娘，他们经常一起玩，渐渐地，歌德对她产生了好感。有一天，他假造了一份格兰脱欣写给他的情书，并拿去找格兰脱欣，要求她在这份情书上签名。好心的格兰脱欣以为歌德在开玩笑，就顺手签上了自己的芳名，但多情的歌德却信以为真，他高兴地跳了起来，竟要和格兰脱欣拥抱、接吻。然而，爱情是不能靠开玩笑成功的。不久，格兰脱欣就正式申明：她是以大姐姐的身份与歌德相处的，他们之间，只有姐弟之爱，绝无婚配之意。就这样，歌德的初恋告吹，他伤心掉泪，夜不能眠。

1765 年，16 岁的歌德到莱比锡大学学习法律。在这里，他过的是一种“花花公子”式生活。第二年他爱上了安内特小姐，并因此写出诗集《安内特》和喜剧《恋爱者的脾气》。

不朽的名声

1770 年春天，歌德改去斯特拉斯堡继续学习法律。在这里，他结识了赫尔德。在文学史上，他们二人的结识被视为“狂飙突进”开始的标志。再加上和一个牧师的女儿布里翁的爱情，歌德写出了他最早闻名的抒情诗，这一系列诗歌颇有民间情调，比如《野玫瑰》《五月歌》等，这些诗歌被当时和后世的许多音乐家谱成歌曲，广为传唱，歌德也由此成了德国现代抒情诗歌的奠基人。

歌德肖像

1772 年，歌德来到韦茨拉尔的帝国最高法院实习。在这里，23 岁的歌德在一次舞会中认识了一名叫夏绿蒂的少女，一见钟情。夏绿蒂是歌德的朋友凯士特南的未婚妻，时年 15 岁，而凯士特南却 31 岁。歌德对夏绿蒂十分倾倒，便不顾一切地向她表白了爱情。这使夏绿蒂惊惶失措，她把歌德的表白告诉了未婚夫，凯士特南对此表现得较为大度。歌德知道这个情况后，感到十分震惊，为了自己，也为了夏绿蒂，他立即逃回法兰克福，斩断了这不合适的情丝。几个月以后，他的另一个朋友叶尔查林，因为爱上别人的妻子，受不了社会舆论的指责自杀了。歌德知道这件事后，感触很深，他闭门谢客，足不出户地写了 4 周，完成了《少年维特的烦恼》一书。此书一问世，马上风靡德国,又很快被翻译成十几种语言。年仅 24 岁的歌德一举成为欧洲最享盛誉的作家之一。千千万万青年人不仅读这部书,还纷纷模仿主人公的穿着与风度——长靴、青色燕尾服、黄色背心,甚至学习维特举枪自杀。

当然,歌德最重要的著作是他花了 58 年时间才完成的诗剧《浮士德》。它是堪与荷马的史诗、莎士比亚的戏剧媲美的伟大诗篇。

歌德还发现了人的颚间骨,并且他提出生物进化学说比达尔文早了近百年。他 81 岁时,仍在学习阿拉伯语,一直到 1832 年 3 月 22 日去世,他似乎从没停止过学习与创作。

雨果

浪漫主义文学家

1830 年 2 月 25 日晚,巴黎法兰西人剧院门前一片骚乱,许多人爬上屋顶,把垃圾箱里的垃圾拼命往下扔,他们要阻止即将上演的浪漫剧《欧那尼》:“这部戏糟透了,它彻底糟蹋了古典艺术!我们反对演出!”而另一群人则大声抗议:“这戏好极了,它极具想象力与创造力,我们欢迎演出!”这其中便有被打破了头的巴尔扎克。

是谁的剧本引起了这么大的风波呢?原来,他就是法国最杰出的浪漫主义作家雨果。

雨果的父亲是一名将军,英勇善战,追随不可一世的拿破仑征战南北。母亲是商人的女儿,在静谧的农庄长大,是王室的忠实拥护者。在爱情高于信仰的日子里,像所有的年轻人一样,他们不顾一切地结合了。1802 年 2 月 26 日,他们拥有了第三个爱情的结晶——维克多·雨果在法国东部的贝藏松省降生了。

维克多·雨果

小雨果跟随父亲的军旅到过意大利和西班牙,见过不少世面。但长期的军旅生涯,很难培育出持久的爱情,更何况是双方一直持有相反的信仰。当信仰隔离了相爱的人,小雨果的父母分道扬镳。尚在年幼的雨果无法选择何去何从,命运则让他选择了母亲。酷爱读书的母亲似乎对小雨果有一定的熏陶,使雨果早早地在文学上显露出极高的天赋。他 15 岁首次应征法兰西学院“读书乐”诗题即获得了很高的评价。在他 17 岁时,以《凡尔登的童贞女》和《亨利四世铜像的光复》一举摘得了都鲁斯美文学院的两项大奖,被当时著名的作家夏多布里昂称赞为“卓绝的神童”。20 岁时因发表诗集《颂歌与杂诗》,国王路易十八赐给他年金。

同巴尔扎克相比，雨果命运的确优越许多。

1827年，雨果发表剧本《克伦威尔》及其序言。剧本虽未能演出，但那篇序言却被认为是法国浪漫主义的宣言，使25岁的雨果成为浪漫主义文学的领袖。1830年。雨果的剧本《欧那尼》在激烈的争议下，终于在法兰西大剧院成功上演，从而确立了浪漫主义在法国文坛上的主导地位。

法兰西文学史上的丰碑

少年时期，他受母亲影响写了大量拥戴王室的诗作。随着母亲的去世、年岁的增长，雨果开始成熟起来。他回想父亲跟随拿破仑东征西讨的战争生涯，懂得了共和政体的可贵。从1827年起，雨果的作品中开始出现与复辟王朝唱反调、歌颂拿破仑的主题。到1840年的13年间，除了引起激烈争论的浪漫剧《欧那尼》外，他的作品还有诗集《东方杂咏》和《秋叶集》，人道主义小说《死囚的末日》等。其中1831年发表的《巴黎圣母院》是雨果最富有浪漫色彩的小说。小说情节曲折离奇、紧张生动、变幻莫测，富有戏剧性和传奇色彩，鞭挞了中世纪教会的虚伪，宣扬了人道主义思想。美丽动人的吉卜赛少女爱斯美拉达、外表丑陋内心善良的卡西莫多及道貌岸然、阴险狠毒的巴黎圣母院副主教，至今已成为人人皆知的影视人物。

七月王朝不断对雨果进行拉拢，1841年雨果被选入法兰西学院，1845年又被授予伯爵头衔，还当上了贵族院议员。雨果为此付出的代价是，沉默10年几乎没有写作，其间虽写了一部《卫戍官》，上演时却被观众喝倒彩。

1851年，路易·波拿巴发动政变，雨果等人发表宣言进行反抗，被迫流亡国外19年之久。在流亡期间，雨果把全部精力投入创作活动，写出了《静观集》《惩罚集》《海上劳工》以及杰出的《悲惨世界》。

当68岁的雨果重回法国时，普法战争刚刚爆发，他立刻为保卫祖国而战。1885年5月22日，雨果因病去世，法国举国致哀，表示对这位伟大作家的尊敬。

雨果的作品不仅在法国文学史上占有重要地位，而且在世界文学史上，为浪漫主义小说开辟了广阔的天地。

普希金

崇尚自由的诗人

1837年2月8日，一声清脆的枪声划破了清晨的宁静。在彼得堡近郊黑溪的军官别墅附近，一位卷发的混血种青年捂着腹部应声倒在雪地上。血色从他的脸上退去，雪地被鲜血染红，两天后，他离开了人世……他死时年仅38岁。

这是一场含有政治背景的情敌决斗，死亡的青年便是被称之为“俄国第一位诗人”的普希金。他在多种文学体裁——抒情诗、叙事诗、诗剧、小说、散文、童话等，都取得了杰出的成就，所以也被称为“俄国文学的始祖”。

普希金有一个很长的名字——亚历山大·谢尔盖耶维奇·普希金，1799 年 6 月 6 日出生在莫斯科郊区的一个贵族世家。这个贵族头衔是彼得大帝赐给的，当时彼得大帝将宫中的一些巨人送给腓特烈一世作为礼物，腓特烈一世便将一批黑奴作为回赠。彼得大帝将这些黑人全部送到了法国接受教育，其中就有普希金的曾祖父。后来，普希金的曾祖父在彼得大帝的军队中屡获战功，于是从奴隶到将军，逐渐成为贵族。这个家族后来一直以法语作为家族语言。通过与白人的几次婚姻，到普希金这一代时，黑人特征已经不是很明显。而自幼生活在法语环境中的普希金，很晚才开始接触俄语，因为他的父母和家庭教师都以法语进行交谈。

普希金肖像

普希金 12 岁开始上中学，而在两年前他已经创作并出版了一本小诗集。中学老师都是有进步思想的人，经常向学生赞扬法国的启蒙思想家和法国大革命，普希金深受影响。18 岁时，普希金中学毕业，到外交部任职。这时期他开始和十二月党人密切来往。普希金在他们的影响下写出了大量歌颂自由、反对专制暴政的政治抒情诗，如《自由颂》《致恰达耶夫》等，引起了很大反响。

在《自由颂》中，普希金称沙皇是“世界的暴君”，亚历山大一世对此异常气愤，决定把普希金放逐到西伯利亚。由于有朋友说情，改为流放到南方 4 年，再流放到他父母的家乡，接受当地官员的监督。

1820 年 5 月，普希金从彼得堡动身，开始了流放生活。然而，俄国南方优美的自然景色，哥萨克地区的风土人情，反而进一步激发了他的创作热情，他在这里写出了《高加索的俘虏》《强盗兄弟》《茨冈》等优秀作品，表达了自己对自由的渴望。

沙皇的“仁慈”

普希金的天真、幼稚和热情，与沙皇的深沉、老练和冷酷形成了强烈的对比。

尼古拉一世镇压了十二月党人的起义后，便派人把普希金接到了克里姆林宫，极其亲热地交谈了近两个小时。尼古拉笑着问：“假如你在彼得堡，会不会参加这次暴乱？”普希金毫不犹豫地回答道：“肯定会，陛下！我的朋友都参加了起义，我是不会袖手旁观的。”沙皇听后没生气，却宣布结束普希金的流放生活。

尼古拉又笑着说：“这些日子又写了些什么？”

“因为检查太苛刻，所以什么也没写。”

“那你为什么要写检查通不过的东西呢?”尼古拉那和颜悦色的笑容,简直就像一个慈父在询问调皮的孩子一样。

普希金被沙皇的态度感动了,决心“洗心革面,重新做人”,而沙皇则表示愿意亲自审核普希金的作品,以免在苛刻的检察官那里不能通过。

于是,普希金在无限欣喜和强烈的创作冲动下写出了剧本《鲍里新·戈都诺夫》,然后满怀信心地把剧本呈交给沙皇审查。而得到的批复却是:“朕以为,如果普希金先生把他的悲剧加以必要的修改,那么便可以出版。”

事实上,尼古拉并没有看普希金的大作,他仍然让检察官完成这件事,并且可以用沙皇的口吻进行批复。沙皇见普希金拒绝修改作品,便明白普希金是无法驯服的,于是派警察秘密监视、跟踪他,拆看他的信件,因为他害怕十二月党人卷土重来。

俄国文学史上的丰碑

沙皇的监视,密探的骚扰,使热爱自由的普希金忍无可忍。而一场刻骨铭心的爱情却悄然而至,使普希金的内心充满了甜蜜。

1828 年,在莫斯科上流社会的一次舞会上,普希金与被称为俄罗斯第一美人——16 岁的娜塔丽娅初次相遇,她的美貌强烈震撼了普希金。同样,诗人的才华和气质也深深打动她的心,他们很快双双坠入情网。不过普希金不是重色轻友、见色忘义之人,他在第二年的春天偷偷来到西伯利亚,看望他的十二月党朋友。这件事使沙皇大为恼火,对普希金进行了严厉的斥责。不过,让斥责见鬼去吧,普希金该筹备美好而浪漫的婚事了。

1830 年秋,普希金回到自己家族的世袭领地波尔金诺村准备婚事。因瘟疫流行,交通封锁,他在这里住了三个月,结果却惊人地完成了大量创作,《叶甫根尼·奥涅金》《驿站长》《吝啬的骑士》等一批小说和剧本,以及近 30 首抒情诗和论文都在这里完稿。因此,这三个月被称为“多产的秋季”。

《叶甫根尼·奥涅金》是普希金的代表作,他用了 8 年时间才完成这部“俄国生活的百科全书”。作品成功塑造了贵族青年奥涅金这样一位热衷社交生活,但又感到生活无聊的“多余的人”。他曾经拒绝了达吉雅娜对他的追求,但后来当他深深爱上她时,她却早已嫁人。作品告诉人们,造成奥涅金这种性格的,正是专制制度和农奴制。普希金期望能够唤醒俄国的青年知识分子,以实际行动反对封建制度。

1831 年 2 月 18 日,诗人与俄罗斯第一美人终于喜结良缘。当他们有了爱情的结晶后,诗人没有放弃“匕首与投枪”。婚后第三年,他再次回到波尔金诺,在那里创作了《青铜骑士》《渔夫和金鱼的故事》《黑桃皇后》。

1836 年诗人出版了《上尉的女儿》一书,这本书竟然歌颂了普加乔夫的起义,可见文弱的诗人有多么勇敢。

普希金之死

普希金婚后又重新回到了彼得堡的外交部任职,爱慕虚荣的娜塔丽娅很快喜欢上了彼得堡的交际生活，她频繁出入于上流社会的各种舞会，陶醉于动人的旋律中。她优美的舞姿与绝世的容颜使所有的男子为之倾倒，也使所有的女人醋意顿生。而这，也正是娜塔丽娅的得意之处。她希望丈夫能一起分享自己的魅力所带来的荣誉，结果却使这位伟大的浪漫诗人苦不堪言，他常常是抱着孩子，一脸疲惫地躲在舞厅的一角昏昏欲睡。

娜塔丽娅的美貌甚至影响了沙皇的睡眠，他破例将年已 35 岁的普希金任命为只有十七八岁的年轻人才担任的宫廷侍卫，其目的主要是想让娜塔丽娅可以方便地参加宫廷舞会。当然，也不乏想压制一下诗人的傲气，甚至是正在策划一场谋杀。

自觉被贬低身份的普希金怒发冲冠，但在朋友的劝解下，也只得忍气吞声。沙皇有意培养大诗人的奴性。忍无可忍的诗人在辞职、请长假未获批准的情况下，只得哀叹："给了我灵魂和才能，却让我生活在俄国，这是魔鬼的作祟啊！"不过他并未与沙皇妥协，而是在 37 岁这年出版了《上尉的女儿》，公然赞美普加乔夫的机智勇敢与自信乐观。

这自然使恼羞成怒的尼古拉一世顿起杀机，不过他的杀人方式却是极其巧妙。其实彼得堡上流社会人士的大部分人都有谋杀的嫌疑，他们利用娜塔丽娅爱慕虚荣的弱点，再促成法国流亡分子丹特士去追求娜塔丽娅，然后借此大造舆论对普希金进行人格侮辱。普希金受不了这种刺激，被迫同丹特士进行决斗。尽管已为普希金生了四个孩子的娜塔丽娅跪着阻止丈夫，但柔弱而易激动的诗人还是毅然地来到了决斗现场……

1837 年 2 月 10 日，俄罗斯诗坛上的这颗巨星陨落了。普希金去世 7 年后，娜塔丽娅嫁给了一名将军，而丹特士则与娜塔丽娅的妹妹结了婚。

海涅

杰出的犹太诗人

海涅是德国继歌德之后的第二位大诗人，亨利·海涅是他出生时的名字，他长大后的名字实在让人很难记全——克里斯蒂安·约翰·海因里希·海涅。

海涅 1797 年 12 月 13 日出生于德国杜塞尔多夫的一个犹太商人家庭。父亲终年为商店的生意忙碌，聪明能干的母亲对海涅进行极其谨慎的教育——不能读诗，不能看小说，甚至不允许女仆给海涅讲关于神鬼的故事——她想让海涅将来成为一名大商人。

年少的海涅对经商不感兴趣，他崇拜的人物是拿破仑，向往法国的自由精神。在他 14 岁的时候，拿破仑率军来到杜塞尔多夫，带来了拿破仑法典和自由、平等、博爱的口号，并且把犹太人从奴役中解放了出来。海涅挤在热烈欢迎拿破仑的人群中，能够多看一眼这位无敌英雄便感到是极大的幸福。

中学毕业后，海涅被父母安排到法兰克福的一家商店当学徒。在富有的伯父赞助下，海涅第二年便成为一家商店的老板，但这家商店很快便倒闭了。当时海涅的全部热情，都投入到对表妹的爱恋上，不过对方却始终拒绝他。如果这算是一次失恋的话，那么

年轻时的海涅

可以说海涅在失恋中开始找到了诗的感觉。不过他那一直看不起他却一直资助他的伯父却有一句名言:“假如他能学点正经东西,他就不用写诗了。”

也许海涅的伯父已经不再对侄子的经商才能报以希望,所以他同意资助海涅去上大学。1819年,海涅进入波恩大学学习法律。第二年,他又转到哥丁根大学,不到半年就因为一场决斗被学校勒令休学半年。这场决斗是因为有人侮辱他是犹太人,不过有的传记上却记载着他是因为经常去妓院而被开除。

于是,海涅转学去了柏林大学,听了黑格尔的课,参加当时的文学沙龙。像大多数诗人一样,他不是一个好学生,但他也正如多数诗人一样,在大学时代就开始展露诗歌方面的才华。他对诗的理解是:诗歌就应该像一个真正的德国女孩,精神焕发,纯朴自然。不能把诗弄成苍白的修女或夸耀门第的小姐。1821年,海涅出版了第一批诗集,使自己在诗坛小有名气。

1824年,海涅重返哥丁根大学,又去哈尔茨山进行徒步旅行,写了出色的游记《哈尔茨山游记》。途经魏玛时访问歌德,可惜不欢而散。第二年他获得法学博士学位,并放弃犹太教,接受了耶稣教的洗礼,但并未能因此而谋到慕尼黑大学的教授职位。海涅30岁时,将以前的诗歌汇成《诗歌集》出版,使他一夜成名。他把爱情的各个侧面描写得淋漓尽致,以至于他有3000多首诗被舒伯特、门德尔松、李斯特等著名作曲家谱成歌曲。

侨居巴黎

1830年,法国爆发了七月革命,海涅听到消息后,异常兴奋。第二年他到达巴黎,结识了巴尔扎克、柏辽兹、肖邦、大仲马、雨果、李斯特、乔治·桑等人。也接触到圣西门的空想社会主义。他不断给德国报纸写去通讯,报道法国革命的消息。同时也将德国文化介绍给法国。但他激烈的言论引起普鲁士当局的仇恨,他的作品被禁止在他的德国故乡发行。1843年海涅回德国探望病中的母亲,他根据这次旅行所得,写出了他一生中的创作之冠——《德国——一个冬天的童话》。

结识马克思是海涅一生中最重要的事。尽管两人相差20岁,但很快成了莫逆之交。从此,他把诗歌作为政治斗争的武器,写下了一系列政治讽刺诗。《时代的诗》《等着吧》《西里西亚纺织工人》等著名诗篇鼓舞着一大批共产主义战士去埋葬旧世界。可是他的健康却每况愈下,1848年5月他已经完全瘫痪,双目几乎失明。但是,这个“革命的好鼓手”并没有因病停止战斗。他在“床褥坟墓”中,仍以口授的方式,继续创作出大量的诗歌和散文,直到1856年2月27日逝世。

贝多芬

音乐神童

严格来讲，贝多芬不是德国音乐家，他的音乐源泉来自维也纳。他的故乡是德意志境内的波恩，而波恩则是当时德意志诸多邦国之一的科隆公国首都，位于莱茵河中部的西畔。这里是奥地利与法国互相争夺的地盘，所以使这里的人们接受了两国各自的优点：维也纳的音乐与法国的自由思想。贝多芬便是在这样一块奇特的土地上度过了他的少年时代。

约翰·范·贝多芬肖像

1770 年 12 月 16 日，贝多芬出生于一个音乐世家，这个家族是荷兰后裔，对酒有着特殊的嗜好，贝多芬也多少承袭了这种习惯。贝多芬的祖父曾是科隆选侯的唱诗班的低音歌手，父亲约翰·范·贝多芬是唱诗班的男中音。母亲玛利亚是一位厨师的女儿，第一次婚后不久便失去了丈夫，于是在 1766 年与贝多芬的父亲结为夫妇。她温柔慈祥和怡然自得的神态，深深为她那举世闻名的儿子所喜爱。她生了 7 个孩子，但只有 3 个活了下来，贝多芬是最年长的一个。

贝多芬的父亲奢靡浪荡，酗酒无度，使全家陷入贫困，居住在波恩的贫民区内。过度的酒精使他很难成为一名著名的歌唱家，于是他把未来的希望寄托在贝多芬身上——他要让儿子成为神童，以增加家庭收入。家庭的贫困与贫民窟的环境很难使贝多芬成为一名上流社会的绅士，但他的父亲却依然用独特的教育方式使儿子变成了音乐神童。他用威胁、利诱等手段强迫 4 岁的儿子整天关在屋子里，永无止境地练习键盘琴或小提琴。严厉的训斥常常使贝多芬暗暗啜泣，失去了一个孩子应有的童年快乐。但是当美妙的旋律从幼嫩的指间飞出，贝多芬逐渐对音乐产生了痴迷。8 岁时，他便成功地进行了一次公开演出，虽然报酬不多，但却使贝多芬的父亲受到鼓舞，马上为儿子聘请了专业教师，盼望儿子能够更上一层楼。

一家之长

1784 年，奥地利特利萨女王最小的儿子马克西米连·弗兰茨被选为科隆的选侯，定居波恩。这位“欧洲最肥胖的人”酷爱美食与音乐，他组建了一个有 31 件乐手的管弦乐团，而 14 岁的贝多芬则在这个乐团中弹奏中提琴，荣幸地成为“宫廷乐团副风琴手”，年薪 150 古尔登。

虽有种种迹象显示贝多芬在性方面有些早熟与放纵，但他良好的品行与渐露的才华，还是赢得了弗兰茨选侯的赏识。所以当贝多芬提出要到维也纳学习作曲时，弗兰茨选侯不但欣然批准，还慷慨解囊，给予资助。

1787 年 3 月 4 日贝多芬来到维也纳，见到了极负盛名的莫扎特。莫扎特聆听了贝多芬的演奏后，给予了适度的赞赏。但贝多芬对莫扎特礼貌性地赞赏很不满意。他想，莫扎特肯定以为这不过是熟能生巧罢了。于是他要求莫扎特在钢琴上为他弹出变奏的主题，准备与之一争高低。莫扎特不敢再小看贝多芬了，他对贝多芬想象力的丰富与弹奏时的稳健与无误极为惊异，他不禁对友人说：“这个孩子，总有一天会成为全世界瞩目的中心。”

虽然莫扎特给贝多芬上了几堂课，但他们在此相处的时间不是很长，因为贝多芬的母亲病重，他不得不匆忙赶回波恩。1787 年 7 月 17 日，当他母亲过世时，贝多芬正侍疾床侧。而此时，贝多芬的父亲已经无法唱歌了，因为酒精彻底毁了他的嗓子。他整日耽于饮酒，后来甚至因酒后闹事而被捕，使儿子费了很大周折才把他营救出来。

1789 年，虽然贝多芬还未满 19 岁，便已经成为法定的一家之长，承担起照顾两个弟弟的责任。弗兰茨选侯免去了贝多芬父亲的职务，但却仍然付给他一半的年薪，另一半则付给他的长子贝多芬。此时，贝多芬在管弦乐团中任首席钢琴手与次席风琴手，收入虽然有限，但还是有所提高。

沉浮维也纳

为了学习作曲，22 岁的贝多芬在 1792 年 11 月 1 日离开了波恩前往维也纳，从此再也没有回来过。此时波恩已被法国占领，1815 年以后，这里又并入普鲁士的版图，所以后人称贝多芬为德国音乐家。

维也纳是一个音乐的世界，几乎到处都是音乐大师，他们为了争取赞助商、听众，与出版商勾心斗角，互相排斥。初到维也纳的贝多芬完全陷入孤立之中，连一位知己朋友也没有。不过他的面貌也确实难以获得人们的好感：身材矮小，肤色深黑，像摩尔人，还长了一脸麻子，上下前齿交互重叠，鼻宽而扁，眼睛深陷却傲气十足。头颅像颗“子弹”，头发浓厚且蓬乱竖直，浓密的胡须长到凹陷的眼眶，有时在刮脸以前已有半英寸长。这副模样，连他本人都极度不满：“天啊！长成我这样的面孔，那是多么的不幸啊！”

贝多芬对自己的面孔极其绝望，所以在维也纳最初几年，往往不注重仪表与举止。不过这并不影响他得到 4 位极负盛名的音乐家的教诲。此时莫扎特已离开人世，所以他的老师是音乐之父海顿、作曲大师贝格尔，小提琴家舒本柴、指挥大师萨列里 4 位名师。尽管这 4 位大师几乎是免费地传授贝多芬许多技艺，但他们都不把他当作一个好学生，因为狂傲不羁、充满叛逆的贝多芬不想承袭任何传统的作曲原则。

在贝多芬 25 岁时，已经成为一名著名的钢琴家。他出版的《三首三重奏》更是使他拥有了著名作曲家的身份。当时人们认为“他是在莫扎特之后，继续来慰抚我们的人”。然而，命运似乎在捉弄他，第二年他便开始患耳疾，听力逐渐下降。但是他仍然在30岁时完成了《第一交响曲》。他32岁时病情加重，在医生的劝导下来到维也纳郊外的一个避暑胜地疗养。但在这里他逐渐失聪。这对于一个音乐家来说，无疑是最致命的打击！他在这里伤感地写下了为人熟知的《海灵根斯塔特遗书》，准备结束自己的生命。

最后的胜利

虽然贝多芬已写下了遗书，但他似乎很快便战胜了死亡之神。他倔强的性格使他写出了世界上最优美与最强烈的音符。

1803年，贝多芬创作了一生中最明朗的作品《第二交响曲》。这部作品生气蓬勃、热情洋溢，柏辽兹曾称之为“一切都是春天”，洋溢作者的美好回忆与对美好人生的渴望与激情。

情窦初开后，每个人都有对异性的渴望，贝多芬也不例外。然而，尽管他满怀激情地爱过无数个优雅美丽的女人，但似乎喜欢他的女人实在不多，以至于他的一生都是在暗恋、追求与恋爱中度过，至死也没有娶妻，只留下三封尚未寄出的浓情蜜意的情书。不知是不是这种爱情之火使贝多芬战胜了死神，总之，接下来的《第三交响曲》便奏出了生命的最强音。据说这是专门献给拿破仑的曲子，也称为《英雄交响曲》，但他更像是贝多芬的自传与独白——敲响命运的大门！

此后，贝多芬以崭新的姿态投入音乐创作，以惊人的毅力写下大量的千古传世之作。在这期间，听力退化、肝病与胃病接踵而至，他的性格也越来越孤僻与暴躁。虽然此时他完全有实力雇几个佣人，但却没有一个佣人愿意在他身边，甚至给他看病的医生也不想第二次再见到他。贝多芬给自己开的药方是饮料里面加点酒。

贝多芬49岁时，两耳完全失聪，这时他写下了《第九交响曲》等一批他一生中最伟大、最富于思想性的作品。1824年5月7日，该曲在维也纳进行公演，获得了空前的成功，全场欢声雷动，历久不衰。许多听众激动得流出了热泪，失聪的贝多芬也因这巨大的成功当场晕倒。

1827年3月16日下午，酷寒伴随着罕见的雷声将贝多芬的灵魂升入天国。

达尔文

生物学家的环球航行

1831年底，随着一声汽笛长鸣，英国巡洋舰“贝格尔号”徐徐离开了朴次茅斯港，开始了行程2.5万海里的环球考察。船上有一位22岁的博物学家，5年后他随船归来，告诉人们一个惊人的秘密：人的祖先不是上帝，而是一只猴子。

就是不说,人们也会知道这位青年就是近代英国伟大的生物学家、进化论的奠基人——查理·罗伯特·达尔文。

达尔文出生在英国西部一个世代行医的家庭,父亲是很有名气的医生。富裕的经济,使小达尔文可以随意发展自己的爱好。他钓鱼打猎,摘花养草,卧室里也总是摆满了各种昆虫、贝壳和植物标本,使他自幼对大自然产生了浓厚的兴趣。儿子的这些爱好,使父亲看在眼里,喜在眉梢,心想:这孩子将来肯定是一位大医学家。

达尔文16岁时,与哥哥一起被父亲送进爱丁堡大学学医。可是让父亲头疼的是,达尔文学了两年医学后,仍然“无法忍受外科手术”。看到孩子这一弱点的父亲,也只得改变初衷,把“心慈手软”的达尔文送进剑桥大学改学神学。可是达尔文似乎天生对上帝兴趣不大,他只喜欢自然科学方面的知识。在这里,达尔文最高兴的事,莫过于认识了植物学教授汉斯罗。他们很快成为朋友,一起散步,一起到郊外旅行。达尔文因此也被称为“与汉斯罗一起走的人”。

汉罗斯教授对这个跟自己“一起走的人”很器重,他在达尔文毕业之际提出自己的建议,让他去参加对北威尔士的地质考察。达尔文对汉罗斯言听计从,积极报名,并终于获得了有关部门的批准。就这样,这个刚刚毕业的年轻牧师,便以博物学家的身份登上了“贝格尔号”巡洋舰,开始了新奇又刺激的环球考察。

轰动世界的《物种起源》

5年的环球考察,决定了达尔文一生的事业。虽然这5年他没有薪水,船上只提供食宿,但他仍然没有偷闲过半个小时。每到一地,他总是认真研究,跋山涉水,不辞劳苦。他采集了很多动植物和矿物标本,发现了许多新物种。热病的袭击、晕船的折磨、野兽的威胁、山水的险恶,锻炼了意志与能力,随着生物学知识的迅速增长,一个石破天惊的理论正在逐步形成。

达尔文

医学知识、神学知识、自然科学知识与科学考察相结合,使达尔文注定成为用科学的手术刀摘除宗教的虚伪与愚昧的伟人。当1836年达尔文随“贝格尔号”满载而归的时候,他兜里面装着的便是这样一把手术刀——他已不再相信“神创论”。他谢绝了担任待遇丰厚的英国地质学会秘书的邀请,用了两年的时间,埋头整理他的考察日记和各种标本,出版了很有科学价值的《航海日记》等一批著作和论文。不久,他移居伦敦郊区,建立了一个动植物试验园地,集中精力研究生物进化的原因。经过22年的研究实验,达尔文终于写出了轰动世界的《物种起源》。

1859年11月24日,《物种起源》出版发行,很快销售一空。它像一颗重型炮弹在“神学阵地的心脏上”猛烈爆炸，震动了整个欧美大陆。读者很快形成两大阵营，激烈的争论如同仇敌相见。以赫胥黎为首的进步学者挺身而出，称自己为“达尔文的追随者”。赫胥黎写信给达尔文：“我准备接受火刑，也要支持你的理论。”

1860年6月30日，牛津大主教威柏弗斯与赫胥黎在牛津图书馆展开最激烈的大辩论，结果赫胥黎妙语如珠，大主教无言以对，天主教徒布留斯特夫人气得晕倒……

牛津大辩论使进化论迅速传遍欧美各地。随着时间的推移，达尔文的进化论已经普遍被学术界接受。到1877年达尔文已成为举世闻名的大科学家。

1882年4月19日，73岁的达尔文离开人世。为感谢他对科学的贡献，人们把他安葬在威斯敏斯特教堂牛顿的墓旁。

法拉第

自学成才的科学家

1791年9月22日，法拉第出生于伦敦南面萨利郡一个贫穷的铁匠家里。家境的艰难使他少年早成，11岁时就成为一个沿街叫卖的报童，挣些许小钱以补贴家用。更重要的是，趁此机会可以阅读大量报纸，以增加自己的学识和阅历。1794年，13岁的法拉第在一家书店里开始了长达7年的学徒生活。这7年里，生活虽依然清贫，但书店里大量的书籍使他眼界大开，尤其对电学产生了浓厚的兴趣。工作之余，还从有限的收入中拿出一部分来购买化学药品，做一些实验，并记下大量的笔记。

法拉第

1812年，法拉第有幸在伦敦皇家学院听了著名化学家戴维的4次讲课，题目是《发热发光物质》。深奥、严谨而又枯燥的化学知识在这位大师嘴里变得那样透彻、轻松和生动，在法拉第耳中是那样迷人和美妙，法拉第马上被深深地吸引住了。他渴望走进那神奇的科学殿堂，像戴维那样从事崇高的科学研究事业。也就是在那时，法拉第决定把自己的终生献给科学。

为了实现自己的梦想，法拉第写信给当时的英国皇家学会会长班克斯爵士，希望能在伦敦皇家学院找个工作，哪怕在实验室里洗瓶子也行。

在煎熬中苦苦等待了一周之后，依然没有回音。法拉第心急火燎，马上跑到皇家学院去打听,被冷冷地告知:“班克斯爵士说,你的信不必回复!”如此侮辱的答复,令法拉第伤心至极。毕竟在那个年代,命运对一个贫穷的青年绝对不会公平。但受到打击的法拉第并不气馁,对科学事业的执着追求促使他鼓起勇气,又给戴维写了一封信,并附上经过认真整理并装订成册的听课笔记。戴维看到自己的讲座被记录得如此一丝不苟,插图也如此准确精美,非常感动。

1813 年 3 月,在戴维的推荐下,年轻的法拉第成为伦敦皇家学院实验室的助理实验员,从此走上了科学研究的道路。

电磁感应定律的提出

生活在电气时代的人们,千万不要忘记“法拉第”这个名字,因为是他给我们带来了电。

人类很早便对磁有了认识,但一直没有把它和电联系起来。直到 1820 年,丹麦物理学家奥斯特才发现磁与电有着一定关系,因为他发现通电的导线能够扰乱罗盘中的磁针。后来,法国物理学家阿喇果发现电能生磁。在这个基础上,法拉第想:既然电能生磁,那么磁也定能生电。

为了让磁生电,法拉第经过了 10 年不懈的努力。他在一张纸上撒上一层极细的铁屑,在纸下面放一块磁铁,然后轻敲纸张。这时,受到震动的铁屑从磁极的两端排成了整齐的缕缕线线,法拉第断定这便是人眼看不到的“磁力线”。通过进一步实验,法拉第惊喜地发现了磁生电的瞬间电流。他于是又做了一个非常著名的实验。他用一个永久磁体与线圈做一出一进的连续运动,电流表上就显示线圈中有电流通过。这一实验导致法拉第在 1831 年发明了第一台发电机。这个发明再次引发了工业革命,把人类带到了光明的电气时代。

多少与他没上过学有关,法拉第对数学几乎是一窍不通。因此他无法用数学公式把自己的理论表达出来,只能运用自己的直观能力,以图示来说明。正因为如此,他写了三大卷千万余字的《电学的实验研究》,才把他一生的电磁学理论说明白。最终还是麦克斯韦把这一堆“素材”建立成完整的理论,这便是被称为法拉第-麦克斯韦的理论体系。

除此之外,法拉第还发现了电解定律。为了纪念他为此做出的贡献,人们将析出某元素的 1 克当量的用电量称为 1 个法拉第,1 个法拉第等于 96,500 个库伦。另外,电容的单位叫作法拉。

法拉第于 1867 年 8 月 25 日去世,享年 76 岁。当时有人提议停电三天向法拉第致哀,但这是不可能的。这足以证明法拉第的发现是多么重要!

爱迪生

少年爱迪生

1847年2月11日，托马斯·阿尔瓦·爱迪生出生于美国俄亥俄州的迈兰镇。

从小，爱迪生就显示出非凡的想象力和探究事物秘密的强烈兴趣。5岁的时候，为了使鸡蛋孵出小鸡来，他竟然学母鸡的样子，把蛋放在自己的身体下面，亲自去孵。

爱迪生和他发明的白炽灯

爱迪生8岁上学，但仅仅读了3个月的书，就被老师斥为“低能儿”而撵出校门。从此，他的母亲就成了他的“家庭教师”。由于母亲的良好的教育方法，使得他对读书发生了浓厚的兴趣。8岁时，他读了英国文艺复兴时期最重要的剧作家莎士比亚、狄更斯的著作和许多重要的历史书籍，如《罗马帝国衰亡史》和《英国历史课程》。到9岁时，他能迅速读懂难度较大的书，如帕克的《自然与实验哲学》和《百科全书》。10岁时他开始对化学产生浓厚兴趣。

在好奇心的驱使下，爱迪生经常照着书本的描述，做一些简单实验，借以证明书中的定理。这种强烈的求知欲和做实验的愿望，常给他带来麻烦。有一次，他从书上看到气球升空的原理后，以为只要有了气什么都能飞到空中，于是配制了一包药，让仆人喝下去，想让他飞起来，结果却险些让这个仆人昏厥过去。

12岁时，在父母的允许下，爱迪生在休伦到底特律的铁路线上当报童。1862年2月，他自己办起一张小报——《先驱报》，传递铁路沿线有关美国南北战争的消息、市场动态、物价行情等。从采访到排版、印刷直至出售，都是他一个人。没想到，每期竟有300份的销售量，这样一来，实验经费便有了保障。

爱迪生用所挣得的钱在火车行李车上建立了一个化学实验室。不幸有一次化学药品着火，他连同他的设备全被扔出车外。另外有一次，当爱迪生正力图登上一列货运列车时，一个列车员抓住他的两只耳朵助他上车。这一行动导致了爱迪生成为终身聋子。

门罗公园的魔术师

1862年8月，爱迪生救出了一个在火车轨道上即将遇难的男孩。孩子的父亲对此非常感谢,但由于无钱可以酬报,便教给爱迪生电报技术。从此,爱迪生便和这个神秘的电的新世界发生了关系,踏上了科学的征途。

1869 年 6 月初,爱迪生来到纽约。10 月份,和好友鲍普成立了鲍普-爱迪生公司,专门经营电气工程的科学仪器。不久,他发明了金价印刷机。之后,他靠发明得来的 1.5 万美元,在新泽西州的纽瓦克办了一个小工厂,专心致志地研制电器。从 1872 至 1875 年,爱迪生先后发明了二重、四重、六重电报机,还协助别人造出了世界上第一架英文打字机。

29 岁的时候,他在新泽西州的门罗公园,建造了一座两层楼的工厂。它不仅是座工厂,而且是世界首创的工业研究实验室。在此,他潜心发明与人们的生产和生活直接相关的电器用品,陆续取得了许多重大发明成果。其中,白炽电灯,就是在经历了无数次失败后才研制成功的。后来,他又发明留声机和碳精电话送话器。在这段时间里,爱迪生所具有的美国人的活跃气质也表现出来。他为了给自己做宣传,替自己起了一个别号"门罗公园的魔术师"。

1881 年,爱迪生在纽约城里建立电站,1882 年试制成功电车,1885 年制造了当时世界上最大的发电机,1895 年发明电影机,1904 年发明镍铁蓄电池。此外,还有印刷电机、长途电话、调速器、电气仪表、熔断器等等。在基础科学方面,他发现了热电效应,即"爱迪生效应",最后导致电子工业的创立。爱迪生的发明不胜枚举,仅仅 1882 年他就提出 141 项专利申请。

留声机和白炽灯

1877 年的一天,看见奔涌的海浪,爱迪生产生了一种奇异的想法:人发出的声音和海浪声基本是一样的,既然海浪能在沙滩上留下弧线,那么人所发出的声音,也就是声波,也应该在某种情况下留下痕迹。假如将声音密集起来,在一定的条件下取出来听,人类的声音不就可以保存了吗?

于是,他试着把很薄的锡箔片贴在圆筒上,一边转动圆筒,一边就在上面刻声波。然后在锡箔刻痕上换上一根针,再把圆筒向回转,这种机器就会发出声音来。按照这种方法,经过反复研究,爱迪生发明了留声机。

然而,令人不可思议的是,当时这种机器竟找不到买主。因为许多人不相信,认为这是"胡闹"。爱迪生研究所的几个人便利用门罗公园"秋季集市"的机会,每天在集市上卖留声机。集市上的演示和叫卖很见效。有很多人开始购买这种东西。爱迪生发明的留声机很快传遍美国,不久就跨过大洋传到德国、俄国、法国等国家。爱迪生的名声也随之大振,被称为"世纪魔术师"。

对于爱迪生而言,最著名的一项发明,是在 1879 年发明的白炽电灯。当时为了找到一种既耐高温而又持续时间长的灯丝材料,他不分四季昼夜,几乎每天都泡在实验室里钻研。1878 年的一年时间里,他共实验了 1600 多种材料,平均每天实验 5 种之多。有一天,他把一只扇子炭化之后当成灯芯使用,结果发现比过去所用的任何材料都好,燃烧的时间又延长了。他查阅各种生物资料，希望找到一种类似结构组织的物质。为此，他还派得力助手前往日本、中国和缅甸等地寻找最好的竹子。“功夫不负有心人”，人工碳素终于问世了，这使得长期困扰爱迪生的灯丝问题得以彻底解决。白炽电灯很快走进千家万户。

科学界的拿破仑

爱迪生一生在实验室或工厂里度过了60多年，他的发明平均每15天一项，他通过自己的创造性劳动，对人类的生活产生了深刻的影响。电车改变了城市的交通，电灯、电影机、电话、留声机等大大丰富和方便了人们的生活。而爱迪生，也被大家亲切地称为“科学界的拿破仑”。

爱迪生对如何开展科学研究也做出了伟大贡献。19世纪以来，虽然生产方式的社会化有了进展，但科学研究的方式还比较落后。科学家还是个人独立地在进行研究，为了更好地集中大家的智慧进行科学研究，1876年，爱迪生建立了世界上第一个工业研究实验所，并命名为“发明工厂”。“发明工厂”把许多不同专业的人组织起来，里面有科学家、工程师、技术人员、工人共100多人，爱迪生的许多重大发明就是靠这个集体的力量才获得成功的。

爱迪生的文化程度极低，对人类的贡献却这么巨大，这里的“秘诀”是什么呢？除了有一颗好奇的心和亲自试验的本能外，就是他那具有超乎常人的艰苦工作的精神了。当有人称爱迪生是个“天才”时，他却解释说：“天才就是百分之二的灵感加上百分之九十八的汗水。”

1929年10月21日，在电灯发明50周年的时候，人们为爱迪生举行了盛大的庆祝会，德国的爱因斯坦和法国的居里夫人等著名科学家纷纷向他祝贺。

1931年10月18日凌晨，这位为人类做出了伟大贡献的科学家因病逝世，终年84岁。

马可尼

少年天才

马可尼出生在意大利北部的波伦亚城。父亲是个农庄主，母亲是一个爱尔兰贵族的后代。马可尼天资聪颖，勤奋好学，尤其喜欢阅读物理学方面的书籍。小时候他常常随母亲坐船漂洋过海去英国甚至是北美探亲访友。旅途中，当船只航行在一望无际的大海上时，常常遇到一些意想不到的麻烦，可是又无法和陆地及其他正在航行的船只取得联系。于是，他常常想，能不能找到一种通信工具，当船在海上航行时，也能和陆地取得联系呢？这种想法一直记在他心里。

1894 年,20 岁的马可尼由于一次偶然的机会在一本电磁杂志上读到一篇介绍赫兹研究电磁波的文章。这篇文章唤醒了马可尼少年时代的幻想。如果使用电磁波传递莫尔斯电码,不就可以不再被电缆束缚吗?他说服了父亲,并从他那里得到一切财政支持。于是他开始在意大利波伦亚他父亲的庄园里进行无线电报的实验。

马可尼肖像

1895 年夏天,21 岁的马可尼在父亲的花园里进行了一次非常成功的电磁波传递信号实验。

同年秋天,马可尼把电磁波的传送距离扩大到 2.7 公里。他把火花式发射机放在村边的小山顶,天线高挂在一棵大树上。接收机却安放在家里的三楼。一个同伴给他当助手,在小山顶发报,他在楼上接收。对方发送信号的时候,接收机的电铃能够清晰地发出响声。实验取得了成功。

为了使无线电能够有实用价值,能够为人类服务,22 岁的马可尼告别亲人,登上了去英国的征途。

信号跨越大西洋

离开家乡后,22 岁的马可尼来到了英国,在一些商人和大臣的赞助下,继续进行无线电通讯实验。为了引起大家的关注,马可尼做了一次 10~20 公里的无线电报通讯表演,结果顿时引起了大家的尖叫。第二年,马可尼开始试着将无线电进行商业应用,并成立了无线电报通信公司。1899 年,马可尼把无线电通信的距离增大到 106 公里,无线电信号第一次突破了 100 公里大关。

1901 年 12 月 12 日下午 2 点 30 分,对于马可尼和全世界人民而言,都是一个值得记住的日子。这一天,马可尼和他的助手们进行了横跨大西洋的通讯实验。

英格兰西南海岸的康沃尔郡的波尔渡,一个大功率的无线电发射机,一遍又一遍地发出“滴答”的信号声。在距此 2200 公里远的加拿大纽芬兰海岸附近的锡格纳尔山一座峭壁上,马可尼和助手坎普在等待接收无线电信号。

13 日的 12 点 30 分,马可尼听到了三声“滴答”的信号声。随着这三声“滴答”声,在以后的岁月里,人类的通讯方式发生了翻天覆地的变化,而马可尼也因此被称为“无线电之父”。

由于马可尼在无线电通信方面所做出的贡献,在 1909 年他被授予诺贝尔物理学奖。

弥尔顿《失乐园》成书

约翰·弥尔顿(1608~1674)出生于伦敦公证人家庭,1625~1632年在伦敦大学读书,获硕士学位。他在青年时代诗作颇多。1638~1639年弥尔顿到意大利旅游。1639年回国后他便投身于争取宗教自由和公民自由的斗争。英国革命开始后,弥尔顿投身于革命斗争,以文章作为武器为革命大喊大叫。1649年他写《论国王和官吏的职权》,论证查理一世的正确性。弥尔顿被克伦威尔任命为外语秘书。1649年他发表《偶像破坏者》,1651年又写《为英国人民声辩》,拥护共和政府。1651年年底,42岁的弥尔顿双目失明。1654年他又发表《再为英国人民声辩》。1660年斯图亚特王朝复辟后,他潜心写作《失乐园》。弥尔顿已经失明,写作《失乐园》全凭口授,精心修改长达10年,1665年完成,1667年出版。这部书以善与恶、神与恶魔斗争为主题,叙述鲁西伐对神的叛逆。书中充满了战争的场面。象征着贵族和清教徒的斗争。作者以战争为背景描写人们的乐园生活。作者把亚当写成讲究勤勉的男子,把夏娃写成温顺的妻子,描写他们的爱情生活。弥尔顿又写了《复乐园》,是《失乐园》的继续。

西班牙正式承认葡萄牙独立

1580年,葡萄牙国王恩里克死后无直系继承人。西班牙国王菲利浦二世依照姻亲关系出兵葡萄牙,强迫葡萄牙议会选举他为国王。葡萄牙从此在西班牙统治下失去独立60年。此时葡萄牙在国际上的地位日见衰微,已失去往日殖民帝国的实力。西班牙对葡萄牙人实行“巴比伦式的奴役”,在葡萄牙横征暴敛,大大超过了它的国力所能承受的程度。西班牙统治者还准备将葡萄牙合并。当时,对西班牙实现这一计划威胁最大的是葡萄牙的布拉甘沙公爵若奥。因为他是王室后裔,有资格继承王位。西班牙统治者决定伺机排除这一合并道路上的障碍。1640年,西班牙国内卡塔洛尼亚发生人民起义,国王命若奥率军队前往镇压,实际上是借机将其调离葡萄牙本土。此时西班牙正陷入“三十年战争”,国内又发生人民起义,统治者穷于应付,一些葡萄牙上层贵族认为这是争取独立的好机会。1600年12月1日,他们发动了一场宫廷政变,赶走了西班牙女总督玛加雷特,拥戴若奥为国王。政变受到人民群众的欢迎。西班牙在葡萄牙的舰队未做抵抗即投降。1640年12月15日,若奥被加冕为葡萄牙国王,是为若奥四世。葡萄牙实际上取得了独立。但在名义上西班牙还是它的统治者。若奥四世开始建立自己的国家,并争取国际上的承认。与此同时,葡萄牙开始夺回在西班牙统治下失去的一些海外殖民地,巩固了在巴西和非洲的统治。1656年,若奥四世逝世,阿丰索六世继位。其间,葡萄牙以重大代价恢复了与英国的同盟关系。西班牙曾试图以武力夺回葡萄牙王位,但军事行动的结果均以失败告终。1663 年,在卡斯特洛—罗德里戈蒙特斯—克拉罗斯两次战役中,西军元气大伤,至此,再无力进攻葡萄牙。1668 年,西、葡两国在里斯本签订了和平条约,西班牙正式承认葡萄牙独立。

洛克名著《政府论》出版

约翰·洛克是 17 世纪英国资产阶级思想家。其思想直接受培根和霍布斯的影响。在斯图亚特王朝复辟时期,他主张英国应建立君主立宪政体,给予公民自由。1669 年,他完成了重要的政治著作《政府论》上下篇。在下篇中,他集中阐述了自己的政治主张。洛克以社会契约学说去解释国家的起源、性质和作用。他认为,人类历史上曾有过"自然状态",当时,人人都是自由、平等的。人们用自己的劳动从自然界中取得所需的东西,并成为人们的私有财产。也就是说,洛克认为,在自然状态中已经出现了私有财产,他进而论证生命、自由和财产是自然赋予人类的基本权利,不能转让和被剥夺。但"自然状态"并不能保障人们的自由、平等权利。人们的权利时时受到他人的危害。为了防止这种危害,人们彼此之间订立契约而组成国家。希望用国家的力量来保护"自然权利",首先是私有财产权。这就是洛克的国家起源学说。关于国家政权的组织形式,洛克认为,资产阶级的议会君主制是最好的形成,因为它"依照多数人的意志"行事。洛克提出了分权的学说,主张立法权、行政权和联邦权(管辖对外事务)的分立,并提出议会立法权是最高权力。洛克的思想反映了资产阶级和新贵族的利益,他的分权学说和议会主权论成为君主立宪政体的理论基础。所以,恩格斯说:洛克的思想是"1688 年的阶级妥协的产儿"。《政府论》一书在资产阶级政治思想史上占有重要地位。

牛顿和莱布尼兹创立微积分

在前人对求速度、求曲线的切线、求极值和求长度、面积、体积等问题研究的基础上,英国大科学家牛顿(1642~1727)和德国数学家莱布尼兹(1646~1716)各自独立地创立了微积分。1669 年,牛顿完成《运用无穷多次方程的分析学》,这个小册子是牛顿的第一篇微积分论文,首先在朋友中散发,1711 年才正式发表。1671 年,完成《流数法和无穷级数》,此书发表在 1736 年。1676 年,写出《曲线求积术》,这篇文章发表于 1704 年。1687 年出版的牛顿巨著《自然哲学的数学原理》,也载有微积分的研究成果。莱布尼兹在 1684 年发表了题为"一种求极大极小和切线的新方法,它也适用于分式和无理量,以及这种新方法的奇妙类型的计算"的文章,这是世界上最早公开发表的微积分论文。牛顿和莱布尼兹都把微积分作为一种能应用于一般函数的普遍方法,并且都发现了微分和积分的关系,即著名的微积分基本定理。所不同的是,牛顿更多的是关心微积分的体系和基本方法,而莱布尼兹似乎更关心运算公式的建立和推广,力求建立微积分的规范,即法则和公式的系统。莱布尼兹所采用的符号比牛顿的用起来方便。历史上有牛顿与莱布尼兹发明优先权之争,这场争论停止了英国和欧洲大陆的数学交流,由于英国派死守牛顿的几何方法,拒绝采用莱布尼兹用起来很方便的符号,使英国数学大大落后于欧洲大陆。这是数学史上的悲剧。微积分的发明,开创了数学史上的新纪元。在它的基础上,形成了数学分析的各分支,促进整个数学万花盛开,为现代数学发展奠定了基础。

化学燃素说建立

燃烧是自然界经常发生的现象。历史上,许多科学家都曾试图解释这种现象。中国古代的"五行说"(水、火、木、金、土),古印度的"四大说"(地、水、火、风)和古希腊的"四元素说"(土、水、气、火)都把火看作是构成万物的一种元素,炼金家亦认为火是从物质内部分解出来的。17 世纪,随着冶金及化学工业的发展,人类对燃烧现象的认识更进一步。玻义耳曾发现金属煅烧后的煅灰总是重于金属本身,他认为这是"火微粒"在煅烧过程中与金属结合的结果。1665 年英国化学家罗伯特·胡克(1635~1703)在《显微术》一书中论述了空气在燃烧中的作用。总之,科学的发展迫使人们竭力去寻找燃烧的理论解释,"燃素说"正是在这样的时期产生的。1669 年德国化学家约翰·约阿希姆·贝歇尔(1635~1682)在《土质物理》一书中首次阐述了"燃素说"的思想,他提出物质是由空气、水及三种土质组成,一种土质是可燃的油状土,另外的是汞状土和玻璃状土,由于这三种土的比例不同,构成了世界上千差万别的物质。物质燃烧时油状土被烧掉了。1703 年贝歇尔的学生、德国化学家乔治·恩斯特·施塔尔(1660~1734)重印贝歇尔的著述,把其中的"油状土"改述为"燃素",并系统地阐述了燃素说。他认为所有的可燃物均含有一种称之为"燃素"的共同元素,燃烧过程可以被看作是物体吸收和释放燃素的过程。燃素说把化学从炼金术中解放出来,是化学发展史上的一个进步。施塔尔的燃素说概括了当时的各种燃烧现象,且对很多化学现象给出了解释。随着科学的发展,尤其是一些重要气体的发现,使燃素说陷入困境,终于在 18 世纪末被氧化理论取代。

法国兰奎多克人民起义

1670 年,法国贵族出身的军事统帅安都昂·德·鲁尔领导兰奎多克人民进行起义。安都昂·德·鲁尔被誉为"被压迫人民的大元帅"。起义军队占领了普里瓦和埃里纳等城市。他们所到之处严惩贵族、僧侣、税吏和各类贪官污吏。他们发表檄文,其中说:"实现瓦罐打碎铁罐预言的时刻到来了。"他们说:"贵族和僧侣该死。他们都是我们的敌人","应该杀尽人民的吸血鬼。"路易十四派出大批军队向兰奎多克进攻。安都昂·德·

鲁尔率领起义军同政府军进行英勇战斗，最后被击溃。安都昂·德·鲁尔和起义人民都遭到残酷镇压。

英法签订《多佛条约》

英国斯图亚特王朝1660年复辟之后，国王查理二世伺机恢复封建专制制度。在政局稳定之后，他加快了这一步伐。为此，他认为需要取得欧洲大陆上的封建专制大国——法国的支持。1670年，查理二世以同意帮助法国对荷兰的战争为条件，同法国签订了秘密的多佛条约。根据条约，英国同意与法国联合进攻荷兰，并保证在英国恢复天主教。法国则向查理二世提供200万利弗尔的资金和6000步兵的援助。同时，法国还同意每年给查理二世16.6万镑的津贴，以使其摆脱国会的财政控制，加快恢复专制制度。条约签订后，查理二世加紧准备对荷兰战争，以帮助法国争夺欧洲霸权。1672年3月，查理二世未经国会同意即对荷兰宣战。查理二世帮助天主教的法国攻打新教国家荷兰，引起英国资产阶级、新贵族和广大人民的愤怒。伦敦出现群众骚动，谴责国王投靠法国，出卖了英国的自由和信仰。《多佛条约》的签订和查理二世的反动措施，使宫廷贵族组成的五人内阁开始出现分裂。

克拉伦登著《英国叛乱和内战史》

克拉伦登原名爱德华·海德，封克拉伦登伯爵。他毕业于牛津大学与格达伦学院。1640年克拉伦登相续是短期国会和长期国会的议员，批评国王的各项政策。但1641年《权利请愿书》发表后，他公开站到国王方面，成为王党的谋士。1642年5月，克拉伦登跑到约克城示会查理一世，任枢密顾问和财政大臣。1646年他陪伴王子去泽西岛，在这里开始写作《英国叛乱和内战史》。1660年斯图亚特王朝复辟后，克拉伦登任大法官，受到国会众议院的弹劾。1667年失去大法官职，同年11月逃亡法国。《英国叛乱和内战史》，完全站在王党的立场上，污蔑英国革命是大逆不道的罪行，攻击克伦威尔等革命领导人，美化王党分子。但他同时指出，他写这部书的目的是回顾过去的错误，以为将来的借鉴。他认为，革命的发生是由于斯图亚特王朝的暴政和一系列错误促成的，查理一世是自食其果。克拉伦登的史学观点反映了英国托利党的看法。保王党人读这部书为之流泪，而革命党人读了它则激愤万分。

法国对荷兰、西班牙、奥地利等国作战

路易十四时期的法国是欧洲封建专制大国,路易十四为了达到控制欧洲,争夺海上霸权和殖民地的目的,对外发动了一系列战争。1672 年同荷兰、西班牙和奥地利的战争,实际上是继 1667~1668 年“遗产战争”之后,争夺哈布斯堡王朝领地斗争的继续。路易十四觊觎哈布斯堡王朝领地已久。1667 年,路易十四要求西班牙将其所属南部尼德兰割让给法国作为王后陪嫁,被西班牙拒绝了。路易十四以此为由,发动了对西班牙的“遗产战争”。荷兰因反对法国夺取南尼德兰而同西班牙结盟参战。战争结果,法国的目的并未达到。路易十四认为此次受挫是由于荷兰从中作梗。另个,此时法国的海上贸易受到荷兰的有力竞争。路易十四感到为了夺取哈布斯堡王朝的领地,取得海上霸权,必须将荷兰置于死地。在进行了一系列外交活动之后,1672 年,法军攻入荷兰。荷兰人民在执政威廉领导下英勇抵抗。荷兰人掘开海堤,使大地成为一片泽国,法军进攻受阻。同时,在海上荷兰海军重创英法舰队。开战不久,奥地利和西班牙以及德意志其他邦国也参加荷兰方面作战,战争遂演成欧洲规模。1674 年,英国国会迫使查理二世退出与法国的同盟,参加荷兰方面作战。路易十四孤立无援,被迫撤出荷兰。法军继续在奥地利和西班牙作战,并迭次取胜。在海上,法国海军击溃荷兰舰队。1679 年,双方签订《尼姆维根和约》,根据条约,西班牙把弗朗什-孔德和弗兰德尔的几个要塞割让给了法国。通过这次战争,法国在欧洲大陆的优势进一步加强。

英国国会通过宣誓法案

英国斯图亚特王朝在 1660 年复辟后,查理二世加快准备恢复封建专制制度。为此,他同法国签订了秘密的多佛条约,企图在法国的帮助下,恢复专制制度和天主教。之后,查理二世未经国会同意即出兵荷兰,帮助法国争夺欧洲霸权。国王的反动措施,引起国内动荡,国会内部出现分裂,形成两个派别。代表伦敦商业资产阶级和各郡乡绅利益的派别,称为地方党,他们反对国王的反动措施。代表旧贵族和保王党利益的派别,称为宫廷党,支持国王。其中,地方党在国会中势力较大。1673 年,在地方党的强烈要求下,国会通过了宣誓法案。该法案的主要内容是:每个国家公职人员都必须宣誓承认国王是国教教会的首脑,同时,必须实行英国国教仪式的圣餐礼。宣誓法案的通过和实施,对内阁是一次冲击,使这个被称为“阴谋小集团”的内阁发生分裂。阿希里大臣投票赞成宣誓法案,成为反对派的领袖。克利福德拒绝宣誓,阿尔林顿被免职,白金汉自动退出了政府。到 1674 年,这届内阁垮台。宣誓法案的通过和实施,对于遏制封建专制制度和天主教势力在英国复辟起了一定的作用。

印度萨特拉米起义

印度莫卧儿帝国统治时期,国内阶级矛盾、民族矛盾在宗教问题上表现极为突出。莫卧儿皇帝信奉伊斯兰教,对其他教派实行迫害政策,因此,不断激化了国内的各种矛盾。在帝国统治的中后期不断爆发大规模的人民起义。1672 年,在朱木拿河右岸的纳尔瑙耳州爆发了著名的萨特拉米起义。因领导起义的萨特拉米教派而得名。萨特拉米教派就是蒙达教派。萨特拉米意即"好名誉"。该教派包括社会各阶层。参加这次起义的不仅有农民村社的成员,而且有农村中最受压迫的阶层——"不可接触者"——清道夫、制革匠、木匠等。萨特拉米教派宣称对于莫卧儿政权的任何暴行都不能容忍。起义是以萨特拉米教派农民同纳尔瑙耳州地方收税官的冲突开始的。该州军事长官调来大批步骑兵讨伐起义者,被起义者多次打败。起义者占领了纳尔瑙耳州的首府和另外一些城市。同时,起义军在各地建立了军事据点并开始征税。在取得初步胜利后,起义者决定向莫卧儿帝国统治的心脏地区德里进军。皇帝慌忙派兵镇压起义军。结果,政府军连战皆败,溃不成军,起义者占领了朱木拿河右岸平原的大部分地区,直逼德里,到达距德里仅 60~70 公里的地方。皇帝急调配有大炮和战象的军队前往拦截义军,双方在德里西南展开激烈决战。起义者打得英勇壮烈。据史书记载,他们的鲜血染红了军刀。最后,政府军以惨重的代价将起义军残酷镇压。萨特拉米起义在印度人民反封建斗争史上具有重要意义。

法国平民暴动和农民起义

17 世纪中期,法国封建专制制度达到顶点。封建统治阶级对城乡劳动人民的剥削和压迫进一步加强。国王路易十四任用柯尔伯作财政总监,改革税收制度,使得城乡劳动人民负担加重,加速了农民和手工业者的破产。加之路易十四穷兵黩武,连年战争,更加重了人民的苦难。与人民的穷困不堪形成鲜明对照的是王室的骄奢淫逸,挥霍无度。路易十四在凡尔赛修筑了豪华的宫殿,其华丽、奢侈程度引起西欧各国宫廷竞相效法。这一切加深了法国社会的阶级矛盾。从 17 世纪 60 年代开始,法国社会动荡不安,人民的反抗斗争接连不断。在 1674~1675 年间,法国城乡出现了农民起义和城市平民暴动遥相呼应的形势。1674 年,在基恩、布洛内、贝亚恩、维瓦雷和布列塔尼都爆发了农民起义。起义农民烧毁城堡,烧死税吏。在布列塔尼,农民提出了"农民法典",其内容主要是废除封建义务和争取自由。在波尔多,城市平民暴动,要求废除沉重的捐税,他们和来到城里的起义农民联合起来,同政府军顽强作战。路易十四对人民起义采取了残酷镇压的政策。到 1675 年,各地的起义相继失败了。但是,法国社会阶级矛盾仍然在不断激化,到 17 世纪的70年代,更大规模的农民起义再次兴起。表明法国封建专制制度开始走向衰落。

英国迫害天主教阴谋案

1678年,在伦敦有一位叫欧茨的人宣称,英国的耶稣会士4月份曾在伦敦集会,计划阴谋杀害英王查理二世,在英国恢复天主教会。人们信以为真,所以就出现了大批囚禁和处死天主教徒的事件。英国统治集团明知这是一件荒唐事件,但却把这个事件作为政治斗争,反对政敌的手段加以利用。后来真相败露,但在爱尔兰迫害天主教徒的事件仍然广泛蔓延!

寂静主义与罗马教会的斗争

寂静主义是天主教灵修学派的一种理论。它认为灵魂的纯真在于沉静,人应当抑制个人的努力以便上帝充分施展作为。这种理论最早出现在中世纪的欧洲。1625年,西班牙神秘主义在莫里诺斯出版了《神修指导》一书,将这一理论系统化。他成为寂静主义的创始人。莫里诺斯提出:要使灵魂达到完善境地,就要沉静无为。无为而使灵魂返璞归真,化为神性。人不应当考虑如何得救,如何达到纯真,如何达到其他目的,只应把一切交给上帝,而不必习演灵修常规。莫里诺斯的理论引起教会内部的论争。教皇莫诺森十一世虽与莫里诺斯私交甚好,但不能见容于他的理论。1687年,教皇公开谴责莫里诺斯的理论,并下令宗教法庭将他逮捕,以道德败坏和异端罪对其进行审判。莫里诺斯被判无期徒刑。但寂静主义在教会中的影响仍然很大。1688年,法国神秘主义者费奈隆著《圣徒格言》一书,进一步阐发了寂静主义理论。这部著作成为寂静主义的重要代表著作。此书出版,引起法国天主教会和法王路易十四的不满。1699年,教皇莫诺森十二世受法王路易十四和法国天主教会之请,谴责这本书,并将已被选为坎特伯雷大主教的费奈隆贬回本教区。至此,寂静主义派同罗马教会的斗争基本结束,寂静主义理论虽受到教皇的禁止,但仍有许多信徒,在各个地区秘密地从事他们的宗教活动。

印尼人民武装反抗荷兰殖民者

印度尼西亚自16世纪开始沦为葡、荷、西、英等国的殖民地。在西方列强的激烈角逐中,荷兰殖民主义者的势力日益扩大。1602年,荷兰东印度公司成立,逐渐控制了印度尼西亚的统治权。1610年,东印度公司在印尼委派总督进行统治。1619年,荷兰人打败英国人,占领了雅加达,并以此为据点向整个印尼和亚洲地区扩张。荷兰殖民者势力的扩张及对印度尼西亚的掠夺，引起印尼人民的强烈仇恨。1674 年，马都拉王子杜鲁诺·佐约举起了反抗荷兰殖民主义者的旗帜，领导了一场抗荷的武装起义。起义军占领了马都拉城，然后进军爪哇，得到当地人民的热烈支持。杜鲁诺·佐约提出赶走欧洲强盗，恢复麻诺八歇国家的口号，吸引了攻克爪哇和马打兰。万丹国和勃良安地区先后响应起义。马打兰封建王公惊恐不安，投靠荷兰殖民者请求支援。1677 年，马打兰王同东印度公司签订卖国协定，给予东印度公司在马打兰进行免税贸易的特权。割让加拉横、勃良安和三宝垄等地给东印度公司，偿付公司援助所需费用，将马打兰海港交公司暂时使用。荷兰东印度公司遂派兵镇压杜鲁诺·佐约的起义军。1678 年，东印度公司军队大举入侵马打兰，起义者顽强抵抗，1679 年底，起义军被彻底镇压下去，杜鲁诺·佐约被杀害。这次起义揭开了印度尼西亚人民反抗殖民统治斗争的序幕。

匈牙利"库路茨"反奥战争

17 世纪时，匈牙利处于奥地利哈布斯堡王朝统治下。匈牙利人民遭受民族的和阶级的双重剥削和压迫，特别在利奥波德一世统治时期，其专制统治更加严酷。不甘忍受压迫的匈牙利农民纷纷逃往东部边境地区，一些不满哈布斯堡王朝统治的匈牙利贵族也来到这里。这些逃亡者自称"库路茨"（拉丁文"十字军"之意），其中以农民为主体。1678 年，"库路茨"在其领袖特克利·伊姆雷领导下，举起了反对奥地利统治的义旗，开始了长达 7 年的反奥战争。"库路茨"起义后，得到人民群众的广泛支持，人民从各方面对起义军给予支援。起义军人数达到 2.5 万之多。起义开始后，特克利领导"库路茨"对奥军发动进攻，取得一些重要的胜利。不久，从特兰西瓦尼亚的边界到伽拉姆的大片土地都在"库路茨"控制之下。特克利建立了政权，自任首领。奥地利统治者面对"库路茨"的进攻，被迫调整了政策，试图缓和矛盾。但起义军不为所惑，坚持斗争，并取得重大成果。在胜利的形势下，特克利不注意发动群众，而指望法国和土耳其的支援。当 1683 年法国同奥地利言和以及土耳其在欧洲联盟打击下惨败后，特克利政权立即动摇。奥军在 1683 年转入反攻，土耳其统治阶级为了同奥地利和解，将投靠自己的特克利逮捕。1685 年，特克利虽被释放，但其政权被奥地利消灭了。这样，长达 7 年的反奥农民战争最后失败了。奥地利统治阶级对"库路茨"进行了无情的镇压，但匈牙利人民争取民族独立和解放的斗争并没有停止。

英国辉格党和托利党形成

英国复辟时期的国王查理二世在位时期，实行一系列违背资产阶级和新贵族利益的政策，妄图恢复革命前的封建专制制度。为此，查理二世积极准备恢复天主教在英国的统治地位。此事引起资产阶级和新贵族的强烈不满。查理二世无嗣,依照惯例,其弟詹姆士是合法的王位继承人。詹姆斯是天主教徒,一旦他继位,就意味着天主教在英国的恢复。为杜绝这种可能性,资产阶级和新贵族同国王围绕着詹姆士的继承权问题展开了斗争。1679年5月15日,资产阶级和新贵族在国会中提出了一个《排斥法案》,要求取消詹姆士的继承权,并永远禁止他回国,否则以叛国罪论处。在国会讨论《排斥法案》的过程中,形成了两个党派。拥护该法案的一派被称为辉格党,反对派称为托利党。"辉格"一词原指在英国资产阶级革命期间与国会缔结《庄严盟约》,共同反对国王的苏格兰长老会派。它代表大、中资产阶级和新贵族的利益,拥护国会,反对君主专制。围绕《排斥法案》,辉格党同国王和托利党展开了长达两年的斗争。在讨论《排斥法案》的过程中,辉格党人为防止国王的迫害,在1679年5月27日,促使国会通过了《人身保护法》,规定没有法院的传票,不得随意捕人,被捕人在受审前的拘留期不得超过规定期限。这个法案是辉格党在同国王斗争中取得的成果,对于保护人身自由具有重要意义。国王利用他对上院的影响,阻挠国会通过《排斥法案》,1680年11月15日,国会下院通过了《排斥法案》,但被上院否决。国王并对辉格党人进行弹劾。辉格党在国会中失势。

哈雷发表南天星表

英国著名天文学家埃德蒙·哈雷(1656~1742)从童年时代起就酷爱天文学。在天文观测过程中,哈雷意识到有一张较为正确的恒星表是非常重要的。当时无论在格林威治,还是格但斯克都无法看到南天恒星的方位,只能依靠水手的粗略观测确定其位置。于是哈雷决定亲自编制南天恒星表。哈雷得到了父亲的支持,从那里得到了考察经费。他选择了位于南大西洋的圣赫勒纳岛作为观测站。英国国王查理二世得知这个考察计划后,将哈雷托付给当时控制着圣赫勒纳岛的东印度公司。1677年初哈雷携大量科学仪器随公司船队到达该岛。他选择了位于岛屿中央的迪亚纳峰的一个北部山头扎营,恶劣的气候经常给观测带来很大困难。哈雷利用了一个望远镜六分仪测定了每一个可观测到的未知恒星与第谷·布拉赫(1546~1601)星表中至少两颗恒星的角距离,计算出赤经和赤纬,标明了坐标位置。经历了近18个月的努力,哈雷完成了记载有341颗恒星位置的南天星表,1679年将其发表。这是人类首次利用望远镜观察编制的星表。

英国政界围绕"排斥法案"的斗争

1660年斯图亚特王朝在英国复辟以后,查理二世逐步准备复辟封建专制制度,引起了议会内部反对派势力的不满。反对派利用人民群众的支持,在1679年的国会选举中取得了压倒多数的席位。反对派利用国会和国王围绕王位继承权问题展开了斗争。

1679 年 5 月 5 日，反对派提出"排斥法案"，要求取消信奉天主教的查理二世之弟约克公爵詹姆士的王位继承权，永远禁止其回国，否则，以叛国罪论处。"排斥法案"提出后，在国会中引起激烈斗争，最终形成了两大党派——托利党和辉格党。托利党主张实行专制制度，反对"排斥法案"。辉格党拥护议会制度，主张取消詹姆士的王位继承权，以防止天主教徒复辟。1679 年 7 月，查理二世为阻止国会通过"排斥法案"，强行解散了国会，宣布重新选举。但 10 月选举的结果，辉格党人仍占国会多数。国王采取拖延国会召开时间的办法从中作梗。但是，当 1680 年国会开幕后，下院仍然通过了"排斥法案"。查理二世再次利用强制手段将国会解散，并利用种种阴谋手段迫害辉格党人。由于国王和托利党人的阻挠，国会上院否决了"排斥法案"。当 1685 年查理二世逝世后，詹姆士继承了英国王位，是为詹姆士二世。围绕"排斥法案"的斗争，表明复辟时期英国政局的不稳定。

路易十四取消南特敕令

16 世纪末宗教战争结束时，法国重新成为欧洲强国，法国国王亨利四世的权力更加巩固。为了宽容异教徒，亨利四世于 1598 年 4 月 13 日颁布了"永久性"的《南特敕令》。敕令规定：信仰自由成为国王臣民的一项权利，礼拜的自由也显著扩大，公民平等得到了肯定。在四个大省的高等法院里建立了混合庭。8 年之中，新教徒得到了 100 个要塞，其驻军和要塞司令都是新教徒，他们还有权保持一支 25000 人的常备军。在亨利四世的坚持下，天主教徒的反对无效。路易十四亲政以后，以神权国家的绝对主人自居，建立繁荣昌盛的天主教，极其严格地限制南特敕令的执行。与此同时，教会方面加强了改教运动，在国王的威胁和教士的敦促下，新教大领主们纷纷改信天主教。当时法国国内约有 100 万新教徒，定居在南部、西部、巴黎和阿尔萨斯。新教的阵地依然很牢固，尤其在资产阶级和城市下层人民中间，工业家和财政家，帮工和手工业者往往都是胡格诺教徒。封建主过去的堡垒天主教会，极力劝国王剥夺胡格诺教徒从南特敕令中享有的一切权利。路易十四于 1685 年终于取消了南特敕令。这样一来，不仅取消了胡格诺教徒享有的一切权利，而且使天主教会残酷地迫害他们。胡格诺会堂被拆毁，教士被放逐，礼拜仪式被禁止，他们的子女必须受天主教洗礼，其结果是 20 万新教徒被迫逃离法国，逃到瑞士、德国、英国、爱尔兰和荷兰。他们把技艺、手工业和财富带往异邦，使得这些国家的工业、经济大为改观。

彼得和伊凡共立为俄国沙皇

1676 年，俄国沙皇阿列克塞病逝，由他 15 岁的长子费多尔·阿列克塞耶维奇继承王位。费多尔是阿列克塞第一个妻子（出身于米洛斯拉夫斯基家族）所生，体弱多病，在位不过6年,于1682年4月27日去世。费多尔无子,他死后在克里姆林宫聚集了大贵族、高级僧侣等的代表,商讨确立新沙皇的问题。结果,在总主教的支持下,确定彼得·阿列克塞耶维奇为沙皇,称彼得一世。彼得年仅10岁,是沙皇阿列克塞第二个妻子纳塔利娅·基里洛芙娜(出身于纳里什舍家族)所生,这样纳塔利娅摄政。彼得继位为沙皇,引起了米洛斯拉夫斯基集团的不满。彼得一世的同父异母姐姐索菲娅是这个集团的强有力人物,她主张拥立彼得的同父异母兄伊凡为沙皇。索菲娅和米洛斯拉夫斯基集团千方百计利用莫斯科射击军同自己的政敌斗争。射击军士兵由于生活状况恶化,不满情绪日益增长,索菲娅便利用这点将矛盾归罪于纳里什舍家族。在他们的鼓动下,莫斯科射击军士兵于1682年5月15日发动兵变,冲进克里姆林宫,杀死了纳里什舍家族成员、沙皇的舅父以及其他大贵族。莫斯科市民群众也发生了骚动。射击军的屠杀持续了数天,纳里什舍家族的地位受到了打击。1682年5月26日,杜马会议同意了立伊凡为第一沙皇,彼得一世第二沙皇。由于两个沙皇都年轻,由此确立索菲娅摄政。

英王颁布《信教自由宣言》

1685年英王詹姆士二世继位后,力图恢复天主教势力。他任命天主教徒僧侣担任国家公职,甚至任命天主教徒为军官,恢复被长期国会废除的高等法庭来处理宗教事务。他的反动行径遭到以英国国教为首的各反对天主教派别的反对。1687年4月4日,詹姆士二世颁布《信教自由宣言》。他在宣言中表示过去国会通过的一切反对天主教徒和异教徒的法令均停止实施,任何人均有自由公开信仰的权利。詹姆士二世想借此恢复天主教徒的政治权利。宣言颁布后,许多天主教徒和非国教派别信徒都被释放出狱。英国议会拒绝批准这个宣言,因此议会也被詹姆士二世解散。英国国内的斗争更加激化。

中俄两国签订《尼布楚条约》

沙皇俄国在17世纪占领了西伯利亚的广阔土地后,开始接触我国边境,于是发生了两国的边界争端。清朝统一中国后,国势强盛,因而有效地遏制了沙俄的武装入侵。1651年,沙皇俄国侵占了我国黑龙江沿岸重镇雅克萨,以此为据点,不断向我国黑龙江、松花江地区侵犯,遭到清军的抗击,俄军失败。但沙俄仍积极准备发动新的进攻。1685年5月,清军以水陆军包围雅克萨,俄军撤离,清军收复了雅克萨。但在清军撤回爱珲后,俄军又重占雅克萨。1686年3月,康熙下令再攻雅克萨,战斗异常激烈。9月,康熙致函沙皇建议和谈,11月13日,在得到俄方同意谈判的复函后,康熙下令撤军。雅克萨战役以沙俄的失败告终。1686年1月,沙皇任命费·戈洛文为同清廷谈判的全权大使,1689年8月18日才来到谈判地点尼布楚。清廷以内阁大臣索额图为首的谈判使团,已在7月31日抵尼布楚。双方从8月22日开始正式会谈。俄方一再提出各种蛮横无理的领土要求,但均遭到中国使团的严正驳斥。双方终于在9月7日签订了《尼布楚条约》。条约共有六款,最重要的内容是划定了中俄东段国界,规定以格尔毕齐河(即河口在东经119度的石勒格河北岸支流)、石兴安岭(即外兴安岭)和额尔古纳河为两国分界线。至于外兴安岭与流人鄂霍次克海的乌第河之间的界线将留待以后再议。俄人在克萨所建城障,应即尽行除毁,俄民之居此者,应悉带其物用,尽数迁入俄境。条约严禁彼此越界入侵,规定在订约以前已在对方国境内的人不必遣返,但订约以后两国不收逋逃。条约对两国间的贸易也做了规定,凡持有护照的两国商人可过界互市。1689年的中俄尼布楚条约是中俄两国之间缔结的第一个平等条约。

雷迪对生物自然发生论的质疑

在早期生物科学发展的历史上,与神造说相比有着明显进步意义的是生物自然发生论。即认为某些动物是从各种物体中产生出来的。譬如,持这种观点的人认为蚯蚓是从土壤里产生出来的,而老鼠则是由面粉或乱纸创造的。比利时著名化学家、医学家詹·巴普蒂斯特·冯·海尔蒙特(1580~1644)甚至做过这样一个实验来说明自然发生论的正确:他在一个敞开口的瓶里放入面粉、奶酪,这些时候,老鼠是生长出来了。当然了,生活常识告诉我们面粉和奶酪都引来老鼠,但16世纪欧洲的许多区域都有人支持海尔蒙特。科学终究要代替非科学。17世纪后期,意大利医生弗兰西克卡·雷迪(1626~1697)因对自然发生论有怀疑,设计了一个生物对照实验,在许多曲颈瓶里装上不同肉块,让半数瓶口封闭,半数瓶口敞开;后来又将半数瓶口敞开,半数瓶口用纱布盖好,结果证明,在这三种情况下,曲颈瓶里的肉都腐烂了,但是仅有敞开口的瓶中的肉块生了蛆。由此,雷迪得出一个正确结论,腐烂肉块上的蛆是进入瓶子的苍蝇产的卵,并非是肉块自然发生的。雷迪的论文《关于昆虫生殖的实验》是对自然发生论的沉重打击。尽管如此,雷迪却始终认为五倍子虫和肠道寄生虫是自然发生的。

洛克出版《政府论》

1689年洛克从哲学研究转向政治研究,当年写出《关于政府的两篇论文》,集中阐述了他的政治思想。他依据自然法和社会契约学说来说明国家的起源、目的、性质和作用。他认为人类在自然状态下是自由而平等的,任何人都不侵犯他人的生活、自由和财产。认为在自然状态下不互相掠夺和残杀是人类最幸福的时代。他认为,生命、自由和财产是人们不可让与、不可剥夺的权利。同时他指出在自然状态下也有许多缺点,有些人不尊重自然法,用强力去剥夺他人的自由。为了克服这些缺点,为了保证人身和财产的安全，人们便互相订立契约，把权利交给他们中间被指定的人。按照全体社会成员或按他们的代表一致同意的规定行事。他认为国家就是这样产生的。但是人们并不放弃他们的天赋权利。他认为国家的产生就是为了捍卫他们的天赋权利，主要是维护私有财产的权利。

英国颁布《权利法案》

1689 年 2 月 13 日，威廉和玛丽在英国加冕的当天，英国议会通过《权利宣言》，以后又根据《权利宣言》的精神颁布《权利法案》，为英王威廉三世所接受。它的主要内容是：第一、国王不得侵犯议会的征税权；第二、国王无权废止法律；第三、不经议会同意，国王不得组织常备军；第四、人民有请愿权；第五、国王不得干涉议会的言论自由，不得因政治行为拘禁议员；第六、必须定期召开议会。《权利法案》规定英国国王必须是国教徒。它限制了国王的权利，保障了国会的权利。它是英国历史上重要文献。

彼得一世掌握俄国国家政权

1682 年索菲娅摄政期间，彼得一世和他的生母住在离克里姆林宫 7 公里的普列奥布拉任斯基村离宫，过着体面的"隐居生涯"，而伊凡五世也不过是一个有名无实的沙皇。国家的内政外交大权均掌握在索菲娅及其宠臣瓦·瓦·戈利津手里。戈利津在 1687 年和 1689 年曾先后率领俄军远征克里木，但被鞑靼人打败，这引起了贵族们和人民群众对索菲娅政府的不满。彼得一世住在离宫时，把大部分时间用在军事游戏上，同时努力学习各种文化科学知识。彼得把几个少年游戏兵营组成了两个团：普列奥布拉任斯基兵团和谢苗诺夫斯基兵团，他们成为正规军的骨干力量。1689 年，彼得已经 17 岁，早就渴望当女皇的索菲娅，看到了彼得的威胁，便准备再一次实行宫廷政变，正式加冕为女皇，以便牢牢掌握沙皇的权力。她企图再次利用射击军，阴谋由射击军指挥官写份禀呈，请求让索菲娅登基加冕，但未能得逞。彼得获悉索菲娅集团阴谋政变的消息后，于 1689 年 8 月 7 日晚离开普列奥布拉任斯基村，逃往距莫斯科 60 俄里的谢尔盖耶夫三圣修道院。第二天，彼得的嫡系部队以及拥护他的兵团都开到这里。彼得命令射击军团队的所有长官前去见他，否则将处以死刑。廷臣和贵族纷纷归附彼得。索菲娅集团束手无策，众叛亲离。彼得一世掌握了国家政权，成为名副其实的沙皇。索菲娅被送到新圣母修道院监禁起来。沙皇伊凡仍旧没有参与任何国事，于 1696 年死去。彼得在最初几年里，暂由他舅父列·基·纳里什金代表年轻的沙皇执政。

微分方程理论产生

17 世纪微积分诞生以后，随着物理学提出了日益复杂的问题。更专门更细致的技术的需要也就愈加迫切了。首先应当建立物理问题的数学模型，这就是建立反映问题的微分方程。贝努利 1690 年提出的“悬链钱”的问题在探索微分方程分析解的早期是十分有名而且重要的。天文学上的多体问题则引出了最早的微分方程组。欧拉、达朗贝尔等在这方面有突出的成就。在 18 世纪拉格朗日在微分方程理论中也做出了卓越的贡献。诞生于 18 世纪的偏微分方程，在 19 世纪随着物理学所研究的现象在深度和广度两方面的扩展而迅速发展起来。傅立叶、柯西、泊松等创立了傅立叶积分，庞加莱和克莱因引入了自守函数，希尔创立了周期系数的线性齐次微分方程的数学理论，同时他还证明了二阶微分方程有周期解。后来，微分方程解的存在问题和非线性方程的定性理论的研究都有了突飞猛进的发展。

首部活塞式蒸汽机问世

第一部活塞式蒸汽机是法国物理学家迪尼斯·帕潘（1647～1714）于 1690 年在德国设计发明的。当时英国绵纺织业迅速发展，而以水作为动力使得工厂的生产受气候、季节以及地点限制，阻碍了生产扩大。因此，摆在这场工业革命面前的一个急待解决的问题是能否找到一种新的动力来代替水力。1690 年，帕潘在《莱比锡译丛》上发表了他在莱布尼兹的启发下提出的有关蒸汽机的设计思想。这种蒸汽机仅有汽缸和活塞两大部件。汽缸是由一个竖直管子构成，它实质上兼容了锅炉、汽缸及冷凝器三项功能，活塞与一连杆相结。操作者从外部加热，使汽缸内的水变成水蒸气，驱动活塞向上运动至汽缸顶部，然后移去热源，让水蒸气冷却，使汽缸内形成部分真空，再利用大气的压力使活塞向下运动，活塞连杆与外部杠杆相结产生动力效果。由于活塞的上下往复运动，就将热能逐步地转化为机械能，并对外做功。帕潘的设计思想是成功的，他第一个指出了蒸汽机工作原理，且说明了利用压力差可以做功。帕潘认为，利用他的蒸汽机可以解决当时英国各矿山遇到的矿山排水问题，他甚至提出这种蒸汽机可以驱动船只。由于缺少精密的加工工具，无法制造出这种锅炉、汽缸及冷凝器兼容的设备。帕潘的活塞式蒸汽机的工作原理却为实用蒸汽机的产生开辟了道路。

洛克《人类悟性论》出版

约翰·洛克（1632～1704）是英国著名哲学家，英国新型资产阶级代表人物。1652 年入牛津大学学习，毕业后一度从教。1672 年任英国著名反对党领袖艾什利大法官的秘书。1682 年随艾什利勋爵逃往荷兰。1688 年政变中随威廉三世回国。1690 年出版他主要著作《人类悟性论》或译《人类理智论》。他指出，写这部书的目的是要"探讨人类知识的起源、肯定性和限度"。他批评笛卡儿的"天赋观念"和莱布尼兹的"天赋实践原则"。他认为"人心就像一张白纸，上面什么字迹也没有"。他提示"人类一切知识的源泉就是经验"。知识的两个来源是对外部世界的观察，即感觉，和对内心世界的观察，即内省。这两种观察各自产生观念，再由观念产生知识。他认为感觉和内省可产生第三类单纯观念，即存在、苦、乐、潜能等。

光的微粒说与波动说的论战

荷兰物理学家克里斯蒂安·惠更斯(1629～1695)是光的波动学说的创立者。1690年他在《论光》一书中提出"光同声一样是以球面波的形式向外传播的，光波到达的每一点都可看成是次波源，在光波传播的任何时刻，所有这些次波波面的包络面形成整个波在该时刻的新波面"。但惠更斯又错误地假设光是纵波。光的波动学说合理地解释了光的反射、折射、衍射，但对于几何光学的基础——光的直线传播却无法解释。牛顿是光的波动学说的反对者，光的微粒学说的倡导者。1704 年在《光学》一书中，引用了他本人1666 年做的一个实验，让太阳光通过一个三棱玻璃镜，在三棱镜后的屏幕上，牛顿兴奋地看到了一个颜色按一定顺序排列的彩带。这是人类第一次观察到太阳光(白光)光谱。以此为例，牛顿用光的微粒说解释了光的直线传播，但由于牛顿不接受波动学说，因此他无法解释自己的另一个惊人发现——牛顿环。两种学说各自能解释一部分实验现象，无法解释另一部分实验现象。而有关光在媒质中的传播速度问题构成了这两种学说争论的焦点。微粒说认为，密媒质中的光速大于疏媒质中的光速；波动说则得到恰好相反的解释。受实验条件所限，当时无法判断谁是谁非。两种学说几乎产生于同一时代，牛顿由于完成了经典力学，享有盛誉，使微粒说长期占有优势地位。科学发展史上这场长达200 多年的论战，将光学引上了发展之路，使人类在论战中揭开了光的层层面纱，认清了它的本质。

彼得一世远征亚速夫要塞

17 世纪和 18 世纪之交，黑海是土耳其的内海，土耳其在顿河河口附近筑有坚固的亚速夫要塞，使俄国船只不能进入亚速海。而克里木汗国是土耳其帝国的藩属，也阻止俄国人南下。当时俄国对外政策的主要目标便是夺取南部土地，取得亚速海和黑海的出海口。彼得一世当政之初，认为当时的欧洲局势有利于俄国解决南部的出海口问题，便决定以武力夺取亚速夫要塞，再次进攻克里木。1695 年，彼得一世集结 3 万余人的军队进攻亚速夫要塞，彼得也在队伍之中。土耳其驻防军增至 7000 人。俄军军事行动不利，1695 年夏天远征失败。1695 年冬季，俄国又进行了第二次进军亚速夫的准备工作，彼得一世下令在沃罗涅什附近建立造船厂，以便建立一只庞大的海上舰队，同时扩充陆军。1696 年 5 至 6 月间，俄军在亚速夫附近地带集结，再次远征亚速夫。这次俄军有海军从海上封锁了亚速夫，切断了土军的海上运输线。因此对亚速夫的围攻比较顺利，当俄军向要塞冲击时，土军就于 1696 年 7 月 18 日宣布投降，第二天即撤出亚速夫，俄军夺取亚速夫，仍未能解决俄国舰队进入黑海的问题，因为土耳其仍然控制着刻赤海峡。所以俄国自然要继续同土耳其进行争夺黑海的斗争。

萨弗里发明蒸汽泵

17 世纪末，英国由于燃料方面的需要，加速了矿山开采工作的进展。许多矿山都遇到了如何排除积水的问题，这是导致实用蒸汽机产生的直接原因。完成第一台矿山用蒸汽泵的设计和制造是英国王家工程队军事工程师索马斯·萨弗里（约 1650~1715）。萨弗里去掉了帕潘蒸汽机中的活塞，保留了他利用压力差的设计思想，利用三根导管分别通向汽锅、井水、凝汽器。操作时首先将汽锅中的蒸汽放入汽缸，再送入凝汽器冷却，形成真空，打开与井水相通的导管的阀门，在真空作用下，水被吸到凝汽器，然后再利用蒸汽的作用，将水从凝汽器与外界相通的导管中排出。为了能循环往复地连续工作，萨弗里在他的蒸汽泵上装了两个凝汽器。萨弗里的蒸汽泵取代了用大量马匹带动水泵抽水，被矿工们称为矿工之友。1698 年，他取得了这项发明的专利权。矿工之友受当时的锅炉材料及焊接技术的限制，最多只能承受三个大气压的压力，靠这样的压力无法解决深井排水问题，更何况汽缸时常有爆炸的危险，因此没有在矿山普及。但是萨弗里是第一个把蒸汽变成机械动力的人。萨弗里蒸汽泵是世界上第一台实用蒸汽机。

彼得一世随俄大使团暗访欧洲

1696 年俄国夺取了亚速夫，但俄国舰队仍不能进入黑海。俄皇彼得一世为了继续同土耳其进行争夺黑海的战争，于 1697 年 1 月同奥地利、威尼斯缔结了一个为期 3 年的三国反土军事同盟。彼得一世为了扩大反土同盟，决定派“大使团”到欧洲各国去游说，同时招募水手、技工，定购大炮等。1697 年 3 月，大使团从莫斯科出发，由弗·亚·列福尔特等人率领，共约 250 人，彼得一世化名彼得·米哈伊洛夫，装成一个下士随大使团同行。彼得来到里加时，遭到瑞典当局的冷遇。同年夏，大使团来到东普鲁士哥尼斯堡，同勃兰登堡选侯腓特烈三世会谈，口头上允诺援助勃兰登堡反对瑞典。1697 年 7 月，大使团来到荷兰,受到热烈欢迎。彼得先在荷兰萨尔丹的一家造船厂当木匠,后来又到阿姆斯特丹的一家造船厂当学徒。1698 年初,大使团来到英国伦敦,彼得一世大部分时间用于研究造船学,并参观伦敦的各个企业,访问科学中心英国皇家协会,参观牛津大学,会见著名的科学家,研究英国的政治制度。但是,当时西欧国家正关注西班牙的领土问题,准备参加西班牙的王位继承战争,对参加反土同盟不感兴趣。1698 年 4 月,大使团从英国返回欧洲,同年 6 月,彼得一世访问奥地利首都维也纳,奥皇正积极准备参与西班牙王位继承战争,而急于同土耳其媾和。7 月 15 日,彼得正要动身去威尼斯,接到了国内射击军发生兵变的奏闻,便于 1698 年 7 月 19 日离开维也纳,日夜兼程向俄国进发,8 月 25 日彼得一世悄然回到莫斯科。

欧洲“北方战争”

1698 年 8 月 3 日,彼得一世同萨克森选帝侯兼波兰国王奥古斯都二世在乌克兰的拉瓦会晤,达成了共同反对瑞典的口头协议。

同年,丹麦同萨克森签订了反瑞典条约。1699 年 11 月 11 日,俄国同萨克森、11 月 26 日,俄国同丹麦先后在莫斯科签订了反对瑞典的同盟条约。在彼得的策划下,反瑞典的“北方同盟”便告形成。1700 年初,瑞典国王查理十二世同英国、荷兰缔结了防御同盟。1700 年 2 月萨克森军队包围了里加,3 月,丹麦出兵占领了施勒斯维希,5 月,查理十二世率军登陆包围了丹麦首都哥本哈根。8 月 9 日,俄国向瑞典宣战。一场长达 21 年之久的“北方大战”爆发了。北方战争大致分为三个阶段:1700 年 2 月 11 日,查理十二率领 1 万瑞军突然出现在纳尔瓦俄国阵前,俄军大败。查理十二世认为,俄军已被击溃,调兵南下与波兰作战,1706 年,迫使奥古斯特放弃波兰王位,退出战争,北方同盟已告瓦解。从纳尔瓦战役后到 1709 年波尔塔瓦战役是战争的第二阶段。彼得一世在纳尔瓦战役失败后,重整旗鼓,乘查理十二世陷入波兰战场之机,于 1701 年底在波罗的海东岸发动进攻,转败为胜,到 1704 年底,俄军已占领了波罗的海东岸的大片土地,夺得了出海口。1709 年 6 月 27 日,俄瑞两军在波尔塔瓦进行决战,俄军大获全胜,查理十二逃入土耳其。波尔塔瓦战役是北方战争的转折点,优势转到俄国方面。彼得同波兰和丹麦签订了新的盟约,恢复了北方同盟,普鲁士也加入了这个同盟。彼得重新扶持奥古斯特二世为波兰国王。波尔塔瓦战役后到战争结束是北方战争的第三个阶段。1718 年,俄瑞两国代表在阿兰开始进行和平谈判。是年秋,查理十二在挪威作战中阵亡。1719 年 2 月,瑞典女王乌利里卡继续了对俄国的和平谈判。1720 年,丹麦、波兰以及普鲁士先后同瑞典单独媾和。1721 年 9 月 10 日,俄瑞两国签订尼什塔特和约,宣告北方战争结束。俄国从此跻身于欧洲强国之林。

彼得一世在俄国推行全面改革

俄国沙皇彼得一世(1672~1725)于1682年即位,1689年掌握全部权力。1697~1698年他率领"大使团"访问西欧,考察了西欧先进国家的政治、经济和文化,把西欧的科学技术介绍给俄国。彼得一世当政期间,对俄国的社会政治生活的各个方面进行了改革。彼得一世改革的重点是行政、军事,同时也对宗教、社会经济、文化教育方面进行了改革。彼得一世曾经说:"改革工作是分三个阶段进行的,每一个阶段为七年:1700年至1707年为积蓄力量阶段;1707年至1714年为俄国飞跃兴盛的阶段;1714年至1721年为建立良好秩序的阶段。"彼得一世的行政改革是从改革地方行政开始的。1699年,对城市行政管理进行了彻底的改革。1708年,全国分为8个省,由忠于彼得一世的总督统揽各省的军政大权。1719年又在省下设州,全国共分50个州。1711年,彼得下令成立新的最高权力机构——参政院,废除了从前的贵族杜马。参政院下设总检察官,监视所有国家机关的活动,成为"皇帝的耳目"。1718年,彼得废除了职能混乱的政厅制度,成立了12个院(委员会),严格分管外交、陆军、财政、司法等事务。1722年颁布"官秩表",把全国文武官员分为14级。国家管理体制的改革,巩固了以沙皇为首的君主专制政权。彼得一世花很大精力从事军事改革,废除旧的贵族军队和雇佣兵制,实行征兵制,建立常备军。1725年时,俄国已拥有陆军20万人,海军28000人。彼得一世大胆地进行了宗教改革,1721年,废除了大主教制,设宗教事务管理总局,使教会完全隶属于国家。在社会经济政策方面,1714年,颁布了"一子继承法";1718年,颁布了征收"人头税"的法令。1721年,政府准许非贵族出身的人购买整村农民到工厂做工。彼得一世也改革历法,1700年1月1日起,采用儒略历。在文化教育各方面实行了一系列改革措施。改革的实质就是在俄国封建农奴制的基础上,"迅速采用西欧成果"(列宁),使俄国摆脱落后状态,以便称霸世界。

西班牙王位承继战争

17世纪后期,开始了欧洲国际关系的新时期:英国国际地位的增强和英法两国争夺殖民地的斗争日趋激烈。西班牙王位继承战争名义上是一次王朝战争,实际上是英法之间争夺海上和殖民地霸权的第一次大冲突。1700年,西班牙国王查理二世逝世,无子嗣,因而哈布斯堡家族在西班牙的二百年统治就此告终。路易十四提出了以自己的孙子菲利普为西班牙王位的继承人,理由是菲利普为查理二世的近亲(路易十四之妻为查理二世之姊),菲利普登上了西班牙王位,于是,波旁家族的统治开始了。当时,奥地利大公兼神圣罗马皇帝利奥波德一世借口自己的妻子是西班牙王之妹,也要求由他的次子查理大公继承西班牙王位。英国害怕法国领土扩张会破坏欧洲均势,同时又想打败法国这个贸易劲敌,所以在1701年同奥国成立反法同盟,对法宣战。接着荷兰、普鲁士、葡萄牙也加入这个同盟并且参加了反法战争。战争同时在意大利、西班牙、尼德兰和莱茵德意志四个战场上激烈进行。战争初期(1701~1704),法国取得了一些胜利;1704年,英国名将马尔波罗公爵指挥联盟军在布伦海姆大败法军,直开1710年,法国遭受一连串的失败,1706年,法军被赶出意大利,1709年,法军又被赶出尼德兰。在海上战争中,法军也处于不利地位。1709年北方战争中,俄国军队大败瑞典军队,欧洲国际局势发生了新的转变。英国害怕俄国强大会破坏欧洲均势,因之,从1710年起,英国的政策发生了急转,英国在反法战争中持消极态度,并且从1711年起就开始同法国进行谈判。1711年4月,神圣罗马皇帝约瑟夫死(1705年即位),无子嗣,于是查理大公继皇帝位,称查理六世。如果法国战败,神圣罗马皇帝继承西班牙王位,也会破坏欧洲均势。于是,英国决心结束战争,从而使法国避免了毁灭的命运。1712年双方军事行动已经停止。1713年4月,法、西为一方,英、荷、勃兰登堡和萨伏依为一方,在乌特勒支签订和约。1714年3月,法、西与德意志帝国在拉什塔特签订和约。

英国议会通过《王位继承法》

英国经过17世纪40年代的革命风暴和1660年开始的复辟长期动荡,1688年"光荣革命"后,1689年,奥兰治的威廉接受了英国议会提出的《权利法案》,被宣布为英国国王,称威廉三世。威廉三世和安妮女王统治时,政局终于稳定下来。根据1689年的《权利法案》,国王权力受到限制,议会权力提高了;立法权、军权及财政权完全属于议会,国王手中只剩下行政权,枢密院大臣仍由国王任命,并且向国王负责。1700年安妮女王11岁幼子格洛斯特公爵死,威廉无子,今后王位继承发生问题。于是,1701年,英国议会通过了一个《王位继承法》,这一法案实质上是对《权利法案》的补充。法案规定:以后英格兰国王必须是英国国教教徒,使王位永远在新教徒中间世代相传。威廉死后无嗣,王位则由詹姆士二世的次女、信仰新教的安妮继承;安妮死后若无子,王位传给詹姆士一世的孙女汉诺威选帝侯的寡妇索菲娅。法案强调,此后英国王位不能传给天主教徒。它杜绝了天主教徒詹姆士二世之子詹姆士和爱德华继承王位。同一法案又规定了国王的法令必须由有关大臣签署方能生效。所有大臣必须执行议会的决议,不同意议会的大臣就得辞职,法案又规定了司法官的任期为终身职,国王不得任意罢免,如不称职,只有议会有罢免权。此后国王不能任意干涉司法工作。《权利法案》和《王位继承法案》为英国君主立宪制度奠定了基础。1714年,安妮女王逝世,根据1701年《王位继承法》,詹姆士一世的孙女索菲娅的儿子乔治(德意志汉诺威选帝侯)来到英国继承了英国王位,称为乔治一世。

普鲁士王国建立

普鲁士是德意志诸邦中地位最重要的国家之一。从17世纪到20世纪40年代它一直影响着整个德意志的历史。早在10世纪，霍亨索伦家族就统治了瑞士北方索伦山上的一个城堡。12世纪，这个家族成为纽伦堡市的城主。1415年这个家族的代表腓特烈一世从神圣罗马皇帝那里取得了勃兰登堡领地和选帝侯称号。它成为一个重要的新教国家。17世纪初，勃兰登堡选帝侯利用婚姻关系取得了莱茵河下游的克利夫兹、马尔克及拉文斯堡。1618年，选帝侯约翰·西吉斯孟取得了波兰的附庸国-东普鲁士，因而他由勃兰登堡选帝侯一变而为勃兰登堡—普鲁士选帝侯。"三十年战争"结束时，1648年，选帝侯腓特烈·威廉兼并了东部波美拉尼亚之后，趁机摆脱了对波兰的臣属关系。"三十年战争"给德国带来了严重后果，田野荒芜，经济衰落。但是，由于商业道路移向大西洋海岸，从前在经济上指靠北意大利和西班牙的南德和中德地区，现在不得不向北海寻找出路。他们的商业道路要通过勃兰登堡选帝侯的领土，这种情况大大促进了勃兰登堡的崛起。勃兰登堡选帝侯在自己的领地上迅速扩大谷物生产，出口粮食，在东德确立了代役租制的农奴制经济。"大选帝侯"腓特烈·威廉在位时期(1640~1688)奖励工商业发展，1685年，法国取消南特敕令，胡格诺教徒纷纷逃往国外，腓特烈·威廉下令收容外国流亡者并给予优待，结果有大量的熟练的手工业者和富有的商人在勃兰登堡定居下来，并把技术和资本带到这里。选帝侯对外政策的目的是把自己零散的领土连成一片，扩充军备，向外扩张。"大选帝侯"之子腓特烈三世(1688~1713年)乘神圣罗马帝国参与西班牙王位继承战争之际，以支持哈布斯堡王朝为条件，迫使帝国皇帝承认勃兰登堡王国，1701年，腓特烈三世在凯尼斯堡举行加冕礼，改称普鲁士国王腓特烈一世。勃兰登堡选帝侯改为普鲁士王国，首都设在柏林。

腓特烈大帝晚年肖像

英葡两国结成政治同盟

西班牙王位继承战争期间，由葡萄牙大臣阿莱格雷侯爵和英国公使麦特温勋爵于1703年5月16日在里斯本签订结盟条约。在西班牙王位继承战争中，英国同荷、奥结成了反对法国的“大同盟”，它们都力图把葡萄牙拉入反法联盟中来。葡萄牙国王则为分得西班牙领土的诱人前景所迷惑，因而接受了英国人的建议，双方签订了里斯本条约。条约宣告葡、英两国结成“永恒的同盟”，英国承诺在对西班牙及法国的战争中以陆军和海军援助葡萄牙，葡萄牙则承诺在战争中以全力支持英国。条约规定：葡萄牙同意无论战时或平时都有一定数量的英国军舰常驻在葡萄牙的所有港口，这就使得葡萄牙在很大程度上为英国所控制。荷兰和奥地利也在同时加入了该条约。

法国“卡米扎尔”起义

法国路易十四在位期间，由于连年战争，财政拮据，生产下降，饥荒不断，农民起义几乎“史不绝书”。其中特别突出的要算在西班牙王位继承战争期间发生的“卡米扎尔”起义。“卡米扎尔”意为穿衬衫的人。卡米扎尔起义于1702年爆发于兰格多克省的塞汶山区，这是胡格诺教徒最大的一次起义，这一运动带有农民平民宗教异端的色彩。他们提出了“取消一切捐税和信教自由”的口号。起义的农民利用丘陵及森林的自然条件，展开了游击战，人数达2000人，屡次挫败政府军。领导起义的是若望·卡瓦里叶和罗兰。他们在两年中间，使久经战阵的将军所统率的军队（最初统帅是布洛列伯爵，后来是蒙列维里元帅，最后是维拉尔元帅）连吃败仗。维拉尔元帅出动了整整一个军去镇压起义者。他采取了狡猾的策略：一方面放火烧掉村庄，实行野蛮的镇压；另一方面对起义者进行分化瓦解，使若望·卡瓦里叶背叛了起义，然后捕捉了其他的领导者。到了1705年基本上把起义镇压下去。

英国占领直布罗陀

西班牙王位继承战争（1701～1714）是英、法之间争夺海上和殖民地霸权的第一次大冲突。以法国和西班牙为一方，英国、荷兰、勃兰登堡和萨克森为另一方，进行了长达10余年的战争。战争同时在意大利、西班牙、尼德兰和莱茵德意志4个战场上进行。1704年，英军在约翰·邱吉尔指挥下沿莱茵河而上，进入多瑙河，与奥地利人会师，在布伦海姆大败法国和巴伐利亚联军。战线扩大到伊比利亚半岛。1703年，英国同葡萄牙签订了麦特温商约,英国可以利用里斯本港口,从而使它能够有效地干预地中海的事务。1704年5月,英荷舰队准备进入地中海,为此,英荷舰队应首先夺取直布罗陀要塞。8月4日,英荷舰队攻陷了这个要塞。直布罗陀落入英国之手。英国控制了通往地中海的咽喉。1713年乌特勒支条约确认直布罗陀由英国占领。

英格兰和苏格兰正式合并

欧洲大陆西面的大不列颠群岛中有两个大岛:大不列颠岛和爱尔兰岛。大不列颠岛的北半部是苏格兰,亦即苏格兰王国本土;大不列颠岛的南半部是英格兰和威尔士,亦即英吉利王国本土。1603年英国伊丽莎白女皇逝世,苏格兰国王詹姆士第六入主英国,改称詹姆士一世,自此之后,英国和苏格兰王国共同拥戴斯图亚特王朝詹姆士一世为王。苏格兰仍是保留着自己议会的独立王国。1651年,克伦威尔征讨苏格兰,击溃了查理。1653年,克伦威尔俨然成为苏格兰、英格兰和爱尔兰以及殖民地联邦的护国主。1660年,斯图亚特王朝复辟,查理二世是苏格兰、爱尔兰和英格兰共同的国王,但它们都各自重新组织了议会,革命期间建立的共和政体已告解体。1688年政变,推翻了斯图亚特王朝的詹姆士二世,英格兰和苏格兰分别承认威廉和玛丽为国王。1707年3月,英国议会通过了《合并条例》,英格兰和苏格兰实现了合并。该条例规定:"英格兰同苏格兰两个王国从1707年5月1日起,以后永远联合成一个王国,名为大不列颠。大不列颠联合王国应有一个议会,名为大不列颠议会……大不列颠联合王国全体臣民将享有……在商业和航海业方面来往的完全自由。"苏格兰失去了独立,它可以在英国下议院派出45名议员,在上议院派出16名议员。

匈牙利独立起义

从1699年起,整个匈牙利都归于奥地利哈布斯堡王朝的统治之下。匈牙利的全部权力都集中在奥皇所派的总督手中。奥地利统治者横征暴敛,激起了匈牙利人民的反抗。1703~1711年发生了匈牙利反对哈布斯堡王朝统治的民族解放战争。这次运动的领导者是贵族菲棱茨·拉科西二世,他号召人民为恢复匈牙利的独立和消灭哈布斯堡王朝的统治而斗争。农民参加斗争则要求摆脱自己的农奴地位。起义很快取得了巨大胜利,几乎全部匈牙利和特兰西瓦尼亚都得到解放。1705年9月12日~10月14日,在森切尼召开了等级代表会议,宣布自己为立法的和联盟的等级会议,即匈牙利的第一届议会,并且组织了政府,拉科西被选为政府领导人和起义军总司令。会议还决定组成了24人的国务会议,任命了各州和城堡的领导人。起义继续获胜。1707年4月5日的等级议会,正式承认拉科西为特兰西瓦尼亚大公,他便以菲棱茨·拉科西二世的称号登上了特兰西瓦尼亚的宝座。1707 年 5 月 31 日~6 月 23 日在奥诺德召开的议会上,宣布废除哈布斯堡王朝在匈牙利的统治,拉科西被选为独立的匈牙利国家元首。1711 年起义失败,匈牙利仍陷于哈布斯堡王朝统治之下。

哈雷彗星

在 1680 年开始的一次赴欧洲大陆的旅行中,哈雷访问了巴黎天文台,和卡西尼一道观测到了一颗大彗星。牛顿在 1687 年出版《自然哲学的数学原理》中,阐明了彗星并不是什么大气现象,而是太阳引力作用下沿着抛物线或扁长椭圆运动的一颗行星。在 1705 年出版的《彗星天文学》中,哈雷记载了 1337~1698 年期间出现的 24 个彗星的运动轨道,其中 23 个是抛物线,只有一个是椭圆,太阳位于这个椭圆的焦点上。按照牛顿有些彗星的运动轨道可能是扁椭圆,它们应周期性的返回近日点的观点,根据 1531、1607、1682 年出现的三颗彗星具有相似的轨道要素,哈雷预言这是同一颗卫星沿着封闭轨道在运动。运动周期大约 75 年,1758 年这颗彗星将再现。1758 年,该彗星如期而至,并于 1759 年 3 月过近日点。遗憾的是,哈雷在 1742 年去世,没有机会亲眼看到这颗彗星的再次回归。为纪念哈雷的功绩,这颗彗星被命名为哈雷彗星。哈雷彗星近日距 8800 公里,远日距 53 亿公里,总质量大约为 10 万亿吨,聚集半径为 15 公里,由于它每次回归要损失掉大约 20 亿吨物质,因此它还可以存在很多年。

俄国大败瑞典

北方战争期间,1706 年,瑞典国王查理十二率军在萨克森取得胜利,迫使奥古斯特退出战争,北方同盟瓦解。查理十二的军队在萨克森得到补充和休整,决定进攻俄国。预定的路线是瑞军从斯摩棱斯克取道库尔斯克,进攻莫斯科。彼得一世感到形势不利,便全力以赴,做好准备,阻击瑞军。查理十二受阻,决定转到乌克兰,以便同哥萨克统领马泽帕的军队会师,并期望得到土耳其和克里米亚汗国的帮助,然后绕道向莫斯科前进。1708 年 9 月,瑞军到达俄国边境,俄国实行坚壁清野和焦土政策,不给瑞军留下一点粮草,把瑞军主力部队拖得精疲力竭。瑞典列文豪普特将军率领 16000 名援军和 7000 辆大车的粮食、草料和弹药从里加南下同国王会师。彼得一世决定俄军分兵两路:一路由他自己率领,截击列文豪普特,另一路由舍烈麦杰夫率领南下乌克兰追击查理十二。9 月 28 日俄军在列斯纳亚村击溃了列文豪普特的援军,瑞军损失约 9000 人和全部辎重,剩下 6000 多人与查理主力部队会合。至此,瑞军形势已大为不利。1709 年 4 月,瑞军到达乌克兰心脏地区交通枢纽波尔塔瓦。瑞军只剩下 24000 人,6 月 27 日拂晓,瑞军进行总攻,彼得指挥 42000 俄军迎战,双方进行决战。瑞军遭到彻底失败,被打死 9000 人,军官几乎全部被俘，残部 16295 人投降。俄军官兵死 1345 人。查理十二逃往土耳其。波尔塔瓦战役是北方战争的转折点，俄军从此掌握了战争的主动权，改变了俄国在欧洲的地位。瑞军的覆灭使瑞典的国势一落千丈。

日耳曼帝国与英、荷签订"屏障"条约

西班牙王位继承战争期间，英、荷之间第一次在 1709 年 10 月 29 日缔结了"屏障"条约。根据这项条约，英国保证自己的盟国荷兰在西属尼德兰的下列地点：纽波特、伊珀尔、梅嫩、里尔、图尔内、孔代、莫伯日、沙勒罗瓦、那慕尔等约 20 个地点一线拥有驻军的权利。英国是为了取得荷兰人对英国新教徒继承王位，和荷兰承担在法国未承认新教徒女王安娜即英国王位权利以前，不同法国媾和的保证，从而向荷兰提供这种保证的。1710 年英国托利党执政，英国的对外政策方针发生了变化，反对辉格党政府缔结的上述条约，因而在 1712 年 1 月在乌特勒支召开和会时，英国代表不反对在媾和中对 1709 年的"屏障"条约作有利于法国的重大修订。其后，1714 年奥地利同法国、西班牙缔结了拉施塔特和约，据此西属尼德兰归属奥国所有。日耳曼皇帝查理六世、荷兰和英国之间于 1715 年 11 月 15 日再次缔结了"屏障"条约，条约规定：荷兰在尼德兰南部（现在的比利时）的一些所谓"屏障"的地点拥有驻军权利。这道"屏障"是准备用来保卫尼德兰免遭法国方面可能的侵犯的。

温度计技术的发明和完善

16 世纪末，迫于对热现象的研究，需要对物体的冷热程度进行定量测量。1593 年伽利略制造了世界上第一支温度测量装置—验温器，利用气体热胀冷缩原理，通过对物体热状态的描述来确定物体温度。但这种测量法受大气压影响，偏差很大。第一只实用温度计是由德国仪器制造家，物理学家 G·D·华伦海特发明的。1709 年他发明了酒精温度计，1714 年又发明了水银温度计。华伦海特的温度计将冰和食盐和混合物的温度作为最低温度刻度——0℉，将水和冰共存的温度刻为 32℉，人体温度刻为 98℉，1724 年又将水的沸腾温度刻为 212℉。华伦海特发明的华氏温标至今仍在美国、加拿大使用。这种温度计之所以被广泛使用，是因为在相同的条件下，它的温度示数相同。1742 年，瑞典天文学家 A·摄尔西乌斯建议把水和冰共存的温度作为 0℃，而把水的沸点定为 100℃，在两者之间引入了百分刻度。这种摄氏温标至今都很流行。摄尔西乌斯还注意到了大气压对冰点及水的沸点的影响，把温度计的刻度选择定在正常大气压下。

海牙中立协定签订

西班牙王位继承战争从1701年一直延续到1714年。它是以奥地利、英吉利、荷兰、葡萄牙以及以勃兰登堡—普鲁士为主要领导者的大多数德意志诸侯国所组成的“大同盟”为一方,法国和西班牙为另一方之间的战争。与此同时,以俄国、波兰、丹麦以及普鲁士为一方的反对瑞典的“北方战争”(1700~1721)也在进行。1709年6月,俄国在波尔塔瓦战役中大败瑞典。俄罗斯在欧洲列强中的地位大为提高。为了粉碎瑞典人的抵抗,需要大量俄国军队开进波美拉尼亚。但是,俄军出现在波美拉尼亚将触及大同盟成员的利益。英、荷、奥担心战火一旦扩大到德国,则丹麦、普鲁士、萨克森、霍尔斯坦将把在尼德兰站在大同盟一方同法国作战的军队召回去,而奥地利为了保障自己国境的安全,也要抽调一部分同法国作战的军队,因而大同盟成员国坚持主张保持德国的中立。英国和荷兰也都想通过外交途径来阻止俄国在波罗的海沿岸过分强大。1709年12月,英、荷代表企图使波兰国王奥古斯特二世同意不把战争扩大到德意志。1710年3月31日,在海牙、英、奥国皇帝、联合省的代表签署了关于保持帝国中立的协定。1710年8月4日,它们又签署了规定建立保障帝国中立的中立军团的协定。由于宣布帝国中立,帝国的和平得到了保证,大同盟成员国的作战计划也可以实施,俄国以及其他北方同盟成员国的军队不能进入瑞典的波美拉尼亚。

巴西伯南布哥发生反葡暴动

早在16世纪,葡萄牙就侵入巴西,通过血腥的征服,使巴西沦为葡萄牙的殖民地。葡萄牙在巴西设立一个总督区,统治该地,并发展当地的甘蔗生产,向欧洲销售蔗糖。伯南布哥成为巴西的重要甘蔗产区之一。葡萄牙政府为了追逐暴利而极力掠夺殖民地财富,限制当地统治阶级的权力,因而当地种植园主也强烈地反对宗主国的政策。当地商人、手工业者、城市平民由于苛捐杂税以及殖民地税务官的横征暴敛,也对殖民统治不满。1710年10月,当累西腓的葡萄牙商人取得新的特权时,怀有不满情绪的人们便起来反抗葡萄牙王室当局。总督无力镇压暴动,乘船逃往巴伊亚。暴动者废除了当地的市政机构,新建了一些市政机关代替了它们。最坚决的暴动者贝尔纳多·维埃拉·德·梅洛主张宣布伯南布哥自治,建立威尼斯式的、独立自主的贵族共和国,如不成功,则转而谋求欧洲某一大国的保护,以便从葡萄牙宗主国的统治下分立出去。但是,暴动中以大主教为首的“温和派”却占了上风。伯南布哥事件发生之后,在里斯本引起了震动。派到伯南布哥新的总督和武装部队于1711年10月6日到达累西腓,轻而易举地把这次反宗主国暴动镇压下去。葡萄牙当局不想使冲突激化,便命令总督向暴动者宣布特赦令,只对大主教和梅洛两人给予惩处，判处大主教流放，对梅洛则予以监禁。这次暴动的特点是，暴动的领导者和发动人都是富有的贵族上层人物，主要是一些大种植园主。当然，这次暴动不能从根本上动摇葡萄牙对巴西的统治。

俄国参政院设立

17 世纪末，在尼德兰和英国已经确立了资本主义的生产关系，而在俄国依然是落后的封建农奴制。彼得一世即位认识到，俄国如果不进行改革，就不能摆脱它落后于西欧的状况。于是，他采取了一系列改革措施。彼得一世重视国家中央行政机构的改革。17 世纪时，俄国的中央政权掌握在名门贵族（波雅尔）手里。贵族杜马权力很大，彼得执政后，贵族杜马由于腐败无能，实已瘫痪，形同虚设。贵族反对彼得实行改革，因此，彼得对杜马也不信任。他回避杜马而亲自决定重大国事，并完全以自己的名义颁布敕令。1711 年，彼得一世远征普鲁特，在对土耳其宣战的当天（1711 年 2 月 22 日），彼得正式签署了关于建立参政院的诏令。参政院取代了贵族杜马，由 9 个参政员组成。参政院成为一个直属沙皇的最高国家管理机构，从中央到地方的整个行政系统，从财政预算、贡赋征收到陆海军的编制，都置于它的管理之下。参政院还有权利制定各项重大法令。为了监督法令的执行，又设立了监察厅。参政院本身的活动也要受到总检察官的监督。参政院成立后，彼得就着手改造旧的衙门机构。彼得一世逝世后，参政院的职权也随之发生了一些变化。

墨西哥恰帕斯省印第安人起义

在整个殖民地时期，墨西哥居民一直进行反对西班牙殖民统治的顽强斗争。参加这一解放斗争的主要是印第安农民和城市贫民。在 18 世纪，墨西哥发生许多次印第安人起义。恰帕斯省的印第安全被殖民当局和主教压迫得喘不过气来，1712 年举行了起义。在胡安·加尔西亚、加斯帕尔·佩雷斯和胡安·洛佩斯率领下，一支约有 2 万人的印第安军队向该省首府进发，给西班牙殖民统治当局以及当地的天主教会很大打击。西班牙殖民者派遣军队来镇压起义，经过几个月的血战之后，殖民者把起义残酷地镇压下去。

乌特勒支和约签订

18 世纪初，英国、荷兰和欧洲其他国家为了同法国对抗，支持奥地利大公查理继承西班牙的王位，爆发了争夺西班牙王位的全欧战争，即“西班牙王位继承战争”（1701～

1713)。战争以法国的失败而告终。1712 年 2 月,在乌特勒支召开了和平会议,1713 年 4 月 11 日以法国和西班牙为一方,英国、荷兰、勃兰登堡和萨克森为另一方,签订了乌特勒支和约。该约规定:第一、法国承认新教徒在英国即位的合法性,同意将威尔士亲王逐出法国;第二、拆除敦刻尔克的工事;第三、割让北美和西印度群岛的一些地区,如哈德孙湾、纽芬兰、圣克里斯托弗岛以及新斯科舍。西班牙做出的让步是:第一、由英国占领米诺卡和直布罗陀,从此英国掌握了进入地中海的通道和地中海的控制权;第二、英国在西属南美殖民地获得贸易权,在 30 年代内拥有向新大陆贩卖非洲黑奴的权利;第三、路易十四的孙子菲利普被承认为西班牙国王,法国和西班牙都承认不使两国王位合并。在奥地利吃亏的条件下,荷兰共和国获得在荷兰南部驻防、修筑要塞的权利。普鲁士得到盖尔德兰。荷兰堡垒屏障以外的要塞统归法国,其中包括里尔在内。萨克森得到西西里;葡萄牙获得在亚马孙河地域进行贸易的权利。和约对庞大的西班牙王国的领土进行了瓜分,作为 18 世纪划定欧洲国家疆界的基础,由此开始了后两个世纪英国蓬勃发展的序幕。

哈布斯堡王朝公布国本诏书

哈布斯堡家族的领地是长期没有统一行政的地域混杂体。哈布斯堡国家甚至没有一定的名称。奥地利指的狭义的奥地利,即从前的奥地利封疆的管区。表示整个哈布斯堡王国使用的用语是“哈布斯堡王朝的世袭领地”。这些领地没有一定的继承法,如果哈布斯堡王朝绝嗣,如何处置王国的领土问题也不明了。18 世纪初,皇帝查理六世(1711~1740 年在位)无子,要把领地传给女系后裔的办法合法化,这一问题就特别尖锐。1713 年 4 月 19 日,皇帝把他的顾问召集来,宣布他的旨意:他所属的各邦都是不可分割和不可分离的,如果哈布斯堡的男系死绝,则由查理的(预期要生的)女儿或女儿的后裔来继承,在卡洛林族女系断绝时,则约瑟夫第一的女儿,以及,最后,一切其他(利奥波德第一传下来的)哈布斯堡妇女均可享有继承权。这个声明的名称是“国本诏书”,是经过公证人证明的。由于皇帝的儿子在 1716 年生下仅几个月后便死去,因此,查理六世的长女玛丽亚·德利莎被宣布为帝位继承人。1713 年以后,查理六世对外政策的特点就在于,努力争取德国和欧洲国家承认“国本诏书”。1722 年,匈牙利邦议员们一致同意接受这个诏书。1724 年 12 月 6 日,国本诏书作为奥地利国家基本法公布。1731 年维也纳条约中,英国也承认了国本诏书。1738 年,法国也给予承认。普、俄等国也都予以承认。但在查理六世死后,却引起了帝位继承战争。

俄国确立在波罗的海的霸主地位

1709 年波尔塔瓦战役俄军胜利后,又在波罗的海沿岸取得了一系列胜利。1710 年,俄军先后占领里加、彼尔诺夫、埃兹利岛、列维尔、维堡和开克斯里尔姆。1712～1714年，俄军把主攻方向转向芬兰。芬兰自14世纪之后是属于瑞典的大公国，是瑞典的供应基地，瑞典的肉食、粮食和木材都依靠它，彼得入侵芬兰的目的就是为了最后打败瑞典，获得进攻瑞典的战略要地，迫使瑞典接受俄国的条件。1712年，彼得一世就指示海军上将阿普拉克辛准备对芬兰的战争。他决定只用俄国的军事力量，而不必让盟国参加。1713年5月，俄军在喀琅施塔得集中了200艘船，装载了16000多人，在舰队的掩护下驶向芬兰海岸。7月15日，攻下了赫尔辛福斯（今赫尔辛基），8月28日，占领了阿波。1714年2月21日，又攻下了瓦扎。至此，俄军占领了芬兰南部和波的尼亚湾东岸的重要据点。7月27日，俄瑞双方在芬兰进行了一次著名的海上大战——汉古特战役。俄国舰队大获全胜，瑞典艾伦彻其德的全部军舰成了俄国的战利品。俄国占领了芬兰，确立了它在波罗的海的霸主地位。

英国发生复辟斯图亚特王朝叛乱

1701年9月16日，逃往法国的詹姆士二世死去。法王路易十四竟宣布承认詹姆士之子爱德华·斯图亚特（老觊觎王位者）为英格兰国王，并将永远维护其权利。路易十四的决定否认了威廉三世的英国国王地位，因而引起了英国的强烈反对。一些拥护詹姆士二世及其子孙的人们，即詹姆士党人（也译做雅各拜党人），主要由天主教徒组成，拒绝对英王威廉三世宣誓效忠，力图复辟斯图亚特王朝。1708年3月，爱德华利用苏格兰对于《合并法案》的不满，在路易十四支持下，率6000法军，从敦刻尔克出海，预定在苏格兰的西海岸登陆，遭到英军阻截，被迫逃回法国。1714年乔治一世即英王位，国内许多地方发生了骚乱。詹姆士党人伺机策划在英格兰和苏格兰发动全面暴动。1715年9月6日，马尔伯爵在珀恩发动了支持爱德华的叛乱，不久纠集了1万多人；在英格兰北部，德温特沃特勋爵也发动了复辟斯图亚特王朝的武装叛乱，但双方没能取得联系。后者在4000苏格兰人援助下，贸然南下，11月13日，在普雷斯顿被政府军击溃。与此同时，辉格党人阿盖尔公爵指挥下的政府军在苏格兰的谢里夫米尔同叛军激战，叛军自此士气低落，日趋瓦解。"老僭位者"爱德华感到复辟无望，于1716年2月逃回法国。一些托利党人由于同情和参加了恢复斯图亚特王朝的活动而名声扫地。

日本幕政改革

17世纪末叶以后，日本社会矛盾日益尖锐，幕府和诸藩财政拮据，武士破产，城乡人民起义不断发生，为防止幕藩体制的瓦解，德川幕府先后实行了三次幕政改革，即享保改革、宽政改革和天保改革。享保改革：1716年6月，德川吉宗（1684～1751）任第八代将军，开始幕政改革，改革的主要内容：第一、在政治方面：一切大权独揽一身；第二、在整顿纲纪方面：1717 年 3 月，重新颁布了《武家诸法度》，1719 年 5 月，公布了《改新政务呈报令》；第三、在经济方面：在农村，广泛推行定产定租法，在城市，加强对町人和商业的统治和管理，1722 年 7 月，宣布了“上米令”。此外，还进行了法令的编纂。1738 年，开始编纂审判条例和法令集。德川吉宗的改革，使幕府的财政，社会秩序，都有明显的好转，为幕府赢得了一个相对的稳定时期。宽政改革：1787 年 3 月，德川家齐任将军，6 月，松平定信（1758～1829）担任首席老中，掌握了幕府实权，开始实行改革。他改革的核心思想是遵循享保年间德川吉宗的方针，努力稳定农村，抑制商品经济的发展，以巩固幕藩体制。其农村政策的着眼点是恢复和增加农村人口，垦殖荒地，恢复和增加耕地面积，保护封建领主土地所有制，压制农民的反抗，保证年贡的稳定收入。可是，他的改革并未能改变困难的现实，引起了多方面的批评，1793 年，他被迫引咎辞职，宽政改革也随之流产。天保改革：1837 年 9 月，德川家庆（1793～1853）任将军，家庆重用老中水野忠邦，开始实行改革，改革的主要内容为：第一、限制消费，提倡节约；第二、限止农村家庭手工业，保护农业；第三、限制物价和垄断，增加财政收入；第四、巩固海防，加强幕府实力。可是，这次改革并没获得多少成效，1843 年，水野下台后，改革随之失败。以上三次改革未能解决当时的各种实际问题，除享保改革获得一定的成效外，宽政、天保两大改革都以失败而告终，从而使幕府的统治更加危机。与幕府改革的同时，一些藩，主要是萨摩、长州、土佐、肥前等西南各强藩，也进行了藩政改革，改革的主要内容为：第一、清理藩债，实行财政改革，推行节俭令，抑制高利贷商人；第二、着力恢复农村经济，保护本百姓，实行新的检地和开发新田，以增加年贡收入；第三、奖励本地特产，实行藩专卖制度；第四、控制金融，发行藩札，等等。总之，通过这些措施，使各藩国的财政迅速好转，实力更加强盛，为在后来的倒幕斗争中发挥重要作用奠定了基础。

俄土签订永久和约

1711 年 7 月，俄土之间缔结了普鲁特条约，结束了双方之间的战争，但双方之间的关系仍很紧张。1711 年底，1712 年底，土耳其政府又曾先后两次对俄宣战。但是，俄国正集中力量同瑞典作战。为避免同土耳其重开战端，1713 年，双方在普鲁特条约基础上签订了亚得里亚堡条约，争端暂告平息。但在俄国打败了瑞典，夺得了波罗的海出海口后，又挥师南下，继续为夺取黑海北岸和克里木而斗争。1719 年初，俄国派阿·达什科夫来到君士坦丁堡，向土耳其提出签订全面的和约问题。俄国在北方战争中取得的胜利，引起了欧洲列强的关注。英国政府极力促使俄国的南方邻国土耳其来反对俄国，极力阻挠俄土之间签订永久和约，并企图指使土耳其把俄国使节从君士坦丁堡赶走。但是，法国驻土大使鲍那克却给予达什科夫以很大帮助，这反映了当时英法之间存在的深刻矛盾。1720 年 11 月 5 日，俄土之间终于在 1713 年亚得里亚堡条约基础上，重新签订了俄土之间的永久和约。

渥尔波主持英国内阁

罗伯特·渥尔波(1670~1745)出生于英国诺福克郡的一个绅士家庭。就学于剑桥郡的皇家学院。1701年当选为下院议员,从此,除了短时期外,一直任下议院议员有40多年之久。他是一个稳健的辉格党人,善于辞令,富有政治才干。1708年被任命为陆军大臣,1710年又当上了海军的财务主管。1711年受托利党人迫害,被赶出下院,并被送进伦敦塔监禁,不久获释。1714年,乔治一世继位之后,任命辉格党人执政。渥尔波被任命为主计大臣。1720年,渥尔波在解决南海公司破产事件过程中立下了汗马功劳,得到了王室和统治集团的赞许和信赖,1721年4月,国王任命渥尔波为第一财政大臣。从此,他担任此职一直到1742年。他依靠王室的信任和下议院的支持,并且完全掌握了授予官职的权力,成为英国的实际掌权者,实质上已成为英国的第一任"首相",逐步完善了英国的内阁制度。渥尔波的政策是"让酣睡的狗安静地躺着"。他主持内阁20年,英国很少发生骚乱。他执行了许多有利于土地贵族和资产阶级利益的政策,坚持和平的外交政策。1742年,渥尔波的内阁失去了下院的信任,于是辞职。

渥尔波内阁漫画

笛福的《鲁宾逊漂流记》

丹尼尔·笛福(1660~1731)是18世纪英国现实主义小说的奠基人。笛福出身于中小资产阶级家庭,本人20多岁开始经商,也从事政治活动。笛福生活的时代,正是英国资本主义开始大规模发展的年代。1702年,他发表《消灭不同教派的捷径》,讽刺政府的宗教政策,因而被捕,并被判处枷示三次。出狱后,从事编辑报刊,还写了不少政治、经济方面的小册子,因言论关系又曾三次被捕。1719年,笛福发表了他的第一部也是最出色的一部小说《鲁宾逊漂流记》。这部小说是以亚历山大·赛尔柯克在荒岛上的真实经历为原型的。据当时英国杂志报道:1704年4月,赛尔柯克在海上叛变,被船长遗弃在距智利海岸900多公里的胡安—费尔南德斯群岛中的一个叫马萨捷尔的小岛上。4年零4个月后被航海家发现而获救。那时,赛尔柯克已忘记了人的语言,完全变成了一个野人。笛福受这件事的启发,构思了鲁宾逊的故事。但在小说的创作过程中,笛福从自己对时代的观感和感受出发,以资产阶级上升时期的冒险进取精神和18世纪的殖民精神塑造了鲁宾逊这一形象。鲁宾逊是欧洲文学史上第一个资产阶级正面主义者。《鲁宾逊漂流记》共分3卷,第1卷于1719年4月出版,到8月即重印了4次。同年出版了第2卷。1720年出版了第3卷。读者熟悉的是第一卷。到19世纪末,第1卷的不同版本已出版了近700版。

俄瑞两国签订尼斯塔特和约

俄国同瑞典之间的长期战争使双方疲惫不堪,都要求早日实现和平。1718年5月,俄、瑞代表在阿兰群岛开始和谈。谈判期间,双方在领土问题上分歧很大。俄国代表布鲁斯要求瑞典割让卡累利亚、英格里亚、爱斯特兰和立夫兰。瑞典代表盖尔茨反对把立夫兰、爱斯特兰割让给俄国。谈判陷入僵局。1718年11月30日,查理十二去世,他最亲近的顾问之一盖尔茨则被斩首。俄瑞谈判中断。1719年2月,查理十二的幼妹乌利里卡·埃列奥诺拉即瑞典王位,贵族掌权。1719年5月,双方恢复了和谈,瑞典代表拒绝了先前查理十二已经同意的领土让步。7月,俄国派遣了一支庞大舰队,包括30艘大船。130艘帆桨船和100艘小号战舰,以一个军团的兵力在瑞典海岸线上登陆,捣毁了居民点,一部分哥萨克兵距瑞典首都只有105俄里,瑞典没有屈服。9月,谈判失败。1720年,俄国的两个盟友丹麦和波兰以及后来的普鲁士先后同瑞典签订了合约。瑞典国王意识到,英国国王、法国摄政、德国皇帝都不会承担风险来支持了。1721年4月,俄瑞双方在尼斯塔特恢复了和谈。俄国再次炫耀武力,向瑞典施加压力。1721年夏,俄军5000人在瑞典登陆,深入内地300公里。1721年9月10日,俄瑞两国签订了尼斯塔特和约,宣告持续21年之久的北方战争结束。条约共24款和一项附款。根据条约,立沃尼亚、爱沙尼亚、英格里亚、卡累利亚的一部分—包括维堡、欧塞尔岛(希乌马岛)和达戈岛(萨烈马岛)永远划归俄国;俄国则向瑞典缴付200万塔勒作为其割让领土的补偿;俄国把芬兰的其余部分归还瑞典。俄国终于获得了从16世纪以来梦寐以求的出海口。从此,俄国成为波罗的海的霸主,进入欧洲封建军建强国的行列。俄国参政院为了颂扬彼得一世的"赫赫战功",拥戴彼得为皇帝,并授予"大帝"和"祖国之父"的称号。

孟德斯鸠发表《波斯人信札》

孟德斯鸠(1689~1755),18世纪法国启蒙运动的主要代表之一。1689年1月18日出生于法国波尔多附近拉柏烈德庄园。当时他的名字是查理·路易·德·色贡达。色贡达家族是贵族世家，历代服务于纳瓦尔朝廷。孟德斯鸠的高祖父购买了“孟德斯鸠领地”，法国国王亨利四世把这块领地升为“伯爵辖地”。孟德斯鸠祖父任波尔多议会议长，这是个可以买卖的世袭职位。后来由孟德斯鸠的伯父继承。他的父亲拒绝充当教士，而到军队中服务。1713 年孟德斯鸠父亲死，1716 年他继任伯父的波尔多议会议长的职务，并依遗嘱承袭了伯父“孟德斯鸠男爵”的尊号。这样他的名字就是“查理·路易·德·色贡达，拉柏烈德和孟德斯鸠男爵”。这个称号标志着他的贵族世家出身。1726 年，孟德斯鸠卖掉了波尔多议会议长职务。从此他弃官经商，并从事著述。1728 年进入法国科学院成为院士。1755 年 2 月 10 日死去。孟德斯鸠站在时代的前列，用他的智慧和犀利的文笔，坚决地攻击封建主义。1721 年孟德斯鸠化名“彼尔·马多”，发表《波斯人信札》，他在书中通过假托两个周游欧洲的波斯贵族彼此通信，以及他们和朋友妻子、仆人等的通信从不同的角度抨击了法国的政治、社会的腐败。由于该书辛辣的讽刺法国文明社会以及路易十四的统治，因此引起统治阶级和教会的嫉恨。全书贯穿批判精神，有力地向传统挑战，他也因此出名。《波斯人信札》是 18 世纪启蒙运动中最早出现的一部重要作品。

俄国进军波斯

还在北方战争进行期间，彼得一世就对波斯极度注意，1715 年，派遣阿·波·沃伦斯基为驻波斯大使，要他搜集经济、政治和军事情报，特别是探查波斯是否有能够通航到印度边境地带的河流。沃伦斯基发现，波斯沙列维王朝已经衰落，国家陷于分崩离析，将要发生叛乱。他建议彼得用不多的武力征服这个富有的国家。当时，英、法、荷、葡等国已先后侵入波斯，侵吞它的财富。土耳其利用波斯政局的混乱。强占波斯在南高加索领土，深入波斯腹地。阿富汗部落举兵起义反对波斯总督政权，攻占了首府伊斯法罕，把国王侯赛因处死。俄国政府迫不及待地要进行干涉。1721 年 8 月，波斯封建主官员达乌德在舍马哈袭击俄国商人，砸毁商品价值约 50 万卢布。俄国以此为借口，向波斯大举进攻。1722 年 5 月 13 日，彼得率军从莫斯科出发。俄国在里海沿岸部署的兵力达 5 万多人，另有一支由 80 多艘舰船组成的里海分舰队。8 月，俄国军队占领杰尔宾特，彼得由此回到俄国，俄军陆续攻占了里海西南沿岸的吉良省勒什特等地，1723 年 7 月，俄军占领了巴库。1723 年 9 月 12 日，波斯和俄国签订彼得堡同盟条约，波斯将里海西岸和南岸整个地区划归俄国；杰尔宾特和巴库也割让给俄国；俄国则以帮助波斯赶走阿富汗人和平定所有的叛乱，作为占领这些领土的“交换条件”。土耳其对此提出的抗议，在英、法等国的支持下，以战争威胁俄国。1724 年 6 月 12 日，俄土两国在君士坦丁堡签订条约，条约规定：埃里温、大不里士、卡兹温斯克等高加索西南地区和舍马哈划归土耳其；俄国仍占有彼得堡条约所定的里海西、南岸地区。1735 年，俄、波在冈扎签订了条约。

阿富汗人进犯波斯

18 世纪初,波斯开始衰败,阶级矛盾、民族矛盾和各种教派矛盾交织在一起,国内人民起义风起云涌,国家处于危难之中。住在坎大哈地区的逊尼派教徒,阿富汗人的一个强大部落吉尔扎人发动起义,把波斯统治者驱逐出境。与此同时,英、法、荷、葡等国也先后侵入波斯,侵吞了大量波斯的财富。1720 年,由米尔·马穆德率领阿富汗人部队 1 万多人进犯波斯,1722 年 1 月占领了克尔曼,10 月,波斯首都伊斯法罕陷落,米尔·马穆德宣布自己为波斯沙赫(国王),波斯国王侯赛因被迫献出王冠。接着阿富汗人又占领了波斯中部的其他城市,波斯国王的儿子达黑玛期普,逃亡到波斯的里海沿岸地区,自立为波斯国王。是时,俄国彼得一世进军波斯,于 1722 年 9 月占领了杰尔宾特。土耳其也于 1723 年春向波斯宣战,侵入格鲁吉亚。1723 年波斯同俄国签订了彼得堡条约。此时,阿富汗人在波斯的统治日益困难。1725 年 4 月,在波斯的阿富汗上层内讧,结果阿什拉甫被拥立为波斯国王。1726 年阿什拉甫迎战向伊斯法罕推进的土耳其部队。波斯居民也起来反对阿富汗人残暴的统治,声势日益壮大。1729 年 11 月,阿富汗人放弃伊斯法罕,逃往设拉子。达黑玛斯普回到伊斯法罕。1730 年初,阿什拉甫逃往俾路支,途中被杀。阿富汗人被彻底地赶出了波斯。阿富汗人的入侵给波斯及其居民带来了惨重的灾难。

波土战争爆发

18 世纪初,波斯国衰败,1722 年 10 月,阿富汗入侵者占领了波斯首都伊斯法罕,推翻了波斯国王侯赛因的统治,阿富汗人首领米尔·马穆德自立为波斯国王。俄国沙皇彼得一世也于此时进军波斯,于 1722 年 9 月占领了杰尔宾特。土耳其也借着波斯危难之机,于 1723 年春向波斯宣战,并侵入格鲁吉亚,占领了梯比里斯,接着又占领了波斯的西北部和克尔曼沙赫市。俄国同土耳其于 1724 年 6 月签订了分割波斯北部各省和部分西部省份的条约。随后,土耳其军队继续向伊斯法罕推进。1725 年 4 月,阿富汗统治阶层内讧,阿什拉甫被拥立为波斯国王。他在伊斯法罕的地位稍加巩固之后,便于 1726 年出击向伊斯法罕推进的土耳其人。他曾一度取胜,但他深知自己的力量有限,遂同土耳其谈判。1727 年 9 月,双方签订了条约,阿什拉甫承认土耳其苏丹是一切正统派的共主哈里发(最高统治者),并将阿塞拜疆,库尔德斯坦、库齐斯坦以及波斯中部的一部分和津章、德黑兰割让给土耳其;土耳其承认阿什拉甫为波斯国王以及他对波斯其余领土的统治权。战争宣告结束。

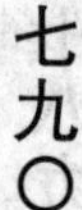

中俄签订恰克图条约

1689年中俄《尼布楚条约》签订，明确划分了中俄两国的东段边界。但是沙皇俄国并没有放弃对中国黑龙江以及中俄中段边界的侵略野心。沙俄政府不断指使叛匪制造边界事端，严重地影响了中国北部边疆的安全。为此，清朝政府多次敦促俄国政府共同商谈，解决中俄中段边界问题。1725年10月，俄国政府派遣萨瓦·务拉迪斯拉维茨·拉古津斯基使团前来中国，训令他：缔结条约、划分边界、解决私逃问题等。1726年10月，俄国使团到达北京，停留3个月，与清朝代表图理琛等举行30多次谈判，双方于1727年4月1日达成协议，并定于6月在恰克图附近的布尔河边举行边界会谈。双方于1721年8月31日（雍正五年7月15日）签订了有关划定中俄中段边界的初步协定，即《中俄布连斯奇界约》。1728年6月25日，中俄双方代表又根据布连斯奇界约的原则精神，签订了概括中俄关系各方的《中俄恰克图条约》。此条约共11条。在边界方面，再次肯定《布连斯奇界约》中关于中段边界的规定，并重申《尼布楚条约》中关于乌第河地区作为未定区的规定，在贸易方面，规定俄商来华人数仍照原定不得超过200人，每隔3年来北京一次，在两国边界处各设一贸易市场。此外对宗教及逃犯等问题也做了具体的规定。签约以后100多年内，中俄中段边界未有重大变动。这段边界的很大一部分目前是蒙俄边界。

英、奥签订维也纳条约

法国在西班牙王位继承战争之后，虽然已经削弱，但它仍然把奥地利和英国视为主要敌人。路易十五继位之后，执行联合瑞典、波兰和土耳其反对奥地利的政策，同时还拉拢普鲁士，支持普鲁士的扩张，以便加强这个联盟，对抗奥地利。英国则对欧洲大陆采取"均势政策"，不让任何强国在大陆上占有统治地位，它采用建立对立联盟的方法，均衡大国之间的力量。这样英国便可集中力量向海外进行殖民扩张。塞维尔条约（1729）签订之后不久，英、法之间又发生了矛盾。当时处境孤立的奥地利力图恢复同英国的联盟，经过旷日持久的谈判，1731年3月签订了维也纳条约，英国承认了哈布斯堡王朝的《国本诏书》，奥地利皇帝则表示不将其有继承权的女儿嫁给一个有巨额家财的亲王，奥地利最终放弃奥斯坦德公司，允许西班牙军队驻守托斯卡纳、帕尔马和皮亚琴察。不久，西班牙和尼德兰也同意已达成的协议。于是，英奥等国建立起一个反法联盟。

导体与绝缘体区别的发现

导体与绝缘体的区别是人们在研究电荷的传递过程中发现的。1731年，英国一位物理学工作者斯蒂芬·格雷(1670~1736)在这方面首先做出了贡献。他发现由摩擦得到的电荷可以从一个物体转移到另一个物体,例如他把玻璃奉上的电荷转移到木塞上,再把木塞上的电荷转移到骨质棍上。不仅如此,格雷还发现,电荷可以从金属线的一端传到另一端。这说明除了摩擦可以使物体带电,传递也可以使物体带电。他特意请了一位小孩,做了首次人体带电实验。在反复试验中,格雷认识到,物体能否传导电荷,与物体的外形没有关系,仅由构成物体的物质决定。按照能否传导电荷,他将物质分成两大类,一类叫作导体,另一类叫作绝缘体。格雷的发现,对于人类认识电现象及建立电磁学理论都有重要意义。

伏尔泰《哲学通信》出版

伏尔泰是法国杰出的启蒙思想家,他本名弗朗索瓦·阿鲁埃。1694 年 11 月 22 日生于法国巴黎的一个富裕的中产阶级家庭,卒于 1778 年,享年 84 岁。在 18 世纪法国启蒙运动中,伏尔泰献身其中 60 余年,做出了不可磨灭的贡献,堪称启蒙泰斗。伏尔泰一生勤于写作,作品甚丰,且涉及哲学、史学、文学等多方面。伏尔泰少年时代就读于大路易中学,中学毕业后进了一所法科学校。1717 年,他因一首讽刺宫廷的诗而被投入巴士底狱,1718 年春他被释放。1725 年,他因与一名贵族发生冲突,第二次被关进巴士底狱。1726 年被驱逐出法国,开始了其流亡生涯。1726~1729 年,伏尔泰在英国居住了近 3 年,在那里他深入地研究了英国的政治制度,洛克的哲学著作及牛顿的科学论述,从而形成了他的反封建专制的政治主张,坚定了他反对天主教神学、宣扬信仰自由的决心。在这期间,他开始酝酿他的第一部哲学和政治专著——《哲学通信》,1733 年《哲学通信》英文版问世。1734 年此书的法文版也刊印出来。这部书用书信体裁介绍了英国的政治、宗教、科学及哲学,将洛克及牛顿介绍给法国读者。该书阐述了作者的哲学、神学及政治观点。1734 年 6 月 10 日,此书刚出版即遭查禁,伏尔泰被迫逃亡到偏僻的小城西雷。但是这本书还是多次秘密地出版,并从 1742 年起收入伏尔泰的全集。

伏尔泰

孟德斯鸠《罗马盛衰原因论》出版

孟德斯鸠是18世纪上半叶法国启蒙运动的主要代表之一。他生活于路易十四和路易十五王朝交替时期，距离1789年法国大革命还有将近半个世纪。青少年时代的孟德斯鸠，深受刚刚兴起的新思潮的影响，善于独立思考，醉心于科学研究。他于1721年在荷兰的阿姆斯特丹，化名"彼尔·马多"，发表了他的第一部重要著作《波斯人信札》，这是一部文学体裁的、闪耀着启蒙思想的政治哲理著作。1726年，孟德斯鸠卖掉了波尔多议会议长的职位，从此全力投入科学研究。1728年，他到奥、匈、意、德、荷等国作长期的学术旅行和考察。1729年10月，他到了英国，居住了两年，并被选为英国皇家学会会员。他通过实地考察，对欧洲主要国家的社会政治制度有了比较具体、深入的了解。回国后，自1731年起3年闭门不出，整理所搜集的资料，专事著述，这样《罗马盛衰原因论》于1734年出版。这是一本利用罗马有关历史来阐明作者政治观点的著作，它是《论法的精神》的前奏，在思想上和《论法的精神》也有着密切的联系。在这本书里，他根据罗马的史实证明：只有在公民得到自由和独立的地方，在共和的风俗习惯盛行的地方，社会才能顺利地发展；凡是公民没有自由思想并且受人奴役的国家，就一定会衰落下去，最后将导致一败涂地。孟德斯鸠的《罗马盛衰原因论》一书是法国资产阶级革命的思想源泉之一。这本书从1734年出版以来，曾有过多种版本，流传至今。

波兰发生王位继承战争

18世纪的波兰是一个封建农奴制的国家，国家元首是由参加特别选举议会的小贵族选出的国王，当选的国王一般是那些最大封建贵族的傀儡。波兰"共和国"是一种特殊的"贵族民主制度"，组织涣散，社会经济制度呈现了深刻的危机。正当奥地利、俄国和勃兰登堡都立了专制政体的时候，波兰却仍旧处于封建分散状态，国势日衰，仰承强邻鼻息。北方战争期间，彼得一世就曾干涉波兰国王选举，插手它的内部事务。1733年2月1日，波兰国王奥古斯特二世卒，王位虚悬，必须进行新国王的选举。法国和瑞典竭力支持波兰人斯塔尼斯拉夫·列琴斯基为波兰国王，因为他在北方战争期间曾同瑞典结盟。而现在则是法国国王路易十王的岳父。俄国和奥地利则支持已故国王的儿子，萨克森选帝侯奥古斯都三世为波兰国王。波兰的贵族分成了两个相互混战的党派。于是，由俄、法等国插手的一场争夺波兰王位的国际战争随之爆发。站在法国方面的有西班牙，站在俄国方面的有奥地利和萨克森王国。1733年，斯塔尼斯拉夫入华沙，受到6万人欢迎，大主教宣布他为国王。20天后，波兰贵族6000人在华沙近郊拥立奥古斯特三世。俄国女皇安娜·伊凡诺芙娜派3万俄军进入波兰。包围了哥但斯克，法军也进入波境。双方交战达两年之久。法军战败，法国舰队在俄国舰队面前逃走。斯塔尼斯拉夫逃离波兰。奥古斯特三世登上了波兰王位。

织布用飞梭的发明

18世纪英国的产业革命是以纺织工业的机构化开始的。自16世纪以来，英国作为欧洲的毛织业中心，始终垄断着世界市场。因此对技术革新的要求并不强烈。然而，面对18世纪发展起来的棉纺业，英国那种以家庭为单位的农妇手工织布技术已无法与印度等国竞争。在棉花价格低廉，市场需求急骤增加的情况下，为保护本国的棉纺织业，英国政府一方面严格控制在市场上销售进口棉布，另一方面提倡发展国内纺织工业。1733年，英国出生的机械师约翰·凯(1704~1764)发明了飞梭，织布工人一改往日用手来传递梭子的落后织布法，只需拉动系在梭子上的绳子，就可以使梭子自动地往返于经线之间，不但使织布效率提高了一倍，而且所织布面的宽度也不再受到限制。随着飞梭的出现、织布效率的提高，纺纱业面临着供不应求的严重危机，纱价不断上涨，到处是纱荒。纺纱与织布之间的不平衡状况急需扭转。为此，英国政府动员了大批手工业者加入纺纱行列，英国皇家学会和英国技术与工业奖励协会特设奖金，用以鼓励改革纺纱技术者。

纳狄尔成为波斯国王

18世纪初叶，波斯为阿富汗人所占领，阿什拉甫作了波斯国王。与此同时，沙俄、土耳其也相继侵入波斯，在波斯混乱时期，只有游牧于呼罗珊北部的土库曼斯坦阿富沙尔部落出身的纳狄尔(1688年生)，是唯一能领导波斯部队与外国人战斗的将领，具有使波斯统一摆脱分崩离析的能力。纳狄尔幼年时为封建主当雇佣兵，有善战将军之称。1726年，纳狄尔汗·阿富沙尔带着他的队伍，投靠波斯国王达黑玛斯普。1729年，纳狄尔打败了阿富汗人，成了把波斯从阿富汗侵略者统治下解放出来的英雄。他已成了实际的波斯统治者。国王达黑玛斯普实则是他手中玩弄的傀儡。1730年上半年，纳狄尔开始征讨土耳其人。当时，土耳其人占领着格鲁吉亚、亚美尼亚、阿塞拜疆、达格斯坦与什尔凡的一部分、库尔德斯坦、哈马丹、克尔曼沙赫和波斯中部的一大部分。纳狄尔废黜达黑玛斯普王，拥立达黑玛斯普年仅8个月的儿子阿拔斯为王，纳狄尔摄政。纳狄尔在1732~1733年间把土耳其占领的波斯领土尽行收复，并侵入土耳其领土，包围了卡尔斯要塞。1732年2月，俄国同波斯签订了《勒什特条约》，俄国将吉兰、马詹德兰与阿斯特拉巴德等地归还波斯。1735年3月，俄国与波斯签订了《冈札条约》，将巴库与杰尔宾特及其邻近地区归还波斯。1735年底，纳狄尔与土耳其人谈判，1736年9月28日在君士坦丁堡签订了条约，规定土耳其将近10年来占领的波斯全部领土归还波斯，恢复1639年《土波条约》所划分的土波疆界。纳狄尔取得了胜利,除坎大哈以外,收回全部波斯的失地。1736 年 1 月,纳狄尔下令召集两万多封建贵族在穆冈开会。在会上全体贵族表示效忠纳狄尔和他的儿子,不再拥护沙法维王朝和什叶派,不得仇视逊尼派。1736 年 3 月 8 日,举行了加冕大典,纳狄尔成为波斯国王。

普鲁士腓特烈二世的"开明专制"

18 世纪,普鲁士的农奴制度继续加强,封建贵族长期占有政治优势和特权,资本主义关系的发展比较缓慢,因而在腓特烈二世(1740~1786 年在位)当政年代所推行的政策便具有"开明专制"的特点。开明专制是封建社会在它瓦解前夕的政策主张,客观上具有保存旧秩序的使命。"开明专制"仍旧是贵族国家的政策。腓特烈二世曾怀着强烈的求知欲学习哲学、历史、文学,崇拜启蒙思想家伏尔泰。腓特烈二世即位后不久,邀请伏尔泰在他的宫廷里客居三年,以伏尔泰的朋友和庇护者自居。但"哲学家和君主联盟"的梦想没有实现,最温和的启蒙思想家也不隐瞒自己对封建专制制度、农奴制度的否定态度。7 年战争(1756~1763)以后,腓特烈二世以 10 余年时间(1763~1778)致力于普鲁士的经济振兴,他建立严格的管理体制,其特点是集中统一,讲求实效,国王大权在握。腓特烈二世颁布一系列有关发展农业的法令。1763 年,取消波美拉尼亚农奴依附关系;禁止把农民驱逐出份地。他还促进了采矿、纺织、造纸和玻璃工业的发展,实行保护性关税政策,采取一系列重商主义措施。修筑公路,开凿运河。普鲁士实行了"简便而有条理的"税收制。1765 年在柏林设立国家银行。国家实行烟草、咖啡和盐的专卖。对外国工业品征收高额关税,以保护普鲁士的工业。这些政策使普鲁士较快地兴盛起来。但它并没有改变普鲁士专制主义的阶级本质。

第一次西里西亚战争

1740 年 10 月奥地利皇帝查理六世卒,普鲁士国王弗里德里希二世企图借此机会扩大自己的领土,于 12 月 26 日亲率 3 万普军侵入西里西亚,1741 年 1 月末占领了西里西亚,挑起了第一次西里西亚战争。这场争夺西里西亚的战争在普奥之间进行。奥女帝玛丽亚·德利莎派奈帕尔格元帅反击普军,1741 年 3 月末在莫勒维茨被普军击溃。于是,法国、巴伐利亚、萨克森结成联盟,大举进攻奥地利,开进波希米亚,威胁到首都维也纳。玛丽亚·德利莎来到了匈牙利的布雷斯堡。10 月 9 日,在英国调停下,普、奥缔结了克连斯奈道夫密约,奥地利把西里西亚割让给普鲁士。玛丽亚·德利莎一时摆脱困境。她从外部得到了匈牙利贵族的支持,提供 5 万人的精锐部队,对外政策方面,她与俄、英联盟,并从英国取得 30 万镑贷款,以应急需。12 月,再度发生战争。奥军打败了法国和巴伐利亚军队，占领了查理·阿尔伯特选帝侯的领地巴伐利亚，攻入慕尼黑。是时，普王弗里德里希二世率军攻入摩拉维亚，转而北上，1742年5月，在恰斯拉夫击败了奥军。弗里德里希二世同玛丽亚·德利莎进行了单独秘密谈判。1742年6月，在布罗斯劳（弗罗茨瓦夫）缔结和约。

波兰政局动荡

18世纪20~60年代，波兰的政治生活处于极为严重的无政府状态。时当奥古斯特三世（1733~1763）统治时期，波兰国内政局一片混乱，相邻大国对波兰施加强大的影响，一些大、小贵族受外国的教唆，利用“自由否决权”，把所召集的14次议会破坏了13次。软弱的中央政权机构停止了差不多全部的活动。波兰的经济仍然处于深刻的衰落情况之下。波兰统治阶级中的一些人认识到必须进行国家制度的改革，但是，并不能真正实行。1740年，普鲁士夺取了奥地利的西里西亚，发动了对奥地利的战争，迫使萨克森加入了反奥同盟。波兰上层这时分成两个集团，支持国王的是恰尔托雷斯基家族及其同伙热乌斯基家族和拉吉维尔家族，即所谓“家族”集团。反对“家族”集团的是波托茨基家族和勃拉尼茨基家族。两大集团的斗争带有无原则性。他们从策略的意图出发，有时提出了军事的、财政的改革方案，但相信对方是不会允许它实现的。被国内斗争所削弱的波兰王国，在国际关系中处于特别软弱的地位，在奥国帝位继承战争和7年战争时，各交战国军队在波兰境内自由往来调动，在它的领土上作战。

波兰国王斯坦尼斯瓦二世

奥地利帝位继承战争

奥地利皇帝查理六世（1711~1740年在位）没有儿子，担心在他死后帝国的领地会分崩离析，便于1713年公布新的继承法，即《国本诏书》，宣布哈布斯堡家族的领地是不可分的，这些领地应由他的女儿玛丽亚·德利莎来继承。这一诏书得到了西班牙、俄国、普鲁士、英国和荷兰的承认。普鲁士国王弗里德里希二世（1740~1786年在位）利用欧洲列强的矛盾，企图称霸德意志，同奥地利的斗争日益尖锐。它的同盟者是法国和巴伐利亚，这两国都打算夺取奥属尼德兰。当玛丽亚·德利莎即位后，1740年12月26日，弗里德里希二世亲率3万普军,袭击了奥地利西里西亚最富裕的工业区,并要求玛丽亚·德利莎将西里西亚割让给他,他才承认玛丽亚·德利莎的帝位。这一要求遭到了玛丽亚·德利莎的断然拒绝。从此便开始了1740~1748年的奥地利帝位继承战争。法国、西班牙、巴伐利亚和萨克森先后参加了普鲁士的反奥同盟,法国实际上成了反奥同盟的领导者。英国、荷兰站在奥地利方面,1744年向法国宣战。奥地利在大陆上的各条战线均被普鲁士打败。1745年,普、奥在德累斯顿缔结了单独和约,普鲁士占有了西里西亚,承认哈布斯堡家族的帝位继承权,承认玛丽亚·德利莎的丈夫弗兰茨一世为神圣罗马帝国的皇帝。奥地利同其他反奥同盟的战争仍在继续。1747年,俄国也加入了奥地利方面。1748年,双方缔结了亚琛和约,战争宣告结束。

奥地利推行系列改革

在德意志诸邦中,奥地利是最为强大的,它是哈布斯堡家族神圣罗马皇帝的世袭领地,又是一个多民族的国家。到17世纪后半期,奥地利帝国境内农奴制更为加强了,这就激起了农民的反抗斗争。与此同时,奥地利在17世纪出现了资本主义性质的分散的手工工场,到18世纪,进入集中以手工工场阶段。农奴制的存在阻碍了工业资本主义的进一步发展。18世纪上半叶,奥地利连续进行了两次战争,暴露了哈布斯堡王朝统治阶级的腐败无能,财政混乱不堪,军队软弱无力。统治集团感到改革刻不容缓。在玛丽亚·德利莎(1740~1780在位)和她的儿子约瑟夫二世(1780~1790在位)统治时实行了一系列改革。首先实行的是军事改革,实行新的征兵制度,军官职业化,军队编制统一,设立军事学院以培养军事人才,军队人数大增。在1760年重新改组了高级政府机构,成立了由6个委员组成的国务院,全部国家管理权都集中在他们手里。1749年开始了财政金融改革,颁布了征收所得税法令,取消从前贵族、僧侣不纳税的特权。为促进工商业的发展,规定新工厂主一般免税10年,鼓励纺织业自由发展,招收外国技术工人,建立新工业部门。在国内贸易中,废除国内关卡,统一关税制度,发行统一货币,国库一度盈余。司法改革也占有重要地位,1766年制定新的民法和刑法,1776年废除刑讯。在教育改革方面,把学校从教会控制下摆脱出来,由国家统一管理。1773年,维也纳大学转归国家管理,开设许多专科学校以培养人才。进行全国人口普查。为了缓和农民与地主的阶级矛盾,取消了农民对地主依附关系的一些规定,确定农民的劳役和代役租额,一定程度上减轻了农民的负担。玛丽亚·德利莎和约瑟夫二世所进行的改革,是在"开明专制"的招牌下进行的,它对奥地利的社会经济发展起到一定的促进作用。

叶丽莎维塔即位为俄国女皇

1730年,彼得一世的侄女安娜·伊凡诺芙娜即位为俄国女皇。她在位期间,沉于游乐，贪图享受，不热心国事，随同安娜来俄国的德意志贵族比隆，操纵了国家的实际权力，德意志人在俄国朝廷中掌握了巨大权力，左右了俄国政府的对内对外政策。比隆飞扬跋扈，用恐怖手段维持自己的权势，人称“比隆暴政”。1740 年 10 月，安娜女皇病死，她没有儿女，逝世前确定其侄女安娜·列奥波丽朵芙娜的婴儿伊凡·安东诺维奇为王位的继承人，并决定比隆为摄政。伊凡·安东诺维奇是列奥波丽朵芙娜同德意志公爵不伦瑞克的安东结婚所生，属德意志血统，他刚生下了 3 个月就被指定为王位的继承人。比隆被定为摄政，引起朝野上下不满。1740 年 11 月 8 日，俄国政府中的德意志贵族米尼赫元帅率领近卫军逮捕了比隆。伊凡·安东诺维奇即位，称伊凡六世，母亲安娜·列奥波丽朵芙娜被宣布为摄政。她的统治大约只有 1 年。国家实权为奥斯捷尔曼所操纵。俄罗斯贵族考虑拥戴彼得一世的女儿叶丽莎维塔·彼得罗芙娜为女皇，以执行彼得一世制定的对内对外政策，维护俄国贵族的利益。1741 年 11 月 25 日夜，叶丽莎维塔带领一支近卫军冲进宫内，逮捕了伊凡六世和他的母亲。于是，一场宫廷政变成功，叶丽莎维塔即位为女皇。伊凡六世被囚禁在什利谢尔堡监狱，亲属被逐出彼得堡。1764 年 7 月，伊凡·安东诺维奇被叶卡特琳娜二世处死。

印尼华侨反抗荷兰殖民者的斗争

1740 年，在印度尼西亚爆发了华侨与印尼人民的联合抗荷斗争。荷兰占领雅加达初期，为了解决劳动力的不足，竭力招引的掳掠华民从事手工业和农业生产。1706 年，雅加达的华侨已超过 1 万人，1720 年增至 6 万人。华侨人数的增多和经济势力的加强，使荷兰殖民者日益不安。于是，荷兰东印度公司转而采取排斥、打击以至迫害华侨的政策。1706 年，荷兰殖民者颁布限制华侨入境的命令。1727 年，公司下令将无居留许可证的华侨遣送回中国，或押解到班达岛、斯里兰卡及好望角做苦工。1740 年 7 月 25 日，荷兰殖昆总督命令贫苦华侨登记，以便送往斯里兰卡。10 月 9 日，荷兰殖民当局又以搜查华侨窝藏武器为借口，唆使荷兰士兵和暴徒疯狂屠杀华侨，抢劫和焚毁华侨住宅。暴行延续达 7 天之久，计有 600 多处华侨住宅被焚毁，1 万多华侨被杀害。广大华侨义愤填膺，掀起了轰轰烈烈的反对荷兰殖民者的起义。起义队伍在雅加达苦战 7 天 7 夜，终因力量较弱而转移。华侨的鲜血把雅加达的溪流都染红了，历史上称之为“红溪之役”。起义华侨联合印尼人民共同反荷殖民者的武装斗争，一直坚持到 1743 年，在华侨和印尼人民反荷斗争史上写下了光辉的一页。

普鲁士与奥地利缔结柏林和约

1740 年普鲁士国王弗里德里希二世不宣而战，率军侵入奥地利富庶省份西里西亚，奥军反击，由此爆发了第一次西里西亚战争。法国乘机联合普鲁士以及巴伐利亚、萨克森、西班牙、撒丁等国结成反奥联盟，发动了瓜分奥地利的战争，史称奥地利帝位继承战争（1740~1748）。战争中奥军不利。1741 年 10 月 9 日，普奥缔结克连斯奈道夫密约，双方单独媾和，奥地利一时摆脱困境。12 月，战争重又开始，奥军打败了法国和巴伐利亚的军队，占领了巴伐利亚，普王弗里德里希二世所统率军队却取得胜利，1742 年 5 月，在恰斯拉夫击败了奥军。于是，普王同玛丽亚·德利莎进行秘密谈判，6 月，双方在布累斯劳（佛里茨瓦夫）缔结了停战协定，第一次西里西亚战争结束。7 月 28 日，普奥双方在柏林缔结和约，弗里德里希二世承认玛丽亚·德利莎对波希米亚领地拥有主权，奥地利承认普鲁士对西里西亚的军事占领。

桑托斯领导秘鲁人民起义

到 16 世纪中叶，整个中南美洲（除巴西以外）都处于西班牙的殖民统治之下。西属殖民地的人民，尤其是广大的印第安人，不愿做奴隶，他们通过各种形式反对西班牙的殖民剥削和压迫。17 世纪 70 年代，先在阿根廷，后在秘鲁，爆发了印第安人起义。秘鲁地区的印第安人，由于人口较密，文化水平较高，对古印加“帝国”的怀念强烈，因而对白种殖民者的斗争是非常坚定而持久的。18 世纪的秘鲁发生过几次大规模的印第安人起义。1742 年，胡安·桑托斯领导的秘鲁人民起义，参加者达数万人，西班牙殖民者派遣大批军队才勉强把这次起义镇压下去。

里昂纺织工人罢工

18 世纪，法国工业已在国民经济中占重要地位，其中，资本主义的纺织工场手工业发展特别迅速。当时里昂是法国第三大城市，居民有 8.5 万人，主要的工业是丝织业。里昂的丝绸在世界各地享有盛誉。少数大商人控制了里昂丝织工业，从事生丝或丝织品的买卖，并且和外国进行贸易。这些大丝商供给作坊主人以原料，介绍式样，规定花式，垫借必要的款项购买工具，规定手工的工价，然后收购丝织品，转手出卖。所以里昂工人最关心的是工价标准。师傅和帮工总是联合一致要求提高工资。1744 年，里昂颁布了一个条例：规定师傅应对交付商人的商品负完成全部工作的责任。从此之后，作坊主人（师傅）完全受到商人的控制，再也无法摆脱。工价定得很低，生活难以维持。1744 年，里昂爆发了劳资大冲突，这是里昂丝织工组织得很好的一次罢工，地方行政长官写道：“他们既不劫掠，也不杀人，但是他们都强制商会会长……在他们所口述的命令上签字”。罢工组织者遭到残酷镇压，许多人被判处役刑，还有一些工人被送去服苦役。

英国查理·爱德华复辟失败

英国参加了1740~1748年的奥地利帝位继承战争以对抗法国,争夺殖民地。当英军酣战于佛兰德地区的时候,却给詹姆士党人提供了重新发动叛乱的时机。原来,老凯觎王位者爱德华于1715~1716年叛乱失败后,他的儿子查理·爱德华成了詹姆士党人的希望所在。由于英、法在奥地利帝位继承战争中的对峙,查理的地位显著增强了,他企图复辟斯图亚特王朝在英国的统治,求援于法国,组织远征军。1744年2月,在敦刻尔克遇到风暴,舰队四散,远征计划失败。查理在法国人支持下,于1745年7月25日,带了7个同伙在苏格兰西海岸登陆。苏格兰高地人支持查理·爱德华,9月,占领了爱丁堡,在普雷斯顿佩击溃了小股英军,12月初进攻德比。但英国北部的詹姆士党人未能前来会师,法国也未给予任何支援。英国军队从佛兰德回师,1746年4月,在茵弗内斯附近的卡罗登草原,战胜了高地人,击溃了苏格兰封建部族的保皇派,查理·爱德华幸而逃回法国,斯图亚特王朝最后一次复辟失败,从此,詹姆士党失去了它作为一个政治势力的地位。

阿富汗独立

1736年,纳狄尔登基为波斯国王。1736年11月,纳狄尔率领大军8万人向东方进发,1738年3月,在长期围困坎大哈之后将它占领,大肆抢掠,将坎大哈彻底破坏。同年占领了喀布尔和阿富汗的其他城市。之后,纳狄尔便进军印度,1739年3月,纳狄尔率军进入德里。5月返回波斯。纳狄尔从事远征和侵略,力图建立一个强大的国家。纳狄尔帝国没有长期存在的经济和政治上的前提,他主要依靠土库曼斯坦各部落和被他征服的乌兹别克各部落和阿富汗各部落的上层分子。人民对纳狄尔的横征暴敛,连年征战非常不满,1743年各地纷纷起义,纳狄尔以极其残暴的手段予以镇压。1746年3月,在赛义斯坦爆发了反对纳狄尔统治的起义。俾路支人和赛义斯坦的起义者合并到一起。纳狄尔派他的侄子阿里·古里汗去镇压起义,阿里不肯服从纳狄尔的命令,公开反对纳狄尔。纳狄尔决定亲往赛义斯坦镇压起义,1747年6月的一天夜里,纳狄尔被刺杀于呼罗珊城下一兵营的帐幕里。纳狄尔王遇害以后,他的国家立即土崩瓦解,成立许多敌对的封建酋长国。阿富汗的阿布达里族世袭酋长阿赫麦德汗原先在纳狄尔王处供职,他屡立战功,为纳狄尔王所赏识。纳狄尔死后,阿赫麦德汗率领阿富汗人洗劫了纳狄尔兵营,抢夺纳狄尔的部分财宝和大炮,逃往坎大哈。阿赫麦德汗依靠他的阿布达里部落。他不久占领了赫拉特旁遮普与卡什马尔,宣告自己是独立的统治者。1747年成立了独立的阿富汗国家,在他即位的第一年,就征服了喀布尔、佩沙沃等阿富汗本部地区。

阿富汗入侵印度

1747年,阿富汗的艾哈墨德·沙赫当选为王。他从1748年开始向印度进军。被各种矛盾弄得四分五裂的莫卧儿帝国,得不到属国的援助,无力抵抗入侵者。1748年,艾哈默德·沙赫侵入旁遮普。1749年,他第二次入侵旁遮普,获得了大量战利品之后撤回。1751~1752年,艾哈默德·沙赫第三次侵入旁遮普,印度军战败,莫卧儿皇帝把旁遮普和木尔坦割让给阿富汗胜利者。1756~1757年,艾哈默德·沙赫第四次入侵,占领了拉合尔。至此他的目标就是德里,而该城竟毫无防御,甚至连一次小接触都没有就被占领。莫卧儿皇帝阿拉姆吉尔二世被废黜,阿富汗人到处杀戮和抢劫。1757年夏,艾哈默德·沙赫带着价值1.2亿卢比的战利品返回阿富汗,留下他的儿子帖木儿,"米尔咱"统治他在印度河以东的领地。是时,印度南方的马拉塔人兴起,1758年,马拉塔人占领了德里,并出现在印度河东地方,把帖木儿"米尔咱"赶过印度河,并将拉合尔占领。艾哈默德·沙赫不甘心失败,1759年8月,又率兵4万越过印度河,重新占领了拉合尔。1760年1月,艾哈默德·沙赫击溃了北印度各个马拉塔人酋长的军队,再度占领了莫卧儿帝国的首都德里。1761年1月14日,在帕尼帕特附近,阿富汗军队同马拉塔军队进行一次决战,结果是马拉塔人大败,全军覆没。但是,艾哈默德·沙赫也无力保持自己在印度的整个占领区,不得不撤回本国。他在德里尽可能榨取更多的金钱,在离开德里之前,扶植自己的傀儡——已故的阿拉姆吉尔二世之子沙阿拉姆为莫卧儿皇帝。1765年,锡克教徒占领了旁遮普全境,把最后一批阿富汗驻军完全赶走。马拉塔人军事实力的损失,方便了英国人对印度的征服。

孟德斯鸠匿名发表《论法的精神》

1750年孟德斯鸠匿名发表《论法的精神》一文,1731年,孟德斯鸠回到法国,埋头整理资料,潜心著述。1748年,《论法的精神》出版。这部书是孟德斯鸠的全部科学活动和文学活动的最高成就。他在这上面花了20年的心血。在这部著作里,他把自己的哲学、社会学、法学、经济学和历史学的观点总结成了一个体系,是他的理论的总结,比其前两部重要著作——《波斯人信札》及《罗马盛衰原因论》,内容更为丰富,体系更为完整、严密,是他最重要、影响最大的著作,是亚里士多德以后第一本综合性的政治学著作。该书出版后轰动一时,不到两年印行了22版,并有多种语言译本。但这本书却遭到来自天主教耶稣会和詹森派的疯狂攻击。为回击这些恶毒的言论,孟德斯鸠在1750年匿名发表了《为(论法的精神)辩护与解释》一文,表明他不屈的斗争精神。孟德斯鸠《论法的精神》一书具有深远历史影响。

图为政治宣传册子《时代之窗》中的两幅插图，讽刺查理一世统治时期，英国民众对政治和宗教的不满情绪越来越强烈。

爪哇人民反荷起义

16世纪末，万丹伊斯兰教王国在西爪哇建立，它与东爪哇的马打兰王国以芝塔龙河为界。是时，荷兰人已开始侵入印度尼西亚。1602年，荷兰人组成了东印度公司，成为荷兰人在印度尼西亚建立殖民帝国的工具。1610年，东印度公司在印度尼西亚设总督府，任命坡施为首任总督，他在雅加达购得一片土地，建立了商馆。1619年，荷兰人占领了雅加达，改名为巴达维亚，成为荷兰人侵略印尼和亚洲各国的中心。到1679年底，荷兰殖民者控制了马打兰王国之后，开始侵略万丹。1684年，万丹王国哈夷苏丹同荷兰东印度公司签订了不平等条约，确认荷兰在万丹及其在苏门答腊的属地楠榜享有贸易垄断权，并支付巨额军费。万丹沦为荷兰的属地，1747年，万丹王后法蒂玛在荷兰的支持下，废黜苏丹舍努阿利菲英，自任摄政。1750年，万丹人民在塔巴领导下，发动了起义。起义军拔除了荷兰在万丹的大部分殖民据点。荷兰人把流放在斯里兰卡的王位继承人古斯第接回，立他为苏丹。古斯第感激涕零，承认了此前万丹同荷兰签订的不平等条约。此后，塔巴率领起义军转移到中爪哇，继续坚持抗荷斗争。

英法东印度公司发生战争

18 世纪中叶以后，英、法在印度争夺殖民优势的斗争加剧。1740 年奥地利帝位继承战争爆发后，英、法的东印度公司在印度发生了战争。在这次战争中，法国驻印度总督杜布雷开始雇佣印度人，为法国“东印度公司”充当炮灰，所谓印度士兵，即起源于此。英国后来也效法这一做法。1748 年，双方订立了和约。此后，英、法争夺的重点集中到德干高原上的海德拉巴和东南沿海的卡尔那蒂克。当时，德干王国发生了内乱，法国利用时机，扶植萨拉巴特·辛格为傀儡，雄踞南印度。英国不甘示弱，支持另一方卡尔那蒂克新总督穆罕默德·阿里，与法国抗争。于是，英、法争夺印度的战火又起，战场主要在卡尔那蒂克。法军取得优势，占领了卡尔那蒂克首府阿尔科特。1751 年，英国东印度公司的一名职员罗伯特·克莱武自告奋勇，率领 500 名士兵，乘一个雷雨之夜，身先士卒，一举攻下了阿尔科特。法国人立即纠合了 1 万人的兵力进行反扑，围攻阿尔科特达 53 天，但始终未能攻下。由是，克莱武受到“东印度公司”的赏识，飞黄腾达。1754 年，英、法双方缔结和约，英国控制了卡尔那蒂克，法国则保持了在海德拉巴的地位。

狄德罗主编《百科全书》

德尼·狄德罗（1713～1784）是法国卓越的启蒙思想家，著名的《百科全书》的组织者和主编。狄德罗出身于法国朗格里城的一个手工业者家庭，曾在天主教会学校读书并取得学位，后来靠在巴黎做家庭教师，为书商翻译书稿维持穷困的生活。但他勤奋学习，积累下广博的科学知识。狄德罗一生写下了《哲学思想录》等一系列哲学著作以及许多文学作品。1745 年出版商布雷东聘请狄德罗编纂《百科全书》，他的原意只是要把英国伊弗雷姆·钱伯斯的《百科全书》译成法文，但狄德罗改变了整个工作的性质，扩大了《百科全书》的内容范围。他计划编出一部空前的综合性参考著作，并通过《百科全

狄德罗

书》的出版,来"改变大家的思想方法",掀起一场"人类精神上的革命"。狄德罗从1745~1748年着手编辑《百科全书》,他邀请法国科学院院士、著名的数学家达朗贝尔一起工作。以狄德罗、达朗贝尔、孔狄亚克、爱尔维修、霍尔巴赫等为代表的参加《百科全书》编辑工作的启蒙思想家们,在历史上被称为《百科全书》派。《百科全书》全名《百科全书,或科学、艺术、技艺详解辞典》,共35卷。其中,前28卷正文(包括图片11卷),从1751年第一卷问世起,直到1772年才出齐,主编一直是狄德罗。后来,孔多塞和哈勒等人又续编了补遗5卷和索引2卷,分别于1776~1777年和1780年出版,总计历时30年。《百科全书》包括了18世纪中叶以前欧洲人所取得的全部科学成果,立足于当时哲学和自然科学的最高成就,它是近代世界各国编纂百科全书的优秀范例,也是启蒙运动的丰硕成果。由于《百科全书》是以科学和民主精神对抗宗教迷信和专制,所以从第一卷问世以来,便遭到耶稣会士和政府的查禁和打击,1759年遭到控告,被迫停止出版。1765年之后恢复出版,但只能秘密发售。狄德罗为编撰《百科全书》呕心沥血,历尽艰辛,几乎付出了一生的劳动。狄德罗和《百科全书》派经历了无数的磨难,终于取得了胜利,为法兰西民族建立了一座思想的丰碑。

法国启蒙思想家卢梭

让·雅克·卢梭(1712~1778)是18世纪法国杰出的启蒙思想家。1712年6月28日生于日内瓦的一个钟表匠家庭。卢梭自幼丧母,10岁时父亲离家出走,从此再没人照看过卢梭。此后,他做过杂役,当过学徒,饱尝了人世的艰辛。卢梭酷爱读书,往往手不释卷,因而常常遭师傅毒打。卢梭16岁离开日内瓦,开始了13年的流浪生涯。这期间他做过多种低下的工作,深入地观察了社会。卢梭29岁到了巴黎,结识了狄德罗、丰特涅尔、孔狄亚克、霍尔巴赫等启蒙运动的代表人物,这对他的思想产生了很大的影响。1743~1744年,他在任法国驻意大利使馆秘书期间,阅读了大量的政治学著作。1753年,卢梭再次就第戎科学院征文题目,撰写了他的最重要的理论名著《论人类不平等的起源和基础》,卢梭深入地剖析了文明社会的历史进程,从政治、经济两个方面挖掘社会不平等的根源,揭示文明社会产生贫困、奴役及罪恶的原因。论证了用暴力推翻封建专制的合理性。这部著作标志着他的思想进入成熟期。该书于1755年在荷兰出版,震动了整个欧洲。其重要性仅次于1765年卢梭的《社会契约论》。

富兰克林揭开雷电秘密

雷电曾给人类带来过许多神秘的传说,也曾被统治者用来统治人民大众。1752年7月,美国伟大科学家本杰明·富兰克林(1706~1790)在美国费城市郊做的风筝实验,打破了这些神秘传说,还原了雷电的本来面目。那是一个暴风雨即将来临的时刻,黑压压的乌云密布在费城市郊上空,一个特制的风筝迎着暴风雨升空了,它直指云层深处。这是一个用丝绸制作的风筝,顶端安装有一根细铁丝,铁丝与麻绳相连,麻绳的另一端系着一把铜钥匙和一个丝布带。这个风筝以它那小巧的躯体去触摸那多少年来带着恐怖色彩的电闪雷鸣,它确实摸到了,通过风筝顶端那根小小的铁丝,雷电被请下来了。系在麻绳下端的丝布带,受电的排斥作用在暴风雨中飘荡,靠近钥匙的手与钥匙之间产生了电火花。富兰克林成功了。他像驯服烈马一样降服了雷电。他证实,天空上的雷电与在实验室通过摩擦所产生的电从本质上看实属同一种电。如果说科学上的成功使富兰克林获得了人们的仰慕,那么他的勇敢,他冲进暴风雨的胆略,更令人难以忘怀。富兰克林的成功,打开了人类利用电的大门,也为人类发明避雷针提供了理论依据。

葡萄牙里斯本大地震

1755 年 11 月 1 日,葡萄牙发生了一次有史以来的最大自然灾害。这一天,里斯本地发生了地震,房屋倒塌,土地崩裂,大西洋海啸,海水倒灌进特茹河,冲进了街道。许多建筑物着火,许多灾民被烧死。罪犯乘机越狱,划船的奴隶从船上逃亡,他们到处抢劫,加剧了整个城市的恐怖。许多教堂、修道院、宫殿、图书馆和军事设施都遭到破坏,艺术文物、历史文献和珍贵书籍荡然无存。地震当天,至少有 5,000 人丧命,还有更多的人因受伤而在不久之后死去。若瑟国王和他的全家住入乡村小屋达数月之久。大臣彭巴尔侯爵用马车当司令部,一连 8 天 8 夜在城里各处奔跑,组织救济工作。各宗教团体和一些公民们设立了临时医院,军人到大街小巷埋葬死者,营救生者。警察和士兵追回逃犯,惩处了暴徒,在震后废墟上,依照建筑师欧热尼奥·桑托斯的设计,几年之内里斯本又重建起来。大臣彭巴尔对重建里斯本起了重要作用。

英国“小说之父”菲尔丁

亨利·菲尔丁(1707~1754)是英国 18 世纪的戏剧家和最杰出的小说作家。他 1707 年 4 月 22 日出生于英格兰索姆塞特郡一个破落贵族的家庭里。少年时代曾在贵族的伊顿学校学习,1728 年进入荷兰的莱顿大学学习语言,1730 年因生计困难而辍学回国。从此之后,他以戏剧作家身份为剧院编写剧本,主要有《唐·吉诃德在英国》(1734 年)、《巴斯昆》(1736)、《历史纪事》(1737)等。他写的剧本都是尖锐地讽刺了英国政治制度的腐败和虚伪,因而均遭禁演,菲尔丁不得不结束自己的戏剧创作。此后,菲尔丁进法学院学习,取得律师资格,在故乡当律师。从 1742 年起,菲尔丁开始了小说创作,共写了 4 部做品。他的小说突破了资产阶级家庭生活的狭小范围,反映了英国社会生活中许多重要现象,对传统的道德、法律提出了尖锐的批评。菲尔丁并且提出了关于小说创作的理论,认为小说主要是描写人的性格,作家应广泛地直接地熟悉生活。菲尔丁的代表作是长篇小说《汤姆·琼斯》(1749)。小说表现了18世纪中期英国社会生活的整体,抒发了作者的愤懑和对生活的憧憬。这部小说标志着18世纪英国现实主义小说的最高成就,是英国小说史上划时代的杰作。菲尔丁被誉为英国"小说之父"。终因积劳成疾,1754年10月8日在里斯本逝世,年仅47岁。

莫斯科大学创办

18世纪中叶,俄国科学家米哈伊尔·瓦西里耶维奇·罗蒙诺索夫(1711~1765)是第一个获得彼得堡科学院教授和院士称号的俄国学者。为了在俄国普及教育并培养俄国籍的教育、科学和文化干部,罗蒙诺索夫在组织科学院所属的中学和大学的教学工作方面用了很大力量。但是,罗蒙诺索夫认识到,仅仅改善科学院附设的大学和中学的工作条件是不够的,为了使俄国科学独立发展,克服俄国教育和文化的落后,不能只是依靠外国科学家,必须培养俄国的科学和文化干部。他克服了一些反动的宫廷贵族、外国人的阻挠,说服了叶丽莎维塔女皇和达官显贵,大臣彼·伊·舒瓦洛夫同意了罗蒙诺索夫的建议,把创办莫斯科大学的计划提交枢密院,终于在1755年俄国创办了莫斯科大学。罗蒙诺索夫拟定了大学的计划、组织机构和教学大纲。当时莫斯科大学有3个系:哲学、法律、医学,有10个教研室,它与西欧的大学不同,没有神学系,也不依附于教会。大学内设大学委员会来领导全校的工作,其组成人员是校长和教授。当时定学生名额为100人,招收贵族和"平民"的子弟,农奴子弟则被拒之门外。从1767年起,莫斯科大学各课程都用俄语讲课。莫斯科大学很快成为俄国最重要的教育、文化和科学中心。

摩莱里《自然法典》出版

摩莱里是18世纪法国杰出的空想社会主义者"生卒年不详"。出身于平民家庭,当过教师,一生著述甚丰。从他发表的著作看,他所从事活动的时间在路易十五统治时期。这时,法国资本主义经济因素已经有一定的发展。由于连年战争,加上政府的财政改革,加重了人民的负担,人民起义不断发生,法国封建专制制度出现了空前危机。就在这样的背景下,出现了代表广大劳动人民利益的摩莱里的空想社会主义思想。在摩莱里的思想体系中占有重要地位的是他于1755年在阿姆斯特丹匿名发表的《自然法典》一书。它的全名是:《自然法典或自然规律的真实精神》。长期以来,这部书被误认为是狄德罗的作品,直到1841年才第一次用摩莱里的名字发表。《自然法典》由一个序言和4篇组成。前3篇讨论了现存政治和道德的缺欠,第4篇制定了一个合乎自然的法律制度。摩莱里的哲学思想和社会历史观点主要包括在前 3 篇中。第 4 篇则是用法律形式描绘了一幅共产主义的蓝图。在《自然法典》一书中，摩莱里最大的建树就是为未来社会规定了在政治、经济生活及科学教育等方面所应遵循的基本原则。其中最重要的是基本法。此外，还有经济法、土地法、城市规划法、公共秩序法、取缔奢华法、政府法、行政管理法、婚姻法、教育法、科学法和惩罚法。用法律形式来构建空想社会主义体系，源于温斯坦莱，但摩莱里将这种形式加以创造性的发挥，对以后的空想社会主义者产生了深远的影响。

变分学确立

变分学主要是由欧拉（1707~1783）和拉格朗日（1736~1813）在 18 世纪确立的。除了各类数学和物理问题外，对它的研究的一个主导动力就是最小作用原理。到了 19 世纪前半叶，在变分法方面人们继续做着最小作用等方面的工作。泊松（1781~1840）和柯西（1789~1857）等人用变分法解决了许多的弹性问题。变分原理的基本优点就是坐标系的选取是任意的，通常是用拉格朗日广义坐标。汉密尔顿（1805~1865）和雅可比（1804~1851）在变分学方面的工作不仅使变分法本身进一步深入了，而且也推动了常微分方程和一阶偏微分方程的进一步研究。后来，维尔斯特拉斯（1815~1897）从事于学分学的研究工作，弱变分和强变分的研究相继开始。1900 年，希尔伯特提出了他的不变积分理论，他还进一步导出了维尔斯特拉斯关于强变分的充分性条件。进入 20 世纪，变分学的研究更是进入了枝繁叶茂时期。

康德—拉普拉斯星云假说

关于太阳系的起源在科学发展史上有过很多学说。1644 年，法国哲学家笛卡儿提出的天体成因涡流说因经不起牛顿万有引力定律的考验而被否定。1748 年法国博物学家考姆德·古戈-路易斯·里克利克·布丰（1707~1788）提出行星是由太阳与彗星的碰撞产生的。这一理论过于简单。1755 年德国伟大哲学家爱马尔·康德（1724~1804）匿名发表了《自然通史和天体理论》一书，从牛顿的万有引力定律出发，阐述天体的成因，提出了太阳系起源的星云说。即原始状态下的物质微粒，在万有引力的作用下不断发生碰撞后相互远离，有的形成一体，落在行星上的小星块使行星角动量发生变化，导致行星自转，逐渐形成太阳系。在这个过程中形成的最大星块就是太阳。康德这一学说并没有立刻产生影响。1796 年法国数学家 P~S.M.拉普拉斯发表《宇宙体系论》，在该书的附录中，他独立地提出行星起源的星云说，从而使人们回想起康德的工作。拉普拉斯把太阳系看成是由气态星云收缩而成。原始星云则是一个体积很大的球体，温度很高，自转缓慢。又由温度逐渐降低，星云收缩，因角动量守恒而自转加快，相应的离心力增大，当星云边缘部分的离心力大到与中央部分对它的引力相等时,边缘部分不再收缩,形成一个拉普拉斯气体环。分离过程一次次再现,星云中心就是太阳,留下的一个个圆环就是太阳系各行星的位置。而行星的自转是由于气态圆环的外边缘速度大于内边缘速产生的。拉普拉斯的星云说成功地解释了当时几乎所有能观测到的天文现象,因此受到普遍欢迎。19 世纪后半期,一些科学家相继指出了星云说的缺欠,譬如星云的收缩并非是由温度降低而是由于自吸引的结果,而且收缩后温度提高。另外理论计算表明,拉普拉斯给出的角动量分布也不正确。康德-拉普拉斯的星云说彻底否定了牛顿关于上帝第一次推动的论点,创立了研究太阳系起源的科学方法,是继哥白尼之后天文学的最大进步。

欧洲“七年战争”爆发

18 世纪中叶,英法争夺殖民地和海上霸权的斗争,普奥争夺德意志霸权的斗争,成为 7 年战争时期整个冲突的基础。1756 年,英国和普鲁士缔结了反法的同盟条约,葡萄牙加入了这一方。法国宫廷知道英普联盟的消息以后,就于 1756 年 5 月,在凡尔赛和奥国结成了同盟,俄国、瑞典、萨克林和西班牙等国加入了法奥一方。1756 年爆发了一场全欧洲的战争。普王弗里德里希二世企图将敌方各个击破。8 月,不宣而战向萨克森进攻,迫使萨克森选帝侯投降。1757 年,普军在罗斯巴哈附近打败法军,并在雷登附近击溃了奥地利人。战争范围包括欧洲、北美和印度。1759 年 8 月 12 日俄军在库涅尔斯道夫击溃了普军,1760 年,俄军一度偷袭柏林。形势对普鲁士不利。1761 年底,俄国女皇叶丽莎维塔逝世,新即位的沙皇彼得三世出身于德意志,同弗里德里希二世签订和约,与普鲁士结盟,1762 年 6 月,叶卡特琳娜二世即位后,俄国退出战争。英、法两国展开海战,法国海军被彻底击溃。1761 年,西班牙同法国结盟对抗英国也未取胜。在北美和印度的殖民地战场,英国最终战胜了法国。1763 年,英、法、西班牙在凡尔赛签订了合约,法国损失惨重。同年,奥国、法国同普鲁士签订胡伯图斯堡和约。英国成为三个世纪以来海上争霸的最后胜利者,一跃而成为世界上最大的殖民强国。但在欧洲大陆上,法国由于同奥地利结盟,仍然保持优势地位。

质量守恒定律建立

质量守恒定律与能量守恒定律一样是自然界最基本的定律之一。在积累了一定实验事实的基础上,首先提出这条定律的是俄国科学界巨擘米哈伊尔·瓦西里耶维奇·罗蒙诺索夫(1711~1765)。他在早期进行的煅烧金属的实验中,把金属放在密封的玻璃容器内,发现煅烧前后玻璃容器内的物体重量没有改变,于是他认为,玻义耳锻炼金属后煅灰重量的增加并不是存在“火微粒”,而是放置在敞口容器中的金属与空气发生作用所致。从对大量实验的定量测量中,1756 年罗蒙诺索夫归纳出质量守恒定律:参加化学反应的全部物质的重量,常等于全部反应产物的重量。1760 年,在《固体和流体的反射》一文中,罗蒙诺索夫再次阐述了他的观点。遗憾的是所有这些没有引起学术界的重视,因而也就没有产生重大影响。1774 年拉瓦锡在送交给法国科学院的一篇论文中阐述了参与化学反应的反应物应质量守恒的观点,而且他进一步认为,在化学反应中,除了物质的总质量在反应前后保持不变以外,物质中任一元素的质量亦保持不变。1921 年,英国化学家曼利通过高精度实验测得在化学反应中,物质质量的改变小于一千万分之一。质量守恒原理是一个陈旧理论,在相对论出现以后,质量失去了它的绝对性,质量守恒原理也失效了,取而代之的是质能守恒原理。

日本思想家安藤昌益

安藤昌益(1707~1762)是日本德川中期著名的反封建思想家。1707 年,他生于秋田的一个富农家庭,研究过医学和本草学,当过民间医生,曾去过当时日本唯一对外通商港口长崎,了解兰学及荷兰的情况,晚年回到故乡,从事著述并宣传唯物论思想。他的主要著作有《自然真营者》和《统道真传》。这两部著作的思想是主张消灭一切剥削与统治,做到自耕者安食,自织者安衣。在这两部著作中,他把人类社会分为两种截然对立的"自然世界"和"王法之世"。在"自然世界"里,人人都参加劳动,解决衣食,没有剥削,没有压迫,没有等级和高低贵贱之分。但"圣人""君子"一出现,就盗窃了"自然的天下",建立了"王法之世"。在这里,君主统帅朝臣,自己不劳动,还剥削"众人",从而,造成了人类的贵贱之别,他们还制造了等级制度及骗人的宗教,社会上也随之出现了各种罪恶。安藤昌益主张,必须废除"王法之世",使人类社会回到"自然世界"去。那时,将不会由将军、天皇、大名割占国土,永无饥馑和战争,日本将成为"安居乐业之国土"。在这两部著作中,安藤昌益还猛烈地抨击了维护君主、武士们进行剥削和压迫的"圣人之道"。他不仅抨击孔子、孟子、朱熹、释迦等,而且还抨击日本儒家林罗山、荻生徂徕等,认为他们所宣扬的"圣人之道",是"皆不耕而盗众人直耕(产品)的天道,贪食众人之余粕"的货色。他还批判了儒家奉为理想的所谓"仁政",认为圣人施仁惠于下民,实属可笑,从而揭露了圣人之道的伪善面目。安藤的这些主张,反映了日本农民反对幕府封建统治,要求平等、太平的愿望。但由于受到历史条件限制,他像其他所有的空想家一样,不可能找到实现解放劳动人民这一理想的途径。他虽然主张废除一切阶级和剥削,可在当时的历史条件下,是做不到这一点的。尽管如此,他确是一位杰出的唯物主义哲学家和革命思想家,他的这两部著作,是日本思想史上最宝贵的财富。

英国征服法属加拿大

英法争夺殖民地和海上争霸权的斗争在 7 年战争(1756~1763)时进入了一个新阶段。在海外,英法利益冲突的主要地区是在加拿大和东印度。所以,英国首先要夺取法国在北美洲的殖民地加拿大。1758 年,老皮特掌管了英国政府的陆海军大权。他主张以北美战场为主,把加拿大作为主攻方向。按照他的战略计划,兵分三路,向法属加拿大进攻。第一路英军在海军的支援下,沿圣劳伦斯河上航,进攻魁北克;第二路英军攻占赫德森河谷入口处的乔治湖地区,在到达魁北克之前同第一路英军会师;第三路英军从宾夕法尼亚出发,沿俄亥俄河谷攻打法国堡垒群中的杜肯要塞。英国海军则要阻止法国援军离开法国。1758 年,英军攻克了杜肯堡要塞,后来英国将它改名为匹兹堡。1760 年,英军占领了魁北克,实际上,英军已经完全征服了加拿大。1763 年巴黎和约中规定:在北美,法国将加拿大及其附近的全部领土都割让给英国。从此,加拿大成为英国的殖民地。

印度开始沦为英国殖民地

17 世纪,荷、英、法在印度展开了争夺殖民优势的斗争。英国 1600 年创立的东印度公司,荷兰 1602 年创立的东印度公司,法国 1664 年创立的东印度公司,是这些国家侵略印度的主要工具。英国殖民者在苏拉特以及马德拉斯、孟买、加尔各答设立商馆。法国在印度的殖民活动中心是本地治里市。18 世纪中期以后,英、法在印度的争夺加剧。在奥地利帝位继承战争期间(1740~1748),英、法的东印度公司在印度发生了战争。战争初期,法国人占领了英国的许多据点。7 年战争(1756~1763)爆发后,英、法争夺印度更趋激烈,1756 年,孟加拉那瓦布(太守)西拉吉·多拉出兵,收复了加尔各答等地。东印度公司派罗伯特·克莱武于 1757 年 1 月重占加尔各答。3 月,克莱武攻占法国在孟加拉的据点昌德纳果尔。法国便与多拉结盟,共同对付英国。1757 年 6 月 23 日,双方在加尔各答以北 30 余里的普拉西村大战。克莱武事先以同意孟加拉军的将领米尔·伽法取得孟加拉那瓦布的宝座为诱饵,将他买通。战斗进行中,伽法按兵不动,结果,克莱武只有 800 名英军和 2,000 多名雇佣军,却打败了约 7 万名孟加拉军队和一支前来支援的法军。伽法当上了孟加拉那瓦布,克莱武则当上了东印度公司驻孟加拉的省督。普拉西战役标志印度开始沦为英国的殖民地。根据 1763 年巴黎和约,法国在印度只能保留本地治里等五座不设防城市以通商。

墨西哥印第安人起义

西班牙殖民者侵入墨西哥以后，建立了血腥的殖民统治，奴役世世代代的原住民印第安人。在整个西班牙殖民统治时期，墨西哥居民一直进行着反对西班牙统治的顽强斗争。参加解放运动的主要是印第安农民和城市贫民。尤卡坦半岛地方的印第安人不断发生斗争，反对西班牙人的统治。1761 年在索土塔省发生了一次最大规模的起义，起义领袖哈辛托以西班牙征服前执政王朝的族名康·埃克取名，领导印第安人起义者击溃了西班牙派来镇压的部队。这次起义斗争的胜利又得到了许多新的人来参加。但是，殖民地省长调来所有军队镇压起义，大多数只用弓和刀作为武器的印第安人最终被打败了。哈辛托·康·埃克被残忍地处死，他的 8 个战友被绞死，200 名起义者受鞭刑。印第安人的一次大规模反殖民斗争失败了。

卢梭名作《社会契约论》问世

让·雅克·卢梭是 18 世纪法国启蒙运动中著名的思想家，小资产阶级民主主义者。卢梭出身于日内瓦一个钟表匠家庭。自幼了解下层人民的疾苦，因而他极端仇恨社会存在的种种不平等现象。1762 年，他的重要著作《社会契约论》出版。这部书是反映他政治思想主张的代表作之一。在这部著作中，卢梭设计了一个资产阶级革命的方案。他依据国家起源的契约理论，设计了一个在当时的社会条件下可以允许存在的国家制度，在这部著作的开头，卢梭就阐明了他论述社会契约的目的，就是要“探讨在社会秩序中……能不能有某种合法而又确切的政权规则”。为阐述这个问题，卢梭着重论述了下述问题：第一、关于人民主权的思想。这是卢梭最早提出的。在书中他详尽地阐述了主权的实质和特征；第二、关于立法权、行政权及其相互关系。明确提出立法权只能属于人民。关于立法权和行政权的关系，他提出行政机关的活动应在立法者的监督下进行。这一条为取消封建特权作了理论上的论证；第三、论证了民主制是最好的政权形式。卢梭的社会契约学说，对 18 世纪的法国资产阶级革命起了直接的指导作用。当然，卢梭的政治思想存在着种种阶级的和历史的局限性。他的社会契约学说是建立在唯心主义哲学世界观基础之上的。他的社会契约论学说本身并不是科学的历史观的产物，也没有反映出社会发展的真实过程。但我们不能因此否定卢梭的社会契约学说在反封建斗争中的伟大意义。他的《社会契约论》一书，在人类思想发展史上占有重要的一席之地。

俄国没收教会和修道院地产

18世纪下半期,俄国封建农奴制度空前发展。当时,俄国的农民分为三种类型:依附在国家土地上的称国有农民。依附于沙皇宫廷土地上的是宫廷农民。依附在贵族地主、教会和修道院土地上的农民称私有农民。在农奴制不断强化的过程中,随着商品经济的发展和国内外市场对粮食的需求量大大增加,敕激了贵族地主增加产量的要求,他们希望增加土地和农民的数量来增加产量。于是,在18世纪以来,教俗封建主争夺土地和农民的斗争愈演愈烈。双方都试图取得沙皇政权的支持。1761年,沙皇彼得三世继位以后,为了取得世俗封建贵族的支持,采取打击教会的政策,在1762年3月21日颁布了一道敕令,宣布没收教会和修道院的地产,由国家成立一个经济委员会,专门管理这部分地产。原来教会和修道院地产上的农民,成为国家农民的一部分,其他位有所提高。敕令颁布以后,引起教会的激烈反对。彼得三世于1762年6月被推翻,叶卡特琳娜二世一改彼得三世的政策,转而支持教会,于1762年8月取消了上述敕令。但这一变化引起原教会和修道院农民的不满,一度出现骚乱。另外,世俗封建贵族也反对叶卡特琳娜二世的政策。为取得世俗封建贵族的支持,加强农奴专制制度,叶卡特琳娜二世于1764年恢复了没收教会和修道院地产的敕令,并设立国家经济院管理这部分地产和农民。这样,数百年来俄国教俗封建主争夺地产和农民的斗争以世俗封建贵族的胜利而告结束。

叶卡特琳娜二世崛起

叶卡特琳娜出生于普鲁士什切青城一个公爵家庭,原名索菲亚·腓特烈·奥古斯特。14岁时被选为俄国皇储彼得·乌尔里希的未婚妻。1744年到俄国,改名为叶卡特琳娜·阿列克谢耶芙娜,并皈依了东正教。翌年,与彼得·乌尔里希完婚。彼得从小身体孱弱,智力平庸。当时在位的女皇伊丽莎白是个昏君。叶卡特琳娜利用这一切,积极积蓄力量暗中准备,待机夺取皇位。1761年12月,女皇伊丽莎白病逝,彼得即位,是为彼得三世。彼得三世上台后,推行的许多内外政策都遭到大贵族的反对。由于他出身德国,对俄罗斯民族一直怀着蔑视的感情。因此,他的支持者越来越少。叶卡特琳娜认为时机已到,她暗中收罗一批禁卫军军官,筹集资金,并寻找英国的支持,准备待机起兵。1762年6月12日,彼得三世前往奥拉宁堡避暑,离开皇宫,6月28日(公历7月9日),以奥尔洛夫兄弟为首的军人集团乘机发动政变。当天,叶卡特琳娜宣布登上皇位。彼得三世未做任何抵抗便交出了皇权,并签署了由叶卡特琳娜口授的退位诏书。女皇将彼得三世囚于洛普霞。7月6日(公历7月19日)将其杀害。这样,正如苏联史学家所说:

“叶卡特琳娜在踏过几个尸体——而且其中之一是她丈夫的尸体——登上宝座之

后，创始了一个'光辉的'时代。"俄国自此开始了叶卡特琳娜二世（1762~1796 年）统治时期。

梅叶《遗书》摘要本出版

让·梅叶（1664~1729 年）是 18 世纪法国杰出的启蒙思想家。1664 年他出生于香槟省一个农村纺织工人家庭。少年时代在教区神甫那儿受了初级教育。23 岁时，他从里姆宗教学校毕业，开始担任教职。从 25 岁起他在香槟省埃特列平低级教区担任了几十年的神甫。梅叶知识渊博，对《圣经》和其他神学著作、希腊罗马的古代文献以及 17 世纪前后笛卡儿等人的著作进行了深入的研究。他体恤民情，关心教徒，周济贫民，对宗教的欺骗性及封建专制的不合理深恶痛绝。在他晚年面临失明的情况下，完成了三大册，336 页、70 余万字的笔记，这便是梅叶的唯一著作《遗书》。1729 年 5 月梅叶逝世。按照他的遗嘱，《遗书》被保存在教区、法院和地方当局的档案部门。1762 年，在日内瓦以《梅叶号召教区人民反对腐败透顶集团的呼吁书》为题，出版了《遗书》的第一个摘要本。这个摘要本受到人民的欢迎，重版好几次，秘密流传于法国各地。10 年后，在阿姆斯特丹和伦敦又以《神甫梅叶健全的思想》为题，出版了此书的第二个摘要本，同样深受欢迎。到 20 世纪初，这个摘要本还重印了 5 次。这本书的完整版本直到 1864 年，即梅叶逝世后的 135 年，才在阿姆斯特丹第一次全部出版。梅叶在《遗书》中论述了唯物主义哲学及无神论思想，彻底地批驳了宗教迷信，揭露其对人民的危害，坚决地反对封建专制，痛斥社会各等级之间财富分配的不均，并号召人民推翻封建专制的统治。《遗书》在打击天主教势力，启迪民智及反封建等多方面做出了不可磨灭的贡献。它是 18 世纪启蒙运动中一部不朽的杰作。

叶卡特琳娜二世实行"开明专制"

叶卡特琳娜二世继位时的俄国，经过彼得一世的改革，资本主义生产关系的萌芽已经出现，同封建农奴制度已形成尖锐矛盾。在农村中，由于农奴制度对农民的残酷剥削，也激化了阶级矛盾，不断爆发农民的反抗斗争。此时，西欧正值资本主义发展，资产阶级革命方兴未艾之时，为了缓和矛盾，叶卡特琳娜二世进行了一些统治政策上的调整，以巩固农奴制的沙皇专制制度，这就是所谓的"开明专制"。叶卡特琳娜二世一面加强贵族的权力，一面也提出了一些改善农民处境的措施。如：规定寺院农奴在缴纳规定数量的贡赋之后，其余收入归自己所有，并可以用金钱和劳动来赎取自由，在经济上，实行鼓励工商业发展的政策，取消工业专利权，实行工商业自由，允许贵族经营工商业，实行保护关税政策等。这些政策在客观上使俄国工商业有了较快的发展。资本主义的雇佣关系在一些手工工场中出现。1762年，女皇颁布法令，禁止以后工场购买整村的农奴，只允许雇佣自由人。俄国工场中的雇用工人越来越多了。为了加强中央集权，叶卡特琳娜二世还实行了削弱贵族和教会权力的改革。1775年，她颁布了《全俄帝国各省管理体制》的诏令，将全国划分为50个省，省下设县，各级均分设行政和司法机构，以加强中央集权。叶卡特琳娜二世标榜自己是启蒙思想家的朋友，她和伏尔泰，狄德罗等人有过通信。1767年，她主持成立了"新法典编纂委员会"，讨论立法。叶卡特琳娜二世试图通过这些活动树立一个"贤明君主"的形象。"开明专制"在客观上对俄国的社会发展起了一定的积极作用。在女皇统治时期，俄国工业、农业和对外贸易却有了长足的进步。叶卡特琳娜二世实行"开明专制"的根本目的是为了巩固封建专制制度。当法国资产阶级革命爆发后，她立刻撕下了"开明君主"的伪装，公开支持法国封建势力。

《英伊条约》签订

18世纪中期的伊朗经过长期战乱，获得短暂和平。战乱期间，伊朗同西方的贸易几乎中断。国王卡利姆·汗·桑德在位时，为发展经济，希望同西方，特别是同英国恢复贸易关系。英国政府了解这一意图后，1763年派其驻波斯湾沿岸的外交代表威廉·安德罗·帕拉斯率领代表团前往舍拉子。经过多次磋商，在1763年7月2日签订了"英伊条约"。根据条约，英国人获得了在布什尔设商务处，在波斯湾各港口自由经商，出口商品免缴关税和其他捐税的权利。条约签订之后，英国人将其对伊朗贸易机构从巴士拉迁往布什尔。从此，布什尔逐渐成为大英帝国在波斯湾地区从事政治、经济活动的中心。英国人以此机构为据点，竭力向波斯湾和伊朗南部渗透。伊朗政府觉察英国人的目的之后，1769年下令关闭英国在布什尔的商务机构，并将全部英国人赶走。

孟加拉反英起义

1757年，英国人占领了孟加拉以后，将它变成了东印度公司在印度西海岸的统治据点。殖民统治者大肆掠夺孟加拉的财富，约有值6000万镑的财物落入英国人手中。另外，东印度公司在孟加拉对农民实行重税政策，大肆搜刮广大贫苦农民，使千百万贫苦农民倾家荡产，孟加拉这个印度的"谷仓"，到处都是饥馑和死亡。英国的殖民侵略和掠夺，激起了孟加拉人民的强烈反抗，也引起印度封建王公的不满。1763年，孟加拉那纳布米尔·卡西姆率领2万士兵举行了反抗英国殖民统治的起义。这次起义的直接原因是由于东印度公司的职员要求他们的私人贸易活动也和东印度公司一样享有不纳过境税的权利，遭到那纳布的拒绝。英国殖民者试图以武力夺取巴特纳城。这个事件直接导致起义的爆发。起义发生后，农民和手工业者纷纷响应。起义军一度在达卡城消灭英国殖民军，捣毁英国商馆，引起英国殖民者的极大恐慌。1763 年 6 月 10 日，起义军同 3100 名殖民军交战，结果，卡西姆战败，逃到巴特那，在那里，他杀掉了被俘的英军和一些重要的殖民官员。之后，他去了奥德，同当地的封建王公和沙·阿拉姆二世皇帝结成同盟，准备从英国人手中收复孟加拉。但是，在 1764 年 10 月 22 日的布克萨尔战役中，卡西姆大败，被迫逃出了孟加拉。沙·阿拉姆二世同英国人讲和。但农民起义军坚持斗争直到 1774 年年底。这次起义的失败，进一步巩固了英国人在孟加拉的统治。从此，东印度公司以孟加拉为据点逐步吞并了全印度。

俄国的经济农民阶层

18 世纪下半期，俄国的封建农奴制度发展到了顶点。农奴制下的俄国农民分为三种类型：国有农民、宫廷农民和私有农民。他们都要向国家缴纳人丁税。其中国有农民和宫廷农民比私有农民拥有更多的土地，他们的状况比私有农民要好一些。18 世纪俄国商品经济的发展和国际市场对商品粮需求的增加，贵族地主加强了对农奴的剥削。沙皇政府制定种种法律维护贵族地主阶级的利益。数百年来，在俄国，教俗封建主争夺土地和农民的斗争一直十分激烈，特别是在北方各省占统治地位的是寺院土地所有制。教俗封建主在战争中都希望依靠政府的支持来扩大自己的势力。叶卡特琳娜二世经过反复考虑，最后决定支持世俗封建贵族的利益。1764 年 2 月 18 日，叶卡特琳娜二世颁布了把教会和修道院地产收归国有的敕令，成立国家经济院，负责管理原来属教会的土地和农民。彼得三世在位时，曾颁布同样的法令，叶卡特琳娜二世上台后，为了取得教会的支持，取消了这个敕令。但因此引起教会和修道院农民的反抗和封建贵族的不满。叶卡特琳娜二世权衡利弊，决定转向世俗封建主的立场，于是重新颁布敕令。根据敕令，原来在教会和修道院土地上的农民形成了一个特殊的经济农民阶层，约有 99.17 万人。他们成为国有农民的一部分。经济农民一般拥有 10~20 俄亩土地，其中耕地 2~4 俄亩。后来，一部分经济农民被赐给贵族，成为地主农民。

俄普签订彼得堡密约

俄国女皇叶卡特琳娜二世上台之后，即确定了对外扩张的国策。首先，她把扩张的重点放在了欧洲，于是，与俄国毗邻且地理位置十分重要的波兰便首当其冲。18 世纪的波兰贵族共和国，经济落后，政治分裂，国力十分衰弱。叶卡特琳娜二世继位之初，就伺机插手波兰事务。1763 年，波兰国王奥古斯都三世逝世，在新王选举中，派系斗争剧烈，内讧迭起，波兰国内政局动荡。叶卡特琳娜二世以保护波兰社会制度为借口，乘机伙同普鲁士国王腓特烈二世于 1764 年 4 月 11 日在彼得堡签订了干涉波兰的俄普秘密同盟条约。条约为期8年。条约宣称:“俄罗斯帝国女皇陛下和普鲁士国王陛下,通过本秘密条款彼此约定,以最坚决的方式不只不允许任何人和任何时候使波兰共和国丧失自由选王的权利并使其变为王位继承制度和成为它的专利君主,而且用一切可能的手段共同防止和消灭企图达到这一意图的任何意图和计划。在必要时,不惜使用武力以反对推翻波兰共和国的制度和根本法”。这个条约,实际上是瓜分波兰的基础。从此,俄普可以以任何借口干涉波兰内部事务,直至出兵占领。条约直接导致1772年俄普奥三国第一次瓜分波兰。

英国迫使印度实施双重管理制

1757年罗伯特·克莱武在普拉西战役的胜利,使东印度公司有效地控制了印度的比哈尔、奥里萨和孟加拉。1764年,克莱武镇压了印度人的起义之后,担任了省督。他强迫大莫卧尔皇帝沙阿拉姆二世签署敕书,给予孟加拉的东印度公司以管理财政的特权。于是,由东印度公司掌管征收田赋的权利,而由孟加拉地方当局管理民事案件一审判权,维持社会秩序等,这就是“双重管理制度”。起初,全部税收机关和税收制度仍维持原状。实行双重管理制度之后,向孟加拉农民征税成了公司的主要收入,公司用得来的巨额款项购买印度货物,把它一批批的运往英国。英国政府见公司利润丰厚,要求分沾,通过立法确立了对公司的控制。1773年国会通过“东印度公司管理法”,改原驻加尔各答的省督为总督,赋以管理英属印度全部领土的最高权力,由国会每5年任命一次。

第一次迈索尔战争爆发

18世纪中期,英国殖民者在印度已经彻底战胜了法国人,又侵占了富庶的孟加拉,从此把侵略的矛头指向印度南部的迈索尔。迈索尔国是当时印度南部的一个较强的公国,18世纪以来,英国人和法国人在迈索尔各拉一派势力,两派之间常有战争发生,而且马拉塔人也时而对迈索尔发起进攻。1757年,迈索尔被马拉塔人打败,迈索尔求救于军事长官海达尔·阿里,从此,海达尔成为迈索尔的实际统治者。海达尔在迈索尔进行了一系列改革,建立了当时印度最精锐的军队,向周围国家发起进攻,兼并领土,引起了南部印度另两大势力——马拉塔和海得拉巴的不满。1766年,英国与马拉塔和海得拉巴结成联盟,1767年发动对迈索尔的战争,第一次迈索尔战争爆发。战争中,海达尔·阿里取得很大胜利,尽管英军几乎侵占了迈索尔1/3的领土,却无力巩固所占地区。但在这同时,迈索尔的北部却受到马拉塔人入侵的威胁,于是,1769年3月,迈索尔与英国人在马德拉斯城门下订立和约,双方彼此交还侵占的地区,并有义务“一旦缔约一方遭到敌人攻击,彼此要援助”。第一次迈索尔战争结束。这次战争实际上是迈索尔获得了胜利,迈索尔与英国人从此结成联盟。

俄土战争结束

1762年，叶卡特琳娜二世登上俄国沙皇的宝座，当时正值“7年战争”（1756~1763）。尽管俄国在那场战争中并没有取胜，战后签订的和约也与俄国无干，但俄国却通过那次战争扩大了自己在欧洲的影响；相反，法、普、奥等国却大伤元气，无力与俄国抗争。因此，从60年代中期开始，叶卡特琳娜二世一面干涉波兰内政，一面策划对土耳其的战争。1765~1767年，沙皇政府派特务到巴尔干活动并进行军事挑衅；1767年又派兵侵入波兰。土耳其要求俄军撤出波兰被拒绝，土耳其政府遂于1768年10月6日首先向俄国宣战。叶卡特琳娜马上采取攻势，先发制人。1769年，俄国由鲁米杨采夫率军占领霍丁，侵入摩尔多瓦，1770年又占多瑙河下游的伊兹梅尔、基利亚、阿克曼等地。与此同时，俄国舰队到达地中海，试图在希腊的摩里亚登陆未果。1770年7月，俄国在切斯马战役中全歼土耳其海军。1771年俄军又攻占刻赤、耶夫帕托里亚、皮列科普，侵占了整个克里木。到年底，俄国已完全占领摩尔多瓦和瓦拉几亚。这时，对巴尔干早有野心的奥地利担心俄国在巴尔干取得更多利益，于是出面干涉；普鲁士也担心俄国在巴尔干的行动会损害自己的利益；俄国国内又发生普加乔夫起义。在内外压力之下，俄国不得不罢手。1774年7月21日，俄土代表在俄国大本营库楚克—凯纳吉村（今保加利亚境内）达成协议，是为《库楚克—凯纳吉条约》，俄土战争结束，俄国把南疆扩展到黑海海边，获得了通过刻赤海峡到黑海的出口。

北美梅松—狄克逊线的划定

在北美独立战争之前，英属北美各殖民地之间为争夺边界土地时常发生纠纷。在宾夕法尼亚和马里兰两个殖民地之间，为了争夺分界地区的土地而不断发生矛盾。为了解决这两个州的边界纠纷，宾夕法尼亚和马里兰分别雇佣梅松和狄克逊（两人均为英国籍测量员），从1763~1767，在北纬39度43分的地点划定了一道边界线，史称梅松—狄克逊线，从而确定了宾夕法尼亚与特拉华、马里兰三个殖民地的分界线。1776年，美国《独立宣言》发表后，原英属13个殖民地先后成立了自己的政府并颁布了宪法，但各州之间的界线仍未划清。1784年，为了解决弗吉尼亚和马里兰之间为争夺西北部土地所发生的纠纷，梅松—狄克逊线又向西延长，成为宾夕法尼亚、马里兰、弗吉尼亚之间的边界线。美国建国之后，这条线又成为划分北部自由州与南部蓄奴州的分界线。

埃及宣布独立

1517 年,埃及沦为土耳其帝国的一个行省。土耳其苏丹虽然宣布埃及的土地属自己所有,但实际上除了较肥沃的土地掌握在总督和官吏手中之外,埃及 2/3 的土地仍在原有埃及封建主手中。在土耳其征服之前,埃及安郁比王朝曾组织了一支卫队,后来逐渐壮大成为一个拥有极大权势的封建集团,称马木路克。从 13 世纪中期起,马木路克军官集团控制埃及政权。土耳其入侵后,马木路克的势力受到削弱。但到 18 世纪时,他们仍有大片土地,保持着封建割据势力。18 世纪中期,随着土耳其帝国的衰落和埃及人民反土斗争的发展,马木路克封建主乘机扩张势力,企图恢复马木路克王朝。1769 年,马木路克首领阿里贝克利用俄土战争爆发后土耳其无力顾及埃及的时机,赶走了土耳其总督。从此以后,土耳其总督被软禁在撒拉丁堡垒之中,埃及宣布独立,直到 18 世纪末期。虽然土耳其苏丹并没有承认埃及独立,但埃及实际上处于马木路克封建军官集团的统治之下。

库克宣布新西兰属英国所有

第一个发现新西兰的是荷兰探险家艾巴尔·詹斯佑恩·塔斯曼。1642 年,他作为荷兰东印度公司的雇员,首次发现新西兰岛。在此基础上,荷兰人又对新西兰岛进行了探索,直到库克到达新西兰。英国库克船长曾参加北美独立战争时英军对法军的作战,对数学和天文学有些造诣。1766 年,他对日蚀的观测使他成为海军上尉,1769 年受命率远征队乘“努力”号船去完成观测金星的任务。之后,他受命进一步探索南太平洋,特别是新西兰的情况。1769 年 10 月 7 日,库克看到新西兰海岸,两天后“努力”号船在贫穷湾停泊,库克上了岛,并与当地一个叫图比亚的毛利人酋长有所接触。后来他又向南航行,到达图纳盖恩角,然后返航。在这次航行中,库克以英王的名义正式宣布新西兰属于英国所有。

法国割占科西嘉岛

法国割占科西嘉岛是英法争霸的表现和产物。“三十年战争”之后,法国成为欧洲大陆军事上最强大的封建国家。路易十四在位期间发动了一系列的对外战争,他的“自然边疆说”曾使整个欧洲大为震惊。但是,到了 1715 年路易十四死时,法国已经民穷财尽,路易十五时代,法国在欧洲政治舞台的地位不断下降。经过 1703 年~1713 年西班牙王位继承战争、1740~1748 年奥地利帝位继承战争和 1756~1763 年 7 年战争,英国终于战胜了强劲对手法国,并登上"海上霸主"的地位。然而,这并不意味着法国在争霸中的最后失败,法国仍然不断地对外扩张。1735 年法国占领洛林,1768 年占领科西嘉岛,并从热那亚共和国割走了这个岛。这是法国在欧洲扩充地盘的表现。

俄国武力干涉导致波兰内战

18 世纪的波兰仍然是一个封建农奴制国家,大贵族当权,政治生活极为混乱。由于地理位置的重要,俄国、普鲁士和奥地利都企图占有波兰,其中以俄国为甚。1763 年,波兰国王奥吉斯都三世逝世,俄军再度侵入波兰;1764 年 10 月,沙皇叶卡特琳娜二世的宠臣,波兰贵族斯塔尼斯劳斯·波尼亚托卡斯基当上波兰国王。1764~1766 年间,叶卡特琳娜二世一再勒令波兰解决异教徒问题,试图以所谓"信教自由","维护民族原则"的口号进一步干涉波兰内政。由于波兰爱国舆论的压力,波兰国王未敢答应这一要求。沙皇恼羞成怒,立即将军队开进波兰,逮捕敢于反抗的波兰议会议员,并押送俄国处置。在俄国武力威逼之下,波兰议会通过了非天主教徒同天主教徒权利平等的法案。1768 年,俄国又强迫波兰签署俄波"保证条约",把波兰置于俄国的"保护"之下,不经沙皇政府同意,波兰现行制度不得有任何改变。所有这些情况激起波兰爱国者的义愤,同时也加剧了俄国与土耳其、奥地利等国的矛盾。1768 年春,波兰一些爱国人士在巴尔城组织了反俄巴尔同盟,在法国和土耳其的支持下,开始了武装斗争,波兰内战开始。与此同时,土耳其以俄军未撤出波兰为理由向俄国宣战,俄土战争爆发。巴尔同盟很快就被俄军摧毁,波兰仍在俄国的控制之下。

奥地利统一法典实施

18 世纪的奥地利是哈布斯堡家族统治下的一个多民族的封建国家,除奥地利本土外,还包括匈牙利、波希米亚、克罗的亚、塞尔维亚、奥属尼德兰(比利时、卢森堡)和意大利的米兰、曼图亚、米兰多拉以及那不勒斯王国的大陆部分等,境内居住着德意志、斯拉夫、匈牙利、捷克、斯洛伐克等 20 多个民族。奥地利经济上远远落后于英、法、荷兰,政治上四分五裂,地方势力称雄割据,与中央分庭抗礼。帝国境内民族压迫极为严重,不但对人民征收重税,而且强迫人民信仰天主教。这就使民族矛盾和阶级矛盾日益尖锐,人民起义不断发生。1740 年,年仅 23 岁的玛利亚·特利萨成为哈布斯堡王朝的君主,她在 1742~1780 年实行全面改革。在司法方面,玛利亚·特利萨根据启蒙学者"三权分立"的思想,将司法与行政分开。1753 年,成立了以米夏尔·阿尔腾为首的法典编纂委员会。1768 年,新的刑法典和民法典颁布实施,将全部诉讼程序都集中于国家和它的法庭手中,限制领主对农民的暴行。新法典规定，审判权要由受过法律训练的法官履行，废除刑讯，死刑只有国王才能决定，强制劳动成为一种主要的教育手段。这一法典在奥地利统一实施后，对该国的发展产生重大影响。当今奥地利法律中仍沿用这部法典的某些重要内容。

"狂飙突进"运动在德国兴起

18 世纪 70~80 年代，德意志文学界掀起了"狂飙突进"运动。在 18 世纪中期，德意志境内仍然处于诸侯割据、各霸一方的局面。政治上的分裂严重影响了经济的发展和人民群众的生活，各封建邦国之间的连年混战更给德意志人民带来深重的灾难。1756~1763 年的"7 年战争"一方面刺激了某些工业部门的发展，使资产阶级的力量有所增长，另一方面也使人民蒙受难以忍受的苦难，激发了德意志人民的民族觉醒，反封建和要求民族统一的情绪不断增长。70 年代初，德意志各邦国的文学青年向封建势力发起了一场冲击封建势力的带有全德性的文学运动。当时，这一运动的参加者克林格写了一个剧本，名为《狂飙与突进》，于是，人们便把这一运动称为"狂飙突进"运动。青年诗人们以过去不曾有过的创作积极性表示了对诸侯割据、封建专制和农民贫困的不满，表达了对自由的渴望，表现出对当时社会的反抗。但是，这一运动缺乏明确的政治纲领，不久就低落下去了。然而，"狂飙突进运动"对暴政、黑暗、不平的反抗，对自由的呼唤，把德意志启蒙运动推上了最高峰。

英殖民者制造"波士顿惨案"

18 世纪中叶，北美殖民地与宗主国英国之间的矛盾日益尖锐。为了加强殖民统治，英国政府不但颁布了一系列税法，还在 1765 年颁布了《驻军条例》，规定驻在殖民地的英国军队可以任意占用旅店、酒店、饭店为营房；殖民地必须为英军供应食物和一切交通工具。后来，英军派了两个团士兵驻防波士顿，这些士兵胡作非为，使殖民地人民无法容忍。自 1767 年起，英国殖民统治者又颁布了好几次"唐森德条例"（唐森德为当时英国财政大臣），其中有一个唐森德条例规定，殖民地必须缴纳特别税以供养殖民地英军的开支。这些条例引起北美人民的强烈不满，殖民地人民与英国驻军的冲突也不断发生。1770 年 1 月，纽约的英国驻军与"自由之子社"发生冲突，群众一人被杀，数人受伤。2 月，英国税吏在波士顿开枪打死一个小孩，引起 3 月 2 日波士顿工人和英国驻军第 20 团发生正面冲突。3 月 5 日，又发生英军凌辱学徒的事件，殖民地人民愤怒地聚集到驻扎英军的英王街上，向凌辱学徒的士兵投掷雪球以泄心中之恨。英驻军中尉普林斯顿下令向群众开枪，打死 5 人，伤 6 人，制造了骇人听闻的"波士顿惨案"。波士顿惨案激起北美人民对殖民统治的更大愤怒。

越南阮氏兄弟起义

18 世纪的越南,名义上在黎氏王朝统治之下,但实权却操在郑氏和阮氏两大封建集团手中,他们各霸一方,形成北南对峙局面。17 世纪以来,两大集团连年战争,百姓难以生存。18 世纪中期,各地农民起义不断发生,其中阮氏三兄弟起义(又称西山农民起义)规模最大。阮氏三兄弟为阮文岳、阮文惠和阮文吕。1771 年,越南发生灾荒,农民流离失所,对朝政十分不满。阮氏三兄弟见时机已到,遂在西山首举义旗,队伍很快发展到几千人。他们杀地主,分财产,周济贫民,深得人心。1773 年起义军攻下平定省的归仁,声势浩大,各地纷纷响应。广义、延庆、平庆、平顺等地相继起义,农民起义得到了少数民族和华侨的大力支持。1775 年,北方郑氏集团也派兵到南方帮助阮氏镇压农民起义,但仍扑不灭农民起义的火焰,10 年以后,农民起义军势力更大,控制了整个南方,阮福映逃往暹罗。1786 年,阮文惠率起义军北伐,粉碎了郑氏集团,1788 年推翻了黎氏王朝,统一了全国。阮氏兄弟取得一定胜利后开始称王称帝。1787 年,阮文岳自称中央皇帝,阮文惠为北平王,阮文侣为东定王。1788 年 12 月 22 日,阮文惠也称帝,年号"兴中",接受清政府的册封,史称西山政权。1788 年,从暹罗回来的阮福映夺取柴棍(西贡),逐渐扩大势力。恰在此时,农民起义军内讧,阮福映利用这个机会,勾结法国殖民者,1790 年开始向西山军反攻。1802 年,阮氏三兄弟起义最后失败。

瑞典"帽党之争"

1718 年 11 月,瑞典国王查理十二世在进攻挪威的战争里中弹身亡,腓特烈一世成为瑞典国王,从此开始了半个多世纪的"自由时代"。在此期间,查理十二的专制思想和政策被摈弃,君主权力衰落,王室开始丧失在政治生活中的传统地位,国王变成了只是参政会中的一员,他的权力仅限于在重要问题上有两票的表决权。与此同时,各等级的权力在增加,贵族们执掌治国大权。由于对外政策上的分歧,引起了帽党之争。这种党派斗争的核心人物是阿尔维德·霍尔恩,他曾当过查理十二世的侍卫长,查理十二去世不久任首席政务大臣。在参政会中,霍尔恩战胜了霍尔拖坦因派,使自己一派占据参政会的多数,掌握了实权。但反对派并没有消失,1738~1739 年议会选举时,出现了第一个名副其实的政党派别。这一派为了区别于霍尔恩派而自称"礼帽派",他们认为霍尔恩派的政策只配比作"睡帽",因此,霍尔恩派就被称为"便帽派"了。瑞典历史上的"帽党之争"就这样开始了。总起来看,便帽派代表官吏和僧侣阶级的利益,并得到部分市民和农民的支持,在对外关系上主张同英法两国订立同盟;礼帽派代表贵族和官僚的利益,要求实施重商主义政策,在对外关系上主张亲法反俄政策,这是为恢复瑞典在波罗的海的地位。1738~1739年,议会进行选举,结果礼帽派获胜开始执政,直到1765年。这期间,礼帽派政策出现两个重大失败:一是对俄战争失败了,二是经济和财政纲领失误,这注定了礼帽派下台的厄运。恰在此期间,以国王和王后为中心形成了一个宫廷派,在1765年议会选举中,宫廷派协助便帽派重新掌握了参政会大权,开始了减少重商主义政策与俄、英两国亲善的政策。便帽派执政以后,由于修改宪法的失败和经济困难,加之摇摆不定的宫廷派又转而支持礼帽派,1768年,礼帽派重新上台:但1771年便帽派再次上台。1772年8月19日,古斯塔夫三世在贵族支持下发动政变夺取实权,结束了党派之争的自由时代,王权在瑞典又重新确立起来,帽党之争就此结束。

俄、普、奥瓜分波兰

18世纪的波兰仍然是一个落后的封建农奴制国家,大贵族专权,国家政治生活极为混乱,其中"自由否决权"成为波兰的致命弱点。波兰实行的是贵族国会制,国王由贵族议会选举产生,一切重大问题都须国会讨论通过,而国会的决议又须经全体贵族代表同意,只要有一票反对,就不能通过,这就是波兰贵族共和国的所谓"自由否决权"。它成为邻国,尤其是俄国侵略波兰的工具。1732年,俄国、普鲁士和奥地利订立柏林条约,决定共同维护波兰的"自由否决权",这是瓜分波兰的信号。1763年2月,波兰国王奥古斯都三世逝世,俄国军队乘机开进了波兰。1764年10月,沙皇叶卡特琳娜二世的宠臣,波兰贵族斯塔尼斯劳斯·波尼亚托夫斯基当上波兰国王。1764~1766年间,叶卡特琳娜二世一再勒令波兰解决异教徒问题,但波兰国王在爱国舆论压力下,要求先废除"自由否决权",再谈异教徒问题。沙皇恼羞成怒,再次将军队开进波兰。1768年,波兰发生巴尔同盟的武装反俄斗争,土耳其乘机向俄国宣战,俄土战争爆发。与此同时,普鲁士与奥地利为了各自的利益,在1769年8月和1770年9月两次商讨并共同要求俄国撤出巴尔干。在这种复杂的条件下,沙皇被迫暂时放弃了独吞波兰的计划,准备勾结普、奥瓜分波兰。1771年6月,俄、普、奥开始谈判关于瓜分波兰的问题;1772年8月5日,三国在彼得堡签订了瓜分波兰的条约。根据这一条约,俄国占领西德维纳河、德鲁奇河和第聂伯河之间的白俄罗斯地区和一部分拉脱维亚地区,面积为92000平方公里;奥地利占领了维斯瓦河和桑河以南地区和加里西亚的大部分,面积达83000平方公里;普鲁士占据瓦尔米亚,波莫热、海尔姆诺省(托伦市除外)、马尔鲍克省大部及部分大波兰、库雅维亚地区,共36000平方公里。在俄国的威逼之下,波兰国会于1773年9月30日批准了这一条约。

氧气的发现

第一个制得氧气的是瑞典化学家卡尔·威廉·舍勒(1742~1786)。在1773年以前,舍勒在他自己简陋的实验室里完成了大量第一流的化学实验。他认为普通空气是由两种性质不同的流体组成，一种被称为“浊空气”，它阻止燃烧，后来证明这就是氮气；另一种被称为“火空气”，它维持燃烧，后来证明这就是氧气。1772 年左右，舍勒利用硝酸钾和碱化合，得到硝酸钾后又同硫酸一起经高温蒸馏，得到热硝酸，然后再与二氧化锰、二氧化汞等发生作用，就收集到了所谓的“火空气”，也就是氧气。舍勒在化学上的成果都记录在他仅有的著作《论空气和火》中，遗憾的是，这本书虽然在 1775 年就已交稿，但直到 1777 年才出版。而在 1774 年英国科学家约瑟夫·普里斯特利(1733~1804)亦独立地发现氧气。他利用一个直径为 305 毫米，焦距为 508 毫米的大凸透镜给各种物质加温，观察哪种物质能分解出气体，并研究是什么气体。1774 年 8 月 1 日，当他给汞锻灰(氧化汞)加热时，很快就观察到有气体产生，利用水上集气法收集到这种气体后，普里斯特利发现这种气体不能被水吸收，更使他惊奇的是蜡烛在这种气体中以极强的火焰燃烧。于是，普里斯特利发现了氧。同年他将自己的成果公开发表。1775 年~1777 年，法国化学家拉瓦锡将构成这种气体的元素命名为氧。氧气的发现是对燃素说的致命打击，它带来了化学史上的一次革命。

教皇克里门特十四取消耶稣教会

17~18 世纪，西欧资本主义反对封建主义的革命斗争日益发展，天主教会遇到了前所未有的困境。在解决国际争端中，罗马教廷起举足轻重作用的时代已一去不复返了，教皇颁布的敕令已没有人理睬，这引起了罗马教皇的愤怒，17~18 世纪与世俗国家发生多次冲突。耶稣教会是罗马教廷对付政治反对派斗争的最强有力工具之一，18 世纪它的作用达到顶峰，传教士在全球到处活动。在欧洲，耶稣教会拥有牢固的政治地位，他们专门给贵族、王公当神甫，有时还给国王当神甫，逐渐形成了耶稣教会的伦理学说。但是，到了 18 世纪下半期，耶稣教会已引起人们的强烈不满，它的伦理道德也不能为新兴资产阶级所接受，并到处受到打击。此时的罗马教皇已无力拯救它，西欧国家的国王和王公们也出来反对它，报刊上纷纷发表意见，要求无条件解散和关闭耶稣教会。在这种情况下，1773 年，教皇克里门特十四不得不发布关于“永远”解散和关闭耶稣教会的专门敕令。当初成立耶稣教会是为了反对新教；现在，既然新教已不能消灭，耶稣教会又有碍于罗马教廷与新教的妥协，所以取消耶稣教会是对罗马教廷有利的，后来天主教会的兴起就证明了这一点。

俄国普加乔夫农民起义

18 世纪后半期，俄国农奴制达到盛极而衰的时期。由于农奴地位的不断恶化，反抗斗争也连年不断。1762~1772 年 10 月间,仅地主农奴和国有农奴就有 160 多次起义发生,普加乔夫起义也是在这种情况下发生的。叶梅连·伊凡诺维奇·普加乔夫(1742~1775)出身于哥萨克家庭,17 岁入伍,参加过"7 年战争"和对土耳其的战争。由于当时沙皇叶卡特琳娜二世杀夫登位,许多人假冒被杀的沙皇彼得三世来发动群众,举行反抗斗争。1772 年 11 月,普加乔夫在雅依克镇自称为彼得三世,秘密组织队伍,准备起义。1773 年 1 月普加乔夫被捕,5 月从狱中逃出,8 月以彼得三世的身份出现在群众面前。1773 年 9 月,普加乔夫率众起义,队伍仅 80 余人。10 月,起义军围攻奥连堡不下,又转而攻喀山。1774 年 3 月,起义军已发展到 5 万人,7 月 12 日攻入喀山城内。但普加乔夫未能守住喀山,7 月 15 日,起义军退出喀山,此役有 2000 多起义者战死,1 万多人被俘,普加乔夫率几百人逃往伏尔加河地区继续活动。1774 年 7 月 31 日,普加乔夫发布《全民告谕》,宣布给予农奴人身自由,免除人头税、货币税和兵役,无偿给农民以土地、森林和草场。普加乔夫的号召得到人民的响应,队伍很快发展到了 1 万多人。1774 年 8 月,普加乔夫率起义军抵达察里津。这时,沙皇政府派来的大批军队也已到达这里。8 月 24 日,起义军遭到政府军的袭击,死 2000 多人,6000 多人被俘,普加乔夫仅率几百人逃脱。在这种情况下,普加乔夫仍然主张发动哥萨克坚持斗争。但起义军中的特沃罗戈夫、楚马科夫,费杜尔耶夫、布尔诺夫和热列诺夫等人在 9 月 14 日将普加乔夫捉住,捆绑起来送给了政府军。11 月 4 日被押送莫斯科。1775 年 1 月 9 日被判死刑,1 月 10 日在莫斯科波治特诺伊广场处以砍头、肢解。普加乔夫牺牲后,其余部一直坚持斗争到 1775 年 8 月。普加乔夫起义是俄国历史上规模最大的一次起义,沉重地打击了俄国农奴制和沙皇统治。

波士顿倾茶事件

1770 年 3 月"波士顿惨案"发生后,北美人民掀起了更大规模的反英斗争。英国殖民当局被迫做出了一些让步,英军退出了波士顿,1770 年取消了唐森德法案,但保留了一项每磅 3 便士的茶叶入口税。北美人民对此十分不满,视之为英国暴政的象征,所以,从 1770 年起,北美人民又掀起不饮茶运动,以示抗议。殖民地的一些商人则用走私的办法运茶叶到北美。当时,正值英国东印度公司濒于破产,为了帮助该公司卖掉它所储存的近 8000 吨茶叶,缓和公司的财政困难,英国政府在 1773 年特别通过了一项救济东印度公司的茶叶条例,准许该公司在北美殖民地以廉价销售积压茶叶的特权,并只对东印度公司征收轻微的茶税,这批茶叶的价格因此比走私茶叶便宜 50%,与此同时,殖民政府又重申了禁止购买走私茶叶的规定,这便引起茶叶走私者的恐慌,他们以爱国主义为口号发动群众,抵制东印度公司的茶叶来北美殖民地销售。有一批波士顿青年还在一个绰号"走私王"的人支持下组织了波士顿茶党。1773 年 12 月,东印度公司满载茶叶的船只开进波士顿满港,并拒绝当地市民要其离港的要求,坚持卸货。12 月 16 日晚,波士顿茶党的一些人乔装成印第安人，踏上东印度公司的茶船，把价值1.5万英镑的342箱茶叶全部倾倒到大海之中。这一事件反映了北美人民要求民族独立的正义要求。

法国杜尔果改革

法国封建专制制度的危机在路易十五时代就已经出现，到了路易十六时代已经达到危机四伏的程度，其中财政危机尤为严重。为了挽救财政危机以维持统治，路易十六刚一即位就试图实行经济改革。最初，他任命著名经济学家杜尔果为财政总监，意欲让其实行改革。于是，1774年，杜尔果颁布了粮食自由买卖法令，取消了控制粮食的法令和粮食专卖权，废除了阻碍自由贸易的一切障碍。1775～1776年间，杜尔果又废除了征收粮食税的关卡，取消行会制度和特权阶级的免税权。这些改革措施明显损害了贵族、包买商和包税人的利益，因而遭到他们的强烈反对，1776年5月，杜尔果被迫退职，改革失败。这一情况表明，法国封建贵族和宫廷是容不得改革的。

英国颁布五项高压法令

1773年12月16日，波士顿人把英国东印度公司运到北美的342箱过剩茶叶倾倒入大海之中，表达了北美人民反对殖民统治的决心。"波士顿倾茶事件"发生后，英国殖民当局开始采取报复行动。从1774年3月起，英国议会先后通过了5项法令，殖民地人民称之为"五项高压法令"或"不可容忍法令"。这5项法令是：第一、封锁波士顿港口，在波士顿居民未赔偿东印度公司茶叶损失之前，禁止它对外通商。第二、取消马萨诸塞殖民地自治权，废除马萨诸塞地方宪法并重新制订宪法，将殖民地政治机构加以改组，加强英国政府对马萨诸塞直辖权；过去州的参议院的议员由州的议会选定，以后改由英王(实际上是英国议会)任命，法官、治安维持官、地方官吏均由英王总督任免，并禁止马萨诸塞随意集会。第三、颁布新驻兵条例，扩大了1765年驻兵条例中所规定的英国驻军的居住权限，规定英军可以在殖民地一切旅馆、酒店以及其他公共建筑自由驻扎。第四、颁布司法新条例，规定英国官吏如有犯罪，须送到英国或诺法斯科西亚(英属加拿大东部的一个地区)审判。第五、颁布魁北克条例，把俄亥俄河以北、宾夕法尼亚以西的广大地区划归英王直辖殖民地魁北克，禁止殖民地人民向西占地。为了推行这5项高压法令，英王任命驻殖民地的英军司令盖奇为马萨诸塞总督，增兵波士顿，妄图迫使北美人民屈服。"五项高压法令"激起北美人民的公愤，成为触发北美独立战争的直接导火线。

首届大陆会议在费城召开

“波士顿倾茶事件”发生后,英国当局加紧了在北美殖民地的统治。从1774年3月起,英国先后颁布了五项高压法令,妄图以高压手段使殖民地屈服,但相反更加激起了北美人民的义愤。五项高压法令颁布后,北美人民纷纷举行抗议集会、罢工、罢市,并针锋相对地训练民兵、筹备军火,准备为争取民族独立而进行武装斗争。1774年6月,萨米尔·阿丹姆斯草拟了一个公约,号召北美人民抵制英货。弗吉尼亚议会在杰佛逊的领导下呼吁各殖民地联合起来共同斗争,建议召开由各殖民地代表参加的会议,共同“商讨各殖民地的不幸的现状”。1774年9月5日到10月26日,在费城召开了殖民地联合会议,史称“第一届大陆会议”。除乔治亚殖民地由于总督百般阻挠没有派出代表外,其他12个殖民地的55名代表参加了会议。这些代表有的是由殖民地议会选出来的,有的是当地通讯委员会推举出来的,也有的是直接由当地的居民团体投票选举的。从阶级立场看,他们绝大多数是地主、资本家和种植园主的代表。从政治倾向性看,大体可分为三派:以萨米尔·阿丹姆斯,巴特里克·亨利为代表的资产阶级民主派;以乔治·华盛顿,约翰·阿丹姆斯为代表的大资产阶级、种植园主的温和派,和以约翰·杰为代表的保守派。大陆会议围绕民族独立问题展开激烈的争论,民主派主张殖民地完全与宗主国决裂并立即开始军事行动,保守派则主张与英国永久联合。在大陆会议期间,北美各地人民到处举行集会,通过决议,表明对时局的态度。会议通过了一个《权利宣言》,要求英国政府取消对殖民地的各种经济限制和五项高压法令。重申不经殖民地人民同意不得向殖民地征税。要求殖民地实行自治。会议还决定,在实现这些要求之前,禁止英国输入或向英国输出任何商品,禁止购买英货,违犯禁令者以“美洲自由之敌”论处。同时授权各地通讯委员会监督执行。会议通过了提交给英国的请愿书,表示继续效忠于英王,也没有提出独立的要求。会议结束前决定在次年5月召开第二届大陆会议。“第一届大陆会议”的召开表明,北美人民已经开始联合起来,共同反对英国的殖民统治,但也暴露出大陆会议的某种软弱性。

歌德名著《少年维特之烦恼》

约翰·沃尔夫冈·歌德(1749~1832)是18世纪后期与19世纪初期德意志文学的主要代表作家。他1749年8月26日出生在法兰克福城一个富裕的市民家庭。18世纪70年代,歌德在法国启蒙思想家伏尔泰、卢梭等人作品的影响下,写出了不少反封建的作品,成为当时德意志文学界“狂飙突进”运动的主要参加者。1774年,歌德完成了《少年维特之烦恼》这一直接描绘现实的名著。歌德在作品中塑造了一个出身市民阶层,要求个性解放的青年，在封建等级制度森严的环境中，如何到处受偏见的压抑、排挤，终至陷于恋爱旋涡，以自杀了结一生。恩格斯说："歌德写成'维特'，是建立了一个伟大的批判的功绩"。但维特的自杀表现了"狂飙天才"对封建专制的个人主义反抗无能为力，表现了歌德思想的局限性。

英国人首次进入西藏

18世纪中后期，英国打败了自己的对手法国，开始取得在印度的独占权。英国侵占了印度之后，开始对印度周边国家进行侵略活动，其中包括中国的西藏地区。1772年，英印总督赫斯丁发兵进攻不丹。中国西藏喇嘛给赫斯丁写信，表示不要干涉不丹内政，赫斯丁则表示对西藏友好。但是，英国殖民者早就想侵入西藏，扩大英国在华利益，并确保英印殖民地的安全。但当时英国在印度的力量还不足以侵略西藏，英国殖民者遂在1774年派乔治·伯格尔去西藏，与西藏地方当局接洽，以谋取印度与中国西藏间的商业发展，并试图促使西藏当局与英国订立条约，还以帮助西藏防范尼泊尔入侵相许。当时，西藏当局本想接受这一建议，但又怕中国政府不肯，因而未敢答应。此时尼泊尔又表示对西藏的友好态度。英国专使伯格尔在1775年被逐出西藏，这就是英国人第一次进入西藏。

杉田玄白译成《解体新书》

杉田玄白(1733~1817)是日本德川时期著名的医学家。1733年9月13日生于若狭(现在的福井县)小滨潘的一个医官家庭。他自幼勤奋好学，进取心极强。1754年，玄白开始学习荷兰西医，立志改革旧医学。当时幕府为了维护封建统治，实行锁国政策，只留下长崎一个小小窗口，维持着与中国及荷兰的微弱关系。玄白就利用荷兰商馆长一行来江户之机，访问随荷兰使节而来的日本人翻译官西幸作，向他学习外科医学。18世纪上半期，德川吉宗进行"享保改革"时，放宽了"禁书令"，曾派幕府学者、医官学习荷兰语，所以日本人把荷兰人所传播的西方医学就称为"兰医"。1781年，玄白看到了一部荷兰文人体解剖书，他因无力购买，便请求藩主以藩的名义为他买下了这部书。这部书是德国人克鲁姆斯原著《解剖图谱》的荷兰文译书。一次玄白等各藩医官，携带着《解剖图谱》，参观在江户郊外小塚原进行的女犯尸体解剖。他们将所解剖的尸体各部分内脏器官和图谱一一做了比较，发现图谱没有丝毫差错。为了向日本首次介绍这种精确无比的科学知识，玄白决心把这本图谱译成日文。他的这种想法，得到了前野良泽、中川淳庵和小杉玄适三位藩医的积极支持，他们4人中除前野懂得一点荷兰语外，都不会荷兰语。于是，他们下决心从头学起，经过一个多月的刻苦学习，他们达到了刚入门的水平，可是，前野掌握的荷兰语知识也仅此而已，想要靠这点荷兰语知识译完这部书是远远不够的，于是，他们就从人体全图上用看图识字的办法一一辨别出身体各部分名称，再及其他。就这样，经历了重重困难，花费了4年时间，先后易稿11次，终于在1774年8月完成了名为《解体新书》4卷的译著。这是首次向日本介绍的西方解剖医学书，标志着日本兰学者开始进行有计划的研究兰学，从而开辟了发展兰学的道路。

第二届大陆会议召开

1775年4月，“莱克星顿战役”打响了北美独立战争的第一枪。自此，北美殖民地人民纷纷组织武装，在各地展开斗争。在人民革命斗争急剧发展的形势下，1775年5月10日，第二届大陆会议在费城召开。大部分第一届大陆会议的代表出席了会议，新代表中有富兰克林和杰佛逊。由于战争已经开始，这届大陆会议的主要任务是担负起最高革命权力机关的义务，有效地组织和领导战争。会议决定发行纸币，从国外购买武器，征募志愿兵，改编民兵为“大陆军”，任命华盛顿为大陆军总司令。第二届大陆会议通过了对英“必须采用武力的宣言”，但在北美殖民地是否对英宣布独立的问题上还存在分歧。1775年7月8日，在保守派迪金森的坚持下，大陆会议向英王递呈了和平请愿书。直到1775年秋，北卡罗莱纳、宾夕法尼亚、新泽西、纽约、马里兰等殖民地仍反对宣布独立。但是北美人民的武装斗争日益发展，1776年1月，资产阶级著名思想家托马斯·潘恩发表了《常识》一书，激励北美人民为独立而斗争。在这种形势下，1776年7月4日，大陆会议通过了杰佛逊等人起草的《独立宣言》，宣告美利坚合众国独立。第二届大陆会议存在到1781年邦联政府成立方告结束。

般克山战役打响

1775年4月，“莱克星顿战役”打响了北美独立战争的第一枪。从此，北美人民的武装斗争在各地迅速展开，民兵组织也纷纷建立起来。1775年6月17日，驻扎在般克山(在波士顿查尔斯顿区内)的新英格兰民兵，突然遭到驻扎在波士顿英军的猛烈袭击。新英格兰民兵英勇抵抗，一天内击退英军3次冲锋，最后英军虽然攻占了山头，但却付出了极大的代价，2200名英军共死伤1054人。这是北美人民与英国侵略军之间的一次重要战役。6月23日，当华盛顿得知般克山战役的消息后，立即率大陆军与新英格兰民兵配合作战，不断围攻波士顿，1776年3月迫使英军撤出波士顿。

《独立宣言》发表美利坚合众国诞生

美国独立战争开始后，各地人民掀起了规模宏大的武装斗争。1775年5月召开的第二届大陆会议通过了对英“必须采取武力的宣言”,并着手创建大陆军,任命华盛顿为大陆军总司令。但是,这届大陆会议在是否独立的问题上仍存在斗争。在保守派的坚持下,会议仍向英王递呈了和平请愿书。而与此同时,大陆军和各地民兵正在与英军展开英勇的斗争,1776 年 1 月发表的潘恩的《常识》激励着北美人民为民族独立而斗争。1776 年 4、5 月间,给英王的请愿书被驳回。北卡罗莱纳、弗吉尼亚等殖民地纷纷宣布脱离英国而独立,英军及外国雇佣军在北美烧杀掳掠,无所不为,战火已燃遍了各个殖民地。在这种情况下,1776 年 6 月 11 日,大陆会议设立了一个由托马斯·杰佛逊、本杰明·富兰克林、约翰·阿丹姆斯罗伯特·利文斯顿、罗杰·谢尔曼 5 人组成的委员会,开始起草独立宣言。6 月 28 日,由杰佛逊起草的独立宣言草案经富兰克林和阿丹姆斯修改后提交大陆会议讨论。1776 年 7 月 4 日得以通过,7 月 9 日,在费城公布,这就是有名的《美国独立宣言》。在这个宣言上签字者有 56 人,其中 28 人是律师,13 人是商人,8 人是种植园主,7 人是其他职业者。《独立宣言》宣布:“人人生而平等,有生命权和追求幸福的权利。”宣言列举了英国政府压迫和剥削北美殖民地的种种罪状,正式宣告:北美 13 个殖民地与英国断绝一切政治上的附属关系,成为完全独立的美利坚合众国。《独立宣言》是北美人民推翻英国殖民统治,争取民族独立斗争的旗帜,它的发表标志着美利坚合众国的诞生。7 月 4 日后来成为美国的国庆日。

瑞典古斯塔夫三世改革

1772 年 8 月,古斯塔夫三世在瑞典发动政变,重新确立国王的全权统治,结束了瑞典历史上的“自由时代”(1718~1772)。古斯塔夫三世取得全权之后,首先以一部新宪法(1772 年宪法)取代了自由时代的宪法,从而使国王的最高统治权有了法律保证。面对长期积留下来的众多社会问题,古斯塔夫开始了一系列的改革。他首先与顾问们对长期以来争执不休的特权问题和官僚统治问题进行了研究,接着任用约翰·利耳延克兰茨解决预算和币制问题。1776~1777 年,他制定了一项周密的稳定币值的方案并付诸实施,取得很大成效;他取消了对谷类贸易的限制,减少了饥荒的威胁;为了革除官僚政治弊端,他审讯了失职的官吏;他废除了 17 世纪以来一直沿用的叛逆罪和巫觋罪审讯中通用的野蛮逼供方法。他对外关系上,主持外交的首席政务大臣乌耳里克·谢弗顺利地取得法国的支持,同时又对俄国采取绥靖政策。古斯塔夫的重大成就之一是整顿国防,加强海军和加速建造舰艇。但他面临的最大困难是必须满足贵族们的要求,因为他是靠贵族支持才夺回全权的;同时,古斯塔夫又不能不考虑到非特权阶级的要求,因为这些人誓死为自身利益而斗争。这左右为难的窘境使古斯塔夫三世时而给贵族以报酬,时而又制定废除特权的政策。后者使他在议会中有了反对派。1788 年他发动对俄战争,虽然订立了对瑞典有利的条约,却引起了通货膨胀;1789 年他制定新宪法,对下层等级再次让步,这使贵族反对派决心采取暴力行动。1792 年 3 月 16 日,古斯塔夫三世在歌剧院中参加化装舞会时被杀。古斯塔夫三世是个有争议的历史人物，但他的改革对瑞典的进步作用应该肯定。

大陆会议通过《邦联条例》

美国独立战争开始后，1776 年 5 月 10 日，大陆会议通过决议，建议各殖民地成立新的州政府，到 1776 年 7 月 4 日《独立宣言》发表时，许多殖民地已经有了自己的政府。宣布独立后 1 年之内，除马萨诸塞、康涅狄克和罗得岛之外，其余各州都草拟了新的州宪法。但这 13 个州如何联合起来并成立统一的中央政府的问题却难以解决。不过，随着革命的发展，大陆会议做出了许多重大决策，它越来越带有中央政府的性质。它控制大陆军，宣布独立，对外缔约、借债、发行纸币等等。为了解决中央政府的组成、权限以及各州与中央政府的关系等问题，在独立宣言公布前后，大陆会议已开始着手草拟宪法。但这一工作争论很大，拖的时间很久，直到萨拉托加大捷之后的 1777 年 11 月 15 日，大陆会议才通过了由约翰·迪金森起草的《联邦条例》，又经过了 3 年多的时间才得到各州的批准，1781 年 3 月 1 日，最后一个州马里兰州议会批准，《联邦条例》开始生效。条例规定，美国是一个由各个独立州组成的邦联国家；不设总统；联邦国会掌握立法、行政、司法大权；各州派 2~7 名代表出席联邦国会；各州同时保持自己的主权、自由和独立；凡有关宣战、缔约、募军、宪法、财政、任命总司令等重大事宜，须经 2/3 以上州同意才能有效。联邦政府无权向各州直接征税，只能向各州募集。《联邦条例》是美国的第一部宪法。

拉瓦锡建立氧化学说

18 世纪半叶，除了氢气和氧气以外，还有许多气体相继被发现，新观察到的化学现象比比皆是，所有这些都告诫人们燃素说面临着全面危机。由此引发了一场化学革命。这场革命的代表人物是法国化学家安都昂·罗朗·拉瓦锡（1743~1794）。1774 年拉瓦锡利用锡和铅作了著名的金属煅烧实验，他将锡和铅分别密封在曲劲瓶中，煅烧后瓶内金属成锻灰，精确测量表明，加热前后瓶内物质的总重量保持不变，而以前提到的金属煅烧后重量增加是由吸收了空气中的氧所致，即锻灰是金属氧化物。与其他化学家相比，拉瓦锡不但尊重实验事实，而且重视定量测量，他曾试图在天平上测量出燃素，然而并没有得到。1774 年 10 月，拉瓦锡得到普里斯特利用凸透镜加热汞锻灰时得到一种脱燃空气，拉瓦锡随即重复了这个实验，同时发现逸出的这种气体的重量恰好与在这个过程中汞锻灰增加的重量相等。后来他又做了大量有关燃烧的实验。1777 年 9 月 5 日，拉瓦锡向巴黎科学院提交了一篇题为《燃烧通论》的学术论文，建立了新的燃烧学说——氧化学说。拉瓦锡认为：燃烧时物体放出光和热；物体只有在氧气存在的条件下才能燃烧，燃烧过程就是氧化过程;空气由两种成分构成,氧是其中的一种,在燃烧过程中吸收氧的重量恰好等于物质增加的重量;非金属燃烧后由于吸收了氧而变成了酸,金属则成为氧化物。1789 年,拉瓦锡出版了他的名著《化学纲要》,系统地批判了燃素说,阐述了氧化学说。拉瓦锡的氧化学说揭示了燃烧现象的秘密,成功地解释了当时许多化学现象,因此迅速得到了学术界的公认,同时燃素说破产。

《美法同盟条约》缔结

1775 年北美独立战争爆发后,北美人民就开始利用各殖民国家之间的矛盾,积极争取外援。1776 年,大陆会议派锡拉斯·狄安和本杰明·富兰克林去法国,试图通过著名法国剧作家博马舍取得法国的援助,争取与法国订立同盟条约。同时,美国也在争取西班牙和荷兰等国的物质援助。但是,在战争初期,由于北美人民处于劣势,战争的前景还不明朗,所以法国等国家未敢贸然行事。1777 年 12 月 7 日,萨拉托加大捷的消息传到了巴黎,据说当时博马舍因急于向国王传达"喜讯"而把手臂弄脱臼了。在形势发生变化和富兰克林等人的敦促、斡旋下,1778 年 2 月 6 日,《美法同盟条约》正式缔结,其中涉及政治、军事和商业等方面。根据这一条约,法国参加反英战争,法国舰队开往西印度群岛和美国海岸以支援北美独立战争。美国则保证法国在北美收复过去所失去的领地。此外,两国又约定,只有在双方同意之下才能停战或媾和。《美法同盟条约》的缔结使美国人民的独立运动有了国际支持。以后,西班牙、荷兰等国也都参加了对英作战。

英国对法国宣战

1775 年的美国独立战争爆发后,北美人民就利用各殖民国家之间的矛盾,积极争取外援。1776 年,大陆会议派富兰克林等人去法国,争取法国对北美人民反英斗争的支持。但由于在战争初期北美人民处于劣势,战争形势还不明朗,这些努力的效果不大,法国也未敢贸然行事,仅以款项和物质加以支援。1777 年 10 月,萨拉托加大捷扭转了战争形势,北美人民由战略防御转入进攻,加之富兰克林等人在法国加紧活动,1778 年 2 月 6 日,法国和美国设立同盟条约,正式向英国宣战。接着,英国也向法国宣战。1782 年 10 月,英国分别与美、法、西代表在巴黎和谈,美国独立战争以美国人民的胜利而告结束。

第二次迈索尔战争

第一次迈索尔战争结束之后,根据 1769 年 3 月英国与迈索尔所订和约,双方有义务在缔约一方遭到敌人攻击时进行援助。但是,1779年,当迈索尔与马拉塔之间再次发生战争时,英国人并没有履行诺言,而是拒绝了海达尔·阿里共同对付马拉塔的要求,反而进攻迈索尔。但是马拉塔人与英国人之间也存在矛盾,因为英国人也没有履行他们与马拉塔人签订的条约。1780年,马拉塔与迈索尔重新联合起来反对英国殖民者,第二次迈索尔战争就这样开始了。迈索尔的军队攻入卡尔纳提克,大败英军,但在波多诺沃、波里洛尔和肖兰故三次战役中英军接连获胜。1782年,英国又同马拉塔人签订《萨尔巴依条约》,马拉塔人退出了第二次迈索尔战争。这样,海达尔·阿里不得不单独与英军作战。但这时海达尔突然得到法国舰队的支持,取得了一些胜利。1782年12月7日,多年患病的海达尔·阿里在卡尔纳提克附近的军营中病逝,其子铁普苏丹继续与英国人战斗。1783年7月,在印度的法军与英军缔结和约,铁普又只好孤军奋战了。1784年3月,铁普苏丹率迈索尔军单独围攻芒格洛尔,被围英军弹尽粮绝。与此同时,另一支英军正在准备进攻铁普的首都,马拉塔人又准备对迈索尔发动新的战争。在这种情况下,铁普被迫在1784年3月11日与英国订立《芒格洛尔和约》,铁普的军队撤出卡尔纳提克,英军退出马拉巴尔,双方互相遣返战俘。

奥地利废除农奴制

18世纪中叶,奥地利帝国是一个在哈布斯堡家族统治下的多民族封建国家,除奥地利本土外,还包括匈牙利、波希米亚、克罗地亚、塞尔维亚、尼德兰(比利时、卢森堡)和意大利的部分领土。当时,在奥地利本土已没有农奴的人身依附关系,但在帝国其他地区,如波希米亚、匈牙利、西里西亚等地,则盛行以强制劳役为基础的大庄园制,出现了"农奴制再版"的发展过程。从1740年开始,女皇玛丽亚·德丽莎实行一系列改革措施,1771年7月和1775年8月,曾先后颁布法令,固定农民劳役额为每周3天,每天10小时,限制领主法庭和地主处置农民的权力,取消了皇室领地上的农奴制。1780年,约瑟夫二世继位后继续实行改革。1781年,约瑟夫二世颁布"臣民特许令",即通常所说的"废除农奴制法令",规定在尚未废除农奴制的波希米亚和匈牙利地区同帝国其他地区一样废除农奴制。该法令规定:"全体臣民应在国家土地法保护下,享有完全的自由"。奥地利的农奴从此全部获得解放,农奴的名称取消,代之以"农民"。法令同时又规定了取消贵族地主的免税特权。约瑟夫二世废除农奴制并不是真正要铲除封建剥削,而是为了缓和阶级矛盾,维护其统治。

天王星发现

作为太阳系九大行星之一的天王星是自史前时期以来人类在水、金、火、木、土五星之外首次发现的一颗大行星，也是人类第一次通过望远镜观察到的新行星。1781 年 3 月 13 日，德国出生的英国天文学家弗里德里希·威廉·赫歇尔（1738～1822）在妹妹卡欧琳·璐克丽泰·赫歇尔（1750～1848）的帮助下，利用自制的望远镜系统地作巡天观测时，偶然在双子座里发现一颗位置不断发生变化的不寻常的天体，看上去这个天体很像无尾彗星。但格林威治天文台台长尼韦尔·马斯克利（1732～1811）仔细分析了赫歇尔送到英国皇家学会的观察资料后发现，这个天体的运动轨道接近一个圆。由此得出结论，它是一个未曾被发现的新星。赫歇耳把这颗行星叫作“乔治星”，以表示对英王乔治三世的敬意。又有许多人建议以发现者的名字命名。最后，德国柏林天文台台长波得建议叫“天王星”，即希腊神话中的优纳那斯神。天王星距太阳的平均距离为 19.8 个天文单位，与提丢斯—波得定则中的数字非常接近。这鼓励人们去寻找定则中 2.8 个天文单位处的行星。赫歇耳本人因这项发现获英国皇家学会授予的科普利奖。赫歇耳的发现冲破了自古以来把土星作为太阳系边缘的界限，把当时已知的太阳系扩大了整整两倍。1830 年天文学家又根据天王星的摄动推测，在天王星运行的轨道之外还有一颗行星存在，从而导致了 1846 年海王星的发现。

美国独立战争胜利

1777 年 10 月萨拉托加大捷之后，美国独立战争的形势发生重要转折，美国方面由战略防御转入战略进攻，双方的战事也开始由北部为主向南部转移。1780 年 5 月，英军攻占南部重镇查里斯顿，使美国大陆军严重受挫。侵美英军总司令柯宁顿认为已控制了南部，因而把查里斯顿交给部下康华利，自已率军返回纽约。但北美民兵众多而且十分活跃，他们不断以游击战术打击英军。1780 年 10 月和 1781 年 1 月，民兵游击队通过两次玉山战役沉重打击了英军，使南卡罗来纳的战局开始向有利于北美人民的方向转化。留守查里斯顿的康华利盲目自大，贸然出击，攻占约克镇。在这同时，1781 年 8 月，华盛顿、圣西门、拉法耶特等人率美法联军自纽约南下，通过新泽西，9 月间在约克镇西北的威廉斯堡登陆。法国舰队自西印度群岛前来配合，切断了英将康华利的海上退路。这样，美法联军陆海并进，同时围攻约克镇。1781 年 10 月 19 日，康华利在重围之下率 7000 英军投降，他把宝剑呈给了华盛顿。至此，北美大陆的英军主力已经瓦解，独立战争基本结束。

英国工程师瓦特对蒸汽机的改进

詹姆斯·瓦特（1736～1819）曾是英国格拉斯哥大学一名年轻的仪器修理工。1763 年，这所大学的一台纽可门蒸汽机模型出了故障，送来修理。在维修和试车过程中，瓦特感到这台机器运动得很慢，伴着低长的呻吟声，机器才动作一下。能否改变这种状况呢？瓦特带着这样的疑问走上了发明之路。尽管瓦特没有读过正规学校，但他凭着在学校工作的有利条件和对科学知识的渴求，钻研了外语、化学、力学以及处于萌芽状态的热学等多门学科的课程。经过反复分析，瓦特发现纽可门机效率低的两个原因，一是能使蒸汽机对外做功的不是蒸汽本身，而是蒸汽中的热，活塞完成一次往复，蒸汽就进行一次从热到冷的过程，致使大量热白白消耗；二是由于活塞运动太慢，导致汽缸壁漏气，真空下降。瓦特的发现马上被该校化学教授约瑟夫·布莱克(1728～1799)利用潜热现象做出了理论解释。在进一步的计算中，瓦特发现这一冷一热的交替，竟损失掉了近4/5的热量。那么提高纽可门机热效率的一个根本问题就是怎样减少热损耗。1765年，瓦特制成了一个新型蒸汽机模型，它的主要特点是将汽缸与冷凝器分离，让蒸汽在汽缸外还原成水，同时使汽缸绝缘，以减少热量损失，提高了热效率。1769年瓦特获得了这项发明的专利权。瓦特并没有到此止步，1781年他又完成了双向作用蒸汽机，让蒸汽分别从两端交替进入气缸，使得活塞的每一冲程都被有效利用。1782年他获得了双向作用蒸汽机的发明专利权。同年他又由于发现了活塞在蒸汽的作用下仅需运行1/2冲程，其余1/2冲程让活塞在膨胀力的作用下完成而获得第二项专利权。瓦特的发明为大规模生产创造了条件。而瓦特对于蒸汽机原理的研究导致了热力学的建立。

英国工程师瓦特

宇宙岛假说提出

当人类穿越太阳系向更深奥的宇宙空间进发时，科学家们提出了宇宙岛假说。大大小小的天体系统星罗棋布，犹如无边海洋里飘浮的群岛——故称为宇宙岛。1750年英国数学家T·赖特(1711～1786)提出银河是一个扁平的透镜状的恒星集团，太阳位于其中，但并不在中心，致使银河轮廓不整齐。1755年康德提出银河是宇宙中唯一的恒星集团，其他恒星应远离银河。1761年法国物理学家丁·郎伯特(1728～1777)提出宇宙是由无限多个阶梯构成，如同太阳系的中心是太阳，其他星系也有各自的中心，这些中心又绕一个更大的中心运动。1776年威廉·赫歇耳利用反射式望远镜，开始了证实宇宙岛假说的长时间观察。结果表明，恒星确实是以集团形式存在的。1781年赫歇耳从法国天文学家梅西叶发表的103个天体中选了29个作为观测对象，发现均是由小星体构成。于是赫歇耳断定星云均由恒星构成。它们就是银河系之外的宇宙岛。至此,也许应该给宇宙岛假说画一个句号了,但并非如此。1790 年赫歇耳观测到一个行星状星云,即中央是星,周围是云。这使得星云是恒星集团之说受到威胁。而康德—拉普拉斯的星云说进一步说明宇宙中存在星云是必然现象。1899 年发现仙女座大星云除包含连续光谱外,还有吸收光谱判断,它确实是宇宙岛。1915 年美国天文学家 H · 柯提斯(1872~1942)提出利用星云的距离判断它到底是宇宙岛还是银河系的一员。直到 1924 年,几经曲折才最后证实。

人类对变星的观测记录

1596 年 10 月德国天文学家 D · 法布里休斯(1564~1617)发现属于鲸鱼座的一个三等星在视线中消失了,半年后这颗星又重新出现。这种恒星光度的变化,引起人们的兴趣。尽管在天文学的发展过程中,对变星有过记载,但首先对变星进行研究的是一个英国聋哑青年,名字叫约翰 · 古德里克(1764~1786)。1782 年 11 月 12 日晚,古德里克观察到英仙座 β 的亮度变化,他惊讶不已,在观测记录上写道:"我忠实地观测了近一个小时,无法相信它的亮度如此迅速地变化。起初我以为可能是光学系统,例如眼睛的缺陷或者不良的大气条件造成的,但是持续观测结果表明,观测系统和环境都很正常,这颗星的亮度确实在变化……"紧接着他做了连续观察,发现大陵五的亮度降低于 1/3 时开始变亮,达到原亮度又开始变暗。这种光度变化的周期为 68 小时 49 分 9 秒。古德里克不仅发现了这种变化,观测了变化周期,更重要的是对这种现象提出了解释。他认为这种周期性光度变化是由于有一个较暗的星与它周期性地互相绕转,使得它的亮度发生周期性变化。1783 年,古德里克获英国皇家学会颁发的科普利奖章。

人类首次利用热气球自由飞行

人类第一次自由飞行是 1783 年利用热气球实现的。1782 年 11 月,法国人约瑟夫—米歇尔 · 蒙戈尔费埃(1740~1810)偶然发现放置在火上方的丝织容器在充满热空气后能自行升空。1783 年他和他的兄弟雅克-艾蒂安 · 蒙戈尔费埃(1745~1799)在反复试验和探索的过程中用麻和纸制成了一个圆形气球,直径为 30 英尺,底部留一个开口,6 月 4 日他们在地面点燃了湿草和湿羊毛,并将产生的热空气灌入这只大气球,使之升空,且在空中停留了 10 分钟。9 月 19 日蒙戈尔费埃兄弟将一个大筐系在热气球下,筐里装有羊、公鸡和鸭子各一只,气球从凡尔赛宫的庭院升起,8 分钟后在相距 3.2 公里的地方安全降落,最大高度达 17.37 米。10 月 15 日法国物理学家皮拉特尔 · 德罗齐埃(1756~1785)勇敢地登上了蒙戈尔费埃兄弟的气球,升空 24.38 米。气球通过一根绳子系在地面上。11 月 21 日德罗齐埃与达朗伯爵 F · 洛朗乘坐蒙戈尔费埃兄弟制作的热气球在巴黎上空实现了人类第一次自由飞行，行程 8.85 公里，历时 25 分钟。同年，法国数学、物理学家杰克奎斯—阿拉森德勒—克沙·查理斯（1746～1823）与罗贝尔兄弟一起成功地研制了第一个氢气球，并与尼古拉·罗贝尔乘气球飞行。上述飞行实践是人类向空间的探索，从而开辟了一个崭新的，充满诱惑力的领域。

英国承认美国独立

1781 年 10 月，康华利率 7000 英军在约克镇向华盛顿投降。至此，美国独立战争基本结束，美国人民的胜利已成定局。1781 年 11 月底，康华利投降的消息传到英国本土，英国人民掀起了要求停战的运动。1782 年 3 月 5 日，经过长时间的辩论，英国国会以多数票通过了停战的决定。15 天以后，诺斯内阁辞职，辉格党罗金汉组阁。英国试图在外交中分裂美法同盟，因此与各交战国分别谈判。美国也了解法国、西班牙等参加英作战的真正意图在于获取北美的利益。美国方面也不顾 1778 年美法同盟条约中关于不单独媾和的承诺，开始了与英国的单独谈判。1783 年 9 月 3 日，美英在巴黎签订《凡尔赛和约》，英国承认美国独立，承认阿巴拉契亚山与密西西比河之间的广大地区为美国领土，确定美国疆域北至加拿大和五大湖，东到大西洋，西到密西西比河，南抵佛罗里达。根据和约，美国也享有纽芬兰海岸捕鱼权和密西西比河的航行权，但同时美国邦联议会又有义务向独立各州提议恢复效忠派的权利并赔偿他们的损失。在英国与法、西的谈判中，法、西提出苛刻的条件：法国企图取得整个加拿大；西班牙则要索取美国西部广大地区和内河航运权。但在 1783 年 9 月 3 日，英法、英西签订的《凡尔赛和约》，法国只收复了西印度群岛的托巴古和非洲的塞内加尔，西班牙则仅取得了佛罗里达等地。

孟加拉反英农民起义

18 世纪中期，英国殖民者侵入印度的孟加拉。殖民者剥夺了孟加拉封建主的政治权力，把印度人排挤出商业界和金融界，对广大劳动人民进行剥削和压迫。英国人在印度的土地政策极为严苛，农民无路可走，起义不断举行。1783 年，迪纳吉普尔州发生了规模最大的农民起义。当时，高利贷者德瓦·辛格向总督行贿 40 万卢比，获得了在迪纳吉普尔征收两年田赋的权力，这笔钱要在农民身上榨出，农民们出卖全部财产也不够抵偿税款，虽一再向英国殖民当局报告，但无济于事。1783 年 1 月，农民选举迪尔治·纳拉扬为领袖，开始起义。他们释放了囚犯，举行武装暴动，一个月后被镇压。这次农民起义沉重打击了英国殖民统治和印度有产者。

美国政府三次颁布《土地法令》

1776年7月,北美《独立宣言》发表后,原英属13个殖民地先后都成立了政府并颁布了宪法,但各殖民地之间的界线并未划清,因而相互之间的土地纠纷时有发生。1777年邦联政府成立后,这类土地纠纷还没有解决。在此期间,最突出的土地问题是西部土地的再分配问题。例如在弗吉尼亚和马里兰之间为争夺向西部领土的扩张权而长期抗衡,为了抵制弗吉尼亚向西北扩展面积,马里兰迟迟不肯批准联邦宪法,直到1782年12月,在曾任弗吉尼亚州长的杰佛逊的推动下,弗吉尼亚才同意将西北地区土地的管辖权移交给联邦政府,两州之间的土地之争稍有缓和。1783年签订的美法《凡尔赛和约》规定将密西西比河与阿巴拉契亚山之间的大片领土归美国所有。为了处理这片土地的分配与垦殖问题,联邦政府在1784年、1785年和1787年先后三次颁布了关于处理西部土地问题的《土地法令》。1784年土地法令规定:西部土地属于全体美国人民,这块土地上将建立新洲;同时还规定,把西部土地划为16个区,每区移民2万人之后即可获得自治权;达到原13州中人口最少一州的人口总数后即可成新州。1785年土地法令规定:西部土地以640英亩为单位出售,每亩售价2美元,款项必须一次付清。1787年土地法令是对前两个土地法令的补充,主要解决西北地区的土地问题,因此又称"西北土地法令"。该法令规定,将俄亥俄河流域以北地区划为一个独立地区,由联邦政府派人管理,到人口增多后再逐步划分成为3——5个州,同时规定该地区废除奴隶制。美国联邦政府的这些土地法令显然是为有产者服务,广大劳动人民没有能力购买土地,因而丧失了获得土地的可能性。而土地投机者却乘机发了财。当然,这些土地法令对于推动美国向西部移民以及开发西部地区,促进美国资本主义经济发展曾起过重要作用。

英国开始直接统治印度

1757年,英国殖民机构东印度公司侵占孟加拉。1763年,开始对印度实行所谓"双重管理制度",即印度纳瓦布地方当局管理民事,东印度公司管理财政(田赋等)。1773年,英国议会通过"印度管理法案",规定由英国政府任命印度总督,从此结束了"双重管理制度"。1784年,英国议会又通过了"改善东印度公司和不列颠印度领地管理法案",由当时任英国首相的庇特内阁施行,这就是《印度法案》,或称"庇特法案"。这一法案规定,设立6个事务官组成的全权委员会(称为管理局),负责对印度的政治、军事统治政策,监督东印度公司的财政,有权宣战和媾和,原东印度公司董事会仅保留任命职员和处理一般事务工作的权力。《印度法案》使英国在印度的最高统治权全部收为英国政府,从此,英国政府开始直接统治印度。

席勒《阴谋与爱情》发表

约翰·克利斯朵夫·弗里德里希·席勒(1759~1805)是18世纪德国的著名诗人和戏剧家。他出生在符腾堡公国的一个军医家庭,从小受卢梭、莎士比亚等人作品的影响,青年时代爱好诗歌,1780年毕业于军校医科,被委任为团队的军医。1781年,他写的剧本《强盗》被搬上舞台,由于他擅自离职去观看剧本的上演而被关了禁闭,而且他还被告知:除医学以外,别大胆再写任何作品,不听话就关进城堡。席勒无法忍受封建专横,1782年9月17日逃出公国。开始,他在各地流浪,后来在鲍欧巴赫的同学家落脚。1783年,他完成第二个剧本《裴哀斯柯的阴谋》。1784年,他发表了剧本《阴谋与爱情》。席勒写《阴谋与爱情》时正值德意志文学界发生"狂飙突进"运动,席勒是这一运动的参加者,所以作品反映了席勒对封建社会的憎恨。席勒在这个剧作中描绘了一个公国总理大臣的儿子与一个穷乐师的女儿恋爱的故事,这个总理大臣的儿子接受了启蒙思想,打破封建姻亲桎梏,与贫穷的女孩相爱,受到家庭干预,最后双双自杀身亡。这一剧本刻画了宫廷的腐败和人们追求自由的心理,充满了对公侯专制的憎恨,痛斥了封建阶级的残暴、腐朽与堕落。